혁신의 이론과 실증을 아우르는
벤처 창업 : 이론과 쟁점

벤처창업연구 머스트리드 20

KSBV Must Read 20

Series Editor : (사)한국벤처창업학회
Edited by 장문경·이우진·최병철
강신형·김주희·안태욱·윤원주

Business & Management Books
비앤엠북스

Series Editor (사)한국벤처창업학회

Edited by 장문경(학술위원장), 가천대학교
이우진, 국민대학교
최병철, 한국외국어대학교
강신형, 충남대학교
김주희, 동덕여자대학교
안태욱, KAIST
윤원주, 한국외국어대학교

벤처창업연구 머스트리드 20

목차

벤처창업연구 머스트리드 20

발간사

정말 신나는 시간들이었습니다. 『벤처창업연구』 학술지가 그동안 쌓아온 연구물들을 돌아보는 그 시간들이 말입니다.

올해 초, 학회는 앙트러프러너십(entrepreneurship) 분야의 신진 연구자들을 위해 학회가 가진 자원으로 무엇을 할 수 있을지를 학술위원장 장문경 교수님과 함께 깊이 고민했습니다. 그 결과, 창업학의 개념적 이해를 돕기 위한 서적 『MUST READ 20』을 기획하게 되었습니다.

2006년부터 19년간 벤처창업연구에 누적된 1,330여 편의 논문은 그야말로 이 책을 완성시킬 수 있는 귀중한 자원이었습니다. 한 편의 논문은 저자의 땀과 열정, 심사위원의 세심한 정성, 그리고 편집진의 헌신적인 노력이 함께 어우러져 빚어낸 귀한 결실임을 알기에, 더욱 그 가치가 소중하게 느껴졌습니다. "구슬이 서 말이라도 꿰어야 보배"라는 익숙한 말처럼, 이 책의 기획 의도에 따라 선별된 논문들은 보배 같은 구슬처럼 그 진가를 더욱 빛내고 있습니다.

『MUST READ 20』은 기업가정신, 즉 창업학으로 불리는 앙트러프러너십 분야 연구의 개념적 이해를 돕기 위해 주제별 대표 연구를 엄선한 학술시리즈입니다. 이 책은 앙트러프러너십 연구를 시작하는 대학원생이나 신진 연구자들에게 길잡이가 될 것이며, 창업학의 의미를 탐구하고자 하는 모든 분들께도 전체를 조망할 수 있는 시각을 제공할 것입니다.

무엇보다도 이 책이 Must Read 시리즈의 첫걸음이라는 점에서 그 의미는 남다릅니다. 이는 동시에 (사)한국벤처창업학회의 학술지 발간사업이 지닌 주요한 학문적 기여를 보여줍니다. 앞으로도 우리 학회는 더 다양한 주제와 심화된 연구성과를 담아내어, 앙트러프러너십 분야의 지식의 창출과 공유를 통해 학문과 산업현장을 비추는 거울이자, 창업국가로 도약하는 대한민국의 미래를 밝히는 등불이 되고자 합니다.

지난 8개월 동안 방대한 양의 논문을 함께 검토하고 선별하며 밤을 새워 토론해 주신 학회의 분과위원장님 한 분 한 분께 이 자리를 빌려 진심으로 감사의 말씀을 드립니다. 서로의 고생과 수고를 덜어주려 노력했던 따뜻한 모습과 헌신은 모두의 기억 속에 오래도록 진한 여운으로 남을 것입니다.

끝으로, 이 책이 많은 신진 연구자들에게 앙트러프러너십에 대한 관심을 불러일으키고, 벤처창업학 분야의 학문 공동체로서 서로의 지적 성장을 북돋우는 작지만 뜻깊은 디딤돌이자 새로운 이정표가 되기를 기대합니다.

2025년 9월

2025년 한국벤처창업학회 제18대 회장

이우진 드림

벤처창업연구 머스트리드 20

서문

오늘날 우리 사회에서 '창업'만큼 역동적이고 중요한 키워드가 또 있을까요? 차고에서 시작된 작은 아이디어가 세상을 바꾸고, 수많은 일자리를 만들어내며 경제의 새로운 동력이 되는 이야기는 더 이상 낯설지 않습니다. 정부는 '창조경제'에서 '혁신성장', '디지털 전환'을 거쳐 'ESG 기반 창업'에 이르기까지, 시대의 흐름에 맞춰 창업 생태계를 키우기 위해 끊임없이 노력해왔습니다. 창업은 이제 단순히 새로운 사업을 시작하는 것을 넘어, 한 개인의 삶을 바꾸고 사회 구조를 전환하는 핵심적인 활동으로 자리 잡았습니다.

이처럼 창업의 중요성이 커지면서, 이를 학문적으로 탐구하려는 노력 또한 뜨겁게 이어져 왔습니다. 경제학에서 시작된 창업 연구는 경영학, 심리학, 사회학, 교육학 등 다양한 학문 분야와 만나면서 그 지평을 넓혀왔습니다. '무엇이 사람들을 창업으로 이끄는가?'라는 근본적인 질문부터 '어떤 교육과 정책이 성공적인 창업을 돕는가?', '혁신적인 스타트업은 어떻게 성장하는가?'에 이르기까지, 수많은 연구자가 창업이라는 복잡하고 다층적인 현상을 이해하기 위해 지혜를 모았습니다. 그 중심에 바로 한국벤처창업학회의『벤처창업연구』가 있습니다.

하지만 한편으로 '학술 논문'은 일반 대중에게 높은 벽처럼 느껴지기도 합니다. 어려운 전문 용어와 복잡한 분석 방법론은 선뜻 다가가기 어렵게 만듭니다. 창업에 대한 뜨거운 관심과 열정에도 불구하고, 그 이면에 있는 깊이 있는 지식과 통찰을 접할 기회는 많지 않았던 것이 사실입니다. 성공한 창업가의 화려한 스토리 뒤에 숨겨진 성공과 실패의 원리를 체계적으로 이해하고 싶은 갈증, 우리 사회의 창업 생태계가 나아갈 방향에 대한 깊이 있는 논의를 접하고 싶은 지적 호기심을 채워줄 무언가가 필요했습니다.

이 책,『벤처창업 Must Read 20』은 바로 그 지점에서 출발했습니다. 지난 20여 년간『벤처창업연구』에 축적된 1,330편의 논문 중에서, 일반 독자들도 흥미롭게 읽고 현실적인 시사점을 얻을 수 있는 대표 논문 20편을 엄선했습니다. 이 책은 창업을 꿈꾸는 예비 창업가, 스타트업에 종사하는 실무자, 미래의 유니콘을 발굴하려는 투자자, 효과적인 정책을 고민하는 정책 입안자, 그리고 우리 시대의 가장 역동적인 변화를 이해하고 싶은 모든 분을 위한 '창업 연구 입문서'이자 '지적 탐험을 위한 안내서'입니다.

저희는 수많은 논문 가운데 길라잡이 역할을 할 수 있는 논문을 가리기 위해, 창업이라는 복잡한 현상을 다각도로 조망할 수 있는 체계적인 틀을 마련했습니다. 이 책은 총 5부로 구성되어, 독자 여러분을 창업의 세계로 깊이 안내할 것입니다. 각 부에 실린 논문들은 연구의 독창성, 내용의 중요성, 이론적 기여도, 방법론적 엄밀성, 그리고 실무적 시사점이라는 다섯 가지 기준을 바탕으로, 해당 주제에 가장 깊이 있는 통찰을 주는 연구를 엄선했습니다.

1부 '창업학의 정체성을 묻다'에서는 '창업 연구란 무엇인가?'라는 근본적인 질문을 던집니다. 창업 연구가 독립적인 학문으로서 어떤 정체성을 가지는지, 기존의 경영학과 어떻게 다른지 탐색하며, 창업학 교육이 어떤 효과를 가지는지 살펴봅니다. 이 여정의 출발점에서, 독자들은 우리가 탐험할 지식의 지형도를 먼저 그리게 될 것입니다.

2부 '창업가, 개인의 여정을 탐색하다'는 창업 현상의 가장 핵심적인 주체인 '사람'에게 초점을 맞춥니다. 성공적인 창업가가 되기 위해 필요한 역량은 무엇인지, 실패라는 값진 경험이 재도전의 자산이 되는 과정은 어떠한지, 혁신을 이끄는 리더십이 때로는 어떤 역설적인 효과를 낳는지 등을 깊이 있게 탐구합니다. 또한, 투자자의 관점에서 어떤 창업가에게 주목하는지를 엿보며, '사람'을 중심으로 한 창업의 다채로운 모습을 입체적으로 이해하게 될 것입니다.

3부 '스타트업, 조직의 성장 방정식을 풀다'에서는 창업의 결과물인 '스타트업'의 성장 공식을 다룹니다. 초기 기업이 어떻게 핵심 자원을 확보하고, 액셀러레이터의 도움을 받아 성장하는지, 혁신적인 비즈니스 모델은 어떻게 만들어지는지를 살펴봅니다. 특히 이윤 추구와 사회적 가치 실현이라는 두 마리 토끼를 잡으려는 소셜 벤처의 고민, 탐색과 활용 사이에서 아슬아슬한 균형을 잡는 '양손잡이 전략', 그리고 벤처캐피탈의 복잡한 투자 세계까지, 역동적으로 움직이는 조직의 생존과 성장 전략을 생생하게 만나볼 수 있습니다.

4부 '생태계, 혁신의 무대를 만들다'는 개인과 조직을 둘러싼 '환경'으로 시야를 넓힙니다. 정부의 정책 자금이 초기 기업 투자에 어떤 영향을 미치는지, 대학은 어떻게 창업 교육을 고도화하고 '기업가형 대학'으로 진화해 나가는지를 분석합니다. 창업은 결코 한 개인이나 기업의 힘만으로 이루어지지 않는다는 사실을 깨닫고, 건강한 혁신 생태계를 위해 우리 사회가 함께 고민해야 할 과제들을 확인하게 될 것입니다.

마지막으로 5부 '연구의 진화, 미래를 보다'에서는 창업 연구에서 활용되고 있는 다양한 방법론과 함께, 창업 연구의 미래를 엿볼 수 있는 새로운 방법론을 소개합니다. 인공지능과 머신러닝 같은 최신 기술이 어떻게 창업 기업의 성공 요인을 예측하고 분석하는 데 활용되는지 보여주며, 데이터 기반의 정교한 분석이 열어갈 창업 연구의 새로운 가능성을 제시합니다.

이 책을 통해 독자 여러분이 창업이라는 현상을 바라보는 새롭고 깊이 있는 관점을 얻게 되기를 바랍니다. 막연하게만 느껴졌던 창업가의 길이 조금 더 선명하게 보이고, 우리 회사가 가진 문제의 해법을 발견하며, 더 나은 창업 환경을 만들기 위한 아이디어를 얻는 계기가 되기를 소망합니다.

2025년 9월

2025년 한국벤처창업학회 학술위원장

장문경 드림

혁신의 이론과 실증을 아우르는 벤처 창업 : 이론과 쟁점

벤처창업연구 머스트리드 20

창업학 정체성 연구

창업학의 정체성을 묻다

벤처창업연구 머스트리드 20

창업학 정체성 연구 :
창업학의 정체성을 묻다

서론

"창업학은 단순히 경영학의 변형인가, 아니면 독립된 지식체계로서 새롭게 정의되어야 하는가?"

이 근본적인 질문에 대해 우리는 보다 분명하고 통찰력 있는 답을 내릴 수 있어야 한다. 그 중심에서 오늘날 한국 창업학의 학문적 정체성과 교육적 역할을 새롭게 정의한 다음 세 편의 논문은 반드시 읽고 숙고할 가치가 있다. 이 세 편의 논문은 "창업학의 기초 - 정체성 확립 - 교육적 효과 검증"이라는 순차적 경로를 따라 창업학의 학문적 정당성, 제도적 기반, 사회적 기능까지 아우르는 통합적 지도를 제공한다.

창업학의 철학적 토대를 제공한 개념 정의

정헌배(2016)의 「창업학의 정의와 연구과제에 대한 탐색적 연구」는 "창업학이란 무엇인가?"라는 질문에 정면으로 맞서며, 창업학을 단순한 '기업가정신'의 또 다른 이름이 아닌 학제적이며 자율적인 독립 학문으로 정의한다. 인생의 '업(業)'이라는 철학적 비유를 통해 창업을 인간의 성장과 사회적 조직형성의 총체적 활동으로 재해석함으로써, 이후 창업학 연구의 개념적·철학적 틀을 마련한 창업학 정체성 논의의 기념비적 초석이라 할 수 있다.

경영학과 창업학의 실증적 경계를 최초로 분석한 결정적 분기점

김도현 외(2017)의 「앙트러프러너십은 경영학과 다른 학문인가?」는 309편의 국내 창업논문을 체계적으로 분석하여 앙트러프러너십이 경영학으로 포섭될 수 있는지, 아니면 독자적 연구대상과 방법론을 갖춘 학문인지 실증적으로 검토한다. 이 논문은 단순한 개념논쟁을 넘어 창업의도, 기회추구, 창업과정 등의 논문 유형별 분포를 통해 창업학이 독립 학문으로 발전하기 위한 방향성과 과제를 냉철하게 제시하고 있다. 학문 체계로서 창업학의 정당성을 이론과 실증에서 동시에 뒷받침한 대표 연구이다.

창업학이 진로교육과 미래역량 강화에 어떻게 기여할 수 있는지를 밝힌 실증적 전환점

안태욱 외(2018)의 「창업교육이 대학생의 진로에 미치는 효과성 연구」는 창업교육이 단순히 '창업을 위한 교육'을 넘어, 대학생들의 진로준비행동과 자기효능감, 기업가정신 역량 향상에 미치는 영향을 계량적으로 분석한다. 이를 통해 창업학은 기업가를 육성하는 데 그치지 않고, 보다 넓은 차원에서 청년 세대의 사회 진입 역량을 기르는 통합형 교육학문임을 증명한다. 이 논문은 창업교육이 지닌 공공적 가치와 정책적 함의를 명확히 보여주며, 향후 창업학의 실천적 확장을 제시하는 이정표 역할을 한다.

결론

이 세 편의 논문은 창업학을 단순히 경영학의 하위분야로 보지 않고, 21세기 새로운 경제·교육·사회적 과제에 대응하는 독립적 학문으로 성장시키기 위한 논리적·실천적 토대가 되는 필독서로, 창업학을 배우는 모든 사람, 창업교육을 기획하는 정책가, 창업을 연구하는 학자라면 반드시 정독하고, 곱씹어야 할 '지적 나침반'이라 확신한다.

2025년 9월

2025년 한국벤처창업학회 기획위원장

안태욱 드림

벤처창업연구 제11권 제3호 통권45호

창업학의 정의와 연구과제에 대한 탐색적 연구

정헌배 (중앙대학교 경영경제 대학경영학 부교수)

국문 요약

창업학은 다양한 학문의 종합적 결정체이자 학제적(學際的; Interdisciplinary) 연구영역을 갖는다. 경영학, 교육학, 심리학, 사회학, 경제학, 공학 등의 이질적 학문으로부터 이론적 체계나 실천적인 방법론 등을 흡수하면서도 전혀 새로운 학문생태계를 형성해오고 있다. 그리고 창업에 대한 사회적 중요성과 활용규모에 비해 이를 논리적으로 뒷받침해야 할 창업학의 현실은 너무도 척박하다. 아직도 창업학의 정의가 공론화되어 있지 못하고 있으며 창업학의 정체성에 대한 학문적 합의 역시 요원한 현실이다. 본 논문에서는 창업학의 발전을 위한 논리적 기틀을 마련하기 위하여 창업(創業)은 개인적 인생을 통해 선택하게 되는 다양한 업(業)중의 하나이며 사회 및 경제활동의 목적을 달성하기 위하여 조직을 구성하고 운영하는 활동"으로 그리고 창업학을 창업을 대상으로 하는 학문(學問)으로 새롭게 정의하면서 창업학의 정체성을 뒷받침하는 핵심 연구 및 교육분야를 제시하였다.

핵심주제어: 창업, 창업학, 창업가정신, 창업학의 정체성, 학제적 연구

Ⅰ. 서론

오늘날 '창업(創業; Startup)'은 지속가능한 사회와 국가를 만들어가는 가장 중요한 동력의 하나로 인정받고 있으며 시대적인 화두가 되고 있다. 전 세계 거의 모든 나라의 정부가 경제 및 사회정책에서 청년창업가육성 등 다양한 창업활성화 제도마련을 최우선 과제로 고민하고 있으며 이러한 현상은 정치 및 행정활동분야에서도 예외가 아니다.

우리나라의 경우 1960년대 제3공화국시대부터 구현해 온 수출주도형 성장전략이 성공함으로 산업화의 기반을 마련하였고 이를 통하여 끊임없는 고용 창출을 유발해왔다. 그러나 1998년 IMF사태 이후 급격한 경제기조의 변화로 우리나라에서도 '고용 없는 성장의 시대'가 본격화되기 시작하였다. 이때부터 우리 정부는 청년과 퇴직자 일자리창출이라는 문제 해결에 부심하고 있으며 박근혜정부도 이를 '창조경제'라는 큰 틀(프레임)속에서 해결하고자 각별한 노력을 경주하고 있는 실정이다. 창업에 대한 관심과 창업성공에 대한 열망이 사회적으로 팽배하는데 비례해서 창업교육과 창업정책 역시 과거에 비해 현저하게 다양한 형태로 개발, 실천되고 있다. 그러나 정작 창업(創業)을 체계적이고도 설명하고 논리적으로 발전시킬 수 있는 "창업학(創業學)"에 대한 논의는 아직도 본격화되지 못 하고 있으며 거의 불모지에 가까운 현실이 지속되고 있다. 수 년 전부터 Park & Park(2011) 등을 필두로 창업학의 정체성에 대한 논의가 시작되고 있는 점은 그나마 다행스런 일이다. 창업학은 태생적으로 학제적(學際的; Interdisciplinary) 연구영역이다. 경영학, 교육학, 심리학, 사회학, 공학 등의 다양한 학문으로부터 이론적 체계나 실천적인 방법론 등을 흡수하면서도 이들과 차별화되는 새로운 학문생태계를 형성하고 있다. 창업학이라는 새로운 학문적 생태계를 성공적으로 조성해 나가기 위해서는 이를 논리적으로 뒷받침하고 발전시켜 나가야 할 학문으로서의 토양을 비옥하게 조성할 필요가 있다. 이를 위해서는 무엇보다 먼저 창업학을 공론화하는데 필요한 다양한 정의를 제대로 마련하고 창업학의 정체성에 대한 논의와 학문적 근간과 적용범주에 대한 활발한 논의가 필요하다. 본 연구의 목적은 창업학의 발전을 위한 논리적 초석을 마련하기 위하여 창업학에 대한 기초적인 개념을 정의하는데 있었다. 그리고 우리나라 창업학의 현주소와 정체성 고찰을 통하여 이를 바람직하게 발전시켜나갈 핵심적 연구 분야를 제시하고자 하였다.

Ⅱ. 창업학의 정의와 정체성

2.1. 창업과 창업학의 개념적 정의

창업(創業)의 의미를 한자(漢字) 표기글 의미 그대로 보면 업(일, 業)을 새롭게 만들어 내는 과정(비롯할, 시작할 創)이며 사전적으로는 대부분 나라를 처음으로 세우거나 사업을 처음으로 이루어 시작하는 것 등의 활동으로 정의된다. 결국 나라를 세우는 일을 여기서 논외로 하면 창업이란 "사업을 처음으로 이루어 시작하는 과정"으로 정의할 수 있을 것이다.

창업을 보다 명확하게 정의하기 위해서는 "사업을 처음으로 이루어 시작하는 과정"이라는 문장을 구성하는 각 단어의 개 별적 의미를 보다 자세히 새겨볼 필요가 있다. 왜냐하면 여기서 말하는 "사업"의 성격과 "처음으로 이루어 시작하는 과정"의 주체, 내용과 시한을 어떻게 규정하는가에 따라 그 적용 영역이 크게 달라질 수 있기 때문이다.

먼저 창업이 규정하는 "사업"이 대상으로 하는 제품과 시장 대한 규정이 필요하다. 먼저 사업의 대상으로 창업아이템인 제품이 해당 시장에 처음으로 도입되는 신제품 시장에 국한할 것인지 아니면 기존 또는 대체 제품시장까지를 포함할 것인가에 따라 사업의 규모와 적용영역이 크게 달라진다. 그리고 창업의 정의가 규정하는 "처음으로 이루어 시작하는 과정"에 대해서도 처음으로 사업을 시작하는 사업주체가 누구인가, 사업의 범주와 내용을 어디까지로 볼 것인가, 그리고 언제까지를 창업과정 활동으로 볼 것인가 등이 논의될 필요가 있다. 창업자에게는 처음으로 시작하는 사업일지라도 이미 시장에서 활동하고 있는 다른 경쟁자에게는 기존 사업일 수가 있고 창업이라는 과정의 적용시한을 어떻게 정하는가에 따라 창업과정으로 인정하는 기간이 달라질 것이기 때문이다.

결국 창업의 정의는 창업의 과정을 개인적인 인생전략의 하나로 보는가 아니면 국가 사회적 활동유형의 하나로 보는가에 따라 그 내용이 크게 달라질 것이다.

먼저 창업을 개인적 관점에서 보면 인생을 통해 선택하게 되는 다양한 업(業)중의 하나이다. 사람은 일생을 통하여 출생으로 부모를 만나고, 사회 속에서 친구를 만나고, 사랑을 만나고, 평생을 일구어갈 업(業)을 만난다.

우리는 바람직한 업을 갖기 위해 준비하는 과정을 학업(學業)이라 하며 살아가는 과정에 필요한 모든 욕구를 충족시키는 원천을 직업(職業)을 통해 마련한다. 그리고 학업과 직업이 모여 한 사람의 삶을 아우르는 하늘이 내린 천직(天職)이 마련된다. 천직이란 평생을 살아 갈 수 있도록 해주는 경제활동의 원천이며 사회, 자연 그리고 스스로를 생각하고 만나게 해 주는 인간성숙의 원천이 된다. 이러한 개인적 업의 선택 대상, 특히 직업적 관점의 대상 중의 하나가 창업이다. 이를 직업과 창업을 선택적 관점에서 구분하여 이를 창업(創業)과 창직(創職)으로 나누어 설명하기도 한다(Kim & Lee, 2014). 창업을 국가 사회적 관점에서 보면 "사회 및 경제활동의 목적을 달성하기 위하여 새로운 조직을 구성하고 운영하는 활동"이다. 창업을 하기 위해서는 사회발전을 위한 목적이던 경제발전이나 이윤창출을 위한 목적이던 필연적으로 조직을 구성하게 된다.

물론 1인 창업이라는 용어도 상용화되고 있지만 이는 사업을 시작하는 사람의 수가 한 사람이었다는 의미 이상의 뜻은 없다, 결국 어떠한 사업을 추진하던 궁극적으로 혼자힘으로 모두 문제를 해결해 나갈 수 없으므로 공동창업자나, 직원이 참여하는 조직을 만들어 갈 수밖에 없다. 그래서 창업은 자연스럽게 조직을 통하여 고용창출과 경제활성화의 기반을 만들어 가게 되는 것이다. 물론 여기서 말하는 조직의 목적은 영리기업 조직에 국한되는 것이 아니라 비영리단체, 대학, 공공기관 등 모든 형태의 조직을 포괄적으로 의미한다.

창업은 조직발전단계 차원에서도 구분설명될 수 있다. 율곡 이이(李珥)는 그의 저서 성학집요에서 국가의 생존과 번영을 위한 창업(創業)·수성(守城)·경장(更張)의 도(道)[1]를 밝히고 있다. 기업의 발전 단계도 이와 유사하다. 예를 들어 창업자의 2세는 수성에 전념하고 3세에 들어서는 경장 즉 혁신을 추구해야 한다는 것이다. 그리고 이 모든 과정에 필요한 것이 인사혁신과 제도개혁이라 주장하였다. 물론 여기서 말하는 인사혁신과 제도개혁의 주안점은 사람과 조직의 개편에 있다. 한편 창업 후 언제까지를 창업과정 활동기간으로 볼 것인가에 대한 논의는 정부의 창업지원대상을 선정하는 등 정책/제도적 측면에서 아주 중요한 문제이다. 왜냐하면 창업이라는 과정을 단순한 기간개념으로 설정하면 행정관리적 측면에서는 명료한 기준이 될 수 있기 때문이다. 그러나 이는 개별 창업활동의 조직적 특성과 성장수준을 무시한다는 측면에서는 학문적으로 일반화하는 창업의 정의에 기간적 개념을 포함시키기에는 논리적 모순점이 많아진다.

결국 이러한 모든 점들을 감안할 때 창업(創業)은 개인적인 생을 통해 선택하게 되는 다양한 업(業)중의 하나이며 사회 및 경제활동의 목적을 달성하기 위하여 조직을 구성하고 운영하는 활동"으로 정의될 수 있을 것이다.

한편 창업학이란 무엇인가? 창업학이란 쉽게 얘기해서 창업을 대상으로 하는 학문(學問; Disciplines)이다. 일반적으로 학문이란 학자들이 연구 활동을 한 결과를 축적해 놓은 지식체계와 이를 학습하고, 발전시키는 교육체계 두 가지 활동을 동시에 의미한다. 실제로 학문은 과거 그 분야의 학자들이 발견, 축적해 놓은 개념과 탐구방법을 통하여 현재 학문을 하는 사람들이 그 개념과 탐구방법을 써서 각각 관련된 현상을 이해하는 활동을 하게 되기 때문이다(Education Research Institute Seoul National University, 1995).

이러한 관점에서 볼 때 창업학[2]은 "창업에 관련된 제반 선행연구 결과를 체계적으로 정리하고 집대성하여(지식/정보체계) 이를 통하여 창업을 학습, 교육하고 연구하여 학문적으로 더 발전시키는 활동(교육/연구체계)"이 된다.

문제는 창업학의 지식체계 범주와 교육연구체계범주를 어떻게 설정할 것인가에 따라 창업학의 학문적 성격 규정에 딜레마를 형성하게 된다는 점이다. 창업학을 기업이나 경제활동 중심으로 본다면 굳이 경영학과 다른 학문으로 정의하기 어려울 것이며 창업자의 행동을 기존의 개인적 심리현상이나 사회적 행동 중심으로 본다면 심리학이나 사회학의 범주를 벗어나기 어렵다.

결국 아직은 신생 학문으로밖에 볼 수 없는 창업학의 지식체계 범주는 창업학의 정체성 규명을 통하여 점진적으로 정의해 나갈 수밖에 없을 것이다.

2.2. 창업학 정체성

창업학의 정체(正體; Identity)는 과연 무엇인가? 우리나라는 물론이고 다른 나라에서도 창업학을 창업가정신(Entrepreneurship) 이란 용어의 동의어로 치부하는 경우가 많은 것이 현실이다. 문제는 이러한 상황이 창업학이라는 새로운 학문분야의 본질을 호도할 수가 있다는 점이다. 기업가정신이나 사업가정신으로 경영학 전체를 설명할 수 없듯이 창업가정신을 창업학의 동의어로 사용하는 순간 학문의 영역 규정이나 정체성 확보에 엄청난 혼란을 겪게 된다.

인간이 건강한 육체(물리적 기반)와 건강한 정신(영혼적 기반)으로 생명체가 완성되듯이 창업학 역시 창업가정신이라는 영혼적 기반과 창업시스템이라는 물리적 기반 모두를 아우를 수 있는 학문이 되어야 하는 것은 너무도 당연하다.

창업학의 연구분야와 적용 영역은 시대에 따라 달라질 수밖에 없다. 과거와 현재의 창업관련 이슈들의 중요성이 변화해 왔듯이 우리가 알지 못하는 미래의 새로운 이유가 성립되고 이를 중심으로 창업학을 논하게 될 것이다.

창업학은 태생적으로 학제적(學際的; Interdisciplinary) 연구영역이다. 경영학, 교육학, 심리학, 사회학, 경제학, 공학 등의 다양한 학문으로부터 이론적 체계나 실천적인 방법론 등을 흡수하면서도 전혀 새로운 학문생태계를 형성해오고 있다. 그리고 창업에 대한 사회적 중요성과 활용규모에 비해 이를 논리적으로 뒷받침해야 한다. 창업학을 공론화하는 데 필요한 다양한 정의가 마련되어야 하고 창업학의 정체성에 대한 학문적 합의 역시 필요하다.

창업학 발전을 위한 선행조건은 창업학 개념적 정의에 대한 학문적 합의이다. 그리고 창업학은 창업에 관련된 진리를 탐구하는 행위를 통하여 논리적이고도 실천가능한 이론의 도출을 도모하고 시대적 현실을 반영하면서 지속적으로 연구의 폭과 깊이를 넓혀 가야 할 필요가 있다.

현재 창업학의 학문적 정체성 규정에 딜레마를 형성하는 가장 인접한 학문은 경영학이다. 물론 이는 모든 학문이 발전함에 따라 지속적으로 세분화되는 것이 당연하고 분화 발전하는 창업학의 정체성이 기존 경영학과 구별되는 독특한 성질이 있으면 비록 동일한 기업이 진리탐구 대상이라도 선택한 인식 대상에 대한 관점에 따라 학문의 정체성이 달라진다(Park, 2002). 두 개 이상의 학문들이 진리 탐구의 대상으로 동일한 것을 선택하더라도 한 학문은 인식 대상에 대한 관점에 따라 다른 학문들과 구별될 수 있다.[3] 창업학의 개념적 정의를 경영학과 차별화해서 재정립한다고 해도 창업학의 학문적 포괄성을 고려할 때 경영학은 물론이고 심리, 사회학 그리고 여타 학문과의 상호작용은 중요하다. 그래서 창업학의 정체성은 본질적으로 학제적(學際的; Interdisciplinary)으로 규정될 수밖에 없다.

Ⅲ. 창업학의 연구현황

대부분의 학자들은 창업학을 1970년대 후반부터 미국과 유럽 등 선진국 연구자들이 본격적으로 시작한 창업가정신(Entrepreneurship)[4] 연구에서 그 근원을 찾고 있다. 그리고 창업학은 경영학의 하부 학문의 하나로 발전해 오기보다 창업의 사회적 필요성과 창업교육에 대한 수요에 부응하는 국가 정책적 차원에서 발전해온 실천 학문분야로 보고 있다.

우리나라의 경우에도 창업학은 1990년대 후반 벤처창업 붐과 노동 및 복지정책의 일종으로 창업 수요에 따라 창업교육과 창업기법 강좌 중심으로 논의되어왔다. 이러한 이유로 창업학의 독자적인 학문체계나 연구영역 등에 대한 체계적 논의는 거의 이루어지지 못하였다.

이 장에서는 창업학을 앞장에서 언급한 바와 같이 창업가정신을 학문영역의 일부로 포함하는 창업에 관련된 제반 영역을 연구하는 학문으로 정의하고 이러한 관점에서 창업학의 연구현황을 정리해 보았다.

3.1. 창업학의 출범 배경

우리나라 문헌 중 창업학이라는 용어가 최초로 등장한 경우는 Park(1986)의 저서 '창업학'이다.[5] Park(1986)은 그의 저서 "창업학"에서 창업학을 Entrepreneurship을 연구하는 학문으로 규정하고 창업과 창업학에 대한 나름대로의 정의를 제시함으로 창업을 하나의 독립적 학문분야로 생각하게 하는 단초를 제공하였다. 이후 1998년에 이르러서야 한국창업정보학회가 설립되고 2003년 한국창업학회와 2006년 한국벤처창업학회가 설립되면서 학회차원의 논의가 시작되었으나 아직도 창업학 논의에 필요한 기초용어조차 제대로 정의되지 못하고 있는 현실이다. 이는 창업에 대한 논의가 관련학자나 학회중심으로 되기보다 정부의 정책적 필요성 차원에서 준비되고 집행되어 왔기 때문으로 보인다(Hahn & Ko, 2007). 결국 이는 창업학 역시 학계 내부에서 자생적으로 발전했다기보다는 정부정책의 시행과 제도마련차원에서 정책 연구가 주축이 되어왔다는 것을 의미한다.

창업학에 대한 본격적 논의가 현실적으로 가능했던 시점은 2004년 우리나라 최초로 창업대학원을 설립한 중앙대학교를 필두로 창업학석사가 배출되기 시작한 때부터로 보는 것이 타당할 것이다. 그 이전에는 창업학에 대한 본격적인 논의가 없었고 창업 전문인력을 배출하는 교육 기관도 없었기 때문이다. 중앙대학교는 2007년 창업학 박사과정을 개설함으로 창 업학을 체계적으로 학습한 고급 연구인력을 우리 창업 생태계에 본격적으로 공급하기 시작하였다.

이렇게 우리 사회에 배출된 창업전문 인력을 중심으로 창업학 연구 및 교육기반구축의 원동력이 마련될 것으로 기대되었던 것이 사실이다. 그러나 안타깝게도 이러한 고급 연구인력을 체계적으로 활용하고 연구역량을 결집시키는 구심체가 활성화되지 못하여 아직까지는 큰 성과를 이루어내지 못하고 있는 실정이다.

3.2. 창업학 국내 연구

창업에 국내 문헌이나 연구자료는 비교적 다양한 형태로 많이 존재하나 창업학을 거론하고 구체적으로 문제를 제기한 자료는 극히 희소하다.

국내 창업학 연구의 시발점은 Park(1986)의 저서 창업학에서 찾을 수 있다. Park(1986)은 이 책에서 창업학을 'Entrepreneurship을 연구하는 학문 또는 학문영역'이라고 정의하고 있다. 그는 Entrepreneurship을 좁은 의미로 해석할 경우에 창업학으로 표기하여야 하며, 넓은 의미의 Entrepreneurship은 혁신적 기업가 활동으로 해석하면서 용어의 혼선을 방지하기 위해 넓은 의미의 Entrepreneurship은 앙트르프러너십이라는 원음 그대로 사용해야 한다는 의견을 제시하였다.

Cha(2007)은 창업학을 'Entrepreneurship Interdiscipline (The small Business Creation Science)'으로 칭하며 창업현상 또는 부 창출현상의 실체를 규명하는 학문, 또는 실체를 연구하는 기초과학의 간 학문적 인식 체계 및 실천체계의 학문이라고 정의하였다. 그리고 창업학의 정체성 정립을 위해서는 창업가가 새로운 사업 창출을 위한 기회의 발견에서부터 창업의지 의 작용, 자원투입, 성장, 지속가능한 안정된 기업으로 정착하는 단계에 이르기까지의 제반 과정(Process)에 대한 이론이 필 요함을 강조하였다. Kang(2012)은 창업학원론을 통하여 창업(創業:Start-up)을 개인이나 회사가 수익사업을 처음 시작하는 것으로 정의한다. 그리고 영문표기로는 기업의 출범(Inauguration of an Entreprise)이라는 용어를 사용하였으며 창업학을 별도로 정의하지는 않았다.

Kim(2012)은 창업은 새로운 기회를 만들어내고, 포착하며, 이용하는 것이며 그래서 창업을 'Foundation'이란 말 그대로 사업의 기초를 세우는 것이라고 정의하고 있다.

Kim & Lee(2014)는 '창업이라 함은 중소기업을 새로이 설립하여 사업을 개시하는 것'이라는 중소기업창업지원법2조를 그대로 정의로 인용하고 있다. 이러한 경우 승계하지 않은 그리고 사업을 개시한지 7년이 지나지 않은 새로운 사업은 모두 창업으로 간주된다.

국내 문헌이나 연구를 종합해보면 실무적 차원에서의 창업 지침서 성격의 자료는 넘쳐나고 있으나 정작 창업과 창업학에 대한 기본적인 개념에 대한 논의는 찾아보기 어렵다는 사실이 확인된다. 특히 창업학에 대한 논의는 거의 전무했다는 사실은 보편적으로 사용될 수 있는 학문적 정의가 아직까지는 마련되지 못하고 있음을 단적으로 보여주고 있으며 이는 창업과 창업학에 대한 연구방향과 교육내용 설정에도 많은 혼선을 초래하는 원인이 되고 있다고 보여진다.

Ⅳ. 창업학의 연구과제

본 장에서는 창업학의 연구과제를 체계적으로 이해하고 도출하기 위하여 먼저 창업학의 기본 활동무대를 형성하고 있는 우리나라 창업생태계의 현실을 살펴보았다. 그리고 창업학에 대한 선행연구 현황과 교육실태 분석을 통하여 창업학이 독자적으로 자리 매김하기 위하여 필요한 시사점을 도출해 보았다.

4.1. 우리나라의 시대별 창업 추세변화

창업이란 개인이나 기존 기업조직이 모두 가능한 행위이기는 하나 대부분 개인 창업자가 제한된 자원으로 새롭게 사업을 개시하는 것이 일반적 상황이다.

우리나라 역시 소상공인 창업을 중심으로 창업정책과 제도가 강구되어왔으며 그 결과 학문적 관심보다 사회정책적 관심사 위주로 연구와 교육이 진행되어온 것이 사실이다. 따라서 창업이란 용어의 사용이 활발해지고 이에 관련된 다양한 정책과 교육이 마련되기 시작한 소상공인 창업부문을 중심으로 전반적인 시장추세를 이해하는 것이 필요하다. 그리고 창업자들은 창업의 출발점인 창업아이템을 선택할 때 가장 많은 어려움을 겪는다. 따라서 창업자들은 창업시장의 흐름을 잘 파악할 필요가 있다. 창업시장의 트렌드를 잘 읽어야 유망업종이 보이고, 유망업종을 잘 선택해야 성공할 확률이 높아지기 때문이다.

우리나라의 창업시장은 국내 경기 상황과 사회 환경 변화에 따라 인기창업 아이템이 크게 달라져왔다. 창업에 대한 관심이 본격화되기 시작한 1980년대 말부터 우리나라 창업생태계 의 추세를 시대적으로 살펴보면 다음과 같이 특징이 발견된다(Small Enterprise Development Agency, 2009).

4.1.1. 창업 태동기 (1988 서울올림픽)

1988서울 올림픽을 계기로 마련된 창업시장 관심증가기이다. 이때 웬디스, 하디스, 맥도날드, KFC, 파파이스 등 외국계

외식업 브랜드가 잇달아 우리나라 시장에 본격적으로 진출했다. 이 시기에 패스트푸드점, 원두커피 전문점, 호프집, 중저가 캐주얼 의류점들이 호황을 누렸으며 패션·잡화업종도 덩달아 인기를 끌었다.

4.1.2. 창업시장 '거품' 시대 (1990~1997년)

1990년대 들어서면서 창업시장에 명예퇴직자들이 나타나기 시작했다. 이른바 '명퇴형 창업 아이템'이란 용어도 등장했다. 대표적인 '명퇴형 창업 아이템'은 편의점(CVS), 제과점, 아이스크림점, 놀부 등 프랜차이즈들과 한식당, 중저가 캐주얼 의류점들이었다. 이 시기에 빼놓을 수 없는 창업 트렌드는 수도권 5대 신도시가 생겨나면서 전국 단위의 택지개발지구 상권이 본격적으로 출현했다는 점이다. 도심 외곽의 이른바 '아파트 상권'이란 용어가 등장했다. 창업자들은 이때부터 아파트 단지 상권에 주목하기 시작했다. 이 시기의 창업시장은 겉으로 활력을 찾는 것 같이 보였지만 실제로는 거품시대였다. 서울 강남의 오피스상권의 활황과 상가분양 가격, 점포 임대료, 권리금도 상당한 거품을 안고 있던 시대로 평가된다.

4.1.3. IMF형 소자본 창업시대 (1997년 말~1999년)

1997년 말 대한민국을 강타한 IMF(국제통화기금) 외환위기는 창업시장에도 큰 변화의 바람을 몰고 왔다. 1990년대 중반의 창업시장 거품도 빠지기 시작했다. 외환위기 직전에 유행했던 고급 커피점이 시장에서 사라지고 맥주보다는 소주가 더 인기를 끌었다. 화려한 것보다는 소박한 것, 호화스러운 것보다는 서민적인 스타일이 창업 아이템의 주류를 이루었다. 경기불황이라는 트렌드에 맞춘 'IMF형 창업 아이템'들이 시장에 쏟아지기 시작했다. 많은 사람들이 투자비용이 적은 소자본 창업아이템을 선호했기 때문이다. 특히 5000만원 내외의 자금으로 창업할 수 있는 소갈비살 전문점이 인기를 끌었다. 선술집 형태의 드럼통 숯불구이로 유명했던 소갈비살 전문점은 소비자들이 소주를 마시며 대화하는 공간을 제공했다. 기존의 온돌형 삼겹살집보다는 '선술집형 돼지구이점'도 인기를 누렸다. '황가네 호떡'과 차량형 창업 아이템 등과 같이 전국적으로 노점 열풍도 불었다.

4.1.4. 창업시장 지각 변동의 시기 (2000~2006년)

2000년대 접어들면서 창업시장에 일대 지각변동이 일어난다. 먼저 우리나라 경제가 어려움을 벗어나기 시작하면서 창업시 장도 점차 회복 국면에 진입하기 시작했다. IMF형 창업 아이템들이 주춤해지자 화려함을 포장한 틈새 아이템들이 새바람을 일으키기 시작했다. 일식 돈가스 전문점, 찜닭 전문점, 불닭 전문점 같은 아이템들이다. 뿐만 아니라 '주5일제 근무'가 확산 되면서 주택가 상권이 좋아진 반면 오피스상권은 위축되었다. 전국 곳곳에 대형 할인점들이 진출하면서 소상공인들이 운영하는 점포형 아이템들이 직격탄을 맞았다. 특히 중저가 캐주얼 의류브랜드들이 쇠락의 길을 걷기 시작했다. 인터넷과 홈쇼핑을 통한 상품거래가 기하급수적으로 늘어나면서 점포를 운영하는 소상공인들이 큰 타격을 입었다. 2000년들어 '웰빙'이라는 새로운 소비트렌드가 나타나기 시작했다. 많은 사람들이 삶의 질을 중요시하는 경향을 보이기 시작한 것이다. 샤브샤브 전문점, 보리밥 전문점 같은 웰빙 아이템이 각광받기 시작했다.

이 시기에 우리나라의 경우 창업기업 증가율의 변동 폭이 크게 나타나 여타 국가에 비해 역동적인 모습을 보였으나, 2003년부터 2005년까지는 감소세가 진행되면서 여타국가와 상반되는 추세를 나타내고 있다. Yang, et al. (2009)의 '창업기업의 행태 및 성과분석'에 의하면 우리나라 창업활동의 장기(1981~ 2008년) 변화 추이상 이미 2003년부터 창업활동이 위축되기 시작된 것으로 나타나고 있다(Kim, et al. 2007).

4.1.5. 창업시장 재정립기 (2007~2012년)

2007년 이후 '웰빙 아이템'은 창업시장의 중요한 키워드로 존재하고 있다. 건강과 환경에 초점을 맞춰 웰빙을 기본으로 한 다양한 아이템들이 등장하고 있다. 몸매관리 비즈니스, 휘트니스클럽, 피부관리 전문점 등이 주목을 받고 있다. 웰빙 관련 아웃도어 아이템과 레포츠 관련 아이템들도 강세다. 소자본 창업 아이템들도 여전히 인기를 끌고 있다. 가격 면에서도 저가를 표방하는 창업 아이템들의 인기도 여전하다. 고령화 추세에 따라 실버세대를 겨냥한 창업 아이템들도 등장하고 있다. 부업이 아니라 본격적으로 돈을 벌기 위한 여성창업과 청년창업도 늘어나고 있다. 이명박 정부 출범 이후 영어 교육 열풍의 영향으로 영어교육관련 아이템들도 강세를 유지하고 있다.

4.1.6. 창조경제형 창업시대 (2013~현재)

협업 창업 우리나라는 2013년 2월 25일 박근혜대통령이 취임사에서 창조경제를 강조함으로써 이를 화두로 창업생태계의 여건이 조성되고 있다. 박대통령은 창조경제는 과학기술과 산업이 융합하고, 문화와 산업이 융합하고, 산업 간의 벽을 허문 경계선에 창조의 꽃을 피우는 것이라 정의하면서 이를 추진하는 근간으로서 전국적으로 정부주도형 창조경제타운과 대기업과 상생협력협업을 위한 창조경제혁신센터를 설치하고 이를 통하여 아이디어단계의 창업아이템을 대기업이나 관련기관과의 협업형태로 사업화하도록 지원하고 있다. 예를 들어 2016년의 경우 미래창조과학부, 문화체육관광부, 중소기업청, 특허청 등 창업지원사업을 수행하는 부처들이 합동으로 각 지역의 창업기업과 예비창업자를 위한 '정부 창업지원사업 K-스타트업 (K-Startup) 통합 설명회'를 개최하는 등 창업자가 정부의 지원사업을 한눈에 이해할 수 있도록 돕고, 지역 창업 생태계를 튼튼하게 구축할 수 있도록 지원하고 있다.

4.2. 창업학의 연구과제

창업학은 제품 또는 서비스 아이디어개발과 시장에서의 사업성 기회활용을 통한 창업행위와 과정 그리고 창업후의 기업이 창업가정신과 도전정신이 충만할 수 있도록 조직 내에서의 제품, 기술, 생산공정, 조직구조 등의 혁신과 개선을 포괄적으로 연구하는 학문 활동이다. 크게 볼 때 창업학의 연구 과제는 다음과 같이 미시적 관점과 거시적 관점으로 나누어 볼 수 있다.

먼저 미시적 관점에서의 연구과제를 구체적으로 살펴보면 창업가와 창업가에 의한 창업의 진행프로세스를 주 내용으로 한다. 즉, 창업가의 특성과 자질, 태도, 성향, 교육가능성 등에 대한 연구와 창업가의 창조성 개발, 사업기회의 포착과 아이디어화 및 사업화 그리고 실제 창업을 통한 경영행위에 필요한 실천적 이론체계 구축 등이 그것이다. 창업학이 창업가정신에 기초하고 창업가정신이 불확실성 속에서 기회를 포착해 새로운 가치를 창출하고자 하는 혁신적, 진취적, 위험감수적인 정신, 행동, 과정이라고 볼 때 창업학은 창조성 개발과 새로운 사업기회 인식과 포착, 사업화 능력 그리고 혁신적인 창업경영에 좀 더 많은 노력과 연구가 이루어져야 한다.

거시적 관점에서의 창업학 연구과제는 개인과 기업수준을 넘어선 국가경제적인 차원이나 창업이나 사회적기업을 포함 하는 창조적이고 새로운 활동을 통하여 국가의 부를 창출하려는 국가정책, 제도, 지원방안, 패러다임 구축과 지속가능성 제고 및 사회적 가치 유도 등이 포함된다고 할 수 있다. 기존의 창업학 연구는 개인과 조직, 기업 관점에서 창업행 위의 원인과 창업 선호도, 창업교육 등의 영역에서 대부분 이루어져왔으며 창업을 통한 개인, 조직, 기업의 성과와 경제성 장과의 관계는 경제학이나 행정학의 연구에 주로 의존해 왔다. 이러한 분야에 대한 해외의 GEM(Global Entrepreneurship Monitor)연구[6]는 창업학에 주는 시사성이 매우 크다.[7]

GEM연구는 한 나라의 경제성장은 1/3이 기존기업, 1/3이 창업활동 그리고 나머지 1/3이 상호작용과 다른 요인에 의해 달성된다는 결과를 발표하면서 창업가정신의 중요성을 강조하고 있다. 이 연구는 특히 G7국가의 창업활동과 경제성장간의 상관관계가 0.77에 달한다고 주장하여 세간의 관심을 끌기도 했다.

창업자가 활동하는 시장 패러다임에 맞는 창업학 연구를 위하여 창업학도 수요자인 창업자가 필요로 하는 부분들을 이해하고 이들의 기대에 부응할 수 있어야 한다. 특히 창업가역량을 제고할 수 있는 다양한 연구가 필요하다. 사업성 기회를 발굴에서부터 시장진입 이후 죽음의 계곡(Chasm, Valley of Death)과 같은 한계적 상황의 극복을 지원하기 위한 성장단계별 지원방안과 더불어 창업기업의 지속가능성 제고를 위한 사회적 네트워크 기반을 확대하기 위한 영역 역시 창업학의 중요한 연구 분야가 될 것이다.

창업학이 창업가정신을 기반으로 한 창업활동을 통하여 지속 가능한 경제적 및 사회적 부를 창출하는 과정과 원리를 연구 하는 학문이라고 할 때 경제적인 이익뿐만 아니라 사회적 고용을 포함한 경제발전과 이를 통한 사회적 복지를 지향하는 사회적기업 역시 창업학의 중요한 연구 분야가 될 것이다.

4.3. 창업학 교육과제

앞 절에서 언급한 창업학의 연구과제가 창업학 교육과제와 직접적으로 연관성이 있다는 전제하에 이를 토대로 창업학 연구자나 교육자는 물론이고 창업자를 위하여 중점적으로 교육해야 할 공통적 과제를 정리해보면 4개 부문으로 집약된다. 이는 Barringer & Ireland(2006)와 Kuratko(2007)의 내용을 중심으로 도출하였다.

4.3.1. 창업 개념과 비전 부문

창업의 기초개념이라 할 수 있는 창업과 창업학의 정의와 필요성 그리고 창업의 주체인 창업가의 자질과 행동적 특성 등과 창업 성공의 심리적 동력이 되는 창업가와 창업가정신을 교수한다. 그리고 이를 통하여 창업과 창업학의 현재와 미래를 이해하도록 한다.

4.3.2. 창업 프로세스 부문

창업의 준비와 실행 그리고 효율적인 창업자원 관리방법을 교수한다. 사업성 기회인식과 비즈니스 모델방법론 학습을 통하여 창업 기회를 파악하고 오류를 수정하며 궁극적으로는 성공가능성이 높은 사업계획서 작성이 가능하도록 한다. 그리고 창업팀의 구성과 운용을 통하여 창업마케팅, 재무 및 회계 관리 등 효율적인 창업자원관리가 가능하도록 한다.

4.3.3 창업 전략 선택 부문

창업과정에서 창업자가 전략적으로 선택해야 하는 의사결정 방법을 창업단계별로 생기는 딜레마 극복차원과 추진하는 사유형별 차원 그리고 창업을 정리하는 출구전략 차원으로 나누어 교수한다.

창업딜레마 극복전략은 창업과정에서부터 후계자 승계에 이르기까지 단계별로 발생할 수 있는 각종 의사결정 딜레마를 극복하는 방법과 제조업, 서비스업, 도·소매업 등 창업업종에 따른 특성과 의사결정 딜레마 극복방법을 학습하도록 한다. 사업 유형별 창업전략은 벤처, 프랜차이즈, e-Business, 소호 와 1인 창조기업은 물론이고 최근 관심사로 부각되고 있는 사회적 기업창업 등 사업유형별로 특화되어 고려해야 할 전략 선택의 논리를 학습하도록 한다.

창업 출구전략은 창업이후 발생할 수 있는 기업 출구전략 준비의 필요성과 출구전략의 유형 그리고 사업유형별 기업 출구전략과 사례를 학습하도록 한다.

4.3.4 창업 시장과 창업 제도

창업시장의 기본구조와 창업성공의 토대가 되는 사회적 지원시스템인 정부와 공공기관의 창업정책과 제도, 그리고 창업교육과 시스템을 교수한다.

창업자가 창업시장에 대한 체계적인 이해를 할 수 있도록 창업환경 전반 즉, 경제, 사회, 문화법과 제도는 물론이고 창업 제품과 서비스 개발관련 정보를 파악하고 진입한 시장에서의 시장구조와 역학관계 그리고 해당제품/서비스의 경쟁구조를 이해할 수 있도록 한다.

창업정책과 제도가 성공적으로 운용되기 위해서는 목표와 추진방향설정이 명확할 수 있도록 창업정책 철학과 논리가 분명 해야 한다. 그리고 이를 위해서는 창업과 창업시장에 대한 이해도가 높은 전문가가 정책개발과 제도마련에 참여해야 한다. 창업제도의 관리체계는 공급자인 정부나 공공기관이 될 수밖에 없고 해당 창업지원제도 활용은 수요자인 창업자가 하게 된다. 따라서 창업정책 공급자와 수요자입장에서 모두 충족할 수 있는 정책 양면성의 조화가 필수적인 과제인 만큼 창업 정책 입안 전문가 양성이 중요한 창업교육과제가 된다. 창업교육의 핵심은 성공하는 창업자를 지속적으로 배양하거나 창업성공을 지원하는 우수한 창업정책 입안자나 창업컨설턴트를 배양해내는 것이다. 이를 위해서는 창업교육과 창업지 원시스템에 대한 체계적인 이해가 필수적인 과제가 된다. 결국 이는 창업교육의 철학과 논리가 탄탄하게 마련하여 이를 기초로 한 교육이 이루어져야 한다는 의미가 된다. 창업교육체계와 실천프로그램을 공급하는 대학이나 각종 관련교육기관의 전문성이 제고되어야 하며 창업교육시스템 활용자인 창업자의 수요에 부응할 수 있어야 한다.

앞서 설명한 논리를 중심으로 창업학의 교육과제를 표로 정리해보면 다음과 같다.

〈표 1〉 창업학의 교육과제

대주제	소주제	세부 주제
1. 개념과 비전	창업과 창업학	– 창업의 개념과 필요성 – 창업학의 학문체계
	창업가는 누구인가?	– 창업가의 자질과 행동적 특성 – 성공하는 창업가와 실패하는 창업가
	창업가정신	– 창업과 창업가정신 – 창업학과 창업가정신
	창업과 창업학의 현재와 미래	– 창업학의 현실과 과제 – 창업학의 진로
2. 프로세스	창업 기회 인식과 비즈니스 모델	– 창업 기회인식 및 수정 – 비지니스 모델의 이해와 전략 – 창업기획과 계획: 사업계획서
	창업자원관리	– 창업팀의 구성과 운용 – 창업마케팅관리 – 창업재무 및 회계관리
3. 전략선택	창업딜레마 극복전략	– 창업과정과 단계별 딜레마 – 제조업창업의 특성과 딜레마 – 서비스업창업의 특성과 딜레마 – 도·소매업의 특성과 딜레마
	사업 유형별 창업전략	– 벤처창업 – 프랜차이즈창업 – e-Business창업 – 소호와 1인 창조기업 – 사회적 기업창업
	창업 유형별 출구전략	– 기업 출구전략의 필요성 – 기업 출구전략 유형 – 유형별 기업 출구전략과 사례
4. 시장과 제도	창업시장에 대한 이해	– 창업환경: 경제, 사회, 문화 법과 제도 – 창업제품과 시장의 역학관계, 경쟁구조 이해
	창업정책과 제도의 이해	– 창업정책의 철학과 논리 – 창업제도의 관리체계: 공급자 – 창업지원제도 활용전략: 수요자
	창업 교육과 시스템의 이해	– 창업교육의 철학과 논리 – 창업교육체계와 실천프로그램: 공급자 – 창업교육시스템 활용전략: 수요자

4.4. 시사점

창업학의 정의와 정체성 그리고 관련분야의 연구현황을 검토한 결과 창업학이 독자적인 학문으로 분명한 자리매김을 하기 위해서는 다음과 같은 분야에서 도출되는 시사점과 과제를 종합적이고도 단계적으로 풀어나가야 할 것으로 판단된다.

개념과 용어의 정리가 필요하다:

창업학이 학문적으로 활발하게 논의될 수 있도록 창업에 관련된 용어에 대한 개념적 정의가 하루빨리 이루어져야한다. 필요한 경우 학문적 용어와 실용적 용어가 구분되어 사용되어야 하며 이와 더불어 학문적 정체성도 정립되어야 할 것이다. 특히 창업가 정신이 창업학과 동일시되는 정의의 한계와 모순점 제거가 시급하다.

학문적 독특성(배타적 차별성) 확보가 필요하다:

주된 연관 학문인 경영학은 물론이고 인접 학문과의 차별성이 명확해져야 할 것이다. 이와 더불어 창업가정신과의 연구영역 및 관계 설정을 통하여 언어가 주는 기호학적 의미의 혼선과 전달 한계, 연구대상의 초점 논란을 해소할 피하거나 이러한 논란에 대한 수렴적 합의가 필요하다.

창업학의 교육체계 정비가 필요하다:

창업학 교육은 성공적인 창업가뿐만 아니라 우수한 창업관련 정책전문가와 창업교육전문가를 육성하는데 초점을 맞추고 시대에 맞게 정비되어 가야 한다. 이를 위해서는 창업학 제반에 대한 균형적인 연구가 필요하고 이러한 연구를 수행할 수 있는 전문인력을 육성해 내는 교육체계가 만들어져야 한다. 아울러 창업프로세스와 창업관리체계를 체계적으로 이해하고 이를 기반으로 창업 성공을 일구어 낼 수 있는 전략적 마인드도 교육되어야 할 것이다.

한국적 창업학에 대한 심층연구가 필요하다:

창업생태계는 그 나라의 경제수준은 물론이고 사회문화적 환경에 따라 크게 달라진다. 따라서 창업지원제도나 교육제도 역시 그 컨텐츠를 달리할 수밖에 없다. 이러한 관점에서 서구의 창업학이 우리나라에 현실에 맞게 활용되고 학습되기 어려운 것은 당연한 상황이다. 결국 한국적 창업생태계에 부합하는 창업학의 발전이 있어야 학문도 살고 현실적 창업 성공률도 높아질 것이다.

V. 결론

본 연구의 목적은 창업학의 발전을 위한 논리적 초석을 마련하기 위하여 창업학에 대한 기초적인 개념을 정의하는데 있었다. 그리고 우리나라 창업학의 현주소와 정체성 고찰을 통하여 이를 바람직하게 발전시켜나 갈 핵심적 연구 분야를 제시하고자 하였다.

그 결과 창업(創業)을 "개인적 인생을 통해 선택하게 되는 다양한 업(業)중의 하나이며 사회 및 경제활동의 목적을 달성하기 위하여 조직을 구성하고 운영하는 활동"으로 정의하였다. 그리고 창업학은 "창업에 관련된 제반 선행연구 결과를 체계적으로 정리하고 집대성하여(지식/정보체계) 이를 통하여 창업을 학습, 교육하고 연구하여 학문적으로 더 발전시키는 활동(교육/연구체계)" 으로 정의하였다.

이러한 정의는 기존의 많은 문헌에는 사용되지 않는 새로운 정의이기에 앞으로 이에 대한 많은 논란이 있을 것이라 판단되나 학문은 이러한 논리적 갈등과 공박 속에서 자리잡아 가는 것인 만큼 창업학의 학문적 성숙에 나름대로 기여할 수 있으리라 본다.

또한 창업학을 구성하는 핵심 연구 분야와 교육 분야가 서로 상호 연관성 속에서 발전해야 한다는 전제하에 1) 창업학의 개념과 비전 분야 2) 창업 프로세스 분야 3) 창업전략적 선택 분야 4) 창업정책과 제도 분야 등 4개 대주제 분야와 12개 소주제 분야 를 도출하였다.

물론 제안된 연구와 교육 주제분야가 창업학의 모든 이슈를 담을 그릇으로 충분하지는 않을지도 모른다. 그리고 이 역시 탐색적 연구자료를 토대로 주관적으로 판별한 것이라 적용의 한계를 인정하지 않을 수 없다. 따라서 향후 보다 풍부한 정보와 근거 자료를 토대로 연구를 진행하고 실제 상황화에서의 적합도를 분석하여 완성도를 높여가야 할 것이다.

주석

1) 창업, 수성, 경장의 도는 일찍이 중국 역사상 최고의 성군으로 일컬어지는 당태종의 언행을 기록한 "정관정요" 에도 기록이 있다. 당태종 이세민은 신하들에게 한 나라를 창업하는 것이 더 어려운가 아니면 수성이 더 어려운가를 질문한다. 이 질문에 천하를 평정하기까지 황제와 함께 온갖 고초를 겪은 방현령은 창업이 더 어렵다고 했고, 개국 후 나라의 안정을 도모하며 국가의 위기를 염려해온 위징은 수성이 더 어렵다고 했다. 당태종은 두 사람의 주장이 다 이해되고 일리가 있다며, 현재 창업의 어려움은 이미 지나간 과거의 일이 되었지만 수성의 어려움은 앞으로 계속해서 여러 신하들과 함께 신중하게 처리해야 할 일이라고 답했다.

2) 창업학의 영문표기에 대해서는 다양한 이견이 있고 실제로 보다 체계적인 고찰이 필요함으로 본 논문에서는 잠정적으로 창업(創業) 원문의 뜻을 그대로 살려 'Start-up studies "로 표기한다.

3) 그는 동일한 인간을 진리 탐구 대상으로 하지만 윤리학은 인간성을, 인체생물학은 생물학적 구조를, 인간 심리학은 심리적 변화를, 인간신체미학은 미학적 가치 를 각기 다른 관점으로 연구하고 있음을 예로 들었다.Entreprenuership이라는 용어를 기업가정신으로 해석, 활용하는 경우가 더 빈번한 것이 현실이나 본고에서는 창업가정신으로 정의한다.

4) Entreprenuership이라는 용어를 기업가정신으로 해석, 활용하는 경우가 더 빈번한 것이 현실이나 본고에서는 창업가정신으로 정의한다.

5) "창업학(이론/방법/사례)"라는 제목과 영문 Entrepreneurship (Theory/ Method/ Cases)라는 부제로 표지를 구성하였다.

6) GEM(Global Entrepreneurship Monitor, www.gemconsortium.org/report)연구는 1999년부터 영국의 런던 비즈니스 스쿨과 미국의 밥슨 칼리지 주도로 진행되는 프로젝트로 전 세계 국가를 대상으로 각국의 창업 수준에 대한 조사를 매년 실시하여 그 결과를 발표하고 있는데 창업활동이 활발한 국가와 그렇지 않은 국가 간에 경제성장율에서 차이가 있음을 제시하였다.

7) 창업활동이 초기에는 생계형 창업 위주로 높은 수준이었다가 국가 경제의 발전에 따라 고용이 증가하면서 기회 위주의 (혁신형)창업 활동이 늘어난다. GEM의 연차별 보고서에 따르면 한국은 '초기단계(창업후 3.5년이내) 창업활동(TEA, Total Entrepreneurial Activity)' 참가인구 비율이 혁신주도형 국가 20개국 중 8위로 양호한 수준이다. 하지만 경제성장이 안정화단계에 접어들고 있어 생계형 창업이 아닌 혁신형 창업을 더욱 활성화시켜야 함을 지적하고 있다.

REFERENCE

Barringer, B. R., & Ireland, R. D. (2006). Entrepreneurship: Successfully launching new ventures, New Jersey: Pearson Prentice Hall.

Cha, B. K. (2007). A Study on Evolution of Paradigm and Disciplinary Identity of Entrepreneurship Science, Jinju National University.

Education Research Institute Seoul National University. (1995) The Dictionary of Education Studies, Seoul National University Press.

Hahn, J. H., & Ko, U. J. (2007). Comparative Study of Entrepreneurship Programs in the Graduate Schools of Korea and the US, Journal of Vocational Education, 27(2), 105–131.

Kang, K. C. (2012). Start–up basic book the realize vision, Dunam Publishing.

Kim, H. C. (2012). Entrepreneurial Management, Dunam Publishing.

Kim, J. M., Oh, S. H., & Yang, J. K. (2007) A Study on the Entrepreneurship Education of Korea: Focusing on the Entrepreneurship Graduate School, Korea Small Business Institute.

Kim, J. S., & Lee, C. Y. (2014). Entrepreneurship and startup, Moonyoung–sa Publishing.

Kuratko, D. (2007). Introduction to entrepreneurship (8th edition), Canada, South Western Cengage.

Park, C. Y. (1986). Entrepreneurship and startup, Seoul, Dongguk University Press.

Park, J. W., & Park, M. S. (2011). The Strategic Choice and Research Themes of Venturing Entrepreneurship, Korean Business Education Review, 68, 315–339.

Park, Y. M. (2002). The Identity of Learning, Boundaries and Subjectivity, The Society of Korean Langage and Literature, The Korean Language and Literature, 131, 70–93.

Small Enterprise Development Agency. (2009). Business Manual small business sector.

벤처창업연구 제12권 제3호 (통권51호)

앙트러프러너십은 경영학과 다른 학문인가?

김도현(국민대학교 교수)
김도형, 박계현, 이수용, 임은천
정동관, 정수성, 최민혜, 최윤수, 황병호

국문 요약

창업학으로 흔히 불리는 앙트러프러너십이 연구와 교육측면에서 경영학과 어떤 관계를 맺고 있는가를 살펴보는 것이 이 논문의 목적이다. Shane 등의 학자는 앙트러프러너십이 경영학, 특히 전략경영과 구분되는 독자적 영역을 가지고 있다고 주장하였지만, 해외 대부분의 대학에서 앙트러프러너십은 경영대학의 일부로 포괄되어 있는 것이 사실이다. 그러나 우리나라에서는 최근 몇 년간 창업교육에 대한 지원이 활발하게 이루어진 결과 창업학과 경영학의 분리가 자주 발견되고 있다. 본 논문은 이와 같은 현상을 살펴본 다음, 2000년 이후 국내에서 발행된 관련 논문들을 전수조사하여 앙트러프러너십 연구가 연구의 대상, 사용되는 이론과 방법론, 실증연구에서 활용된 변수들 차원에서 경영학연구와 구분될 수 있는지 확인하였다. 그 결과 국내 앙트러프러너십 연구는 창업의도라는 협소한 주제에 관해서는 경영학과의 차별화를 이루어내고 있으나, 그 이외는 경영학과 명확하게 구분되기 어려운 상황에 있으며 특히 창업과정에 대한 본격적인 연구는 매우 부족한 것으로 확인되었다. 따라서 향후 창업과정에 대한 연구의 양적, 질적 축적 여부가 앙트러프러너십과 경영학의 차별화 여부를 가늠하는 가장 중요한 가늠자가 될 것으로 판단하였다.

핵심주제어: 앙트러프러너십, 기업가정신, 창업, 경영학, 학문간 차별성

I. 서론

학문으로서의 앙트러프러너십[1)]이 경영학에 포함될 수 있는 것인가 하는 질문은 새로운 것은 아니다. 일반적으로 앙트러프러너십 분야의 연구자들은 자신의 연구가 기존 경영학의 일부로 간주되는 것을 그다지 좋아하지 않는 경향이 있다.

경영학, 특히 전략경영과 앙트러프러너십의 차별성을 역설한 Shane과 Ventkatraman의 2000년 논문(Shane & Venkataraman, 2000)이 앙트러프러너십 분야에서 가장 많이 인용되는 문헌이라는 것은 앙트러프러너십의 학문적 독자성을 주장하고자 하는 연구자들의 관점을 방증하는 것이라고 할 수도 있다. 그러나 그 뒤로 십수년이 지난 지금, Shane(2012)이 개탄한 바와 마찬가지로, 앙트러프러너십이 경영학의 일부로 간주되는 경향은 국내외를 막론하고 일반적인 일이다. 미국의 경우 앙트러프러너십 분야의 학위과정은 경영대학원 (Business School) 소속인 것이 보통이며, 경영학 내에서 매니지먼트와 분리된 세부전공으로 개설되는 경우조차 그리 많지 않다.

앙트러프러너십이 경영학과 분리되는 경향은 오히려 최근 우리나라에서 두드러진다. 중소기업청이나 교육부의 각종 지원사업이 "창업"과 관련된 교육프로그램의 강화를 주요한 내용으로 하면서 대학 내에서 경영학과 분리된 교육부서 (예를 들면 창업교육센터, 창업지원단)가 설치되는 경향이 두드러진다. 이와 함께 학부와 대학원과정의 이름에 '창업학'이라는 이름을 사용하고 있는 사례가 증가하고 있으며, 일부 대학에서는 창업학박사를 배출하고 있기도 하다.

그렇다면 경영학과 앙트러프러너십은 과연 얼마나 다른 것일까? 이 오래된 질문에 대답하는 방법은 여러 가지가 있을 것이나, 본 논문은 우리나라에서 이루어지고 있는 앙트러프러너십 분야의 연구가 경영학 분야의 연구와 얼마나 구분될 수 있는지 살펴보는 것으로 이 질문에 대답해보고자 한다.

저자들은 2000년 이후 국내 주요 학술지에 발표된 앙트러프러너십 관련 논문을 전수조사하여 그것이 경영학분야의 연

구와 얼마나 다른지 확인하였다. 이 논문에서는 이미 정착된 Entrepreneurship의 옮김말인 "기업가정신"을 가능한 회피하고, 앙트러프러너십이라는 용어를 사용하고자 한다.

그것은 기업가정신이라는 용어가 만들어 내는 혼란이, 표준어로서 갖는 가치보다 좀 더 크다고 판단하기 때문이다.

Ⅱ. 경영학과 앙트러프러너십의 구분

2.1 앙트러프러너십의 학문적 차별성

앙트러프러너십이 경영학과는 구분된, 독자적인 연구대상을 갖는 학문이라는 생각은 Shane과 같은 학자들에 의해 강력히 주장되어 왔다(Shane & Venkataraman, 2000; Shane, 2012; Venkataraman, 1997). 이와 같은 주장의 근간은 물론 "기회 opportunity"이다. 이들 학자들은 앙트프러너십이 미래의 제품과 서비스를 창조하는 기회의 원천, 그리고 그 기회의 발견, 평가, 그리고 추구과정 및 이를 추구하는 개인들을 연구대상으로 삼고 있다고 정의한다(Venkataraman, 1997; Shane & Venkataraman, 2000). 이러한 정의는 Cantillon으로부터 시작되어 Schumpeter로 이르는 앙트러프러너십의 고전적 전통을 그 배경으로 삼고 있는 것이다. 잘 알려져 있는 바와 마찬가지로 Cantillon과 Schumpeter는 경제발전에 있어 앙트러프러너 개인의 역할에 주목하였고, Knight와 Shumpeter는 시장에 발생하는 불균형 (그것이 의도적인 것인가에 대해서는 입장이 다르지만)을 근간으로 한 앙트프러너십이 경제성장의 동력이라고 주장한 바 있다(Short et al. 2009; Alvarez et al., 2016; Keyhani & Lévesque, 2016; Casson, 2005).

'기회'를 앙트러프러너십의 초점으로 보는 정의는 이러한 주장을 확장한 것이라고 이해될 수 있다. 그렇다면, 경영학은 기회의 원천과 추구과정, 그리고 기회추구자를 그 연구의 대상으로 포괄하고 있지 않은가? 이에 대해 Shane (Shane & Venkatrama, 2000; Shane, 2012)은 앙트러프러너십과 가장 유사한 분야로 간주되는 경영학의 세부영역인 전략경영이 앙트러프러너십과 분명히 다르다고 역설하고 있다. 그는 우선 앙트러프러너십 연구는 기업의 성과 이외의 다양한 산출물을 그 연구초점으로 삼는다고 주장한다. 즉 기업의 성과에 주로 초점을 맞추는 전략경영과는 달리, 사회적 후생이나 개인의 행복감과 같은 변수를 결과변수로 다룰 수도 있다는 것이다.

또한, 전략경영이 기업이라는 분명한 대상을 다루고 있는데 비해 앙트러프러십은 기업이 설립되기 이전을 다룰 수도 있고, 분석단위를 기업의 하위수준으로 설정할 수도 있다고 설명한다. 더 중요한 것은 전략경영이 경쟁우위에 초점을 맞추는 데 비해, 앙트러프러너십 연구는 '기회'를 대상으로 하기 때문에 경쟁우위의 달성여부에는 별 관심이 없을 수 있다는 주장이다. 이로 인해 앙트러프러너십 연구는 비전략적인 이슈를 얼마든지 다룰 수 있다고도 설명하고 있다. 이 같은 주장을 전통적인 전략경영의 정의에 비추어 보면, 수긍할만한 대목이 있다. 전략경영은 대체적으로 경쟁우위[2)]를 목표로 하고, 이를 위한 기업수준의 의사결정과 활동을 그 주요 연구대상으로 삼는 것이 사실이기 때문이다. 그러나 이와 같은 주장이 가진 몇 가지 난점도 지적될 필요가 있다. 우선, '기회'와 '경쟁우위'가 명백하게 구분되기 어렵다.

경쟁우위를 창출하거나 유지하는 과정은 끊임없는 기회발굴, 포착, 활용을 포괄하고 있기 때문에 이런 활동을 앙트러프러너십의 독자적 영역이라고 구획 짓는 순간, 전략경영은 오직 일단 포착한 기회를 기반으로 한 효율성증진활동으로 축소되어 정의될 수밖에 없는데, 이렇게 되면 전략경영은 역설적으로 전략이 아닌 그 어떤 것이 되어버리는(Porter, 1996) 모순적인 상황에 놓이게 되기 때문이다. 이 때문에, 2000년 논문(Shane & Venkatarma, 2000)의 공동집필자 가운데 하나인 Venkataraman은 자신의 견해를 부분적으로 수정하여 전략경영과 앙트러프러너십이 분리하기 어려운, 동전의 양면과 같은 것이라고 설명하고 있다(Venkataraman & Sarasvathy, 2001).

실제로 최근 전략경영분야의 학자들은 앙트러프러너십의 연구들을 광범위하게 받아들이면서 이를 전략적 앙트러프러너십 Strategic Entrepreneurship 으로 정의하여 전략경영의 일부분으로 간주하는 추세이다(Klein et al., 2012; Hitt et al., 2011). 동일한 이름의 학술지 (Strategic Entrepreneurship Journal)가 발행되어 큰 권위를 갖게 된 것도 이를 잘 반영하고 있다.

Shane (Shane & Venkatrama, 2000; Shane, 2012)의 주장에 대한 또 다른 반론은, 비록 앙트러프러너십이 전략경영이 다루지 못하는/않는 영역을 담보하고 있다고 하더라도, 다른 경영학 세부분야에 포함될 가능성을 배제하지는 못한다는 점이다.

그는 앙트러프러너십이 기업수준의 성과 이외에 다양한 결과변수를 다루고 있다는 점을 독자적 학문영역으로서의 근거로 주장하고 있는데, 경영학 연구가 기업수준의 성과만을 다루지 않는다는 것은 자명한 사실이다. 예를 들면 조직행동분야의 연구들은 기업이 아니라 개인이나 팀 단위의 변수를 중요한 연구대상으로 삼아온 오랜 전통을 지니고 있다. 또한 사회적 후생이나 사회문제의 해결과 같이 과거 경영학의 연구대상이 아니라고 간주되던 영역에 대해 경영학의 방법론을 적용하는 연구도 점차 늘어나고 있다. 2016년 12월 AMJ (Academy of Management Journal)이 기후변화와 불평등과 같은 거대한 문제 (Grand Challenge)를 경영학적 방법론으로 풀어내는 특집호를 발간한 것이 대표적인 사례이다. 즉, 경영학이 기업수준의 성과를 다루는 학문이라는 것은 지나치게 협소한 관점이라 비판받을 만하다.

흥미로운 것은, 앙트러프러너십 분야의 연구자들이 그 존재의의를 수호하기 위해 Shane의 논문들(Shane & Venkatrama, 2000; Shane, 2012)을 인용하면서도, 실제로 '기회'를 연구대상으로 삼는 경우는 매우 적고 기업의 창업과정이나 초기기업의 경영성과와 같이 창업 (New Firm Creation)활동과 그 성과를 연구대상으로 삼는 것이 더 일반적이라는 점이다. 이는 물론 기회에 대한 조작적 정의가 매우 어렵다는 것이 가장 큰 이유이다. Shane(2012)은 이에 대해 심각한 우려를 토로한 바 있다.

이 분야 (앙트러프러너십)는 우리의 연구내용을 개념적 정의로 제시하고, 그 조작적 정의는 기업의 형성으로 설정하는 경향을 보이고 있다. 그러면서 앙트러프러너십이 발현되는 다른 조직배열 (Organizational Arrangement)은 자료수집이 어렵다는 핑계를 댄다. 그러나 새로운 기업의 탄생은 앙트러프러너십의 개념적 정의에 크게 못 미치는 근사물이다. 앙트러프러너십은 다양한 조직배열로 발현될 수 있으며, 새로운 기업의 창조에 수반되는 현상만으로는 앙트러프러너십을 균형있게 포착하기 매우 어렵다(p. 13).

이 우려는 사실이다. 실제로 단지 초기기업을 연구대상을 삼는다고 해서 이것이 바로 '경영학이 아닌' 앙트러프러너십 연구라고 선언하는 것은 적절하지 않기 때문이다. 그것은 마치 소아과 의사들이 어린이는 사람이 아니고, 따라서 자신들을 더 이상 의사라 부르지 말아달라고 주장하는 것과 비슷할 것이다.

2.2 학계와 교육계의 현상

앙트러프러너십의 차별성이 실제로 학계에서 어떻게 인식되고 있는지 확인하는 한 방법으로서 대학내에서 앙트러프러너십이 경영학과 맺고 있는 관계를 살펴 볼 수 있다. 꾸준히 전세계의 앙트러프러너십 교육현황을 모니터링하고 있는 Katz의 웹사이트(Katz, 2016)는 이런 분석의 출발점이 될 수 있다.

이 리스트는 Katz 개인이 작성한 것으로서 완전하지 않으며, 특히 영어로 운영되지 않는 경우는 제외되어 있다는 한계를 가지고 있지만, 적어도 미국과 영국의 주요대학들을 모두 포괄하고 있고, 오랜 시간 동안 운영되면서 많은 이들의 의견수렴을 바탕으로 지속적으로 갱신되고 있다는 점에서 일정한 신뢰도를 가지고 있다고 평가된다. 이 웹사이트에 따르면 세계의 2016년 11월 기준 79개의 대학에서 앙트러프러너십이라는 전공명이 명시된 박사과정이 운영되고 있는 것으로 확인된다. 이곳에 제시된 박사과정들의 운영방식을 개별적으로 확인한 결과, 영국 골드스미스대학 (Goldsmiths College, University of London)의 창조 및 문화산업 앙트러프러너십 프로그램을 제외한 다른 모든 프로그램은 경영대학 소속인 것으로 확인되었다. 이들 78개 과정의 운영방식은 경영대학내에서 별도의 세부전공 (Concentration)으로 개설된 경우와, 매니지먼트 전공 또는 조직이론 전공 하의 특성화 (Specialization)으로 운영되고 있는 경우가 섞여있다.

물론 이처럼 학위명이나 프로그램명에 명시적으로 앙트러프러너십을 표방하고 있지 않더라도 대부분의 주요 경영대학원에서는 앙트러프러너십을 논문주제로 삼아 박사학위를 취득할 수 있다. 주요 경영대학에는 앙트러프러너십 전공 교수들이 존재하고, 박사과정에 앙트러프러너십 관련 박사과정 세미나 수업이 개설되어 있기 때문이다. 심지어 앙트러프러너십의 독자성을 강력히 주장해 온 Shane이 재직하고 있는 케이스웨스턴리저브 대학도 앙트러프러너십은 독립적인 프로그램으로 분리되어 있지는 않지만, 박사학위자가 배출되고 있다.

즉, 적어도 영미권 대학에서 앙트러프러너십은 경영학의 하위영역이라는 점에 별다른 이견이 존재하지 않으며 운영방식에 있어서의 차별성만이 존재한다고 하겠다. 따라서 앙트러프러너십의 독자성에 대한 논란은 경영학의 일부라는 전제하에서 전략경영, 혹은 매니지먼트와 구분되어 교육 및 연구가 이루어지는 것이 바람직한가 하는 질문을 다루고 있는 것일 뿐, 앙트러프러너십이 경영학과 구분되어야 한다는 의미로 해석되고 있지 않다고 볼 수 있다. 이런 측면에서 보면, 우리나라의 앙트러프러너십 혹은 '창업학'의 현 상황은 매우 다르다고 할 수 있다. 우선 현재 앙트러프러너십이 세부전공으로 인정되는 경영대학은 없는 것으로 보인다. 주요 경영대학의 교수소개 페이지나 박사과정 소개 페이지에서 앙트러프러너십(혹은 기업가정신/창업)을 다른 세부전공분야와 분리한 경우는 발견할 수 없었다.

앙트러프러너십 분야를 활발히 연구하는 교수들은 대학내에서 대부분 인사조직/전략/국제경영 등으로 불리는 매니지먼트 영역으로 분류되는 경향을 나타내고 있다. 우리나라 경영대학에서 앙트러프러너십이 세부전공으로 구분되기 어려운 가장 중요한 이유는 관련 교수들 자체가 매우 희귀하기 때문이다.

앙트러프러너십 전공 교수를 보유하지 않은 대학이 그렇지 않은 대학보다 압도적으로 많고, 설령 존재한다 하더라도 단 한명인 경우가 거의 전부인 상황에서 별도의 세부전공이 존재하기는 어려울 수밖에 없다. 이러한 현상은 경영대학내에서 앙트러프러너십이 제대로 교육되지 못하는 결과로 이어진다. 각 대학의 MBA과정 교과과정을 검토한 결과, 앙트러프러너십 교과목을 단 한 강좌만 개설되는 것이 일종의 규칙으로 느껴질 만큼, 예외 없이 개론 수준의 교과목만이 운영되고 있었고, 아예 관련 교과목이 없는 대학도 적지 않았다. 이는 영미권 MBA프로그램에서 앙트러프러너십이 교과과정의 중심으로 간주되어 7–8개 이상의 선택교과목이 운영되는 경향과는 부합되지 않는다. 이처럼 경영대 내에서 앙트러프러너십이 자리를 잡지 못하는 사이, 경영대 바깥에서 다양한 관련 교육프로그램이 크게 늘어나고 있다. 그 가장 큰 이유는 교육부의 산학협력선도대학사업(LINC), 중소기업청의 창업선도대학 및 창업아카데미 사업, 미래부의 소프트웨어중심대학 사업, 특허청의 지식재산선도대학사업, 그리고 서울시를 비롯한 각 지자체들의 각종 창업지원사업들이 모두 대학 내에서 창업유관 교육과정을 설치 운영할 것을 요구하고 있기 때문이다. 이런 사업을 운영하는 대학 내 사업주체들이 창업유관 교과목을 개설하면서 대학내 창업교육은 그야말로 폭발적으로 증가하고 있다. 특히 창업강좌 수와 수강생 수가 각종 대학평가의 지표로 편입되면서 이런 현상은 가속화되고 있다.

창업교육을 담당하고 있는 대학 내 사업주체 (창업교육센터, 창업지원단 등)들을 중심으로 학부 나 대학원과정에 '창업학' 전공을 개설하는 움직임도 나타나고 있다. 이 역시 정부의 지원사업에서 권장하는 일이기도 하다. 이렇게 되면 각종 사업과 관계를 갖는 '창업학' 과, 앙트러프러너십 분야를 방관하고 있는 경영학이 별도로 존재하게 되는 셈이다.

실제로 이런 현상이 많은 대학에서 나타나고 있다. 물론 해외의 경우에도 경영대학 내의 앙트러프러너십 연구 및 교육과 별도로 실무창업교육과 창업지원을 담당하는 센터가 존재하는 것이 보통이다. 이런 기구들은 대학 본부 또는 공과대학 소속으로 존재하는 것이 일반적이지만, 그 역할을 학과개설로 확장하는 예는 거의 없고, 일반적으로 경영대학 소속의 교원들이 책임자를 맡아 경영학과와 유기적으로 운영하고 있기 때문에 이른바 창업학과 경영학이 구분되어 별도로 존재하는 사례를 찾아보기는 어렵다. 이처럼 학문적 차별성에 대한 논의에 근거해서라기보다는 환경요인으로 인해 '창업학'과 경영학의 분리가 일어나는 특이한 현상은 '창업학' 학사단위에 소속된 교원들이 크게 늘어나면서 창업학과 경영학의 구분을 옹호하는 주장으로 이어지고 있다. 이런 현실을 단적으로 보여주는 것이 바로 창업학 석박사 과정의 존재이다. 특수대학원의 경우 연구자 양성이 아니라 해당분야 실무전문가를 육성하는 것을 목표로 한다는 점에서 매우 구체적이고 다양한 석사학위명이 존재할 수 있다 하더라도, 박사학위명에서 창업학이 존재하는 것은 주목할 필요가 있다. 이것은 학문적으로 창업학을 경영학과 구분된다는 선언이기 때문이다. 그러나 이에 대한 국내 학계의 논의는 그리 풍성하다고 보기 어렵다.

Ⅲ. 국내 발표 논문을 통한 경영학과 앙트러프러너십의 경계 분석

3.1 분석의 개요

앞에서 살펴본 바와 같이 전 세계적으로 볼 때 경영학과 앙트러프러너십의 차별성을 주장하는 학자들은 상대적으로 소수이지만, 우리 교육현장에서는 경영학과 앙트러프러너십이 구분되어가는 현상이 발생하고 있다. 학사단위의 분리로 인해 앞으로 우리 학계에서는 해외에 비해 앙트러프러너십의 독자성을 주장하는 목소리가 더 커질 것으로 예상된다.

그렇다면, 우리나라 연구자들이 발표하는 논문들을 통해 경영학과 앙트러프러너십이 구분해 볼 수 있을까? 본 논문의 저자들은 저자들은 경영학과 앙트러프러너십, 혹은 창업학이 얼마나 구분될 수 있는지 탐색하기 위하여 2000년부터 2016년 8월까지 국내에서 발행된 주요 학술지에 게재된 앙트러프러너십 관련 논문들을 전수조사하였다. 이들 논문 가운데 실증논문들을 대상으로 연구대상, 분석의 대상이 되는 변수 (독립, 종속, 매개, 조절), 그리고 방법론 등을 확인한 다음 이들을 분류하여 과연 국내에서 발표되는 논문들이 경영학과 앙트러프러너십의 연속체 (Continuum) 상에서 어디에 위치하고 있는지 확인하였다. 이는 국내에서 경영학과 앙트러프러너십 연구의 상호관계를 실증분석한 첫 번째 시도라는 의의를 가지고 있다.

3.2 대상논문의 선택

논문 수를 기준으로 국내에서 가장 많은 자료를 보유하고 있는 논문자료 데이터베이스인 DBpia(www.dbpia.co.kr)를 통해 지난 2000년 1월부터 2016년 8월까지 발표된 국내 논문 가운데 제목과 키워드에 '창업', '기업가정신', 'Entrepreneurship', 'Entrepreneurial' 중 최소 하나의 단어가 포함되어 있는 논문을 검색하였다. 학위논문의 경우 출판 전후 학위논문과 유사한 샘플과 방법론을 바탕으로 학술지에 논문이 발표되는 경우가 많다는 점을 감안하여 제외하고 학술지 게재 논문만을 검색한 결과 총 1,275개의 논문이 수집되었다. 그리고 비교적 우수한 논문을 분석대상으로 하기 위해 KCI 등재지가 아닌 학술지에 수록된 논문 629개를 대상에서 제외하여 총 646편의 논문이 남았다. 이렇게 선택된 논문들 가운데 분석의 편의성을 위해 실증 분석을 실시한 경우만을 대상으로 삼았다. 정성적인 연구들의 경우 하나의 논문에 다양한 논점이 제시될 수 있어 기술통계를 산출하기 어렵다는 점을 감안한 것이다. 또한, 검색은 이루어졌으나 원문이 제공되지 않는 논문 등을 제외하였다. 그 결과 최종적으로 309개의 논문이 분석대상으로 선택되었다.

3.3 분석 방법

앞서 이미 논의된 바와 마찬가지로 Shane 등(Shane & Venkataraman, 2000; Shane, 2012)이 주장한 앙트러프러너십 연구와 경영학연구(특히 전략경영연구)의 차별성은 크게 세 가지로 요약될 수 있다. 앙트러프러너십 연구는 (1) 기업의 성과에 초점을 맞출 필요가 없고, (2) 연구 대상을 기업(혹은 기업내 조직)으로 한정할 필요가 없으며, (3)기업의 경쟁우위가 아닌 기회의 포착과 활용에 초점을 맞춘다. 이러한 주장은 최근 전략경영이 이론적, 방법적 다양성이 매우 크지만 본질적으로 기업의 성과에 초점을 둔다는 것이 학문경계라고 본다는 설명(Durand et al., 2017)과도 궤를 함께 한다. 따라서, 경영학 연구와 앙트러프러너십 연구는 다음과 같이 구분될 수 있다.

첫 번째 유형은 앙트러프러너십 분야 특유의 연구이다. 이런 유형의 연구들은 사업기회가 어떻게 발생하고, 그 사업기회를 창업자(팀)이 어떻게 인식하며, 이후 사업기회를 활용하기 위해 어떻게 자원을 조달하는가를 연구한다. Shane의 주장과 같이 그야말로 기회(Opportunity)를 연구의 대상으로 삼는 것이라고 볼 수 있다. 이러한 연구는 개념적으로는 충분히 가능하지만 실제로 기회의 조작적 정의가 불분명하여 실증연구가 충분하지는 않았다. 다만 최근 이펙츄에이션

<표 1> 앙트러프러너십과 경영학 연구의 분류

유형	[1] 앙트러프러너십 특유 연구	[2] 초기기업 연구	[3] 경영학 특유 연구
대상물	사업기회 창업의사결정과정	초기 창업생태계 내부 기업 (초기 창업기업, 벤처캐피탈, 엑셀러레이터 등)	(창업단계가 아닌) 기업 또는 기업내 조직
성과 변수	기회 활용 (창업의도, 창업행동, 창업기업 수)	참여 기업의 성과 참여 조직의 성과	기업의 성과(재무적/비재무적 성과) 조직의 성과(팀/조직 수준의 성과)
주요 이론	기회포착, 활용과정을 설명하는 과정이론 (Effectuation, Bricolage, TPB 등)		기존 경영학 이론

(Sarasvathy, 2001)이나 브리콜라쥬(Welter et al., 2016; Baker & Nelson, 2005)와 같이 기회를 추구하는 과정에서의 의사결정 특성이나 자원조달 방법의 특징을 살펴보는 실증연구는 늘어나는 추세이다. 세 번째 유형은 전형적인 경영학분야의 연구로서 기업 혹은 기업내 조직의 성과를 탐구하는 연구를 의미한다. 두 번째 유형의 연구 역시 기업 또는 기업내 조직의 성과를 분석하는 연구라는 점에서 경영학연구로 포함될 수 있을 것이지만, 창업초기기업의 성과를 다룬다는 점에서 앙트러프러너십 분야의 학자들이 관심을 가지고 지속적으로 연구해온 분야라는 점에서 앙트러프러너십 연구의 일부로 간주될 소지도 있다.

본 연구에서는 이처럼 세 가지 유형을 설정한 다음, 분석대상 논문들이 어떤 유형에 속하는지 분류하였다. 이런 유형화 연구는 분류자 개인의 주관적 관점이 크게 작용할 위험이 있으므로, 이를 제거하기 위하여 다음과 같은 단계를 거쳤다.

우선, 저자 모두는 2016년 9월~12월까지 4개월에 걸쳐 앙트러프러너십 분야의 대표적 논문 40여개를 함께 읽고 토의하면서 앙트러프러너십 분야 연구에 대한 인식을 공유하였다.

이를 통해 앙트러프러너십 연구에 대한 인지적 또는 규범적 왜곡을 최소화할 수 있었다. 다음 단계로는, 수집된 논문들을 분담하여 근거이론, 방법론, 데이터, 사용된 변수와 연구모형을 근거로 유형별 분류하는 절차를 거쳤다. 이때 한 개의 논문을 서로 다른 두 명의 연구자가 독립적으로 분류하는 방식을 거쳤다. 연구자 두 명의 의견이 서로 다른 경우에는 이 두 명이 아닌 또 다른 연구자가 추가적으로 분류하는 과정을 거치도록 하였다. 참고로 세 번의 분류결과가 모두 다른 경우는 없었다. 이처럼 각 논문별로 2개 혹은 3개의 분류의견을 근거로 대표저자가 최종분류를 확정지었는데, 대표저자는 분류결과에 논쟁이 있을만한 경우에는 회의를 소집하여 분류자들의 의견을 청취하였다.

Ⅳ. 분석결과

총 308편의 논문은 총 137개의 학술지에 게재된 것으로 나타나고 있다. 그 가운데 한국벤처창업학회가 발행하는 벤처창업연구가 209편의 논문을 게재하여 압도적인 점유를 나타내고 있으며, 대한경영학회지, 한국콘텐츠학회지와 같이 한 호당 비교적 많은 논문을 게재하는 학술지가 그 다음을 점유하고 있다.

이들 논문들을 앞에서 제시한 것과 마찬가지로 총 3가지의 유형으로 분류하였다. 유형 1은 앙트러프러너십 특유의 연구로서 기회의 창출, 발견, 추구과정에 초점을 맞춘 유형이다. 예컨대 예비창업가의 특성이 창업의지나 기업가정신에 어떤 영향을 미치는가(김성환 et al., 2015)와 같은 연구 질문을 가진 논문이 이에 해당한다. 이후 추가적으로 논의되겠지만, 이 유형은 사실상 창업의지에 관련된 논문들이 주류를 이루고 있다. 전체 분석대상 논문 가운데 약 40%에 해당하는 123편의 논문이 유형1로 분류되었다.

두 번째 유형은 초기기업, 즉 기회를 기반으로 탄생하는 기업을 연구대상으로 삼는 논문들이다. 이들 논문은 기회를 추구하는 기업을 연구의 대상으로 삼는다는 점에서 앙트러프러너십연구의 속성을 가지고 있지만, 기업의 성과를 핵심 종속변수로 삼는다는 점에서는 경영학 분야의 연구에 해당한다고 볼 수 있는 것들이다. 예를 들어 기술창업자의 준비정도가 기업의 성과에 어떤 영향을 미치는지 살펴보는 연구(조문연·양동우, 2014) 와 같은 것이 대표적이라고 볼 수 있다. 이 유형에 해당하는 논문은 전체 309편 가운데 절반 이상(53.8%)인 166개가 이에 해당하였다.

마지막 유형은 비록 제목이나 주제어에 앙트러프러너십 관련 단어가 포함되어 있지만, 경영학의 전형적인 연구에 해당하는 것들로서 전체의 약 6.1%에 해당하는 19편의 논문이 유형3으로 분류되었다.

〈표 2〉 분류 결과

	1	2	3
핵심 주제	기회의 창출, 발견, 추구과정	기회를 추구하는 기업활동의 성과	기업활동의 성과
대표적인 논문제목 (예)	예비창업가의 자기결정성이 기업가정신과 창업의지에 미치는 영향	기술창업자의 창업준비정도가 기업의 기술성과에 미치는 영향	기업가적 전략과 재무성과에 관한 연구
빈도	123개 (39.9%)	166개 (53.8%)	19개 (6.1%)

시기별 변화를 살펴보면, 2012년~2013년 이후 관련 논문이 큰 폭으로 증가하고 있다는 점을 확인할 수 있고, 유형의 구성을 살펴보면 유형1에 해당하는 논문들이 차츰 증가하고 있다는 것을 확인할 수 있다.

〈표 3〉 분류 결과

유형	1		2		3	
	빈도	%	빈도	%	빈도	%
2000	2	1.6			1	5.3
2001	2	1.6	1	.6		
2002	1	.8	1	.6		
2003	1	.8	5	3.0		
2004			1	.6		
2005	1	.8	2	1.2	1	5.3
2006	2	1.6	1	.6	1	5.3
2007	3	2.4	9	5.4		
2008	3	2.4	3	1.8	1	5.3
2009	2	1.6	12	7.2		
2010	1	.8	14	8.4	3	15.8
2011	1	.8	9	5.4		
2012	5	4.0	22	13.3		
2013	11	8.9	15	9.0	1	5.3
2014	19	15.3	33	19.9	2	10.5
2015	45	37.1	15	9.0	7	36.8
2016	24	19.4	23	13.9	2	10.5
합	123	100.0	166	100.0	19	100.0

부록1에 제시되어 있는 각 논문들의 독립변수와 종속변수, 그리고 매개 및 조절변수들이 정리되어 있다. 그 가운데 유형1에 해당하는 논문들에서 사용된 독립, 종속, 매개 및 조절변수의 빈도를 요약한 표가 〈표 4〉로 제시되어 있다. 가장 많이 사용되고 있는 독립변수는 창업의지, 창업동기, 창업교육이며, 종속변수는 창업의도, 창업의지, 창업동기였다. 매개변수 가운데에는 기업가정신과 창업의도가 빈번히 활용되었고, 조절변수의 경우에는 자주 등장하는 특별한 변수를 확인할 수 없었다.

〈표 4〉 앙트러프러너십 연구에서 사용된 변수와 모형(빈도순)

	독립변수	종속변수	매개변수
빈출단어 (빈도순)	• 창업의지 • 창업동기 • 창업교육 • 기업가정신 • 자기효능감 • 혁신 • 개인요인 • 환경요소 • 창업경험	• 창업의도 • 창업의지 • 창업동기 • 기업가적 동기 • 창업태도	• 기업가정신 • 창업의도

V. 결론과 토의

분석 결과, 적어도 앙트러프러너십의 고유영역이라고 볼 수 있는 논문이 전체 발간논문의 약 40%를 차지하고 있다는 점은 앙트러프러너십과 경영학과 일정한 차별화가 이루어져 있다는 방증이라고 할 수 있다. 그렇다면, 경영학과 분리된 별도의 앙트러프러너십 교육 및 연구단위가 존재 가능하며, 혹은 마땅히 존재하여야 한다고 결론 내릴 수 있을까?

이러한 질문에 답하기 위해서는 123편의 논문을 좀 더 깊이 살펴보아야 할 필요가 있다. 〈표 4〉에 제시된 독립변수 및 종속변수의 빈도에서 알 수 있듯이 이들 연구들은 사실상 거의 하나의 주제에 집중되어 있다. 바로 창업의도 (의지)이다.

계획된 행동이론 (TPB) (Bandura, 1991; Ajzen, 1991; Bae et al., 2014)에 근거하여 창업의도에 영향을 미치는 선행요인을 탐색하거나 창업의도와 성과와의 관계를 살펴보는 연구들이 유형1의 사실상 전부이다.

그렇다면 우리나라에 있어 앙트러프러너십 연구는 Shane이 주장한 바와 같이 기회에 관한 연구가 아니며, 차라리 창업의도에 관한 연구라고 보아야 하는 셈이다. 즉, 우리나라의 앙트러프러너십 연구가 경영학과 차별화되는 것은, 창업의도에 대한 연구를 한다는 점밖에 없는 셈이다. 과연 이것은 바람직한 일일까? 특히 계획된 행동이론이 인지심리학 및 교육학에서 널리 활용되고 있다는 점을 감안하면, 이를 창업과 관련된 맥락에서 적용하는 것만으로 앙트러프러너십 연구의 독립성과 정당성 (Legitmacy)을 주장하는 것은 매우 허약한 주장이 아닐 수 없다. 조금 비판적으로 말하자면, 우리나라의 앙트러프러너십 연구는 창업의도라는 매우 좁은 모형 하나를 가지고 경영학과의 차별성을 외치고 있는 셈이다. 창업의도와 그 근거이론인 계획된 행동이론이 많은 연구를 양산하고 있는 것은, 비교적 그 근거이론이 명확하며 분석에 필요한 자료를 획득하기가 용이하다는 점에 기인하고 있다고 할 것이다. 그러나, 앙트러프러너십 연구가 하나의 특정 모델에 집중되고 있고, 단지 의도 수준에 멈추어 있을 뿐 의도가 행위로 그리고 성과로 이어지는 과정을 다루고 있지 못하다는 것은 연구자들의 분발을 촉구하는 일이 아닐 수 없다.

결론적으로, 우리나라의 앙트러프러너십연구는 (1) 창업의지에 대한 연구 (2) 초기기업의 성과에 대한 연구로 대별될 수 있으며 후자의 경우에는 경영학과 구분하기 매우 어렵고, 전자의 경우에는 그 범위가 지나치게 협소하여 학문적 독자성을 주장하기에는 부족하다고 볼 수 있다. 즉 현재와 같은 상황에서 앙트러프러너십이 경영학과 매우 다른 것이라고 주장하기에는 연구의 범위와 성과가 충분하다고는 볼 수 없다. 앙트러프러너십 연구의 독자성은 창업의도에 대한 연구가 행동과 성과에 이르는 기회추구과정을 다루는 연구로 그 범위를 넓히는데 성공하는지에 달려 있다고 할 것이다.

주석

1) 이 논문에서는 이미 정착된 Entrepreneurship의 옮김말인 "기업가정신"을 가능한 한 회피하고, 앙트러프러너십이라는 용어를 사용하고자 한다. 그것은 기업가정신이라는 용어가 만들어내는 혼란이, 표준어로서 갖는 가치보다 좀 더 크다고 판단하기 때문이다.

2) 경쟁우위에 대해 그 지속가능성, 측정등을 둘러싼 다양한 학설이 있지만, 본 논문에서는 깊이 논의하지 않는다.

부록 내용은 원 논문을 참고해 주시기 바랍니다.

REFERENCE

김성환·복경수·박재춘(2015). 예비창업자의 자기결정성이 기업가정신과 창업의지에 미치는 영향. 창업교육의 조절효과를 중심으로.. *벤처창업연구*, 10(5), 15-26.

조문연·양동우(2014). 기술창업자의 창업준비정도가 기업의 기술적 성과에 미치는 영향에 관한 실증연구. *벤처창업연구*, 9(6), 37-46.

Ajzen, I. (1991). The Theory of Planned Behavior. *Organizational Behavior and Human Decision Processes*, 50(2), 179–211.

Alvarez, S. A., Audretsch, D., & Link, A. N. (2016), Advancing Our Understanding of Theory in Entrepreneurship. *Strategic Entrepreneurship Journal*, 10(1), 3–4.

Bae, T. J., Qian, S., Miao, C., & Fiet, J. O. (2014). The relationship between entrepreneurship education and entrepreneurial intentions: A meta-analytic review. *Entrepreneurship Theory and Practice*, 38(2), 217–254.

Baker, T., & Nelson, R. E. (2005). Creating something from nothing: Resource construction through entrepreneurial bricolage. *Administrative Science Quarterly*, 50(3), 329–366.

Bandura, A. (1991). Social cognitive theory of self–regulation. *Organizational Behavior and Human Decision Processes*, 50(2), 248–287.

Casson, M. (2005). Entrepreneurship and the theory of the firm. *Journal of Economic Behavior &Organization*, 58(2), 327-348.

Cho, M. Y., & Yang, D. U. (2014). The Empirical study on relationship between the degree of preparation and the R&D performance of technology based startup companies. : Focused on the startup support program"s modified effect, *Asia-Pacific Journal of Business Venturing and Entrepreneurship*, 9(6), 37-46.

Durand, R., Grant, R. M., & Madsen, T. L. (2017). The expanding domain of strategic management research and the quest for integration. *Strategic Management Journal*, 38(1), 4–16.

Hitt, M. A., Ireland, R. D., Sirmon, D. G., & Trahms, C. A. (2011). Strategic entrepreneurship: creating value for individuals, organizations, and society. *The Academy of Management Perspectives*, 25(2), 57–75.

Katz, J. A. (2016). *Doctoral Programs in Entrepreneurship.* Retrieved 2016. 12. 30. from https://www.slu.edu/eweb/connect/for–faculty/infrastructure/doctoral–programs–in–entrepreneurship.

Keyhani, M., & Lévesque, M. (2015). The equilibrating and disequilibrating effects of entrepreneurship: Revisiting the central premises. *Strategic Entrepreneurship Journal.*

Kim, S. H., Bok, G. S., & Park, J. C. (2015). Relationship Among Self–Determination, Entrepreneurship and Entrepreneurial Intention of University Students in Korea. *Asia-Pacific Journal of Business Venturing and Entrepreneurship*, 10(5), 15-26.

Klein, P. G., Barney, J. B., & Foss, N. J. (2012). *Strategic Entrepreneurship(SSRN 2137050).* New York: Sage.

Porter, M. E. (1996). What is Strategy? *Harvard Business Review*, 74(6), 61-78.

Sarasvathy, S. D. (2001). Causation and effectuation: Toward a theoretical shift from economic inevitability to entrepreneurial contingency. *Academy of Management Review*, 26(2), 243–263.

Shane, S. (2012), Reflections on the 2010 AMR decade award: delivering on the promise of entrepreneurship as a field of research. *Academy of Management Review*, 37(1), 10–20.

Shane, S., & Venkataraman, S. (2000), The promise of entrepreneurship as a field of research. *Academy of Management Review*, 25(1), 217–226.

Short, J. C., Ketchen Jr, D. J., Shook, C. L. & Ireland, R. D. (2009). The concept of "opportunity" in entrepreneurship research: Past accomplishments and future challenges. *Journal of Management*, 36(1), 40–65.

Venkataraman, S. (1997). The distinctive domain of entrepreneurship research in advance. *Entrepreneurship Firm Emergence and Growth*, 3, 119-138.

Venkataraman, S. & Sarasvathy, S. D. (2001). Strategy and entrepreneurship: Outlines of an untold story. *SSRN Electronic Journal*, (1), 34.

Welter, C., Mauer, R. & Wuebker, R. J. (2016). Bridging behavioral models and theoretical concepts: effectuation and bricolage in the opportunity creation framework. *Strategic Entrepreneurship Journal*, 10(1), 5–20.

벤처창업연구 제13권 제2호 (통권56호)

창업교육이 대학생의 진로에 미치는 효과성 연구

안태욱 (군산대학교 창업전담 교수)
박재환 (중앙대학교 경영학부 교수)

국문 요약

대학의 사명은 차세대 국가를 책임질 청년들을 성숙한 사회인으로 성장시키기는데 목적을 가지고 있다. 특히 4차산업혁명시대 대학의 역할은 창의적 인재를 육성하는 것이다. 그럼으로 기존의 주입식교육과 취업중심의 대학 교육 콘텐츠와 교육 방법론에 혁신적인 변화가 요구된다. 높은 청년 실업률 속에서 기존 조직을 혁신하고, 새로운 일자리를 창출을 위해 창업교육이 대학에 확산되고 있다. 하지만 이제까지 는 대학 창업교육의 효과를 창업분야 중심으로 연구되어왔다. 그럼으로 창업교육에 대한 다양한 효과 연구는 매우 부족한 실정이다.

이에 본 연구에서는 창업교육을 통한 역량 함양이 사회에 진출을 앞두고 있는 대학생의 진로준비행동에 어떤 유의미한 영향을 미치는지에 대해 실증분석 검증하였다. 본 연구의 표본은 2016년 8월부터 설문조사를 실시하였고 지역별 5개 대학교를 선발하여 창업교육을 수강한 대학생 393명들을 대상으로 설문조사를 하였으며 실증분석에 활용하였다.

분석결과 창업교육을 통해 함양된 협업적의사소통능력, 창의적 문제해결능력은 기업가정신과 자기효능감에 정(+)의 영향을 미쳤고, 기업가정신과 자기효능감은 진로준비행동에 정(+)의 유의미한 영향을 미쳤다. 하지만 창업교육에 의한 협업적 의사소통능력, 창의적문제해결능력, 효율적 업무행동능력은 진로준비행동에는 직접적인 유의미한 영향이 없는 것으로 분석되었다. 반면 기업가정신, 자기효능감의 매개효과 검증에서는 협업적 의사소통능력, 창의적 문제해결능력과 진로준비행동 사이에서 긍정의 매개역할을 하고 있음을 검증하였다.

이에 본 연구의 시사점은 대학 창업교육이 진로준비행동에 영향을 미치는 다양한 효과성을 검증 하였다. 즉, 대학에서 창업교육을 역량 중심의 양적 확대보다는 기업가정신과 자기효능감을 고취·함양시킴으로 진로준비행동에 정(+)의 영향을 미치는 직접효과와 매개효과를 증명하였다. 또한 매개변수(기업가정신, 자기효능감)는 진로준비행동에 미치는 효과와 성과를 창출하기 위한 핵심변수라는 시사점을 도출하였다. 그리고 창업교육의 창의성 역량에 대한 보완과 체계를 잡아 진로준비행동에도 직접적인 유의미한 영향을 미칠 수 있도록 개선 될 필요가 있다는 시사점을 도출하였다. 무엇보다 이러한 효과를 측정하기 위해서 창업교육에 대한 정성적인 평가지표 개발도 시급하다. 따라서 창업교육은 대학생들의 진로준비를 위해서라도 반드시 필요하다는 의미있는 시사점과 함께 향후 창업교육에 대한 다양한 효과를 검증하기 위한 추가 연구가 필요하다.

핵심주제어: 창업교육, 창의성 역량, 기업가정신, 자기효능감, 진로준비행동

Ⅰ. 서론

인공지능과 함께 공존하며 살아가야 하는 4차 산업혁명 시대에 창의성과 융합적 사고는 매우 중요하다. 스위스 세계경제 포럼에서는 변화되고 있는 시점에 '미래 세대를 가르치는 대학 교육은 어떻게 바뀌어야 하는지?', '학생들이 배우고 함양해야 할 역량이 무엇인지?'에 대해서 주목하였다.

그렇다면 한국 사회에서 대학 교육은 어떠한가에 대해서 되돌아 볼 필요가 있다. 대학은 여전히 보수적이고 정답을 빨리 찾는 주입식·암기식 교육 중심에서 크게 변화되지 못하였다. 이제는 교육 혁신을 통한 미래사회에 대비하기 위한 새로운 교육 패러다임 전환과 창의적인 인재를 함양하기 위한 교유콘텐츠와 교수법이 변화되어야 한다는 비판을 받고 있다.

그리하여 정부에서도 2013부터 2017년까지 '대학 창업교육 5개년 계획'을 교육부·미래창조과학부·중소기업청이 청년들

의 취·창업 활성화를 위해 국정과제로 제시하면서 범정부 차원에서 합동 계획을 발표하였다. 교육부 LINC(산학협력선도대학)사업을 통해 지자체, 지역기업들과 함께 동반성장을 할 수 있는 산학협력과 함께 창업교육의 중요성을 강조하였다.

Saeed et al.(2015)의 연구에서는 세계적으로 대학에서 창업교육이 점차 확산되고 있는 추세라고 밝혔다. 도전적이고 창의적인 인재를 양성하기 위해서는 대학 교육에서 변화와 혁신이 필요하다. 이러한 변화의 구조 속에서 대학이 진정 시대가 요구하는 인재를 육성하기 위해서는 대학 자체의 교육과 패러다임의 변화가 필요하다. 기존의 대학 교육 콘텐츠와 시스템으로는 4차 산업혁명 시대를 이끌어 갈 인재 양성은 힘들다. 창업교육센터 신설, 창업 친화적 학사제도 구축, 창업 강좌 개설 등을 지원함으로써 최근 몇 년 동안 대학에 급속도로 양적인 창업교육이 확산되었다.

이러한 추세는 첫째, 청년실업율이 지속적으로 높아지고 있고, 경기 회복이 장기화 조짐을 보임에 따라 창업을 통하여 청년들을 위한 일자리 창출을 기대하고 있기 때문이다.

2016년 스위스 글로벌 금융그룹(USB)에서 4차 산업혁명 관련 보고서에 의하면 향후 15개국 710만개의 일자리가 5년 동안 사라질 것이라고 예측하였고, 단순 반복을 하는 업무 475만개 없어지는 반면 신규 일자리는 210만개 불과할 것이라고 전망하였다.[1] 뿐만 아니라 국내외 실물경기는 지속적으로 악화되면서 기업의 보수적인 투자, 신입사원 급감 등으로 고용창출을 하지 않고 구조조정을 하고 있어 청년실업은 지속적으로 더욱 높아지고 있다. 정부는 청년실업을 해결하기 위해서 대학의 창업교육을 확산하고 있고 학생창업을 통하여 고용을 창출하고 실업률을 낮추고자 하는 목적을 가지고 있다.

둘째, 대학의 창업교육은 시대가 요구하는 창의적 인재상과 일치한다. 과학기술이 보다 빠르게 변화되고 중요해지는 시대에도 기술보다 더 중요 한 것은 역시 사람이며, 무엇보다 인재를 키우는 교육의 중요성은 결코 간과할 수 없다.[2] 새로운 기회발견, 가치창출을 할 수 있고 도전정신을 통해 어려운 상황속에서도 극복할 수 있도록 태도와 마인드를 변화시키는 것이 창업교육(Entrepreneurship Education)이다.

Garavan & O'Cinneide(1994)는 기업가정신 교육을 통해 개인이 보다 진취적인 삶을 살아갈 수 있도록 영향을 미친다고 주장하였으며 Samwer Mwasalwiba(2010)의 연구에서 기업가정신을 함양함으로써 스스로의 가치, 의도, 태도, 행동에 영향을 미친다고 밝혔다. 김문희(2016)는 창업교육(Entrepreneurship Education)을 창의적 인재 육성을 위해 창업교육을 통해 혁신과 창의력을 높이고, 기업, 창업, 협회 활동에 필요한 핵심인재로써 역량함양과 소양을 키우는데 활용된다고 주장하였다.

어려운 시기일수록 대학생들에게 무엇보다 필요한 것은 자기 삶을 스스로 개척할 수 있는 주도적인 자세와 자신감을 가지고 실패를 두려워하지 않는 태도와 의지가 필요하다.

이러한 시점에 창업교육과 기업가정신에 대한 기존 선행 연구들은 대부분 창업의지, 사업성과 등에 미친 영향에 대해 주로 연구하였다(Chen et al., 1998).

대학 창업교육이 확산되고 있는 시점에 다양한 효과에 관한 연구는 여전히 미흡하다. 이에 창업교육을 통하여 대학에서 창의적이고 도전적인 인재를 육성하는 관점에서 다양한 효과 측면의 연구가 필요하다.

Fretschner & Weber(2013)는 최근 창업교육과 기업가정신 교육이 지속적으로 증가하고 있는 시점에 창업교육 프로그

〈표 1〉 창업학 관련 직업유형[3]

유형	창업가	기업 취업	창업교육	정부(관공서 등)	지원기관	전문가
영역	1인기업	창업기업	대학원(석,박사)	공무원(미래부,교육부)	엑셀러레이터	창업분야 교수
	기술창업	벤처기업	대학 교직원	창조경제혁신센터	인큐베이터	창업강사
	소상공인	중견기업	창업교육센터	창업진흥원(중소기업청)	엔젤투자클럽	Facilitator
	프랜차이즈	대기업	창업보육센터	(재)청년 기업가정신재단	벤처캐피탈	창업코치
	지식서비스	글로벌기업	산학협력단	창조경제타운	코워킹스페이스	창업멘토
	사회적 기업가	교육회사	초중고 창업	시니어창업스쿨(지자체)	창업지원센터	연구자
	협동조합창업	컨설팅회사	온라인교육	경제통상진흥원(지역 도단위)	창업관련사단법인 등	창업컨설턴트

램의 효과성에 대해서 명확한 기준이 없음을 문제 제기하였다.

정헌배 외 (2016) 창업교육을 통해 진로를 학생창업 뿐만 아니라 기업에 취업, 창업교육 직종 진출, 정부(지자체)의 창업지원 업무, 창업지원기관, 창업전문가로 활동이 가능하며 직접적인 창업 이외 다양한 직업으로 진출할 수 있다고 주장하였다.

그럼으로 본 연구는 대학 창업교육을 통한 역량함양이 사회진출을 위한 대학생의 진로준비행동에 어떤 유의미한 영향을 미치는지 실증분석을 통하여 의미있는 연구를 하고자 한다.

따라서 본 연구를 통해 대학 창업교육의 다양한 효과를 도출함으로써 향후 대학에서 확산되고 있는 창업교육의 올바른 방향성과 함께 대학 진로 교육의 차원에서 정책적 결정에 활용되는 시사점을 제시함으로 연구의 의의를 가진다.

Ⅱ. 이론적 배경

2.1 창업교육의 역량

4차 혁명시대를 맞이하여 창의적인 인재 육성에 대한 대학교의 역할이 매우 중요해졌다. 창업이라는 아젠다(Agenda)가 대부분 국가에서는 일자리 창출과 함께 경제성장, 미래세대를 준비하기 위한 중요한 부분이다. 무엇보다 내수시장 활성화와 글로벌 경제위기 속에서 이를 극복하기 위한 대안으로 제시되고 있는 경제정책이 창업 활성화이다. Wennekers et al.(2005)의 연구에서 창업활동은 기본적으로 국가발전과 매우 밀접한 관계가 있다고 밝혔다.

그리고 청년실업율은 사회적으로 심각한 문제가 아닐 수 없다. 정부에서도 이를 해결하기 위해 다양한 노력을 기울이고 있다. 대학의 창업교육 활성화는 정부 중심으로 주도되었다.

특히, LINC(재정지원사업)를 통해 초창기 창업교육과 창업지원정책 확산시켰으며, LINC+ 사업을 통하여 지속적으로 변화와 질적인 성장을 주도하고 있다. 대학의 창업교육으로 사회적 문제를 해결하는 방법을 제시하고, 창의적인 인재육성을 할 수 있다.

미국의 경우 미래의 인재상을 4가지 핵심능력을 갖춘 인재를 육성하기 위한 목표를 제시하고 있다. 미국 정부('버락 오바마' 미국 대통령 시절)는 21세기에 미국의 성장고 발전을 위해서 선진 교육을 National Education Association(2012)에서 강조한 4Cs 역량을 제시하였다. 구체적으로 4Cs는 높은 업무성과, 협업 및 협력능력, 의사소통능력, 마지막으로 비판적 사고(문제해결능력)를 강조하였다. 이러한 4Cs 역량의 함양은 대학 학과 전공교육을 통하여 높이기는 쉽지 않다. 하지만 창업교육에서는 위와 같은 역량과 전문성을 주로 함양시키는 중심으로 설계되어 있다. 특히 창업교육 프로세스에서 보면 알 수있듯이 대부분 문제정의에서 시작하여, 아이디어를 창출, 팀 협력활동, 실습, 시제품개발, 문제 해결 솔루션 창출 등 진행된다. Vygotsky(2004)는 창의성은 기본적으로 다른 사람과의 다양한 네트워킹, 사회적 과정에서 창의적 아이디어를 얻을 수 있다고 주장하였고 개인 내면에 의한 정신적 활동만으로 발휘되는 게 아니라고 하였다.

창업교육을 통해 함양되는 역량에서 Piascik(2015)은 의사소통능력을 강조하였다. 효과적인 의사소통능력은 가족 뿐만 아니라 비즈니스, 모든 삶의 요소에서 성공을 위한 필수적으로 갖추어야 할 능력이라고 하였다. Lippl(2013) 연구에서도 역시 커뮤니케이션 능력을 통해서 아이디어를 보다 쉽게 이해하고 자유롭게 공유할 수 있다고 밝혔다. 일반 직장생활에서도 Baird & Stull(1992)의 연구에서 밝히듯이 의사소통역량 함양 교육은 반드시 필요하다고 주장하였다.

창업교육에서는 특히 팀빌딩과 팀으로 함께 하는 교육, 프로젝트 등이 많다. 그 만큼 사회적 관계속에서 혼자 일을 할 수 없고 효율적이지 않기 때문이다. 그럼으로 창업교육을 통하여 협업을 통하여 성과를 도출하는 교육이 필수적으로 구성되어있다. 특히 Kift et al.(2010)는 팀워크를 작업에서 중시하는 협업능력, 그룹으로 작업, 타인과 함께 협력하는 공동프로젝트에서의 역량을 강조하였다.

De Bono(1995)는 기본적인 인간의 생존 본능에서는 혁신과 창조가 중요하다고 주장하였다. Morris et al.(2013)의 연구에서 창업역량에 창의성, 문제해결능력 등을 제시하였다. 주어진 과업을 성공하기 위해서 기술, 지식, 가치와 태도, 행동 등이 창업역량이라고 할 수 있다. 창업교육을 통해서 창업역량이 높아진다는 연구결과를 밝혔다(Zhao et al., 2005). 변영조 외(2014)의 선행연구에서는 창업교육의 창의성 역량을 첫째는 문제해결능력, 둘째는 협력적 의사결정, 마지막으로 효율적 행동능력으로 분류하였다. 따라서 본 연구에서는 창업교육을 통한 역량 함양에 대한 다양한 효과를 검증하고자 한다.

2.2 기업가정신

우리는 시대적 패러다임이 변화되고 산업적 구조, 글로벌 경제 환경이 불투명한 시점에 기업가정신에 주목하고 있다.

Timmons(1999)는 기업가정신을 부족한 자원속에서도 포기하지않고 또 다른 기회를 창조하는 행동으로 정의하며, 아무것도 없는것에서 유를 창조할 수 있는 도전정신이라고 주장하였다. Morris & Kuratko(2002)는 기업가정신에 대한 행동적 접근법을 대학생을 대상으로 연구하여 혁신성, 진취성, 위험감수성을 일반적 기업가정신의 대표적인 핵심 요인으로 구성하였다. 또한 기업가정신이 심리적 특성이라기보다는 성장을 위해 위험감수하려는 행동, 진취적이며 혁신적인 행동이라고 하였다(Hitt et al., 2001).

Vanevenhoven(2013)는 기업가정신 교육으로 자신감을 높임으로 '할 수 있다'라는 동기에 대한 부분과 실패를 할 수 있는 창업에도 도전할 수 있는 마인드를 함양시킨다고 주장하였다.

그럼으로 오늘날 기업가정신의 대표적인 하위요소는 다음과 같다. 첫째는, 진취성이다. 새로운 기회를 포착하기 위한 노력을 의미하는 진취성이다. 무엇보다 자발적인 경쟁과 변화의 인식을 통해 통찰력을 볼 수 있는데 진취성은 Lumpkin & Dess(1996)의 연구가 대표적인데 '시장속에서 적극적으로 경쟁 의지, 경쟁으로 인한 우수한 성과 도출, 독보적인 경쟁 우위와 우월적 지위를 갖춰 다른 경쟁업체와 피하지 않고 적극적 도전하려는 자세'라고 밝혔다.

둘째, 혁신성이다. 창업가가 혁신을 특별한 도구로 인식하고 서로 상이한 사업과 서비스에 대한 기회로서 변화를 탐구하는 수단으로 간주하였다(Morris et al., 2008). 이춘우 (1999)의 연구에서 혁신성은 조직 차원에서 기술혁신 부분을 강조하고, 디자인의 중요성, 광고활동과 시장조사를 공격적으로 추진, 기본적 공정의 혁신, 다양한 접근, 공정 관리 등과 같은 적극적인 경영관리라고 주장하였다.

셋째, 위험감수성이다. Hitt et al.(2001)의 연구에서 단순히 심리적인 측면보다는 위험을 감수하면서 진취적, 혁신적으로 행동하려는 행동적 접근에 관심을 가지고 연구하였다. 또한 Morris & Lewis(1995)의 연구에서는 기회를 포착함으로써 새로운 가치를 창출할 수 있고, 개인의 위험감수 성향과 더불어 사고방식과 행동을 모두 포함하는 것이라고 주장하였다. 이렇듯 기업가정신을 미래의 불확실함 속에서 높은 위험을 감수해야 하고, 특정한 자원을 투자함과 동시에 몰입하는 전략을 말하며 새로운 가치를 창출하는 것이다.

이에 본 연구에서는 불투명한 시대적 변화 속에서 청년들에게 가장 필요한 기업가정신이 어떤 역할과 효과를 보이는지 검증하고자 한다.

2.3 자기효능감

대학생들이 사회진출에 있어서 자기자신에 대한 믿음, 확신, 자신감이 무엇보다 중요하다. 대학 교육에서도 학생들의 자기자신에 대한 효능감을 높이는 과정이 반드시 필요하다.

양준환(2014)의 연구에서는 자기효능감을 반복하고, 과업달성을 위해 실패 또는 성공한 경험들을 통해 인간은 성장한다고 주장하였다. Zimmerman(2000)은 '개인적인 판단으로 주어진 상황 속에서 과업에 수행을 잘할 수 있을지에 대한 판단'이라고 설명하였다.

Bandura (1977)는 자기효능감에 대한 본질을 명확하게 하기위해 세 가지 개념인 자기조절 효능감, 과업도전감, 자신감으로 지각된 자기효능감을 표현하고 있다고 주장하였다(Bandura, 1993; Schunk, 1991). 따라서 자신감(self-confidence)이란 인간이 어떤 일을 하면서 수행을 성공적인 결과로 이끌어 낼 수 있다는 개인의 능력, 역량에 대한 확실성이고 인지된 능력에 대한 강도, 믿음으로서 구체화된 수준보다는 자신에 대한 확신의 강도를 말한다. 한 개인이 가지고 있는 능력과 확신이며 자신의 가치와 능력에 대한 신념 정도라고 한다.

구체적인 목표와 도전적인 과업을 선호하고 선택할 수 있는 사람들은 자기효능감이 높고(Latham et al., 1991), 반면 가급적 위험한 상황과 도전을 회피하고, 편리하게 조절 가능하고 쉬운 과제들만을 선호하려는 사람들은 자기효능감이 낮은 성향의 경우이다(Bandura, 1977). 특히 대학생들의 경우 자신의 진로를 설계함에 있어서 과업 달성을 위해서 자기조절기능이 반드시 필요하다. 그럼으로 자기-관찰과 자기-판단의 인지과정으로 무엇보다 자기-반응의 과정을 거쳐 동기과정으로 적절하게 잘 사용할 수 있는지에 대한 개념으로 효능기대라고 한다(Bandura, 1986; 1993).

따라서 창업교육은 학생들에게 새로운 과업을 주며 자기자신에 믿음과 효능감을 높임으로 능동적으로 도전할 수 있도록 가르친다. 이에 본 연구에서는 대학 창업교육을 통해 자신에 대한 효능감에 대한 효과가 어떠한지, 어떤 역할을 하는지 분석과 검증을 하고자 한다.

2.4 진로준비행동

대학은 차세대를 책임지고 이끌어갈 성숙한 사회인을 육성하는 것이 설립목적이다. 최근 몇 년 동안 대학 지원 사업을 통하여 평가요소에 취업률이 아주 중요한 핵심 평가지표로 강조 되었다. 대학은 본연의 가치보다는 기능적인 부분에 의해 강조되어 기형적인 역할을 하고 있다. 대학은 진리에 대한 탐구와 함께 진로에 대한 탐색과 준비 측면에서 매우 중요한 시기라 할 수 있다.

대학생에게 진로준비행동이란 개인이 수립한 미래 진로목표를 달성하기 위해 구체적인 준비, 실행뿐만 아니라 진로활동과 진로수행에 필요한 능력을 함께 준비하고 개발하는 행동이다(Moon & Bak, 2013).

Oh(2014)는 개인이 사회에 진출하기 위해 적성, 능력 기타 조건들을 갖춰서 향후 어떤 일을 할 것인지 고민하며 체계적으로 준비하는 과정이라고 주장하였다. 진로준비행동을 위해서는 자신에 관한 이해를 바탕으로 직업세계에 대한 진로에 대한 목표달성, 정보수집 활동으로 필요한 기본 방법을 갖추어야 한다. 이는 시간과 노력을 투자하는 활동이며, 진로결정 이후 결정에 따라 수행해야하는 행동이라고 정의할 수 있다.

최윤경(2013)은 진로준비에서 개인이 올바르게 결정한 진로결정 목표를 성취하기 위해 필요한 발달 과정이며, 실제적이며 진로를 위해 구체적인 형태의 준비과정이라고 주장했다(Phillips & Pazienza, 1988). 정경희·성창수(2016)는 창업교육 수강 여부에 대한 집단차이에서 창업교육을 받은 집단들이 경력준비행동이 기업가적 경력의도에 미치는 영향에 더욱 긍정적인 영향을 미치는 연구결과를 밝혔다.

이에 본 연구에서는 기존 연구와 차별적으로 창업교육을 통해 창의성역량, 기업가정신, 자기효능감이 대학생의 진로측면에서 진로준비행동에 어떠한 유의미한 영향을 미치는지 효과검증에 대해서 연구하고자 한다.

Ⅲ. 연구설계

3.1 연구모형

본 연구는 대학 창업교육을 통해 함양된 협업적 의사소통능력, 창의적 문제해결능력, 혁신적 업무행동능력이 진로준비행동에 어떤 영향을 미치는지, 또한 기업가정신과 자기효능감에 어떤 유의미한 영향을 미치는지 분석하고자 한다. 나아가

기업가정신과 자기효능감이 대학생의 진로준비행동에 미치는 영향을 살펴보며 마지막으로 기업가정신, 자기효능감이 창업교육의 창의성 역량과 진로준비행동 사이에서 어떤 유의미한 매개역할을 하는지 검증하고자 한다.

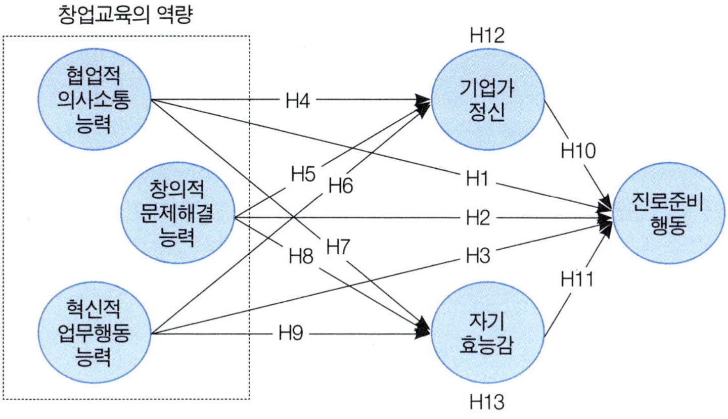

〈그림 1〉 연구모형

3.2 가설설정

3.2.1 창업교육의 역량과 진로준비행동

대학의 창업교육을 통하여 다양한 역량이 개발될 것이며 이러한 역량은 진로준비와 개척활동에 적용 가능할 것이다. 본 연구에서는 진로준비행동에 미치는 영향요인에서 주요한 핵심요인으로 창의성 역량에 대해서 분석하고자 한다.

무엇보다 대학교육을 통하여 창의적인 인재함양을 위한 시급한 선결과제는 대학의 교육시스템과 교육 콘텐츠의 혁신이다. 기존의 전공 중심 교육체제에서는 시대가 요구하는 창의적이고 융합형 인재를 양성하기 쉽지 않다. 그럼으로 창업교육을 통한 교과, 비교과 프로그램을 통하여 창의성 역량을 높이는 실정이다. 이에 본 연구에서는 창업교육을 통해 함양된 창의성역량이 대학생의 진로측면에서 진로준비행동에도 어떤 영향을 미치는지에 대해서 선행연구를 통해 이론적 논리적 근거를 찾고자 한다.

박주연(2013)은 창의성, 대인관계능력과 자기주도학습은 학생들의 태도, 정서, 지적 부분에 영향을 미치며, 특히 진로준비행동을 향상시키기 위해 반드시 고려해야 할 요인이라고 주장하였다. 조성심·주석진(2010)은 고등학교 학생들을 대상으로 체험활동 중심의 진로교육 집단프로그램을 실시한 여부에 대해서 집단 비교를 실시한 결과, 집단의 진로준비행동수준이 높은 것으로 확인되었다. 창업교육에서도 대부분 이론중심 보다는 팀을 형성해 함께 프로젝트를 진행하는 체험 중심의 수업이 많기 때문에 밀접한 관계가 있다. 정대인·홍아정(2015)은 대학생 고학년 363명의 대상으로 일상적 창의성이 높으면 높을수록 학생들의 진로준비행동에 긍정의 영향을 미치는 연구를 검증하였다. 사회진출을 앞두고 있는 대학생에게 있어서 협업적 의사소통역량은 진로준비와 진로를 결정하는 합리성 발달과 관련이 있다. 박진채·홍경자(2004)는 연구에서 가족의사소통이 진로의사결정에 직접적인 영향을 미친다고 하였다.

김유신 외(2015)의 연구에서는 문제해결력이 진로준비행동에 유의한 영향을 미친다고 주장하였으며, 이는 기존의 선행연구(Heppner et al., 2004)와 일치하는 결과이다. 양진희·김봉환(2008)은 연구에서 진로결정 자기효능감의 하위변인 문제해결에 대한 수준정도가 높으면 진로준비행동 수준도 높았다고 밝혔다. 강혜원·홍계옥(2010)은 문제해결자신감이 높을수록 진로준비행동을 많이 하는 것으로 나타났다.

혁신적 업무행동능력과 진로준비행동 간에 직접적 관계를 검증한 실증연구는 찾아보기 어렵다. 다만 김일천 외(2004)

는 창업교육을 통하여 창의성을 역량은 혁신과정에서 새로운 아이디어를 발상, 개발, 실행하는 과정에서 수정이 필요한데, 조직차원에서는 혁신적 업무행동이 성과에 영향을 미치는 중요한 변수라고 주장하였다. 혁신적 업무행동능력이 진로준비행동인 결과에 긍정적 영향을 줄 것이라는 가정을 뒷받침해 줄 수 있다. 앞서 언급한 다수의 선행연구를 바탕으로 창업교육의 창의성 역량이 진로준비행동사이에 밀접한 관계가 있음을 알 수 있다. 따라서 선행연구를 바탕으로 본 연구에서는 아래와 같이 가설을 수립하였다.

H1: 협업적의사소통능력은 진로준비행동에 정(+)의 영향을 미칠 것이다.

H2: 창의적문제해결능력은 진로준비행동에 정(+)의 영향을 미칠 것이다.

H3: 혁신적업무행동능력은 진로준비행동에 정(+)의 영향을 미칠 것이다.

3.2.2 창업교육의 역량과 기업가정신

창업교육을 통하여 새로운 가치를 추구함으로써 기업가정신에 영향을 줄 수 있을 것이다.

Kuratko et al. (1990)의 연구에서 기업가정신에 영향을 미치는 선행변수를 기업의 내적, 외적인 환경요인으로 제시하였다. 내적 환경요인은 교호적 기능으로 의사소통 능력(Zahra, 1991), 유기적인 조직구조(Covin & Slevin, 1988), 참여적 의사결정요인과 조직통합통제(Covin & Slevin, 1988, Zahar, 1991) 등으로 나타났다. 외적 환경분석 요인으로 역동성과 불확실성이라고 주장하였다. Pickle & Abrahamson(1990)은 인간관계능력, 정신력, 추진력, 의사소통능력, 개인적 역량을 기업가정신의 영향요인이라고 밝혔다.

김병남·박경선(2015)은 공과대학생을 대상으로 한 연구에서 대안적 해결력(창의적 문제해결)이 기업가정신에 영향을 미친다고 발표하였다. 이는 '어려운 문제에 직면했을 상황에서 여러 가지 대안과 함께 문제를 해결하기 위해 적절히 실현 가능성과 해결하는 능력' 등 한 가지 상황과 어떤 일을 다양한 방법에서 생각하며, 해결책을 찾는 것과 관련이 있다. 문제해결능력에 미치는 관계를 파악하려는 연구에서 대학생의 창업 교육과 창의성 교육이 문제해결능력에 대해서 정(+)의 유의미한 영향을 미친다고 밝혔다.

김문희(2016)는 문제해결력 중심의 교수법을 활용해 전통적 교육방식에서 벗어난 창업교육과 기업가정신 함양에 적용이 가능하다고 주장한다. 기업가정신 교육을 통한 학습 결과물은 지식 측면에서는 진로선택 기회, 비즈니스에 대한 지식 등이 있으며, 태도 측면에서는 책임감, 자신감, 자기인식, 주도성, 비판적사고, 위험감수, 문제해결력, 창의력 습득 등이 있다. 이를 통해 창업교육 수강자가 기업가정신을 함양하게 하고, 피고용자 측면에서 고용자의 입장을 이해할 수 있도록 한다. 학생들의 경우 졸업 후 실제로 창업을 하지 않더라도 피고용인의 입장에서 사업경영의 어려움을 잘 이해하여 사업체 내의 노사갈등 완화에도 큰 몫을 담당할 수 있다(정태화, 1996). 창업에 대한 다양한 역량들은 기본적으로 후천적으로 함양되는 경우가 많기에 창업교육으로 창업 의지와 기업가정신을 높일 수 있다(장대성, 2000).

윤남수(2012)는 기업가정신과 창업교육과의 관련성에 대한 연구에서 창업교육이 기업가정신에 정(+)의 영향을 미치고 있다고 검증하였다. 기업가정신을 함양하기 위해서 창업교육이 필요하며 보다 활성화 시킬 필요가 있다고 주장하였다. Gardner(1993)의 연구에서 자신감이 충만한 창의적인 사람들은 성향이 자기도취, 자기중심적이며 타인에 대한 배려가 없어 오로지 자기 일에만 집중하고, 주변 환경과 어울리는 적응력은 떨어진다. 그러나 새로운 도전이나 모험심이 있어서 새롭고, 어려운 일 앞에서도 적극적인 모습과 태도를 보인다고 말했다. 이는 창업교육의 창의적인 역량들이 도전정신과 위험을 감수하고 적극적인 자세와 태도를 의미하는 기업가정신에 영향이 있다고 할 수 있다.

앞의 다수의 선행연구를 바탕으로 창업교육을 통해 갖추게 된 창의성 역량인 협업적 의사소통능력, 창의적 문제해결능력, 혁신적 업무행동능력이 기업가정신에 영향을 미친다는 가설은 본 연구에서는 앞에서 언급한 선행연구 결과를 토대로 아래와 같이 연구가설을 수립하였다.

H4: 협업적 의사소통능력은 기업가정신에 정(+)의 영향을 미칠 것이다.

H5: 창의적 문제해결능력은 기업가정신에 정(+)의 영향을 미칠 것이다.

H6: 혁신적 업무행동능력은 기업가정신에 정(+)의 영향을 미칠 것이다.

3.2.3 창업교육과 자기효능감

창업교육을 통하여 사회생활에서 중요한 다양한 역량을 강화 할 수 있다. 창의성은 개인 영역뿐만 아니라 조직 차원의 업무영역에서도 실제로 적용되며 그 능력이 발휘되는 행동적 특성을 말한다. 창업교육은 지식 향상, 자신감 고취, 자기효능감 증진과 더불어 창업에 대한 실현가능성을 높인다(Krueger & Brazeal, 1994).

협업적 의사소통은 어떤 새로운 프로젝트를 하거나 창업 팀을 결성하면서 구성원들과 협력을 통한 커뮤니케이션 능력은 매우 필요적인 요소이다. 기본적으로 인간은 의사소통을 통해서 타인과의 관계를 맺고 사회적 존재로 활동하게 되는 것이다. 특히 창업교육을 통하여 정보와 의견을 서로 교환하는 활동을 하게 된다. 아이디어에 대한 보완, 검토, 대안마련 등 다양한 협력팀원들의 상호교류와 의사소통을 요구한다.

Peterman & Kennedy(2003)는 자기효능감을 증가시키는 중요한 요인이 창업교육 프로그램이라고 주장하였다. 창업교육의 창의성 역량에서 창의적 문제해결능력은 중요한 핵심 역량이라고 할 수 있다. 창의성 부분에서 많이 강조되는 문제해결 능력은 창업교육을 통해서 증진될 수 있으며, 다양한 경험들이 쌓여서 개인 내면의 자신감과 같은 자기효능감을 높인다.

김경은(2015)의 연구에서는 예비 유아교사를 위한 창의성 교육프로그램이 자기효능감 증진에 지속적인 영향을 미친다는 결과를 입증하였다. 그리고 학생, 특수 교사를 대상으로 창의성 교육이 자기효능감을 증진시킨다는 것을 확인하였는데, 이들은 창의성 교육을 통해 어떤 어려움에 봉착하였더라도 인내하고 슬기롭게 극복할 수 있는 창의적 기술, 태도를 교육을 통해 습득했기 때문이라고 할 수 있다(Mathisen & Bronnick, 2009). 박지회·고장완(2016)의 연구에서는 자기효능감은 문제해결능력에 통계적으로 유의하게 정(+)의 영향을 미치는 것으로 나타났다. 영유아교사의 자기효능감, 자아강도가 문제 해결력에 어떤 영향을 미치는지 분석하였다. 연구대상은 K시와 J지역에 재직하고 있는 영유아교사 293명이며, 자기효능감과 자아강도가 문제 해결력에 영향을 주는 변인임을 검증하였다.

혁신적 업무행동은 자신의 과업이나 소속집단과 조직의 성과에 대해 향상을 위해 참신한 아이디어를 도입, 창조, 적용하는 활동을 말한다. 또한 혁신적으로 진행하는 업무행동은 개인수준 혁신을 잘 반영되어 포괄하는 개념으로 평가받고 있다(Janssen, 2000).

앞서 언급한 다수의 선행 연구를 바탕으로 협업적 의사소통, 창의적 문제해결능력, 혁신적 업무행동능력이 자기효능감에 영향을 미친다고 보았다. 따라서 본 연구에서 선행연구를 바탕으로 아래와 같이 가설을 수립하였다.

H7: 협업적 의사소통능력은 자기효능감에 정(+)의 영향을 미칠 것이다.

H8: 창의적 문제해결능력은 자기효능감에 정(+)의 영향을 미칠 것이다.

H9: 혁신적 업무행동능력은 자기효능감에 정(+)의 영향을 미칠 것이다.

3.2.4 기업가정신, 자기효능감과 진로준비행동

창업교육을 통하여 개인의 내면 요소인 자신감과 자기조절 효능감, 과업도전감이 높아진다.

Greene et al.,(2015)은 기업가정신 교육은 활동 영역(커리큘럼, 협동 활동, 연구)과 학습이나 주제, 교육자의 성향 등 모든 것을 포함한 행동들에 대한 결정 영역으로 구성된다고 제시한다.

이러한 자기효능감의 영향으로 대학생이 자신의 진로를 개척하기 위해 준비하는 행동에 대한 자신감을 갖게 되며, 도전적으로 자신의 진로를 준비할 수 있다. 진로준비행동에 대해 Stumpf et al.(1983)은 이를 일련의 인지적 행동적 활동으로 보았으며, 아직 경험하지 않은 미래 즉, 직장이나 직업에 대한 정보접근의 행동으로 보았다.

이러한 관점에서 진로준비행동에 대한 선행연구를 통해 우리나라 대학생들은 전반적으로 낮은 진로준비 행동수준을 보이는 것으로 확인되었다(최동선, 2003). 따라서 우리나라 대학의 진로상담이나 교육에서 행동 요소가 지금보다 더욱 비중 있게 다루어져야 할 필요성이 있음을 강조한다. 자기효능감은 인간의 정서, 사고, 행동 등에 영향을 미치며 진로발달 영역에도 긍정의 영향을 미친다(Flum & Blustein, 2000; Loke & Latham, 1990). 창업교육 프로그램은 진로준비 및 결정에서 필요한 능력과 경험을 제공해주고 자신의 삶을 주도적으로 극복할 수 있도록 체화할 필요가 있다. 진로결정에 대해서 자기효능감의 변수는 직업 관여도와 탐색, 학업 수행과 만족도, 진로태도, 직업적 정체감 등에 유의미한 영향을 미치는 것으로 확인되었다(김수지·이정자, 2013). 일반적으로 학생에 관한 선행연구를 검토해보면 가치관, 태도, 개인적 성향, 자기효능감 등이 종속변수인 진로준비행동에 유의미한 영향을 미친다고 주장하였다.(이기학·이학주, 2000; 김태석·이기학, 2012). 또한, 진로결정 자기효능감과 진로준비행동 사이에 자기효능감이 직접적인 영향을 미치는 선행변수라고 주장하였다(손은령·손진희, 2005). 다수의 선행연구를 바탕으로 기업가정신과 자기효능감은 진로준비행동에 영향을 미친다고 보았다. 따라서 선행연구를 바탕으로 본 연구에서는 아래와 같이 가설을 수립하였다.

H10: 기업가정신은 진로준비행동에 정(+)의 영향을 미칠 것이다.

H11: 자기효능감은 진로준비행동에 정(+)의 영향을 미칠 것이다.

3.2.5 기업가정신, 자기효능감의 매개효과

창업교육을 통하여 기업가정신과 자기효능감이 높아지는 선행연구와 기업가정신과 자기효능감이 진로준비행동에 미치는 선행연구도 살펴보았다. 따라서 기업가정신과 자기효능감이 창업교육의 창의성역량과 진로준비행동 사이에서 매개역할과 효과에 대한 검증이 필요하다. 박재환·김우종(2015)은 중소기업 창업 CEO를 대상으로 연구한 조사에서 기업가정신은 CEO의 경력지향성(관리지향, 사업지향)의 하위요인과 기업성과 사이에서 완전매개효과가 있는 것으로 나타났다. 윤남수(2012)의 연구를 통하여 창업동기와 창업의지 사이에서 기업가정신은 매개역할을 하는 것을 검증하였다. 그러나 기업가정신의 매개효과에 대해서 연구한 논문은 매우 제한적인 실정이다(Yoon, 2012). 정대용·유봉호(2009)는 시장 정보입수 이용과 경영성과 사이에 기업가 지향성이 강력한 매개효과를 하고 있음을 발견하였다. 또한, 양준환·첨희(2015)는 한국대학생 268명, 중국대학생 259명을 대상으로 기업가정신이 창업의도에 미치는 영향에 대해서 연구를 하였으며 자기효능감의 매개효과를 검증을 하였다. 연구결과, 한국과 중국대학생의 자기효능감이 기업가정신과 창업의도 사이에 유의한 부분 매개효과를 가지는 것으로 검증되었다. 황상규(2013)는 자기효능감이 조직 기업가정신이 기업성과에 미치는 영향에 있어 부분매개역할을 하고 있다는 것을 검증하였다. 김정식 외(2011) 연구에서 자기효능감은 리더의 코칭과 직무만족 사이에 유의한 매개변수로서 역할, 리더의 코칭과 직무만족간의 관계에서도 유의한 매개변수로서 역할을 하고 있음을 검증하였다.

한주원(2013)은 비서학 전공 전문대학생을 대상으로 진로정체감에 대해서 사회적지지 요인이 진로준비행동에 유의미하게 미치는 영향을 검증하였다. 세부적으로 진로정체감과 진로준비행동 간의 관계에서 진로결정 자기효능감이 매개변인으로 의미 있는 작용을 하는 것을 검증하였다. 기업가정신과 자기효능감의 매개효과 검증에서 창업교육의 창의성역량과 진로준비행동 사이에 연구가 된 선행연구는 많이 부족하다. 하지만 기업가정신과 자기효능감은 매우 중요한 변수이므로, 선행연구를 바탕으로 기업가정신과 자기효능감에 대한 매개효과 분석을 하고자 한다. 창업교육의 창의성역량과 진로준비행동 사이에서 기업가정신, 자기효능감이 매개효과로 영향을 미칠 것이라는 선행연구 아래 기업가정신과 자기효능감의 매개효과에 대해 실증 분석하고자 한다. 따라서 본 연구에서는 아래와 같이 가설을 수립하였다.

H12: 기업가정신은 창업교육의 역량이 진로준비행동에 미치는 영향을 매개할 것이다.
H12-1: 기업가정신은 창업교육의 협업적 의사소통능력이 진로준비행동에 미치는 영향을 매개할 것이다.
H12-2: 기업가정신은 창업교육의 창의적 문제해결능력이 진로준비행동에 미치는 영향을 매개할 것이다.
H12-3: 기업가정신은 창업교육의 혁신적 업무행동능력이 진로준비행동에 미치는 영향을 매개할 것이다.

H13: 자기효능감은 창업교육의 역량이 진로준비행동에 미치는 영향을 매개할 것이다.
H13-1: 자기효능감은 창업교육의 협업적 의사소통능력이 진로준비행동에 미치는 영향을 매개할 것이다.
H13-2: 자기효능감은 창업교육의 창의적 문제해결능력이 진로준비행동에 미치는 영향을 매개할 것이다.
H13-3: 자기효능감은 창업교육의 혁신적 업무행동능력이 진로준비행동에 미치는 영향을 매개할 것이다.

Ⅳ. 실증분석

4.1 표본 특성

본 연구의 표본은 전국에 있는 창업활성화를 활발하게 하고 있는 지역별 5곳 대학교를 선정하여 2016년 9월 6일부터 2016년 10월 7일까지 약 한 달간 창업교육을 받은 대학생들에게 설문 조사를 실시하였다. 모두 425개 표본을 수집하였고, 그 중 설문문항에 결측값이 있는 32개 설문 자료를 제외하고 최종 분석에 393개의 설문을 활용하였다.

〈표 2〉 설문응답자의 기초통계 특성

특성	구분	인원	비율	특성	구분	인원	비율
성별	남	230명	58.5	창업교육 수강동기	관심	129명	32.8
	여	163명	41.5		학점	134명	34.1
	합계	393명	100		추천	44명	11.2
학년	1	40명	10.2		혜택	8명	2
	2	98명	24.9		준비	60명	15.3
	3	148명	37.7		시간표	18명	4.6
	4	107명	27.2		합계	393명	100%
	합계	393명	100%	창업동아리	경험 있음	219명	55.7
전공	인문계열	43명	10.9		경험 없음	174명	44.3
	상경계열	78명	19.8		합계	393명	100%
	공학계열	157명	39.9	향후 진로 준비	창업	33명	8.4
	자연계열	81명	20.6		취업	144명	36.6
	기타	34명	8.7		모두	216명	55
	합계	393명	100%		합계	393명	100%

4.2 신뢰성 및 타당성 분석

4.2.1 신뢰성 검증

본 연구에서는 수집된 설문 항목에 대해 일관성, 안전성, 예측 가능성을 체크하기 위해서 Cronbach's α 계수를 통해 신뢰도 계수를 알아봄으로써 내적 일관성 검정을 하였다. 통상적으로 신뢰성에 대한 측정지표 적용기준을 탐색적 연구 분야에서는 일반적인 기준으로 0.6 이상이면 충분하다고 여겨진다(Nunnally, 1978). 본 연구에서는 변수에 대한 신뢰도 검증 Cronbach 알파 수치 분석 결과 <표 3>과 같다.

<표 3> 타당성분석과 신뢰성검증

구분			1	2	3	4	5	6
협업적 의사소통 능력		v2	**.800**	.192	.238	.133	.071	.075
		v1	**.778**	.239	.163	.123	.138	.163
		v5	**.759**	.261	.215	.075	.032	.082
		v4	**.733**	.223	.274	.087	.131	-.042
		v3	**.731**	.278	.190	.215	.087	.068
혁신적 업무행동 능력		v11	.233	**.761**	.184	.046	.139	-.002
		v12	.202	**.742**	.323	.147	.078	.011
		v13	.216	**.719**	.281	.056	.139	.069
		v14	.224	**.672**	.150	.092	.124	.157
		v15	.348	**.616**	.217	.121	-.034	.095
창의적 문제해결 능력		v9	.277	.186	**.741**	.145	.065	.081
		v7	.214	.287	**.725**	.152	.080	.014
		v8	.352	.230	**.712**	.086	.100	.060
		v6	.173	.408	**.618**	.243	.079	.029
		v10	.200	.273	**.605**	.069	.125	.218
기업가정신	위험감수성	v17	.197	.121	.096	**.846**	.095	.132
	혁신성	v16	.175	.130	.153	**.727**	.257	.216
	진취성	v18	.109	.103	.250	**.705**	.290	.215
진로준비 행동	진로탐색	v22	.180	.109	.216	.155	**.772**	.131
	정보수집	v21	.011	.056	.289	.279	**.743**	-.064
	체험준비	v23	.120	.182	-.169	.128	**.732**	.213
자기효능감	자신감	v19	.096	.091	.058	.182	.056	**.889**
	자기조절	v20	.106	.098	.187	.319	.235	**.698**
Eigen Value			3.672	3.284	3.149	2.253	2.055	1.596
% of Variance			15.965	14.279	13.693	9.797	8.935	6.941
Cumulative %			15.965	30.244	43.937	53.733	62.668	69.609
Cronbach의 알파			.899	.852	.862	.819	.713	.694

Kaiser-Meyer-Olkin(KMO) = 0.926

Approximated χ^2 =4818.460 / 자유도253 / 유의확률.000

협업적 의사소통능력(.899), 창의적 문제해결능력(.862), 혁신적 업무행동능력(.852), 기업가정신(.819), 자기효능감(.694), 진로준비행동(.713) 등으로 6개 변수 모두 0.6 이상으로 수치를 나타내 타당하였다.

4.2.2 타당성 분석 검증

탐색적 요인분석(EFA: Exploratory Factor Analysis)은 요인들 사이 인과효과를 검정하기 위해 변수들을 동질요인으로 가능한 최소의 요인으로 묶어 변수를 축소, 단순화 시켜 요인을 해석하는 것에 중점을 두어 베리맥스(Varimax)에 의해 실시한 요인분석방법이다. <표 3>은 탐색적 요인분석 결과이다. 기본적으로 고유치 1이상 요인만을 선택하였고, 요인적재량은 일반적으로 요구하는 기준에서 0.4이상 되는 수치만 유의적 기준으로 판단해 검증하였다.

또한, 타당성 검증을 위해 협업적 의사소통능력, 창의적 문제해결능력, 혁신적 업무행동능력, 기업가정신, 자기효능감, 진로준비행동 등의 요인을 모두 탐색적 연구를 통해 요인분석을 실시하여 사회과학분야에서 인정하는 신뢰수준 및 적합한 과정을 진행하였다. 또한, 수집된 데이터에 대해서 요인분석 가능여부를 확인하기 위해서 KMO(Kaiser-Meyer-Olkin)가 0.926으로 1에 가까웠으며, Bartlett은 0.6 이상일 경우 양호한 것으로 판단한다(Tabachnick et al., 2001). 각 변수별 관련 개념들 사이에 상관관계를 정리한 내용은 아래의 <표 4>와 같다. 본 연구에서 상관관계를 통하여 개념 간의 관련성에 대해 전체적인 윤곽을 제시하고 있다.

<표 4> 개념 간 상관관계

	협업적 의사소통능력	창의적 문제해결능력	혁신적 업무행동능력	기업가정신	자기 효능감	진로준비 행동
협업적 의사소통능력	1					
창의적 문제해결능력	.710*** (.025)	1				
혁신적 업무행동능력	.707*** (.031)	.783*** (.029)	1			
기업가 정신	.502*** (.019)	.561*** (.017)	.457*** (.020)	1		
자기 효능감	.380*** (.019)	.415*** (.016)	.366*** (.020)	.682*** (.017)	1	
진로준비행동	.421*** (.022)	.482*** (.020)	.441*** (.025)	.675*** (.021)	.511*** (.020)	1

** 상관계수는 0.01 수준(양쪽)에서 유의합니다.
* 상관계수는 0.05 수준(양쪽)에서 유의합니다.

확인적 요인분석 결과 대부분의 적합지수가 기준치에 합당하여 연구에 충분하다고 판단된다. 본 연구에서 측정모델의 모수추정치에 대해서 분석하고 Hair et al. (2006)공식을 통해 개념 신뢰도(Construct Reliability)를 도출하였으며, 표준화 계수 1% 이하 수준이므로 유의하고, 개념신뢰도 모두 0.7 이상을 보이고 있어 잠재변수가 측정하고자 하는 관측 변수들을 일관적으로 설명하고 있다고 할 수 있다. <표 5>와 같이 분석하였다.

〈표 5〉 확인적 요인분석결과

개념	항목	비표준화	표준화	S.E.	C.R.	p값	개념 신뢰도
협업적 의사소통능력	v5	1.000	.780				0.901
	v4	.884	.760	.056	15.856	***	
	v3	.911	.802	.054	16.921	***	
	v2	.983	.839	.055	17.866	***	
	v1	.975	.831	.055	17.665	***	
창의적 문제해결능력	v10	1.000	.662				0.863
	v9	1.219	.763	.094	13.005	***	
	v8	1.184	.787	.089	13.321	***	
	v7	1.189	.770	.091	13.090	***	
	v6	1.112	.751	.087	12.826	***	
혁신적 업무행동능력	v15	1.000	.693				0.856
	v14	.893	.671	.074	12.099	***	
	v13	.951	.766	.070	13.643	***	
	v12	1.025	.807	.072	14.258	***	
	v11	.936	.746	.070	13.321	***	
기업가정신	v18	1.000	.791				0.820
	v17	1.025	.751	.070	14.640	***	
	v16	1.177	.786	.077	15.295	***	
자기효능감	v20	1.000	.876				0.736
	v19	1.021	.640	.106	9.614	***	
진로준비행동	v23	1.000	.569				0.738
	v22	1.016	.795	.102	9.919	***	
	v21	1.039	.714	.108	9.621	***	

다음은 개념타당도(construct validity)를 검정하기 위해 가장 많이 사용하는 집중타당도와 판별타당도를 실시하였다. 본 연구는 언급한 집중타당도, 판별타당도를 구체적으로 확인하기 위해 평균분산추출(AVE : average variance extracted)을 사용한다. 선행 연구를 통해 Fornell & Larcker(1981)이 제안한 평균분산추출(AVE) 공식을 계산하기보다는, Hair et al. (2006)이 주장한 공식이 더 효율적이고 적합한 값을 제시한다는 것이 밝혀졌다(배병렬, 2009).

따라서 본 연구에서는 Hair 등의 공식을 사용하였다. 아래 <표 6>에서 집중타당도와 판별타당도는 측정치에 대해서 서로 평가 분석하였다.

<표 6> 집중타당도 및 판별타당도 분석

	AVE	협업적 의사소통 능력	창의적 문제해결 능력	혁신적 업무행동 능력	기업가정신	자기효능감	진로준비 행동	개념신뢰도
협업적 의사소통능력	0.645	1						0.901
창의적 문제해결능력	0.559	.504	1					0.863
혁신적 업무행동능력	0.545	.500	.613	1				0.856
기업가정신	0.602	.252	.314	.208	1			0.820
자기효능감	0.588	.144	.172	.134	.465	1		0.736
진로준비행동	0.489	.177	.232	.194	.456	.261	1	0.738

본 연구에서는 평균분산 추출(AVE)값이 각 개념들 사이의 상관계수에 대한 제곱값(ϕ^2)이 기준에 웃도는지 여부를 통해 결정하였다. 판별 타당도는 AVE에 상관계수를 제곱한 값(AVE>ϕ^2)이면 판별타당도가 확보되었다고 판단한다(배병렬, 2009).

다만, 창의적 문제해결능력과 혁신적 업무행동능력 상관계수 제곱이 0.613으로 AVE값(0.545)보다 조금 높아 판별타당성 분석에 있어서 추가적인 분석이 필요한 것으로 판명된다.

제약모델과 비제약모델의 카이제곱 비교 분석표를 통해 제약모델을 추정하면, $\chi^2(20)=277.541$, 비제약모델을 추정하면 $\chi^2(21)=102.432$가 얻어졌다. 따라서 두 개념들 간에는 제약모델과 비제약모델이 자유도 1차이가 날 때 5%의 유의수준에서 3.84보다 커야하는데, 두 모델의 카이제곱 값의 차이는 $\Delta df=1$, $\Delta\chi^2=175.109$ 이기에 유의한 차이가 있어 판별타당도가 확보되었다.

4.3 가설검증

4.3.1 구조방정식 연구모형의 적합성

χ^2/DF, RMR, GFI, AGFI, RMSEA는 연구모형의 절대적인 모형 적합성 평가지수이다. 본 연구모형 절대적합도로 판단하였을 때 수용 가능한 수준에서 양호한 수준(χ^2/DF=2.176, RMSEA=0.055)을 보이고 있다.

일반적으로 χ^2값 수치 자체의 의미보다는 χ^2/df 비율 값이 5이하일 때 바람직하고, 3 이하일 경우에는 잘 맞는 적합도로 해석한다(Kline, 2005). 특히 RMSEA는 .05에서 .08사이 범위는 적절한 수준이며 .05 이하일 경우는 매우 양호 수준이라고 해석할 수 있다(Browne & Cudeck, 1993). GFI=0.909, RMR=0.027, NFI=0.906, IFI=0.947, TLI=0.936, CFI=0.947 모두 적합도 0.9 이상에 해당되고 일부 AGFI=0.882, RFI=0.888은 수치에 상당히 근접되어 있으므로 수용 가능한 수준이다. 일반적으로 GFI, AGFI, NFI의 경우 0.8 이상이면 적절하며, 0.9 이상일 경우 이상적이라 제시된다(Bagozzi & Yi, 1988; Bagozzi & Dholakia, 1999).

본 연구 모형에서 가설 검증하기 위해 잠재적 변수 간 명확한 관계를 파악할 필요가 있으며, 최우추정법(Maximum Likelihood: ML)으로 추정한 결과와 붓스트래핑(bootstrapping)을 이용하여 유의수준을 분석하였다.

4.3.2 구조방정식 모형 분석 결과

본 연구의 구조방정식 직접효과에 대해서 분석한 결과 아래 <표 7>과 같다. 독립변수 협업적 의사소통능력, 창의적 문제해결능력, 혁신적 업무행동능력이 진로준비행동에 유의미한 영향을 미치지 않아 가설1, 2, 3 모두 기각되었다.

협업적 의사소통능력과 창의적 문제행동능력은 기업가정신에 정(+)의 영향을 미치는 결과로 가설4, 가설5는 채택되었다. 반면, 혁신적 행동능력은 기업가정신에 유의미한 영향을 미치는 않아 가설6은 기각되었다. 그리고 협업적 의사소통능력과 창의적 문제해결능력은 자기효능감에 정(+)의 영향을 미치는 결과로 가설7, 가설8은 채택되었으며, 반면 혁신적 업무행동능력은 자기효능감에 역시 아무런 영향을 미치는 않아 가설9는 기각되었다.

마지막으로 기업가정신과 자기효능감은 모두 진로준비행동에 정(+)의 영향을 미치는 결과가 나타나 가설10, 가설11 모두 채택되었다. 따라서 독립변수가 직접적으로는 종속변수인 진로준비행동에 모두 영향을 미치지 않고 중간에 매개변수를 거쳐야만 유의미한 영향을 미치는 완전매개모형임이 확인되었다.

〈표 7〉 구조방정식 분석결과(직접효과)

가설	경로			Regression Weights	Standardized Regression Weights	S.E.	C.R.	P	결과
H1	협업적 의사소통능력	→	진로준비행동	−0.018	−0.022	0.077	−0.233	.816	기각
H2	창의적 문제해결능력	→	진로준비행동	0.055	0.054	0.111	0.501	.616	기각
H3	혁신적 업무행동능력	→	진로준비행동	0.105	0.131	0.088	1.194	.232	기각
H4	협업적 의사소통능력	→	기업가정신	0.233	0.266	0.077	3.009	.003	채택
H5	창의적 문제해결능력	→	기업가정신	0.462	0.431	0.111	4.17	***	채택
H6	혁신적 업무행동능력	→	기업가정신	−0.064	−0.076	0.091	−0.708	.479	기각
H7	협업적 의사소통능력	→	자기 효능감	0.151	0.181	0.075	1.996	.046	채택
H8	창의적 문제해결능력	→	자기 효능감	0.306	0.3	0.106	2.898	.004	채택
H9	혁신적 업무행동능력	→	자기 효능감	−0.017	−0.022	0.089	−0.196	.845	기각
H10	기업가정신	→	진로준비행동	0.483	0.507	0.076	6.396	***	채택
H11	자기효능감	→	진로준비행동	0.169	0.168	0.065	2.588	.010	채택

***는 .001 이하 유의수준에서 의한 유의함을 의미함
χ^2=461.291, DF=212, p<.001

4.3.3 기업가정신, 자기효능감 매개효과 분석

기업가정신의 매개효과 검증 결과 아래 〈표 8〉과 같다. 매개효과 분석에는 χ^2차이검증을 통해 비교분석하는 것이 일반적 통계적으로 적합한 방법이다. 그러므로 매개효과 변수인 기업가정신과 진로준비행동 사이에 자유도 1차이 나는 모델과 차이가 없는 두 모델을 비교했을 때, χ^2값이 α=0.05 수준에서 3.84 이상인지를 확인하였다. 분석결과, χ^2값이 39.283 이

상 차이가 있어 강한 매개효과가 있음을 검증하였다.

〈표 8〉 기업가정신 완전매개모형 검증

경로			Estimate	S.E.	C.R.	P
H12-1	협업적 의사소통능력 → 기업가정신 → 진로준비행동	협업적 의사소통능력 → 기업가정신	0.225	0.076	2.966	.003
		기업가정신 → 진로준비행동	0.567	0.067	8.422	***
H12-2	창의적 문제해결능력 → 기업가정신 → 진로준비행동	창의적 문제해결능력 → 기업가정신	0.464	0.109	4.255	***
		기업가정신 → 진로준비행동	0.567	0.067	8.422	***

***은 .001 이하 유의수준에서 의한 유의함을 의미함

자기효능감의 매개효과 검증 결과 아래 〈표 9〉와 같다. 매개효과 변수인 자기효능감과 진로준비행동 사이에 자유도 1차이나는 모델과 차이가 없는 모델을 비교했을 때 χ^2값이 α=0.05 수준에서 3.84 이상인지를 확인한다. 분석 결과, χ^2값이 6.449 이상 차이가 나타나, 자기효능감은 매개역할을 하며 매개효과가 존재한다는 것을 검증할 수 있었다.

〈표 9〉 자기효능감 완전매개모형 검증

경로			Estimate	S.E.	C.R.	P
H13-1	협업적 의사소통능력 → 자기효능감 → 진로준비행동	협업적 의사소통능력 → 자기효능감	0.148	0.075	1.968	.049
		자기효능감 → 진로준비행동	0.194	0.063	3.065	.002
H13-2	창의적 문제해결 → 자기효능감 → 진로준비행동	창의적 문제해결능력 → 자기효능감	0.302	0.105	2.881	.004
		자기효능감 → 진로준비행동	0.194	0.063	3.065	.002

***은 .001 이하 유의수준에서 의한 유의함을 의미함

아래의 〈표 10〉은 매개효과에 간접효과 분석내용을 정리하였다. 협업적 의사소통능력→진로준비행동(기업가정신과 자기효능감)에 대한 표준화 간접효과를 분석한 결과 간접효과(=.166)가 통계적으로(p=.018) 유의하며 협업적 의사소통능력과 진로준비행동에서 기업가정신과 자기효능감은 완전매개역할을 한다는 것을 검증할 수 있었다. 또한, 창의적 문제해결능력→진로준비행동(기업가정신과 자기효능감)에 대한 표준화 간접효과를 분석한 결과 간접효과(=.269)가 통계적으로(p=.002) 유의하며 창의적 문제해결능력과 진로준비행동에서 기업가정신과 자기효능감은 완전매개역할을 한다는 것을 재검증할 수 있었다.

〈표 10〉 붓스트래핑을 이용한 간접효과 검증

경로	Indirect Effects	Indirect Effects – Two Tailed Significance
협업적의사소통능력 → 진로준비행동	.138(표준화추정치.166)	.018
창의적 문제해결능력 → 진로준비행동	.275 (표준화추정치.269)	.002

***은 .001 이하 유의수준에서 의한 유의함을 의미함

아래의 〈표 11〉은 매개효과에 직, 간접, 총효과 모두를 분석한 내용을 정리하였다.

〈표 11〉 직접효과, 간접효과, 총효과 요약

경로	직접 효과	기업가정신 간접효과	자기효능감 간접효과	총간접효과	총효과
협업적의사소통능력 → 진로준비행동	–	0.135 (0.266×0.507)	0.031 (0.181×0.168)	.166	.166
창의적 문제해결능력→ 진로준비행동	–	0.219 (0.431×0.507)	0.051 (0.300×0.168)	.269	.269

***은 .001 이하 유의수준에서 의한 유의함을 의미함

매개효과에 대한 결과를 요약 정리하면 매개효과분석에서는 가설 12-3, 13-3을 제외한 나머지 가설 12-1, 12-2, 13-1, 13-2 모두 매개역할을 하고 있으며 간접효과가 있는 것으로 나타났다.

V. 결론

5.1 연구의 결론 및 시사점

본 연구를 통해 다음과 같이 시사점을 요약할 수 있다.

첫째, 창업교육을 통해 함양된 기업가정신과 자기효능감이 진로준비행동에 미치는 효과를 실증적으로 검증함으로써 대학 창업교육을 통한 다양한 효과 부분에 대해 검증하였다.

특히 기존 선행연구에서 많은 연구를 통해 창업교육(기업가정신)의 효과를 창업 영역의 직접적인 창업의지, 기업성과 등을 중심으로 유의미한 영향을 미친다는 연구 결과(Hornsby et al., 1993; Kantis et al., 2002)들이 많았지만 본 연구에서는 기존 선행연구와는 차별적으로 기업가정신과 자기효능감이 진로준비행동에도 정(+)의 직접효과, 매개효과(간접) 영향을 미치는 유의미한 결과를 도출하였다. 이러한 연구 결과 창업교육을 통해서 기업가정신, 자기효능감 함양하는 것이 대학생의 자기주도적인 삶과 자신의 진로 개척을 위해 진로준비행동에 직·간접적 유의미한 정의(+) 영향을 미치고 있음을 증명하였다. 이러한 결과는 지금 당장 학생 창업을 하지 않더라도 대학생활에 있어서 기업가정신과 자기효능감을 높이고 함양하는 것이 자신의 진로 준비와 행동에 긍정의 영향을 미친다는 시사점을 도출하였다. 결국 진로준비 측면에서 단순히 창업교육의 역량에 집중하기 보다는 기업가정신과 자기효능감을 고취시키고 높이는 것이 진로준비행동 측면에서 무엇보다 중요하다는 의미 있는 시사점을 도출하였다.

둘째, 매개변수인 기업가정신, 자기효능감은 창업교육의 효과와 성과를 창출하기 위한 핵심변수라는 시사점을 도출하였다. 따라서 창업교육의 정책적 측면에서 향후 대학 창업교육 프로그램을 설계할 때 단순한 창업교육이 아닌 기업가정신 함양과 자기효능감을 높일 수 있는 연계 시스템으로 설계와 전략을 구상할 필요가 있다는 시사점을 도출하였다.

셋째, 창업교육의 콘텐츠 내용 중에서 창의성역량에 개선이 필요하다. 대학 창업교육의 창의성 역량을 개발하여 진로측면에 직접적으로 영향을 미칠 수 있도록 창의성역량에 대한 콘텐츠 개발하거나 방법론, 교수법 등에 대해서 수정 및 보완이 요구된다.

넷째, 대학 창업교육에 대한 평가에 있어서 정량적인 평가지표 중심으로 학생 창업건수, 매출 등을 평가하기 보다는 진로준비행동과 같이 다양한 효과가 검증됨에 따라 대학 창업교육의 질적인 향상을 위한 효과를 측정할 필요가 있다. 그럼으로 대학에서 이루어지고 있는 창업교육의 정성적 효과와 가치를 측정할 수 있는 질적인 평가 도구, 평가 요소, 평가기준이 개발될 필요가 있다는 시사점을 도출하였다.

5.2 연구의 한계점 및 향후 연구의 과제

본 연구는 선행연구와 차별화된 연구를 하여 의미 있는 결과를 도출하였음에도 불구하고 연구의 한계를 가진다.

일반적으로 본 연구의 샘플은 전국 지역 5개 대학만을 활용하였기에 본 연구결과가 전국대학생의 대표한다는 일반화에 한계가 있다. 또한 창업교육을 받은 수강생을 대상으로 하였기에 추가적으로 창업교육을 받지 않은 수강생과 비교 분석을 할 필요가 있다. 또한 전국적으로 대학의 창업교육이 표준화된 교육이 아니기에 차이가 있을 수밖에 없는 부분은 이 연구의 한계점이라고 할 수 있다.

그럼에도 불구하고 본 연구의 시사하는 점은 크다고 할 수 있다. Schramm(2014)의 연구에서도 기업가정신 교육의 가치를 측정하는 의미 있는 측정 기준이 없다는 점을 지적하였다.

따라서 본 연구를 통해 창업교육을 통해 기업가정신과 자기효능감을 높이는 것이 대학생의 진로준비와 행동 측면에도 효과가 있음을 일부 확인 하였고, 향후 연구를 통해서 정성적인 효과를 포함하여 대학 창업교육에 대한 효과를 다양한 각도에서 측정하고 진단 및 평가 할 수 있는 추가 연구가 필요하다.

주석

1) UBS, Extreme automation and connectivity: The global, regional, and investment implications of the Fourth Industrial Revolution, UBS White Paper for the World Economic Forum, 2016.

2) EBS TV '다큐프라임' '4차 산업혁명 시대, 교육대혁명' 내용 발취

3) 정헌배(2016). 토탈창업학, 문영사, p.90 참조 Chapter 4장 '창업학과 인생진로' 안태욱 공동저자가 작성한 내용 발취

REFERENCE

강혜원·홍계옥(2010). 전문대학생의 문제해결에 대한 자기평가와 성적이 진로결정수준과 진로준비행동에 미치는 영향. *한국고등직업교육학회논문집*, 11(1), 11-20.

김경은(2015). 예비유아교사를 위한 창의성교육 프로그램이 문제해결능력 및 자기효능감에 미치는 영향에 대한 *단기종단연구*. 11(1), 289-303

김문희(2016). *기업가정신 및 창업교육 관련 OECD 논의 동향 및 사례*, 글로벌 리포트

김수지·이정자(2013). 진로장벽, 진로결정 자기효능감이 진로준비행동에 미치는 영향. *재활심리연구*, 20(1), 119-136.

김일천·김종우·이지우(2004). 혁신적 업무행동의 선행요인에 관한 연구. *경영연구*, 19, 282-317.

김유신·한태용·최성범(2015). 체육전공대학생의 진로결정자기효능감과 문제해결력, 진로행동의도와 진로준비행동의 인과관계. *한국체육과학회지*, 24(4), 35-47.

김병남·박경선(2015). 대학생의 일상적 창의성이 기업가정신, 창업의지 및 창업탐색활동에 미치는 영향. *학습자중심교과교육연구*, 15(4), 57-84.

김태석·이기학(2012). 대학생의 자기애 성향과 진로결정수준의 관계에서 진로결정 자기효능감의 매개 효과. *아시아교육연구*, 13(4). 123-141.

김정식·이동우·유호상·윤태식(2011). 리더의 코칭이 조직구성원들의 직무만족과 직무몰입에 미치는 영향. *한국콘텐츠학회논문지*, 11(7), 374-386.

박재환·김우종(2015). CEO 의 경력지향성이 기업성과에 미치는 영향: 창업가정신의 매개효과. *중소기업연구*, 37(2), 69-86.

박주연(2013). *자기주도학습, 창의성, 대인관계능력이 대학생의 진로결정수준과 진로준비행동에 미치는 영향*. 관동대학교. 박사학위논문.

박진채·홍경자(2004). 가족의사소통, 합리적 진로의사결정, 진로결정 효능감의 관계모형 검증. *한국심리학회지*, 1(1), 37-52.

박지회·고장완(2016). 협동학습 맥락에서 대학생의 협력적 자기효능감과 문제해결능력 간의 관계: 의사소통능력의 매개효과. *교육혁신연구*, 26(1), 169-192.

배병렬(2009). *Amos 17.0 구조방정식모델링: 원리와 실제*. 서울:청람출판사.

변영조·김명숙·양영석(2014). 청소년 창업교육프로그램 효과성 측정지표 개발 연구. *벤처창업연구*, 9(4), 77-85

손은령·손진희(2005). 한국 대학생의 진로결정 및 준비행동: 사회 인지적 진로이론을 중심으로. *한국심리학회지: 상담 및 심리치료*, 17(2). 399-417.

양준환(2014). 기업가정신교육이 대학생들의 창업의도에 미치는 영향. *벤처창업연구*, 9(6), 65-77.

양준환·첨희(2015). 한·중 대학생들의 기업가정신이 창업의도에 미치는 영향. *국제경영리뷰*, 19(4), 25-53.

양진희·김봉환(2008). 여대생의 심리적 독립, 진로정체감, 진로결정 자기효능감이 진로준비행동에 미치는 영향. *진로교육연구*, 21(2), 57-71.

이기학·이학주(2000). 대학생의 진료 태도 성숙 정도에 대한 예언 변인으로서의 자기-효능감 효과 검증에 대한 연구. *한국심리학회지: 상담 및 심리치료*, 12(1), 127-136.

이춘우(1999). *조직앙트라프러뉴십의 역할과 조직성과에 관한 연구*. 서울대학교 대학원, 박사학위논문

윤남수(2012). 잠재적 창업자의 창업동기 요인이 기업가정신 및 창업의지에 미치는 영향. *산업경제연구*, 25(2), 1537-1557.

장대성(2000). 경영 및 공학계열 대학생들의 창업교육과 창업의지에 관한 연구. *산업연구*, 12, 63-82.

정경희·성창수(2016). 대학 창업교육이 진로결정 자기효능감, 경력준비행동 및 기업가적 경력의도에 미치는 영향. *벤처창업연구*, 11(4). 49-57.

정대용·유봉호(2009). 시장정보와 경영성과간에 기업가정신의 매개역할에 관한 연구. *대한경영학회지*, 22(4), 1749-1775.

정대인·홍아정(2015). 사회적 지지와 일상적 창의성이 대학생의 진로준비행동에 미치는 영향. *한국교육문제연구*, 33(2), 39-59.

정헌배 (2016). *토탈창업학*, 서울: 문영사

정태화(1996). 직업교육의 새로운 도전으로서의 창업교육. *공업기술교육*, 21-41.

조성심·주석진(2010). 체험활동중심 진로교육 집단프로그램이 고등학생의 진로준비행동에 미치는 효과분석. *진로교육연구*, 23(3), 47-64.

최동선(2003). *청소년 진로개발을 위한 정책방향성 탐구*. 한국청소년개발원.

최윤경(2013). *대학생 진로준비행동 프로그램 개발*. 경북대학교 대학원. 박사학위논문.

한주원(2013). 비서학전공 전문대학생의 진로정체감과 사회적 지지가 진로준비행동에 미치는 영향. *비서학논총*, 22(2), 117-140.

황상규(2013). 조직 내 기업가정신이 자기효능감과 기업성과에 미치는 영향-경남지역 중소 제조업체를 대상으로. *대한안전경영과학회지*, 15(4), 345-356

Baird, J., & Stull, J. (1992). *The Seven Cs of Communication. Englewood Cliffs*, NJ: Prentice Hall.

Bae, B. Y. (2006). Amos 17.0 Structural Equation Modeling: Principles and Practice. Seoul: Chulam Publishing Company.

Bandura, A. (1977). Self-efficacy: Toward a Unifying Theory of Behavioral Change. *Psychological Review*, 84(2), 191-215.

Bandura, A. (1986). *Social Foundations of Thought and Action: A Social Cognitive Theory*, Englewood Cliffs, NJ, US:Prentice Hall.

Bandura, A. (1993). Perceived Self-efficacy in Cognitive Development and Functioning. Educational Psychologist, 28(2), 117-148.

Bagozzi, R. P., & Yi, Y. (1988). On the Evaluation of Structural Equation Models, *Journal of the Academy of Marketing Science*, 16(1), 74-94.

Bagozzi, R. P., & Dholakia, U. (1999). Goal setting and goal striving in consumer behavior. *The Journal of Marketing*, 19-32.

Browne, M. W., & Cudeck, R. (1993). Alternative ways of assessing model fit. In Bollen, K. A., & Long, J. S. (Eds.), *Testing structural equation models*. Newbury Park: Sage.

Byun, Y. J., Kim, M. S., & Yang, Y. S. (2014). The Study of Metrics development for Entrepreneurial Program Effectiveness. *Asia-Pacific Journal of Business Venturing and Entrepreneurship*, 9(4), 77-85.

Chen, C. C., Greene, P. G., & Crick, A. (1998). Does Entrepreneurial Self-efficacy Distinguish Entrepreneurs from Managers?. *Journal of Business Venturing*, 13(4), 295-316.

Cho, S. S., & Ju, S, J. (2010). Study on the Analysis of Effects of Experience Activity-Based Career Education Program on Career Preparation Behaviors of High School Students, *The Journal of Career Education Research,* 23(3), 47–64.

Choi, D. S. (2003). Exploring Policy Direction for Youth Career Development. Korea Youth Development Institute.

Choi, Y. K. (2013). Development of College Career Preparation Program. Graduate School, Doctoral thesis, Kyungpook National University.

Chung, D. Y., & Yoo, B, H. (2016). The Mediating Role of Entrepreneurship between Market Information and Management Performances of the Real Estate Development Company, *Korean Journal of Business Administration.* 22(4), 1749–1775.

Covin, J. G., & Slevin, D. P. (1988). The influence of organization structure on the utility of an entrepreneurial top management style. *Journal of management studies,* 25(3). 217–234.

De Bono, E. (1995). Serious Creativity. *The Journal for Quality and Participation,* 18(5), 12–18.

Flum, H., & Blustein, D. L. (2000). Reinvigorating the study of vocational exploration: A framework for research. *Journal of Vocational Behavior,* 56(3), 380–404.

Fornell, C., & Larcker, D. (1981). Evaluating Structural Equation Models with Unobservable Variables and Measurement Error, *Journal of Marketing Research,* 18(1), 39–50.

Fretschner, M., & Weber, S. (2013). Measuring and understanding the effects of entrepreneurial awareness education. *Journal of Small Business Management,* 51(3), 410–428.

Garavan, T. N., & O'Cinneide, B. (1994). Entrepreneurship Education and Training Programmes: A Review and Evaluation-Part 1. *Journal of European industrial training.* 18(8), 3–12.

Gardner, H. (1993). *Creating minds: An anatomy of creativity seen through the lives of Freud, Picasso, Stravinsky,* Eliot, Graham, and Gandhi. BasicBooks.

Greene, P. G., Brush, C. G., Eisenman, E. J., Neck, H., & Perkins, S. (2015). Entrepreneurship Education: A Global Consideration From Practice to Policy Around the World.

Hitt, M. A., Rreland, R. D., Camp, S. M., & Sexton, D. L. (2001). Strategic entrepreneurship: Entrepreneurial strategies for wealth creation. *Strategic Management Journal,* 22(6–7), 479–491.

Hair, J. F., Black, W. C., Babin, B. J., Anderson, R. E., & Tatham, R. L. (2006). Multivariate Data Analysis: Pearson Prentice Hall. Upper Saddle River, NJ.

Han, J. W. (2013). Social Support and Career Identity Influence Career Preparation Behaviors: The Mediating Effect of Career Decision-Making Self-Efficacy, *The Korean Association of Secretarial Studies.* 22(2), 117–140.

Heppner, P. P., Witty, T. E., & Dixon, W. A. (2004). Problem-Solving Appraisal and Human Adjustment A Review of 20 Years of Research Using the Problem Solving Inventory. *The Counseling Psychologist,* 32(3), 344–428.

Hornsby, J. S., Naffziger, D. W., Kuratko, D. F., & Montagno, R. V. (1993). An Interactive Model of the Corporate Entrepreneurship Process, *Entrepreneurship: theory and Practice,* 17(2), 29–37.

Hwang, S. K. (2013). The Effects of Corporate Entrepreneurship on Self-Efficacy and Firm Performance in Small and Medium-sized Firms of Gyeongnam Region, *Journal of the Korea Safety Management and Scienc,* 15(4), 345–356.

Jang, D. S. (2000). A Study on the Entrepreneurship Education and Founding Will of College Students in Management and Engineering. Industrial Research, 12, 63–82.

Janssen, O. (2000). Job Demands, Perceptions of Effort-reward Fairness and Innovative Work Behavior. *Journal of Occupational and Organizational Psychology,* 73, 287–302.

Jeong, T. H. (1996). Entrepreneurship education as a new challenge in vocational education. Industrial Technology Education, 21–41.

Jung, D. I., & Hong, A. J. (2015). Effect of Social Support and Everyday Creativity on Career Preparation Behavior of University Students, *The Research Institute of Korean Education,* 33(2), 39–59.

Jung, K. H., & Sung, C. S. (2016). The Effect of Entrepreneurship Education on Career Decision Self-Efficacy, Career Preparation Behavior and Entrepreneurial Career Intention: Moderating Effect of Entrepreneurship Education, *Asia-Pacific Journal of Business Venturing and Entrepreneurship,* 11(4), 49–57.

Jung, H, B. (2016). *Total Theory of Startup,* Seoul : Moonyoungsa.

Kang, H. W., & Hong, K. O. (2010). The Influence of college students' problem solving appraisal and their college credits to career decision level and career preparation behavior, *Journal of College Education,* 11(1), 11–20.

Kantis, H., Ishida, M., & Komori, M. (2002). *Entrepreneurship in Emerging Economies: The Creation and Development of New Firms in Latin America and East Asia,* Inter-American Development Bank, Washington.

Kline, R. B. (2005). *Principles and practice of structural equation modeling (2nd ed.).* New York: The Guilford Press.

Kift, S., Israel, M., & Field, R. (2010). *Learning and Teaching Academic Standards Project: Bachelor of Laws Learning & Teaching Academic Standards Statement December 2010, Australian Learning & Teaching Council.2017* from http://www.olt.gov.au/ resources/good-practice?text=threshold%20learning%20 outcomes%20law

Kim, B. N., & Park, K. S. (2015). The Influence of Everyday Creativity on Entrepreneurship, Entrepreneurial Intention, and Entrepreneurial Exploration Activities, *Journal of Learner-Centered Curriculum and Instruction1,* 5(4), 57–84.

Kim, K. E. (2015). The Longitudinal Effect of the Creative-Fostering Program for Pre-early childhood Teacher on their Problem Solving Ability and Self-Efficacy,

Korean Journal of Childcare and Education, 11(1), 289–303.

Kim, I. C., Kim J. W., & Lee J. W. (2004). Determinants of Innovative Work Behavior, *Journal of Business Research,* 19(2), 281–316.

Kim, J. S., Lee, D. W., Yoo, H. S., & Yoon, T. S. (2011). Impact of Leader's Coaching on Employees' Job Satisfaction and Job Involvement: Focusing on Mediating Effect of Self-efficacy, *International Journal of Contents,* 7, 374–386.

Kim, M. H. (2016). Entrepreneurship and entrepreneurship education OECD discuss trends and practices,Global Report

Kim, S. S., & LEE, J. J. (2013). The Effect of Career Barriers and Career Decision-Making Self-Efficacy on the Career Preparation Behavior: For Middle school and High School and Specialized High school Students, *Journal of Rehabilitation Psychology,* 20(1), 119–136.

Kim, T. S., & Lee, K. H. (2012). The Mediating Effect of Career Decision Making Self-Efficacy in the Relation between Narcissism and Career Decision Level in College Students, *Asian Journal of Education,* 13(4), 123–141.

Kim, Y. S., Han, T. Y., & Choi, S. B(2015). A Study on the Casual Relationship among Career Decision-Making Self-Efficacy, Problem Solving, Career Exploratory Intention, and Career Preparation Behavior of Physical Education Majoring College Student, *The Korea Journal of Sports Science,* 24(4), 35–47

Krueger, N. F., & Brazeal, D. V. (1994). Entrepreneurial potential and potential entrepreneurs. *Entrepreneurship theory and practice,* 18, 91–91.

Kuratko, D. F., Montagno, R. V., & Hornsby, J. S. (1990). Developing an Entrepreneurial Assessment Instrument for Effective Corporate Entrepreneurial Environment, *Strategic. management journal,* 11(5), 49–58.

Latham, G. P., Winters, D. C., & Locke, E. A. (1991). *Cognitive and Motivational Mediators of the Effects of Participation on Performance.* Unpublished Manuscript. University of Toronto.

Lee, C. W. (1999). A Study on the Role and Organizational Performance of Organizational Entrepreneurship. Seoul National University Graduate School, Doctoral Thesis

Lee, K. H., & Lee, H. J. (2000). The Effects of Career Self Efficacy in Predicting the Level of Career Attitude Maturity of College Students, *The Korean Journal of Counseling and Psychotherapy,* 12(1), 127–136.

Lippl, C. (2013). *The Four Cs of 21st Century Skills. Zuluma Education Trends.* http://zuluma.com/education-trends/four-cs-21st-century-skills/#.VLEHY2SUdew

Loke, E., & Latham, G. (1990). *A theory of goal setting and performance. Englewood Cliffs,* NJ: Prentice Hall.

Lumpkin, G. T., & Dess, G. G. (1996). Clarifying The Entrepreneurial Orientation and Linking It To Performance. *Academy of Management Review,* 21(1), 135–172.

Mathisen, G. E., & Bronnick, K. S. (2009). Creative self-efficacy: An intervention study. International *Journal of Educational Research,* 48(1), 21–29.

Moon, S. T., & Bak, M. H. (2013). The study on relationship between learning self-efficacy and career preparation among university students: the mediating role of optimism. *The J of Career Education Research,* 26(3), 185–204.

Morris, M. H., & Lewis, P. S. (1995). The determinants of entrepreneurial activity: Implications for marketing. *European Journal of Marketing,* 29(7), 31–48.

Morris, M. H., & Kuratko, D. F. (2002). Corporate entrepreneurship: *Entrepreneurial development within organizations.* South-Western Pub.

Morris, M. H., Kuratko, D. F., & Covin, J. G. (2008). *Corporate Entrepreneurship and Innovation, Thomson South-Western, 2nd Edition,* West Eagan, MN.

Morris, M. H., Webb, J. W., Fu, J., & Singhal, S. (2013). A Competency-based Perspective on Entrepreneurship Education: Conceptual and empirical insights. *Journal of Small Business Management,* 51(3), 352–369.

National Education Association(2012). *Preparing 21st century students for a global society: An educator's guide to the "four Cs.". Retrieved February 21,* 2015, from the National Education Association.

Nunnally, J. (1978). *Psychometric methods.*

Oh, E. J. (2014). The mediation effect of career decision making self-efficacy in the relationship between career barriers perceived by undergraduates and career preparation behavior. *Korean J of Youth Studies,* 21(4), 31–58.

Park, J., C. & Hong, K. .J(2004). Verification of a Relational Model among High School Students' Perceived Family Communication, Rational Career Decision-Making and Career Decision-Making Self-Efficacy, The Korean Journal of School Psychology, 1(1), 37–52.

Park, J. H., & Ko, J. W. (1016). Relationship between Collaborative Self-efficacy and Problem-solving Skills of University Students: Mediating Effect of Communication Skills, *Journal of Educational Innovation Research,* 26(1), 169–192.

Park, J. W., & Kim, W. J. (2015). The Effects of CEO's Career Orientation on the Firm Performance: Mediation Effect of Entrepreneurship, *Asia Pacific Journal of Small Business,* 37(2), 69–86.

Park, J. Y. (2013). *A Study on the Effect of College Students' Self-DirectedLearning, Creativity, Personal Relationship in regards to Career Decision Making and Career Preparation Behavior.* Doctoral dissertation, Kwan-dong University.

Peterman, N. E., & Kennedy, J. (2003). Enterprise Education: Influencing Students' Perceptions of Entrepreneurship. *Entrepreneurship Theory and Practice,* 28(2), 129–144.

Phillips, S. D., & Pazienza, N. J. (1988). *History and theory of the assessment of career development and decision making.*

Piascik, D. (2015). *Preparing America's Students for College and Career: Common Core Learning Standards.* 2017from http://www.mspiascik.weebly.com/common-core-learning-standards.html

Pickle H. B., & Abrahamson, R. L. (1990). *Small business management. John Wiley and Sons.*

Saeed, S., Yousafzai, S. Y., Yani, D. S., M., & Muffatto, M. (2015). The role of perceived university support in the formation of students' entrepreneurial intention. *Journal of Small Business Management.* 53(4), 1127–1145.

Samwel M. E. (2010). Entrepreneurship education: a review of its objectives, teaching methods, and impact indicators. *Education+ Training,* 52(1), 20–47.

Schramm, C. (2014). Teaching *Entrepreneurship Gets and Incomplete.* The Wall Street Journal.

Schunk, D. H. (1991). Self–efficacy and academic motivation. *Educational psychologist,* 26(3–4), 207–231.

Stumpf, S. A., Colarelli, S. M., & Hartman, K. (1983). Development of the career exploration survey (CES). *Journal of Vocational Behavior,* 22(2), 191–226.

Son, E. Y. & Son, J. H. (2005). The Korean College Students' Career Decision and Career Preparation Behavior from The Perspective of Social Cognitive Career Theory, *The Korean Journal of Counseling and Psychotherapy,* 17(2), 399–417.

Tabachnick, B. G., Fidell, L. S., & Osterlind, S. J. (2001). Using multivariate statistics (4th Ed.). *Needham Heights,* MA: Allyn and Bacon.

Timmons, J. (1999). *New venture creation, 5th ed., Homewood Irwin Van de Ven, A. H.* (1992), Measuring and Assessing Organization, New York.

Vanevenhoven, J. (2013). Advances and challenges in entrepreneurship education. *Journal of Small Business Management,* 51(3), 466–470.

Vygotsky, L. S. (2004). Imagination & Creativity in Childhood. *Journal of Russian & East European Psychology,* 42(1), 7–97.

Wennekers, S., van Wennekers, A., Thurik, R., & Reynolds, P. (2005). Nascent Entrepreneurship and the Level of Economic Development. *Small Business Economics,* 24(3), 293–309.

Yang, J. H. (2014). Effect of Entrepreneurial Education on Entrepreneurial Intention of University Students: Focused on mediating effect of self–efficacy and entrepreneurial motivation. *Asia-Pacific Journal of Business Venturing and Entrepreneurship,* 9(6), 65–77.

Yang, J. H., & Kim, B. W. (2008). The Influence of Psychological Separation, Career Identity and Career Decision–Making Self–Efficacy of Female College Student on Career Preparation Behavior, *The Journal of Career Education Research,* 21(2), 57–71.

Yang, J. H., & XI, Z. (2015). A Study on the Effect of Entrepreneurship of Korean and Chinese University Students on Entrepreneurial Intention: Focused on Mediating of Self–efficacy, *International Business Review,* 19(4), 25–53.

Yoon, N. S. (2012). The Effect of Potential Entrepreneurial Motivationson Entrepreneurship and Commitment to Starts–up: Mediating Role of Entrepreneurship, *Korean Industrial Economic Association,* 25(2), 1537–1557.

Zahra, S. A. (1991). Predictors and financial outcomes of corporate entrepreneurship: An exploratory study. *Journal of business venturing,* 6(4), 259–285.

Zhao, H., Seibert, S. E., & Hills, G. E. (2005). The mediating role of self–efficacy in the development of entrepreneurial intentions. *Journal of applied psychology,* 90(6), 1265–1272.

Zimmerman, B. J. (2000). *Attaining Self-regulation: A Social Cognitive Perspective, In Boekaerts, M., Pintrich, P. R., & Zeinder, M.(Eds.).* Handbook of Self–regulation. CA: Academic Press.

개인 수준 연구

창업가, 개인의 여정을 탐색하다

벤처창업연구 머스트리드 20

개인 수준 연구 : 창업가, 개인의 여정을 탐색하다

서론

창업은 국가 경제에 활력을 불어넣고 혁신을 이끄는 핵심 동력이며, 기업가정신은 새로운 산업과 일자리를 창출하는 토대이다. 급변하는 글로벌 환경과 기술 발전 속에서 창업생태계는 수많은 도전과 기회를 동시에 맞이하고 있으며, 이로 인해 창업생태계 내 다양한 개인 주체들의 역량과 특성이 그 어느 때보다 주목을 받고 있다.

이에 본 논문집에서는 개인 수준의 창업 연구에서 활발히 논의되는 다섯 가지 주제, 즉, 창업가의 역량, 창업 실패와 재교육, 지역사회 문제 해결을 위한 기업가정신 교육, 기업가적 리더십, 벤처캐피탈리스트의 투자 의사결정에 대한 선행연구 등을 검토하고, 이를 통해 창업생태계 전반에 대한 이해를 높이고, 향후 연구와 정책 수립에 의미 있는 시사점을 제시하고자 한다.

창업가의 역량

창업가의 역량과 기업성과는 불가분의 관계에 있다. 특히 벤처•창업기업은 자원과 조직 규모가 제한적이기 때문에 창업가 개인의 역량이 기업 성과에 결정적인 영향을 미친다. 그러나 지금까지 축적된 실증연구들은 창업가 역량과 기업성과의 관계에 대해 상반된 결과를 보여주는 경우가 많아, 이론적•실무적 시사점에서 혼동의 여지를 남겼다.

이혜영•김진수(2019)의 「창업가의 역량이 기업성과에 미치는 영향에 대한 메타분석」은 이러한 불일치를 해소하기 위해 메타분석 방법론을 적용하여 기존 실증연구 결과를 통합적으로 검토하였다. 연구진은 기회인식 역량, 관리적 역량, 기술적 역량, 전략적 역량, 관계 역량 등 다섯 가지 핵심 역량을 중심으로 총 15편의 국내외 연구를 분석 대상으로 선정하고, R 통계 프로그램을 활용해 효과크기를 산출하였다.

분석 결과, 다섯 가지 모든 역량 요인이 기업성과를 유의하게 향상시키는 것으로 나타났다. 특히 전략적 역량(r=0.33)이 가장 큰 효과를 보였으며, 그 뒤로 기회인식 역량(r=0.30), 관리적 역량(r=0.29), 기술적 역량(r=0.28), 관계 역량(r=0.23) 순으로 확인되었다. 이는 단일 연구의 결과에 의존하지 않고 창업가 역량이 기업성과에 긍정적 영향을 미친다는 점을 통계적으로 일관되게 입증한 국내 최초의 메타분석 연구라는 점에서 의의가 크다.

이 연구는 창업가가 자신의 역량을 균형 있게 개발할 필요성을 강조하며, 동시에 정책 입안자와 지원기관이 창업자 평가 및 교육 프로그램을 설계할 때 근거 자료로 활용할 수 있는 통합적 기준을 제시한다. 나아가 향후 연구에서는 역량 간 상대적 중요도, 비재무적 성과, 기업 성장 단계별 차이를 반영할 필요가 있음을 제언한다.

창업 실패

창업 연구 분야의 많은 논문들은 성공적인 창업 요인과 방법에 집중하고 있지만, 창업은 본질적으로 실패 가능성을 내포한 위험한 도전이다. 실제로 창업기업의 5년 생존율은 30%에도 미치지 못하며, 다수의 기업가들이 실패를 경험한다. 그러나 실패는 단순한 좌절이 아니라 학습과 성장을 위한 자산이 될 수 있음에도 불구하고, 개인적 고통과 사회적 낙인으로 인해 재도전으로 이어지지 못하는 경우가 많다.

김나미 외(2020)의 「기업가의 창업 실패 경험과 재교육이 재창업에 미치는 영향: 창업 동기의 조절효과를 중심으로」는 실패 경험을 가진 기업가들에게 주목하여, 이전 창업 경험에서의 학습 효과와 재창업 교육의 효과가 실제 재창업 여부에 어떤 영향을 미치는지를 실증적으로 분석하였다. 더불어 기업가의 창업 동기(내재적 vs. 외재적)가 이러한 과정에서 어떤 조절효과를 가지는지도 검토하였다. 연구는 재기중소기업개발원의 재창업 지원 프로그램에 참여한 기업가 93명을 대상으로 로짓 회귀분석을 실시하였다.

분석 결과, 이전 실패 경험에서 학습효과가 큰 기업가일수록 재창업 확률이 높았으며, 재창업 교육에서 많은 학습을 얻은 기업가 역시 재창업으로 이어질 가능성이 높았다. 그러나 창업 동기가 외재적 요인(금전적 보상, 지위, 사회적 인정 등)에 치우친 경우 이러한 긍정적 효과는 약화되었다. 반대로 내재적 동기(성취욕, 열정, 독립성 등)를 가진 기업가는 실패 경험과 재교육을 발판으로 재창업에 나설 가능성이 높았다.

이 연구는 창업 실패 이후의 기업가를 대상으로, 실패 경험과 재교육이 단순한 의도가 아니라 실제 행동인 재창업으로 이어지는 과정을 규명했다는 점에서 학문적 의의가 크다. 동시에 정책적으로도 연속적인 창업 사이클을 구축하기 위해서는, 재창업 교육이 단순한 지식 전달을 넘어 기업가의 내재적 동기를 강화하는 방향으로 설계될 필요가 있음을 시사한다.

기업가정신 교육

오늘날 지역사회는 고령화, 일자리 감소, 사회적 갈등, 환경 문제 등 복합적 난제를 안고 있으며, 이로 인해 지역 소멸의 위험까지 직면하고 있다. 이러한 상황에서 지역 문제를 단순히 행정이나 복지 차원에서 해결하기보다는, 청년들이 기업가정신을 바탕으로 문제를 기회로 전환하고 사회적 가치를 창출할 수 있는 교육적 기반이 절실하다.

최용석 외(2022)의 「지역사회 문제해결형 기업가정신 교육과정 개발: 역량 기반 교육과정 설계를 기반으로」는 기존 기업가정신 교육이 상업성과 수익성 중심으로 설계되어 있다는 한계를 지적하고, 개인의 역량 강화를 토대로 지역사회 특유의 문제 해결에 초점을 맞춘 새로운 교육과정을 제안한다. 연구진은 역량 기반 교육과정(Competency-

Based Curriculum, CBC) 모형을 적용하고, 세 차례에 걸친 전문가 자문과 델파이 기법을 통해 지역 문제 해결에 필요한 핵심 역량을 체계적으로 도출하였다.

그 결과, 총 23개의 지역문제 해결형 기업가정신 역량을 확정하고 이를 지식(K)-기술(S)-태도(A) 체계로 구분하여 학습 목표를 구체화하였다. 또한 사회복지학에서 활용되어 온 Dunham의 문제해결 6단계 모형(문제 발굴-문제 분석-계획-조치-평가)을 기반으로, 단계별 모듈식 학습지원책 23개를 개발하여 교육 현장에서 바로 적용할 수 있도록 설계하였다.

이 연구의 의의는 단순한 창업 교육을 넘어, 지역사회 혁신을 이끌 청년 기업가정신 역량을 구조화하고 실천 가능한 교육과정을 제시한 데 있다. 특히 지역 문제를 외면하던 일반 청년층까지 교육 대상으로 포함함으로써, 장기적으로 지역 소멸 위기를 완화하고 지속가능한 지역 발전에 기여할 수 있는 새로운 교육 방향을 제시한 점에서 주목할 만하다.

기업가적 리더십

벤처기업과 스타트업의 성장은 불확실성과 혁신을 동시에 관리할 수 있는 역량을 요구한다. 이러한 맥락에서 기업가적 리더십은 구성원의 창의성과 도전 정신을 자극하는 핵심 역량으로 주목받아 왔다. 그러나 지금까지의 연구는 주로 긍정적 효과만을 강조해 왔으며, 구성원의 성향에 따라 상반된 결과가 나타날 수 있다는 점은 충분히 조명되지 않았다.

권상집(2023)의 「기업가적 리더십의 양면성: 구성원의 조절 초점 성향에 따른 패러독스 효과」는 구성원의 조절 초점 성향(성장 초점 vs. 예방 초점)에 따라 기업가적 리더십이 상반된 영향을 미칠 수 있다는 가정을 세우고, 이를 실험연구를 통해 검증하였다. 국내 중소벤처기업에 근무하는 직장인들을 대상으로 점화 기법을 적용해 네 개 집단으로 나누어 분석한 결과, 기업가적 리더십은 성장 초점 성향을 가진 구성원의 자기효능감과 혁신행동을 강화하는 긍정적 효과를 보였다. 반면 예방 초점 성향을 지닌 구성원에게는 오히려 자기효능감과 혁신행동을 저하시킬 수 있는 부정적 효과가 확인되었다.

따라서 기업가적 리더십은 모든 구성원에게 동일한 효과를 내지 않으며, 성향에 따라 양면적 결과를 낳는다. 이러한 발견은 리더가 단순히 기업가적 리더십을 발휘하는 것을 넘어, 개별 구성원의 성향에 맞추어 리더십 방식을 조정해야 한다는 실천적 교훈을 제공한다. 동시에 기업가적 리더십 연구가 긍정과 부정을 모두 포괄하는 새로운 학문적 논의로 확장될 수 있음을 보여준다.

벤처캐피탈리스트(VCs)

벤처캐피탈리스트(VCs)는 혁신적인 벤처기업을 발굴하고 성장시키는 핵심 투자 주체이다. 그러나 상장기업 투자와 달리 벤처투자는 시스템보다는 개별 심사역의 판단에 크게 의존하며, 한국의 경우 연구 자료 부족으로 VCs의 실제 투자 의사결정 기준에 관한 연구가 충분히 이루어지지 않았다.

구중회 외(2019)의 「한국 벤처캐피탈리스트의 투자결정에 미치는 요인 연구」는 국내외 문헌을 종합적으로 검토하고, 현직 벤처캐피탈 투자심사역 207명을 대상으로 계층분석법(AHP)을 적용하여 VCs가 벤처기업에 투자할 때 고려하는 핵심 요인과 우선순위를 실증적으로 분석하였다. 분석 결과, 투자 결정에 가장 큰 영향을 미치는 요인은 창업자의 특성(33.0%)으로 나타났으며, 이어서 제품 • 서비스 특성(29.8%), 시장 특성(23.9%), 재무적 특성(7.6%), 네트워크 요인(5.7%) 순으로 중요도가 도출되었다. 이는 벤처투자에서 재무적 지표나 외부 네트워크보다 창업자의 역량과 제품 • 서비스의 차별성이 훨씬 더 중시됨을 보여준다.

이 연구는 한국 벤처캐피탈리스트들의 실제 투자 판단 근거를 데이터 기반으로 제시함으로써 벤처기업이 투자유치 전략을 수립하는 데 실질적인 가이드라인을 제공한다. 동시에, 기존 연구가 소규모 표본이나 사례 중심에 머물렀던 한계를 넘어, 대규모 표본과 계량적 분석을 통해 한국형 VC 투자 의사결정 모델을 구축했다는 점에서 학문적 의의를 가진다.

결론 및 제언

본 연구들은 창업가 개인의 역량, 실패 경험과 재교육, 지역사회 기반 기업가정신 교육, 기업가적 리더십, 그리고 벤처캐피탈리스트의 투자 판단이라는 다섯 가지 핵심 축을 통해 창업생태계의 역동성을 다각도로 조명하였다. 각각의 연구는 독립적으로 의미가 있으나, 이를 종합해 보면 한국형 창업 연구가 나아가야 할 몇 가지 중요한 방향성을 확인할 수 있다.

첫째, 창업가의 역량은 기업성과와 직결되며, 특히 전략적 사고, 기회 인식, 관리 능력 등 다차원적 역량을 균형 있게 개발하는 것이 필요하다. 이는 창업가 개인의 자기개발뿐 아니라, 정책적 차원에서 역량 강화를 지원하는 교육 • 훈련 체계가 지속적으로 마련되어야 함을 시사한다.

둘째, 창업 실패는 단순히 회피해야 할 사건이 아니라 학습과 성장을 촉진하는 자산이 될 수 있다. 실패 경험을 효과적으로 재구성하고, 내재적 동기를 강화하는 재창업 교육 프로그램을 확대한다면 연속적인 창업 사이클을 구축할 수 있다. 이는 재도전 친화적 환경 조성을 위한 제도적 • 문화적 변화와도 연결된다.

셋째, 기업가정신 교육은 지역사회 문제 해결과 결합할 때 더욱 큰 파급효과를 발휘한다. 지역 특유의 난제를 기회로 전환할 수 있는 청년 역량을 체계적으로 개발하는 것은 단순한 창업 촉진을 넘어, 지역 소멸 위기를 완화하고 지속가능한 발전을 이루는 기반이 된다.

넷째, 기업가적 리더십은 구성원의 성향에 따라 상반된 결과를 가져올 수 있음을 확인하였다. 따라서 리더는 일률적인 방식이 아니라 구성원의 특성과 동기를 고려한 맞춤형 리더십을 발휘해야 하며, 이는 조직 내 혁신성과 성과 극대화로 이어질 수 있다.

마지막으로, 벤처캐피탈리스트의 투자 판단은 재무적 지표보다 창업자의 특성과 제품 • 서비스의 혁신성에 크게 좌우된다. 이는 창업가와 벤처기업이 투자 유치를 준비할 때 단순한 재무 성과보다는 창업자의 역량과 차별화된 가치 제안에 집중해야 함을 보여준다. 동시에 정책적으로도 창업자와 투자자 간 신뢰와 투명성을 강화할 수 있는 제도적 장치가 필요하다.

종합하면, 개인 수준의 창업 연구는 더 이상 단일 요인이나 성공 사례에 국한되지 않고, 〈역량-교육-리더십-투자-실패극복〉이라는 상호 연계적 맥락에서 접근해야 한다. 향후 연구와 정책은 이러한 다차원적 시각을 반영하여, 창업가 개인과 조직, 지역사회, 투자 생태계가 선순환적으로 연결될 수 있는 통합적 전략을 모색할 필요가 있다.

2025년 9월

2025년 한국벤처창업학회 편집위원장

최병철 드림

벤처창업연구 제14권 제5호 (통권65호)

창업가의 역량이 기업성과에 미치는 영향에 대한 메타분석

이혜영 (창업진흥원 조사연구실)
김진수 (중앙대학교 경영경제대학)

국문 요약

본 연구의 목적은 기업의 성공과 실패를 좌우하는 결정요인으로 제시되고 있는 창업가 역량과 기업성과 간의 관계를 고찰한 기존의 실증연구들을 체계적으로 통합하여 향후 연구에 이론적 기초를 제공하는 데 있다.

본 연구에서는 선행연구에서 창업가 역량과 기업성과 간의 관계를 고찰한 실증분석 결과가 혼재되어 있음에 따라, 메타분석 방법론을 통해 개별 연구에서 도출된 상이한 결과를 표준화된 통계치로 도출하고자 하였다. 이를 위해 본 연구에서는 선행연구의 이론적 고찰을 통해 기업성과에 영향을 미치는 주요 창업가 역량으로 기회인식 역량, 관리적 역량, 기술적 역량, 전략적 역량, 그리고 관계 역량을 선정하고 가설을 설정하였다. 다음으로 메타분석 수행 절차에 따라 15개의 연구를 최종 분석 데이터로 선정하고, 오픈소스 기반의 통계 프로그램인 R을 활용하여 메타분석을 실시하였다.

분석 결과를 요약하면 다음과 같다. 창업가의 기회인식 역량, 관리적 역량, 기술적 역량, 전략적 역량, 그리고 관계 역량은 기업성과를 유의하게 향상시키는 요인임이 확인되었다. 또한, 각 역량요인들은 기업성과에 모두 중간정도의 효과크기를 갖는 것으로 나타났다. 이들 변수 중 기업성과에 대한 효과크기가 가장 큰 역량은 전략적 역량이며, 그 다음으로 기회인식 역량, 관리적 역량, 기술적 역량, 그리고 관계 역량 순으로 효과크기가 큰 것으로 분석되었다.

아직까지 창업가 역량과 기업성과 간의 관계를 메타분석을 통해 살펴본 연구는 국내에 부재한 실정으로, 본 연구의 결과를 통해 향후 연구의 이론적 기초를 발전시키는데 있어서 시사점을 제공할 수 있을 것으로 기대한다.

핵심주제어: 창업가 역량, 창업기업, 벤처기업, 창업가, 역량, 메타분석

Ⅰ. 서론

세계 각국에서 벤처·창업기업들이 국가경제를 견인하는 핵심 성장동력으로 급부상하고 있음은 이제 주지의 사실이 되고 있다. 우리나라 역시 2000년대 벤처붐에 이어 벤처강국으로 재도약하기 위해 '제2 벤처붐' 조성방안 추진에 박차를 가하고 있다. 특히 정부는 '19년에 들어 벤처·창업 지원 예산을 역대 최대로 편성하는 등 지원 범위와 사업 규모를 지속적으로 확대 중이다.

민간부문에서도 양적 성장은 뚜렷하다. '18년 신설법인은 10년간 연속 증가하여 최초로 10만 개를 돌파하였고, 신규 벤처투자 규모도 3조 4천억 원을 상회하여 역대 최고 기록을 달성하였다. 이와 같은 기조 아래 정부의 지원을 수혜받는 기업과 민간으로부터 투자를 유치한 기업들이 양적으로 증가하고 있어, 투입이 '적소(適所)'에 이루어져 효율성을 달성하고 있는가 여부에 대해 고민해야 할 필요성이 증대되고 있다.

즉, 실질적인 성과뿐만 아니라 창업, 성장, 생존 등 여러 측면에서 가망이 있고 유망한 창업가와 기업에 지원과 투자가 이루어지고 있는지를 고려할 필요성이 제기된다.

유망한 창업가와 기업을 선별하고 평가하는데 있어서 살펴보아야 할 요소는 기술성, 시장성, 재무성과 등 여러 측면이 있으나, 본 연구에서는 핵심 고려요인으로 창업가의 역량(competency)에 주목하고자 한다.

일반적으로 벤처·창업기업은 기존 기업과 달리 상대적으로 조직 규모가 작고 인적·물적 자원이 풍부하지 않거나 뚜렷한

경영성과 지표도 부재할 가능성이 높다. 이와 같은 기업들의 성장 잠재력은 창업가 또는 팀과 같은 핵심 구성원들의 역량에 의존할 수밖에 없다.

실제 대부분의 정부 지원사업에서는 지원기업의 선정평가 항목으로 창업가(팀)의 역량을 포함하고 있다. 또한, 벤처캐피탈리스트도들도 벤처·창업기업의 가시적인 경영성과 평가에 한계가 있음에 따라 '사람'을 중요 투자 결정요인으로 고려하는 경우가 많다. 이러한 관점에서 Colombo & Grilli(2005)는 창업가는 조직 내 모든 자원과 활동에 대한 의사결정과 책임 범위가 넓은 사람이기 때문에, 뛰어난 역량을 가진 창업가가 설립하여 성장시켜 나가는 기업은 그렇지 않은 기업보다 성공 가능성이 더 높다고 주장하였다.

이처럼 창업가나 창업팀 구성원들의 역량은 창업 적합성, 창업 성공 가능성, 기업의 성장성 등을 예측하기 위한 중요한 지표로 고려되고 있다. 또한, 대부분의 관련 지원사업들이 교육, 멘토링 등을 기본적으로 포함하고 있음에 따라, 수요자 측면의 지원서비스 제공 및 모니터링에 기반한 사후관리 측면에서도 창업가의 역량 파악의 중요성은 더욱이 강조된다.

창업가 역량은 창업분야 연구에서도 기업의 성공과 실패를 좌우하는 결정요인으로 제시되고 있다. 하지만 그간 창업가 역량과 기업성과 간의 관계를 실증적으로 분석한 연구들을 살펴보면 그 결과가 혼재되어 있는 실정이다.

예를 들어 Baum et al.(2001)의 연구에서는 창업가의 전문적 역량(산업 스킬, 기술 스킬)은 벤처기업 성장에 유의한 정(+)의 영향을 미치는 것으로 나타났으나, 일반적 역량(조직화 스킬, 기회 스킬)은 그 영향력이 유의하지 않은 것으로 분석되었다.

Chandler & Hanks(1993)의 연구에서 창업가적 역량(기회인식 역량, 벤처성공을 위한 열정)은 매출성장과 경쟁사 대비 성과를, 관리적 역량은 비즈니스 규모와 경쟁사 대비 성과를 향상시킨 것으로 나타난 반면, 윤종록·김형철(2009)의 연구에서는 창업가적 역량, 관리적 역량, 그리고 기술적 역량이 경영성과에 미치는 주효과가 유의하지 않은 것으로 확인되었다.

또한, 김경식(2005)의 연구에서는 경영성과에 미치는 성취 역량, 기술적 역량, 창의성, 전략적 역량, 시장감지 역량의 영향력이 유의하게 나타났으나, 개념화 역량, 사회적 역량은 유의하지 않은 것으로 나타났다.

정주호(2010)의 연구에서 관리역량은 재무성과 및 마케팅성과에 미치는 영향력이 유의하지 않은 것으로 나타났으며, Zhao(2016)의 연구에서는 창업성공에 대한 기업가적 역량과 기술적 역량은 유의했으나, 관리적 역량은 유의하지 않은 것으로 분석되었다. 이처럼 기업성과에 대한 창업가 역량 효과의 실증분석 결과가 일관성을 보이지 않는 이유는 기본적으로 연구의 설계와 방법론적 차이, 측정변수 및 표본의 차이 등 여러 요인에 기인하겠으나, Morris et al.(2013)은 학자들마다 상이한 분류기준 및 연구방법을 적용하여 창업가 역량을 도출하기 때문이라고 지적하였다. 또한, 특정 역량요인에 대한 상대적 중요도에 대해 학자들 간의 의견이 일치하지 않다는 점을 지적하기도 하였다.

그럼에도 불구하고 창업가 역량에 대한 연구는 해외뿐만 아니라 국내에서도 지속적으로 수행되고 있어, 지금까지 축적된 연구의 결과를 체계적으로 종합함으로써 향후 연구방향을 모색하는 것은 매우 중요하다 할 수 있다.

이와 같은 배경에서 본 연구는 창업가 역량과 기업성과 간의 관계에 대해 도출된 기존의 연구결과를 메타분석(meta-analysis) 방법을 통해 종합하여 분석하고자 하였다.

메타분석은 동일한 주제에 대해 수행된 다양한 연구결과를 체계적이고 계량적으로 분석하는 종합적인 분석 기법이다(황성동, 2015). 즉, 메타분석을 통해 상이한 연구설계, 표본 등 연구의 이질적인 요인들에 따른 창업가 역량과 기업성과 간의 관계에 대한 차이점을 통계적으로 통합하여 실질적인 주효과를 도출하게 되며, 결과적으로 어떤 특정 연구에 의존하지 않고도 전체 연구결과를 파악할 수 있다.

아직까지 창업가 역량과 기업성과 간의 관계를 양적 방법론에 기반한 메타분석을 통해 살펴본 연구는 국내에 부재한 실정이다. 본 연구의 결과를 통해 향후 연구의 통합·체계적인 이론적 기초를 발전시키는데 있어서 시사점을 제공할 수 있을 것으로 기대한다.

Ⅱ. 이론적 배경

2.1 창업가 역량

창업가의 개인적 특성을 다룬 연구는 크게 창업가의 성격적 특성에 초점을 둔 접근법과 역량에 초점을 둔 접근법으로 구분할 수 있다. 이 중 역량 접근법은 비교적 최근에 대두되기 시작하였는데, 관련 연구들은 주로 개인의 생애 초기에 자연스럽게 형성되는 성격적 특성과 달리 역량은 개발이 가능하다는 점을 강조한다(Ahmad, 2007).

역량이 성격적 특성과 차별화되는 또 다른 점은 '성과'와 관련한 개인의 특성 관점에서 정의되는 성과 지향적 개념이라는 점이다. 예를 들어 Bird(1995)는 창업가의 역량을 벤처기업의 탄생, 생존, 그리고 성장을 가져오는 개인의 근본적 특성으로 정의하고 있다.

Ahmad(2007)는 창업가 역량을 사업의 성공을 달성하고 유지할 수 있도록 해주는 창업가의 태도 및 행동을 포함하는 특성으로 정의한다. 같은 맥락에서 Man et al. (2002)은 창업분야 연구에서 조직 성과와 밀접한 관련이 있으며, 성과에 장기적인 영향을 미치는 창업가의 특성을 탐색하는 방법은 '역량 접근법'을 적용하는 것이라고 제안하였다.

이처럼 창업가 역량이 성과 측면에서 정의·강조되고 있는 것은 자원기반 이론(resource-based theory)에 기초한다. 자원기반 이론에서는 가치 있고 고유하거나 희소하며 모방 및 대체가 불가능한 자원 번들을 보유한 기업은 경쟁사보다 뛰어난 성과를 달성할 수 있다고 제시한다(Le Deist & Winterton, 2005).

벤처·창업기업에 있어서 창업가는 기업의 로드맵과 전략을 결정짓는 핵심 의사결정자로서(Masurel et al., 2003), 이들의 지식, 스킬 및 능력은 대체적으로 매우 희소한 자원으로서 경쟁사가 개발하고 모방하기 어려운 특성이 있다. 즉, 창업가의 역량은 기업의 차별화된 역량과 밀접한 관련이 있으며(Tehseen & Ramayah, 2015), 이러한 기업의 내부 자원과 역량은 기업의 지속가능한 경쟁우위를 창출시키는 주요한 수익원이 된다(Grant, 1991).

결과적으로 뛰어난 역량을 보유한 창업가에 의해 설립되고 운영되는 기업은 다른 기업보다 더 향상된 성과를 달성하게 된다(Barazandeh et al., 2015; Colombo & Grilli, 2005).

따라서 창업가의 역량은 기업의 지속가능한 경쟁력을 창출시키며 나아가 기업의 성과를 제고하는 결정요인으로 고려될 수 있다.

2.2 창업가 역량의 구성요인

기존 기업과 달리 벤처·창업기업의 창업가는 기업을 설립, 운영 및 성장시켜 나가는 과정에서 여러 기능적 역할을 맡는 경우가 대부분이다. 이에 따라 선행연구에서는 창업가가 수행해야 할 역할들을 다차원 관점에서 설명하고, 이러한 역할들을 성공적으로 수행하는데 필요한 역량들을 여러 요인으로 구분하여 제시하고 있다.

Sadler-Smith et al. (2003)은 소규모 비즈니스를 운영하는 창업가는 넓은 역량 범위에 걸친 다양한 스킬이 필요함을 주장하였다. Chandler & Jansen(1992)은 창업가가 성공적으로 완벽히 수행해야 하는 세 가지 역할로 창업가적, 관리적, 그리고 기술·기능적 역할을 제시하였다. 그리고 창업가가 이러한 역할들을 효과적으로 수행하기 위해 필요한 역량으로 인적·개념화 역량, 기회인식 능력, 결과 지향적 동인, 기술·기능적 역량 및 정치적 역량 등을 도출하였다. 이들이 제시한 역량들은 후속 연구(Chandler & Hanks, 1994)를 통해 기업가적 역량, 관리적 역량, 그리고 기술·기능적 역량 등의 세 가지로 재구성되었다.

Baum et al. (2001)은 벤처기업 성장 모델에 포함되는 창업가의 역량을 일반적 역량(조직 역량, 기회 역량), 전문적 역량(산업 역량, 기술적 역량)으로 구분하였다.

Ahmad et al. (2010)은 선행연구들을 종합하여 중소기업 창업가에게 필요한 역량으로 전략적 역량, 개념화 역량, 기회

역량, 관계 역량, 학습 역량, 개인적 역량, 그리고 윤리적 역량 등을 제시하였다.

국내에서는 윤종록·김형철(2009)이 창업가의 역량 특성을 Chandler & Jansen(1992)의 연구를 토대로 기업가적 역량, 관리적 역량, 그리고 기술·기능적 역량으로 구분하였다.

김경식(2005), 양수희 외(2011)는 각각 벤처기업가, 창업가의 역량으로 성취 역량, 기술적 역량, 창의성 역량, 개념화 역량, 전략적 역량, 사회적 역량, 시장감지 역량 등을 제시하였다. 여기에서 시장감지 역량은 기회인식 역량과 유사한 개념이다.

이상에서 살펴본 바와 같이 학자들마다 창업가의 역량을 상이하게 제시하고 있으나, 주로 기회인식 역량, 기술적/기술·기능적 역량, 관계/사회적 역량, 조직화/관리적 역량, 전략적 역량, 그리고 개념화 역량 등으로 수렴된다.

여기에서 조직화 역량은 관리적 역량과 유사한 개념으로 여겨지며, 개념화 역량의 경우 직접적인 관찰이 불가능하거나 쉽게 식별되지 않는 추상적인 개념으로 지적되고 있다(Man, 2001).

Man(2001)은 개념화 역량이 전략적 역량과 유사한 측면이 있다고 하였으나, Chandler & Jansen(1992)은 개념화 역량을 인적 역량 및 정치적 역량과 함께 관리적 역량으로 제시하였다. 이처럼 개념화 역량은 다른 역량요인들과 개념적으로 명확하게 구분되지 않는 한계가 있다.

이에 따라 본 연구에서는 선행연구에서 제안한 바와 같이 조직화 역량과 관리적 역량을 하나의 개념으로 다루었다. 또한, 개념화 역량은 개념적 모호성으로 인해 메타분석의 대상 변인으로 선정하지 않았다.

2.3 기업성과

기업의 성과는 재무적 성과뿐만 아니라 내·외부 고객 만족도 등 비재무적 성과를 포함한 다양한 변수로 구성된다.

창업기업을 대상으로 한 연구에서 재무적 성과는 주로 매출액 성장률, 투자 수익률(ROI), 순이익, 시장점유율 증가율, 고용 증가율이 활용된다(Chandler & Hanks, 1993; Gilbert et al., 2006).

비재무적 성과는 고객 만족도, 직원 만족도, 기업 이미지, 제품·서비스 품질(Ahmad et al., 2010), 미래성장 잠재력 보유, 외부의 성장잠재력 평가 정도, 목표 및 비전 달성 정도(김춘근 외, 2014), 마케팅 성과(정주호, 2010), 제품생산 리드타임 개선, 반품률/불량률 감소, 기술정보 처리 및 신제품/신기술 개발속도 향상과 같은 기술적 성과(이인우, 2009) 등이 활용된다. 이 중 비재무적 성과의 측정지표는 재무적 성과에 비해 상대적으로 연구자마다 활용되는 다양성이 상당한 측면이 있다. 결과적으로 메타분석의 표본으로 선정되는 연구들을 각 성과별로 범주화할 경우 비교적 제한된 사례 수만으로 분석을 수행해야 하는 한계가 있다.

이에 따라 본 연구에서는 종속변인인 기업성과를 재무적 성과로 한정하여 분석을 수행하였다.

Ⅲ. 가설 설정

3.1 기회인식 역량과 기업성과

기회인식 역량은 충족되지 않은 고객의 니즈를 인식하고, 상당한 에너지와 시간을 투입해 고객의 니즈를 충족시키는 제품이나 서비스를 모색하여 비즈니스 기회를 포착하는 창업가의 능력을 의미한다(Ahmad et al., 2010).

뛰어난 기회인식 역량을 가진 창업가는 다른 사람들이 간과할 수 있는 특정 정보의 가치를 포착할 수 있는 통찰력을 보유하고 있다. 이러한 창업가는 여러 대안 중에서 성공 가능성이 높은 기회를 선별하게 되므로 기업성과에 긍정적인 영향을 미친다(Yu, 2001; Chandler & Jansen, 1992).

선행연구 결과에서도 창업가의 기회인식 능력은 기업성과를 향상시키는 요인으로 입증되어 왔다. Herron &

Robinson(1990)은 창업가를 대상으로 설문조사를 실시하여 기회인식 스킬이 기업 성공에 중요한 역량임을 확인하였다. Snell & Lau(1994)는 실증연구를 통해 기회를 포착하기 위한 창업가의 준비 과정이 성장하는 기업의 중요한 역량임을 규명하였다. 이와 같은 선행연구 결과에 기초하여 본 연구에서는 창업가의 기회인식 역량과 기업성과 간의 관계에 대한 가설을 다음과 같이 설정하였다.

가설 1: 창업가의 기회인식 역량은 기업성과에 정(+)의 영향을 미칠 것이다.

3.2 관리적 역량과 기업성과

기업이 성장하고 조직 규모가 점차 확대될수록 조직관리와 관련된 문제가 증가하게 된다. 창업가는 복잡해지고 분산되는 조직이 효율적으로 운영될 수 있도록 보다 정교하고 공식화된 조직체계를 구축할 필요가 있다(Kelley & Marram, 2010).

또한, 기업 내에서 높은 수준의 책임과 권력을 보유하고 있는 창업가는 구성원에게 권한위임과 동기를 부여할 줄 아는 능력 역시 보유해야 한다. Chandler & Jansen(1992)은 창업가가 관리적 역할을 성공적으로 수행하기 위해 조직의 이해관계와 활동을 잘 조율하는 능력, 다른 사람들을 이해하고 그들과 함께 일할 줄 아는 능력, 구성원들이 목표를 달성할 수 있도록 명확하게 커뮤니케이션하며 동기부여하는 리더십 능력이 필요하다고 하였다.

이와 같은 관리적 및 조직화 역량이 뛰어난 창업가는 목표에 대한 조직 구성원들의 성과를 촉진시키고, 조직 차원에서도 기업을 성장시켜나가는데 필요한 운영체계를 순조롭게 추진시켜 나갈 수 있다.

이와 같은 관점에서 Kaur & Bains(2013)는 기업성과 달성에 중요한 창업가의 역량 중 하나로 조직화 역량 개념을 제시하였다. 또한, Man(2001)은 중소기업 창업가의 조직화 역량이 기업성과에 직접적인 영향을 미치는 조직수준의 능력을 향상시키는 요인임을 실증연구를 통해 입증하였다.

이상의 논의에 따라 본 연구는 창업가의 관리적 역량이 기업성과를 향상시킬 것이라는 가설을 다음과 같이 설정하였다.

가설 2: 창업가의 관리적 역량은 기업성과에 정(+)의 영향을 미칠 것이다.

3.3 기술적 역량과 기업성과

창업가의 기술적 역량은 자신의 분야와 관련하여 보유하고 있는 전문적인 지식 수준, 도구, 절차, 기술 등을 사용할 수 있는 능력, 그리고 해당 산업에서 최고 기술을 보유하고 있으며 전문가로서 지위를 유지하고 있는 경우를 의미한다(Chandler & Jansen, 1992; 윤종록·김형철, 2009).

Chandler & Jansen(1992)은 제조업 및 서비스 분야의 벤처기업 성과에 대한 창업가 역량의 영향력을 탐색하였으며, 연구 결과 높은 수익성을 달성하는 기업의 창업가는 기술·기능적 교육 수준이 높은 것으로 도출되었다.

또한, 성공한 창업가는 해당 전문분야에서 기술적인 능력과 전문성을 갖고 있음이 확인되었다.

김경식(2005) 역시 실증분석을 통해 벤처기업 기업가의 기술적 역량 수준이 높을수록 경영성과가 향상됨을 입증하였다.

본 연구에서는 선행연구 결과에 따라 창업가의 기술적 역량이 기업성과에 미치는 영향력에 대한 가설을 다음과 같이 설정하였다.

가설 3: 창업가의 기술적 역량은 기업성과에 정(+)의 영향을 미칠 것이다.

3.4 전략적 역량과 기업성과

급변하는 경영환경 하에서 기업이 내·외부 환경에 대해 전략적으로 대응하지 못한다면 기업의 핵심 경쟁우위의 범위가 좁아지게 된다(Kelley & Marram, 2010).

따라서 기업 전체에 대한 방향성을 결정하고 로드맵을 수립하는 창업가에게는 기업의 전략을 수립, 평가 및 실행할 줄 아는 전략적 역량이 요구된다.

뛰어난 전략적 역량을 보유한 창업가는 기업의 내·외부 상황 분석에 기초한 전략적 목표의 설정, 진행상황 점검, 과업 우선순위 설정, 평가, 비즈니스 재설계, 전략적 행동 결정 등 전략과 관련한 역할을 수월히 수행할 수 있다(Ahmad et al., 2010).

즉, 뛰어난 전략적 역량을 가진 창업가에 의해 기업의 전략적 활동이 추진되고 실행될 경우 기업은 경쟁적 차별성을 구축할 수 있으며, 결과적으로 기업성과를 향상시킬 수 있다.

이는 선행연구에서도 입증되었는데, 중소기업 창업가를 대상으로 수행된 Man(2001)의 연구에서는 창업가의 전략적 역량이 투자 효율성 측면의 기업성과를 유의하게 높이는 것으로 나타났다.

본 연구에서는 이와 같은 논의에 따라 창업가의 전략적 역량이 기업성과를 향상시킬 것이라는 가설을 다음과 같이 설정하였다.

가설 4: 창업가의 전략적 역량은 기업성과에 정(+)의 영향을 미칠 것이다.

3.5 관계 역량과 기업성과

기존 기업에 비해 상대적으로 인적·물적 자원이 부족한 벤처·창업기업은 내·외부의 이해관계자들로부터 경쟁우위 구축에 필요한 자원을 확보하여 이를 효율적으로 활용할 필요가 있다(Brush et al., 2001).

이때 뛰어난 관계 역량을 갖춘 창업가일수록 비즈니스와 관련된 공급자, 고객, 직원, 정부 관계자, 경쟁사 등 여러 이해관계자들과 견고한 네트워크를 구축함으로써 그들로부터 다양한 정보를 얻고 자원의 접근성을 확보할 수 있다.

이러한 관점에서 김경식(2005)은 창업가가 기업 외부의 네트워크, 즉 기업, 금융기관, 정부, 대학 등 다양한 지원기관들과 유대적인 관계를 형성하는 것이 외부자원 확보와 기업성과에 큰 영향을 미친다고 하였다. 또한, 성공적인 벤처기업은 부족한 내부 자원을 외부로부터 유입하거나 외부의 자원을 적극적으로 활용한다는 점에서 차별성이 있다고 하였다.

본 연구에서는 이상의 논의에 기초하여 창업가의 관계 역량이 기업성과를 향상시킬 것으로 가정하고 다음과 같은 가설을 설정하였다.

가설 5: 창업가의 관계 역량은 기업성과에 정(+)의 영향을 미칠 것이다.

Ⅳ. 연구방법

4.1 메타분석의 개요

메타분석은 개별 실증연구에서 도출된 서로 다른 양적인 결과들을 효과크기(effect size)라는 개념으로 표준화하여 변수에 미치는 개별 변수들의 영향력을 일괄적으로 통합할 수 있도록 해주는 연구방법이다(Glass, 1976).

메타분석을 수행하는 주된 목적은 기존 연구들에서 도출된 다양한 형태의 결과들을 통합 및 비교함으로써 연구자가 보고자 하는 주제를 논리적으로 밝히는데 있다. 연구자는 메타분석을 통해 표본크기 등 개별 연구들의 이질적인 특성을 조정함으로써 양적인 차이점을 보완할 수 있다(Hunter & Schmidt, 1990; 2004).

4.2 연구 절차

본 연구는 메타분석 방법론에서 표준화된 절차로 여겨지고 있는 Cooper(1998)의 5단계 순서에 따라 연구를 진행하였다. 메타분석 절차는 다음과 같다.

첫째, 연구주제를 선정하고 연구질문을 제시한다(Problem formulation). 둘째, 관련 문헌(연구결과)을 검색 및 선별한다(Data collection). 데이터 수집 시에는 출판물뿐만 아니라 학위논문 등과 같은 출판되지 않은 연구물을 함께 수집한다. 이는 통계적으로 유의한 연구들이 출판되는 경향에 따른 과대추정 편향(overestimation bias)을 제거하기 위함이다.

셋째, 개별 연구의 질을 평가한 후 데이터를 추출하고 이를 코딩한다(Data evaluation). 넷째, 데이터를 분석하고 연구결과를 해석한다(Data analysis and interpretation). 마지막으로 연구결과를 보고한다(Reporting the synthesis).

4.2.1 자료 수집

본 연구는 메타분석을 위한 데이터(연구결과)를 수집하기 위해 1990년부터 2018년까지를 기준 연도로 설정하고 다음의 방법을 통해 문헌을 검색하였다(<표 1> 참고).

(1) 국내·외 학술 데이터베이스를 통해 출판물과 출판되지 않은 연구물(학위논문, 학술대회 발표자료 등)을 함께 검색하였다.

(2) 창업분야와 관련된 국·내외 학술지의 연도별 출판물을 검색하였다.

(3) 학술 데이터베이스 및 학술지에서 검색된 문헌들 중 선별된 연구들에 한해 참고문헌을 살펴보았다.

(4) Google scholar 검색을 통해 앞서 진행된 방법에서 누락된 연구들이 있는지 살펴보았다.

문헌 검색을 위한 키워드는 창업기업, 벤처기업, 창업가 역량, 성공요인 등으로 선정하고, 각 키워드를 "AND"와 "OR"의 조합으로 구성하여 검색하였다.

<표 1> 데이터 검색 기준 및 방법

구 분			내 용
기준 연도			1990년 ~ 2018년
언어			한국어, 영어
검색 방법	키워드	국내	창업가 역량, 창업역량, 창업, 창업가, 역량, 창업기업, 벤처기업, 성공요인
		해외	Entrepreneurial competency/competence, Entrepreneurs, Competency/competence, Ability, Skill, Startups, Ventures, Success factors
검색 방법	학술 데이터베이스	국내	DBpia, RISS RISS(학위논문)
		해외	EBSCOhost, ERIC, PsycARticles, DBpia, RISS, POroQues Dissertation&Theses Global(학위논문)
	학술지	국내	기업가정신과 벤처연구(舊벤처경영연구), 벤처창업연구, 창업학회지, 중소기업연구, 경영학연구, 기업경영연구, 대한경영학회지
		해외	Academy of Management, Journal of Psychology, Entrepreneurship Theory and Practice, Journal of Business Venturing, Journal of Small Business Management, Small Business Economics, Strategic Management Journal
	수동	국내	선정논문의 참고문헌
		해외	선정논문의 참고문헌, Google scholar

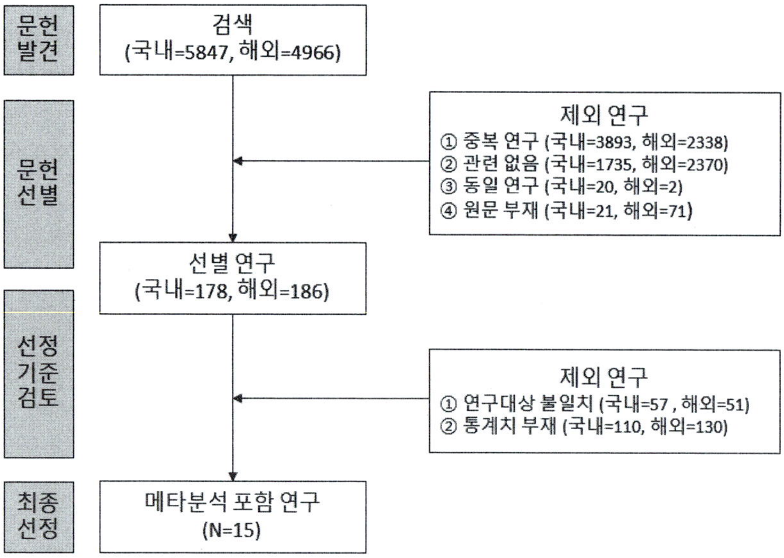

주) ① 중복 연구: 키워드별 검색 결과, 검색방법(학술데이터베이스, 학술지, 수동검색)별 검색 결과에서 중복적으로 추출된 동일 연구
② 관련 없음: 본 연구의 목적, 주제, 변수, 방법론(사례연구 등) 등과 무관한 연구
③ 동일 연구: 동일한 저자가 학위논문을 학술지에 요약 게재하거나, 동일한 저자가 동일한 내용을 2개 이상의 학술지에 게재한 경우
④ 원문 부재: 검색결과에는 노출되었으나 원문을 확보하기 어려운 경우
⑤ 연구대상 불일치: 연구대상이 본 연구에서 선정한 대상(창업가) 및 기업의 유형(창업/벤처기업)과 크게 상이한 경우
⑥ 통계치 부재: 본 연구주제와 유관하나 메타분석에 필요한 통계치가 제시되지 않은 경우

<그림 1> 데이터 수집 과정

다음으로 검색을 통해 수집한 자료 중 메타분석에 포함되는 연구결과를 선정하기 위해 다음의 기준에 따라 자료를 정제하였다.

(1) 연구대상은 '창업가' 이어야 한다. 해외의 경우 창업가에 대한 명칭이 다양하게 사용되고 있어 'entrepreneurs', 'founders', 그리고 'owners'로 한정하였다.

(2) 기업유형은 '창업기업' 또는 '벤처기업' 이어야 한다. 해외 문헌 선별 시에는 'startups', 'new ventures', 'ventures', 'SMEs'로 한정하였다. 단, 사회적기업, 소셜벤처 및 소상공인은 본 연구에서 제외하였다.

(3) 종속변수는 기업의 성과이어야 한다. 성과 유형은 재무적 성과로 한정하였으며, 측정방식은 제한하지 않았다.

(4) 창업가의 역량과 기업성과 간의 관계에 대한 효과크기를 산출하는데 충분한 정보를 제공하는 통계치(본 연구에서는 상관계수)가 제시되어야 한다.

(5) 동일한 데이터로 학위논문과 학술지에 게재된 연구는 중복으로 처리한다.

(6) 하나의 연구에서 특정한 기준에 따라 표본을 구분(예. 국가별, 성장단계별, 업력별, 산업별 등)하여 각 표본에 대해 각각 연구를 수행한 경우, 해당 연구의 결과는 표본의 유형에 따라 구분하여 메타분석에 포함한다.

이상의 기준에 따라 본 연구에서는 최종적으로 15개의 연구를 메타분석에 포함시켰다. 표본 연구들은 모두 Likert 척도를 기반으로 한 설문조사를 통해 분석 데이터를 수집하였으며, 분석은 회귀분석, 경로분석 및 구조방정식모형분석 등을 활용한 것으로 나타났다. 표본의 선정과정은 다음의 <그림 1>에 제시되어 있다.

4.2.2 자료의 코딩

최종 자료로 선정된 문헌들은 코딩 시트지에 기본 정보(저자, 발행연도, 출판연도, 연구대상, 산업 등)와 연구결과(기업 성과에 대한 창업가 역량의 효과를 측정한 각종 통계치, 표본 수 등)를 코딩하였다.

메타분석에 사용되는 연구의 특성은 다음의 <표 2>에 제시되어 있다.

<표 2> 메타분석에 포함된 연구

저자(연도)	출판유형	표본	N	기업유형	업종	국가	역량	자료수집방법	측정척도	분석방법
Chandler·Jansen (1992)	1	창업가	134	벤처	제조업, 서비스업	미국	1, 2, 3	설문조사	Likert	Regression
김경식 (2005)	2	벤처 기업가	255	벤처기업	IT/비IT	한국	1, 3, 4, 5	설문조사	Likert	Regression
Ahmad (2007a)	2	창업가	179	중소기업	제조업, 서비스업	호주	1, 2, 3, 4, 5	설문조사	Likert	SEM(Structural Equation Modeling)
Ahmad (2007b)	2	창업가	212	중소기업	제조업, 서비스업	말레이시아	1, 2, 3, 4, 5	설문조사	Likert	SEM(Structural Equation Modeling)
Man et al. (2008)	1	오너/관리자	153	중소기업	서비스업	홍콩	1, 2, 4, 5	설문조사	Likert	Regression
윤종록·김형철 (2009)	1	창업가	266	벤처기업	제조업, 정보처리SW, 연구개발서비스, 건설운수, 도소매업, 농어림광업, 기타	한국	2, 3	설문조사	Likert	Path Analysis
정주호 (2010)	2	창업가	81	BI입주기업	기술	한국	2	설문조사	Likert	Regression
김춘근 외 (2014)	1	창업가	222	창업기업	기술	한국	2, 3, 4	설문조사	Likert	SEM(Structural Equation Modeling)
임아름 외 (2015)	1	창업가	412	창업기업	제조업, 서비스업, 유통업, IT, 지식서비스업	한국	1, 2, 3	설문조사	Likert	SEM(Structural Equation Modeling)
Zhao (2016)	2	창업가	187	창업기업	제조업, 서비스업, 유통업, IT, 지식서비스업	중국	1, 2, 3, 5	설문조사	Likert	Regression
이대형 (2016)	2	창업가	140	창업기업	제조업, 서비스업, 도소매업	한국	2, 3, 4	설문조사	Likert	Regression
이혜영·김진수 (2017)	1	창업가	273	창업기업	기술	한국	1, 2, 3, 4, 5	설문조사	Likert	SEM(Structural Equation Modeling)
유래현 (2017)	2	창업가	196	중소기업	제조업	한국	3, 5	설문조사	Likert	SEM(Structural Equation Modeling)
이혜영·김진수 (2018)	1	창업가	124	창업기업	기술	한국	1	설문조사	Likert	SEM(Structural Equation Modeling)
이혜영·김진수 (2018)	1	창업가	178	창업기업	기술	한국	2, 4	설문조사	Likert	SEM(Structural Equation Modeling)

주) ① 출판유형: 1. 학술지 게재논문, 2. 학위논문
② Ahmad(2007), 이혜영·김진수(2018)의 연구는 각각 국가별, 기업의 성장단계별로 표본을 두 집단으로 구분하여 분석이 개별적으로 수행됨에 따라 연구결과를 두 개로 구분함(Ahmad-A, Ahmad-B / 이혜영·김진수C, 이혜영·김진수D로 구분하여 표기)
③ 역량: 1. 기회인식 역량, 2. 관리적 역량, 3. 기술적 역량, 4. 전략적 역량, 5. 관계 역량

V. 가설검증 결과

5.1 동질성 검증

본 연구에서는 기업성과에 대한 창업가 역량의 전체적인 효과크기를 측정하기에 앞서, 개별 연구에서 추출된 효과크기 값들의 분포가 동질성을 유지하는지 여부를 판단하기 위한 동질성 검정을 실시하였다.

동질성 여부 검정에는 Q 통계치 또는 I2 통계치가 활용될 수 있으며, 본 연구에서는 총분산에 대한 실제 분산 비율을 나타내는 I2값을 통해 동질성을 검정하였다. I2는 그 값이 50%를 넘는 경우 효과크기의 이질성이 상당하다고 해석한다(Higgins & Green, 2011).

본 연구에서 기업성과에 대한 기회인식 역량, 관리적 역량, 기술적 역량, 전략적 역량, 그리고 관계 역량의 효과크기의 동질성 검증을 수행한 결과, 기회인식 역량, 관계 역량의 I2는 각각 43%, 39%로 50% 이하인 것으로 나타났다. 따라서 해당 역량요인에 대한 표본들의 평균 효과크기는 동질성을 가정하고 고정효과모형으로 산출하였다.

반면, 관리적 역량, 기술적 역량, 전략적 역량의 기업성과에 대한 효과크기의 I2는 각각 71%, 85%, 71%로 50% 이상인 것으로 나타났다. 동질성을 만족하지 못한 연구결과들은 랜덤효과모형에 따라 평균 효과크기를 산출하였다.

5.2 효과크기 계산

메타분석에서 사용되는 대표적인 효과크기의 종류는 d(표준화된 평균차 효과크기), r(표준화된 상관계수 효과크기), Odds ratio(승산비율), 이벤트 발생비율(risk ratio) 등이 있다.

이 중 승산비율, 이벤트 발생비율 등은 의학 관련 분야에서, 표준화된 평균 차이 또는 상관관계는 사회과학 분야에서 주로 활용된다(Borenstein et al., 2009).

본 연구에서는 변수간 상관관계 분석에 활용되는 r을 효과크기로 사용하였다. 상관관계 효과크기의 기준은 Cohen(1988)이 제시한 바에 따라 0.10보다 작으면 작은 효과크기, 0.25 정도이면 중간 효과크기, 0.40 이상이면 큰 효과크기로 해석한다.

상관관계 효과크기는 일반적으로 단순 상관계수를 그대로 사용하기보다는 Fisher's z척도로 변환하여 사용한다(Borenstein et al., 2009). z로 변환하면 대칭분포를 만든 표준화된 상관계수의 효과크기 값을 이용하여 평균 효과크기 및 동질성 검정을 거칠 수 있기 때문이다.

단순 상관계수를 Fisher's z로 변환하는 공식은 다음 (a)와 같다.

(a) $Fisher's\ z = 0.5 \times ln\left(\frac{1+r}{1-r}\right)$

* r : 단순 상관계수

z의 분산을 계산하는 공식은 다음 (b)와 같다.

(b) $V_z = \frac{1}{n-3}$

* n : 표본 수

측정된 효과크기의 표준오차는 (c)와 같이 분산의 제곱근으로 산출된다.

(c) $SE_z = \sqrt{V_z}$

〈표 3〉 메타분석 결과

Factor	Total			95% CI (LL, UL)	I2	p-value
	N	K	r			
기회인식 역량	1,929	9	.30	(.26, .34)	43%	0.08
관리적 역량	2,437	12	.29	(.22, .36)	71%	**
기술적 역량	2,476	11	.28	(.18, .37)	85%	**
전략적 역량	1,612	8	.33	(.24, .41)	71%	**
관계 역량	1,455	7	.23	(.18, .27)	39%	0.13

주) N: 분석에 사용된 표본 수, K: 연구 수, CI: 신뢰구간(Confidence Interval), I2: 총분산에 대한 실제 분산 비율, p-value: 동질성 검정 통계량에 대한 유의수준(* $p<.05$, ** $p<.01$, *** $p<.001$)

본 연구에서는 효과크기의 산출을 위해 오픈소스 기반의 통계 프로그램인 R을 사용하였다.

우선 기업성과에 영향을 미치는 기회인식 역량에 대한 효과크기 9개, 관리적 역량에 대한 효과크기 12개, 기술적 역량에 대한 효과크기 11개, 전략적 역량에 대한 효과크기 8개, 그리고 관계 역량에 대한 효과크기 7개를 분석하였다.

다음으로 평균 효과크기의 95% 신뢰구간을 통해 효과크기를 포함하는가 여부를 확인하였다. 개별 연구의 효과크기들은 신뢰구간으로 경계를 가지며 이는 개별 연구에서 추정된 효과크기의 통계적 유의성을 나타낸다. 즉, 신뢰구간이 0을 포함하지 않으면 통계적으로 유의한 것으로 판단한다. 이 신뢰구간은 효과크기의 정밀성을 나타내기도 하며(Borenstein et al., 2009), 하한선(LL: lower limit)과 상한선(UP: upper limit)으로 제시되는 신뢰구간이 짧을수록 효과크기가 정밀하다고 할 수 있다(황성동, 2015).

본 연구의 효과크기 산출 결과 및 신뢰구간은 다음의 <표 3>에 제시되어 있다. 분석 결과를 살펴보면, 기회인식 역량과 기업성과 간의 가중화된 상관계수는 r=0.30(K=9, N=1,929)으로 나타났으며 신뢰구간은 0.26~0.34를 갖는 것으로 분석되었다. 이와 같은 결과는 구간이 0을 포함하고 있지 않기 때문에 95%에서 통계적으로 유의하다고 할 수 있다. 또한, 효과크기의 정도는 Cohen이 제시한 기준에 따라 중간 정도의 효과크기를 갖는 것으로 나타났다.

다음으로 관리적 역량과 기업성과 간의 효과크기는 r=0.29(K=12, N=2,437)이며 신뢰구간은 0.22~0.36으로 분석되었다. 신뢰구간이 0을 포함하고 있지 않아 효과크기가 95%에서 통계적으로 유의하다고 볼 수 있다. 또한, 효과크기의 정도는 중간 정도로 해석된다.

기술적 역량과 기업성과 간의 효과크기는 r=0.28(K=11, N=2,476)로, 신뢰구간은 0.18~0.37로 나타났다. 분석 결과 신뢰구간이 0을 포함하고 있지 않으므로 효과크기는 95%에서 통계적으로 유의하다고 할 수 있다. 효과크기의 정도는 중간 수준인 것으로 확인되었다.

다음으로 전략적 역량과 기업성과 간의 효과크기 분석 결과를 살펴보면, r=0.33(K=8, N=1,612), 신뢰구간은 0.24~0.41로 확인되었다. 이는 신뢰구간이 0을 포함하고 있지 않으므로 효과크기는 95%에서 통계적으로 유의하며, 효과크기의 정도는 중간 수준인 것으로 해석할 수 있다.

마지막으로 관계 역량과 기업성과 간의 효과크기는 r=0.23(K=7, N=1,455)로, 신뢰구간은 0.18~0.27로 나타났다. 신뢰구간이 0을 포함하고 있지 않아 효과크기가 95%에서 통계적으로 유의하다고 볼 수 있으며, 효과크기는 중간 수준인 것으로 확인되었다.

Ⅵ. 결론

6.1 연구결과의 요약 및 시사점

벤처·창업기업이 국가경제의 성장동력으로 대두되고 이에 대한 정부의 지원과 민간의 투자가 활성화되고 있는 시점에서, 기업의 성공 잠재력을 예측할 수 있는 창업가의 역량을 살펴보는 것은 창업분야 연구에서 중요한 주제로 사료된다.

이는 '역량'이 기본적으로 고성과자와 보통 성과자를 구별하는 행동을 설명해 주는 개인의 내적 특성을 의미하는 '성과지향적' 개념이기 때문이다. 즉, 개인이 역량이 있다는 것은 각 기능별 부문에서 최소한의 성과 수행 기준을 충족하는 능력을 입증하는 것뿐만 아니라, 효과적인 성과를 달성할 수 있는 개인의 잠재력을 나타내기도 한다(Dainty et al., 2004).

이러한 맥락에서 Colombo & Grilli(2005)는 창업가가 보유한 지식과 스킬이 기업의 성장에 큰 영향을 미치는 것에 대해 '역량 효과(capability effect)'라고 언급하였으며, 기업의 성과를 제고하기 위해서는 창업가뿐만 아니라 정책 입안자들도 창업가의 '지식의 갭(knowledge gap)'을 어떻게 보완할 것인가를 고민하는 것이 우선순위 과제라고 하였다.

이와 관련하여 본 연구에서는 기업성과의 주요한 결정요인으로 창업가 역량에 초점을 두고, 그 관계를 실증적으로 분석한 기존 연구들을 메타분석 방법론을 통해 체계적으로 통합하고자 하였다.

창업가의 역량요인 중 본 연구에서 다룬 기회인식 역량, 관리적 역량, 기술적 역량, 전략적 역량, 그리고 관계 역량이 기업성과에 미치는 영향력에 대한 메타분석 수행 결과를 요약하면 다음과 같다.

첫째, 기존 연구들의 결과에서 창업가 역량과 기업성과 간의 관계가 혼재된 바와 달리, 본 연구에서 선정된 연구들을 종합한 결과 창업가의 기회인식 역량, 관리적 역량, 기술적 역량, 전략적 역량, 그리고 관계 역량은 기업성과를 유의하게 향상시키는 요인인 것으로 나타났다.

둘째, 기업성과에 대한 각 역량요인들의 전체적인 효과크기는 기회인식 역량이 중간정도(r=0.30), 관리적 역량이 중간정도(r=0.29), 기술적 역량이 중간정도(r=0.28), 전략적 역량이 중간정도(r=0.33), 그리고 관계 역량이 중간정도(r=0.23) 수준인 것으로 분석되었다.

이와 같은 연구결과는 창업가가 기업성과 향상을 위해 시장 기회 포착과 관련된 기회인식 역량, 조직의 관리 및 운영과 관련된 관리적 역량, 자신의 전문분야 또는 기업의 산업분야와 관련된 기술적 역량, 장기적 관점에서 기업의 전략적 목표 수립·실행과 관련된 전략적 역량, 그리고 내·외부 사람과의 관계 및 네트워크와 관련된 관계 역량을 지속적으로 개발하고 강화할 필요가 있음을 시사한다.

만약 창업가 개인이 이러한 역량들을 모두 보유하기 어려울 경우, 기업성과 향상을 위해 해당 역량들을 보유한 인력을 영입하여 균형있는 팀을 꾸릴 필요가 있다. 필요한 인재를 적시·적소에 영입하고 또한, 퇴출시키는 것 역시 창업가에게 요구되는 중요한 역량 중 하나라고 볼 수 있겠다.

특히 초기단계에 해당하는 벤처·창업기업일수록 당장의 아이디어, 비즈니스모델, 기술 및 제품 개발 등에 집중하여, 기업의 비전과 목표를 장기적인 관점에서 수립하는 전략적 역량의 중요성에 대해 간과할 가능성이 높다. 조직체계의 구축이나 구성원들에 대한 리더십 역시 마찬가지이다.

하지만 본 연구결과에서 입증된 바와 같이, 전략적 역량, 관리적 역량 등을 포함한 모든 창업가 역량의 기업성과에 대한 효과크기가 중간수준 이상인 것으로 나타났다. 따라서 기업성과 제고를 위해 창업가는 이러한 역량들을 균형있게 확보하고 강화하는 노력을 지속할 필요가 있다고 사료된다.

이상의 연구결과에 따라 본 연구는 다음과 같은 의의가 있다고 판단된다.

그간 창업가 역량과 기업성과를 고찰한 기존의 실증연구들의 결과가 일관적이지 않게 보고되었음에도, 국내에는 아직까지 이를 체계적으로 통합한 연구는 부재한 실정이다. 또한, 학자들마다 상이한 역량요인을 제시함에 따라 선행연구를 통해 창업가 역량요인에 대한 상대적인 중요도를 파악하는 것에도 한계가 있었다(Morris et al., 2013).

이와 같은 배경에서 본 연구는 양적 방법론인 메타분석을 통해 기존 연구결과의 차이점을 통합하고 표준화된 결과치를 제공하였다. 즉, 기존 문헌에서 일관적이지 않은 연구결과를 체계적으로 종합하여 재정리하였다는 측면에서, 향후 창업가 역량을 주제로 한 연구들에 이론적 기반을 제공할 수 있을 것으로 기대한다.

또한, 본 연구결과에서 성과에 대한 유의성이 검증된 역량들은 창업가가 창업준비 및 기업성장 과정에서 자신 및 팀의 역량을 자가진단할 경우, 그리고 정책 입안자 및 지원사업 수행자가 창업자에 대한 선정, 평가, 교육 및 사후관리를 수행할 경우 역량기반의 지원체계로 개선하기 위한 기초자료로 활용될 수 있을 것으로 기대한다.

6.2 연구의 한계점 및 제언

이상의 시사점에도 불구하고 본 연구는 다음과 같은 몇 가지 한계점이 있어, 향후 연구에서 한 단계 더 나아간 연구 설계가 이루어지기를 제안한다.

첫째, 본 연구에서는 메타분석에 포함되는 연구 선정 시 연구대상 기업을 국내의 법적, 정책적 기준에 준하여 선정하지 않았다.

우리나라에서는 창업기업을「중소기업창업지원법」에 의거하여 사업개시일 이후 7년이 지나지 않은 것으로 규정하고 있으며, 벤처기업은 벤처확인요건을 갖추고 인증을 받은 기업을 지칭한다.

이와 달리 해외에서 연구의 대상이 되는 벤처·창업기업은 업력이나 공식 인증제도에 따른 분류기준을 별도로 언급하지 않고 있다. 예를 들어 신생 벤처기업(New ventures)을 연구대상으로 하고 있음에도 업력이 7년 이상인 기업이 포함되는 연구(Chandler & Hanks, 1993; 1994), 업력을 별도로 기재하지 않은 연구(Chen & Chang, 2013) 등이 존재하였다.

향후 연구에서는 연구결과의 정책적·실무적 활용성을 높이기 위해 국내의 법적, 정책적 기준에 따른 기업의 업력 또는 성장단계를 구분하여 연구를 수행할 것을 제안한다.

둘째, 본 연구에서는 이론적 배경에서 제시한 바와 같이 종속변인인 기업성과를 재무적 성과로 한정하여 분석을 수행하였다.

향후 연구에서는 벤처·창업기업의 비재무적 성과 등을 연구에 포함하여 창업가 역량이 성과에 미치는 영향력을 다차원적으로 살펴보기를 제안한다.

셋째, 본 연구에서는 창업가 역량과 기업성과 간의 관계를 다룬 실증연구 결과를 종합하는데 중점을 두고 있음에 따라, 역량요인의 상대적 중요도에 대한 분석을 연구설계에 반영하지 않았다.

향후 다양한 기업특성에 따라 표본을 집단별로 구분하여 각 요인의 상대적 중요도에 대해 비교를 수행하거나, 교육효과에 따른 역량의 전-후 차이를 비교하는 연구가 시도된다면 실무적으로 유의미한 결과가 도출될 수 있을 것으로 기대한다.

마지막으로 본 연구의 메타분석에는 비교적 제한된 연구의 수가 포함되었다고 사료된다. 메타분석에 포함되는 연구의 수 또는 효과크기의 수에 대한 절대적인 기준은 따로 제시되어 있지 않다. 다만 연구 설계에 있어서는 연구자가 살펴보고자 하는 주제의 적합성, 개별연구의 검정력이 더 중요한 고려요인이 된다.

향후 창업가 역량에 대한 연구가 축적되어 갈수록, 본 연구보다 확장된 연구 및 효과크기의 수를 포함하여 메타분석을 수행할 것을 제안한다. 또한, 이를 통해 체계적인 이론적 기반에 근거한 통합 역량모델이 제시되기를 기대한다.

REFERENCE

김경식(2005). *벤처기업가의 역량이 기업성과에 미치는 영향에 관한 연구*. 박사학위 논문, 건국대학교.

김춘근·이충석·김진수(2014). 기술창업기업 초기 성과에 미치는 영향요인 분석: 청년창업사관학교 졸업 기업을 대상으로. *기업경영연구*, 21(5), 63-86.

양수희·김명숙·정화영(2011). 기술창업기업의 기업가 역량과 기술사업화 능력이 경영성과에 미치는 영향. *벤처창업연구*, 6(4), 195-213.

유래현(2016). *중소기업 경영자 역량이 기업성과에 미치는 영향에 관한 연구: 성장단계별 차별적 영향을 중심으로*. 박사학위논문, 경기대학교.

윤종록·김형철(2009). 벤처기업의 창업가특성과 차별화전략이 경영성과에 미치는 영향에 관한 연구. *대한경영학회지*, 22(6), 3693-3721.

이대형(2016). *창업자의 심리적 특성과 역량특성이 창업기업의 성과에 미치는 영향: 중소기업컨설팅 지원사업의 창업컨설팅 조절효과를 중심으로*. 석사학위논문, 한밭대학교.

이인우(2009). *기술창업기업의 기술혁신지향성과 시장지향성이 성과에 미치는 영향에 관한 실증분석 연구*. 박사학위논문, 경희대학교.

이혜영·김진수(2017). 초기 기술창업기업의 창업가 역량과 창업팀 역량이 성과에 미치는 영향. *한국창업학회지*, 12, 31-56.

이혜영·김진수(2018). 초기 및 후기 기술창업기업 창업가의 역량 모델에 관한 연구. *벤처창업연구*, 13(4), 99-116.

임아름·김형철·김권필(2015). 청년창업가의 역량이 창업행동과 창업성과에 미치는 영향. *경영컨설팅연구*, 15(3), 143-154.

자오징징(2016). *중국 청년창업가의 개인적 역량이 창업성공에 미치는 영향*. 석사학위논문, 부산대학교.

정주호(2010). *기업가 정신 및 역량 수준이 기업성과에 미치는 영향에 관한 연구*. 석사학위논문, 중앙대학교.

황성동(2015). *알기 쉬운 메타분석의 이해*. 서울; 학지사.

Ahmad, N. H. (2007). *Cross cultural study of entrepreneurial competencies and entrepreneurial success in SMEs in Australia and Malaysia.* Doctoral dissertation, The University of Adelaide.

Ahmad, N. H., Ramayah, T., Wilson, C., & Kummerow, L. (2010). Is entrepreneurial competency and business success relationship contingent upon business environment? A study of Malaysian SMEs. *International Journal of Entrepreneurial Behavior & Research*, 16(3), 182-203.

Barazandeh, M., Parvizian, K., Alizadeh, M., & Khosravi, S. (2015). Investigating the effect of entrepreneurial competencies on business performance among early stage entrepreneurs, Global Entrepreneurship Monitor (GEM 2010 survey data). *Journal of Global Entrepreneurship Research*, 5(1), 18.

Baum, J. R., Locke, E. A., & Smith, K. G. (2001). A multidimensional model of venture growth. *Academy of Management Journal*, 44(2), 292-303.

Bird, B. (1995). Towards a theory of entrepreneurial competency. *Advances in Entrepreneurship, Firm Emergence and Growth*, 2(1), 51-72.

Borenstein, M., Hedges, L. V., Higgins, J. P., & Rothstein, H. R. (2009). *Introduction to meta-analysis.* Chichester, John Wiley & Sons.

Brush, C. G., Greene, P. G., & Hart, M. M. (2001). From initial idea to unique advantage: The entrepreneurial challenge of constructing a resource base. *The Academy of Management Executive*, 15(1), 64-78.

Chandler, G. N., & Hanks, S. H. (1993). Measuring the performance of emerging businesses: A validation study. Journal of Business Venturing, 8(5), 391-408.

Chandler, G. N., & Hanks, S. H. (1994). Founder competence, the environment, and venture performance. *Entrepreneurship: Theory and Practice*, 18(3), 77-90.

Chandler, G. N., & Jansen, E. (1992). The founder's self-assessed competence and venture performance. *Journal of Business Venturing*, 7(3), 223-236.

Chen, M. H., & Chang, Y. Y. (2013). The impacts of human capital in enhancing new venture's performance: Competence, motivation and creativity. *Journal of Knowledge-based Innovation in China*, 5(2), 146-168.

Chung, J. H. (2010). *A study on the effect of the entrepreneurship and competency on management performance.* Master's Thesis, Chung-Ang University.

Cohen, J. (1988). *Statistical power for the behavioral sciences (2nd ed.).* Hillsdale, NJ: Erlbaum.

Colombo, M. G., & Grilli, L. (2005). Founders' human capital and the growth of new technology-based firms: A competence-based view. *Research Policy*, 34(6), 795-816.

Cooper, H. (1998). *Synthesizing research: A guide for literature reviews (3rd ed.).* Thousand Oaks, CA: Sage.

Dainty, A. R., Cheng, M. I., & Moore, D. R. (2004). A competency-based performance model for construction project managers. *Construction Management and Economics*, 22(8), 877-886.

Gilbert, B. A., McDougall, P. P., & Audretsch, D. B. (2006). New venture growth: A review and extension. *Journal of Management*. 32(6), 926-950.

Glass, G. V. (1976). *Primary, secondary, and meta-analysis of research.* Educational Researcher, 5, 3-8.

Grant, R. M. (1991). The resource-based theory of competitive advantage: implications for strategy formulation. *California Management Review*, 33(3), 114-135.

Herron, L. A., & Robinson Jr, R. B. (1990). *Entrepreneurial skills: An empirical study of the missing link connecting the entrepreneur with venture performance.* In National Academy of Management Meeting, San Francisco, CA.

Higgins, J., & Green, S. (Eds.) (2011). *Cochrane handbook for systematic reviews of interventions version 5.1.0.* The Cochrane Collaboration, Retrieved from http://handbook.cochrane.org.

Hunter, J. E., & Schmidt, F. L. (1990). *Methods of meta-Analysis: Correcting error and bias in research findings.* Newbury Park, CA: Sage.

Hunter, J. E., & Schmidt, F. L. (2004). *Methods of meta-Analysis: Correcting error and bias in research findings. (2nd ed.).* Thousand Oaks, CA: Sage.

Hwang, S. D. (2015). *Understanding of Meta-analysis.* Seoul: Hakjisa.

Kaur, H., & Bains, A. (2013). Understanding the concept of entrepreneur competency. *Journal of Business Management & Social Sciences Research,* 2(11).

Kelley, D., & Marram, E. (2010). Beyond start-up: Developing and sustaining the growing organization. *The Portable MBA in Entrepreneurship(4th ed.),* 355–383.

Kim, B. K., & Jung, C. Y. (2013). A meta–analysis on the studies of factors affecting career success and moderating effect of gender of employees in corporations. *Journal of Agricultural Education and Human Resource Development,* 45(2), 123–148.

Kim, C. K., Lee, C. S., & Kim, J. S. (2014). Analysis of factors influencing the early performance of technology–based start–ups. *Corporation Management of Academy Journal,* 57, 63–86.

Kim, K. S(20015). *A study on the effects of venture entrepreneurs' competence in their business performances.* Doctoral dissertation, Kon–Kuk University.

Le Deist, F. D., & Winterton, J. (2005). What is competence?. *Human Resource Development International,* 8(1), 27–46.

Lee, D. H. (2016). *The effects of psychological characteristics and competency characteristics on performance for start-up: Moderating effect of start-up consulting of consulting support program for small and medium-sized businesses.* Master's Thesis, Han–Bat University.

Lee, H. Y., & Kim, J. S. (2017). The impacts of entrepreneurs' and entrepreneurial teams' competency on performance of new technology–based startups. *Journal of the Korean Entrepreneurship Socieity,* 12, 31–56.

Lee, H. Y., & Kim, J. S. (2018). A study on the entrepreneurial competency model in early–and late–stage technology–based ventures. *Asia-Pacific Journal of Business Venturing and Entrepreneurship,* 13(4), 99–116.

Lee, I. W. (2009). *An empirical study on the technological-orientation & market-orientation of startup enterprises an their effect on managerial performance.* Doctoral dissertation, Kyunghee University

Lim, A. R., Kim, H. C., & Kim, K. P(2015). The effect of youth entrepreneurs' competence on entrepreneurial behavior and entrepreneurial performance. *Korean Management Consulting Review,* 15(3), 143–154.

Man, T. W. (2001). *Entrepreneurial competencies and the performance of small and medium enterprises in the Hong Kong services sector.* Doctoral dissertation, The Hong Kong Polytechnic University.

Man, T. W., Lau, T., & Chan, K. F. (2002). The competitiveness of small and medium enterprises: A conceptualization with focus on entrepreneurial competencies. *Journal of Business Venturing,* 17(2), 123–142.

Man, T. W., Lau, T., & Snape, E. (2008). Entrepreneurial competencies and the performance of small and medium enterprises: An investigation through a framework of competitiveness. *Journal of Small Business & Entrepreneurship,* 21(3), 257–276.

Masurel, E., & Van Montfort, C. A. G. M. (2003). *SME Innovation and the Crucial Role of the Entrepreneur.*

Morris, M. H., Webb, J. W., Fu, J., & Singhal, S. (2013), A competency-based perspective on entrepreneurship education: Conceptual and empirical insights. *Journal of Small Business Management,* 51(3), 352–369.

Sadler-Smith, E., Hampson, Y., Chaston, I., & Badger, B. (2003). Managerial behavior, entrepreneurial style, and small firm performance. *Journal of Small Business Management,* 41(1), 47–67.

Snell, R., & Lau, A. (1994). Exploring local competences salient for expanding small businesses. *Journal of Management Development,* 13(4), 4–15.

Song, M., Podoynitsyna, K., Van Der Bij, H., & Halman, J. I. (2008). Success factors in new ventures: A meta–analysis. *Journal of Product Innovation Management,* 25(1), 7–27.

Tehseen, S., & Ramayah, T. (2015). Entrepreneurial competencies and SMEs business success: The contingent role of external integration, Mediterranean. *Journal of Social Sciences,* 6(1), 50.

Yang, S. H., Kim, M. S., & Jung, H. W. (2011). The effects of entrepreneur's competence and technology commercialization capabilities on business performance of technology–based start–ups. *Asia-Pacific Journal of Business Venturing and Entrepreneurship,* 6(4), 195–213.

Yu, R. H. (2016). *A study on the effect of SME CEO's competencies on corporate performance.* Doctoral dissertation, Kyong–Gi University.

Yu, T. F. L. (2001). Entrepreneurial alertness and discovery. *The Review of Austrian Economics,* 14(1), 47–63.

Yun, J. R., & Kim, H. C. (2009). The effect of entrepreneurs characteristics and differentiation strategy on performance of venture business. *Korea Journal of Business Administration,* 22(6), 3693–3721.

Zhao, J. J. (2016). *The effect of Chinese young entrepreneurs' competence on entrepreneurial success: A mediating role of entrepreneurial self-efficacy.* Master's Thesis, Busan University.

벤처창업연구 제15권 제2호 (통권68호)

기업가의 창업 실패 경험과 재교육이 재창업에 미치는 영향: 창업 동기의 조절효과를 중심으로

김나미 (고려대학교 경영대학 연구교수)
이종선 (중소기업연구원 부연구위원)
김동수 (한국과학기술원 KAIST 경영대학 박사과정)

국문 요약

사회적으로 창업에 대한 관심이 고조되고 있지만 사실 창업은 실패할 가능성이 높게 내포되어 있는 위험한 도전이기도 하다. 창업 연구에 있어 실패는 필연적으로 연구되어야 할 부분이지만, 기본적으로 실패를 회피하고 싶고 선호하지 않는 경향 때문에 상대적으로 폭넓게 연구되어 오지 못했다. 실패는 기업가에게 있어 고통스럽고 큰 비용을 수반하는 경험이지만 긍정적으로 연결시킬 수만 있다면 성공으로 나아가기 위한 하나의 관문이자 촉매제로 작용할 수 있는 값진 경험이기도 하다. 창업 실패를 경험한 기업가에게 사회적 차원의 도움이 필요하다는 주장이 제기되며 최근 재창업 지원제도의 일환으로 재창업 교육 등을 통해 재기하고자 하는 창업가들에게 도움을 주고자 하고 있다.

본 연구에서는 실패를 경험한 기업가에 주목하여, 실패 경험을 통한 학습과 사회적 지원책으로의 재창업 교육이 재창업에 어떠한 영향을 미치는지 살펴보고자 하였다. 더불어 기업가의 개인적 요인으로 기업가의 행동에 큰 영향을 미친다고 알려져 있는 창업 동기에 주목하여, 실패 경험이 재창업에 미치는 영향 및 교육이 재창업에 미치는 영향에 기업가의 창업 동기가 어떠한 효과를 주는지 고찰해보고자 하였다.

분석을 위하여 재기중소기업개발원의 실패 후 재창업을 계획한 연속 창업가들을 대상으로 설문을 통해 데이터를 수집하였다. 분석 결과, 이전 창업 경험으로부터 학습효과가 큰 기업가일수록 재창업 할 확률이 높았으며 재창업 교육으로부터 학습효과가 큰 기업가일수록 재창업 할 확률 역시 높은 것으로 나타났다. 또한 창업의 외재적 동기가 클수록 이러한 이전 경험과 재창업 교육의 학습효과가 재창업에 미치는 긍정적 영향은 줄어드는 것으로 나타났다.

핵심주제어: 재창업, 창업 실패 경험, 재창업 교육, 창업 동기

Ⅰ. 서론

최근 우리나라는 고용창출 효과가 낮은 산업들이 성장을 주도하면서 고용탄성치가 낮아져 '고용없는 성장'의 늪에 빠졌다는 지적이 일고 있다(강한혁 외, 2019). 이러한 실업 문제를 해소하고 침체된 경제 전반에 활기를 불어넣기 위하여 사회 전반적으로 창업이 권장되고 있는 분위기이다(정헌배, 2016).

사회적으로 고조되는 창업에 대한 관심에도 불구하고, 선뜻 창업을 시도하기 어려운 이유는 실패에 대한 두려움이 크게 자리 잡고 있기 때문이다(Shinnar et al., 2012). 실제로 2017년 통계청에서 조사한 기업생멸행정통계 기준 창업기업의 5년 생존률이 28.5%로 나타나, 대다수의 창업 기업인들이 실패를 경험하고 있다는 사실을 방증하고 있다. 어려운 과정들을 거치며 창업을 하더라도 밝은 미래를 보장받기 어렵다는 것이다(송영민·김경환, 2019). 이렇게 창업과 실패의 위험은 동전의 양면처럼 함께 할 수밖에 없는 것임에도, 기본적으로 실패를 회피하고 싶고 선호하지 않는 경향 때문에 많은 연구자들은 창업의 성공 측면에 더 큰 관심을 가져왔다(Gupta, 2005; McGrath, 1999). 하지만 불확실성이 높은 창업의 특성을 고려할 때, 기업가의 성공 못지않게 실패에 대해서도 관심을 가질 필요가 있다(김수진 외, 2016).

최근 학자들은 기업가들의 실패 경험을 통한 학습 (learning-by-failure)의 중요성을 강조하고 있다(Cope, 2011). 기업가들은 일련의 창업과 실패 과정을 경험하며 다양한 문제들을 직접 접하고 많은 정보를 얻고 지식을 쌓아가게 된다(Shepherd, 2003). 여러 시행착오(trial & error)를 겪어나가며 스스로만의 노하우를 쌓아가게 되는 것이다. 따라서 이러한 실패 기업인들의 경험과 노하우를 긍정적인 방향으로 연결시킬 수 있다면 당사자뿐만 아니라 사회 전체적으로도 큰 가치를 창출시킬 수 있을 것이다. 이러한 실패 경험이 가져올 수 있는 학습효과라는 긍정적 측면에도 불구하고, 사실 실패는 기업가 개인에게 있어 굉장히 고통스럽고 큰 비용을 수반하게 만드는 경험이다(Coelho & McClure, 2005). 실패를 경험한 기업가들은 자신감과 자기효능감(self-efficacy) 등이 현저히 낮아지는 경험을 하며 새로운 도전에 소극적인 경향을 보이게 되는 것으로 알려져 있다(Shepherd, 2003). 따라서 기업가가 창업에 실패를 경험하더라도 이러한 경험이 사장되지 않고 재창업을 통해 더욱 긍정적인 방향으로 연결될 수 있도록 실패에 따른 충격을 최소화할 수 있는 방안 마련이 필요하다(김수연 외, 2019).

실패가 성공으로 나아가기 위한 하나의 관문이자 촉매제로 작용하여 실패에서 얻은 값진 교훈을 잘 살려 나갈 수 있도록 하기 위해서는 창업 실패에 따른 극복 과정을 온전히 기업가 개인의 문제로만 내몰고 관망할 것이 아니라, 사회 전체 차원에서 도움을 줄 필요가 있다는 목소리들이 커져 왔다(김형호·윤현덕, 2015). 그 결과 사회적 도움의 일환으로 실패 기업인에 대한 재창업 교육도 활발하게 시행되고 있다. 이러한 재창업 교육이 효과적인지를 확인하기 위해서는 과연 재창업 교육이 실제로 새로운 도전 즉, 재창업으로 이어지게 하는지에 대하여 보다 면밀하게 고찰해 볼 필요가 있다. 또한 기업가의 어떠한 개인적 요인과 결합하여 재창업으로 이어질 수 있는가에 대하여 살펴볼 필요가 있다.

창업 교육의 효과와 실제 창업과의 관계에 대한 기존의 연구들은 주로 창업 이전의 교육에 초점을 두고 이루어져 왔으며(하규수·여경은, 2016; Autio et al., 2001; Rasmussen & Sørheim, 2006; Rasmussen & Borch, 2010), 실패를 경험한 기업인들이 재기하고자 참가하는 재창업 프로그램에 초점을 맞추어 그 효과를 살펴본 연구들은 드물다고 할 수 있다. 본 연구에서는 실패로부터의 학습에 주목하여, 기업가의 실패를 통한 학습이 재창업에 어떠한 영향을 미치는지 살펴보고 사회적 지원책으로의 재창업 교육이 실패 기업인들의 재창업에 어떠한 영향을 미치는지 살펴보고자 한다. 더불어 기업가의 개인적 요인으로 기업가의 행동에 큰 영향을 미친다고 알려져 있는 창업 동기(entrepreneurial motivation)에 주목해 보고자 하였다. 창업 동기는 기업가가 사업을 시작하는 근본적인 이유가 되어주는 것으로 물질적인 목표에서 비롯되는 외재적 동기와 개인적인 성취 등의 이유에서 비롯되는 내재적 동기로 나누어 볼 수 있다(Antonioli et al., 2016). 창업 동기와 같은 기업인의 심리적 특성은 창업 연구에 있어 중요하게 주목되어야 할 부분으로 많은 학자들이 그 중요성에 대하여 언급하여 왔지만, 그럼에도 불구하고 아직 다양한 맥락에서 활발하게 연구되지 못하고 있다(Naffziger et al., 1994; Carsrud & Brannback, 2011). 더군다나 실패를 경험한 이후라는 특수한 맥락에서 창업 동기가 어떠한 의미가 있을지에 대하여 고찰해 보는 것은 더욱 중요하다고 할 수 있다. 기업가의 창업 동기가 실패 경험이 재창업에 미치는 영향 및 교육이 재창업에 미치는 영향에 어떠한 효과를 주는지 살펴보고자 한다.

Ⅱ. 기존 문헌 연구 및 가설 수립

2.1 창업 실패 경험을 통한 학습과 창업 교육

창업에 있어 실패는 흔하게 일어날 수 있으며 기업을 운영하고자 마음먹은 기업가로서는 항상 유념해야 하는 부분으로 알려져 있다(Lee et al., 2007; McGrath, 1999; Shane, 2009). 창업 실패는 기업가의 주관적인 평가까지를 포함하여 정의되는 경우도 있기 때문에 다양하게 나타날 수 있으나(McKenzie & Sud, 2008), 일반적으로 더 이상 이익을 창출하고 유지하지 어려워 문을 닫게 되는 경우를 의미한다고 보고 있다(Everett & Watson, 1998; Shepherd et al., 2000).

기업 및 조직 수준에서의 실패 경험을 통해 일어나는 학습 효과에 대해서는 많은 연구들이 이루어져 왔으나(Khanna et al., 2016; Leoncini, 2016), 이를 기업가에게 적용하여 창업 실패를 경험할 경우 일어나는 학습 효과에 대해서는 상대적으로 활발한 연구가 이루어지지 못하고 있다(Cardon et al., 2005; Yamakawa et al., 2010). 이는 개인에게 있어 창업 실패가 더 큰 트라우마로 작용할 수 있고, 따라서 이러한 부정적 감정을 넘어서지 못할 경우 실패 경험이 긍정적으로 연결되기 더욱 어렵기 때문일 것이다. 많은 경우 실패를 경험한 기업가들은 자신감과자기효능감이 낮아지며, 대인 기피를 경험하게 되었음을 밝힌 바 있다(Cave et al., 2001; Shepherd, 2003).

창업했던 기업이 폐업하게 되었더라도 기업가로써의 커리어가 끝나는 것은 아니다(Plehn-Dujowich, 2010). 비록 실패를 경험했을지라도 실패한 기업가들은 여전히 새로운 기업을 창업할 가능성이 높은 후보군으로 알려져 있다(Stokes & Blackburn, 2002). 실패를 극복하고 다시 재창업을 하여 성공을 거둔 기업가들의 사례도 많이 존재한다(Hayward et al., 2006). 실패를 경험한 이후의 어려운 상황을 잘만 극복하면 더 큰 효과를 거둘 가능성이 높으므로 이들의 창업 실패를 개인의 문제로만 치부하면 안된다는 사회적 각성의 목소리가 이어져 왔으며, 재기하고자 하는 실패 기업인들에 대한 여러 정책적 지원 및 교육이 시행되고 있다(김형호·윤현덕, 2015). 사실 이러한 재도전 교육에 대하여 관심을 갖기 시작한 것은 불과 얼마 전의 일이다. IMF 구제 금융을 극복하는 과정에서 인터넷의 성장과 함께 벤처 창업에 대한 붐이 일어났었지만 오래 가지 않아 닷컴 버블이 붕괴되며 신생 벤처기업들에게 큰 위기가 도래한 바 있다. 2010년경부터 정부 차원의 재창업 지원제도가 활성화되기 시작하며, 재도전 지원의 일환으로써 실패를 경험한 기업인에게 실패 원인을 분석하고 자기반성 및 자아성찰의 시간을 가지며 이로써 자신감을 회복하고 심리치유를 하면서 가치관 정립 및 사업 구상, 멘토링을 하는 교육 프로그램을 제공하고 있다(김형호·윤현덕, 2015).

창업 교육과 관련된 연구들은 대부분 재창업 맥락에서보다는 대학에서 비롯되는 교육과 같이 기업가 정신을 심어주고 초기 창업자를 육성하고자 하는 맥락에서 활발하게 이루어져 왔다(Izedonmi & Okafor, 2010; Rasmussen & Sørheim, 2006; Rasmussen & Borch, 2010). 창업 교육이란 사업 아이디어의 탐색부터 사업 계획을 구체적으로 수립하고 이를 운영하는데 필요한 지식과 태도를 가르침으로써 창업 의지를 높이는 것을 목표로 하는 일련의 교육 과정을 의미한다(이재석·이상명, 2015; Izedonmi & Okafor, 2010). Dyer(1994)는 창업 교육이 기업가 정신을 고취시키고 사업을 어떻게 시작할지에 대하여 생각해 볼 수 있는 기회를 제공하게 됨으로써 스스로의 사업을 운영해보아야 하겠다는 자신감을 불러일으킬 수 있다고 보았다. 몇몇 실증 연구의 결과, 학생들에게 이루어지는 창업 교육은 도전정신을 고취시켜 창업 의도를 높이게 만드는 것으로 알려져 있다(Henderson & Robertson, 2000; Peterman & Kennedy, 2003; Souitaris et al., 2007; Turker & Selcuk, 2009). 본 연구에서는 실패 경험을 하고 재창업을 준비 중인 기업가에게 이루어지는 재창업 교육의 맥락에서 그 효과성에 대하여 실증적으로 살펴보고자 한다.

2.2 창업 동기

어떤 일을 하게끔 만들어주고 의지가 북돋도록 하는 동력이 되는 '동기'에 대해 학자들은 크게 두 가지 차원에서 비롯된다고 주장해 왔다. 물질적인 부분 즉, 경제적인 측면에서 비롯된다고 본 학파와 심리적인 측면에 그 뿌리를 두고 있다고 본 학파로 나뉘어진다(Fisher, 1930).

기업가의 창업 동기 역시 그 관점이 나뉘어져 연구되어 왔다. 전통적으로는 기업을 창업하는 가장 주된 이유는 경제적 동기에서 비롯된다고 보았고, 기업가는 경제적인 이득을 좇는 사람이라고 인식되어 왔다(Carsrud et al., 2009; Schumpeter, 1934). 하지만 점차 시간이 흐르며 한편으로는 기업가들의 창업 동기가 반드시 부의 극대화에서 비롯되는 것만은 아니라는 주장과 함께 성취욕이 기업가가 세운 목표를 향해 달려가게 만들어주는 중요한 동인으로 작용한다고 보기도 하였다(Carsrud et al., 1989). 돈, 권력, 지위와 같이 외부적 보상에 집중하는 외재적인 측면과 성취욕 및 열정과 같은 심리적인 부분에서 기인되는 내재적인 측면으로 창업 동기를 구분하여 볼 수 있다(Carsrud & Brännback, 2011). 사회적 기업(social venture)과 같이 사회 전체 이해관계자들을 위한 비즈니스 모델을 개발하고 이를 운영하는 행보를 보이는 내재적 동기가 큰 기업가들도 있다고 보기도 하였지만, 여전히 대다수의 연구들에서는 외재적 동기가 큰 비중을 차지한다고 보고 있다(Carsrud & Brännback, 2011).

창업 동기는 기업가들의 여러 행동에 영향을 미치는 것으로 알려지면서, 학자들은 다양한 측면에서의 그 영향력을 살펴보고자 하였다(Carsrud, & Brännback, 2011). 창업 동기는 창업가의 의지 및 기업을 지속적으로 유지해 갈 것인가에 대한 의사결정까지 다양한 부분에 영향을 미치는 것으로 알려져 있다(유봉호, 2015; Ajzen, 1991; Naffziger, et al., 1994). 본 연구에서는 한 걸음 더 나아가 창업에 실패하고 재창업을 준비 중인 사업가들에게 있어 창업 동기가 어떠한 영향을 주는지 살펴보고자 한다.

2.3 창업 실패 경험 학습 효과와 재창업

'실패 경험 그 자체'는 재창업에 있어 양날의 검과 같을 수 있다(Baù et al., 2017). 먼저 한편으로 실패를 경험한 경우 새롭게 창업하는 것에 대하여 더욱 위축되고 또 다시 실패하게 될 것을 더욱 우려하는 경향이 생겨나게 된다(Cardon et al., 2005; Zietsma, 1999). 실패를 경험한 기업가들은 애정을 쏟아 부었던 것을 잃은 상실감을 느끼기 때문에 부정적인 감정들 속에 처하게 된다고 알려져 있다(DeTienne & Chirico, 2013; Shepherd, 2003). 또한 재정적인 부분을 비롯한 손실이 크기 때문에 이를 비롯한 자원들을 다시금 조달하기 어려운 부분이 있다(Shepherd et al., 2009; Lee et al., 2007).

하지만 한편으로는 실패를 딛고 재창업하는 경우 더 큰 도약을 이루게 된다는 주장들이 많다(Sarasvathy & Menon, 2013; Stam et al., 2008). 기업가는 이전 창업으로부터 경제적인 측면에서 큰 이득을 얻지 못했더라도 사업체를 운영해 본 경험으로부터 많은 것을 학습할 수 있다(Cope, 2005). 사업 계획을 세우고 고객 기반을 다지는 부분에 있어 이전 기업체를 운영해 본 경험이 도움이 되었다고 밝힌 연구도 있으며, 계획에 차질이 생길 경우 이를 어떻게 헤쳐 나아갈지에 대한 노하우가 더 쌓이게 된다고 본 연구도 있다(Stokes & Blackburn, 2002). 기업가들은 사업체를 운영하며 긍정적인 경험들과 부정적인 경험들을 두루 쌓아가게 되며 이러한 일련의 과정들이 '복합적인 지식'을 형성하도록 도움을 준다. 이러한 지식은 어떻게 기업을 위한 자원을 개발하고 획득하며, 이를 적절히 배분해야 하는가에 대한 정보를 제공해 준다(Minniti & Bygrave, 2001).

성공적인 경험만을 한 경우보다 실패의 경험도 함께 했을 경우 더욱 다양한 상황에 대한 경험치가 높다고 할 수 있다. 성공 경험보다 실패 경험을 통해 더 많이 학습할 수 있다고 보는 주장도 있다(McGrath, 1999). 어느 정도 실패를 거듭한 경험이 있는 기업가일수록 추후 창업한 기업의 성장률이 더 높게 나타난다는 연구 결과도 있었다(Yamakawa et al., 2010). 기업가들은 실패했던 이전 경험으로부터 어떤 부분을 개선해야 할지 어떻게 기업을 운영해 나가는 것이 성장을 도모할 수 있는 길인지를 학습할 수 있다(Cardon et al., 2011; McGrath, 1999). 실패 경험을 통해 여러 상황과 그에 따른 대처 방안들을 학습한 경우 추후 재창업을 할 경우 생겨나게 될 여러 상황에 대해서도 헤쳐 나갈 자신감이 커질 것이다.

새롭게 재창업하고자 하는 의지를 보이고 이를 실행에 옮기기 위해서는 실패를 경험함으로써 위축되고 '또 다른 실패에 대한 위험'을 회피하고자 하는 성향을 넘어설 만큼의 자신감이 필요할 것이다. 이전 실패 경험으로부터 충분히 학습한 경우 새로운 도전에 대한 자신감이 높아질 것이며, 실패로 인한 부정적 측면을 상쇄할 수 있다는 믿음이 높아질 것이다. 따라서 이전 창업으로부터 학습 효과가 큰 기업가일수록 이전 경험으로부터 습득한 부분들을 잘 적용해 보기 위한 재창업으로 이어질 가능성이 커질 것이다.

가설 1: 창업 실패 경험으로부터 학습 효과가 큰 기업가일수록 재창업 확률이 높을 것이다.

2.4 재창업 교육 학습 효과와 재창업

재창업 교육은 실패를 경험한 기업인을 대상으로 실패 원인을 분석하고 자기반성의 시간을 가지며 이를 통해 자신감을 회복하고 심리치유를 하면서 가치관 정립 및 사업 구상, 멘토링을 하는 교육 프로그램을 제공하고 있다(김형호·윤현덕, 2015).

실패로부터 효과적으로 학습하기 위해서는 무엇보다 정확하게 실패의 원인을 진단하고 이해하는 과정이 필요하다(Shepherd, 2003). 즉, 기업가에게 있어 실패 경험이 진정한 자산이 되기 위해서는 객관적인 시각을 바탕으로 실패 원인에 대한 면밀한 분석이 선행되어야 하는 것이다. 일련의 사건에 대한 이해는 발생 가능한 여러 가지 원인과 그 원인이 비롯되었을 요인들에 기인(attribution)하는 과정을 통해 이루어진다(Ford, 1985). 기업가들은 실패 앞에서 다양하게 다른 반응을 나타내며 이를 해석하는 수준이 각기 다르기 때문에 실패를 통한 학습도 다르게 나타날 수 밖에 없다(Shepherd & Cardon, 2009). 일반적으로 실패 앞에서는 그 원인을 스스로에게서 찾기보다는 자신이 통제할 수 없는 외부의 요인들로 그 탓을 돌릴 확률이 높은 것으로 알려져 있다(Crant & Bateman, 1993; Wagner & Gooding, 1997). 즉, 실패 기업인이 객관적 도움 없이 스스로 실패 원인을 분석할 경우 외부적 요인으로 실패 원인을 돌리며 자기 합리화를 할 가능성이 높다고 할 수 있다. 하지만 외부의 요인들은 개인의 의지로는 변화시킬 수 있는 부분이 극히 미미하다. 따라서 기업가 개인에게서 비롯된 내부적 요인으로 실패 원인을 기인한 기업가일수록 잘못되었던 행동들을 바로잡음으로써 추후 창업한 기업이 더 성공적이었다는 연구 결과도 있었다(Yamakawa et al., 2010). 재창업 교육은 객관적으로 스스로를 돌아보기 힘든 실패 기업인들에게 스스로의 문제점을 되짚어보고 실패의 원인에 대하여 다시금 파악할 수 있는 기회를 제공하는데 도움을 주고 있기 때문에 이러한 과정을 효과적으로 잘 따라온 기업가들의 경우 다시 창업하고자 하는 의지를 드높일 가능성이 커질 것이다. 교육 프로그램을 통해 객관적인 도움을 받아 내부적으로도 개선의 여지가 충분하다고 분석할 경우 다시 도전하고자 하는 의지도 높아지기 때문이다.

기업가는 실패를 경험하게 되면 부정적인 감정에 놓이게 된다. 학자들은 이러한 감정을 극복하는 것이 추후 재창업 및 성공으로 이어지는데 있어 매우 중요하다고 보았다(Shepherd, 2003; Ucbasaran et al., 2013). 실패 경험이 트라우마로 작용하게 되면 이는 위험 회피적인 성향을 더욱 강화시키는 것으로도 알려져 있다(Singh et al., 2015). 실패를 경험한 이후의 재창업은 기업가 입장에서는 더 큰 도전이자 더 큰 위험부담을 가진 행동이다. 따라서 실패 경험으로 인한 트라우마를 극복하고 부정적 감정을 해소하는 것은 재창업에 있어 필수적인 부분이라고 할 수 있다. 재창업 교육 프로그램에서는 실패에 대한 부정적인 인식을 긍정적으로 변화시킬 수 있도록 많은 도움을 주고 있다(Politis & Gabrielsson, 2009; Shepherd, 2004). 창업 교육은 지식적인 부분 뿐만 아니라 자신감과자기효능감을 높여주는 역할을 한다(Krueger & Brazeal, 1994). 재창업 교육을 통해 자신과 같은 실패 경험을 지닌 기업인들과 함께 실패에서 기인한 부정적 감정을 공유하고 위로하며 치유받는 시간을 가지면 부정적인 감정들을 극복하는데 도움이 될 것이다.

실패를 경험한 뒤 재창업을 하기 어려운 이유 중 하나가 불확실성이 더욱 증대되기 때문이다. 일반적인 창업 교육은 필요로 되는 지식을 제공함으로써 창업의 불확실성으로 인한 부정적인 인식을 줄여줄 수 있기 때문에 창업 의지 형성에 긍정적 역할을 한다고 알려져 있다(Kirzner, 1997). 재창업 교육 맥락에 비추어 볼 때, 적절한 실패 요인 분석과 그에 필요한 추가적인 지식, 그리고 심리치유를 통한 긍정적 인식 향상 등으로 불확실성으로 인한 부정적인 인식을 줄여 줄 수 있다고 종합해 볼 수 있을 것이다. 이러한 재창업 교육에서 큰 학습 효과를 누린 기업가일수록 재창업으로 이어질 가능성이 커질 것이다.

가설 2: 재창업 교육으로부터 학습 효과가 큰 기업가일수록 재창업 확률이 높을 것이다.

2.5 창업 동기의 조절 효과

학습효과는 개인의 능력에 의해서만 결정되는 것은 아니며, 스스로가 지닌 동기에 의해 크게 달라질 수 있다(Greenberger & Sexton, 1988; Herron & Sapienza, 1992; Lorenzet et al., 2005). 특히나 실패를 경험하고 재기를 계획하는 기간과 같이 힘든 시기에서는 창업 동기가 미치는 영향력이 더 크게 나타난다(Cardon et al., 2005). 따라서 이전 실패 경험으로 인한 학습효과와 재창업 교육으로 인한 학습효과가 실질적인 재창업에 미치는 영향은 기업인의 창업 동기에 의해 달라질 수 있을 것이다.

실패 경험은 기업가 자신에 대한 관점 뿐만 아니라 기업가 정신을 근본적으로 변화시키는 학습의 과정이 될 수 있다(Cope, 2008). 내적 동기가 강한 기업가의 경우 스스로가 계획한 목표 자체에 의미를 찾으려 하기에 스스로를 진정한 기업가정신을 함양한 사람으로 투영하게 된다(Baú et al., 2017). 실패를 경험하고 이를 극복해내야 하는 상황과 같이 더욱 도전정신이 필요한 상황에 처한 경우 내적 동기가 강한 기업가들은 자신이 가진 자원과 능력에 구애받지 않고 새로운 기회를 포착하고 도전하고자 하는 기업가 정신을 실현하고자 할 유인이 더욱 커질 것이다. 어려운 상황에 처한 기업가에게 있어 창업에 대한 열정과 성취욕과 같은 내적 동기는 상황을 극복할 수 있는 커다란 힘이 되어주고 새로운 꿈을 꾸고 도전하게 만들어주는 구심점이 되어 준다(Yamakawa et al., 2010).

사업의 실패를 경험한 기업가들은 사회적으로 부정적인 이미지로 낙인찍힐 우려가 있다(김형호·윤현덕, 2015). 기존의 연구에서 실패를 경험한 기업가는 가족들이 경험하는 생활고, 외부인들과의 관계 단절, 사회적으로 부정적인 인식으로 인한 괴로움 등을 경험한다고 밝힌 바 있다(하규수, 2012). 즉, 사업 실패를 경험하게 되면 일차적으로 돈, 권력, 지위와 같은 외부적 측면의 손실을 경험하게 된다고 볼 수 있으며 이는 기업가의 외적 동기와 더욱 직접적으로 맞닿아 있는 부분들이다. 이전 창업 경험을 통해 학습한 바가 크고 재창업 교육을 통해 학습한 바가 크다고 하더라도 외적 동기가 강한 기업가의 경우 재창업을 고려할 때 추가적으로 일어날 수 있는 외부적 측면의 손실에 대한 우려가 크게 작용할 것이고(Carsrud & Brännback, 2011), 이 경우 실질적 재창업으로 이어지는 것이 저해될 가능성이 크다.

기업가들은 실패를 경험하게 되면 사회적으로 뿐만 아니라 스스로가 자신을 실패자로 낙인찍게 된다(Singh et al., 2015). 기업가들은 창업기업과 자신을 동일시하는 경향이 있으며 이를 인생의 연장선으로 보는 경향이 있기 때문이다(Cardon et al., 2005). 성취욕 및 열정과 같은 내적 동기가 강하게 작용하는 기업가의 경우 물질적인 결과물들을 잠시 희생해서라도 인내심을 가지고 스스로가 지닌 열정과 노력을 쏟아 붓고자 하는 성향을 보이게 된다(Yamakawa et al., 2010). 따라서 불확실성이 높은 상황에서도 장기적인 안목을 가지고 재창업에 도전하고자 임할 가능성이 커질 것이다. 하지만 상대적으로 외적 동기에 더 큰 비중을 두고 창업을 계획하는 기업가의 경우에는 재창업에 따른 추가적인 불확실성을 감당한 채로 목표로 둔 물질적인 결과물들을 희생하고 인내하기 쉽지 않을 수 있다(Cardon et al., 2005; Yamakawa et al., 2013). 따라서 다음과 같은 가설을 도출할 수 있다.

가설 3: 재창업에 대하여 외재적 동기가 클수록 이전 창업실패 경험이 재창업에 미치는 긍정적 영향이 줄어들 것이다.

가설 4: 재창업에 대하여 외재적 동기가 클수록 재창업 교육이 재창업에 미치는 긍정적 영향이 줄어들 것이다.
본 연구의 연구 분석틀은 아래의 〈그림 1〉과 같다.

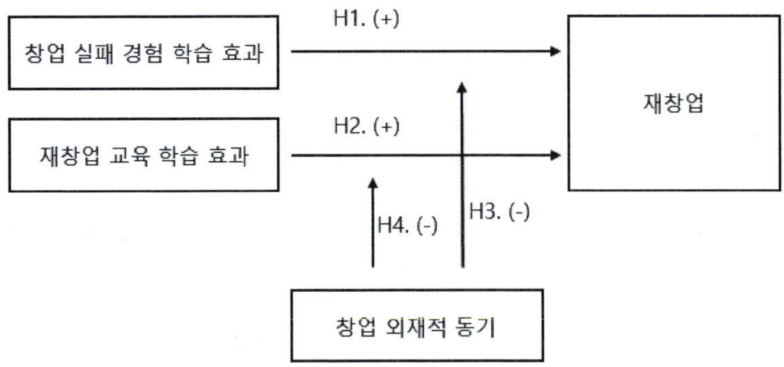

〈그림 1〉 연구의 분석틀

Ⅲ. 연구방법

3.1 표본과 자료수집

실패를 경험한 기업인들이 재창업을 하는데 있어 창업 경험으로부터의 학습 효과와 재창업 교육으로부터의 학습 효과가 어떻게 영향을 미치는지 살펴보고 이와 같은 관계들에 있어 창업의 동기가 어떠한 영향을 미치는지 면밀히 고찰해 보기 위하여 본 연구는 실패를 경험하였던 기업가들을 대상으로 설문조사를 실시하였다. 이를 위하여 재기 교육사업 및 지원사업을 실시하고 있는 재기중소기업개발원을 통하여 자료를 수집하였다. 재기중소기업개발원을 거쳐간 세 기수를 대상으로 설문조사를 하여 최종적으로 114명의 응답을 받았으며, 결측값을 제외한 93명을 대상으로 가설 검증을 시행하였다.[1)]

3.2 변수의 정의 및 측정

3.2.1 종속변수의 측정

본 연구는 창업에 있어 실패를 경험한 기업가들이 재창업을 했는지 아닌지의 여부를 종속변수로 사용하였다. 실패를 경험한 기업가들이 재창업을 한 경우에는 1, 재창업을 하지 않은 경우에는 0으로 값을 부여하여 이항변수로 측정하였다.

3.2.2 독립변수의 측정

창업 실패 경험 학습 효과는 기업가가 이전 창업에서 얻은 경험이 1) 영업 및 마케팅, 2) 재무 조달, 3) 기술력, 4) 직원관리 등 창업과 관련된 각 영역에서 얼마나 효과적이었는지 질문하여 5점 척도로 측정하였다(Cronbach's alpha=0.815, χ2=143.60, KMO=0.775). 해당 영역들은 선행 문헌에서 실패 요인으로 많이 지적되어 온 부분들이다(권기환·최종인, 2015; 송영민·김경환, 2019; 심형석·장현주, 2015). 이에 대한 학습이 일어났는지 질문을 통해 '실패를 통한 학습'을 측정하는데 효과적일 수 있다고 판단하였다.

창업 교육 학습 효과는 실패를 경험한 기업가가 재창업 교육을 받으며 1) 실패에 대한 인식 변화, 2) 재창업 성공 사례 학습, 3) 경영 전문 교육, 4) 기업가정신 함양, 5) 자기진단(실패원인 분석) 6) 자신감 회복 및 심리 치유 등 각 영역에 대해 재창업 교육이 얼마나 효과적이었는지 질문하여 5점 척도로 측정하였다(Cronbach's alpha=0.884, χ^2=424.47, KMO=0.754). 각 해당 영역은 기존 문헌을 통해 현재 국내 재창업 교육에서 실시하고 있다고 알려진 부분에 대하여 정리하여 도출하였다(김형호·윤현덕, 2015). 〈표 1〉에 변수의 타당성 및 신뢰도를 정리하였다.

〈표 1〉 **변수의 타당성 및 신뢰도**

	χ^2	유의수준	KMO	Cronbach's alpha
창업 실패 경험 학습효과	143.60	p<0.001	0.775	0.815
창업 교육 학습효과	424.47	p<0.001	0.754	0.884

3.2.3 조절변수의 측정

재창업에 대한 외재적 동기는 실패를 경험한 창업가들에게 재창업에 대한 여러 동기 중 가장 우선적인 동기를 질문하였으며, 그 동기가 외재적 동기 범주에 해당하는 경우 1, 내재적 동기 범주에 해당하는 경우 0으로 측정하였다(Yamakawa et al., 2013). 복합적인 창업동기가 존재하는 경향이 있기 때문에 동기에 대한 명확한 측정 및 구분을 위하여 '가장 영향을 준 동기'인 우선적 동기를 기준으로 내재적/외재적 동기를 나누어 구분하였다. 내재적 동기와 외재적 동기는 상대적인 우선순위에 의해 더(덜) 부각되도록 설계되어 있으므로 하나의 변수로 측정되었다.

재창업에 대한 외재적 동기에는 1) 더 나은 이윤 분배를 위해서, 2) 금전적 보상, 더 높은 소득을 위해서, 3) 자신의 아이디어를 상업화시켜 사회에서 인정받기 위해서, 4) 명성과 높은 지위를 추구하기 위해서 등의 동기가 포함되며, 내재적 동기에는 1) 권한이 있고 스스로 컨트롤이 가능하기 때문에, 2) 창업에 대한 열정 때문에, 3) 독립성과 자유를 얻으려고, 4) 창업가가 되고자 했던 꿈 때문에 등의 동기가 포함된다.

3.2.4. 통제변수의 측정

본 연구는 종속변수인 재창업 여부에 영향을 줄 수 있는 다음과 같은 변수들을 통제변수로 포함하였다. 먼저 기업가의 연령은 창업 행동 및 자신감에 영향을 줄 수 있으므로 기업가의 현재 연령을 측정하여 통제하였다(Cassar, 2014). 기업가의 성별은 남성 기업가가 여성 기업가에 비해 낙관적인 전망을 하는 등 창업 행동에 영향을 줄 수 있으므로 기업가의 성별은 남성의 경우 0, 여성의 경우 1의 값을 부여하여 측정하였다(Ucbasaran et al., 2010). 가정 내 추가 수입원의 존재 여부는 기업가의 실패 후 위험 감수 행동에 영향을 줄 수 있으므로 가정 내 추가 수입원이 있는 경우 1, 그렇지 않은 경우 0의 값을 부여하여 통제하였다(Cassar, 2006). 기업가의 이전 창업 경험은 창업의 성과 및 재창업 행동에 영향을 줄 수 있으므로 이를 통제하기 위해 이전 창업 경험 횟수를 통해 통제하였다(Cassar, 2006). 이전 창업 당시 동업 여부는 실패 후 재창업에 있어 중요한 요인으로 작용할 수 있으며 이를 통제하기 위해 이전 창업 당시 동업한 경우 1, 동업하지 않은 경우 0의 값을 부여하여 측정하였다(Baú et al., 2017). 기업가들이 창업하였던 이전 산업을 제조업과 비제조업으로 구분하여 제조업인 경우 1, 비제조업인 경우 0의 값을 부여하여 산업의 영향을 통제하였다. 마지막으로 기업가의 교육 수준을 1) 중졸, 2) 고졸, 3) 대졸, 4) 석사, 5) 박사 등의 범주로 측정하여 통제하였다(Arabsheibani et al., 2000).

Ⅳ. 결과

본 연구에서 사용한 변수들의 기술통계와 변수들간의 상관관계는 〈표 2〉을 통해 확인할 수 있다. 변수들 간의 다중공선성(Multicollineality)이 존재하는지 검증하기 위해 변량 증폭 요인(Variance Inflation Factor) 분석을 실시하였다.

특정 변수의 변동이 다른 독립변수들간의 조합에 의하여 설명되면 VIF 값이 크게 나타난다. 일반적으로 VIF값이 5이상이면 다중공선성 문제를 의심해 볼 수 있으며, 10이상일 경우 높은 수준의 다중공선성 문제가 발생한다고 할 수 있다(Neter et al. 1990). 분석 결과 본 연구의 변수들의 VIF 값은 평균이 1.72이고 최대값이 2.02로 문제가 없는 것으로 판단되었다.

응답자들의 구성을 살펴보면 이전 창업 경험이 한 번인 기업가부터 최대 여덟 차례의 창업 경험을 지닌 기업가까지 포함되어 있었다. 기업가의 연령대는 37세부터 많은 경우는 66세까지로 나타났다.

본 연구는 종속 변수로 창업 실패를 경험한 기업가들이 재창업을 했는지 아닌지의 여부를 더미로 하여 보고 있다. 더미 변수가 종속 변수이므로 분석을 위하여 STATA를 사용하여 로짓 회귀분석(Logit regression)으로 검증하였으며 그 결과는 <표 3>에 나타나 있다. 가장 먼저 모형 1에 통제변수만을 포함한 회귀분석을 실시하였다. 통제변수 중 특기할 만한 사항은 가정 내 추가 수입원이 있을 경우 재창업에 유의한 수준으로 긍정적인 영향을 미치고 있다는 사실이다. 재창업의 경우 한번의 실패를 경험한 뒤의 창업이기에 심적 부담감이 높고 인식되는 위험성 역시 더 크게 느껴질 수 있다. 따라서 가정 내 추가 수입원이 있는지의 여부가 최소 심적 안정성을 주는 완충제로써 역할을 하는 것으로 해석해 볼 수 있다.

가설 1에서 이전 창업 실패 경험으로부터 학습 효과가 큰 기업가일수록 재창업 확률이 높을 것이라고 보았는데, 모형 2를 통해 해당 가설이 지지되었음을 확인할 수 있다. 계수가 양수 값을 보이고 통계적으로 유의한 값($p<0.01$)이 도출되어 이전 경험에서 많이 배운 기업가일수록 자신감을 가지고 재창업으로 이어지는 결과를 보이고 있음이 나타났다.

가설 2에서는 재창업 교육으로부터 학습 효과가 큰 기업가일수록 재창업 확률이 높을 것이라고 예상한 바 있다. 모형 3을 살펴보면 계수가 양수 값을 보이고 통계적으로 유의한 값($p<0.01$)을 보이고 있어 지지된 결과를 얻었음을 확인할 수 있다. 재창업 교육에서 많이 학습하고 배운 기업가일수록 재창업으로 연결되는 경향을 보이고 있었다.

다음으로 가설 3과 가설 4는 기업가의 창업 동기의 조절 효과에 집중하여 살펴보았었다. 가설 3에서는 물질적이고 외적인 목표에 집중한 창업의 외재적 동기가 큰 기업가일수록 이전 창업 실패 경험이 재창업에 미치는 긍정적 영향이 줄어들 것이라고 보았으며, 이는 모형 4를 통해 지지되었음을 확인할 수 있다($p<0.01$). 또한 <그림 2>의 그래프를 통해서도 확인 가능하다. 가설 4에서는 창업의 외재적 동기가 클 경우 효과적인 재창업 교육 학습이 재창업으로 이어지는 경향을 줄어들게 할 것이라고 예측하였고, 이는 모형 5와 <그림 3>을 통해 지지되었음을 확인할 수 있다($p<0.01$). 외재적 동기가 큰 기업가들의 경우, 이전 경험으로부터의 학습효과가 크고 재창업 교육으로부터 학습 효과가 크더라도 재창업으로 이어지는 경향을 저해하고 있음이 나타났다. 학습 효과가 재창업으로 이어질 것인지에 있어 기업가의 창업 동기가 큰 영향을 미치고 있음을 확인해 볼 수 있다.

<표 2> 기술통계 및 상관관계

	Mean	S.D.	Min	Max	1	2	3	4	5	6	7	8	9	10
1. 재창업 여부	0.58	0.5	0	1										
2. 창업 실패 경험 학습효과	3.89	0.87	1	5	0.22									
3. 재창업 교육 학습효과	4.30	0.70	2.5	5	0.19	0.02								
4. 재창업 외재적 동기	0.65	0.48	0	1	-0.01	0.22	-0.10							
5. 연령	54.48	7.28	37	66	0.11	-0.10	0.44	0.14						
6. 성별	0.06	0.25	0	1	-0.04	-0.13	-0.21	-0.08	-0.11					
7. 교육수준	2.16	0.86	0	5	-0.16	-0.05	0.33	0.03	0.10	-0.34				
8. 가정 내 추가 수입원	0.65	0.48	0	1	0.24	0.05	0.22	0.16	0.43	-0.40	0.15			
9. 이전 창업 경험	2.39	1.76	1	8	-0.02	0.04	0.01	0.2	0.25	-0.15	0.19	-0.09		
10. 이전 창업 동업 여부	0.26	0.44	0	1	0.09	-0.16	0.12	-0.21	-0.2	0.18	0.20	-0.18	-0.08	
11. 산업	0.48	0.5	0	1	0.23	0.12	0.42	0.01	0.42	-0.28	-0.06	0.14	0.10	0.12

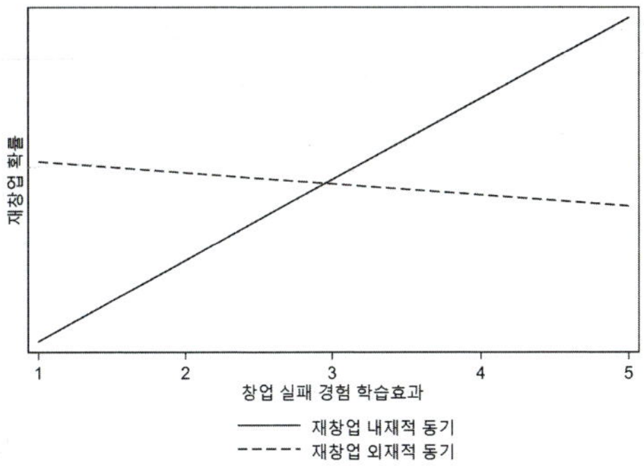

〈그림 2〉 창업 실패 경험 학습효과와 재창업간의 창업 동기 조절효과

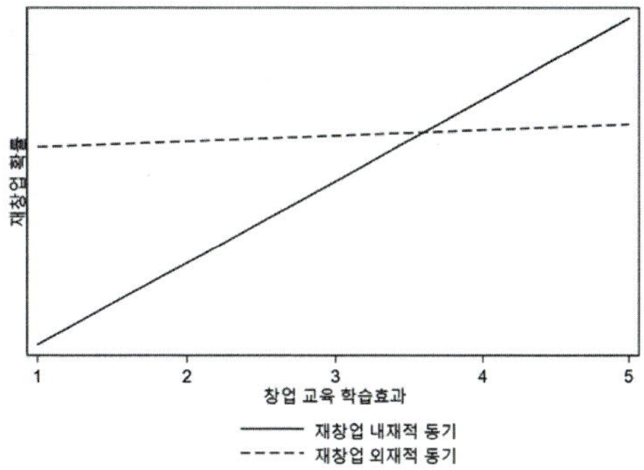

〈그림 3〉 재창업교육 학습효과와 재창업간의 창업 동기 조절효과

〈표 3〉 재창업 여부 로짓 회귀분석

	모형 1	모형 2	모형 3	모형 4	모형 5
창업 실패 경험 학습효과		1.59***		5.02***	2.48***
		(0.43)		(1.42)	(0.75)
재창업 교육 학습효과			2.19***	2.44***	10.06***
			(0.65)	(0.84)	(3.55)
창업 실패 경험 학습효과 × 재창업 외재적 동기				−5.71***	
				(1.78)	
재창업 교육 학습효과 × 재창업 외재적 동기					−9.36***
					(3.55)
재창업 외재적 동기	−0.62	−4.09***	−2.46**	16.86***	33.72**
	(0.52)	(1.35)	(1.03)	(6.36)	(14.21)
연령	−0.06	−0.01	−0.10*	0.06	0.00
	(0.04)	(0.05)	(0.06)	(0.07)	(0.07)
성별	1.50	3.65**	0.04	3.53	0.68
	(1.08)	(1.52)	(1.51)	(2.43)	(1.86)
가정 내 추가 수입원	2.73***	4.41***	2.85***	3.54*	4.72***
	(0.72)	(1.32)	(1.07)	(1.93)	(1.57)
이전 창업 경험	0.08	0.24	0.18	−0.10	0.82**
	(0.15)	(0.26)	(0.20)	(0.39)	(0.35)
이전 창업 동업 여부	0.86	0.50	−1.53	0.97	−3.26**
	(0.73)	(0.97)	(1.00)	(1.44)	(1.66)
산업	1.74***	0.70	0.61	−1.98*	−1.48
	(0.60)	(0.69)	(0.73)	(1.12)	(1.10)
교육 수준	Included	Included	Included	Included	Included
상수항	0.46	−7.43**	−4.97	−32.56***	−53.83***
	(1.94)	(3.21)	(3.04)	(8.38)	(17.72)
Log likelihood	−60.83	−41.17	−42.90	−30.40	−31.85
Pseudo R2	0.23	0.39	0.34	0.52	0.50

괄호 안은 표준 오차임

*** $p<0.01$, ** $p<0.05$, * $p<0.1$

V. 결론 및 논의

창업은 실패할 확률이 상당히 높게 내재된 위험성 높은 도전이라고 해도 과언이 아니다(Aldrich & Martinez, 2001). 창업이 실패로 돌아갈 경우, 기업가들은 재정적인 손실은 물론이거니와 스스로의 명성과 사회적 관계까지 손상되게 된다(Baú, et al., 2017). 또한 상실감에 휩싸여 부정적인 감정을 느끼게 되고 이는 오래도록 트라우마로 남게 된다(Shepherd, 2003).

하지만 이러한 실패 후의 힘든 시기를 잘 극복해내고 재창업에 성공한 기업인들의 성공신화들을 심심치 않게 접하곤 한다. 반드시 성공을 통해서만 학습이 일어나는 것은 아니며 실패를 통해서도 학습은 일어날 수 있기 때문이다. 때로는 실패로부터 더 많이 배우게 된다고 보는 주장들도 있다(Madsen & Desai, 2010; McGrath, 1999). 하지만 실패가 긍정적 측면으로 승화하기 위한 중요한 전제조건은 실패를 경험한 기업가들이 재창업을 하여야만 한다는 사실이다. 재창업을 통해서만이 실패로부터 학습한 내용들이 사장되지 않고 유용하게 사용될 수 있기 때문이다.

본 연구에서는 실패를 경험한 기업인에게 집중하여, 이들의 이전 경험으로부터 학습한 정도와 재창업 교육에서 학습한 정도가 실제 재창업 여부에 긍정적인 영향을 미치는지를 살펴보고자 하였다. 분석 결과, 이전 실패 경험에서 많이 학습한 기업가일수록 실제 재창업으로 이어졌으며, 재창업 교육에서 많이 학습을 한 경우에도 실질적인 재창업으로 이어지는 것으로 나타났다. 재기를 준비하는 실패 기업인에 초점을 맞추어 이루어진 창업 연구들은 상대적으로 부족하다는 지적이 있었으며(Ucbasaran et al., 2013), 기존 대다수의 연구들은 실패 기업인의 재창업 의도(intention)에 집중하여 살펴보고 있다 (김수연 외, 2019). 본 연구는 의도에서 멈추지 않고 실질적으로 행동으로 이어진 결과적 측면인 재창업 여부에 초점을 맞춤으로써 실패 기업인을 대상으로 한 창업 연구에 한층 기여할 수 있으리라 기대된다.

기업인들의 창업 실패는 개인에게만 맡겨두고 개인 수준에서 다루어질 문제가 아니라, 사회적 차원의 지원과 관심이 필요한 문제라고 여겨지고 있다(김형호·윤현덕, 2015). 따라서 여러 사회적 차원의 지원책들이 마련되고 있으며 이에 따른 일환으로 재창업 교육도 시행되고 있다. 기존 창업 교육과 관련한 연구들은 재창업 맥락에서보다는 대학에서 비롯되는 교육과 같이 기업가 정신을 심어주고 초기 창업자를 육성하고자 하는 맥락에 초점을 맞추어 왔다(Izedonmi & Okafor, 2010; Rasmussen & Sørheim, 2006; Rasmussen & Borch, 2010). 따라서 재창업 교육의 효과성에 대한 심도있는 고찰은 부족한 상황이라고 할 수 있다. 본 연구에서는 재창업 교육으로부터 학습효과가 큰 경우 재창업으로 이어질 수 있음을 보여줌으로써 재창업 교육과 관련한 문헌에 기여하고 추후 관련 연구를 더욱 활성화 하는데 기여할 수 있을 것이다.

본 연구는 실패 경험으로부터의 학습과 재창업 교육으로부터의 학습이 재창업 여부에 미치는 영향을 살펴보는데 있어, 한걸음 더 나아가 기업가의 행동에 큰 영향을 미친다고 알려져 있는 창업 동기에 집중하였다. 창업 동기는 기업가가 사업을 시작하는 근본적인 이유가 되어주는 것으로 힘든 상황에서도 버팀목이 되어주는 근간이 될 수 있다. 본 연구에 따르면 돈, 권력, 지위와 같이 외부적 보상에 집중하는 외재적 동기가 강한 경우, 기업가가 이전 창업으로부터 학습하고 재교육으로부터 학습하였더라도 이것이 실질적인 재창업으로 이어지는 긍정적 영향력이 줄어들게 되는 것으로 나타났다. 창업 동기는 기업가의 중요한 심리적 특성임에도 다양한 맥락에서 연구되어 오지 못했다는 지적이 있는데(Carsrud & Brannback, 2011), 본 연구는 실패를 경험한 이후라는 특수한 맥락에서 창업 동기가 어떠한 영향력을 미치는지 살펴봄으로써 관련 분야의 연구 지평을 넓히는데 기여하고 있다.

이전 경험이나 재교육으로부터의 학습효과는 개인의 능력에 의해서만 결정되는 것은 아니며, 본인이 지닌 동기에 의해서도 크게 달라질 수 있다(Lorenzet, et al., 2005). 심리학적 관점에서 볼 때 행동은 개인과 환경간의 상호 작용에서 비롯된 산출물이라고 일컬어진다(Endler, 1983). 실패 기업인에 대하여 사회적으로 여러 지원 시스템과 재교육 등을 지원하더라도 결국 기업가 스스로가 어떠한 동기를 지니고 있는지에 따라 앞으로 나아갈 수 있는 추진력이 달라질 수 있음을 확인할 수 있다. 기업가는 결코 사회적 시류와 창업이 지닌 화려한 결과물에 이끌려 창업을 결정하여서는 안될 것이다. 실패의 위험성을 크게 가지고 있는 창업에 뛰어들 때, 외재적 동기만으로는 실패와 같은 예기치 못한 힘든 상황을 극복해 내기 힘들 수 있기 때문이다. 실패 앞에서도 학습을 통해 재창업으로 이어질 수 있는 구심점이 되어주는 것이 기업가 정신에 기반을 둔 내재적 동기임을 명심하여야 할 것이다.

현재 우리 사회는 창업을 적극 권장하는 분위기 속에서 창업을 시작하기 위한 여러 방편들은 원활하게 준비되어 있다(김형호·윤현덕, 2015). 예비 창업인들이 창업의 화려한 면에만 이끌리지 않도록 하는 사회적 분위기 형성도 함께 필요할 것이다. 실패가 뒤따를 수 있음을 사전적으로 알도록 하고, 외적인 동기 못지 않게 내재적 동기가 충분한 상태에서 시작하여야만 어려움 앞에서도 재도전할 수 있다는 사실을 잘 상기시켜야 할 것이다.

연구에 따르면 실패를 경험한 기업인들이 재창업을 하기보다는 실직 상태로 남아있거나 보다 안정적으로 커리어를 변경하여 취업을 선택하는 경향이 높다는 보고가 있다(배영임 외, 2013). 또한 실패 기업인의 약 4% 이하만 재창업을 통해 재기하게 된다는 보고도 있었다(김형호·윤현덕, 2015). 재창업으로 이어져야만 실패를 통한 학습이 일어나고, 이러한 개인적 학습이 사회적 학습으로 연결될 수 있을 것이다. 그럼에도 우리 사회의 재창업 현황은 낮은 상황이다. 재창업을 활성화 할 수 있도록 지속적인 사회적 지원책 마련도 필요하겠지만 더불어 초기에 창업에 접근함에 있어 보다 냉철한 판단과 내재적 동기를 함양한 채 시작할 수 있도록 기업가를 육성하는 방안이 필요할 것이다.

'실패 경험 그 자체'는 재창업에 있어 양날의 검과 같은 역할을 하지만, 실패로부터 더 많이 학습한 경우 실패는 다음 단계로 도약하게 해주는 징검다리 역할을 해줄 수 있다는 사실을 명심해야 할 것이다. 더불어 이러한 학습이 도약으로 이어지게 하는 진정한 주체는 기업가 자신이 될 수 있음을 주지해야 할 것이다.

주석

1) 교육을 받았던 기수가 섞여 있으므로 개인에 따라 교육 시기와 재창업 시기 간의 시각 격차는 다르게 나타날 수 있으나, 교육을 수료한 사람들을 대상으로 설문조사를 한 것이기에 교육 시기와 재창업 간 시간차는 존재함

REFERENCE

강한혁·박우진·배병윤(2019). 창업자의 창업동기, 창업가정신 그리고 창업가 역량특성이 창업기업 지속가능성에 미치는 영향: 창업기업 경영성과를 매개로 하여. *벤처창업연구*, 14(3), 59–71.

권기환·최종인(2015). 기술벤처의 실패요인 분석. *벤처창업연구*, 10(4), 27–37.

김수연·곽성열·정강옥(2019). 회복탄력성이 기업실패 창업가의 창업의도에 미치는 영향: 창업경험, 역할모델, 창업교육의 조절효과를 중심으로. *지역산업연구*, 42(1), 57–82.

김수진·한정화·이상명(2016). 예비창업자의 실패에 대한 두려움이 창업의도에 미치는 영향. *벤처창업연구*, 11(3), 49–61.

김형호·윤현덕(2015). 실패기업인의 재창업지원 제도에 관한 국제비교연구. *벤처창업연구*, 10(6), 235–252.

배영임·이성모·전지은(2013). *원활한 재도전 환경 구축을 위한 재기활성화 조사 연구*. 서울: 중소기업연구원.

송영민·김경환(2019). 창업 실패요인 분석을 통한 창업기업 문제 해결 연구. *한국창업학회지*, 14(3), 94–120.

심형석·장현주(2015). 실패학을 활용한 신규사업 실패요인의 유형화에 관한 연구. *한국창업학회지*, 10(1), 26–44.

유봉호(2015). 성취욕구와 창업가정신이 창업의지에 미치는 영향:창업동기의 매개역할을 중심으로. *벤처창업연구*, 10(3), 51–60.

이재석·이상명(2015). 창업교육과 창업의지의 관계: 기업가 지향성과 환경적 요인의 조절효과. *벤처창업연구*, 10(3), 61–74.

정헌배(2016). 창업학의 정의와 연구과제에 대한 탐색적 연구. *벤처창업연구*, 11(3), 77–85.

하규수(2012). 사업에 대한 태도와 실패에 대한 두려움이 창업의욕에 미치는 영향. *기업경영연구*, 19(5), 59–74.

하규수·여경은(2016). 창업교육 전문가 양성과정의 현황과 개선방안에 관한 연구. *벤처창업연구*, 11(3), 221–231.

Aldrich, H. E., & Martinez, M. A. (2001). Many are called, but few are chosen: An evolutionary perspective for the study of entrepreneurship. *Entrepreneurship Theory and Practice*, 25(4), 41–56

Arabsheibani, G., de Meza, D., Maloney, J., & Pearson, B. (2000). And a vision appeared unto them a great profit: evidence of self-deception among the self-employed. *Economics Letters*, 67(1), 35–41.

Antonioli, D., Nicolli, F., Ramaciotti, L., & Rizzo, U. (2016). The Effect of Intrinsic and Extrinsic Motivations on Academics' Entrepreneurial Intention. *Administrative Sciences*, 6(15), 1–18.

Ajzen, I. (1991). The theory of planned behaviour. *Organizational Behaviour and Human Decision Processes*, 50(2), 179–211.

Autio, E. H., Keeley, R., Klofsten, M., Parker, G., & Hay, M. (2001). Entrepreneurial Intent among Students in Scandinavia and in the USA. *Enterprise and Innovation Management Studies*, 2(2), 145–160.

Bae, Y. I., Lee, S. M., & Joen, J. E. (2013). *Study on restart activation and successful rechallenging environment*. Seoul: Korea Small Business Institute.

Baú, M., Sieger, P., Eddleston, K., & Chirico, F. (2017). Fail but Try Again? The Effects of Age, Gender, and Multiple-Owner Experience on Failed Entrepreneurs' Reentry. *Entrepreneurship Theory and Practice*, 41(6), 909–941.

Cardon, M. S., Zietsma, C., Saparito, P., Matherne, B. P., & Davis, C. (2005). A tale of passion: New insights into entrepreneurship from a parenthood metaphor. *Journal of Business Venturing*, 20(1), 23–45.

Cardon, M. S., Stevens, C., & Potter, D. R. (2011). Misfortunes or mistakes? Cultural sensemaking of entrepreneurial failure. *Journal of Business Venturing*, 26(1), 79–92.

Carsrud, A. L., Olm, K. W., & Thomas, J. B. (1989). Predicting Entrepreneurial Success; Effects of Multi–Dimensional Achievement Motivation, Levels of Ownership, and Cooperative Relationships. *Entrepreneurship and Regional Development*, 1(3), 237-244.

Carsrud, A., Brännback, M., Elfving, J., & Brandt, K. (2009). *Motivations: The Entrepreneurial Mind and Behavior, in Understanding the Entrepreneurial Mind: Opening the Black Box.* (Eds.), Carsrud, A. & Brännback, M., 141-166, Heidelberg: Springer.

Carsrud, A., & Brännback, M. (2011). Entrepreneurial motivations: What do we still need to know?. *Journal of Small Business Management*, 49(1), 9–26.

Cassar, G. (2006). Entrepreneur opportunity costs and intended venture growth. *Journal of Business Venturing*, 21(5), 610–632.

Cassar, G. (2014). Industry and startup experience on entrepreneur forecast performance in new firms. *Journal of Business Venturing*, 29(1), 137–151.

Cave, F., Eccles, S., & Rundle, M. (2001). An exploration of attitudes to entrepreneurial failure: A learning experience or an indelible stigma?. *Paper presented at the Babson College Entrepreneurship Research Conference*, Sweden, Jonkoping International Business School.

Coelho, P. R. P., & McClure, J. E. (2005). Learning from failure. *Mid-American Journal of Business*, 20(1), 13–20.

Cope, J. (2005). Toward a dynamic learning perspective of entrepreneurship. *Entrepreneurship Theory and Practice*, 29(4), 373–397.

Cope, J. (2008). The impact and Outcomes of venture failure: An entrepreneurial learning perspective. *Frontiers of Entrepreneurship Research*, 28(4), 4.

Cope, J. (2011). Entrepreneurial learning from failure: An interpretative phenomenological analysis. *Journal of Business Venturing*, 26(6), 604–623.

Crant, J. M., & Bateman, T. S. (1993). Assignment of credit and blame for performance outcomes. *Academy of Management Journal*, 36(1), 7–27.

DeTienne, D. R., & Chirico, F. (2013). Exit strategies in family firms: How socioemotional wealth drives the threshold of performance. *Entrepreneurship Theory and Practice*, 37(6), 1297–1318.

Dyer, G. (1994). Toward a theory of entrepreneurial careers. *Entrepreneurship Theory and Practice,* 19(2), 7-21.

Endler, N. S. (1983). *Interactionism: A personality model but not yet a theory.* In Page, M. M., & Dienstbier, R. (Eds.), Symposium on motivation, 155-200, Lincoln: University of Nebraska Press.

Everett, J. E., & Watson, J. (1998). Small Business Failure and External Risk Factors. *Small Business Economics,* 11(4), 371-390.

Fisher, I. (1930). *The Theory of Interest.* New York: MacMillan.

Ford, J. (1985). The effects of causal attributions on decision makers' responses to performance downturns. *Academy of management Review,* 10(4), 770-786.

Greenberger, D. B., & Sexton, D. L. (1988). An interactive model of new venture creation. *Journal of Small Business Management,* 26(3), 1-7.

Gupta, A. (2005). Is Failure So Bad? Failures that interrupt the success trajectory, when viewed as lessons to learn, make growth possible. *Mid American Journal of Business,* 20(1), 3.

Ha, K. S. (2012). Factors Affecting Entrepreneurial Intention from Business Attitude and Fear on Business Failure. *Korean Corporation Management Review,* 19(5), 59-74.

Ha, K. S., & Yeo, K. E. (2016). A Study on the Improving Training Program for Entrepreneurship Educators. *Asia-Pacific Journal of Business Venturing and Entrepreneurship,* 11(3), 221-231.

Hayward, M. L. A., Shepherd, D. A., & Griffin, S. (2006). A hubris theory of entrepreneurship. *Management Science,* 52(2), 160-172.

Henderson, R., & Robertson, M. (2000). Who wants to be an entrepreneur? Young adult attitudes to entrepreneurship as a career. *Career Development International,* 5(6), 279-287.

Herron, L. A., & Sapienza, H. J. (1992). The entrepreneur and the initiation of new venture launch activities. *Entrepreneurship Theory and Practice,* 17(1), 49-55.

Izedonmi, P. F., & Okafor, C. (2010). The effect of Entrepreneurship Education on Students Entrepreneurial Intention. *Global Journal of Management and Business Research,* 10(6), 49-60.

Jeong, H. B. (2016). Reflection on the Definitions and Research Tasks for the Startup Studies. *Asia-Pacific Journal of Business Venturing and Entrepreneurship,* 11(3), 77-85.

Kang, H. H., Park, W. J., & Yun, B. B. (2019). Impact of Entrepreneurial Business Start-up Motivation, Entrepreneurial Spirit, and Entrepreneurial Competence Characteristics on Start-up Companies' Sustainability: Focusing on the Mediating Effect of the Start-up Companies' Business Performance. *Asia-Pacific Journal of Business Venturing and Entrepreneurship,* 14(3), 59-71.

Khanna, R., Guler, I., & Nerkar, A. (2016). Fail often, fail big and fail fast? Learning from small failures and R&D performance in the Pharmaceutical industry. *Academy of Management Journal,* 59(2), 436-459.

Kim, H. H., & Yoon, H. D. (2015). International Comparison of Re-start up Support system for Failed Businessmen. *Asia-Pacific Journal of Business Venturing and Entrepreneurship,* 10(6), 235-252.

Kim, S. J., Han, J. H., & Lee, S. M. (2016). The Effects of Fear of Failure Factors Affecting Entrepreneurial Intentions of Startup Business Candidate. *Asia-Pacific Journal of Business Venturing and Entrepreneurship,* 11(3), 49-61.

Kim, S. Y., Kwak, S. Y., & Jung, G. O. (2019). The Impact of Resilience on Entrepreneurial Intention of Failed Entrepreneur: Focus on the Moderating Role of Entrepreneurial Experience, Role Model and Entrepreneurial Education. *Regional Industry Review,* 42(1), 57-82.

Kirzner, I. M. (1997). Entrepreneurial Discovery and the Competitive Market Process: An Austrian Approach. *Journal of Economic Literature,* 35(1), 60-85.

Krueger, N. F., & Brazeal, D. V. (1994). Entrepreneurial Potential and Potential Entrepreneurs. Entrepreneurship Theory and Practice, 18(3), 91-104.

Kwon, K. H., & Choi, J. I. (2015). The Analysis of Failure Causes on Technology Venture: A Start-up case of the Government Research Institute. *Asia-Pacific Journal of Business Venturing and Entrepreneurship,* 10(4), 27-37.

Lee, J. S., & Lee. S. M. (2015). The Relationship between Entrepreneurial Education and Entrepreneurial Intentions: Focusing on Moderating Effects of Entrepreneurial Orientation and Environmental Factors. *Asia-Pacific Journal of Business Venturing and Entrepreneurship,* 10(3), 61-74.

Lee, S. H., Peng, M. W., & Barney, J. B. (2007). Bankruptcy law and entrepreneurship development: A real options perspective. *Academy of Management Review,* 32(1), 257-272.

Leoncini, R. (2016). Learning by failing. An empirical exercise on CIS data. *Research Policy,* 45(2), 376-386.

Lorenzet, S. J., Salas, E., & Tannenbaum, S. I. (2005). Benefiting from mistakes: The impact of guided errors on learning, performance, and self-efficacy. *Human Resource Development Quarterly,* 16(3), 301-322.

Madsen, P. M., & Desai, V. (2010). Failing to learn? The effects of failure and success on organizational learning in the global orbital launch vehicle industry. *Academy of Management Journal,* 53(3), 451-476.

McGrath, R. G. (1999). Falling forward: Real options reasoning and entrepreneurial failure. *Academy of Management Review,* 24(1), 13-30.

McKenzie, B., & Sud, M. (2008). A hermeneutical approach to understanding entrepreneurial Failure. *Academy of Entrepreneurship Journal,* 14(1/2), 123-148.

Minniti, M., & Bygrave, W. (2001). A dynamic model of entrepreneurial learning. *Entrepreneurship Theory and Practice,* 25(3), 5-16.

Naffziger, D. W., Hornsby, J. S., & Kuratko, D. F. (1994). A proposed research model of entrepreneurial motivation. *Entrepreneurship Theory and Practice,* 18(3), 29-42.

Neter, J., Wasserman, W., & Kunter, M. H. (1990). *Applied Linear Statistical Models: Regression, Analysis of Variance, and Experimental Design (3rd ed.).* Irwin:

Homewood, IL.

Peterman, N., & Kennedy, J. (2003). Enterprise education: Influencing students' perceptions of entrepreneurship. *Entrepreneurship Theory and Practice,* 28(2), 129–144.

Plehn-Dujowich, J. (2010). A theory of serial entrepreneurship. *Small Business Economics,* 35(4), 377–398.

Politis, D., & Gabrielsson, J. (2009). Entrepreneurs' attitudes towards failure: an experiential learning approach. *International Journal of Entrepreneurial Behaviour & Research,* 15(4), 364–383.

Rasmussen, E., & Borch, O. J. (2010). University Capabilities in Facilitating Entrepreneurship: A Longitudinal Study of Spin-Off Ventures at Mid-Range Universities. *Research Policy,* 39(5), 602–612.

Rasmussen, E. A., & Sørheim, R. (2006). Action-Based Entrepreneurship Education. *Technovation,* 26(2), 185–194.

Sarasvathy, S., & Menon, A. (2013). Failing firms and successful contrepreneurs: Serial entrepreneurship as a temporal portfolio. *Small Business Economics,* 40(2), 417–434.

Schumpeter, J. A. (1934). *The Theory of Economic Development.* Oxford: Oxford University Press.

Shane, S. (2009). Why encouraging more people to become entrepreneurs is bad public policy. *Small Business Economics,* 33(2), 141–149.

Shepherd, D. A. (2003). Learning from business failure: Propositions of grief recovery for the self-employed. *Academy of Management Review,* 28(2), 318–328.

Shepherd, D. A. (2004). Educating entrepreneurship students about emotion and learning from failure. *Academy of Management Learning & Education,* 3(3), 274–287.

Shepherd, D. A., & Cardon, M. S. (2009). Negative emotional reactions to project failure and the self-compassion to learn from failure experience. *Journal of Management Studies,* 46(6), 923–949.

Shepherd, D. A., Covin, J. G., & Kuratko, D. F. (2009). Project failure from corporate entrepreneurship: Managing the grief process. *Journal of Business Venturing,* 24(6), 588–600.

Shepherd, D. A., Douglas, E. J., & Shanley, M. (2000). New venture survival: Ignorance, external shocks, and risk reduction strategies. *Journal of Business Venturing,* 15(5), 393–410.

Shim, H. S., & Jang, H. J. (2015). A Study on the Type of the New Business Failure Factors Using Failure Knowledge. *Journal of the Korean Entrepreneurship Socieity,* 10(1), 26–44.

Shinnar, R. S., Giacomin, O., & Janssen, F. (2012). Entrepreneurial perceptions and intentions: The role of gender and culture. *Entrepreneurship Theory and Practice,* 36(3), 465–493.

Singh, S., Corner, P. D., & Pavlovich, K. (2015). Failed, not finished: A narrative approach to understanding venture failure stigmatization. *Journal of Business Venturing,* 30(1), 150–166.

Song, Y. M., & Kim, K, H. (2019). A Study on the Problem Solving of Start-up Companies by Analyzing the Factors of Its Failure. *Journal of the Korean Entrepreneurship Socieity,* 14(3), 94–120.

Souitaris, V., Zerbinati, S., & Al-Laham, A. (2007). Do entrepreneurship programmes raise entrepreneurial intention of science and engineering students? The effect of learning, inspiration and resources. *Journal of Business Venturing,* 22(4), 566–591.

Stam, E., Audretsch, D. B., & Meijaard, J. (2008). Renascent entrepreneurship. *Journal of Evolutionary Economics,* 18, 493–507.

Stokes, D., & Blackburn, R. (2002). Learning the hard way: the lessons of owner-managers who have closed their businesses. *Journal of Business Venturing,* 9(1), 17–27.

Turker, D., & Selcuk, S. S. (2009). Which factors affect entrepreneurial intention of university students. *Journal of European Industrial Training,* 33(2), 142–159.

Ucbasaran, D., Westhead, P., Wright, M., & Flores, M. (2010). The nature of entrepreneurial experience, business failure and comparative optimism. *Journal of Business Venturing,* 25(6), 541–555.

Ucbasaran, D., Shepherd, D., Lockett, A., & Lyon, S. J. (2013). Life after business failure: the process and consequences of business failure for entrepreneurs. *Journal of Management,* 39(1), 163–202.

Wagner III, J. A., & Gooding, R. Z. (1997). Equivocal information and attribution: An investigation of patterns of managerial sensemaking. *Strategic Management Journal,* 18(4), 275–286.

Yamakawa, Y., Peng, M. W., & Deeds, D. L. (2010). Revitalizing and learning from failure for future entrepreneurial growth. *Frontiers of Entrepreneurship Research,* 30(6), 1–11.

Yamakawa, Y., Peng. M. W., & Deeds. D. L. (2013). Rising from the ashes: Cognitive determinants of venture growth after entrepreneurial failure. *Entrepreneurship Theory and Practice,* 39(2), 209–236.

Yoo, B. H. (2015). The Effect of Achievement Needs and Entrepreneurship on the Start-up Intention: Focus on Mediation Role of Start-up Motivation. *Asia-Pacific Journal of Business Venturing and Entrepreneurship,* 10(3), 51–60.

Zietsma, C. (1999). *Opportunity knocks-or does it hide? an examination of the role of opportunity recognition in entrepreneurship.* Reynolds, P. D., Bygrave, W. D., Manigart, S., Mason, C. M., Meyer, G. D., Sapienza, H. J., & Shaver, K. G. (Eds.), 242–256, Frontiers of Entrepreneurship Research, Blank Center for Entrepreneurship, Babson College.

벤처창업연구 제17권 제5호 통권83호

지역사회 문제해결형 기업가정신 교육과정 개발: 역량 기반 교육과정 설계를 기반으로

최용석 (중앙대학교 산학협력단 조교수)
박종석 (중앙대학교 산학협력단 산학협력중점교수)
백보현 (중앙대학교 산학협력단 전임연구원)

국문 요약

지역사회의 경제, 사회, 환경 문제가 심각한 수준에 이르자, 우리 사회는 기업가정신 교육을 통해 지역문제에서 기회를 발견하고 창의적 도전을 통해 사회적 가치를 창출하는 청년 인재 육성의 필요성을 절감하고 있다. 그러나 기업가정신 교육 프로그램은 대체로 상업성에 방점을 두고 있어 지역문제 해결 맞춤형 교육 프로그램이 미비한 상황이다. 이에 본 연구에서는 지역사회 문제해결형 기업가정신 교육과정을 개발하는데 연구의 목적을 두었다.

본 연구는 교육과정 개발을 위해 역량 중심 교육과정 모형(Competency based Curriculum)을 적용하였으며, 총 10인의 전문가 자문을 거쳐 지역문제 해결형 기업가정신 역량을 도출하였다. 그 과정에서 역량 모형의 오류 발생 가능성을 낮추고자 델파이 방법론을 추가로 활용하였다.

연구 결과, 총 23개의 지역문제 해결형 기업가정신 역량이 확정되었으며, 역량별 지식(K)–기술(S)–태도(A)는 각각 5개, 9개, 9개로 구성되었다. 이를 Dunham의 문제해결 6단계 모형에 적용하여 Phase 1 문제 발굴, Phase 2 문제 분석, Phase 3 계획, Phase 4 조치, Phase 5 평가 순으로 모듈식 학습지원책을 개발하였다.

본 연구는 사회복지학에서 자안된 이론적 모형을 기반으로 구체적인 기업가정신 교육과정 및 학습지원책을 개발함으로써 이론과 실천을 통합하였다는 점에서 의미가 있다. 또한 전문가 자문을 토대로 지역문제 해결형 기업가정신 역량 모형을 개발하고 이를 근거로 구체적인 교육과정을 제안하였다는 점에서 시사점이 있다.

핵심주제어: 지역사회, 지역문제해결, 기업가정신교육, 역량기반교육과정, 델파이

Ⅰ. 서론

지역사회 문제란 사회의 구조적 결함으로 인해 기존의 제도 내에서 해결되지 못한 문제가 주민의 삶을 불편하게 하거나 집단 간 갈등을 유발하는 경제적, 사회적, 환경적 현상이다(성지은 외, 2016). 과거에는 취약 계층을 대상으로 하는 경제적 위험이 주요 문제로 여겨졌으나, 국가의 경제 수준이 높아지고 사회 구조가 복잡화됨에 따라 사회 및 안전 문제도 심각한 수준에 도달했다. 지역의 문제가 심각해질수록 일자리 감소와 고령화가 나타나면서 지역 스스로 문제를 해결할 자생력이 낮아지고, 이는 곧 지역소멸로 이어진다. 실제로 2022년 3월 한국고용정보원은 전국 228개 시 · 군 · 구 중 113개 지역(전체의 49.6%)이 소멸위험 단계에 진입했다고 발표하였으며, 이를 토대로 우리나라의 지역문제 해결이 얼마나 시급한지 가늠할 수 있다.

이에 지역에서 새로운 기회를 발견하고 창의적 관점을 통해 사회문제를 해결할 수 있는 청년층의 역할이 주목받고 있다(목영두 · 최명길, 2012). 지역사회에서 청년은 단순히 생산가능인구를 넘어 지역의 자원을 활용하여 사회적 가치를 창출하고 각종 문제를 해결하는 기여자의 역할을 하기 때문이다(이상욱 · 권철우, 2019; 임태경, 2021). 청년들의 새로운 도전은 지역사회 문제를 해결할 뿐만 아니라 개인의 가치실현에 영향을 미친다는 점에서 지속가능성이 높다(모종린, 2021).

이에 정부는 '지역기반 혁신가(로컬크리에이터) 활성화 지원사업(중소벤처기업부)', '청년마을 만들기 지원 사업(행정안전부)' 등을 통해 청년 인재 양성을 추진하고 있다. 그러나 상기 정책은 지역에 대한 충분한 이해와 구체적인 아이디어를 가진 이들 위주로 수혜가 가능하여 정책 참여의 허들이 존재한다. 물론, 지역에 대한 관여도가 높은 청년을 지원하는 것도 중요하지만, 지역사회 문제를 외면하고 있는 일반 청년을 대상으로 문제의 심각성과 해결역량을 교육하여 잠재적인 지역 문제 해결자로 육성하는 것이 선행되어야 할 것이다.

따라서 지역사회 문제해결형 기업가정신 교육의 필요성이 높아지고 있다. 기업가정신이란 미래의 불확실성과 위험에도 불구하고 주도적으로 기회를 포착하여 도전하며, 혁신 활동을 통해 개인적 · 사회적 가치를 창조하는 실천적 역량이다(이윤준, 2017). 즉, 문제 상황에서 기회를 포착하고 그것을 해결하는 아이디어를 실현한다는 점에서 지역사회 문제해결에 적용하기 가장 적합한 교육개념이라고 할 수 있다. 그러나, 기업가정신에 대한 교육과정은 무수히 존재하지만 대부분 수익성을 목적으로 삼은 비즈니스 아이디어를 다루는 경우가 많아, 사회성에 방점을 두고 있는 지역사회 문제 해결이라는 주제와 거리가 먼 것이 사실이다. 따라서 기존 기업가정신 교육체계와 달리 지역사회 혁신 특화형 기업가정신 프로그램 개발이 요구되고 있다.

결과적으로, 본 연구는 지역사회의 중요성이 증대되고 각종 사회문제가 심각하다는 점에 착안하여 지역사회 문제해결형 기업가정신 교육과정을 개발할 필요가 있다고 판단하였다. 본 연구에서는 지역문제 해결형 기업가정신을 지역사회의 문제에서 기회를 포착하고 혁신적인 아이디어를 통해 개인적 · 사회적 가치를 창출할 수 있는 역량으로 정의하고, 해당 역량을 배양할 수 있는 청년 대상의 교육 프로그램을 개발하고자 한다. 이를 위해, 문제해결 실천모형과 기업가정신에 관한 선행연구를 고찰하고, 역량 기반 설계 모형을 토대로 지역문제 해결형 기업가정신 핵심 역량을 도출하고 학습지원책을 개발하고자 한다. 본 연구 결과는 지역문제에 대한 청년들의 관여도와 도전의식을 고취할 수 있을 것이며, 기존의 기업가정신 교육 프로그램이 지역적 특성을 반영하지 못하여 나타났던 성과 확산의 한계를 개선할 수 있을 것으로 기대된다.

Ⅱ. 이론적 배경

2.1. 지역사회 문제해결

지역사회의 문제는 개인만의 노력으로는 해결하기 어렵기 때문에 지역민 전체의 문제를 경감하기 위한 집단적 실천이 필요하다. 이에 사회복지학에서는 지역사회 곳곳에 산재한 문제를 해결하기 위해 실천모형을 연구해왔다. 문제해결 실천모형이란 지역사회가 당면하고 있는 문제를 발굴하고, 이에 대한 효과적인 대응책을 수립하여 실천에 옮기는 일련의 과정으로 정의할 수 있다.

실천모형은 대표적으로 Sanders(1968)의 지역사회개발 모형, Dunham(1972)의 6단계 모형, Perlman(1975)의 문제해결 모형 등을 들 수 있다. Sanders(1968)는 실천모형의 개념을 처음으로 이론화했다는 점에서 의미가 있으나, 문제에 대한 객관성과 사실성에만 집중하기 때문에 지역 이해관계자의 문제에 공감하기 어렵다는 특성이 있다. 또한 Perlman(1975)은 사회복지학에서 그간 주요하게 활용되었으나, 문제를 겪는 대상을 취약계층에 한정하고, 그 문제를 해결하는 주체를 제 3섹터인 사회복지 기관으로 설정하고 있다.

반면에, Dunham(1972)의 문제해결 6단계 모형은 문제에 대한 주관적 인식과 객관적 분석을 2회에 걸쳐 진행하여 이성적 및 감성적 상황을 모두 파악한다는 장점이 있어 지역사회문제 해결 단계로 유연하게 활용 가능하다(Hardcastle et al., 2004; 조성숙, 2013). 실제로 Dunham(1972)은 문제를 성급하게 정의하면 해결방향이 잘못되어 상당한 비용을 낭비할 수 있기 때문에 초기 단계에서 문제를 체계적으로 발굴하는 것이 중요하다고 강조하였다.

또한 문제해결 6단계 모형은 교육학자인 듀이의 반성적 사고(relective thought) 이론에서 파생되었는데, 반성적 사고란 인간이 외부환경과 자신의 행위를 객관적으로 되돌아보고 문제를 발견하여 이를 해결하는 과정을 학습하는 교육이론이다. 따라서 이 모형은 지역 사회문제를 발굴하고 이를 해결할 수 있는 능력을 향상시키는 기업가정신 교육과정 개발에 적합한 이론이라 할 수 있다.

마지막으로, 문제해결 6단계 모형은 개입과 결과가 계속적으로 반복되는 순환적 인과 관계를 가진다(조성숙, 2013). 지역사회 문제에 개입하여 일부 문제를 해결하였다 해도 변형된 문제가 발생할 수 있으며 이때 수정된 개입이 필요하다. 따라서 완전한 문제 해결이 발생할 때까지 지속적인 피봇하여 해결책 업데이트가 가능하다는 특징이 있다. 이러한 특성에 따라 본 연구에서는 Dunham의 6단계 모형을 지역문제 해결형 기업가 정신 교육과정 개발에 적용하기 적합하다고 판단하였다.

문제해결 6단계 모형은 〈그림 1〉과 같으며, 각 단계의 내용은 다음과 같다. 첫째, '문제 발굴(problem recognition)'은 문헌조사, 표적 집단 인터뷰, 관찰 등을 통해 지역사회에 내재된 문제에 대해 정보를 수집하는 단계이다. 둘째, '문제 분석(problem analysis)'은 문제의 객관적인 사실을 발견하고 문제의 정의, 원인, 조건, 결과를 조작적으로 정의하며, 이를 해결할 수 있는 아이디어를 제안하는 단계이다. 셋째, '계획(planning)'은 지역사회 문제를 해결하기 위한 개입 계획을 수립하는 단계이다. 넷째, '조치(action)'는 수립된 실천계획을 실행에 옮기는 단계이며, 다섯째, '평가(evaluation)'는 해결 방안의 성공 여부를 평가하는 단계로, 문제가 해결되지 않았다면 앞선 단계로 회귀한다.

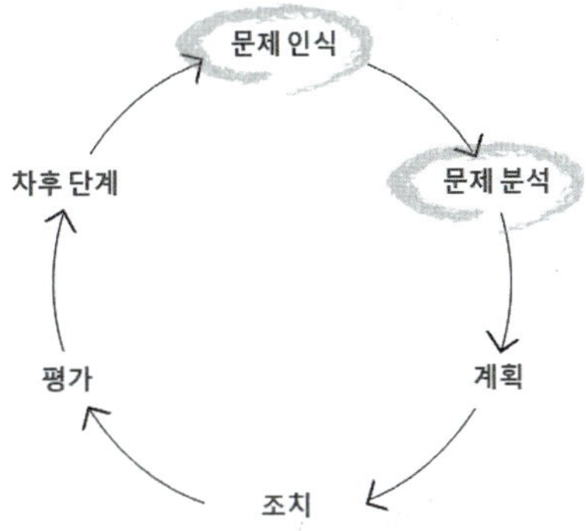

〈그림 1〉 문제해결 6단계 모형

2.2 지역사회와 기업가정신

지역사회 문제해결 모델은 사회복지 분야의 실천모형으로 활용되어왔다. 그런데 사회복지는 취약계층 개개인의 문제를 해결하는 것에 집중하기 때문에 지역사회 전반에 파급력이약하고, 정부 차원의 복지에 해당하기 때문에 행정적 지원이 있어야만 지속 가능하기 때문에 기업가정신과의 융합이 논의되고 있다(Mulder, 2016; 류제우 · 김병근, 2019; 최용석 · 백보현, 2020). 기업가정신은 사회성뿐만 아니라 수익성을 동시에 추구하여 지속가능한 지역사회 문제 해결이 가능하기 때문이다.

기업가정신(entrepreneurship)란 문제 상황에서 기회를 발견하고 이를 해결하는 역량으로, 일자리 창출 및 경제 성장에 기여하여 국가의 경쟁력을 형성하는 핵심 동력이다(World Economic Forum, 2009). 세계 각국에서 기업가정신을 사회문제를 해결하는 광의의 개념으로 보는 것과는 달리, 우리나라에서는 2010년대까지 기업가정신을 벤처 창업 혹은 기업가의 행동양식으로 국한하여 사용해왔다(이채원 · 강경균, 2016). 그러나 다양한 사회 문제가 발생하기 시작하면서, 경영의 효율성보다 사회적 문제 해결과 가치 창출까지 기업가정신의 역할이 확대되기 시작하였다(박지훈 외, 2018).

〈표 1〉에서 보는 바와 같이, 1~2세대 기업가정신이 기업의 경제적 성과 창출을 지지하는 개념이었다면, 3세대 기업가정신은 사회문제에 공감하며 창의성 있는 아이디어를 실현하여 사회에 긍정적인 영향력을 미치는 것을 목표로 한다. 그 결과 경제적 성과뿐만 아니라 사회 및 환경적 성과까지 창출하는 트리플 바텀 라인(triple bottom line)을 달성할 수 있을 것으로 기대된다. 즉, 3세대 기업가 정신 관점은 지역사회문제를 해결하여 장기적으로 지역의 시스템을 변화시킬 수 있다고 여겨진다(Sternberg, 2011).

이러한 제 3세대 기업가 정신은 산업계에서도 활발하게 추진되고 있다. 지난 5월 국내 경제계 76개 기업이 모여 사회문제 해결을 위한 새로운 역할을 제안하며 출범한 신기업가정신협의회(Entrepreneurship Round Table; ERT)에서는 5대 실천 명제 중 하나로 '지역 사회와 함께하는 성장'을 제시하였다. 이는 지역사회의 문제 해결을 위해 기업가정신 적용 필요성이 실무적으로 증가하고 있음을 시사한다.

더불어, 학계에서도 지역사회와 기업가정신에 대한 연구가 활발한데, 지역의 경제적 지표와 기업가정신 간의 상관관계를 분석한 연구를 찾아볼 수 있다. Sternberg(2011)는 기업가정신은 지역의 행위자에게 '지역특화지식'을 학습하게 하고, 지역간 발전 격차를 만든다고 보고하였으며, Andersson et al.(2012)은 기업가정신은 지역 자원의 효율적 재분배와 경쟁을 확산하여 경제성장과 사회문제 해결에 긍정적인 영향을 미친다고 분석하였다. 또한 Haltiwanger et al.(2013)와 Mulder(2016)는 기업가정신이 지역의 경제 문제를 해결하는 주요 변수이며, 기업가정신이 지역의 일자리 창출 및 취업률 향상에 기여하는데 긍정적인 영향을 미친다는 것을 증명하였다.

위와 같은 지역의 주요 지표와 기업자정신 간의 상관관계에 대한 연구는 기업가정신이 높은 지역과 낮은 지역 간의 차이를 입증하였다는 점에서 시사점이 있다. 그러나 Mulder(2016)는 단일 지역에 대한 실증 분석만큼이나, 지역의 기업가정신 고취를 위한 질적 연구 역시 중요하다고 제언하였다. 지역문제 해결에 기업가정신이 긍정적 영향을 미친다는 것은 입증 되었으며, 그렇다면 실로 중요한 것은 '어떻게 지역의 기업가정신을 함양할 것인가'에 있기 때문이다.

이러한 상황에 입각하여 이원철 · 최종인(2017, 2019), 곽정연(2021) 등의 연구에서는 선진국의 지역연계 기업가정신 교육사례를 고찰하고 국내 대학의 교육 전략에 대해 제언하고 있으나, 구체적인 교육과정까지 개발하지 못하고 있다. 이에 본 연구에서는 청년층을 대상으로 하는 지역문제 해결형 기업가정신 교육과정과 학습지원책 개발하고자 한다.

〈표 1〉 기업가정신 개념의 변화

	제1세대 기업가정신	제2세대 기업가정신	제3세대 기업가정신
주요 시기	고도성장기(1950–1980년대)	벤처성장기(1990–2010년대)	창업대중화기(2010–2020년대)
주요 유형	생계유지형	기회추구형	사회공헌형
주요 산업	소비재 중화학 공업	IT/첨단산업	ICT 융합 사회 서비스
주요 자원	노동력	기술력	창의성 및 아이디어
목표 성과	경제적 성과	경제 기술적 성과	경제 사회 환경적 성과(triple bottom line)

출처 : 김선우 외(2017), 김선우·고혁진(2017)

2.3 기업가정신 역량

OECD(2018)는 복잡한 사회 문제를 해결하기 위해서는 문제에 대해 다각적인 해결책을 찾고 이를 실현할 줄 아는 '역량(competence)'이 필요하다고 설명하며, 역량 기반 교육과정 개발의 중요성을 제시하였다. 역량이란 복잡한 요구를 충족시키기 위한 지식(Knowledge; K), 기술(Skill; S), 태도(Attitude; A)의 가동 능력으로, 사회문제를 해결하고 지역의 포용적 성장을 위한 자질로 정의된다.

역량 중심의 교육과정은 2000년대 OECD의 DeSeCo(Definition and selection of competencies) 프로젝트를 계기로 전세계에 도입되었으나, 개념의 틀이 추상적이어서 교육과정개발에 실질적으로 적용하기 어렵고, 평가방식에 집중하여 교육의 과정적 측면에 대한 고려가 부족하다는 지적을 받았다. 이에 OECD(2018)는 'Education 2030' 프로젝트를 통해 역량 기반 교육과정의 새로운 방향을 제시하였다.

새롭게 제시된 역량 기반 교육과정은 지식 학습을 강조했던 과거 교육과는 달리 프로젝트 기반의 학습(Project based learning)을 강조한다는 점에서 학습 과정상의 차이가 있다. 또한 학습의 결과가 개인의 성취와 성공뿐만 아니라 공동체의 경제적 풍요, 시민 연대, 교육, 안전, 환경 등 '사회적 웰빙(social well-being)'에 있다는 점에서 학습 목적상의 차이가 있다(Webb et al., 2019). 따라서 지역사회의 문제를 해결하고 지역의 포용적 성장을 추진할 수 있는 인재 양성을 위해서는 역량 기반의 기업가정신 교육과정 개발이 필요하다.

이러한 필요성에 의거하여 국내외에서는 기업가정신 역량에 대한 연구가 이루어져왔으며, 선행연구에서 언급하고 있는 역량 요인을 문제해결 6단계 모형에 따라 종합하면 〈표 2〉와 같다. 문제 발굴에서는 윤리적 사고력과 메타인지력이 언급되는 추세이며, 문제분석단계에서는 기회포착력, 창의력, 문제해결력 등이 언급되었다. 그러나 문제가 무엇인지 발굴하고 분석하는 도입단계 보다는, 어떻게 계획하고 조치할 것인지 경영적 측면의 역량이 두드러지게 언급되고 있음을 알 수 있다. 선행연구들은 기업가정신 역량의 중요성을 인지하고 이를 개발했다는 점에서 의미가 있으나, 다음과 같은 한계점을 내포한다.

첫째, 기업가정신의 개념이 광범위하고 선행연구마다 초점을 맞추는 분야 혹은 교육 대상이 상이하기 때문에 역량 요인에 대한 의견이 분분하여 완전히 통일되지 못하는 실정이다. 둘째, 대체로 영리적 기업가정신에 초점을 맞추는 연구가 많아, 사회문제 해결을 위한 역량 연구는 매우 희소한 상황이다(Ploum et al., 2018; 변지유 · 이장희, 2020). 셋째, 해외 문헌의 경우 이성적 역량만큼이나 타인을 위하는 심리적 혹은 감성적 역량의 중요성도 언급하고 있으나, 국내 문헌은 주로 기업가 관점에서 기본적인 창업스킬(역량)을 중심으로 연구되고 있는 실정이다. 마지막으로, 일부 연구에서는 단순히 역량을 도출하고 교육과정 개발까지 이어지지 못하거나, 역량이 창업의도에 미치는 영향을 실증 분석하는 정도에 그치고 있어 구체적인 역량 기반 교육과정 개발이 필요한 실정이다(안태욱 외, 2017; 이상길, 2018; 양경애 · 하규수, 2020).

따라서 본 연구에서는 지역사회 문제 해결형 기업가 정신프로그램을 개발하기 위해 기존 기업가 정신 역량 관련 선행연구를 분석하고, 이를 기반으로 지역문제 해결형 기업가정신역량을 개발할 필요가 있다고 판단하였다.

〈표 2〉 기업가정신 역량 관련 선행연구

구분		1	2	3	4	5	6	7	8	9
문제발굴	윤리적 사고력		○			○	○			
	메타인지력	○	○	○	○	○	○			
문제분석	기회 포착력		○	○		○		○	○	○
	창의력		○	○		○	○	○	○	○
	문제해결력	○			○			○		○
계획	자원 활용력			○	○		○			○
	경제 이해력		○			○			○	○
	인력 활용력			○			○			
	기술 활용력								○	○
조치	운영 능력		○		○	○	○		○	○
	위험 관리력		○		○					
	협업 능력		○		○	○	○		○	○
평가	학습(개선) 능력	○	○	○		○				

1. Ploum et al.(2018)
2. Strauti et al.(2018)
3. Bauman & Lucy(2019)
4. Daliman et cl.(2019)
5. Tovar et al.(2020)
6. Hu & Yuan(2020)
7. 안태욱 외(2017)
8. 이혜영·김진수(2018)
9. 변지유·이장희(2020)

Ⅲ. 연구설계 및 방법

본 연구에서 지역문제 해결형 기업가정신 교육과정의 프레임워크로 선정한 문제해결 6단계는 교육학에서 파생되어 교육과정 개발에 적합하기는 하지만, 구체적인 단계나 절차는 제시되어 있지 않다. 따라서 본 연구에서는 구체적인 교육과정 개발 절차에 역량 기반 교육과정(Competency based Curriculum; CBC) 개발 방법론을 적용하고자 한다.

역량 중심 교육과정이란 교육과정 개발에 활용되는 가장 대표적인 방법론으로, 성과 달성을 위해 필요한 조직 구성원의 역량을 도추출하고 이를 개발하기 위한 교육 훈련 체제를 수립하는 방법론이다(이재경, 2002; 강수영 · 홍아정, 2013). 역량중심 교육과정은 〈그림 2〉와 같이 총 3단계로 구성되어 있다. '1단계: 역량 개발'은 문헌조사, 인터뷰 등을 토대로 역량요인을 도출하는 단계이다. '2단계: 학습목표 개발'은 도출한 역량을 지식(Knowledge; K), 기술(Skill; S), 태도(Attitude; A)로 구분하여 구체적인 학습 목표를 작성하는 단계이며, '3단계: 학습지원책 개발'은 학습목표를 달성할 수 있는 구체적인 프로그램을 설계하는 단계이다. 이 방법론은 역량을 기반으로 개별 교육과정을 설계하기 때문에 모듈화가 가능하다는 장점이 있다.

그러나, 역량 기반 교육과정 모형은 역량이 잘못 도출될 경우, 교육과정 자체에 오류가 발생할 가능성이 높기 때문에 역량 개발 과정에 주의가 필요하다. 예를 들어, 역량을 제대로 개발하지 않을 경우, 역량의 수준(초보~전문가)이나 유형(중복 혹은 치우침)에 문제가 발생할 수 있다. 따라서 역량 모형을 개발할 때에는 심층인터뷰, 포커스 그룹 인터뷰, 델파이 등 추가로 방법론을 활용하는 경우가 일반적이다. 그 중 이재경(2002)은 특히 델파이 방법론은 다른 기법에 비해 연구 기간이 오래 소요되지만, 체계적이고 종합적으로 역량을 도출할 수 있어 역량 기반 교육과정에 적용하기 적합하다고 평가하였다.

따라서 본 연구에서는 역량 모형의 오류가 발생할 가능성을 낮추기 위해 추가적으로 델파이 방법론(Delphi technique)을 활용하여 역량 개발의 타당성을 확보하고자 하였다. 델파이 방법론은 특정한 주제에 대한 전문가들의 견해를 체계적으로 통합하여 문제를 예측, 진단, 해결하는 질적연구 방법론이다(Rower & Wright, 1999). 델파이 방법론은 효율적인 의사결정을 요하는 다양한 연구 분야에서 활용되고 있으며, 특히 선행연구가 부족하거나, 합의점을 도출하지 못한 분야에서 활용할 때 효과적이라고 알려져 있다(Dalkey, 1969; 류귀진 외, 2011).

델파이 설문은 전문가들의 의견의 합의가 이루어질 때까지 반복적으로 진행되는데, 측정치의 정확도가 3차까지 증가하다 4차부터 감소되기 때문에, 3차 설문이 적합하다(Rowe & Wright, 2001). 따라서 본 연구에서는 지역문제 해결형 기업가정신 역량을 도출하기 위해 총 3라운드에 걸쳐 개방형 설문, 폐쇄형 설문, 오류 수정 설문을 순차적으로 진행하였다.

1라운드(개방형 설문)에서는 연구소개 및 관련 용어의 조작적 정의를 설명한 후 완전 개방형과 부분 개방형 설문을 순차적으로 실시하였다. 본래 1라운드에서는 탐색에 주목적을 두기 때문에 비구조화 된 설문지를 활용하는 것이 일반적이지만, 본 연구에서는 비구조화 및 구조화 설문지를 혼합 활용하여 설문의 효율성을 높였다.

2라운드(폐쇄형 설문)에서는 전문가 의견을 바탕으로 선행연구 기반의 핵심요인 및 세부요인을 수정 및 보완하여 새롭게 범주화하였고, 각 세부요인에 대한 중요성을 Likert 7점 척도로 측정하였다. 3라운드(오류 수정 설문)에서는 전체 패널의 응답과 각 전문가의 응답을 비교한 뒤 중요성을 응답하도록 하였으며, 그 결과를 토대로 지역문제 해결형 기업가정신 역량을 최종 확정하였다.

마지막으로 지역문제 해결형 기업가정신 역량의 K–S–A를 구분하고, 학습자 중심의 학습 목표 개발하였다. 이를 토대로 각 역량별 학습지원책을 개발하였는데, 도구명(Task), 핵심 역량, 학습 목표, 활동 내용, 기대 효과가 포함되도록 작성하였

구분	연구 절차	연구 방법
역량 개발	▪ 지역문제 해결을 위한 기업가정신 역량 도출 Round 1 개방형 설문 : 비구조화된 역량 요인 확정 Round 2 폐쇄형 설문 : 역량 요인에 대한 중요도 측정 Round 3 오류 수정 설문 : 역량 요인의 중요도에 대한 전문가 합의 도출	델파이
커리큘럼 개발	▪ 교육과정 프레임워크 개발	내용분석
학습지원책 개발	▪ 학습용 교안 설계	내용분석

〈그림 2〉 연구 프로세스

다. 본 연구 방법론을 종합하여 정리하면 〈그림 2〉와 같다.

델파이 설문에 동원되는 적정 전문가 수는 약 10~35명이다(Anderson, 1977). 본 연구에서는 전문가는 응답 회수율과 패널 크기에 관한 선행연구를 감안하여 본 연구에서는 전문가 10인을 선정하였고, 지역사회, 사회복지, 경영, 창업 등에서 10년 이상 종사한 자로 선정하였다.

Ⅳ. 연구 결과

4.1. 역량 개발

4.1.1. 델파이 1라운드

델파이 1라운드에서는 선행연구를 통해 도출된 총 14개의 요인에 대한 적합성과 적절성을 설문하였고, 지역문제 해결에 초점을 맞추어 새로운 역량을 추가하여 결과적으로 총 35개의 역량이 〈표 3〉과 같이 도출되었다.

먼저, 문제 발굴 단계에서는 총 8개의 요인이 추가로 도출되었으며, 선행연구에서 도출된 자료 수집 능력은 〈문헌 자료 수집력〉으로 명칭이 변경되었고, 윤리적 사고력은 〈비전 설정 능력〉으로 명칭을 변경하여 문제 분석 단계로 이동하였다. 다음으로, 또한 문제 분석 단계에서는 총 4개의 요인이 추가로 도출되었으며, 선행연구에서 언급되었던 창의력과 문제해결력을 결합하여 〈창의적 문제해결력〉으로 명칭이 변경되었다. 계획 단계에서는 총 4개의 요인이 추가로 도출되었으며, 선행연구에서 언급되었던 인력 활용력은 팀 내부와 외부로 구분해야한다는 의견에 따라 〈외부 협업 능력〉과 〈내부 관리 능력〉으로 구분하였다. 조치 단계에서는 〈설득력〉과 〈실행력〉이 추가되었으며, 평가 단계에서도 4개의 요인이 추가되어, 총 5개의 역량으로 정리하였다.

4.1.2. 델파이 2라운드

델파이 1라운드 응답 결과를 기반으로 2라운드 설문을 폐쇄형으로 실시하였으며, 그 결과는 〈표 4〉와 같다. 역량은 Likert 7점 척도로 측정하였으며, 각 요인에 대한 평균값(Mean), 내용타당도(Content Validity Ratio; 이하 CVR), 안정도(coefficient of variation), 합의도(Consensus) 분석을 실시하였다.

평균값은 응답 데이터에 대한 기본 정보로써 제시하지만, 평균이 척도의 중간값 이하로 내려가면 해당 요인은 제거하는 것이 일반적이다. 본 연구에서는 Likert 7점 척도로 측정했음을 감안하여 5점 이하로 나타난 답변은 제거하였는데, 분석 결과 〈라포 형성 능력(Mean=4.80)〉, 〈문서 작성력(Mean=4.80)〉이 기각되었다. 사회문제 해결을 위해 대상자와 상호작용하면서 깊이 공감하는 능력은 중요하지만, 라포 형성이 지나치게 이루어지면 불필요한 감정이입이 들어가 객관적으로 문제를 분석하지 못할 수 있기 때문에 〈라포 형성 능력〉이 기각되었다. 또한 〈문서 작성 능력〉은 일반적으로 모든 단계에 해당하는 내용이기 때문에 특정 단계에 포함되기 어렵고, 또한 지역문제 해결을 위해 필수적인 요소가 아니라는 의견이 제시되었다.

CVR은 델파이에서 항목을 보존하는데 가장 결정적인 역할을 하는 지표로, 해당 문항이 타당하다고 응답한 전문가 수가 50% 이상이면 타당성이 있으며, 타당하다고 인식하는 전문가수가 많을수록 CVR 값이 증가한다. CVR의 기준값은 설문 대상자의 수에 따라서 달라지는데, 본 연구에서는 10명의 전문가가 설문에 응했기 때문에 CVR 기준값은 0.62에 해당한다(Lawshe, 1975).

CVR 분석 결과, 평균을 기준으로 삭제된 〈라포 형성 능력(CVR=0.6)〉과 〈문서 작성력(CVR=0.4)〉이 여전히 조건을 충족하지 못했으며, 이외에도 〈기회 포착력(CVR=0.6)〉, 〈전략 기획력(CVR=0.4)〉, 〈자원 활용력(CVR=0.4)〉, 〈기술 활용력(CVR=0.4)〉, 〈관계 관리 능력(CVR=0.4)〉, 〈성과 관리력(CVR=0.6)〉이 기각되었다. 〈기회 포착력〉이 기각된 이유는 〈문

〈표 3〉 델파이 1라운드 결과

단계	역량		설명
문제 발굴	1	메타인지력	자신과 자신이 속한 팀의 능력에 대해 자각하고 학습 과정을 조절하는 역량
	2	추진력	프로젝트의 주요 일정을 체크하여 진행 계획을 수립하는 역량
	3	지역 이해력	지역의 지리 역사 문화 등 현황을 이해하는 역량
	4	도구 선택 능력	문제 발굴을 위해 어떤 방법을 활용하는 것이 적절한지 선택하는 역량
	5	문헌 자료 수집력	지역사회의 문제 현황에 대해 정보를 수집하는 역량
	6	이해관계자 선정력	지역사회 문제 해결과 연관된 이해관계자가 누구인지 파악하는 역량
	7	라포 형성 능력	문제와 관련된 이해관계자들과 라포를 형성하는 역량
	8	인터뷰 진행 능력	지역사회에 대한 정성적 자료 취합을 위해 인터뷰를 준비 및 진행하는 역량
	9	관찰 능력	지연 사회 문제를 발굴하기 위해 이해관계자를 직접 관찰하는 역량
	10	공감 능력	이해관계자들의 입장이 되어 문제에 공감하는 역량
문제 분석	11	문제 식별력	지역사회에 발생하고 있는 문제가 무엇인지 파악하는 역량
	12	비전 설정 능력	지역사회에 발생한 문제를 해결하기 위한 가치 혹은 비전을 설정하는 역량
	13	사례 분석력	유사한 문제를 해결한 지역사회의 사례를 조사 및 비교분석하는 역량
	14	기회 포착력	문제의 원인을 해결하기 위한 결정적인 니즈를 정의하는 역량
	15	창의적 문제해결력	니즈에 기반하여 문제를 해결할 수 있는 창의적 아이디어를 발산하는 역량
	16	우선순위 결정력	다양한 해결방안 중 가장 적정하고 현실적인 아이디어를 선정할 수 있는 역량
계획	17	문서 작성력	지역사회 문제 해결 아이디어를 문서화 하는 역량
	18	비즈니스 모델 기획력	지역사회 문제해결형 아이디어를 비즈니스 모델 캔버스에 도식화하는 역량
	19	전략 기획력	경쟁 기업보다 우위를 차지하기 위해 전략을 기획하는 역량
	20	자금 관리력	비즈니스의 자생력을 확보할 수 있는 수익창출 구조 마련 역량
	21	외부 협업 능력	지자체 지역사회 기업 등 협력할 이해관계자와 네트워킹 하는 역량
	22	계획 수립력	비즈니스 모델을 구현하기 위해 단 중 장기 로드맵을 수립하는 능력
	23	자원 활용력	문제 해결을 위해 지역의 자원을 적절하게 활용하는 역량
	24	내부 관리 능력	프로젝트의 안정적인 운영을 위해 내부 팀원 간 성과 지표 설정 역량
	25	기술 활용력	지역사회에 적용 가능한 적정 기술을 활용하는 역량
조치	26	설득력	비즈니스 모델에 대해 효과적으로 피칭하는 역량
	27	실행력	계획한 내용을 가지고 과감히 현장에 뛰어들어 실행에 옮기는 역량
	28	관계 관리 능력	이해관계자 및 고객과의 우호적 관계 유지 역량
	29	사업 운영 능력	비즈니스 모델을 효과적으로 운영하는 역량
	30	위험 관리 능력	비즈니스 모델 테스트 과정에서 발생할 위험에 예측 및 방어하는 역량
평가	31	성과 관리 능력	테스트베드에서 얻은 성과를 양적 질적으로 측정하는 역력
	32	피드백 분석 능력	고객과 이해관계자의 피드백 내용을 분석하고 적용할 것을 선택하는 능력
	33	학습 능력	고객과 이해관계자의 피드백을 바탕으로 수정사항을 학습하는 역량
	34	회복 탄력	지속가능한 경영을 위해 수정사항을 빠르게 적용하는 역량
	35	의사결정 능력	피드백 결과에 따라 프로젝트 회귀 혹은 종료를 결정하는 역량

제 식별력〉 안에 포함될 수 있기 때문에 역량 중복처럼 느껴진다는 전문가 의견이 있었으며, 〈전략 기획력〉은 '전략'이라는 용어는 아이디어를 실제 창업하는 단계에서 고안할만한 단어이지만 본 연구의 범위가 청년 대상의 기업가적 역량이기 때문에 적절하지 않다는 의견이 있었다.

다음으로, 〈자원 활용력〉은 〈비즈니스 모델 기획력〉안에 자원에 대한 충분한 논의가 가능하기 때문에 역량이 중복된다는 의견이 있었으며, 〈기술 활용력〉은 사회문제를 해결하는 과정에서 반드시 기술을 활용하지 않아도 해결 가능한 문제들이 많으며, 대학 중심의 기업가정신 교육 과정에서 실제로 특정 기술을 다루기 어려울 것이라는 의견이 있었다. 〈관계 관리 능력〉이 기각된 이유는 앞선 계획 단계에서 〈외부 협력 능력〉과 〈내부 관리 능력〉으로 이미 관계에 대한 역량이 언급되었으며, 조치 단계에 맞지 않는다고 보았으며, 〈성과 관리력〉은 본 연구의 범위가 청년 중심의 기업가정신교육을 범위로 하기 때문에 실제 사업의 성과를 관리할 수 있는 역량까지 다루기에 현실적으로 무리가 있기 때문에 기각되었다.

안정도는 반복되는 설문과정에서 패널들의 응답을 변이계수로 판단하는 지표이다. 변이계수가 0.5 이하인 경우에는 매우 안정적이라 하고, 0.5~0.8 사이면 비교적 안정적이라 판단하며, 0.8 이상인 경우에는 추가적인 설문조사가 필요하다. 분석 결과, 안정도에는 무리가 없어 모든 응답이 안정적이었으므로 제거되는 항목이 없었다.

합의도란 응답자 사이의 합의가 얼마만큼 잘 이루어졌는가를 검증하는 방법으로, 1에 가까운 값이 나올수록 강한 합의가 이루어진 것으로 판단한다. 일반적으로 합의도는 0.6 이하의 경우 낮다고 보는데, 분석결과 합의도가 0.6 이하인 경우는 이미 다른 항목에 의해 기각되었기에, 합의도만으로 삭제한 역량은 없었다.

4.1.3. 델파이 3라운드

이상의 결과를 기반으로 3라운드 설문을 구조화하였으며, 3개의 역량이 추가 기각되어 총 27개의 역량이 확정되었다. 평균값 분석 결과, 5점 이하로 나타난 답변이 없어 제거할 역량이 없었으며, 안정도 분석에서도 모든 역량이 0.5 이하로 나타나 추가 설문 조사하 필요하지 않을 것으로 판단하였다. 다만 CVR 분석 결과, 〈도구 선택 능력(CVR=0.4)〉, 〈계획 수립력(CVR=0.6)〉, 〈위험 관리 능력(CVR=0.6)〉, 〈회복 탄력(CVR=0.6)〉의 값이 0.62보다 낮게 나타나 기각되었다. 마지막으로, 합의도가 0.6 이하인 경우는, 이미 CVR 값에 의해 제거되었음을 확인하였다.

〈계획 수립력〉은 본 프로젝트의 결과물이 실제 사업화로 이루어지는 것이 아니기 때문에 구체적인 로드맵까지 설계할 필요가 없어 기각되었다. 〈위험 관리 능력〉의 경우, 위험에 대한 예측은 매우 어렵고, 이러한 역량을 개발하기 위해 교육 활동에서 시간을 투자하는 것은 실행의 시간과 노력을 저하시킬 수 있기 때문으로 해석할 수 있다. 〈회복 탄력〉은 평가 단계의 다른 역량과 내용의 유사성이 있으며, 회복 탄력은 교육 가능한 역량이라기보다는 개인의 성향에 가깝기 때문에 기각되었다. 이상의 분석 결과를 종합하면 〈표 4〉와 같다.

〈표 4〉 델파이 2차 및 3차 라운드 결과

단계	역량		2라운드					3라운드					결과
			평균	SD	CVR	안정도	합의도	평균	SD	CVR	안정도	합의도	
문제 발굴	1	메타인지력	5.90	1.10	0.8	0.19	0.67	5.80	0.63	1	0.11	0.83	채택
	2	추진력	5.60	0.84	0.8	0.15	0.83	6.10	0.32	1	0.05	1.00	채택
	3	지역 이해력	6.00	0.67	1	0.11	0.92	5.90	0.57	1	0.10	0.96	채택
	4	도구 선택 능력	5.30	0.95	0.8	0.18	0.82	5.10	1.45	0.4	0.28	0.50	기각
	5	문헌 자료 수집력	6.40	0.84	1	0.13	0.82	6.30	0.48	1	0.08	0.83	채택
	6	이해관계자 선정력	6.30	0.82	1	0.13	0.81	6.60	0.52	1	0.08	0.86	채택
	7	라포 형성 능력	4.80	1.32	0.6	0.24	0.55	-	-	-	-	-	기각
	8	인터뷰 진행 능력	6.10	0.88	1	0.14	0.67	6.10	0.88	1	0.14	0.67	채택
	9	관찰 능력	5.60	0.53	1	0.08	0.85	6.60	0.52	1	0.08	0.86	채택
	10	공감 능력	6.70	0.48	1	0.07	0.86	6.80	0.63	1	0.09	1.00	채택
문제 분석	11	문제 식별력	6.50	0.53	1	0.08	0.85	6.50	0.53	1	0.08	0.85	채택
	12	비전 설정 능력	5.40	0.84	0.8	0.16	0.80	5.40	0.84	1	0.16	0.80	채택
	13	사례 분석력	6.10	0.57	1	0.09	0.96	6.10	0.32	1	0.05	1.00	채택
	14	기회 포착력	5.50	1.51	0.6	0.24	0.58	-	-	-	-	-	기각
	15	창의적 문제해결력	5.90	0.74	1	0.13	0.79	6.00	0.47	1	0.08	1.00	채택
	16	우선순위 결정력	5.60	0.97	0.8	0.14	0.77	5.50	0.53	1	0.10	0.82	채택
계획	17	문서 작성력	4.80	1.40	0.4	0.29	0.45	-	-	-	-	-	기각
	18	비즈니스 모델 기획력	5.40	1.07	0.8	0.20	0.82	5.90	0.32	1	0.05	1.00	채택
	19	전략 기획력	5.00	1.56	0.4	0.31	0.35	-	-	-	-	-	기각
	20	자금 관리력	5.20	0.92	1	0.18	0.64	5.20	0.63	1	0.12	0.80	채택
	21	외부 협업 능력	6.20	0.9	1	0.13	0.79	6.30	0.48	1	0.08	0.83	채택
	22	계획 수립력	5.30	1.16	0.8	0.22	0.77	5.50	0.53	0.6	0.10	0.82	기각
	23	자원 활용력	5.50	1.78	0.4	0.32	0.33	-	-	-	-	-	기각
	24	내부 관리 능력	5.80	0.79	1	0.14	0.79	5.90	0.32	1	0.05	1.00	채택
	25	기술 활용력	5.30	1.64	0.4	0.31	0.45	-	-	-	-	-	기각
조치	26	설득력	5.80	0.79	1	0.14	0.79	6.00	0.47	1	0.08	1.00	채택
	27	실행력	6.50	0.53	1	0.08	0.85	6.60	0.52	1	0.08	0.86	채택
	28	관계 관리 능력	5.50	1.78	0.4	0.32	0.33	-	-	-	-	-	기각
	29	사업 운영 능력	6.00	0.82	1	0.14	0.67	6.30	0.48	1	0.08	0.83	채택
	30	위험 관리 능력	5.40	1.17	0.8	0.22	0.79	5.40	1.43	0.6	0.26	0.71	채택
평가	31	성과 관리 능력	5.30	1.34	0.6	0.25	0.75	-	-	-	-	-	기각
	32	피드백 분석 능력	6.20	0.42	1	0.07	0.96	5.90	0.74	1	0.13	1.00	채택
	33	학습 능력	6.00	0.67	1	0.11	0.92	6.00	0.00	1	0.00	1.00	채택
	34	회복 탄력	6.20	0.79	1	0.13	0.79	5.50	1.58	0.6	0.29	0.46	기각
	35	의사결정 능력	5.90	0.74	1	0.13	0.79	6.00	0.00	1	0.00	1.00	채택

4.2. K-S-A 및 학습목표 개발

지역문제 해결형 기업가정신 역량으로 도출된 27개의 요인별 K-S-A와 학습 목표를 〈표 5〉와 같이 설정하였다. K-S-A는 각각 지식(K) 5개, 기술(S) 9개, 태도(A) 9개로 고르게 구성하였으며, 해당 내용의 적합성을 검증하기 위해 동일한 전문가 집단에게 검증을 요청하였다. 그 결과, 역량별 K-S-A와 학습목표가 적합하게 개발되었음을 확인하였다. 마지막으로 학습목표를 토대로 학습지원책을 고안하였다.

〈표 5〉 역량별 K-S-A 및 학습목표

단계	역량	구분			학습 목표	학습지원책
		K	S	A		
문제 발굴 (8)	메타인지력	○			자기소개를 통해 나와 팀원의 성향과 역량을 이해한다.	자기소개하기
	추진력			○	프로젝트의 일정의 계획하면서 주도적인 태도를 갖는다.	프로젝트 계획 세우기
	지역 이해력	○			대상 지역의 일반 현황을 이해한다.	지역 이해하기
	문헌 자료 수집력		○		대상 지역의 문제에 대해 자료를 수집하고 정리하는 능력을 갖는다.	지역 문제 파악하기
	이해관계자 선정력	○			문제에 관련된 이해관계자와 그들이 처한 상황을 이해한다.	이해관계자 선정하기
	인터뷰 진행 능력		○		이해관계자를 능숙하고 효율적으로 인터뷰하는 능력을 갖는다.	인터뷰하기
	관찰 능력		○		이해관계자를 객관적이고 합리적으로 관찰하는 능력을 갖는다.	관찰하기
	공감 능력			○	이해관계자가 겪고 있는 문제에 대해 공감하는 태도를 갖는다.	체험하기
문제 분석 (5)	문제 식별력	○			지역의 문제가 무엇인지 객관적으로 이해한다.	지역문제 정의하기
	비전 설정 능력			○	지역 문제 해결을 위한 윤리적 태도를 갖는다.	지역 비전 설정하기
	사례 분석력	○			유사 지역의 문제 상황이나 그것을 해결하기 위한 과정을 이해한다.	유사 지역 분석하기
	창의적 문제해결력		○		지역 문제 해결 방법에 대해 확산적으로 사고하는 능력을 갖는다.	아이디어 쏟아내기 다시보기
	우선순위 결정력			○	가장 효과적인 아이디어를 선정한다.	아이디어 결정하기
계획 (4)	비즈니스 모델 기획력		○		아이디어를 비즈니스 모델로 구체화하는 능력을 갖는다.	비즈니스 모델 기획하기
	자금 관리력		○		지속가능한 자금 흐름을 구체화하는 능력을 갖는다.	재무 계획 세우기
	외부 협업 능력			○	아이디어 실현을 위해 필요한 협력자를 모색한다.	파트너십 구축하기
	내부 관리 능력			○	아이디어의 성공 기준에 대한 명확한 태도를 갖는다.	성과지표 설계하기
조치 (3)	설득력		○		발표를 통해 우리 팀의 아이디어를 타인에게 설득하는 능력을 갖는다.	프리젠테이션하기
	실행력		○		아이디어를 선보이고 검증하는 능력을 갖는다.	부스 운영하기
	사업 운영 능력		○		시범사업을 운영하고 검증하는 능력을 갖는다.	시범사업 운영하기
평가 (3)	피드백 분석 능력			○	피드백에 대해 수용적인 태도를 갖는다.	피드백 받기
	학습 능력			○	피드백을 적용하며 아이디어에 대한 유연한 태도를 갖는다.	개선하기
	회복 탄력			○	프로젝트의 반복 혹은 종료에 대한 명확한 태도를 갖는다.	의사결정하기
계		5	9	9	–	

4.3. 학습지원책 개발

본 연구는 지역문제 해결형 기업가정신 역량별 K–S–A 및 학습목표를 기반으로 23개의 모듈식 학습지원책을 〈표 6〉과 같이 개발하였으며, 부록에 수록된 〈표 7〉과 같이 모든 교안을 개발하였다. 학습지원책의 단계는 Dunham(1972)의 문제해결 6단계 모형을 토대로 Phase 1 문제 발굴, Phase 2 문제 분석, Phase 3 계획, Phase 4 조치, Phase 5 평가 순으로 구성하였다.

Phase 1(문제 발굴)은 보고서, 뉴스 등의 문헌자료를 기반으로 해당 지역에 관한 현황을 분석하고, 이해관계자의 인터뷰, 관찰 등을 토대로 현재 그들이 느끼는 편안함(gainpoint)과 불편함(painpoint)을 파악하는 단계로, 총 8개의 학습지원책으로 구성되어 있다.

〈Task01. 자기소개하기〉는 함께하는 팀원의 성향과 역량을 이해하기 위한 도구로 설계하였다. 교수자가 참여 학생의 수에 따라 팀을 배분한 후에, 팀원끼리 각자의 전공, 고향, 성격, 장단점 등에 대해 논의한다. 서로의 역량을 바탕으로 이번 프로젝트에서 어떤 역할을 할 수 있을지 분담하는 과정을 거친다.

〈표 6〉 학습지원책 구성 및 내용

단계	도구	역량(K–S–A)	활동 내용	학습지원책
문제 발굴 (8)	자기소개하기	메타인지력 (K)	팀원의 전공 성격 장단점 그리고 지역사회에 대한 관심도에 대해 얘기하면서 서로에 대해 파악함 각자의 역량을 기반으로 프로젝트에서 어떤 역할을 할 수 있을지 정의함	팀원 간의 성향과 역량을 알아가면서 서로의 역할을 가늠할 수 있음
	프로젝트 계획 세우기	추진력 (A)	교과목의 주요 일정 확보 가능한 예산 등 기본 정보를 토대로 프로젝트의 일정을 계획함	일정 공유를 통해 순조로운 프로젝트 추진이 가능함
	지역 이해하기	지역 이해력 (K)	지역의 생애주기 단계와 단계별 특성에 대해 교육함 인구 구조 산업 구조 고용 동향 등에 초점을 맞추어 조사하고 특색 있는 문화가 있다면 추가로 정리하여 대상 지역의 현황을 파악함	지역에 대한 이해도 증진이 가능함
	지역 문제 파악하기	문헌 자료 수집력 (S)	해당 지역에서 발생하고 있는 사회문제에 대해 사회 기술 경제 환경 정치적 키워드를 중심으로 자료를 조사함	지역의 문제에 대해 깊이 있는 분석이 가능함
	이해관계자 선정하기	이해관계자 선정력 (K)	이해관계자의 대표 유형인 수요자 공급자 공공지원자 보조자의 역할과 예시를 설명함 대상 지역의 이해관계자 간의 갈등과 협력 상황을 맵으로 표현함	지역문제를 해결하기 위해 누구를 인터뷰 관찰해야할지 선정할 수 있음
	인터뷰하기	인터뷰 진행 능력 (S)	인터뷰에서 질문할 영역을 범주화하고 각 영역별로 세부 질문을 구성합 팀원들 간의 인터뷰어로서의 역할을 명확히 구분하고 인터뷰 결과를 토대로 대상자가 느끼는 편안함(Gainpoint)과 불편함(Painpoint)을 작성함	문헌자료에서 놓칠 수 있는 부분을 채워주고 배경이나 맥락에 관한 주요 통찰을 제공함
	관찰하기	관찰 능력 (S)	관찰 할 대상을 선정하고 관찰 기간과 방법을 결정하고 관찰한 내용을 토대로 관찰 일지를 작성하여 대상자가 느끼는 편안함(Gainpoint)과 불편함(Painpoint)을 작성함	인터뷰에서 파악할 수 없었던 정성적 맥락 표정 행동 감정 등 을 파악할 수 있음
	체험하기	공감 능력 (A)	직접 대상 지역에서 문제를 경험하고 시간과 비용이 충분하지 않을 경우 역할극을 활용하여 지역민의 문제를 직접 체험함 체험일지를 작성하여 대상자가 느끼는 편안함(Gainpoint)과 불편함(Painpoint)을 작성함	지역의 문제가 온전히 나의 문제인 것처럼 깊이 공감하는 태도를 가질 수 있음
문제 분석 (5)	지역문제 정의하기	문제 식별력 (K)	SDgs와 ESG 등의 개념을 통해 사회적 가치에 대해 학습함 지역 비전을 달성하기 위한 세부목표를 개발함	지역사회 문제의 근본 원인을 파악하고 어디에 초점을 맞추어 아이디어를 도출해야할지 파악 가능
	지역 비전 설정하기	비전 설정 능력 (A)	사회적 경제적 문화적 상황이 비슷한 유사 지역을 선정하고 이들을 3가지 기준 고객 문제 해결방안 에 따라 4개의 집단으로 구분함 각 지역의 문제상황 해결과정 결과 그리고 우리 지역에 적용할 수 있는 시사점이 무엇인지 파악함	지역 비전 설정을 통해 문제 해결 아이디어를 어떤 가치에 초점을 맞추어 도출해야 할지 파악함

단계	도구	역량(K-S-A)	활동 내용	학습지원책
	유사 지역 분석하기	사례 분석력 (K)	유사 지역의 개념과 유형별 특성을 설명함 고객 문제 해결방안는 가지 기준으로 유사 지역을 유형화함 유사 지역의 사례 분석을 통해 문제 상황 해결과정 결과 그리고 대상 지역에 적용할 수 있는 시사점을 도출함	유사 지역의 사례분석을 통해 대상 지역이 취해야할 전략을 마련할 수 있음
	아이디어 쏟아내기	창의적 문제해결력 (S)	마인드맵 기법에 대해 설명하고 지역 문제를 해결할 수 있는 다양한 아이디어를 포스트잇에 작성하고 화이트 보드에 붙이며 회의를 진행함	지역 문제를 해결할 수 있는 다양한 아이디어 도출이 가능함
	아이디어 결정하기	우선순위 결정력 (A)	모든 아이디어를 스케치 그림 영상 등의 시각 자료로 만듬 각 아이디어를 하나씩 훑어보고 장단점을 이야기하고 그 내용을 토대로모든 팀원이 합의하는 가장 효과적이고 타당한 아이디어 한 가지를 선정함	가장 효과적이고 타당한 아이디어 선정이 가능함
계획 (4)	비즈니스 모델 기획하기	비즈니스 모델 기획력 (S)	지역 사회문제와 관련한 3가지 블록이 더해진 비즈니스 모델 캔버스(BMC)를 소개함 12개의 블록을 작성하면서 아이디어를 비즈니스 모델로 구체화함	비즈니스 모델에 어떠한 요소가 수정 보완이 필요한지 파악함
	재무 계획 세우기	자금 관리력 (S)	이해관계자를 주요 객체로 설정하고 이들 간의 금전적 내용 이익 분배 비율 수수료 지원금 요금제 유형 을 요약하여 정리함 비용대비 수익이 높아 지속가능성이 있는 과금체계인지 검토함	비즈니스 모델의 자금 흐름을 파악하고 지속가능성을 검증 가능
	파트너십 구축하기	외부 협업 능력 (A)	지자체, 언론, NGO, 기술 보유 회사, 공간 보유 회사 등 협력자의 예시와 사례에 대해서 학습함 지역문제를 해결하기 위해 우리 팀이 함께 해야 할 협력자는 누구이며 그들과 무엇을 주고받을 수 있을지 고민함	파트너에 대한 협력적 태도를 갖고, 그들을 설득할 수 있는 논리를 마련함
	성과지표 설계하기	내부 관리 능력 (A)	성과 지표의 예시와 측정 방법을 학습함 수익, 고객의 수, 조직의 안정성, 지역민의 삶의 질 등 다양한 관점에서 성과 목표를 마련하고 그것을 측정할 수 있는 세부 지표를 마련함	프로젝트의 성공 기준이 무엇인지 공동의 목표를 마련함
조치 (3)	프리젠테이션하기	설득력 (S)	좋은 발표의 예시와 주의사항 발표문 작성법을 학습함 발표문을 작성하고 발표 시간 및 순서를 다양하게 조정하며 연습함 팀별로 20분씩 할애하여 프로젝트 결과물을 전체 학습자에게 발표하는 시간을 가짐	발표를 통해 우리 팀의 아이디어를 타인에게 설득하는 능력을 가짐
	부스 운영하기	실행력 (S)	부스 운영 및 검증 계획서 양식을 제공하고, 이를 기반으로 언제, 어디서, 누구를 대상으로 부스를 운영하여 검증 받을 것인지 결정하는 과정을 거침	비즈니스 모델의 부족한 점을 파악하고 수정할 기회를 얻을 수 있음
	시범사업 운영하기	사업 운영 능력 (S)	시범 사업의 실행 계획을 세우기 위해 사업계획서를 작성하고 발표함 시범 사업을 운영하면서 어떤 문제가 발생했으며, 어떤 해결책을 적용했는지 자세히 기록함	실제 시장에서 우리 팀의 아이디어가 어떤 평가를 받는지 확인할 수 있음
평가 (3)	피드백 받기	피드백 분석 능력 (A)	비즈니스의 컨셉, 전략, 효과에 대해 피드백을 수집함 피드백을 유사한 내용끼리 유목화하고 개선사항으로 정리함	결과물을 진단 및 개선할 수 있음
	개선하기	학습 능력 (A)	사업의 10가지 혁신 요소를 바탕으로, 피드백을 비즈니스 모델에 적용하여 결과물을 개선하기 위해서 어떤 블록에서 해결책을 찾을 수 있을지 고민함	결과물에 대한 수정과 보완이 가능함
	의사결정하기	의사결정 능력 (A)	팀원들과 함께 논의하여 프로젝트를 종료할지, 앞의 단계로 회귀하여 결과물을 개선할 것인지 결정함	프로젝트의 피봇 혹은 종료에 대한 명확한 태도를 가짐

〈Task02. 프로젝트 계획세우기〉는 프로젝트의 일정을 계획하며 주도적인 태도를 함양하도록 설계하였다. 교수자가 교과목의 주요 일정, 확보 가능한 예산 등 기본 정보를 제공하면, 학습자가 현장방문, 인터뷰 등이 포함된 프로젝트의 일정의 계획하는 과정을 거친다.

〈Task03. 지역 이해하기〉는 프로젝트 대상 지역을 선정하고, 그 지역의 일반 현황이 어떠한지 이해하도록 설계하였다. 교수자는 지역 생애주기 단계(city life cycle)의 단계와 단계별 특성에 대해 교육한다. 이후 학습자는 해당 지역의 인구구조, 산업구조, 고용동향, 문화적 특성 등에 초점을 맞추어 조사하는 과정을 거친다.

〈Task04. 지역 문제 파악하기〉는 대상 지역의 문제에 대해 자료를 수집하는 능력을 학습하도록 설계하였다. 교수자가 거시환경 분석 도구의 종류와 분석방법에 대해 설명하면, 학습자가 지역사회의 문제에 대해 문헌, 뉴스, 논문 등을 토대로 자료를 수집하고 시사점을 도출하는 과정을 거친다.

〈Task05. 이해관계자 선정하기〉는 문제와 관련된 이해관계자들과 그들이 처한 상황을 이해하는 역량을 함양하도록 설계하였다. 교수자가 주요 이해관계자의 유형과 역할에 대해서 설명하면, 학습자가 수요자, 공급자, 공공지원자, 보조지원자로 구분하여 세부 이해관계자를 선정하도록 하였다. 또한 이해관계자 간의 갈등과 협력 상황을 맵으로 표시하도록 고안하였다.

〈Task06. 인터뷰하기〉는 이해관계자를 능숙하고 효율적으로 인터뷰하는 능력을 함양할 수 있도록 설계하였다. 교수자가 인터뷰의 개념과 유형, 절차, 주의사항에 대해 설명하도록 하였다. 학습자는 인터뷰 대상을 선정하고 자신에게 주어진 시간과 예산을 고려하여 인터뷰 방식을 결정하도록 하였다. 또한 인터뷰 질문지 양식을 제작하여 질문할 영역을 어떻게 범주화할 것이며, 세부 질문은 무엇인지 작성하도록 유도한다. 마지막으로 인터뷰 진행 결과를 토대로 이해관계자가 느끼는 편안함과 불편함을 도출하는 과정을 거친다.

〈Task07. 관찰하기〉는 이해관계자를 객관적으로 관찰하는 능력을 함양하도록 설계하였다. 교수자가 관찰의 개념과 절차, 주의사항에 대해서 설명하면, 학습자는 관찰 대상과 기간을 결정한다. 또한 관찰일지 양식을 제공하여 관찰자의 주관적 견해를 배제하고 상황에 대해서 객관적으로 묘사할 수 있도록 지도한다. 관찰 결과를 토대로 대상자가 느끼는 편안함과 불편함을 도출하는 과정을 거친다.

〈Task08. 경험하기〉는 이해관계자가 겪고 있는 문제에 대해 직접 공감하는 태도를 갖도록 설계하였다. 교수자가 체험의 개념과 절차, 주의사항에 대해 설명하고, 학습자는 체험 일시, 장소 그리고 준비물을 파악한다. 짧게는 하루 길게는 며칠 동안 해당 지역에 방문하여 지역민과 함께 문제를 직접 경험하는 시간을 가지도록 구성하였다. 만약 시간과 비용이 충분하지 않은 경우, 역할극을 통해 간접경험을 할 수 있도록 학습 자료를 추가로 제작하였다. 또한 체함일지 양식을 제공하여 경험한 내용을 토대로 지역의 이해관계자가 느꼈을 편안함과 불편함을 도출하는 과정을 거친다.

Phase 2(문제 분석)은 지역의 문제점이 무엇인지 정확히 정의하고, 그것을 해결하기 위한 다양한 서비스 아이디어를 도출하는 아이디에이션(ideation)을 하는 단계로, 총 5개의 학습 지원책으로 구성되어 있다.

〈Task09. 지역 문제 정의하기〉는 Phase 1에서 수집한 자료를 기반으로 지역의 문제가 무엇인지 객관적으로 정의하도록 설계하였다. 교수자가 로직트리에 대해 설명하면, 학습자는 지역사회의 문제에 대한 미시적 원인, 거시적 원인, 최종 원인까지 순차적으로 정의하는 과정을 거친다. 이를 통해 지역사회가 겪고 있는 문제의 근본 원인을 파악할 수 있고, 이것을 해결하기 위해 어디에 초점을 맞추어 아이디어를 도출해야할지 파악할 수 있다.

〈Task10. 지역 비전 설정하기〉는 지역의 문제를 해결하기 위한 목표를 설정하도록 설계하였다. 교수자가 SDGs와 ESG 등의 개념을 통해 사회적 가치에 대해 설명하면, 학습자는 지역 문제를 해결하기 위해 설정해야할 지역의 비전을 구상한다. 또한 모든 목표가 해결된다면 지역의 근본적인 문제가 해결될 수 있을지 판단하는 시간을 거친다.

〈Task11. 유사 지역 분석하기〉는 유사한 문제를 가지고 있거나 그것을 해결한 경험이 있는 타 지역을 분석하는 능력을 함양하도록 설계하였다. 교수자는 유사 지역의 개념과 유형별 특성을 설명한다. 학습자는 고객(who), 문제(what), 해결방안(how)라는 3가지 기준으로 유사 지역을 유형화하고, 이들의 문제 상황, 해결과정, 결과 그리고 우리 지역에 적용할 수 있는 시사점을 도출하는 과정을 거친다.

〈Task12. 아이디어 쏟아내기〉는 지역 문제를 해결하는 방법을 고안하기 위해 확산적으로 사고하는 능력을 함양하도록 설계하였다. 교수자는 마인드맵 기법에 대해 설명하며 학생들이 최대한 다양한 아이디어를 상상할 수 있도록 돕는다. 학습자는 지역 문제를 해결할 수 있는 다양한 아이디어를 포스트잇에 작성하고, 화이트 보드에 붙이며 회의를 진행한다. 원활한 회의 진행을 위해 교안에 언플러깅 규칙, 회의 시간과 준비물 등의 가이드라인을 작성하였다. 또한 몇 가지 아이디어가 도출되었다면, 자신의 감정과 성향을 억제하고 주어진 관점으로만 아이디어를 깊이 되새길 수 있도록 색깔모자 기법을 교안에 수록하였다.

〈Task13. 아이디어 결정하기〉는 도출한 아이디어 중 가장 타당하고 효과적인 것을 결정하는 태도를 갖도록 설계하였다. 학습자들은 도출된 모든 아이디어를 스케치, 그림, 영상 등을 활용하여 최대한 시각적으로 표현한다. 이후 자료를 보며 각 아이디어에 대한 장단점을 논의하도록 하였으며, 투표를 실시하여 가장 효과적인 아이디어를 선정하는 과정을 거친다.

Phase 3(계획)은 가장 효과적이고 실현가능한 아이디어를 한가지를 지속가능한 비즈니스 모델로 고도화하고, 그것을 운영하기 위한 재무, 협력, 성과평가 등을 계획하는 단계로, 총 4개의 학습지원책으로 구성되어 있다.

〈Task14. 비즈니스 모델 기획하기〉는 아이디어를 비즈니스모델로 구체화하는 능력을 함양하도록 설계하였다. 교수자는 비즈니스 모델 캔버스의 9 building block과 지역사회와 관련해서 추가된 3개의 block(지역 문제, 지역 비전, 소셜 임팩트)에 대해 소개한다. 이후 학습자들은 12개의 블록을 채우면서 비즈니스 모델을 기획한다.

〈Task15. 재무 계획 세우기〉는 지속가능한 자금 흐름을 구체화하는 능력을 함양하도록 설계하였다. 학습자는 이해관계자를 주요 객체로 설정하고, 이들 간의 금전적 내용(이익 분배 비율, 수수료, 지원금, 요금제 유형)을 요약하여 정리한다. 비용대비 수익이 높아 지속가능성이 있는 과금체계인지 검토한다. 이 과정을 통해서 비즈니스 모델의 자금 흐름을 파악하고 지속가능성을 검증할 수 있다.

〈Task16. 파트너십 구축하기〉는 아이디어를 실현하기 위해 협력해야할 파트너가 누구인지 파악하고, 그들과의 협업 능력을 함양하도록 설계하였다. 교수자는 지자체, 언론, NGO, 기술 보유 회사, 공간 보유 회사 등 협력자의 예시와 사례에 대해서 설명한다. 학습자는 지역문제를 해결하기 위해 함께 해야할 협력자는 누구이며, 그들과 무엇을 주고받을 수 있을지 고민하는 과정을 거친다.

〈Task17. 성과지표 설계하기〉는 프로젝트의 성공 기준이 무엇인지 공동의 목표를 마련하므로써 내부 인력을 관리할 수 있도록 설계하였다. 교수자는 성과 지표의 예시와 측정 방법이 정리된 교안을 바탕으로 이 단계의 목적과 방법을 설명한다. 학습자는 수익, 고객의 수, 조직의 안정성, 지역민의 삶의 질 등 다양한 관점에서 성과 목표를 마련하고, 그것을 측정할 수 있는 세부 지표를 마련하는 과정을 거친다.

Phase 4(조치)는 결과물을 지역 이해관계자 혹은 산업 전문가에게 선보여 피드백을 수집하는 단계로, 총 3개의 학습지원책으로 구성되어 있다.

〈Task18. 프리젠테이션 하기〉는 발표 연습을 통해 아이디어를 타인에게 효과적으로 전달하고 설득하는 능력을 함양하도록 설계하였다. 교수자는 좋은 발표의 예시와 주의사항, 그리고 반드시 포함되어야 할 핵심 요소에 대해 설명한다. 학습자는 발표문을 작성하고, 이해관계자를 설득하는데 필요한 시간이나 발표 순서를 다양하게 조정하면서 발표 연습을 진행한다. 팀별로 20분씩 할애하여 프로젝트 결과물을 전체 학습자에게 발표하는 시간을 갖는다.

〈Task19. 부스 운영하기〉는 아이디어를 현장에서 선보이고 검증하는 능력을 함양할 수 있도록 설계하였다. 부스 운영 및 검증 계획서 양식을 제공하고, 이를 기반으로 언제, 어디서, 누구를 대상으로 부스를 운영하여 검증 받을 것인지 결정하는 과정을 거친다. 이 과정을 통해서 팀의 사업 모델이 고객에게 어떤 평가를 받을지 예상할 수 있으며, 부족한 점을 파악하고 수정할 기회를 얻도록 한다.

〈Task20. 시범사업 운영하기〉는 시범사업을 운영하는 능력을 함양할 수 있도록 설계하였다. 사업 운영 기간, 참여 인력, 사업 추진 전략 및 목표, 인력 운영계획, 자금 운영 계획 등이 포함된 사업계획서를 작성하도록 교육한다. 이를 토대로 시범사업을 운영하면서 어떤 문제가 발생하였으며, 어떤 해결책을 적용하였는지 상세하게 기록하도록 지도안을 작성하였다. 이 도구는 아이디어를 실제로 사업화할 예정이라면 필수적인 도구이지만, 그렇지 않은 경우에는 생략할 수 있다.

Phase 5(평가)는 결과물에 대한 평가를 토대로 비즈니스 모델을 개선하고 프로젝트 종료에 대해 의사결정 하는 단계로, 총 3개의 학습지원책으로 구성되어 있다.

〈Task21. 피드백 받기〉는 결과물에 대한 피드백을 받고, 그것을 분석하는 능력을 함양할 수 있도록 설계하였다. 먼저 비즈니스 컨셉, 전략, 효과 등 피드백 수집 항목을 분류한다. 이후 지역 이해관계자, 수업 참여자, 대중을 대상으로 피드백을 수렴한다. 피드백 결과를 유사한 것끼리 유목화하도록 교육한다.

〈Task22. 개선하기〉는 피드백 내용을 토대로 우리 팀의 비즈니스 모델을 어떻게 개선할 수 있을지 고민하는 단계이다. 교수자는 사업운영의 10가지 핵심 요소(수익 모델, 네트워크, 구조, 프로세스, 성능, 시스템, 서비스, 채널, 비전, 고객 참여)에 대해 설명한다. 학습자는 피드백을 비즈니 모델에 적용하여 개선하기 위해서 어떤 요소에서 해결책을 찾을 수 있을지 고민하는 과정을 거친다.

〈Task23. 의사결정하기〉는 프로젝트의 피봇 혹은 종료를 선택하는 도구이다. 팀원의 합의 하에 프로젝트를 종료하거나 앞의 단계로 회귀하여 결과물을 개선하도록 지도안을 작성하였다.

V. 결론

본 연구는 지역문제 해결형 기업가정신 역량을 도출하고, 이를 기반으로 교육과정을 개발하는데 연구의 목적을 두었다. 이를 위해, 역량 중심 교육과정 모형을 적용하였으며, 오류발생 가능성을 낮추고자 델파이 방법론을 추가로 활용하여 지역사회 및 창업 분야 전문가 10인을 대상으로 설문을 진행하였다.

분석결과, 총 23개의 지역문제 해결형 기업가정신 역량이 확정되었으며, 역량별 지식(K)–기술(S)–태도(A)를 구분하고, 이를 Dunham의 문제해결 6단계 모형에 적용하여 모듈형 학습 지원책을 개발하였다. 문제해결을 위해서는 문제가 무엇인지 정확하게 파악하는 것이 중요하기 때문에, 본 연구에서는 Phase 1(문제 발굴)과 Phase 2(문제분석) 단계의 학습지원책 비중을 높게 구성하였다. 반면에 본 연구는 실제 창업지망생을 대상으로 개발한 교안이 아니기 때문에, 창업교육에서 강조하는 Phase 3(계획)와 Phase 4(조치) 등의 단계는 적은 비율로 학습지원책을 구성하였다.

본 연구에서 개발한 지역문제 해결형 기업가정신 교육프로그램은 모듈형으로 구성되어 있기 때문에 교육기관의 여건에 따라 교육시간을 조절하여 활용할 수 있으며, 수강생은 10~20명 이내로 구성하는 것이 수업의 집중도를 높일 수 있을 것으로 사료된다. 교육 장소는 이론식, 실습식, 토론식 수업이 원활하게 이루어질 수 있도록 기자재가 유동적인 환경이 적합할 것이다. 또한 비용과 시간이 충분한 경우 현장 견학 수업을 추진하여 문제 해결 우수사례 지역을 선정하여 방문할 수 있도록 계획하는 것이 효과적일 것이다. 마지막으로 교수자는 기업가정신 혹은 창업 분야에 전문성을 갖고 있으면서, 지역사회의 여건에 대해 이해하고 현장에 밀착된 지식과 정보를 제공할 수 있는 자로 선정하는 것이 적합하다.

최근 실제적인 사회문제를 해결하기 위해 학습자가 스스로 문제를 도출하고, 그것에 대한 해결책을 제안하는 문제 기반 학습(problem based learning)의 중요성이 높아지고 있으므로, 본 연구 결과는 대학 내 정규 혹은 비정규 교과의 수업 자료로 활용 가능할 것이다. 이때, 교수자와 학생뿐만 아니라, 지역 자치단체나 중소기업 등 외부 기관이 협력하여 프로젝트 중심의 교육과정이 설계된다면 교육 효과가 더욱 높아질 수 있다. 뿐만 아니라 지역사회 관련 기관, 비영리 기관 등에서도 수업 자료를 변형하여 활용할 수 있을 것이다.

본 연구는 다음과 같은 시사점을 갖는다. 첫째, 본 연구는 사회복지학에서 제안된 이론적 모형을 기반으로 구체적인 기업가정신 교육과정 및 학습지원책을 제안함으로써 이론과 실천을 통합하였다는 점에 의미가 있다. 둘째, 본 연구는 기업가정신 역량 관련 선행연구를 종합하고, 이를 기반으로 전문가 설문을 통해 기존 요인을 정제하고 새로운 요인을 도출하였다는 점에서 창업연구 분야에서 학술적 의미를 지닌다. 셋째, 본 연구는 역량 기반 교육과정 설계 방법의 한계점을 극복하기 위해 델파이 방법론을 결합하여 역량 개발의 오류를 최소화하였다는 점에서 시사점이 있다.

그러나 본 연구는 다음과 같은 한계점을 갖는다. 첫째, 총10명의 전문가를 대상으로 설문을 진행하였기 때문에 응답자료 및 결과가 산업 전체를 대변하기 어렵다는 한계성을 지니고 있다. 따라서 후속 연구에서는 응답자의 수를 확대하여 역량 요인을 보완할 필요가 있다.

둘째, 본 연구는 교육과정을 제안하는 것에 그치고 실제 수업현장에서 이를 적용하지 못하였다는 한계가 있다. 이에 후속 연구에서는 설계기반연구(Design–Based Research) 방법론을 기반으로 교육 현장에 연구 결과물을 적용하여 부족한 부분을 보완하고 교육과정을 더욱 정교화할 예정이다. 설계기반연구는 실제적 교육상황에서 연구자와 현장전문가가 상호 협력하여 반복적으로 교육과정을 개선하는 연구방법론이다. 후속 연구에서는 설계기반 연구의 기본으로 가장 널리 활용되는 Reeves(2006)의 4단계 모델에 형성적 순환단계를 내포하여 지속적 수정이 가능한 Voigt & Swatman(2006) 모형을 결합하여 교육과정을 고도화하고자 한다.

셋째, 본 연구의 결과물을 교육현장에 적용하지 않았으므로, 실질적인 교육과정의 효과를 검증하지 못하였다. 이에 후속 연구에서는 학습 성과 변인으로 추정되는 요인을 이론에 기반하여 상정하고, 이에 대한 효과성을 검증할 필요가 있다. 차후 연구에서는 사전–사후 분석을 통해 교육 만족도(교수법, 교재, 창업인식), 효과성(기업가적 역량, 기업가적 태도, 기업가적 의도, 창업 인식) 등이 교육 전에 비하여 교육 후에 증가하였는지 확인하고자 한다.

부록 내용은 원 논문을 참고해 주시기 바랍니다.

REFERENCE

강수영 · 홍아정(2013). 사회적 기업가정신 실천과정에 관한 연구. *역량개발학습연구*, 8(1), 1–26.

곽정연(2021). 로컬크리에이터 중심의 지역문화 발전을 위한 독일 창업 지원방안 연구. *문화콘텐츠연구*, (23), 55–86.

김선우 · 고혁진(2017). 4차 산업혁명시대 기업가정신의 방향. *한국창업학회 학술대회*, 2017(2), 96–105.

김선우 · 김영환 · 이정우 · 손하늬(2017). *4차 산업혁명 시대 기업가정신의 의의와 방향*. 세종 : 과학기술정책연구원

류귀진 · 백보현 · 김도윤 · 이한솔(2018). 블록체인 기반의 디지털 콘텐츠 산업 ICO(Initial Coin Offering) 핵심요인 도출: 델파이기법을 중심으로. *경영교육연구*, 33(6), 475–492.

류제우 · 김병근(2019). 지역혁신시스템과 기업가정신에 관한 실증적 연구. *산업혁신연구*, 35(3), 1–24.

모종린(2021). *머물고 싶은 동네가 뜬다*. 서울: 알키.

목영두 · 최명길(2012). 대학의 창업교육 체계화를 위한 창업학교육과정 개발 모형 연구. *대한경영학회지*, 25(2), 833–857.

박지훈 · 배종태 · 강신형(2018). 사회적기업가의 사업기회 개발과정에 관한 연구. *사회적기업연구*, 11(3), 57–93.

변지유 · 이장희(2020). 기업가정신역량기반 교육 연구: 대학 창업교육 고도화를 위한 EntreComp (Entrepreneurship Competence) Frame 도출. *벤처창업연구*, 15(6), 189–207.

성지은 · 한규영 · 정서화(2016). 지역문제 해결을 위한 국내 리빙랩 사례 분석. *과학기술학연구*, 16(2), 65–98.

안태욱 · 이일한 · 박재환(2017). 창의성역량 교육이 자기효능감과 창업 의지에 미치는 영향 부모협력을 통한 사회적지지의 조절효과 중심으로. *벤처창업연구*, 12(6), 25–39.

양경애 · 하규수(2020). 중장년층의 창업의도에 미치는 영향 요인에 관한 연구. *벤처창업연구*, 15(4), 45–55.

이상길(2018). 진취성, 지각된 유용성 및 학습지향성이 업무몰입에 미치는 영향. *벤처창업연구*, 13(6), 167–175.

이상욱 · 권철우(2019). 청년층의 지역이탈과 이주지역 선택: 울산지역을 중심으로. *경제연구*, 37(1), 43–66.

이원철 · 최종인(2017). 지역연계 대학창업교육 방향 연구. *벤처창업연구*, 12(6), 89–98.

이원철 · 최종인(2019). 지속 가능한 사회적 가치 창출 방안 연구: '사회적 사내기업가'를 중심으로. *인적자원개발연구*, 22(3), 107–129.

이윤준(2017). 이 시대가 필요로 하는 기업가정신: 한 · 미 · 일 · 중 4개국 비교. *STEPI Insight*, (206), 1–30.

이재경(2002). 역량 기반 교육과정 개발 방법론에 대한 고찰: 마케팅 역량 강화 교육과정 체계 개발 사례를 중심으로. *교육공학연구*, 18(4), 25–56.

이채원 · 강경균(2016). 국민의식과 사회문제 해결 대안으로서의 기업가정신 탐색. *Korea Business Review*, 20(4), 277–295.

이혜영 · 김진수(2018). 초기 및 후기 기술창업기업 창업가의 역량모델에 관한 연구. *벤처창업연구*, 13(4), 99–116.

임태경(2021). 지역경제 활성화에 대한 청년인구 유입의 효과성분석. *한국지방행정학보*, 18, 73–94.

조성숙(2013). 지역사회복지실천 이해 도구로서 시스템 다이내믹스의 가능성에 관한 고찰. *한국시스템다이내믹스연구*, 14(1), 89–104.

최용석 · 백보현(2020). 사회적 혁신 기반 소셜벤처 생태계 활성화 전략. *벤처창업연구*, 15(3), 1–17.

Ahn, T. U., Lee, I. H., & Park, J. W.(2017). A study on the effects of creativity competency education on self–efficacy and entrepreneurial intention: the moderating role of social support through parent cooperation. *Asia-Pacific Journal of Business Venturing and Entrepreneurship*, 12(6), 25–39.

Anderson, D. R.(1997). *Strand of system: the philosophy of charles Pierce,* West lafayette: Purdue University Press.

Andersson, S., Berglund, K., Gunnarsson, E., & Sundin, E.(2012). *Promoting innovation: Policies, practices and procedures.* Stockholm : Vinnova.

Bauman, A., & Lucy, C.(2021). Enhancing entrepreneurial education: Developing competencies for success. *The International Journal of Management Education,* 19(1), 100293.

Byun. J. Y., & Lee. J. H.(2020). Entrepreneurship Competency–Based Education Research: EntreComp (Entrepreneurship Competence) Frame for Advancement of University Startup Education, *Asia-Pacific Journal of Business Venturing and Entrepreneurship*, 15(6), 189–207.

Cho, S. S.(2013). A Study on the Potentials of System Dynamics as a Tool to Understand the Community Welfare Practice, *Korean System Dynamics Review,* 14(1), 89–104.

Choi, Y. S., & Baek, B. H.(2020). Strategies for revitalizing social venture ecosystem based on social innovation theory. *Asia-Pacific Journal of Business Venturing and Entrepreneurship,* 15(3), 1–17.

Daliman, D., Sulandari, S., & Rosyana, I.(2019). The achievement of entrepreneurship competence and entrepreneurial intentions: Gender role, attitude and perception of entrepreneurship controls mediation. *Journal of Social Studies Education Research*, 10(4), 392–426.

Dalkey, N. C.(1969). *The delphi method: An experimental study of group opinion, delphi and decision making.* Lexington: D. C. Helath & Co.

Dunham, A.(1972). Community Development in North America. *Community Development Journal,* 7(1), 10–40.

Haltiwanger, J., Jarmin, R. S., & Miranda, J.(2013). Who creates jobs? Small versus large versus young. *Review of Economics and Statistics,* 95(2), 347–361.

Hardcastle, D. A., Powers, P. R., & Wenocur, S.(2004). *Community practice: Theories and skills for social workers.* Oxford: Oxford University Press.

Hu, M., & Yuan, Y.(2020). Constructing the assessment scale of youth's restaurant entrepreneurship competency: the Case of Taiwan. *Sage Open,* 10(1), 2158244019900566.

Im, T. K.(2021). An Analysis of the Effectiveness of Young Population Inflow on the Revitalization of the Regional Economy, *Korean Local Administration Review,* 18, 73–94.

Kack. J. Y.(2021). A Study on German Start–up Support Measures for the Development of Local Culture Centered on Local Creators, *Journal of Culture Contents,* 23, 55–86.

Kang. S. Y., & Hong. A. J.(2013). A Qualitative Study on Social Entrepreneurship Process, *Journal of Competency Development & Learning*, 8(1), 1–26.

Kim, S. W., Kim, Y. H., Lee, J. W., & Son, H. N.(2017). *The significance and direction of entrepreneurship in the era of the Fourth Industrial Revolution.* Sejong: STEPI.

Kim. S. W., & Ko. H. J.(2017). The direction of entrepreneurship in the era of the Fourth Industrial Revolution, Journal of the *Korean Entrepreneurship Societiy Conferences,* 2017(2), 96–105.

Lawshe, C. H.(1975). A quantitative approach to content validity, *Personnel Psychology*, (28), 563–575.

Lee, C. W., & Kang, K. K.(2016). Entrepreneurship as the Solution to Social Problems, *Korea Business Review,* 20(4), 277–295.

Lee, H. Y., & Kim, J. S.(2018). A Study on the Entrepreneurial Competency Model in Early–and Late–Stage Technology–Based Ventures, Asia–Pacific Journal of Business Venturing and Entrepreneurship, 13(4), 99–116.

Lee, J. K.(2002). Reflection on a Methodoloy of Developing Competency–Based Curriculum: based on a Case of Curriculum Development for Improving Marketing Competency, *Journal of Educational Technology*, 18(4), 25–56.

Lee, S. K.(2018). The Influence of Proactiveness, Perceived Usefulness and Learning Orientation on Work Commitment, Asia–Pacific *Journal of Business Venturing and Entrepreneurship*, 13(6), 167–175.

Lee, W. C., & Choi, J. I.(2017). A Study on the Direction of Entrepreneurship Education in Universities linked to Community. *Asia-Pacific Journal of Business Venturing and Entrepreneurship*, 12(6), 89–98.

Lee, W. C., & Choi, J. I.(2019). A Study on Ways to Make Sustainable Social Value Creation: Focus on the 'Social Intrapreneur'. *Korean Journal of Human Resources Development*, 22(3), 107–129.

Lee. S. W., & Kwon. C. W.(2019). An Analysis on the Determinants of the Migration of the Young in Ulsan Area, *Journal of Economics Studies*, 37(1), 43–66.

Lee. Y. J.(2017). Entrepreneurship needed in this era: Comparison of Korea, the United States, Japan, and China, *STEPI Insight*, (206), 1–30.

Mo. J. L.(2021). *The neighborhood that I want to stay in appears*, Seoul: Alki.

Mock. Y. D., & Choi. M. K.(2012). A Study on the Entrepreneurship Curriculum Development Model to Systemize Entrepreneurship Education in Undergraduate School, *Korean Journal of Business Administration*, 25(2), 833–857.

Mulder, M.(2014). *Conceptions of professional competence*. New York: Springer.

OECD(2018). *The future of education and skills: Education 2030.*

Park. J. H., Bae. J. T., & Kang. S. H.(2018). A Study on Opportunity Development Process of Social Entrepreneurs, *Social Enterprise Studies*, 11(3), 57–93.

Perlman, H. H.(1975). Social casework: *A problem-solving process*. University of Chicago press.

Ploum, L., Blok, V., Lans, T., & Omta, O.(2018). Toward a Validated Competence Framework for Sustainable Entrepreneurship. *Organization & Environment*, 31(2), 113–132.

Reeves, T.(2006). *Design research from a technology perspective.* in Educational design research 1st edition, Routledge.

Rowe, G., & Wright, G.(2001). *Expert opinion in forecasting: The role of the delphi technique in j. armstrong (Ed.). Principles of Forecasting,* Boston: Kluwer Academic, 125–144.

Rower, G., & Wright, G.(1999). The delphi technique as a forecasting tool: Issues and analysis. *International Journal of Forecasting,* 15(4), 353–375.

Ryu, G. J., Baek, B. H., Kim, D. Y., & Lee, H. S.(2018). Evaluating Key Aspects of Initial Coin Offering(ICO) in Digital Contents Industry. *Korean Business Education Review,* 33(6), 475–492.

Ryu, G. J., Baek, B. H., & Kwon, H. I.(2019). Evaluation of Key Elements and Priorities of Initial Coin Offering(ICO) for Integrating Blockchain Technology and Digital Content. *The Journal of the Korea Contents Association,* 19(8), 194–204.

Ryu. J. W., & Kim. B. K.(2019). An Empirical Study on the relationship between Regional Innovation System and Entrepreneurship. *Journal of Industrial Innovation,* 35(3), 1–24.

Sanders, I. T.(1968). *"Community Development." in David L, Sills(ed.). International Encyclopedia of the Socal Sciences. 3.*

Sternberg, R.(2011). *Regional determinants of entrepreneurial activities-theories and empirical evidence. In Handbook of research on entrepreneurship and regional development.* Edward Elgar Publishing.

Strauti, G., Dumitrache, V. M., & Taucean, I. M.(2018). Entrepreneurial competences in economical engineering curriculum in Romania. *Procedia-Social and Behavioral Sciences,* 238, 737–742.

Sung. J. E., Han. K. Y. & Jung. S. H.(2016). A Case Study on Korean Living Labs for Local Problem–Solving, *Journal of Science & Technology Studies,* 16(2), 65–98.

Tovar, E., Tabuenca, B., & Piedra, N.(2020). EntreCom4ALL MODEL to sustain the entrepreneurship competence needs. *In 2020 IEEE Global Engineering Education Conference,* 1937–1940.

Voigt, C., & Swatman, P. M.(2006). Learning through interaction: Improving practice with design–based research. *Interactive Technology and Smart Education,* 3(3), 207–224.

Webb, S., Holford, J., Hodge, S., Milana, M., & Waller, R. (2019). Conceptualising lifelong learning for sustainable

development and education 2030. *International Journal of Lifelong Education,* 38(3), 237–240.

World Economic Forum(2009). *The global competitiveness report.*

Yang, K. A., & Ha, K. S.(2020). A Study on the Factors Affecting the Intention of Entrepreneurial of Middle–Aged and Older Adults, *Asia-Pacific Journal of Business Venturing and Entrepreneurship,* 15(4), 45–55.

벤처창업연구 제18권 제4호 (통권88호)

기업가적 리더십의 양면성: 구성원의 조절 초점 성향에 따른 패러독스 효과

권상집 (한성대학교 사회과학부 기업경영트랙 교수)

국문 요약

벤처창업 연구에서 기업가적 리더십은 구성원의 혁신행동 및 성과를 증진시킬 수 있는 핵심 고리로 그 중요성을 인정받고 있다. 선행연구에서 기업가적 리더십은 구성원의 혁신행동을 향상시키는 요인으로 고려되고 있지만 아직까지 구성원의 개별 성향과 복합적으로 고려했을 때 기업가적 리더십이 어떤 영향을 미치는지에 대해서는 연구가 부족한 편이다. 본 연구는 구성원의 조절 초점 성향을 토대로 기업가적 리더십이 구성원의 성향에 따라 자기효능감과 혁신행동에 각기 다른 영향을 미칠 것으로 가정, 연구를 진행하였다.

본 연구는 변수 간 인과관계 검정을 위해 중소벤처기업에 재직 중인 구성원을 대상으로 점화 기법 기반 실험연구를 진행하였다. 본 연구는 실험 참가자를 2(기업가적 리더십 점화 집단 vs. 통제 집단)×2(조절 초점: 성장 초점 집단 vs. 예방 초점 집단), 네 가지 집단에 각각 무작위로 배분하였다. 연구결과, 기업가적 리더십은 성장 초점의 구성원들이 지닌 자기효능감과 혁신행동에는 긍정적인 영향을 발휘하는 것으로 나타났다. 반면, 기업가적 리더십은 예방 초점 성향 구성원들의 자기효능감과 혁신행동에는 부정적인 영향을 미치고 있었다. 실험연구 결과, 기업가적 리더십과 조절 초점 성향의 상호작용이 자기효능감을 토대로 혁신행동에 양면적인 효과를 발휘한다는 점을 확인할 수 있었으며 성장 초점 성향의 사람들이 예방 초점 성향의 사람들보다 리더가 기업가적 리더십을 발휘할 때 훨씬 더 혁신행동을 발휘할 수 있음을 확인할 수 있었다. 또한, 기업가적 리더십이 구성원에게 미치는 양면적 효과는 자기효능감에 의해 매개되고 있다는 점도 연구를 통해 입증하였다. 본 연구는 리더의 기업가적 리더십이 구성원의 혁신행동을 어떻게 높일 수 있는지에 대한 단초를 제공하였다. 또한, 본 연구는 기업가적 리더십과 조절 초점 성향, 혁신이론에 중요한 학문적 기여도를 제공하였으며 실무적 관점에서도 벤처기업 및 스타트업에서 구성원의 혁신행동을 촉진할 수 있는 조직운영 프로세스에 관한 의미 있는 기여도를 제공하였다.

핵심주제어: 기업가적 리더십, 조절 초점 성향, 자기효능감, 혁신행동

Ⅰ. 서론

벤처창업 활성화 및 스타트업의 지속 성장을 위해 기업가적 리더십은 창업자, 기업가의 가장 중요한 역량으로 떠오르고 있다(Gupta et al., 2004). 기존 리더십 연구에서 주목을 받았던 변혁적 리더십, 거래적 리더십, 서번트 리더십, 임파워링 리더십은 모두 조직행동 및 인적자원 측면에서 중요한 기여도를 제공했지만(Barbuto & Wheeler, 2006; Mayer et al., 2008; Rapp et al., 2016; Zhang & Bartol, 2010) 스타트업 및 벤처기업의 경영진에게 가장 적합한 리더십이라는 측면은 부족했다.

이에 비해 기업가적 리더십은 벤처창업의 덕목인 기업가정신에서 파생된 개념으로 기업가/창업자의 기업가적 의지와 함께 구성원에게 위험을 감수하고 과감히 기회에 참여하게 만드는 리더십을 아우르는 개념이기에 기업가/창업가에게 가장 적합한 리더십으로 부각되고 있다(김종관 외, 2022; Chen, 2007; Surie & Ashley, 2007). 실제로 국내 연구에서도 기업가적 리더십은 구성원의 혁신행동(심덕섭·하성욱, 2020), 개인 창의성(권상집, 2022), 직무몰입(김종관 외, 2022), 팀 경계확장 행동 및 학습(박정우·김진모, 2020) 등에 걸쳐 모든 면에서 긍정적인 영향을 미치는 리더십으로 인정받고 있다.

그러나 기업가적 리더십을 포함 특정한 리더십이 모든 상황에서 가장 최적의 효과를 발휘한다는 관점은 그동안 리더십 연구에서 끊임없이 고민해야 할 연구주제로 떠올랐다(권상집, 2016). 실제로 구성원의 성향에 따라 리더십의 효과가 각기 다르게 적용될 수 있는 만큼 모든 구성원에게 최적의 리더십이 존재하진 않는다는 것이다(Neubert et al., 2008).

기업가적 리더십 역시 구성원의 성향이 어떤 방향성을 지향하느냐에 따라 긍정 또는 부정적 영향을 미칠 수 있다. 예를 들면, Higgins(1997)가 고안한 조절 초점(Regulatory Focus) 이론에 따르면, 개인의 성격은 성장에 초점을 두거나(Promotion Focus) 예방에 초점(Prevention Focus)을 두는 두 가지 성향으로 분류된다. 성장에 초점을 두는 사람은 앞으로 나아가는데 주안점을 두기에 개인의 성장과 발전에 많은 관심을 갖고 자신이 열망하는 결과를 달성하기 위해 자신감을 갖고 능동적으로 과업을 추진한다(Tseng & Kang, 2008). 반면, 예방 초점 성향을 보이는 사람은 도전적이고 혁신적인 과제보다 현 상태의 안정과 유지에 초점을 두기에 당면한 의무와 책임에 집중하고 새롭고 혁신적인 행위는 주저하는 편이다(Shah et al., 1998).

그러므로 구성원에게 과업에 대한 자신감을 부여하고 창의적 역량과 혁신에 대해 위험 감수를 강조하는 기업가적 리더십은 성장에 초점을 둔 구성원의 자신감을 북돋아 자기효능감(Self-Efficacy)을 높여 그들의 혁신행동을 이끌어내는데 긍정적인 효과를 발휘할 수 있다. 반면, 현 상황의 유지와 안정에 초점을 둔 예방 초점의 구성원에게는 기업가적 리더십이 다소 부담감으로 작용되어 그들의 자기효능감을 떨어뜨려 혁신행동에 부정적인 영향을 미칠 가능성이 존재한다.

다만 아직까지 기업가적 리더십 연구는 국내 및 국외 모두 해당 리더십의 긍정적인 영향력에 대해 초점을 두고 연구가 진행되었을 뿐 기업가적 리더십이 구성원의 성향에 따라 부정적인 영향을 미칠 수 있다는 연구는 전무한 편이다(Renko et al., 2015; Surie & Ashley, 2007). 이에 따라 본 연구는 국내 벤처기업에 종사하는 구성원을 대상으로 기업가적 리더십이 구성원의 조절 초점 성향에 따라 차별화된 양면성을 지니고 있는지 실험연구를 진행, 인과관계를 살펴보고자 한다. 만약, 기업가적 리더십이 구성원의 성향에 따라 각기 다른 효과를 미친다면 본 연구는 벤처기업/스타트업의 경영진에게도 유의미한 실천적 교훈을 제공할 수 있고 학계에도 기업가적 리더십의 양면성을 제시하는 학술적 기여도를 제공할 것이다.

Ⅱ. 이론적 배경 및 가설 설정

2.1. 기업가적 리더십과 조절 초점 성향이 혁신행동에 미치는 패러독스 효과

기업가적 리더십(Entrepreneurial Leadership)은 구성원의 혁신행동과 창의성을 독려하는 기업가/창업자의 전략적 리더십을 의미한다(Gupta et al., 2004). 기업가적 리더십은 이후 다양한 학자들에 의해 연구 및 논의가 진행되었고 〈표 1〉과 같이 개념적 정의가 활발하게 이루어졌다.

〈표 1〉 기업가적 리더십의 정의

연구자	주요 개념
Chen (2007)	• 구성원의 창의적 사고 활성화를 기반으로 기업가적 역량을 발휘, 혁신을 독려하는 리더십
Renko et al. (2015)	• 신규 사업기회 포착 및 실현을 위해 구성원의 기업가적 역량을 강조, 독려하는 리더십
심덕섭·하성욱 (2020)	• 구성원의 잠재력을 극대화해 미래 발생 가능한 문제를 해결하고 혁신을 추구하는 리더십

기업가적 리더십이 스타트업 및 벤처기업을 토대로 연구가 진행되는 이유는 해당 리더십이 혁신과 창의성을 조성, 벤처기업의 성장과 구성원의 진취적 의지, 적극적인 마인드, 경쟁력을 극대화할 수 있기 때문이다(박정우·김진모, 2020). 국내 연구에 의하면, 기업가적 리더십은 구성원의 혁신행동을 활성화시키는데 가장 효과적이다(심덕섭·하성욱, 2020).

새로운 사업기회 포착과 발굴, 실현을 의미하는 기업가정신과 구성원에게 위험 감수와 능동적 의지를 독려하는 리더십이 결합된 기업가적 리더십은 구성원의 열정과 적극성을 강화한다는 측면에서 스타트업과 벤처기업의 경영진에게 가장 필요한 덕목으로 인정받고 있다(권상집, 2021; 황인덕·정찬구, 2021). 특히 환경 변화 속도가 격변의 상태로 전환되면서 이를 극복하기 위해 구성원 전체의 역량과 동기를 최적화시키는 데 초점을 둔 기업가적 리더십은 기업가적 비전과 공동체 역량 강화 측면에서 중요성을 지닌다(Fernald et al., 2005; Huang et al., 2014).

기업가적 리더십은 변혁적 리더십과 비전 공유, 변화 장려 등에서 공통점을 갖고 있으나 구성원의 성장과 기업의 혁신성을 좀 더 강조, 독려한다는 점에서 변혁적 리더십 및 기타 리더십과 차이를 보인다(Gupta et al., 2004; Huang et al., 2014). 또한, 서번트 리더십이 섬세한 배려와 공동체 정신을, 셀프 리더십이 자율성과 주도성에 중점을 두는 데 비해(Barbuto & Wheeler, 2006) 기업가적 리더십은 혁신 및 창의성, 기업가적 역량을 더 많이 강조하기에 이들 리더십과도 근본적인 차이를 지닌다고 볼 수 있다.

〈표 2〉 기업가적 리더십과 기타 리더십의 차이

기업가적 리더십	변혁적 리더십	셀프 리더십	서번트 리더십	출처
사업기회 포착 혁신 촉진 창의성 강조 기업가적 역량	카리스마 지적인 자극 사려심 감화적 동기부여	자율성 주도성 권한 주도 자발적 흥미	섬세한 배려 헌신과 지원 탈권위 공동체 정신	Barbuto & Wheeler (2006) Gupta et al. (2004) Huang et al. (2014)

그러므로 다수의 연구는 기업가적 리더십이 구성원의 의지와 성장, 역량을 한 단계 향상시키고 혁신행동을 증진하는 최적의 리더십으로 인정하고 있다(왕환환 외, 2020; Fernald et al., 2005; Renko et al., 2015).

그러나 리더십은 외부 환경의 변화뿐 아니라 내부 구성원의 성향과도 적합성(Fit)을 이루어야 성과를 낼 수 있다는 주장 역시 점점 강화되는 추세다(Neubert et al., 2008). 서번트 리더십, 임파워링 리더십도 구성원의 성향에 따라 각기 다른 영향력을 조직에 미친다는 점이 기존 연구를 통해 알려지면서(Cheong et al., 2016; Neubert et al., 2008) 기업가적 리더십도 모든 구성원에게 동일하게 긍정의 효과를 발휘할 수 있을지에 대해선 고민이 필요하다.

이와 관련하여 대표적으로 고려해볼 수 있는 구성원의 성향이 바로 조절 초점(Regulatory Focus) 성향이다. 조절 초점이란, 실제 상태와 이상적인 상태의 간극에서 발생하는 불균형을 사람들이 어떻게 극복하고 이에 대해 반응하는지를 설명하는 이론이다(Meyer et al., 2004). 앞서 언급한 바와 같이 조절 초점은 크게 성장 초점과 예방 초점으로 구분할 수 있다. 성장 초점의 사람들은 자신의 성장과 발전, 열망에 관심이 많기에 리더가 성장과 발전, 열정과 자신감을 강조하면 긍정적인 결과를 만들어 내기 위해 좀 더 과감하고 적극적인 시도를 추구한다(정예슬, 2023; Koopmann et al., 2016; Tseng & Kang, 2008).

반면, 예방 초점 성향이 강한 사람들은 변화와 성장보다 현 상태의 안정에 주안점을 두기에 기존의 루틴, 과업, 의무와 책임을 중시한다(Shah et al., 1998). 기존 연구에 의하면 혁신 문화는 성장 초점의 구성원에게 긍정적 영향을 미치고(Slemp et al., 2018) 안정적인 문화는 예방 초점의 사람들에게 긍정적인 영향을 미치는 것으로 알려져 있다(Wallace & Chen, 2006). 이에 따라 성장 초점과 예방 초점의 구성원에게 기업가적 리더십은 각기 다른 효과를 미칠 것으로 추론할 수 있다.

기업가적 리더십은 미래 문제를 해결할 수 있도록 구성원의 자신감과 성장 의지를 북돋는 리더십이다. 기업가적 리더십은 능동적이고 진취적인 의지와 행위를 강조하기에(심덕섭·하성욱, 2020) 성장 초점의 구성원의 혁신행동을 더욱 긍정적으로 강화, 독려할 가능성이 높다. 선행연구에서도 기업가적 리더십과 유사점을 보이는 변혁적 리더십은 성장 초점의 구성원과 적합성을 이루는 리더십으로 인정받고 있다(Kark & Van Dijk, 2007). 참고로, 혁신행동은 창의적이고 유용한 아이디어를 실행해야 하는 적극적 행위를 담고 있다(Scott & Bruce, 1994). 지속 성장과 혁신을 추구해야 할 벤처기업의 구성원에게 가장 갖춰야 할 요소가 바로 혁신행동이다. 구성원이 혁신행동을 적극적으로 추구해야 벤처기업의 성과와 성장도 가속화될 수 있기 때문이다. 그러므로 기업가적 리더십은 성장 초점의 구성원이 발휘해야 할 능동적 과정인 혁신행동에 긍정적 영향을 미칠 것이다.

반면, 예방 초점의 구성원들이 가장 기피하는 건 새로운 변화와 위험감수에 있다(Higgins, 1997; 정예슬, 2023). 안정과 유지를 중시하는 예방 초점의 구성원은 정해져 있는 프로세스와 과업을 편하게 생각하기에(현지혜, 2012) 자기주도적 의사결정, 위험감수, 창의성 등을 강조하는 기업가적 리더십과 적합성이 맞지 않을 수 있다. 기업가적 리더십은 구성원에게 독립성과 자율성을 강조하는 반면 예방 초점의 구성원은 독립성 대신 안정성과 관리/통제를 선호한다. 선행연구를 토대로 추론할 때, 기업가적 리더십은 예방 초점의 구성원이 발휘해야 할 혁신행동에는 부정적인 영향을 미칠 가능성이 높다. 기업가적 리더십과 구성원의 조절 초점 성향을 포괄하여 도출한 본 연구의 가설 1과 2는 아래와 같다.

가설 1: 리더의 기업가적 리더십은 성장 초점 성향을 지닌 구성원의 혁신행동에 긍정적인 영향을 미칠 것이다.

가설 2: 리더의 기업가적 리더십은 예방 초점 성향을 지닌 구성원의 혁신행동에 부정적인 영향을 미칠 것이다.

2.2. 자기효능감의 매개효과

자기효능감은 구성원들이 자신이 지닌 역량에 대해 긍정적으로 지각하는 상태를 의미한다(Bandura, 1997; Riggs & Knight, 1994). 그러므로, 자기효능감(Self-Efficacy)은 혁신행동을 강화하는 핵심 변인이 될 수 있다(심덕섭·하성욱, 2013; 황상규, 2011). 자기효능감이 높은 구성원은 기존 업무를 그대로 준수하기보다 다양한 시도를 추구하고 자신이 맡은 과업이나 행위를 자율적으로 관리하려는 성향이 강하다(송정수·양필석, 2008; Pajares & Schunk, 2001; Keskin, 2014). 특히 자기효능감은 효과적인 리더십에 의해 촉진되어 구성원의 혁신행동에 정(+)의 영향을 미치는 심리적 변인이다(Parker et al., 2006). 자기효능감은 임파워링 리더십과 혁신행동 간의 관계에서도 긍정적인 고리로 작용하는 등 리더십과 혁신행동 사이를 연결하는 매개변인 중 하나로 여겨지고 있다(권정언·권상집, 2015; Azar et al., 2010).

앞서 설명했듯이 리더의 기업가적 리더십은 성장 초점의 구성원이 발휘하는 혁신행동에는 긍정적인 영향을, 예방 초점의 구성원이 해야 할 혁신행동에는 부정적인 영향을 미칠 수 있다. 이를 토대로 볼 때, 기업가적 리더십은 성장 초점의 구성원들의 성장과 발전, 의지를 독려하여 더 많은 진척을 원하는 그들의 자기효능감을 북돋는 데 효과적이다(Azar et al., 2010). 반면, 예방 초점의 구성원들은 변화보다 안정, 자율성보다 통제를 선호하기에 기업가적 리더십이 강조하는 창의적 역량 강화 등에 부담감을 느껴 자신의 역량에 대해 부정적으로 인지, 스스로 위축될 가능성이 높다.

결국, 기업가적 리더십은 성장 초점의 구성원들의 자기효능감을 높여 이들의 혁신행동에는 긍정적 효과를 미칠 수 있지만 예방 초점의 구성원들에겐 부담으로 작용, 자기효능감이 오히려 감소되어 결과적으로 이들의 혁신행동에 부정적인 영향을 줄 것으로 추론할 수 있다. 본 연구는 선행연구의 논리를 토대로 기업가적 리더십과 조절 초점 성향에 따른 구성원의 혁신행동 사이를 매개할 자기효능감과 관련하여 가설 3과 4를 다음과 같이 제안하였다.

가설 3: 리더의 기업가적 리더십에 의해 긍정적인 영향을 받은 성장 초점 성향의 사람들이 지닌 자기효능감은 기업가적 리더십과 혁신행동 사이를 긍정적으로 매개할 것이다.

가설 4: 리더의 기업가적 리더십에 의해 부정적인 영향을 받은 예방 초점 성향의 사람들이 지닌 자기효능감은 기업가적 리더십과 혁신행동 사이를 부정적으로 매개할 것이다.

Ⅲ. 연구 방법

3.1. 실험연구 방법 및 프로세스

본 연구는 리더의 기업가적 리더십이 구성원의 조절 초점 성향에 따라 자기효능감과 혁신행동에 각기 다른 영향을 미치는지 확인하기 위해 실험연구를 설계하였다. 실험연구는 기존의 설문연구와 달리 변수 간의 인과관계를 가장 정확히 살펴볼 수 있는 연구방법으로 학계에서 인정받고 있고 국외 경영학 학술지에서도 리더십과 심리적 변인 간의 관계를 살펴보는 방법으로 널리 활용되고 있다(Gillath et al., 2008; Van Dierendonck et al., 2014).

기업가적 리더십과 조절 초점 성향 간의 연관성을 확인하기 위해 본 연구는 실험연구방법 중 하나인 점화(Priming) 기법을 사용하였다. 점화 기법이란, 구성원에게 가상의 특정 상황(제시문)을 제공한 후 이를 읽게 하고 관련 사항에 몰입을 유도하는 방식을 의미한다(Chugh et al., 2014).

실험 참가자는 자신이 받은 제시문을 읽고 해당 사항을 떠올린 후 느낀 감정이나 생각을 5~10줄의 내용으로 작성한다. 작성 과정을 통해 실험 참가자는 주어진 상황에 몰입하고 그 이후 제시되는 측정 문항에 응답한다. 이를 토대로 변수 간의 인과관계를 가장 정확히 파악할 수 있다. 기업가적 리더십의 효과를 비교, 분석하기 위해 본 연구는 추가로 통제 조건을 설정하였다. 통제 조건은 리더십의 점화와 무관한 상황, 즉 리더와 구성원이 업무를 진행했던 일상을 떠올리며 느꼈던 생각을 기술하게 하여 기업가적 리더십 대비 조절 초점 성향에 따라 어떤 차이를 보이는지 분석을 진행하였다(Friedman & Förster, 2001; Storm et al., 2011). 아울러, 조절 초점 성향 관련 연구는 설문보다 실험연구를 통해 해당 성향에 따른 참가자들의 반응을 정확히 확인할 수 있다고 언급하고 있다(Cesario et al., 2007). 본 연구의 실험연구 프로세스는 다음과 같다.

실험연구는 국내 중소벤처기업에 근무하는 구성원 104명을 대상으로 진행하였고 참가자는(기업가적 리더십-성장 초점, 기업가적 리더십-예방 초점, 통제조건-성장 초점, 통제조건-예방 초점) 총 4가지 유형 중 하나에 무작위로 배분되었다. 4가지 조건 중 하나의 조건을 부여받은 참가자는 제시문을 읽고 난 후 자기효능감과 혁신행동 측정 문항에 답변하였다.

〈표 3〉 실험 참가자의 인구통계 특성

주요 정보	분류	인원 수	인원 비율
성별	남성	71명	68.3%
	여성	33명	31.7%
직급	팀원	81명	77.9%
	팀장	23명	22.1%
연령	20대	65명	62.5%
	30대	27명	26.0%
	40대 이상	12명	11.5%
학력	초대졸	16명	15.4%
	대졸	80명	76.9%
	대학원졸 이상	8명	7.7%

참고로, 실험연구를 진행한 기업은 IT 및 SW, 게임콘텐츠 분야에 있는 벤처기업 4곳을 토대로 진행하였으며 해당 기업의 구성원들이 참석한 교육 세미나에서 별도의 시간을 내어 실험을 진행하였다. 실험참가자 104명의 인구 통계적 특성은 〈표 3〉과 같다. 기존 실험연구에서는 각각의 조건에 최소 20명 이상의 참가자가 참여하면 변수 간의 인과관계를 파악할 수 있다고 언급하고 있다(Oppenheimer et al., 2009). 본 연구는 4가지 조건에 각각 26명의 참가자를 배분했기에 실험연

구 결과의 타당도와 신뢰도를 유지하는데 안정적인 참가자 수(Sample)를 확보하였다. 특히, 국외 실험연구에서도 대학생을 대상으로 연구를 진행하는데 비해 본 연구는 중소벤처기업에 근무하는 직장인을 대상으로 실험연구를 진행했기에 리더십과 벤처기업 현장에 실천적 지혜를 제공할 수 있다(Tost et al., 2013). 본 연구에서 활용한 점화 제시문은 선행연구를 토대로 작성되었으며 관련 내용은 다음과 같다.

3.2. 점화 제시문(Manipulation)

3.2.1. 기업가적 리더십

귀하의 리더는 불확실한 환경에서도 미래 가치와 성장을 위해 조직의 비전과 방향성에 대해 구성원에게 명확히 이를 설명합니다. 귀하의 리더는 구성원의 잠재적 역량, 창의성 등을 독려하며 사업기회 포착과 실현을 위해 모든 노력을 기울입니다. 또한, 귀하의 리더는 어려운 상황에서도 구성원에게 용기와 자신감을 불어넣어주며 미래 청사진과 함께 긍정적인 에너지를 심어주기 위해 노력합니다(Gupta et al., 2004; Leitch & Volery, 2017).

해당 제시문을 제공한 후 아래와 같은 가이드라인을 제공하였다.

잠시 동안 위의 리더를 경험했을 때의 상황을 기억하거나 생각해보시기 바랍니다. 만약, 해당 경험이 없다면 위와 같은 리더의 모습을 상상해보시기 바랍니다. 위의 리더를 만났을 때 귀하가 느꼈던 또는 느꼈을 감정, 생각을 아래 10개 빈 칸에 자유롭게 기술해 주시기 바랍니다.

3.2.2. 통제 조건(Control)

오늘 귀하의 리더는 회사에서 다양한 업무를 진행했습니다. 회사에서 업무를 진행하면서 귀하의 리더는 수많은 의사결정을 진행했으며 귀하 역시 관련 문서 작업을 진행했습니다. 귀하와 귀하의 리더는 오늘도 많은 일들을 처리했습니다.

해당 제시문을 제공한 후 아래와 같은 가이드라인을 제공하였다.

잠시 동안 위의 상황을 기억하거나 생각해보시기 바랍니다. 만약, 해당 경험이 없다면 위와 같은 모습을 상상해보시기 바랍니다. 위와 같은 상황에서 귀하가 느낀 또는 느꼈을 감정, 생각을 아래 10개 빈 칸에 자유롭게 기술해주시기 바랍니다.

3.2.3. 성장 초점(Promotion Focus)

과거 귀하가 목표로 했던 사항 또는 이상적으로 고려했던 사항들을 생각해보시기 바랍니다. 그리고 그 중 일부를 작성하시기 바랍니다. 또한, 현재 귀하가 희망하거나 열망하는 어떤 사항들에 대해서도 잠시 생각해보시기 바랍니다. 그 중 일부를 작성하고 실현할 수 있는 방법에 관해 기술해주시기 바랍니다(Friedman & Förster, 2001; Kirmani & Zhu, 2007).

3.2.4. 예방 초점(Prevention Focus)

과거 귀하가 맡아야 했던 의무와 책임 등을 생각해보시기 바랍니다. 그리고 그 중 일부를 작성하시기 바랍니다. 또한, 현재 귀하가 수행해야 하는 의무와 책임에 대해 잠시 생각해보시기 바랍니다. 그 중 일부를 작성하고 예상되는 부정적 결과를 회피할 수 있는 방법에 관해 기술해주시기 바랍니다(Friedman & Förster, 2001; Kirmani & Zhu, 2007).

3.3. 측정 문항(Measurement)

3.3.1. 기업가적 리더십(Manipulation Checks)

실험연구에서 특정 상황을 유도하기 위해 점화된 변수는 해당 점화조건이 참가자에게 제대로 몰입을 유도했는지 확인하기 위해 반드시 실험조건 검정을 진행해야 한다. 이를 위해 기업가적 리더십으로 점화된 집단과 통제 집단에 소속된 집단에게 기업가적 리더십에 관한 문항을 제시, 기업가적 리더십 점화 집단이 통제 집단 대비 실제로 기업가적 리더십을 보다 잘 느꼈는지 확인해야 한다. 본 연구는 이를 위해 선행연구에서 검증된 기업가적 리더십 측정 문항 4개를 활용하였고(Huang et al., 2014; Renko et al., 2015) 예시 문항은 다음과 같다. '귀하의 리더는 구성원의 창의적 잠재력을 일깨워준다.', '귀하의 리더는 도전적인 업무를 진행할 수 있도록 격려와 지지를 제공한다.' 등이다. 문항은 리커트 5점 척도(1: 전혀 그렇지 않다~5: 매우 그렇다)로 측정하였다.

3.3.2. 조절 초점 성향(Manipulation Checks)

기업가적 리더십과 함께 점화를 진행한 조절 초점 성향이 각각의 참가집단(성장 초점, 예방 초점)에게 잘 점화되었는지 확인하기 위해 기존 연구에서 활용된 문항 6개(성장 초점 3문항, 예방 초점 3문항)을 실험조건 점화 검정에 이용하였다(Neubert et al., 2008). 성장 초점의 예시 문항으로는 '나는 내가 희망하는 것들을 실현할 수 있는 방법을 생각하는데 시간을 보낸다.', '나는 나의 성장과 발전을 꿈꾸며 동기부여 된다. 등이다.' 예방 초점의 예시 문항은 '나는 업무를 할 때 실패를 회피할 수 있는 방안에 집중한다.', '나는 안정적인 직무 수행을 위해 정해진 과업의 프로세스 완수에 초점을 둔다.' 등이다. 문항은 리커트 5점 척도(1: 전혀 그렇지 않다~5: 매우 그렇다)로 측정하였다.

3.3.3. 자기효능감

본 연구는 앞서 언급한 대로(기업가적 리더십, 통제 조건×성장 초점, 예방 초점)의 4가지 조건을 부여한 후 자기효능감과 혁신행동 측정 문항에 답변하게 했다. 그러므로 자기효능감과 혁신행동은 기존 연구에서 검증된 문항을 그대로 실험참가자에게 제공하였다. 본 연구의 매개변수로 고려한 자기효능감은 Schwarzer & Jerusalem(1995)의 문항 4개를 활용하였다. 자기효능감의 예시 문항은 '어떤 상황에서도 나는 내가 원하는 방향으로 문제를 해결할 수 있다.', '나는 나의 역량을 믿기에 어려운 상황에서도 침착해진다.' 등이다. 자기효능감 문항 역시 리커트 5점 척도(1: 전혀 그렇지 않다~5: 매우 그렇다)로 측정하였다.

3.3.4. 혁신행동

혁신행동은 Scott & Bruce(1994) 및 Welbourne et al. (1998)가 사용한 문항 4개를 사용하였다. 혁신행동의 예시문항은 '나는 참신한 아이디어를 실행하기 위해 업무를 진행한다.', '나는 좀 더 창의적인 업무 프로세스를 제안한다.', '나는 업무를 할 때 늘 개선 방안을 고민, 적용한다.' 등이다. 혁신행동 문항 또한 리커트 5점 척도(1: 전혀 그렇지 않다~5: 매우 그렇다)로 측정하였다.

IV. 연구 결과

4.1. 실험조건 검정

본 연구의 가설을 검정하기 전에 실험조건이 점화 집단에게 각각 효과적으로 반영되었는지 확인하기 위해 실험조건 검정(Manipulation Check)을 진행하였다. 실험조건 검정 결과는 크게 두 가지를 확인해야 한다. 기업가적 리더십이 제대로 점화되었는지 그리고 성장 초점과 예방 초점이 각 집단별로 제대로 반영되었는지 확인해야 한다.

기업가적 리더십의 점화 효과를 살펴보기 위해 해당 점화 집단과 통제 집단의 참가자들이 작성한 내용을 살펴본 결과, 기업가적 리더십으로 점화된 집단은 '자신감이 생긴다.', '새로운 생각을 과감히 얘기할 수 있을 것 같다.', '진부한 생각보다 창의적 생각에 도전할 것 같다.', '성장할 수 있는 느낌이다.' 등이 가장 많이 도출되었으며, 통제 집단의 참가자들이 작성한 내용은 '업무가 많아 피곤하다.', '매우 바빴다.', '정신없이 시간이 지나갔다.', '여유가 필요하다.' 등으로 나타나 두 집단의 참가자가 느낀 생각과 내용이 상당히 다르다는 점을 확인할 수 있었다.

기업가적 리더십 측정 문항으로 실험조건을 분석한 결과, 기업가적 리더십 점화 집단(M=3.95, SD=0.67)은 통제 집단(M=2.27, SD=0.85)보다 기업가적 리더십에서 더 높은 반응을 보여[F(1, 100)=2.36, t=11.468, p<0.001] 효과적으로 기업가적 리더십이 실험집단에게 적용되었음을 확인할 수 있었다. 조절 초점은 성장 초점과 예방 초점으로 나누어 각각의 집단별로 점화를 진행하였다. 이를 위해 성장 초점 점화가 효과적으로 적용되었는지 확인하기 위해 분석을 진행한 결과, 성장 초점 점화 집단(M=3.92, SD=0.70)은 예방 초점 점화 집단(M=2.20, SD=0.69)보다 성장 초점에서 더 높은 반응을 보여[F(1, 100)=3.52, t=12.480, p<0.001] 성장 초점 역시 해당 집단에 효과적으로 적용되었음을 확인하였다. 또한, 예방 초점 점화 역시 해당 점화 집단(M=3.85, SD=0.64)이 성장 초점 점화 집단(M=1.87, SD=0.66)보다 더 높게 예방 초점에 반응한 것으로 나타나 예방 초점 점화 또한 효과적으로 적용되었음을 확인하였다[F(1, 100)=3.88, t=15.468, p<0.001]. 실험조건이 각각의 집단(기업가적 리더십 집단, 성장 초점 집단, 예방 초점 집단)에 적용되었음을 확인한 후 가설 검정을 진행하였다.

4.2. 가설 검정

본 연구의 가설을 검정하기 위해 다원분산분석(Univariate analysis of variance)을 진행하였다. 기업가적 리더십이 성장 초점과 예방 초점에 미치는 영향이 각각 다를 것이라는 가설을 살펴보기 위해 본 연구는 4개 집단(기업가적 리더십-성장 초점, 기업가적 리더십-예방 초점, 통제조건-성장 초점, 통제조건-예방 초점)의 결과 값을 비교 분석하였다. 참고로, 앞에서도 언급했듯이 선행연구에서는 실험연구에서 각각의 집단을 비교 분석할 때 해당 조건에 소속된 집단의 샘플 크기가 최소 20개(n=20) 이상이면 변수 간의 인과관계를 합리적으로 확인할 수 있다고 언급하고 있다(Oppenheimer et al, 2009). 본 연구는 4개 집단 모두 동일하게 각기 다른 26명의 참가자를 배분시켜 연구 결과를 분석하였다. 분석 결과, 기업가적 리더십이 점화된 집단에서 성장 초점이 부여된 구성원들의 혁신 행동(M=4.00, SD=0.66)이 예방 초점의 집단 값(M=1.88, SD=0.58)이 보인 혁신행동보다 훨씬 높은 것으로 나타나 기업가적 리더십이 성장 초점 성향을 지닌 구성원의 혁신행동에 긍정적인 영향을 미친다는 점을 확인할 수 있었다. 반면, 기업가적 리더십이 점화되지 않은 통제 집단의 경우 예방 초점의 혁신행동(M=2.29, SD=0.77)은 기업가적 리더십이 부여되었을 때의 예방 초점 집단이 보여준 혁신행동(M=1.88, SD=0.58)보다 높아 기업가적 리더십을 발휘했을 때 오히려 예방 초점 성향의 구성원들의 혁신행동이 부정적인 영향을 받을 수 있음을 추론할 수 있었다. 이를 토대로, 본 연구의 가설 1과 2가 타당하다는 점을 확인하였으며, 결과 분석 형식(표 및 그림)은 국내외 실험연구에서 준용하는 형식을 준수, 제시하였다.

〈표 4〉 기업가적 리더십이 혁신행동에 미치는 영향

집단 구분	N	평균	표준오차	F값	p값
기업가적 리더십·성장초점	26	4.00	.66	41.71	.00
기업가적 리더십·예방 초점	26	1.88	.58		
통제 조건·성장 초점	26	2.86	.66	43.55	.00
통제 조건·예방 초점	26	2.29	.77		

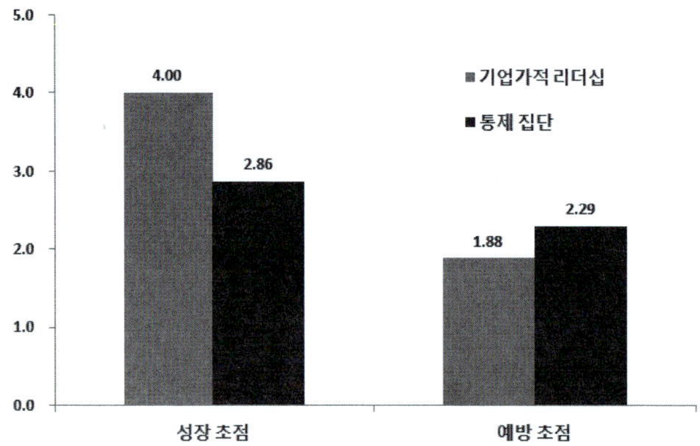

〈그림 1〉 집단별 조절 초점의 혁신행동 결과

〈그림 1〉을 살펴보면 확인할 수 있듯이 성장 초점의 성향을 지닌 사람들의 혁신행동을 높이기 위해서는 리더가 기업가적 리더십을 발휘해야 함을 확인할 수 있다. 반면, 기업가적 리더십은 예방 초점의 구성원들이 혁신행동을 발휘하는데 별 다른 도움을 주지 못한다. 리더의 일상적인 행동을 평이하게 제안한 통제 조건에서 예방 초점 구성원들의 혁신행동이 보다 높다는 점은 기업가적 리더십이 예방 초점 성향의 사람들이 참신하고 창의적인 행동을 하는데 오히려 부정적인 영향을 미친다고 해석할 수 있다. 이와 관련하여 보다 자세한 분석은 매개효과 검정을 통해 확인하였다.

4.3. 매개효과 검정

본 연구의 가설 3과 4를 확인하기 위해 리더십과 조절 초점 성향에 의한 자기효능감이 혁신행동에 어떤 영향을 미치는지 매개효과 검정을 진행하였다. 매개효과 검정은 대표적인 분석 방법인 붓스트래핑 분석 방법을 활용하였으며 해당 분석 결과, 95% 신뢰도 구간에서 상한값과 하한값 사이에 0값이 포함되지 않을 때 매개변수의 간접효과가 의미 있는 것으로 설명할 수 있다(Hayes, 2012; Preacher & Hayes, 2008). 이 경우, 매개효과를 분석했을 때 상한값과 하한값의 범위가 양수(+)로만 범위가 확정된 경우 긍정적인 매개효과가 발휘된다고 판단할 수 있으며, 해당 값의 범위가 음수(−)로만 확정된 경우에는 부정적인 매개효과가 존재한다고 말할 수 있다.

매개효과 분석은 총 4개 집단을 대상으로 모두 진행하였다. 95% 신뢰도 두간에서 5,000개의 샘플을 토대로 분석한 결과 기업가적 리더십에 의해 긍정적 영향을 받은 성장 초점 성향의 사람들이 지닌 자기효능감은 기업가적 리더십과 혁신행동 사이를 긍정적으로 매개하는 것으로 나타났다(간접효과: 0.5303, 상한값: 0.8188, 하한값: 0.2551). 반면, 기업가적 리더십에 의해 부정적인 영향을 받은 예방 초점 성향의 사람들이 지닌 자기효능감은 기업가적 리더십과 혁신행동 사이를 부정적으로 매개하는 것으로 확인되었다(간접효과: −0.6810, 상한값: −0.4404, 하한값: −0.9592). 붓스트래핑 분석을 통해 확인한 결과, 리더의 기업가적 리더십은 성장 초점 성향에게는 긍정의 영향을, 조절 초점 성향에게는 부정의 영향을 미친다고 말할 수 있다.

참고로, 진행한 통제 집단과 성장 초점 성향 그리고 통제 집단과 조절 초점 성향 집단의 매개효과 분석에는 상한값과 하한값 사이에 모두 0값이 포함되어 매개효과가 나타나지 않은 것으로 나타났다. 즉, 리더의 기업가적 리더십과 혁신행동 사이에는 조절 초점 성향에 따른 자기효능감이 긍정 또는 부정의 영향을 미친다고 판단할 수 있다. 매개효과 분석과 관련된 상세한 결과 값은 <표 5>에 정리, 제시하였다. 또한, 별도로 진행한 회귀분석 결과에서도 기업가적 리더십은 성장 초점 성향의 자기효능감(B=0.348, t=4.020, p<.00)과 혁신행동(B=0.472, t=5.453, p<.00)에 각각 긍정의 영향을 미치는 것으로 나타났지만 기업가적 리더십은 예방 초점 성향의 자기효능감(B=-0.164, t=-1.6585, p<.05)과 혁신행동(B=-0.202, t=-2.330, p<.05)에는 부정적인 영향을 띄는 것으로 나타나 리더의 기업가적 리더십이 구성원의 조절 초점 성향에 따라 긍정과 부정의 양면성을 지닌다는 점을 확인할 수 있었다.

〈표 5〉 매개효과 분석 결과 (붓스트래핑 분석)

집단	매개 변수	종속 변수	간접 효과	Boot SE	95% 신뢰구간	
					하한 값	상한 값
기업가적 리더십·성장초점	자기 효능감	혁신 행동	.5303	.1434	.2551	.8188
기업가적 리더십·예방 초점			-.6810	.1334	-.9592	-04404
통제 조건·성장 초점			.2172	.1233	-.0108	.4701
통제 조건·예방 초점			.1752	.1298	-.6411	.1178

V. 결론

5.1. 연구의 학문 및 실무적 시사점

본 연구는 리더의 기업가적 리더십이 성장 초점의 구성원에겐 긍정적인 영향을, 예방 초점의 구성원에겐 부정적인 영향을 미친다는 점을 실험연구 결과로 제공, 다음과 같은 학문적 기여도를 제공하였다.

첫째, 학문적 관점에서 본 연구는 벤처창업 및 리더십 연구에서 아직 많은 연구가 진행되지 못한 기업가적 리더십이라는 주제를 토대로 해당 리더십의 양면성을 확인, 벤처창업 및 리더십 연구에 새로운 시사점을 제공했다. 지금까지 기업가적 리더십은 국내외에서 항상 긍정적 효과만 미치는 것으로 알려져 왔다(심덕섭·하성욱, 2020; 왕환환 외, 2020; Huang et al., 2014; Renko et al., 2015; Surie & Ashley, 2007). 그러나 본 연구를 통해 확인할 수 있듯이 적극적인 기업가적 의지와 열망을 강조하는 기업가적 리더십은 특정 성향(성장 초점)의 구성원이 지닌 자기효능감과 혁신행동에는 긍정적 영향을 발휘하지만 특정 성향(예방 초점)의 구성원에겐 오히려 부담으로 작용, 부정적 영향을 주는 것으로 나타났다. 최근 들어, 임파워링 리더십과 서번트 리더십, 변혁적 리더십 등이 모두 양면성을 지녔다는 연구결과가 제공되고 있는 만큼(Cheong et al., 2016; Neubert et al., 2008) 기업가적 리더십의 효과에 대해서도 보다 심층적인 연구가 필요하다. 본 연구는 기업가적 리더십의 효과가 양면성을 지닐 수 있다는 점을 실험연구로 입증, 관련 연구의 영역을 긍정 및 부정의 영향력(관점)으로 확대하는데 기여하였다.

둘째, 본 연구는 실험연구를 통해 기업가적 리더십의 효과를 살펴봤다. 해외에서는 이미 실험연구가 보편적으로 활용되고 있지만(Gillath et al., 2008; Tost et al., 2013) 국내에서는 아직도 설문 기반 연구 또는 사례연구가 대부분이다. 이는 데이터 수집 그리고 실험연구 적용 등의 어려움이 현실적 측면에서 많이 존재하기 때문이다. 그러나 실제로 설문연구는 변수 간의 인과관계를 살펴보는데 한계가 존재하고 사례연구는 연구자의 주관이 개입될 수 있기에 연구방법의 한계가 있다. 본 연구는 기존 연구방법의 한계를 감안, 실험 참가자를 별도의 각각 집단으로 구분한 후 다른 실험처치(점화)를 적용, 실험연구를 통해 기업가적 리더십이 구성원의 성향에 따라 각기 다른 효과를 발휘한다는 점을 입증, 변수 간 인과관계를 정확히 도출했다. 본 연구는 향후 국내 기업가적 리더십 연구에 있어 연구방법을 실험연구로 확장하는데 기여했다.

본 연구의 실무적 시사점 역시 두 가지로 요약될 수 있다.

첫째, 본 연구는 벤처기업 및 스타트업 경영진에게 구성원의 혁신행동을 높일 수 있는 효과적인 방안을 기업가적 리더십의 관점에서 제공하였다. 벤처기업과 스타트업은 자원의 한계로 인해 구성원의 혁신과 창의성을 향상하기 어렵다고 얘기하지만(강원진 외, 2012; 원종하, 2007; 이현숙, 2011) 실제로 구성원의 혁신행동을 높일 수 있는 요인은 기업이 보유한 자원보다는 리더의 기업가적 리더십이라고 할 수 있다. 다만, 기업가적 리더십을 발휘한다고 해서 모든 구성원의 자신감과 혁신행동이 올라간다고 일반화할 수는 없다. 경영진 및 조직의 리더는 구성원의 성향을 세심히 고려해서 성장과 자기 개발 등에 주도적인 구성원에게 좀 더 기업가적 리더십을 발휘하고 현 상태의 안정을 선호하는 구성원에겐 주어진 프로세스를 잘 준수할 수 있도록 의무와 책임을 강조하는 것이 필요하다. 그러므로 앞으로는 모든 구성원을 대상으로 특정 리더십을 동일하게 발휘하는 것보다 구성원의 개별 성향에 맞게 리더십을 발휘, 그들의 잠재력을 최대치로 끌어올려야 한다. 이를 위해서는 구성원의 마인드에 대한 세심한 관찰 및 관리가 전제되어야 할 것이다.

둘째, 벤처기업 및 스타트업의 리더십 및 구성원 교육에 있어 좀 더 구체적인 방안을 본 연구는 제안하고 있다. 지금까지 기업에서 진행되는 인재교육(HRD) 연구는 주로 리더십의 중요성에 초점을 두고 있고 리더십을 어떻게 발휘해야 하는가에 대해서만 진행되어 왔지만 본 연구를 통해 확인할 수 있듯이 리더십의 발휘 이전에 구성원(팔로워)의 성향을 파악해야 하고 여기에 맞는 구체적인 리더의 행위를 특정 방식으로 만들어낼 수 있음을 본 연구는 시사하고 있다. 실제로 무작위로 부여한 점화 집단과 통제 집단이 간략히 작성된 제시문에 몰입한 것만으로도 자기효능감과 혁신행동의 차이가 크게 벌어지는 점을 확인할 수 있다. 즉, 벤처기업의 경영진도 조금만 노력을 기울이면 구성원의 자기효능감과 혁신행동을 극대화할 수 있다. 여기에 포커스를 맞춰 인재교육을 진행한다면 교육과 세미나를 통해 기업가적 리더십의 효과를 조직에 한층 더 확산시킬 수 있을 것이다.

5.2. 연구의 한계 및 향후 연구방향

본 연구는 리더의 기업가적 리더십이 구성원의 조절 초점 성향에 따라 그들의 자기효능감, 혁신행동에 각기 다른 영향을 미친다는 점을 실험연구로 입증, 학술적·실무적 기여도를 제공했지만 일부 한계 역시 존재하여 후속연구에서는 다음 사항들을 보완해서 연구를 진행해야 한다.

첫째, 본 연구는 기업가적 리더십이 성장 초점의 구성원에겐 긍정적인 영향을 미친다는 점을 입증했지만 예방 초점의 구성원에겐 어떤 리더십이 좀 더 의미 있는 긍정의 영향을 발휘할 수 있는지에 대해 구체적인 실마리를 제공하지 못했다. 서번트 리더십이 예방 초점의 구성원에게 도움이 된다는 연구가 존재하긴 하지만(권상집, 2016; Neubert et al., 2008) 기업가적 리더십과 함께 진행한 연구가 아니기에 후속연구에서는 성장 및 예방 초점의 구성원을 대상으로 기업가적 리더십과 또 다른 리더십을 비교, 분석해서 각각의 성향에 맞는 최적화된 리더십을 도출해야 한다.

둘째, 후속연구에서는 Study 1~2의 형태로 실험연구를 한 후 설문연구로 추가 연구를 진행, 결과의 일반화를 정립할 필요가 있다. 변수 간의 인과관계는 실험연구가 가장 정확한 연구방법으로 알려져 있지만 실험연구 이외 실제로 설문을 통해 동일한 결과를 도출한다면 기업 현장에서도 훨씬 더 의미 있는 실효성 높은 교훈을 제공할 수 있을 것으로 판단된다. 후속연구는 업종과 기업을 조금 다양화해서 설문연구를 진행, 리더십과 구성원 성향 간의 적합성을 고려한 최적의 리더십과 그 효과를 살펴봐야 할 것이다.

셋째, 본 연구는 혁신행동 이외 종속변수를 조금 더 다양하게 고려하지 못했다. 혁신행동뿐 아니라 구성원의 이타적 행위인 조직시민행동 또는 조직에 대한 몰입 정도를 뜻하는 조직몰입, 창의적 프로세스 몰입 등을 다각도로 분석했다면 기업가적 리더십이 미치는 영향과 범위를 광범위하게 살펴볼 수 있을 것이다. 후속연구는 다양한 종속변수를 포함, 연구를 진행하여 기업가적 리더십의 영역을 양면성이라는 관점에서 확대, 분석해야 한다.

REFERENCE

강원진·이병헌·오왕근(2012). 국내 벤처기업의 성장단계별 외부자원 활용이 기술혁신 성과에 미치는 영향. *벤처창업연구*, 7(1), 35–45.

권상집(2016). 변혁적 리더십 및 서번트 리더십과 조직 구성원의 조절초점 성향이 개인 창의성에 미치는 영향: 내재적 동기의 매개효과. *지식경영연구*, 17(3), 137–159.

권상집(2021). 빅히트 엔터테인먼트의 콘텐츠 혁신: 기업가적 리더십과 플랫폼 전략을 중심으로. *한국엔터테인먼트산업학회논문지*, 15(1), 1–12.

권상집(2022). 기업가적 리더십이 조직 구성원의 창의성에 미치는 영향: 혁신 분위기의 조절효과 및 심리적 임파워먼트의 매개효과. *벤처창업연구*, 17(3), 77–87.

권정언·권상집(2015). 임파워링 리더십과 혁신 행위 간에 미치는 자기효능감의 매개효과. *기업교육과인재연구*, 17(1), 83–103.

김종관·왕페이·정두심(2022). 기업가적 리더십이 이직의도와 직무몰입에 미치는 영향: 전략적 유연성의 매개효과. *리더십연구*, 13(1), 75–106.

박정우·김진모(2020). 초기 스타트업 창업가의 기업가적 리더십, 팀 학습 행동, 팀 경계 확장 행동 및 지각된 성과의 관계. *중소기업연구*, 42(1), 135–165.

송정수·양필석(2008). 셀프리더십과 혁신행동과의 관계에서 조직몰입의 매개효과에 관한 연구. *기업경영연구*, 15(1), 189–209.

심덕섭·하성욱(2013). 직무특성이 종업원의 혁신행동에 미치는 영향: 자기효능감의 매개효과. *산업혁신연구*, 29(3), 95–124.

심덕섭·하성욱(2020). 기업가적 리더십이 혁신분위기 및 혁신행동에 미치는 영향. *인적자원관리연구*, 27(2), 65–79.

왕환환·이염남·김종관(2020). The Influence of Entrepreneurial Leadership on Team Performance: Focusing on the Mediating Role of Team Efficacy. *디지털융복합연구*, 18(10), 107–117.

원종하(2007). 벤처기업의 인적자원관리가 기업성과에 미치는 영향에 관한 연구. *벤처창업연구*, 2(3), 61–102.

이현숙(2011). 자원확보 및 시장확대를 위한 벤처기업의 세계화 전략. *벤처창업연구*, 6(1), 109–132.

정예슬(2023). 리더–구성원 교환 관계와 심리적 안녕감의 비선형적 관계: 조절 초점과 자율성지지 환경의 조절효과. *대한경영학회지*, 36(6), 921–953.

현지혜(2012). 부하가 인지한 변혁적 리더십과 부하 간 Regulatory fit: 부하의 위험감수 행동 및 리더–부하 간 활력관계에 미치는 영향. *석사학위논문*, 한국과학기술원.

황상규(2011). 서번트 리더십이 혁신행동에 미치는 영향: 자기효능감의 매개효과. *역량개발학습연구*, 6(1), 27–44.

황인덕·정찬구(2021). 벤처기업의 기업가적 리더십, 조직공정성과 직무만족도와의 관계에서 혁신문화의 조절효과연구. *유라시아연구*, 18(4), 71–89.

Azar, H. K., Lavasani, M. G., Malahmadi, E., & Amani, J. (2010). The Role of Self–Efficacy, Task Value, and Achievement Goals in Predicting Learning Approaches and Mathemtics Achievement. *Procedia-Social and Behavioral Sciences*, 5, 942–947.

Bandura, A. (1997). *Self-Efficacy: The Exercise of Control.* NY: Freeman and Company.

Barbuto, J. E., & Wheeler, D. W. (2006). Scale Development and Construct Clarification of Servant Leadership. *Group & Organizational Management*, 31(3), 300–326.

Cesario, J., Higgins, E. T., & Scholer, A. A. (2007). Regulatory Fit and Persuasion: Basic Principles and Remaining Questions. *Social and Personality Psychology Compass*, 2(1), 444–463.

Chen, M. (2007). Entrepreneurial Leadership and New Ventures: Creativity in Entrepreneurial Teams. *Creativity and Innovation Management*, 16(3), 239–249.

Cheong, M., Spain, S. M., Yammarino, F. J., & Yun, S. (2016). Two Faces of Empowering Leadership: Enabling and Burdening. *Leadership Quarterly*, 27(4), 602–616.

Chugh, D., Kern, M. C., Zhu, Z., & Lee, S. (2014). Withstanding Moral Disengagement: Attachment Security as an Ethical Intervention. *Journal of Experimental Social Psychology*, 51(1), 88–93.

Fernald, L. W. J., Solomon, G. T., & Tarabishy, A. (2005). A New Paradigm: Entrepreneurial Leadership. *Southern Business Review*, 30(2), 1–26.

Friedman, R. S., & Förster, J. (2001). The Effects of Promotion and Prevention Cues on Creativity. *Journal of Personality and Social Psychology*, 81(6), 1001–1013.

Gillath, O., Selcuk, E., & Shaver, P. R. (2008). Moving Toward a Secure Attachment Style: Can Repeated Security Priming Help? *Social and Personality Psychology Compass*, 2(4), 1651–1666.

Gupta, V., MacMillan, I. C., & Surie, G. (2004). Entrepreneurial Leadership: Developing and Measuring a Cross–Cultural Construct. *Journal of Business Venturing*, 19(2), 241–260.

Hayes, A. F. (2012). PROCESS: *A Versatile Computational Tool for Observed Variable Mediation, Moderation, and Conditional Process Modeling[White Paper].* Retrived from http://www.afhayes.com/public/process2012.pdf.

Higgins, E. T. (1997). Beyond Pleasure and Pain. *American Psychologist*, 52(12), 1280–1300.

Huang, S., Ding, D., & Chen, Z. (2014). Entrepreneurial Leadership and Performance in Chinese New Ventures: A Moderated Mediation Model of Exploratory Innovation, Exploitative Innovation and Environmental Dynamism. *Entrepreneurial Leadership and Performance in Chinese New Ventures*, 23(4), 453–476.

Hwang, I. D., & Jung, C. K. (2021). A Study on the Moderation Effect of Innovative Culture in the Relationship between Venture Company's Leadership, Organizational Justice and Job Satisfaction in Venture Firms. *The Journal of Eurasian Studies*, 18(4), 71–89.

Hwang, S. G. (2011). The Influences of Servant Leadership on Innovation Behavior: Mediating Effects of Self–Efficacy. *Journal of Competency Development & Learning*, 6(1), 27–44.

Hyun, J. H. (2012). *Regulatory Fit between Perceived Transformational Leadership and Followers: The Imapct on Followers' Risk Taking Behavior and Energizing Relationship.* Mater Thesis, KAIST.

Jung, Y. S. (2023). Is More Always Better? Understanding the Nonlinear Relationship between Leader–Member Exchange Relationship and Psychological Well–Being:

The Moderating Effects of Regulatory Focus and Autonomy-Supportive Environment. *Korean Journal of Business Administration,* 36(6), 921–953.

Kang, W. J., Lee, B. H., & Oh, W. G. (2012). The Effects of the Utilization of External Resources on the Technological Innovation Performance along the Stage of Growth in Korean Ventures. *Asia-Pacific Journal of Business Venturing and Entrepreneurship,* 7(1), 35–45.

Kark, R., & Van Dijk, D. (2007). Motivation to Lead, Motivation to Follow: The Role of The Self-Regulatory Focus in Leadership Processes. *Academy of Management Review,* 32(2), 500–528.

Keskin, H. K. (2014). A Path Analysis of Meta-Cognitive Strategies in Reading, Self-Efficacy, and Task Value. *International Journal of Social Sciences and Education,* 4(4), 798–808.

Kim, J. K., Wang, F., & Jeong, D. S. (2022). The Study of Entrepreneurial Leadership on Turnover Intention and Job Commitment: Mediation Effect of Strategic Flexibility. *The Korean Leadership Review,* 13(1), 75–106.

Kirmani, A., Zhu, R. (2007). Vigilant against Manipulation: The Effect of Regulatory Focus on the Use of Persuasion Knowledge. *Journal of Marketing Research,* 44(4), 688–701.

Koopmann, J., Lanaj, K., Bono, J., & Campana, K. (2016). Daily Shifts in Regulatory Focus: The Influence of Work Events and Implications for Employee Well-Being. *Journal of Organizational Behavior,* 37(8), 1293–1316.

Kwon, J. E., & Kwon, S. J. (2015). A Mediation Effect of Self-Efficacy between Empowering Leadership and Innovative Behavior. *Journal of Corporate Educational and Talent Research,* 17(1), 83–103.

Kwon, S. J. (2016). The Impact of Transformational Leadership, Servant Leadership, and Followers' Regulatory Focus on Individual Creativity: The Mediation Effect of Intrinsic Motivation. *Knowledge Management Research,* 17(3), 137–159.

Kwon, S. J. (2021). Big Hit Entertainment's Contents Innovation: Focusing on Entrepreneurial Leadership and Platform Strategy. *Journal of Korea Entertainment Industry Association,* 15(1), 1–12.

Kwon, S. J. (2022). The Impact of Entrepreneurial Leadership on Individual Creativity: Moderating Role of Innovation Climate and Mediating Role of Psychological Empowerment. *Asia-Pacific Journal of Business Venturing and Entrepreneurship,* 17(3), 77–87.

Lee, H. S. (2011). Expanding the Resource and Market Reach: Does Internationalization Enhance Venture Survival?. *Asia-Pacific Journal of Business Venturing and Entrepreneurship,* 6(1), 109–132.

Leitch, C. M., & Volery, T. (2017). Entrepreneurial Leadership: Insights and Directions. *International Small Business Journal,* 35(2), 147–156.

Mayer, D. M., Bardes, M., & Piccolo, R. F. (2008). Do Servant-Leaders Help Satisfy Follower Needs? An Organizational Justice Perspective. *European Journal of Work and Organizational Psychology,* 17(2), 180–197.

Meyer, J. P., Becker, T. E., & Vandeberghe, C. (2004). Employee Commitment and Motivation: A Conceptual Analysis and Integrative Model. *Journal of Applied Psychology,* 89(6), 991–1007.

Neubert, M. J., Kacmer, K. M., Carlson, D. S., Chonko, L. B., & Roberts, J. A. (2008). Regulatory Focus as a Mediator of the Influence of Initiating Structure and Servant Leadership on Employee Behavior. *Journal of Applied Psychology,* 93(6), 1220–1233.

Oppenheimer, D. M., Meyvis, T., & Davidenko, N. (2009). Instructional Manipulation Checks: Detecting Satisfying to Increase Statistical Power. *Journal of Experimental Social Psychology,* 45(4), 867–872.

Pajares, F., & Schunk, D. H. (2001). *Self-Beliefs and School Success: Self-Efficacy, Self-Concept, and School Achievement,* In Perception. London: Ablex Publishing.

Park, J. W., & Kim, J. M. (2020). The Relationships between Founders' Entrepreneurial Leadership, Team Learning Behavior, Team Boundary Spanning, and Perceived Performance in the Early-Stage Startups. *Journal of SME Policy,* 42(1), 135–165.

Parker, S. K., Williams, H. M., & Turner, N. (2006). Modeling the Antecedents of Proactive Behavior at Work. *Journal of Applied Psychology,* 91(3), 636–652.

Preacher, K. J., & Hayes, A. F. (2008). Asymptotic and Resampling Strategies for Assessing and Comparing Indirect Effects in Multiple Models. *Behavior Research Methods,* 40(3), 879–891.

Rapp, T. L., Gilson, L. L., Mathieu, J. E., & Ruddy, T. (2016). Leading Empowered Teams: An Examination of the Role of External Team Leaders and Team Coaches. *Leadership Quarterly,* 27(1), 109–123.

Renko, M., El Tarabishy, A., Carsurd, A. L., & Brännback, M. (2015). Understanding and Measuring Entrepreneurial Leadership Style. *Journal of Small Business Management,* 53(1), 54–74.

Riggs, M. L. & Knight, P. A. (1994). The Impact of Perceived Group Success-Failure on Motivational Beliefs and Attitudes: A Casual Model. *Journal of Applied Psychology,* 79(5), 755–766.

Schwarzer, R., & Jerusalem, M. (1995). Generalized Self-Efficacy Scale. In J. Weinman, S. Wright, & M. Johnston, *Measures in Health Psychology: A User's Portfolio. Causal and Control Beliefs.* UK: NFER-NELSON.

Scott, S. G., & Bruce, R. A. (1994). Determinants of Innovative Behavior: A Path Model of Individual Innovation in the Workplace. *Academy of Management Journal,* 37(3), 580–607.

Shah, J., Higgins, T., & Friedman, R. S. (1998). Performance Incentives and Means: How Regulatory Focus Influences Goal Attainment. *Journal of Personality and*

Social Psychology, 74(2), 285–293.

Shim, D. S., & Ha, S. W. (2013). A Study on the Relationship between Job Characteristics and Innovative Behavior: The Mediating Effect of Self-Efficacy. *Journal of Industrial Innovation,* 29(3), 95–124.

Shim, D. S., & Ha, S. W. (2020). The Effects of Entrepreneurial Leadership on Innovative Climate and Innovative Behavior: The Mediating Effects of Innovative Climate. *Journal of Human Resource Management Research,* 27(2), 65–79.

Slemp, G. R., Kern, M. L., & Patrick, K. J., & Ryan, R, M. (2018). Leader Autonomy Support in the Workplace: A Meta-Analytic Review. *Motivation and Emotion,* 42(5), 706–724.

Song, J. S., & Yang, P. S. (2008). A Study on Mediating Effects of Organizational Commitment on the Relationship between Self-Leadership and Innovative Behavior. *Korean Corporation Management Review,* 15(1), 189–209.

Storm, B. C., Angello, G., & Bjork, E. L. (2011). Thinking Can Cause Forgetting: Memory Dynamics in Creative Problem Solving. *Journal of Experimental Psychology: Learning, Memory, and Cognition,* 37(5), 1287–1293.

Surie, G. & Ashley, A. (2007). Integrating Pragmatism and Ethics in Entrepreneurial Leadership for Sustainable Value Creation. *Journal of Business Ethics,* 81(1), 235–246.

Tost, L. P., Gino, F., & Larrick, R. P. (2013). When Power Makes Others Speechless: The Negative Impact of Leader Power on Team Performance. *Academy of Management Journal,* 56(5), 1465–1486.

Tseng, H. C., & Kang, L. M. (2008). How Does Regulatory Focus Affect Uncertainty Towards Organizational Change? *Leadership & Organization Development Journal,* 29(8), 713–731.

Van Dierendonck, D., Stam, D., Boersma, P., De Windt, N., & Alkema, J. (2014). Same Difference? Exploring the Differential Mechanisms Linking Servant Leadership and Transformational Leadership to Follower Outcomes. *Leadership Quarterly,* 25(3), 544–562.

Wallace, J. C., & Chen, G. (2006). A Multi-Level Integration of Personality, Climate, Self-Regulation, and *Performance. Personnel Psychology,* 59(3), 529–557.

Wang, H. H., Li, Y. N., & Kim, J. K. (2020). The Influence of Entrepreneurial Leadership on Team Performance: Focusing on the Mediating Role of Team Efficacy. *Journal of Digital Convergence,* 18(10), 107–117.

Welbourne, T. M., Johnson, D. E., & Erez, A. (1998). The Role-based Performance Scale: Validity Analysis of a Theory-based Measure. *Academy of Management Journal,* 41(5), 540–555.

Weon, J. H. (2007). A Study on the Influence of Human Resource Management Practices of Venture Firms on Performance. *Asia-Pacific Journal of Business Venturing and Entrepreneurship,* 2(3), 61–102.

Zhang, X., & Bartol, K. M. (2010). Linking Empowering Leadership and Employee Creativity: The Influence of Psychological Empowerment, Intrinsic Motivation, and Creativity Process Management. *Academy of Management Journal,* 53(1), 107–128.

벤처창업연구 제17권 제 호 통권83호

한국 벤처캐피탈리스트의 투자결정에 미치는 요인 연구

구중회 (고려대 기술경영전문대학원 박사과정 수료)
김영준 (고려대 기술경영전문대학원 교수)
이수용 (국민대 경영학부 겸임교수)
김도현 (국민대 경영대학 교수)
백지연 (국민대 경영학과 석사과정)

국문 요약

벤처캐피탈리스트(VCs)는 높은 성장 잠재력을 가지고 있으나 위험도(risk)가 높은 가진 혁신적인 벤처기업을 발굴하고 성장시키는데 중요한 역할을 한다. 벤처기업의 투자는 상장기업 투자와는 달리 시스템에 의존하지 않고 벤처캐피탈에 소속된 VCs 개인의 의사결정에 따라 투자가 결정된다. 한국의 벤처캐피탈 산업은 성장기에 진입하였으나 데이터의 부족으로 벤처캐피탈에 관한 연구가 부족한 상황이다. 이러한 배경을 바탕으로 이 연구에서는 한국 VCs,의 투자 의사결정 기준에 영향을 미치는 여러 가지 요인을 분석하고자 한다.

본 연구에서는 문헌고찰을 통해 VCs가 투자 의사결정시 고려하는 주요 요인들을 선행 연구하여 검토하고 이에 따라 연구 질문을 도출하였다. 한국 VCs의 투자 의사결정기준을 학자들이 공통으로 제시하는 창업자, 제품/서비스, 시장, 재무, 네트워크 특성을 중심으로 연구를 진행하고자 한다. 이 연구를 위해 현직 벤처캐피탈에 근무하고 있는 투자심사역을 대상으로 설문조사를 통해 자료를 수집하여 AHP분석을 활용하여 분석하였다. 본 연구를 통하여 그 간에 연구가 부진했던 한국 벤처캐피탈의 이해와 더불어 한국의 벤처투자환경에서 한국의 VCs가 어떤 기준과 우선순위로 투자 의사결정을 하며 그 기준에 영향을 미치는 요인은 무엇인지에 대해 이해하고자 하였다. 본 연구 투자의 결과는 벤처기업의 투자유치전략 수립에 가이드라인을 제시함으로써 기업육성에 중요한 벤처투자의 활성화에 크게 기여할 것으로 본다.

핵심주제어: 벤처캐피탈리스트, 투자의사결정요인, AHP분석, 창업자의 특성, 제품서비스의 특성, 시장의 특성, 재무적 특성, 네트워크

I. 서론

혁신적인 신규 벤처기업들은 국가의 경제발전을 다음 단계로 이끌고 갈 새로운 견인차에 해당한다. 벤처기업은 그 자체로 국가의 경제성장에 동력을 제공할 뿐 아니라 기존 대기업들까지도 혁신시킬 수 있는 새로운 아이디어와 방안의 보고로 중대한 역할을 수행하고 있으며, 이 역할 비중은 앞으로 점차 증가될 전망이다(최원식 외, 2015). 또한 벤처기업이 기술개발을 통해 확보한 기술혁신은 국가 및 경제성장에 중요한 역할을 하고 있다(Aghion & Howitt, 1992). 반도체분야의 인텔, 바이오분야의 제넨텍, 공유경제의 상징인 우버, 검색의 제왕 구글, 전 세계의 가장 큰 온라인 B2B마켓인 알리바바, 국내의 경우 대표적인 검색 서비스업체인 네이버, 메신저의 대명사 카카오, 대표적인 게임업체인 엔씨소프트와 같이 VCs가 지원하는 벤처기업의 놀라운 발전은 경제성장을 위한 엔진으로서 주목을 받아 왔다.

벤처기업은 국가 경제발전과 더불어 일자리 창출에 긍정적인 영향을 준다. 이에 따라 한국 정부는 2017년 중소기업청을 중소벤처기업부로 재편하는 움직임을 보였다. 동 부처의 조사에 따르면 2018년 상반기 벤처투자를 받은 550개 기업이

2017년 말 대비 2,118명의 신규 일자리를 창출한 것으로 보고되었으며, 특히 벤처캐피탈(venture capital, VC)로부터 벤처투자를 받은 기업의 일자리 창출효과가 두드러진 것으로 나타났다(중소벤처기업부, 2018.8.16.).

VC는 높은 위험성을 가지고 있지만 고수익의 가능성이 상대적으로 높은 벤처기업 또는 중소기업에 투자하는 사모투자(private equity investment)의 한 형태를 가리킨다(Gompers & Lerner, 2004). 벤처캐피탈리스트(venture capitalist, VCs)는 일정 기간 내에 높은 성장 잠재력을 지닌 기업에 투자할 자본을 제공할 수 있는 자본투자자(equity investor)이다(Gordon, 2014). VCs의 투자목적은 고성장, 고수익의 잠재력을 지닌 기업에 자금을 지원하여 VC기업 및 투자자 모두에게 높은 수익을 제공함으로써 투자 가치를 창출하는 것이다(De Treville et al., 2014). VCs는 벤처기업을 발굴하고 성장시키는데 가장 큰 영향을 미치는 금융 주체로서 새로운 산업의 성장을 촉진하고, 혁신과 개발을 확산시킴으로써 강력한 경제성장에 기여한다(Bygrave et al., 2001). 또한 VCs는 성장 가능성이 높은 새롭고 혁신적인 벤처기업을 식별하여 대상기업에 자금을 투자하는 가장 핵심적인 역할을 하며(Sharma, 2015), VCs가 지원하는 벤처기업은 VCs의 지원을 받지 않는 벤처기업보다 일반적으로 성공할 가능성이 높은 것으로 나타난다(Gompers & Lerner, 2004). 또한 Savaneviciene et al.(2015)는 VCs는 신생 벤처기업이 기업의 발전 과정에서 겪어야 하는 죽음의 계곡(death valley)을 극복하기 위한 촉매제 역할을 한다고 제시했다. 따라서 VCs의 벤처기업에 대한 투자를 위한 VCs의 의사결정은 국가경제의 발전뿐만 아니라 개별 기업의 성장에도 중요한 역할을 한다.

이와 같은 이유로 해외에서는 VCs의 의사결정에 관한 연구가 1970년대 이후 활발하게 이루어져 왔다. 그러나 VCs의 의사결정 관련 연구가 해외에서는 오랜 기간 동안 학자들의 많은 관심을 받아온 분야임에도 불구하고 국내에서는 VCs 활동에 대한 접근성의 어려움, VC기업의 활동에 대한 기밀성, 연구 자료의 부족 등의 여러 제한점으로 인해 VCs의 의사결정 연구는 거의 이루어지지 않았다. 소수의 학자들에 의해서 의사결정 기준(차명수, 2009) 의사결정모형(반성식·송경모, 2004), VCs의 경험과 의사결정(반성식, 2004, 구경철 외, 2008)에 대한 연구가 이루어졌을 뿐이다. 최근에 들어서는 기업벤처캐피탈의 투자 결정요인에 관한 연구(조세근, 2019)를 제외하고는 VCs의 의사결정에 관한 연구는 국내에서는 거의 찾아보기가 힘들다. 또한 국내에서 지금까지 이루어진 VCs의 의사결정 연구의 표본 및 연구 방법적 측면에서 살펴보면 연구 표본은 표본 표집의 한계성으로 인하여 최대 30명 내외의 적은 표본을 대상으로 이루어졌다는 한계점을 가지고 있다. 연구 방법의 측면에서도 인터뷰법을 통한 사례연구나 소수를 대상으로 하는 설문지법을 통한 조사 연구가 이루어졌을 뿐이다. 또한 VCs의 의사결정 기준과 결정 기준의 우선순위에 대하여 지금까지는 창업자나 제품의 일부 특성 등의 일부만 단편적으로 분석이 이루어져 왔으며 창업자, 제품서비스, 시장 등 전체적으로 분석하고 조망하는 연구는 찾아보기 힘들다.

이에 본 논문에서는 VCs가 투자하고자 하는 벤처기업을 결정하는 과정에서 활용되는 투자 결정요인 중에서 핵심이 되는 투자 의사결정 기준을 연구하고자 한다. 벤처기업의 투자를 결정하고 투자에 직접적으로 참여하는 역할을 담당하는 투자자의 관점에서 선행문헌을 통해 투자의 결정요인을 연구하고 실제 투자자인 VCs가 활용하는 투자 의사결정 기준을 기반으로 가중치를 적용한 투자 의사결정 기준의 우선순위 도출을 목적으로 한다. 먼저 VCs의 투자 의사결정에 관한 국내, 외에서 이루어진 연구들을 고찰하여 VCs의 의사결정 과정에서 투자를 결정하는 기준의 요인들과 요인의 구성적 특성을 알아보고, 이러한 의사결정 기준의 우선순위를 도출하여 VCs의 투자 의향에 대한 가설을 검증하고자 한다. 의사결정기준은 학자들이 공통적으로 제시하는 창업자, 제품/서비스, 시장, 재무, 추천방식의 특성을 주요 기준으로 삼았고, 가설 검증을 위해 본 연구에서는 대규모 샘플인 207명의 VCs를 대상으로 AHP분석을 진행함으로써 벤처기업의 투자를 결정하는데 중요한 역할을 담당하는 VC기업 및 기타 투자 기관에 속한 투자심사역인 VCs가 벤처기업 투자시 실제로 적용하는 투자 의사결정 기준과 기준의 우선순위를 도출하였다. 본 연구의 결과를 통해 VCs의 벤처기업 투자 결정에 대한 지표와 기준을 제공하고 VCs와 같은 투자자들에게 투자를 받고자 하는 예비 창업자와 기창업자들에게 투자유치전략에 대한 시사점을 제시하고자 한다. 더불어 연구의 한계점으로 VCs의 투자의사결정은 투자분야에 따라 의사결정 기준과 중요도가 다를 수 있으나, 어떤 차이점이 있는지 분석하지 못한 점을 밝힘으로써 앞으로 이루어져야 할 향후 연구 방향을 제시하고자 한다.

Ⅱ. 이론적 배경

2.1 벤처캐피탈의 투자

2.1.1 VCs의 투자와 벤처기업

VCs는 벤처기업이 성장할 수 있도록 기업의 초기단계부터 후기단계까지 위험자본을 제공하고, 벤처기업이 공개 가능할 만큼 성장한 단계에 이르면 벤처기업의 기업공개를 도와 투자자본을 회수하여 이익을 실현하는 역할을 한다(정대용·손민호, 2010). VCs의 투자는 고위험 고수익(high risk, high return)을 지향하므로 투자의 대부분이 실패하더라도 소수의 투자에서 거둔 성과가 다른 투자에서의 실패를 보상할 수 있으며, 심지어 초기투자에 비해 10배에서 100배에 달하는 수익률을 가져올 수도 있다(Kenney, 2000). 또한 VCs가 지원하는 기업의 생존율은 65%(Sahlman, 1990)에서 85% (Dorsey, 1979) 사이에 있는 것으로 나타나 VCs가 지원하는 기업의 성과는 비지원 기업에 비해 높은 것으로 나타났다(Timmons & Spinelli, 1994).

VCs의 벤처기업에 대한 자금의 공급은 벤처생태계(venture ecosystem)를 선 순환시켜 기술은 있으나 자본이 없는 유망한 벤처기업이 지속적인 성장을 추구할 수 있도록 지원함으로써 벤처생태계에서 벤처기업을 활성화시킨다. 즉 VCs는 담보 중심의 안전성을 추구하는 은행과 같은 전통적인 금융기관과는 달리 높은 위험(high risk)을 극복하여 높은 수익(high return)을 창출하는 벤처기업을 매력적인 투자대상으로 본다(Gompers & Lerner, 2001).

벤처기업에 대한 VCs의 투자는 피투자기업(portfolio firm)의 높은 위험을 부담하는 대신 피투자기업의 경영성과를 지분의 형태로 함께 나누는 수익 구조를 가지므로, 투자 검토 시 피투자기업의 기술력, 미래 성장가능성 및 시장규모 등에 가치를 두게 된다. 더불어 VCs는 단순히 투자 자금을 조달하는 역할 이외에도 피투자기업이 내부적으로 축적하지 못한 재무적 지식 및 비즈니스 마인드, 체계적인 비즈니스 모델과 같은 기업 경영에 대한 지식의 제공하는 가치부가활동(value adding activity)을 통해 피투자기업의 역량을 강화하는 기능을 한다(Lerner, 2000).

VCs의 투자는 보통 엔젤(Angel)이나 액셀러레이터(accelerator)에 의한 최초투자(seed Funding)단계 이후 발생하게 되는데 기업성장 단계에 따라 1차(series A), 2차(series B) 등 단계적으로 투자하게 되며 기업공개((Initial Public Offering, IPO)나 인수합병(M&A) 등의 엑시트(exit)를 통해 투자자금을 회수하게 된다. VCs의 투자는 초기 투자단계부터 회수단계까지 오랜 시간이 소요되는 위험도가 높은 투자이므로 VCs는 투자시 피투자기업의 지분을 확보하여 지배력을 가지게 되며, 피투자기업의 사외이사로 선임되어 이사회를 통해 기업의 의사결정에 깊숙하게 참여하게 된다(이희우·정희석, 2012).

2.1.2 VCs의 투자 절차

VCs의 투자 의사결정 과정은 벤처기업의 결정에 있어 선택 위험을 줄이기 위해 고안되었다(Fried & Hisrich, 1994). 올바른 투자 결정이 새로운 벤처기업에 대한 투자의 실패 위험을 완화하기 때문에 VCs는 의사결정 과정에 따라 벤처기업을 평가하고 결정한다(Batterson, 1986). 의사결정 과정에 대한 이해가 높으면 VCs는 벤처기업의 의사결정 과정에서 보다 신중한 결정을 내릴 수 있어 성공 가능성이 높은 투자를 할 수 있는 벤처기업을 구분하는데 도움이 된다(Jain, 2001).

Tyebjee & Bruno(1984)는 VCs의 의사결정 과정 연구의 기본을 이루는 5단계의 과정을 제안하였다. 이 과정은 투자대상기업의 발굴 단계(deal origination), 사전검토 단계(deal screening), 평가 단계(deal evaluation), 투자협상 및 계약 단계(deal structuring), 사후관리 단계(Post investment activity)를 포함한다. Tyebjee & Bruno(1984)는 Wells(1974)와는 대조적으로 벤처기업과 협상을 통해 투자계약을 맺는 과정을 새롭게 제시했으며, 투자 후 포트폴리오 기업의 경영에 참여하여 기업의 가치를 부가하는 사후관리 단계 후 투자 자금을 회수하는 엑시트(exit) 단계를 제시하지 않았다.

국내 VC기업의 일반적인 투자절차는 투자심사역이 투자대상기업을 여러 채널을 통해 거래(deal)를 발굴한 후 검토가치가 있다고 판단되면 기업 내부에서 IR(investor relations)을 진행한다. 본격적으로 심사를 진행하게 되면 투자대상기업의 사업성과 기술성 심사, 재무 분석, 가치평가(valuation) 협의가 이루어지며 이후 투자심사위원회를 개최하여 투자여부를 결정한다. 투자가 결정되면 투자계약서를 체결한 후 사외이사로 이사회에 참여하거나 주주 간담회를 통해 포트폴리오 기업의 가치를 부가하기 위한 사후관리활동(Post investment activity)을 제공한다. 포트폴리오 기업이 회수할 정도의 성장을 이루면 상장전략을 수립 후 증권거래소의 상장이나 M&A를 통해 투자 자금을 회수하게 된다. 통상 한 개 포트폴리오 기업이 심사에서 투자까지 소요되는 기간은 최소 2~6개월 정도가 소요되며, VC펀드 운용기간은 4년 동안 투자를 진행하여 총 4년~5년 동안 회수에 집중하게 된다.

2.1.3 VCs의 투자와 투자 의사결정 요소

VCs의 벤처기업에 대한 투자 결정은 신생 벤처기업이 가지고 있는 불확실성이라는 특성 때문에 벤처기업의 경제적인 가치를 평가하고 의사결정을 하는데 많은 어려움과 도전이 존재한다. 그러나 고성장, 고수익의 가능성이 높은 벤처기업에 대한 투자 결정은 벤처기업의 생존과 성공 그리고 VC기업의 높은 성과와도 직접적인 관계가 있기 때문에 VCs 뿐만 아니라 창업자와 그 외 다른 이해 관계자에게도 매우 중요한 일이다.

벤처기업의 투자 결정에 있어서 사용된 VCs의 의사결정 기준은 VCs를 연구하는 여러 학자들의 주요 연구 주제로서 1970년대 이후 지속적으로 관심을 받으며 다양한 관점에서 실증적 연구가 수행되어 왔다〈표1 참조〉.

이들의 문헌을 검토해 보면 연구를 위해 표본의 수, 자료 수집 방법, 연구방법, 통계 분석 방법 등이 다양하게 사용되었으며, 광범위한 관점에서 연구가 이루어졌음을 알 수 있다. 연구의 표본의 측면에서 살펴보면 초기의 연구는 주로 5명 내외에서 수십 명 내외의 비교적 적은 표본의 VCs를 대상으로 연구되었으며, 이후 수십 명에서 백여 명에 이르는 표본에 대한 연구가 진행되었지만, 이와 같은 표본의 수 또한 VCs 의사결정 연구 영역 이외의 다른 일반적인 영역의 연구에서 사용되는 표본의 수와 비교하면 상대적으로 적은 편이다. 연구의 자료 수집과 연구방법 측면에서는 의사결정 연구 초기부터 사용되었던 방법인 전화나 면대면 인터뷰법, 설문지법이 주로 사용되었으나, 과거 회상(retrospect)에 의존하는 사후조사 연구(post hoc) 방법에 대한 비판으로 구두 프로토콜(verbal protocol) 분석, 컨조인트(conjoint) 분석 등의 연구방법을 적용한 연구들이 등장하였다(Shepherd & Zacharakis, 1999).

의사결정 기준에 대한 연구로 최초로 여겨지고 있는 Wells(1974)은 VCs의 의사결정 과정에서 창업팀, 시장, 제품과 재무적 특성에 관한 기준이 사용된다는 것을 언급했으며, 사전 검토(screening) 단계와 평가(evaluation) 단계에서 각각 다른 평가 기준을 사용한다는 것을 발견했다. VCs의 의사결정 과정에서 VCs는 투자대상기업의 투자 적합성(portfolio fit)에서부터 검토를 시작하여 투자를 결정할 때까지 투자와 관련된 자세한 부분을 검토하고 분석하기 때문에 사용되는 의사결정 기준은 산업별 또는 VCs 별로 다를 뿐 아니라 동일한 VCs도 의사결정 단계에 따라 다르게 사용한다(Valkonen, 2018).

Tyebjee & Bruno(1984)는 의사결정 기준을 시장의 특성, 제품 또는 서비스의 특성, 경영 능력 및 환경적 위협과 같은 4가지 주요 범주로 분류하였으며, 미국의 VCs를 대상으로 연구를 진행한 MacMillan et al.(1985)은 27개의 의사결정 기준을 창업자의 성격(personality), 창업자의 경험(experience), 제품/서비스의 특성, 재무적 고려사항, 창업팀의 특성 등의 6가지 범주로 구분하였다. Muzyka et al.(1996)은 73명의 VCs를 대상으로 컨조인트 분석을 사용한 연구에서 의사결정 기준을 경영팀, 경영능력, 제품/시장, 전략/경쟁, 재무적 기준, 거래의 특성, 펀드 요인과 같은 7개의 범주로 구분하여 의사결정 기준의 순위를 조사했는데 창업자/팀의 리더십 잠재력과 관련 산업경험이 VCs가 가장 중요한 의사결정 기준으로 나타났다. 또한 Beim & Levesque(2004)는 VCs가 기업의 투자 가능성에 대해 기업의 평가 과정에서 벤처기업 경영진의 질(quality), 제품의 독특성과 시장에서의 기회, 자본의 확대 가능성 등의 광범위한 기준을 고려한다고 주장했다.

2.2 VCs의 투자 의사결정 기준

Lehtonen(2011)은 VCs가 고려하는 의사결정 기준으로 창업자의 일반적인 특성, 창업자의 산업경험, 전략 초점, 교육,

〈표 1〉 VCs 의사결정 대표 선행 연구

Study	method & Data Collection	Sample	Statistical Analysis	Summary Findings
Tyebjee & Bruno (1984)	telephone survey, questionnaires	46 VCs	regression factor discrimination	VCs의 평가 과정과 투자 의사 결정 기준에서 시장매력도와 제품 차별화, 경영 능력, 환경적 위협 및 현금화 가능성을 중요시 한다.
MacMillan et al. (1985)	questionnaire	102 VCs	means % factor & cluster	VCs가 사용하는 27가지 투자 의사결정 기준은 6개의 범주로 분류된다.
Khan(1987)	questionnaire, Interviews	36 VC firms	regression	VCS의 의사결정 기준 중에서 창업가의 특성은 성공적인 벤처기업의 성과와 관련이 있다.
MacMillan et al. (1987)	questionnaire	67 VCs	factor, regression & cluster	VCs의 결정 기준 중에서 창업자의 경영능력과 시장 친밀도는 성공적인 벤처기업의 특징이다.
Sandberg et al. (1988)	Interviews	1 VC, 3 proposals	simultaneous verbal protocol	VCs의 벤처기업 평가 기준은 산업의 특성, 창업팀의 실적, 전략에 영향을 받는다.
Keeley & Roure (1989)	archival-business plans	4 VCFs	regression Chi-Sq. kruskal wal	투자를 위한 의사결정시 기업의 성과를 예측할 수 있는 기준들이 1982년을 기점으로 변화가 있다.
Hisrich & Janko-wicz (1990)	interviews	5 VCs	repetory grid, factor Cluster	VCs는 벤처기업의 투자 제안서에서 경영진 팀, 시장지속성, 제품-시장 독특성과 같은 투자 기반, 위험의 일반적 특성을 참조한다.
Hall & Hofer(1993)	interviews	4 VCs	means, frequencies, proportions	VCs의 의사결정에 중요한 기준은 산업의 성장성과 수익성이다.
Meyer et al.(1993)	interviews	5 VCs	content & non- parametric	VC는 기업의 실패 요인으로 제시된 기준은 외부시장의 조건과 경영 기술 전략, 제품, 자본화의 실행 등으로 본다.
Muzyka et al.(1996)	interviews, ques-tionnaire	31 VCs	pair-wise trade off conjoint	VCs의 투자 결정에 있어서 재무, 제품/시장, 전략적 경쟁 자금, 경영진 팀, 역량, 거래 요인 등이 중요한 요소이다.
Zacharakis & Meyer (1998)	policy capturing	53 VCs	regression	VCs는 자신의 의사결정 과정에 대한 자기성찰(introspec-tion)이 부족하다. 또한 의사결정 과정을 충분히 이해가 없어도 일관성을 보인다.
Zacharakis & Shepherd (2001)	conjoint analysis	53 VCs	ANOVA	VCs는 투자 의사결정에 있어서 과신하는 경향이 있으며 과신은 의사 결정에 부정적인 영향을 준다.
Franke et al. (2008)	conjoint analysis	51 VCs	probit regression	투자 의사결정을 위한 창업팀에 대한 평가 과정에서 VCs는 창업팀의 산업경험을 가장 중요하게 여긴다.
Potel & D'Souza (2008)	Multidimensional scaling (MDS)	58 expert & 27 VCs	logistic regression, logit and Bayesian	VCs의 의사결정에서 시장 관련 요인을 중요시 하며, 창업팀의 자격(qualification)은 벤처기업 잠재력을 고려하기 위한 선행 조건이다.
Kollmann & Kuckertz (2010)	questionnaire	51 VCs	non-parametric Wilcoxon-Test	특정한 불확실성하에서 VCs의 의사결정 과정과 의사결정 기준은 영향을 받는다.
Monika Dho-chak & Sharma (2015)	questionnaire	108 VCs	exploratory factor analysis & AHP	VCs의 의사결정기준 중에서 창업자의 특성, 재무적 고려사항, 제품/서비스의 특성은 VCs의 투자 의사에 영향을 미치는 중요한 기준이다.
반성식 외(2002)	questionnaire	89 VCs (Korea 50/ US 39)	regression & ANOVA	VCs 투자 의사결정에 영향을 미치는 8개의 의사결정 기준인 기업가의 시장정통성, 리더십 능력, 창업경험, 소유권 보호, 시장규모, 시장성장성, 경쟁자의 수, 경쟁의 강도를 한국과 미국을 비교하여 분석하였다.
반성식·송경모 (2004)	questionnaire	53 VCs (Korea)	regression & ANOVA	VCs의 투자의사결정에 적용되는 8개의 기준에 대한 의사결정 실험을 통해 벤처기업의 성공가능성을 분석하였다.
구경철 외(2008)	questionnaire	20 VCs (Korea)	AHP & t-test	VCs의 투자결정 요인은 기업의 성장성과 수익성이며. 세부적으로 경영진 및 고용인의 자질, 시장변화 대응력, 마케팅 능력, 제품 차별성, 경쟁, 상황, 기술력을 중요시한다.
차명수(2009)	questionnaire	32 VCs (Korea)	regression & judgment analysis	VCs의 의사결정 기준에서 가중치가 부여된 기준은 창업자(팀)의 능력, 잠재적 수익률, 시장 상황 순이다.

새로운 벤처 경험, 목표 시장, 제품 또는 서비스, 창업자 및 창업 팀의 리더십 잠재력으로 제시했다. Khanin et al.(2008)은 VCs의 중요한 의사결정 기준으로 최고 경영자, 시장의 특성, 시장 성장성, 제품, 위험(risk), 수익, 엑시트(exit), 계약의 품질(quality), 전략, 고객 및 경쟁을 가장 중요한 기준으로 제시했다.

이와 같이 의사결정 기준과 관련된 선행 연구에서 다루어진 VCs가 주로 사용하는 의사결정 기준은 학자들마다 다양하게 제시하였지만 공통적으로는 창업자/팀의 특성, 제품/서비스의 특성, 시장의 특성, 재무적 특성, 그 외의 기타 특성의 5가지의 범위로 구분할 수 있다<표2 참조>.

<표 2> VCs 의사결정 기준

Category	criteria	Category	criteria	Category	criteria
Entrepreneur/ Team Charac-teristics	Mgmt. skills/Leadership	Product/ Service Characteristics	Product attributes	Market Characterisitics	Market size
	Completeness of team		Proprietarity		Market growth/potential
	Marketing Skills		Uniqueness/differentiation		Projected market share
	Mgmt. Financial skill		Project Growth in Turnover		Competitive strength/number
	Mgmt. stake in firm		Stage of development		Sensitivity to business cycles
	Articulate about venture		Technology life cycle		Buyer concentration
	Personal motivation		Expected profit margin		Venture creates new market
	Capable of sustained effort		Technical edge/Innovation	Financial Characteristics	Cash-out method
	Ability to evaluate risk		Resistence to risk		Expected rate of return
	Relevant track record		Scalability		Expected risk
	Market familiarity		Barriers to entry		Percentage of equity
	Entrepreneur personality		Product superiority		Investor provisions
	References		Existing customer base		Size of investment
Others	Network effects		Market acceptance/interest		Funding base
	Geographic location		Potential for partnerships		Liquidity of investment
	Deal Factors		Prototype / R&D Level		Valuation
Study					
Tyebjee & Bruno(1984), MacMillan et al(1985), MacMillan et al(1987), Robinson(1987), Keeley & Roure(1990), Dixon(1991), Hall & Hofer(1993), Rah et al.(1994), Fried & Hisrich(1994), Muzyka et al.(1996), Boocock & Woods(1997), Zacharakis & Meyer(2000), Vinig & Haan(2002), Beim & Lovesque(2004), Kaplan & Stromberg(2004), Martel(2006), Narayanasamy et al.(2012), Miloud et al.(2012), Kollmann & Kuckertz(2010) 등					

2.1.1 창업자(entrepreneur)의 특성

창업자(팀)은 벤처기업의 성공과 실패에 중요한 역할을 한다. 따라서 창업자/팀의 특성은 VCs가 투자 결정에서 가장 중요하게 여기는 기준 중 하나이다. VCs는 뛰어난 업적, 우수한기술 전문성 및 마케팅 기술 등을 보유하고 있는 창업자를 선호한다(Franke et al., 2006).

선행연구에 의하면 MacMillan et al.(1985)은 VCs의 의사결정에 영향을 미치는 창업자의 특성을 성격(personality)과 경험(experience)으로 구분하였으며, Dixon(1991)은 창업자의 질적(quality) 측면과 기술적(skill) 측면을 가장 중요한 투자요소로 보았다. Muzyka et al.(1996)은 VCs가 벤처기업의 사업계획서 평가에서 창업가/팀의 리더십 잠재력, 산업 전문성, 실적이 유의한 의사결정 기준이라는 것을 발견하였다.

Silva(2004)는 벤처기업에 대한 VCs의 관심은 주로 창업자(팀)의 질(quality)에 있으며, 창업자의 벤처기업에 대한 몰입 정도와 창업자가 가진 비즈니스 아이디어를 평가하고 검증하는데 집중한다고 제시했다. 또한 벤처기업의 초기단계 평가에서는 재무적인 특성은 중요한 의사결정 기준이 되지 않는다는 것을 제시하면서 VCs의 투자의사 결정에서 창업자 특성의 중요성을 강조했다(Silva, 2004). 특히 창업가의 경험은 벤처기업이 VCs에게 투자를 받을 기회를 유의미하게 증가시키는 것으로 나타났다(Hsu, 2007).

창업가가 보유하고 있는 경험은 벤처기업의 뛰어난 성과를 가져오는 벤처기업 활동과 직접적인 상관관계가 있으므로(Stuart & Abetti, 1990), VCs가 투자 의사결정에서 중요하게 여기는 기준이다. Ge et al.(2005)는 창업가가 벤처기업 관련 산업경험, 경영경험 및 창업경험을 보유하고 있다면 VCs가 신생 벤처기업을 훨씬 더 우수하게 평가한다는 것을 실증적으로 증명했다. 예를 들어 창업경험을 보유하고 있는 창업자는 해당 분야에 대한 지식의 활용이 가능하고, 기업가적 프로세스(entrepreneurial process)에 대한 이해를 경험을 통해 보유하고 있으므로(DeTienne & Chandler, 2007), VCs의 투자 의사결정에서 중요하게 고려된다. 또한, 창업경험을 통해 확보한 인적자원 네트워크를 활용해 기업 경영 및 성과 창출을 위한 정보와 지식을 얻는데 더 용이할 수 있을 뿐만 아니라, 외부로부터 기업가적 활동에 대한 호의적 태도를 형성할 수 있다(Pruett, et al., 2009). 창업자의 특성과 관련하여 VCs의 투자 결정기준을 살펴보면, VCs는 산업 경험이 있는 창업자에 투자하는 것을 선호하며 창업자가 소유한 능력 측면에서는 기술 및 경영, 전문성 측면에서는 혼합적인 교육 배경을 가진 창업자를 선호하는 것으로 나타났다(Goslin & Barge, 1986; Dixon, 1991; Franke et al., 2008). 그러나 벤처기업의 사업계획서를 평가하는 동안 창업자/팀의 특성에 너무 많이 의존한다는 비판을 받기도 한다(Mishra, 2004).

창업자의 인적, 사회적 자본 관점에서 창업자의 학력/학벌은 VCs의 벤처기업에 대한 가치평가에서 긍정적인 요소로 작용한다(Hsu, 2007). 창업자의 높은 학력은 벤처기업의 재무적 성과에 유의한 영향을 주며(Birley & Norburrn, 1987), 창업자의 높은 학벌을 의미하는 명문대가 가지고 있는 엘리트 집단의 네트워크는 그 자체로 높은 사회적 자본으로 간주될 수 있다(Belliveau et al., 1996). 또한 VCs의 신생 벤처기업에 대한 투자 판단은 벤처기업과의 정보비대칭으로 인해 본질적으로 선택에 대한 위험을 내포하고 있다. 이러한 상황에서 벤처기업이 이전에 투자를 받았던 경력은 제 3자의 인증효과로 인해 투자의 성공에 대한 확신을 증가시키는 신호로 작용할 것이다(Beatty & Ritter, 1986). 따라서 창업자의 산업경험, 경영경험, 창업경험, 투자유치경험이 많고 학력/학벌의 수준이 높을수록 VCs의 투자의향이 높아질 것이라는 가설을 설정하였다.

H1: 창업자의 경험이 많을수록 VCs의 투자 의향이 높아질 것이다.
1-1: 창업자의 산업경험이 많을수록 VCs의 투자 의향이 높아질 것이다.
1-2: 창업자의 경영경험이 많을수록 VCs의 투자 의향이 높아질 것이다.
1-3: 창업자의 창업경험이 많을수록 VCs의 투자 의향이 높아질 것이다.
1-4: 창업자의 학력/학벌이 높을수록 VCs의 투자 의향이 높아질 것이다.
1-5: 창업자의 투자유치경험이 많을수록 VCs의 투자 의향이 높아질 것이다.

2.2.2 제품/서비스(product/service)의 특성

벤처기업의 제품/서비스는 VCs가 투자 여부를 결정하는데 있어 중요하게 고려되는 요소 중 하나이다. 벤처기업의 제품/서비스는 경쟁자와 구별되는 특성을 가지고 있어야 투자를 위한 요구 조건을 충족할 수 있으므로 VCs는 투자 의사결정에 벤처기업의 제품/서비스와 관련된 기준을 신중하게 비교 평가한다. 벤처기업이 경쟁자보다 경쟁우위를 확보하기 위해서는 제품/서비스가 독특하고 혁신적이어야 한다(Mason & Stark, 2004). Caves(1972)는 제품 차별화가 산업에서 가장 중요한 구조적 요소 중 하나이며 기업성과와 긍정적으로 관련되어 있다고 주장하였다.

이와 같이 기업성과에 영향을 줄 수 있는 제품/서비스가 타 기업과는 비교되는 경쟁력 있는 비용, 혁신적으로 앞선 기술, 그리고 제품을 판매할 시장의 준비 등의 조건을 갖추고 있다는 것은 VCs의 투자 결정에 영향을 준다(Mishra, 2004). 또한 벤처기업의 제품이 시장에서 고객의 요구를 충족하며, 비용 측면에서도 효율적이고, 특허 등으로 제품이 보호되는가도 VCs의 투자 결정에 중요하다(Mishra, 2004).

따라서 VCs는 벤처기업의 제품/서비스 측면에서 제품의 혁신성, 경쟁 우위(competitive advantage), 특허와 같은 독점적인 제품 보호 및 제품을 구매할 잠재 고객의 요구 수준과 같은 의사결정 기준을 적용하여 평가한다(Wells, 1974; Khan, 1987).

제품/서비스의 특성 중 신규성(newness)은 시장과 고객에게 새로움의 정도로 정의되며(Olson et al., 1995), 기업의 생존 및 수익성에 영향을 주는 혁신성을 나타내는 요소이다(Cooper & Kleinschmidt, 2011). 제품/서비스의 신규성과 기업의 성과와의 관계에 대해서는 다양한 이견(Goldenberg et al., 2001; Calantone et al., 2003; Steenkamp & Gielens, 2003)이 존재한다. 그러나 제품의 신규성은 대중과 소비자의 관심을 받는 매력적 요소로 시장에서 긍정적인 요소로 작용하며(Centeno & Hart, 2012), 시장의 초기 진입자로 새로운 시장을 형성하는 경쟁우위를 차지하는 역할을 할 수 있다.

또한 제품이 시장에서 실현 가능한지와(Bruno & Tyebjee, 1986), 제품에 대한 기능적인 프로토타입(prototype)이 존재하는지는 제품/서비스에 대한 투자 의사결정에서 VCs가 중요하게 여기는 요인이다(MacMillan et al., 1987). 벤처기업의 제품/서비스가 단순히 개념적 수준의 아이디어 단계보다는 프로토타입의 개발 또는 특허의 취득 단계까지 개발이 이루어진 경우에는 VCs의 투자 자금 유치에 긍정적으로 작용하는 것으로 나타났다(Conti et al., 2013). 이와 같은 선행이론을 근거로 다음과 같은 가설을 설정하였다.

H2: 벤처기업 제품/서비스의 신규성과 완성도가 높을수록 VCs의 투자 의향이 높아질 것이다.
2-1: 벤처기업 제품/서비스의 신규성이 높을수록 VCs의 투자 의향이 높아질 것이다.
2-2: 벤처기업 제품/서비스의 완성도가 높을수록 VCs의 투자 의향이 높아질 것이다.

2.2.3 시장(market)의 특성

시장(market) 환경이나 조건의 변화와 같은 요인들은 벤처기업에 영향을 미칠 수 있다(Aaker & Day, 1986). 시장에서의 성공에 대한 요구 조건은 시장의 진화에 따라 변화할 가능성이 있다(Shepherd et al., 2000). VCs의 투자 결정에서 시장에서의 성공은 투자 수익을 결정하는 중요한 요소로서, 성장 가능성이 높은 강력한 시장은 VCs의 투자 행동에 영향을 주는 필수적인 조건이다. 따라서 투자 결정에서 벤처기업이 목표로 하는 시장에 접근 가능한지가 VCs의 주요 관심사이다(Tyebjee & Bruno, 1984). 또한 벤처기업의 제품/서비스가 기존 시장의 수요를 충분히 충족시킬 수 있는지, 기존 시장에서 새로운 요구를 자극할 수 있는지, 또는 새로운 시장을 형성할 수 있는지도 VCs에게는 중요한 의사결정 기준이다(MacMillan et al., 1985; 1987).

Rah et al. (1994)는 시장 매력도(attractiveness)가 창업자/팀의 경영능력(management capability)보다 벤처기업의 성공을 30% 더 예측 가능한 기준임을 발견했다. 또한 VCs는 투자 의사결정에서 엔젤(angel)이나 은행 투자가에 비해 시장의 잠재적 성장 가능성, 시장에서의 경쟁 수준, 진입 장벽과 같은 시장의 특성을 더 중요시하는 것으로 나타났다(Mason & Stark, 2004). 시장의 규모는 시장이 충분히 커서 벤처기업이 수익성을 달성할 수 있는 기회가 있는지와 관련된 것이고, 성장 가능성은 시장이 충분히 빠르게 성장할 수 있는지와 관련된 것이다.

VCs가 투자하는 벤처기업이 목표로 하는 시장 측면에서 볼 때, 벤처캐피탈은 상당한 시장규모와 높은 성장률을 선호하는 경향이 있으며, 이것은 시장 특성이 높은 수익률의 성장과 가치 창출을 위한 전제 조건이기 때문이다(Tyebjee & Bruno, 1981; Bachher & Guild, 1986). 즉, VCs는 수익 창출과 가치 창출을 극대화하기 위해 빠른 속도로 성장하고 있는 시장이나 산업을 찾는다고 할 수 있다(Zider, 1998). 이와 같은 맥락에서 Vinig & de Haan(2002)은 미국과 네덜란드의 VCs를 대상으로 한 연구에서 벤처기업이 진출하고자 하는 시장에서 빠른 시장 성장성과 시장 경쟁 정도, VCs의 시장 친숙도, 기존 시장과 새로운 시장의 형성을 의사결정의 주요 기준으로 제시했다. Kollman & Kuckertz(2010)은 시장의 특성과 관련된 의사결정 기준 연구에서 시장의 규모와 시장의 성장 가능성에 초점을 두고 연구하였다.

이에 본 연구에서 벤처기업의 제품/서비스와 관련된 시장이 형성되지 않은 가능성이 있을지라도 시장이 매우 빠르게 성장하는 것은 VCs의 투자의사결정에 중요한 요소라고 판단하였다. 특히 벤처기업의 제품/서비스와 관련된 시장의 형성이 확실한 경우일지라도 VCs는 시장의 형성 속도가 느린 경우보다는 시장의 형성 속도가 빠른 것을 선호할 것이다. 따라서 다음과 같은 가설을 설정하였다.

H3: 벤처기업 제품/서비스의 시장성이 좋을수록 VCs의 투자 의향이 높아질 것이다.

3-1: 시장이 매우 빠르게 성장할 것으로 예측되나 시장이 형성되지 않을 가능성이 있는 경우가 시장은 느리게 성장할 것으로 예측되나 시장이 확실하게 형성될 경우보다 투자의향이 높아질 것이다.

2.2.4 재무적(financial) 특성

VCs는 투자 대상에 대한 평가에서 예상되는 수익과 같은 재무적 정보를 중요시한다(Manigart et al., 1997). Mishra (2004)의 연구에 의하면 VCs는 투자대상 기업의 선정에 있어서 투자 자본의 유동성, 수익, 엑시트(exit)의 조건에 상당한 중요성을 부과하는 것으로 나타났다. 그러나 Ruhnka & Young (1991)은 VCs가 벤처기업에 투자하기로 결정할 때 내리는 의사 결정과정은 복잡한 과정을 거치며, 초기 단계의 벤처기업의 투자에서는 투자 의사결정에 사용 가능한 재무 데이터의 부족으로 인해 투자에 대한 위험을 측정하는 작업이 어렵다는 점에 주목하였다. 또한 변화하는 시장의 상황은 벤처기업에 대한 가치 평가, 투자 시기와 간격 결정, 위험과 투자수익 평가와 같은 VCs의 벤처기업 투자와 관련된 여러 측면에 영향은 미치는 것으로 나타났다(Inderst & Muller, 2002).

VCs는 벤처기업의 재무적 잠재력에 관하여 기대수익률(expected rate of return)과 기대수익과 관련된 위험(risk) 요소를 동반한 투자 기준의 중요성을 강조한다(Poindexter, 1977; MacMillan et al., 1985; Gompers & Lerner, 1999). VCs는 자본 투자의 결정에 있어 꾸준한 배당금이나 이자 수익보다는 고위험을 감수하면서 고수익의 대규모의 재무적 이익을 기대한다(Wilson, 1985). Zider(1998)의 연구에 의하면 VCs는 벤처기업의 초기 단계 투자인 경우에 전형적으로 투자금의 5배에서 10배의 수익을 예상하는 것으로 나타났다. 즉, VCs는 평균 5년 동안의 투자 기간 동안 피투자기업의 투자 가치가 최대 10배까지 증가할 것으로 기대한다.

이러한 배경에서 본 연구에는 VCs는 투자 결정에 있어 높은 위험이 있을지라도 높은 수익을 기대하며 예상 수익률이 높아질수록 투자의향이 높아질 거라는 가설을 설정하였다. 특히 벤처기업의 제품/서비스에 대한 시장 형성되지 않는 위험이 있을지라도 일단 시장이 형성된다면 높은 수익이 예상되고 투자금의 회수기간이 짧을수록 벤처기업에 대한 투자의향이 높아질 것이라는 것이라고 가정하였다. 이에 다음과 같은 가설을 설정하였다.

H4: 투자자금에 대한 재무적 상황이 좋을수록 VCs의 투자 의향이 높아질 것이다.

4-1: 투자자금에 대한 예상수익률이 높을수록 VCs의 투자 의향이 높아질 것이다.

4-2: 투자자금에 대한 회수시기가 빠를수록 VCs의 투자 의향이 높아질 것이다.

2.2.5 추천방식

VCs는 강력한 유대관계와 네트워크를 형성하는 것을 특징으로 한다(Hochberg et al., 2007). VCs의 네트워크는 직접적으로 또는 간접적으로 VCs 개개인의 의사결정에 중요한 영향을 주며(Shepherd et al., 2003; Zacharakis et al., 2007; Wuebker et al. 2015), 의사결정 기준들 간의 상대적인 중요도(weight)에도 영향을 주는 요인이다(Hochberg et al., 2007).

Gompers et al. (2010)는 사회적 네트워크(social network)의 관점에서 VCs가 보유한 개인 네트워크를 통해 연쇄 기업가(series entrepreneur)와 이전 신디케이션(syndication) 파트너로부터 투자를 선택한다는 점을 강조하면서 재무적인 의사결정에서 개인적 유대관계가 갖는 중요한 역할을 강조하였다. 이러한 관점에서의 선행연구들은 VCs의 개인적인 관계를 활용한 정보 수집 프로세스인 직접적인 네트워크 연계로부터의 정보 전달은 VCs의 투자 의사결정과 투자 이후의 결과에 영향을 준다는 것을 제시하고 있다. 즉, VC 환경에서 VCs의 직접적 유대관계는 투자자 간의 다양한 형태의 협력으로 발전한다는 것이다.

VCs는 개인적 관계를 통해 공동의 투자 활동(Guler & Guillén, 2010), 이사회에서의 관계 구축(Hallen et al., 2014), 후속 투자 모집 및 구조화, 피투자기업(portfolio firm)에 대한 사후투자(post-investment) 지원 등의 영역에서 정보를 공유하는 것으로 나타났다(Hellmann & Puri, 2002).

VCs의 공동투자와 투자 성과와의 관계에 관련된 선행연구에서는 VCs의 공통투자는 투자에 대한 검토(screening)의 과정에서 VCs간에 서로의 경험, 기술, 자본 등을 공유하여 투자의 성공가능성을 높이고(Kaplan & Stromberg, 2004), 투자의 위험을 감소시키며, 투자의 영역을 확장시키는 것으로 나타났다(Sorenson & Stuart, 2008). 따라서 VCs의 공동 투자와 관련된 네트워크가 잘 이루어지는 경우에 투자 자금에 대한 회수 가능성이 높아지면서 투자 성과가 향상되고 피투자기업의 생존가능성도 높아진다(Hochberg et al., 2007).

이에 VCs는 투자 의사결정에 있어서 거래의 원천이 어디인가에 따라 투자 선택에 영향을 받을 것이라는 가설을 설정하였다. 특히 공동투자가 가능한 동종업계에 종사하는 VCs를 포함한 지인으로부터 투자와 관련된 추천을 받는 경우는 투자와 관련성이 낮은 업계의 지인으로부터의 추천이나 투자 관련 행사를 통한 추천보다 투자의향이 더 높을 것이라고 가정하였다. 따라서 다음과 같은 가설을 설정하였다.

H5: 동종업계에 종사하는 지인으로부터 추천을 받을수록 VCs의 투자 의향이 높아질 것이다.

5-1: 동종업계에 종사하는 지인으로부터 추천을 받는 경우가 그렇지 않은 경우보다 투자 의향이 높아질 것이다.

Ⅲ. 연구방법

3.1 계층분석법(Analytic Hierarchy Process: AHP)이론

3.1.1 AHP 이론의 유용성과 특징

AHP이론은 1970년에 미국 펜실베니아대학의 Thomas L. Saaty 교수가 고안한 기법으로, 인간은 복잡한 의사결정시 계층구조화, 상대적 중요도 추정, 논리적 일관성 확보 등의 단계를 거친다는 점에 착안된 방법이다. AHP는 구성요소간의 상호의존을 계층구조화하고 논리적 판단 및 직관, 감정 그리고 경험까지도 함께 고려하여 문제 해결능력을 향상시키는 의사결정 기법이다(구경철 외, 2008). 즉, AHP는 다수의 속성들을 계층적으로 분류하여 각 속성의 중요도 파악을 통해 최적의 대안을 선정하는 기법으로 정의할 수도 있다(최재원, 2011).

AHP를 활용한 연구는 다음과 같은 유용성과 특징을 포함한다(이장우, 2005). 첫째, 계층화를 통해 의사결정 문제를 해결한다. 최상위 계층에는 '목적(goal)', 그 하위계층에는 '평가기준(criteria)', 최하위 계층에는 평가대상인 '대안(alternatives)'을 설정하여 순차적으로 문제를 해결한다.

둘째, 요소들 간의 쌍대비교를 통해 상대적 중요도를 추정한다. 이 과정에서는 흔히 9점 척도가 사용된다.

셋째, 정성적(qualitative) 요소와 정적(quantitative) 요소를 동시에 반영할 수 있다. 정량적 분석이 곤란한 의사결정의 경우 평가자들의 직관적, 합리적 평가에 근거해 정량적 요소뿐만 아니라 정성적 요소까지 반영할 수 있다.

넷째, 상이한 척도를 지닌 요소들의 비교, 통합이 가능하다. 다섯째, 평가자들의 판단에 대한 논리적 일관성을 검증할 수 있다. 이에 따라 결과에 대한 신뢰성을 높일 수 있다. 이처럼 AHP는 의사결정 문제를 계층화, 세분화함으로써 문제를 파악하고 요소 간 쌍대비교와 비교 결과에 대한 일관성 검정을 통해 오류정보를 배제할 수 있고, 요소의 중요도에 대한 객관성, 신뢰성 확보 등을 통해 우선순위 결정에 있어 신뢰성이 매우 높다는 장점이 있다. 하지만 AHP는 새로운 대안을 추가하거나 평가기준상 오류가 있는 경우 처음부터 다시 진행해야 한다는 단점이 있다. 그리고 모든 평가기준이 상호 독립적 관계를 가정하므로 동일 계층에서 평가기준이 상호의존적 관계인 경우 적용성이 떨어진다. 또한 계층이나 평가요소의 수가 증가하는 경우 쌍대비교 횟수가 기하급수적으로 늘어나며, 대안 개수가 10개 이상인 경우에는 쌍대비교 횟수가 급속히 늘어나 설문조사가 어려워질 수 있다.

3.1.2 AHP 분석의 절차

AHP를 활용하여 우선순위를 도출하기 위해서는 총 4단계의 분석으로 진행한다(Saaty, 2008). 1단계는 AHP에서 가장 중요한 단계로 의사결정 문제를 상호 연관된 결정 요소의 계층구조로 분해하여 의사결정 계층 구조를 설정하는 단계이다. 구조를 설정하는데 있어 계층의 수는 문제의 복잡성과 의사결정자가 문제를 해결하는데 필요한 요소의 세부 정도에 따라 달라진다.

Saaty(1980)는 쌍대비교를 위해 각 계층에서 요소의 수를 최대 9개까지만 설정하는 것을 제안하나 이는 필수조건은 아니다. 2단계에서는 쌍대비교를 통해 의사결정 요소들의 중요도 혹은 선호도를 평가한다. 이를 통해 상위 계층을 달성하는데 특정한 평가기준이 다른 평가기준보다 얼마나 상대적으로 더 중요한가를 평가할 수 있다. 쌍대비교는 상위 계층부터 순차적으로 진행된다.

3단계는 쌍대비교 행렬 작성을 통해 각 계층에서 요소의 상대적 가중치를 측정한다. 즉, AHP는 '고유값(eigenvalue)' 방법으로 행렬의 표준화 과정을 통해 상대적 가중치를 추정하고 최하위계층에 있는 속성들에 대한 상대적인 비중 혹은 우선순위를 구하기 위해 상대적 가중치를 종합한다.

4단계는 의사결정 문제의 목표를 달성하기 위한 대안 결정의 종합 순위를 얻기 위해 의사결정 요소의 상대적 가중치를 합산하는 단계이다. 이를 반복하면 최상위 계층에 대한 하위 계층에 대한 하위 계층 요소의 상대적 가중치가 산출된다. 이를 통해 각 요인들간의 상대적 중요도를 측정하여 우선순위를 파악할 수 있다(Zahedi, 1986).

3.1.3 논리적 일관성의 확인

AHP를 사용함에 있어 평가의 신뢰성을 낮추는 가장 큰 요인은 쌍대비교 과정에서의 평가자 판단의 일관성(consistency) 문제이다. 다양한 요소들로 구성된 복합적인 의사결정 문제는 평가결과의 모순성 혹은 상충성의 위험이 있으므로 판단의 일관성을 검증하는 것은 중요하다. 쌍대비교의 일관성을 측정하기 위해 일관성 비율(consistency rate: CR), 일관성지수(consistency index: CI), 임의지수(random index: RI)를 사용한다. 이는 일관성이 유지될 경우 얻을 수 있는 CI값과 평가가 순수하게 무작위로 이루어질 때 얻을 수 있는 RI값을 비교하여 그 비율로 일관성을 판단하는 방법이다. 일관성 평가는 각 단계별로 우선수위를 도출했을 때 일관성 평가를 진행함으로써 평가의 일관성이 유지되는지를 확인하는 것이 중요하다.

일관성 평가는 CI와 RI의 비율로 판단하며, 일반적으로 CR값이 0.1미만인 경우 일관성이 있는 것으로 판단한다. 0.2이하까지 허용 수준으로 간주하며, 0.2를 초과하는 경우에는 평가의 일관성에 문제가 있는 것으로 판단하며 재조사를 진행해 일관성을 확보해야 한다(최재원, 2011).

3.2 AHP 조사설계

AHP를 활용하여 VCs의 의사결정 우선순위를 도출하기 위해서는 평가항목이 우선 선정되어야 한다. 본 연구에서는 이전의 VCs의 투자 의사결정과 관련된 선행 문헌에서 연구된 항목을 중심으로 현재의 투자 여건과 환경을 반영하는 AHP 세부평가요인을 도출하고자 하였다. 먼저 선행연구를 중심으로 투자 의사결정 기준을 연구하고 정리하여 5개의 영역에서세부 평가 기준을 수집하였다.

수집된 의사결정 기준은 중요도, 기준간의 중복성, 투자 환경과 여건에 따라 통합 및 조정되는 과정이 필수적이다. 따라서 선행연구에서 도출된 여러 의사결정 기준을 국내에서 현역 VCs로 활동 중인 투자심사역과 벤처기업 전담 회계사, 창업 관련 전공 대학교수 등 벤처 투자와 관련된 10명의 전문가들을 대상으로 표층집단인터뷰(focus group interview: FGI)를 실시하였다. 표층집단인터뷰는 개별 전문가들에 대한 개방형 질문에 대한 응답 형식과 인터뷰 형식으로 진행되었다. 또한

〈표 3〉 계층 정의 및 세부항목의 조작적 정의

제1계층	제2계층	제3계층 (세부항목의 조작적 정의)	관련 문헌
창업자 (entrepreneur)의 특성	산업경험	창업자가 창업 이전에 관련 산업에 종사한 경력이 5년 이상이다. 창업자가 창업 이전에 관련 산업에 종사한 경력이 5년 미만이다. 창업자가 창업 이전에 관련 산업에 종사한 경력이 없다.	Shepherd(1999), Shrader et al.(1997), Miloud et al.(2012), Carpentier & Suret(2015)
	경영관리경험	창업자가 창업 이전에 팀장 이상의 관리자 경력이 있다. 창업자가 창업 이전에 관리자 경력이 없다.	Muzyka et al.(1996), Shrader et al.(1997), Shane(2000), Miloud et al.(2012)
	창업경험	창업자가 창업 경험이 다수 있다. 창업자가 창업 경험이 한 번 있다. 창업자가 창업 경험이 전혀 없다.	Shrader et al.(1997), Zhang(2011), Hsu(2007), Miloud et al.(2012)
	학력/학벌	창업자가 관련 분야의 명문대의 박사 학위를 가지고 있다. 창업자가 관련 분야의 명문대의 학사 학위를 가지고 있다. 창업자가 관련 분야의 일반대의 박사 학위를 가지고 있다. 창업자가 관련 분야의 일반대의 학사 학위를 가지고 있다.	Shrader et al.(1997), Hsu(2007)
	투자유치경험	창업자가 공식적인 투자자에게 투자를 받은 경력이 있다. 창업자가 비공식적인 투자자에게 투자를 받은 경력이 있다. 창업자가 기존에 투자를 받은 경력이 없다.	Drover et al.(2017), Hsu(2007)
제품/서비스 (product/service)의 특성	신규성	제품/서비스가 해외에도 없고, 국내에도 없다. 제품/서비스가 해외에는 있으나, 국내에는 없다. 제품/서비스가 해외에도 있고, 국내에도 있다.	Dahlqvist & Wiklund(2012), Hyytinen et al.(2015)
	완성도	제품/서비스가 시장에 즉시 출시 가능한 수준이다. 제품/서비스가 개발 중이다.	MacMillan et al.(1985), Riquelme & Rickards(1992)
시장(market)의 특성	시장성장성	시장이 매우 빠르게 성장할 것으로 예측되나 시장이 형성되지 않을 가능성도 있다. 시장은 느리게 성장할 것으로 예측되나 시장은 확실하게 형성될 것이다.	Bachher & Guild(1996), Shrader et al.(1997), Mishra(2004), Eloranta(2018)
재무적(financial) 특성	예상수익률	높은 수준의 수익률(8배~10배)을 기대한다. 적정 수준의 수익률(2배~3배)을 예상한다.	Shrader et al.(1997), Muzyka et al.(1996), Mishra(2004), Eloranta(2018)
	회수시기	3년 이내에 투자 자금 회수가 가능할 것으로 예상한다. 3년 이상~5년 이내에 투자 자금 회수가 가능할 것으로 예상한다. 투자 자금 회수에 5년 이상이 걸릴 것으로 예상한다.	
네트워크	추천방식	투자 업계에 종사하는 지인으로부터 추천을 받았다. 비투자업계에 종사하는 지인으로부터 추천을 받았다. 관련 행사 또는 직접 연락 등으로 투자가 시작되었다(추천 없음).	Wuebker et al.(2015), Bosma et al.(2002), Liu & Chen(2014)

표층집단인터뷰의 내용을 기반으로 인터뷰 집단을 제외한 7명의 현역 투자심사역의 설문조사 형식의 전문가견해조사를 통하여 최종 평가 기준을 설정하였다.

AHP 설문에 최종 설정된 VCs의 투자 의사결정 기준은 <표 3>에서 보는 바와 같이 상위 계층은 창업자의 특성, 제품/서비스의 특성, 시장의 특성, 재무적 특성, 기타의 요인인 네트워크로 선정되었으며 관련된 30개의 평가항목으로 구성하였다. AHP 설문에서 제 1계층은 창업자의 특성, 제품/서비스의 특성, 시장의 특성, 재무적 특성, 네트워크로 구성하였다. 창업자의 특성은 창업자의 산업경험, 경영관리경험, 창업경험, 학력/학벌, 투자유치경험으로 구성되며, 제품/서비스의 특성은 벤처기업 제품/서비스의 신규성과 완성도로 구성하였다. 시장의 특성은 시장성장성으로 기준을 설정하였으며, 재무적 특성은 투자자금에 대한 예상수익률과 회수시기로 구성하였다. 또한 기타의 특성 중에서 거래(deal)의 원천(source)에 대한 요인으로 거래(deal)에 대한 추천방식인 네트워크를 AHP 설문의 평가 요인으로 구성하였다. 계층구조의 세부항목 및 세부항목의 조작적 정의에 대한 내용은 <표 3>과 같다.

<표 4> 표본의 인구통계학적 특성

항목	구분	빈도수	비율(%)
성별	남	190	91.8
	여	17	8.2
나이	29세 이하	1	0.5
	30세 이상~35세 미만	13	6.3
	35세 이상~40세 미만	45	21.7
	40세 이상~45세 미만	46	22.2
	45세 이상~50세 미만	59	28.5
	50세 이상~55세 미만	33	15.9
	55세 이상~60세 미만	10	4.8
보유학위	학사	83	40.1
	석사 수료	89	43
	석사(MBA포함)	8	3.9
	박사 수료	8	3.9
	박사	19	9.1
심사분야	ICT제조/화학/소재/전기/기계/장비	93	44.9
	IT서비스/유통서비스	55	26.6
	바이오/의료	42	20.3
	게임/디지털콘텐츠	10	4.8
	영상/공연/음반	1	0.5
	기타	6	2.9
심사경력	3년 미만	21	10.1
	3년 이상~5년 미만	41	19.8
	5년 이상~10년 미만	53	25.6
	10년 이상~15년 미만	38	18.4
	15년 이상~20년 미만	43	20.8
	20년 이상	11	5.3
	합계	207	100

AHP 설문은 개별 응답자의 메일에 설문에 접속할 수 있는 온라인 주소를 첨부하여 배포하는 방식인 웹기반(web-based) 조사방법으로 실시하였다. 웹기반 AHP 설문은 2018년 1월 31일을 기준으로 한국벤처캐피탈협회에 등록되어 있는 국내 VCs 400명을 대상으로 무작위로 2018년 2월 5일부터 3월 14일의 기간에 걸쳐 이루어졌으며, 207명의 응답이 최종 분석에 활용되었다. 세부적인 참여 응답자의 현황은 <표 4>와 같다.

3.3 분석결과 및 시사점

3.3.1 제1계층에서의 우선순위 분석결과

본 연구에서는 국내 현역 VCs의 벤처기업의 투자결정에 있어 적용하는 의사결정 기준의 우선수위와 가중치를 도출하고자 AHP 기법을 적용하여 조사 및 분석하였다. AHP 기법은 복잡한 문제에 대한 하위 기준의 세분화로 상위 목표 관점에서 하위 기준들을 평가하여 가중치를 부여하는 방식으로 VCs의 의사결정 기준 결정에서도 같은 방법으로 평가기준 및 각각의 심사평가항목을 계층화하여 평가할 수 있다는 점에서 매우 적절한 기법이다(Saaty, 1990; 김우재·이홍배, 2015).

본 연구에서는 선행연구를 통해 도출된 여러 의사결정 기준들 중에서 전문가들의 표층집단인터뷰(FGI)와 전문가견해조사를 통해 최종 도출된 30개의 세부 평가항목들을 중심으로AHP 분석을 실시하여 우선순위 및 상대적 중요도를 분석하고 가설을 검정하였다.

제1계층의 분석결과로 VCs의 투자 의사결정 기준에 선호도는 <표 5>와 같이 창업자의 특성이 33.0%로 우선순위가 가장 높았으며, 제품/서비스의 특성이 중요도에 대한 선호도가 29.8%로 그 뒤를 이었다. 세 번째로 높은 요인은 시장의 특성으로서 23.9%였으며, 네 번째로 높은 요인은 재무적 특성으로서 7.6%, 마지막으로 네트워크가 5.7%의 중요도를 나타내었다.

<표 5> 제1계층의 분석 결과

연구 목적	제1계층	선호도	CR
VCs의 의사결정 기준	창업자의 특성	33.0%	0.00839
	제품/서비스의 특성	29.8%	
	시장의 특성	23.9%	
	재무적 특성	7.6%	
	네트워크	5.7%	

CR : 일관성비율 (consistency rate)

3.3.2 제2계층에서의 우선순위 분석결과

제2계층에서는 제1계층의 결과에 따라서 5개 항목을 각각을 100으로 계산하여 제2계층의 각각의 기준의 선호도를 환산하였다. 제2계층에서의 선호도는 <표 6>에서와 같이 창업자의 특성 기준의 상호 비교에서 창업자의 산업경험은 44.0%로서 가장 우선순위에 있었으며 경영관리경험 16.8%, 창업경험 16.8%, 학력/학벌 12.4%, 투자유치경험 10.0%의 비율 순으로 선호도가 나타났다. 제품/서비스의 특성과 관련해서는 제품/서비스의 신규성 선호도가 54.4%로 45.6%의 선호도를 보인 완성도보다 더 중요하게 여기는 것으로 나타났으며, 투자자금과 관련된 기준인 재무적 특성에서는 예상수익률의 선호도가 61.9%로 38.1%인 회수시기보다 더 높은 선호도를 보였다.

〈표 6〉 제2계층의 분석결과

제1계층	제2계층	선호도	CR
창업자의 특성	산업경험	44.0%	0.0021
	경영관리경험	16.8%	
	창업경험	16.8%	
	학벌/학력	12.4%	
	투자유치경험	10.0%	
제품/서비스의 특성	신규성	54.4%	0.0000
	완성도	45.6%	
재무적 특성	예상수익률	61.9%	0.0000
	회수시기	38.1%	

CR : 일관성비율 (consistency rate)

3.3.3 제3계층에서의 우선순위 분석결과 및 가설 검정

VCs의 의사결정 기준의 전체적인 우선순위 분석결과로 전체 세부항목 기준의 상대적 중요도 값에 따라 빠른 시장성장성과 시장 비형성의 가능성(0.156)에서부터 학력/학벌 기준인 일반대 학사학위(0.004)까지 30개의 각 세부항목 기준의 상대적 중요도가 〈표 7〉과 같이 도출되었다. 즉 전체 30개의 세부항목 기준에서 '시장이 매우 빠르게 성장할 것으로 예측되나 시장이 형성되지 않을 가능성도 있다'의 기준이 VCs의 가장 중요한 투자 의사결정 기준인 것으로 나타났으며, 느린 시장성장성과 확실한 시장 형성(0.142), 5년 이상의 창업자의 산업경력(0.095), 즉시 시장 출시가 가능한 제품/서비스(0.083), 해외에는 있으나 국내에는 없는 제품/서비스(0.061)의 순으로 상위 5개 기준을 형성하고 있는 것으로 나타났다.

분석된 측정 항목인 의사결정 기준 간 상대적 중요도 및 우선순위 따른 분석은 각 계층에서의 상대적 중요도를 통해 최종적으로 계층 간의 중요도를 종합한 전체 우선순위를 도출하였다. 이때 비일관성 지수는 모두 0.1이하로서 분석에 적합한 값이 도출되었다.

VCs의 투자 의사결정 기준의 우선순위 분석결과는 〈표 7〉에서 나타난 바와 같이 창업자의 산업경험은 산업경험이 5년 이상인 경우의 선호도가 65.7%로 5년 미만인 24.4% 및 경력이 없는 경우인 9.9%보다 높게 나타나 가설 H1-1은 지지되었다. 또한 창업자의 경영관리경험의 경우 팀장이상의 관리자 경험이 있을수록 선호도 78.8%로 가장 높은 선호도를 보였으며, 창업자의 이전 창업경험은 다수의 창업경험이 47.8%로 우선순위를 보였다. 창업자의 학력/학벌 기준은 창업자의 학력과 학벌을 박사학위와 학사학위, 일반대와 명문대로 비교한 4가지 세부항목 중에서 명문대의 박사학위 기준이 45.2%라는 가장 높은 선호도 보였다. 창업자의 투자유치경험 기준은 창업자가 공식적인 투자자로부터 투자를 유치한 경험이 있는 경우의 선호도는 58.1%로 비공식적인 투자자에게 투자를 받은 경험이 있거나 투자유치경험이 없는 경우보다 선호도가 높게 나타났다. 이러한 결과는 가설 H1-2, H1-3, H1-4, H1-5를 모두 지지하는 것으로 나타났다. 이에 가설 H1은 전체적으로 지지되었다. 그리고 창업자의 학벌/학력 기준의 분석결과에서 특징적인 것은 일반대 박사학위(11.9%) 기준보다는 명문대 학사학위(33.3%) 기준의 선호도가 높게 나타나 학력보다는 명문대와 같은 학벌을 더 선호하는 것으로 나타났다. 창업자의 산업경험, 경영관리경험, 창업경험, 투자유치경험들은 사업진행시 빠른 실행력과 시행착오를 줄이고 회사의 자금고갈율을 줄이는 중요한 평가사항으로 그 연수와 경험의 유무는 VCs 입장에선 중요한 요소이다. 학벌에 대한 선호도는 사업에 중요한 네트워크에 기인한 것으로 해석된다.

제품/서비스의 기준과 관련하여서는 벤처기업의 제품과 서비스가 해외에는 있으나 국내에는 없는 경우의 선호도가 46.7%로 가장 높게 나타나 가설 H2-1은 기각되었다. 제품/서비스의 완성도 기준은 제품/서비스가 시장에 즉시 출시가 가능할 만큼 개발된 경우의 선호도가 76.3%로 제품/서비스가 개발 중인 경우보다 높게 나타나 가설 H2-2는 지지되었다. 따

〈표 7〉 세부항목 간 상대적 중요도 및 우선순위

제1계층	제2계층	제3계층 (세부항목)	선호도	상대적 중요도	세부항목별 우선순위	전체 우선 순위	CR	가설 검정	
창업자의 특성 (0.330)	산업 경험 (0.145)	산업경력 5년 이상	65.7%	0.095	1	3	0.06238	H1-1	지지
		산업경력 5년 미만	24.4%	0.036	2	8			
		산업경력 무	9.9%	0.014	3	19			
	경영관리경험 (0.055)	팀장 이상의 관리자 경험 유	78.8%	0.044	1	6	0.00	H1-2	지지
		관리자 경험 무	21.2%	0.012	2	23			
	창업경험 (0.055)	다수의 창업경험	47.8%	0.027	1	12	0.01776	H1-3	지지
		1번의 창업경험	36.0%	0.020	2	14			
		창업경험 무	16.2%	0.009	3	25			
	학별/학력 (0.040)	명문대 박사학위	45.2%	0.018	1	16	0.00128	H1-4	지지
		명문대 학사학위	33.3%	0.014	2	22			
		일반대 박사학위	11.9%	0.005	3	28			
		일반대 학사학위	9.6%	0.004	4	30			
	투자유치경험 (0.032)	공식적 투자자 유치 경력	58.1%	0.019	1	15	0.01858	H1-5	지지
		비공식적 투자자 유치 경력	25.3%	0.008	2	26			
		투자 유치 경력 무	16.6%	0.005	3	27			
제품/서비스의 특성 (0.239)	신규성 (0.130)	해외무 국내무	30.1%	0.039	2	7	0.00157	H2-1	기각
		해외유 국내무	46.7%	0.061	1	5			
		해외유 국내유	23.2%	0.030	3	10			
	완성도 (0.109)	즉시 시장 출시 가능	76.3%	0.083	1	4	0.00	H2-2	지지
		개발 중	23.7%	0.026	2	13			
시장의 특성 (0.297)	시장성장성 (0.297)	빠르게 성장, 비형성 가능성	52.3%	0.156	1	1	0.00	H3-1	지지
		느리게 성장, 형성 확실	47.7%	0.142	2	2			
재무적 특성 (0.076)	예상수익률 (0.047)	높은 수익률	67.5%	0.032	1	9	0.00	H4-1	지지
		적정 수익률	32.5%	0.015	2	17			
	회수시기 (0.029)	3년 이내 자금 회수	49.1%	0.014	1	20	0.01337	H4-2	지지
		3년 이상~5년 이내 자금 회수	36.8%	0.011	2	24			
		5년 이상 자금 회수	14.1%	0.004	3	29			
네트워크 (0.056)	추천방식 (0.056)	투자업계 지인 추천	48.1%	0.027	1	11	0.00123	H6-1	지지
		비투자업계 지인 추천	25.1%	0.014	3	21			
		추천 무	26.7%	0.015	2	18			

CR : 일관성비율 (consistency rate)

라서 가설 H2는 부분적으로만 지지되었다. 신규성의 경우 해외 국내 모두 제품/서비스가 없는 경우 신규시장을 개척하는 과정에서 대부분의 기업이 실패하므로 투자 선호도가 떨어진다. 공유모델 중 하나인 공유자전거의 경우 중국을 포함하여 여러 나라에서 유사모델로 창업이 되었으나, 많은 기업이 파산되면서 한국에서는 거의 투자가 되지 않았다. 반면 세계 최대 온라인쇼핑몰인 아마존과 같이 직매입방식과 자체물류시스템을 도입한 쿠팡과 같이 해외에서 검증된 사업모델이 국내에 도입되는 경우, 시장형성 가능성을 높게 보기 때문에 VCs입장에서는 검증된 해외사례가 있는 제품/서비스를 선호하는 것으로 해석된다. 완성도측면에서는 제품과 서비스는 실제 고객에게 출시되기 위해서는 많은 시행착오와 비용, 인력이 수반되므로 즉시 시장출시가 준비된 기업을 선호한다.

시장의 특성인 시장성장성 기준은 시장이 매우 빠르게 성장할 것으로 예측되나 시장이 형성되지 않을 가능성도 있는 경우가 52.3%의 선호도를 보이며 시장은 느리게 성장할 것으로 예측되나 시장은 확실하게 형성될 것이라는 기준보다 더 중요도가 높은 것으로 나타났다. 따라서 가설 H3은 전체적으로 지지되었다. 시장성장속도는 벤처캐피탈리스트가 가장 중요하게 생각하는 시장의 특성으로 기업의 성장에 매우 중요한 요소이다.

재무적 특성인 투자자금에 대한 예상수익률은 높은 수준의 수익률에 대한 기대 기준의 선호도가 67.5%를 보이며 적정수준의 수익률에 대한 기대 기준의 선호도인 32.5%보다 높게 나타났다. 또한 투자자금의 회수시기는 3년 이내에 투자 자금에 대한 회수의 선호도가 49.1%의 선호도를 보여 회수시기에 대한 다른 세부항목의 기준들보다 높게 나타났다. 이로서 가설 H4 또한 전체적으로 지지되었다. 벤처펀드를 출자하는 국내 유한책임출자자(LP)입장에서 VC펀드를 평가하는 주요한 지표는 자본이익규모와 투자회수기간의 평가개념이 도입된 수익률지표인 내부수익률(IRR)로 VC펀드의 성과보수지급기준이 되는 지표이기도 하다.

VCs의 의사결정 기준에서 네트워크와 관련된 거래(deal)의 출처(source)에 관한 추천방식 기준은 같은 투자 업계에 종사하는 지인으로부터 추천을 받은 경우의 선호도가 48.1%로 가장 높게 나타나 가설 H5는 지지되었다. 또한 추천이 없는 경우, 즉 투자 관련 행사 또는 투자를 희망하는 벤처기업으로부터의 직접적 연락으로 투자가 시작되는 경우의 선호도(26.7%)가 비투자업계에 종사하지만 직접적인 유대관계를 가지고 있는 경우로부터의 추천을 받는 경우의 선호도(25.1%)에 비해 높게 나타나는 결과를 보였다. 벤처기업 투자는 많은 검증을 해야 하는 관계로 산업과 사업의 이해도가 높고, 창업자의 특성을 잘 이해하고 있는 투자업체의 지인으로부터 추천받은 기업을 일반적으로 선호한다.

Ⅲ. 결론

정부의 적극적인 벤처기업 육성정책과 모험자본의 높은 수익률에 따라 많은 자금이 벤처기업에 몰리고 있다. 매뉴얼에 따라 이루어지는 기존 금융권의 기업금융 심사기준과는 달리 창업자의 인적자본에 의해 결정되는 VCs의 의사결정기준 연구는 데이터 수집의 어려움으로 인해 심층연구가 어려웠다. 본 연구는 현직 투자심사역을 207명을 대상으로 AHP를 활용하여 의사결정기준의 우선순위와 상대적 중요도를 3계층으로 구분하여 분석하였다.

제1계층으로 창업자의 특성, 제품/서비스의 특성, 시장의 특성, 재무적 특성, 네트워크 등 5개영역으로 구분하여 의사결정 기준의 순위와 선호를 조사한 결과 창업자의 특성 33%, 제품/서비스의 특성 29.8%, 시장의 특성 23.9% 재무적 특성 7.6%, 네트워크 5.7% 순서로 나타났다.

제2계층으로는 창업자의 특성 기준의 상호 비교에서 창업자의 산업경험은 44.0%, 경영관리경험 16.8%, 창업경험 16.8%, 학력/학벌 12.4%, 투자유치경험 10.0%의 비율 순으로 선호도가 나타났다. 제품/서비스의 특성과 관련해서는 제품/서비스의 신규성 선호도가 54.4%로 45.6%의 선호도를 보인 완성도보다 더 중요하게 여기는 것으로 나타났으며, 투자수익성과 관련된 기준인 재무적 특성에서는 예상수익률의 선호도가 61.9%로 38.1%인 회수시기보다 더 높은 선호도를 보였다.

제3계층에서 전체 30개의 세부항목 기준의 상대적 중요도 값에 따라 빠른 시장성장성과 시장 비형성의 가능성에서부터 학력/학벌 기준까지 상대적 중요도를 도출하였다. 우선순위 분석결과 시장의 성장성과 시장 비형성가능성의 기준이 VCs의 가장 중요한 투자의사결정 기준인 것으로 나타났으며, 느린 시장성장성과 확실한 시장 형성, 5년 이상의 창업자의 산업경력, 즉시 시장출시가능 제품/서비스, 해외에는 존재하나, 국내에는 미출시 된 제품/서비스(0.061)의 순으로 상위 5개 기준을 차지하고 있다.

2013년 10억달러 가치이상의 비상장스타트업을 지칭하는 유니콘이란 단어가 등장하기 전 한국의 벤처투자는 제조업, 게임, IT서비스등 다양한 분야에 투자되고 있었으나, 대부분 매출액기반의 기업을 중심으로 이뤄졌고 이는 회수방안이 매출액중심의 코스닥상장이 유일한 국내 여건상 당연한 결과였다. 회수시장의 돌파구로 스타트업의 인수합병을 고려한 기업형벤처캐피탈(CVC: Corporate Venture Capital)을 통한 대기업의 스타트업생태계 참여가 활발하게 진행되고 있으나 제도적으로 아직 그 역할의 제한을 받고 있다(김도현, 2013). 최근 해외에서 다양한 분야의 유니콘기업들이 새로운 사업모델과 신시장을 개척, 성장하면서 국내에서도 온라인상거래업체인 쿠팡, O2O서비스업체인 우아한형제들(배달의민족), 핀테크업체인 바바리퍼블리카(토스), 게임업체인 크래프톤(배틀그라운드)등의 유니콘기업들이 탄생하게 되었다. 매년 코스닥상장사의 50%이상이 VC투자기업이고 그중에서도 상장기업가치가 1조가 넘는 기업들이 등장하면서 시스템을 통해 상장사를 투자하는 자산운용사와는 달리 개인의 의사결정에 의해 진행되는 VCs 의사결정기준의 주요요소와 중요도를 이해하는 것은 국가발전의 향후 성장동력인 벤처기업육성정책에 있어 매우 중요하다.

이는 또한 시장의 성장성, 시장형성 가능성, 창업자의 산업경력, 해외에서 검증된 국내 미출시 제품/서비스 등으로 벤처캐피탈의 투자를 유치하고자 하는 벤처기업 투자유치전략 수립 및 벤처캐피탈의 후속투자를 유치해야 하는 벤처기업 엑셀레러이터, 벤처기업 인큐베이팅 관련기관, 엔젤투자자 등 초기투자자 및 벤처캐피탈의 투자유치를 교육하는 관계자들에게 매우 중요한 가이드라인이 될 것으로 판단되며, 최근 벤처투자에 적극적으로 참여하고 있는 기업형 벤처캐피탈 실무자들에게도 투자 판단기준을 구체적으로 제시했다고 할 수 있다.

본 연구는 VCs의 의사결정 단계 중에서 사전검토단계에서 사용되는 투자의사결정기준을 분석하였다. 따라서 다음과 같은 한계를 갖는다. 첫째는 투자단계별 분석의 한계이다. 투자자의 의사결정은 운영하는 재원 및 펀드의 종류에 따라 다른 투자전략과 투자단계, 투자분야에 따라 의사결정 기준이 다를 수 있다. 벤처기업 성장단계별로 시드는 엔젤투자자나 엑셀러레이터가 투자하고, Pre Series-A는 엑셀러레이터나 기보나 신보, 중진공과 같은 공공VC가 투자하며, Series-A이상은 벤처캐피탈을 통해서 투자하고, Pre-IPO는 자산운용사나 증권사가 만든 코스닥펀드나 메자닌펀드를 통해 투자가 이뤄진다. 각 성장단계별로 투자의사결정기준의 항목과 기준은 다를 수 있으나, 본 연구에서는 Series-A이상의 투자단계를 투자하는 VCs를 대상으로 한 연구로 그 한계를 갖는다.

둘째로는 투자분야별 분석의 한계이다. 다양한 투자분야 특히 최근 투자가 가장 많이 증가하고 있는 비IT 분야 중에 대표적인 바이오의료분야의 경우 창업자가 대부분 박사학위의 고학력 소지자로 오랫동안 연구개발 분야에서 일한 경력을 보유하고 있다. 기존 IT관련 벤처기업들과 달리 창업자의 특성, 제품서비스의 특성, 시장의 특성 또한 달라 의사결정 기준이 다를 수 있으나, 본 연구에서는 그 차이를 분석하지는 못하였다. 이 분야의 경우 심사역 또한 대부분 생물학 화학 약학 의학분야등의 석사 박사이상의 고학력 소지자로 IT분야 경력의 심사역과는 다른 인적 특성(학력, 나이, 산업경력, 직무경험, 투자분야)을 보유하고 있어 어떤 의사결정기준의 차이가 있는지에 대한 연구도 향후 필요하다.

REFERENCE

구경철·이철규·유왕진(2008). 학술연구: 한국 벤처캐피탈의 투자결정모형 도출 및 타당성 분석, *기업가정신과 벤처연구 (JSBI)(구 벤처경영연구)*, 11(4), 1-20.

김도현(2013). 창업생태계 강화와 대기업의 역할, *벤처창업연구*, 8(2), 83-91

김우재·이홍배(2015). 창업보육센터 입주심사 항목의 창업기업 판별 유효성, *산업경제연구*, 28(2), 809-834.

반성식·AndrewZacharakis·송경모(2002). 벤처캐피탈리스트의 투자의사결정모형: 한국과 미국의 비교연구, *재무관리연구*, 19(2), 271-279.

반성식(2004). 한국 벤처캐피탈리스트의 투자결정 과정: 경험 많은 벤처캐피탈리스트가 보다 좋은 의사결정을 하는가?, *산업경제연구*, 17(4), 1339-1358.

반성식·송경모(2004). 한국 벤처캐피탈리스트의 투자의사결정 요인과 투자평가 모형, *대한경영학회지*, (42), 267-291.

이희우·정희석(2012). 벤처캐피탈의 투자가 투자기업 조기 IPO에 미치는 영향, *디지털융복합연구*, 10(10), 19-29.

이장우(2005). *IT有望 新產業의 優先順位 決定에 관한 硏究 : AHP 模型을 中心으로*, 박사학위논문, 한림대학교 대학원.

정대용·손민호(2010). 벤처투자결정요인이 벤처캐피탈리스트간의 평판과 추천에 미치는 영향에 관한 연구, *한국경영학회 통합학술발표논문집*, 1-23.

조세근(2019). *기업벤처캐피탈의 투자 결정요인에 관한 실증 연구: 기술창업기업 투자를 중심으로*, 박사학위논문. 중앙대학교 대학원.

중소벤처기업부(2018. 08. 16.). *2018년 상반기 벤처투자 고용창출 효과분석 결과 발표자료*, retrieved (2019. 06. 01.) from https://www.mss.go.kr/site/smba/ex/bbs/View.do?cbIdx=86&bcIdx=1007774

차명수(2009). 학술연구: 벤처캐피탈의 투자의사결정 연구: 판단분석의 활용, *기업가정신과 벤처연구 (JSBI)(구 벤처경영연구)*, 12(4), 19-43.

최원식·James Manyika·김주완·임정수·오세윤·김수호·이국환·안진형(2015. 03.). *벤처산업 선순환 구조 구축: 한국 벤처기업 생태계 조성을 위한 지속가능한 장기성장 경로 모색*, McKinsey & Company.

최재원(2011). *AHP와 DEA를 활용한 창업기업의 경영성과 개선방안 연구. 창업보육센터 입주기업을 중심으로*, 박사학위논문. 경희대학교.

Aaker, D. A., & Day, G. S.(1986). The perils of high-growth markets, *Strategic Management Journal*, 7(5), 409-421.

Aghion, P., & Howitt, P. (1992). A Model of Growth Through Creative Destruction, *Econometrica*, 60(2), 323-51.

Bachher, J. S., & Guild, P. D.(1996). *Financing early stage technology based companies: investment criteria used by investors*, Frontiers of Entrepreneurship Research, 996.

Bahn, S. S, Andrew Zacharakis, Song, K. M.(2002). Investment Decision Making Model of Venture Capitalist, *Korean journal of financial management*, 19(2), 271-279.

Bahn, S. S.(2004). Korean VCs' Investment Decision Process: Does More Experience at the Venture Capital Task Result in the Better Decision?, *Journal of Industrial Economics and Business*, 17(43), 139-1358.

Bahn, S. S., & Song, K. M.(2004). Evaluation Model and Factors for Investment Decision Making of Korean Venture Capitalists, *Korean Journal of Business Administration*, (42), 267-291.

Batterson, Leonrad A.(1986). *Rasing venture capitaal and the entepreneur*, Prentice-Hall, Englewood Cliffs, NJ

Beatty, R. P., & Ritter, J. R.(1986). Investment banking, reputation, and the underpricing of initial public offerings, *Journal of Financial Economics*, 15(1-2), 213-232.

Beim, G., & Lévesque, M.(2004). *Selecting projects for venture capital funding: a multiple criteria decision approach, In 17th International Conference on Multiple Criteria Decision Making*, Vancouver, Canada.

Belliveau, M. A., O'Reilly III, C. A., & Wade, J. B.(1996). Social capital at the top: Effects of social similarity and status on CEO compensation, *Academy of management Journal*, 39(6), 1568-1593.

Birley, S., & Norburn, D.(1987). Owners and managers: The venture 100 vs the fortune 500, *Journal of Business Venturing*, 2(4), 351-363.

Boocock, G., & Woods, M.(1997). The evaluation criteria used by venture capitalists: Evidence from a UK venture fund, *International Small Business Journal*, 16(1), 36-57.

Bosma, N., van Praag, M., Thurik, R., de Wit, G.,(2002). *The Value of Human and Social Capital Investments for the Business Performance of Start-ups*, Tinbergen Institute Discussion Paper, No. 02-027/3

Bygrave, W. D., Lange, J. E., Kotha, R. R., & Stock, W.(2001). Venture capital investments and the growth of revolutionary new industries, In Frontiers of Entrepreneurship Research, *Proceedings of the Babson Kauffman Conference on Entrepreneurship Research* (Wellesley, MA: Babson College), 523-535.

Calantone, R., Garcia, R., & Drőge, C.(2003). The effects of environmental turbulence on new product development strategy planning, *Journal of Product Innovation Management*, 20(2), 90-103.

Carpentier, C., Suret J. M.(2015). Angel group members' decision process and rejection criteria: A longitudinal analysis, *Journal of Business venturing*, 30(6), 808-821

Caves, R. E.(1972). *American industry: Structure, conduct*, performance (No. HC 106.5. C38 1972).

Centeno, E., & Hart, S.(2012). The use of communication activities in the development of small to medium-sized enterprise brands, *Marketing Intelligence &Planning*, 30 (2), 250-265.

Cha, M. S.(2009). A Study of Venture Capital's Investment Decision Making: Using Judgement Analysis, The *Korean Venture Management Review*, 12(4), 19-43.

Choi, J. W.(2011). *A Study on the Improvement of Management Outcomes in the Start-up Companies using AHP and DEA : Focusing on the tenant companies of Business Incubator Center*, Doctral dissertation Graduate School of Kyung Hee University.

Choi. W. S,. James, W., Lee, J. W., Lim, J. S., Oh, S. W., Kim. S. H., Lee, K. H., An, J. H.(2015. 03.). *Build a virtuous cycle structure for venture industry: Seeking sustainable long-term growth path for creating eco-system in Korean venture business,* McKinsey & Company

Chung, D. Y., & Son, M. H.(2010). A Study on the Effect of Venture Investment Decision Processes on the Reputation and Recommendation among Venture Capitals, *Korean Academic Society Of Business Administration,* 1–23.

Conti, A., Thursby, J., &Thursby, M.(2013). Patents as signals for startup financing, *The Journal of Industrial Economics,* 61 (3), 592–622.

Cooper, R. G., & Kleinschmidt, E. J.(2011). *New products: The key factors in success,* Marketing Classics Press.

Dahlqvist, J., & Wiklund, J.(2012). Measuring the market newness of new ventures, *Journal of Business Venturing,* 27(2), 185–196.

De Treville, S., Petty, J. S., & Wager, S.(2014). Economies of extremes: Lessons from venture–capital decision making, *Journal of Operations Management,* 32(6), 387–398.

DeTienne, D. R., & Chandler, G. N.(2007). The role of gender in opportunity identification, *Entrepreneurship theory and practice,* 31(3), 365–386.

Dhochak, M., Sharma, A. K.(2015), Impact of global financial crisis on Indian venture capital firms: an empirical evaluation, *Journal for International Business and Entrepreneurship Development,* 8(4), 330–345.

Dixon, R.(1991). Venture capitalists and the appraisal of investments, *Omega,* 19(5). 333–344.

Dorsey, T.(1979). *Operating guidelines for effective venture capital funds management, IC² Institute,* The University of Texas at Austin.

Drover, W., Busenitz, L., Matusik, S., Townsend, D., Anglin, A., & Dushnitsky, G.(2017). A review and road map of entrepreneurial equity financing research: Venture capital, corporate venture capital, angel investment, crowdfunding, and accelerators, *Journal of Management,* 43(6), 1820–1853.

Eloranta, O.(2018) *Investment criteria of Finnish venture capitalists,* Master's Thesis, Business School of Lappeenranta University of Technology

Franke, N., Gruber, M., Harhoff, D., &Henkel, J.(2006). What you are is what you like–similarity biases in venture capitalists' evaluations of start–up teams, *Journal of Business Venturing,* 21 (6), 802–826.

Franke, N., Gruber, M., Harhoff, D., & Henkel, J.(2008). Venture capitalists' evaluations of start-up teams: trade–offs, knock–out criteria, and the impact of VC experience, *Entrepreneurship Theory and Practice,* 32(3), 459–483.

Fried, V. H., & Hisrich, R. D.(1994). Toward a model of venture capital investment decision making, *Financial management,* 28–37.

Ge, D., Mahoney, J. M., & Mahoney, J. T.(2005). *New venture valuation by venture capitalists: An integrative approach,* University of Illinois at Urban Champaign Working Paper, 124, 05–0124.

Goldenberg, J., Lehmann, D. R., & Mazursky, D.(2001). The idea itself and the circumstances of its emergence as predictors of new product success, *Management science,* 47 (1), 69–84.

Gompers, P., & Lerner, J.(1999). An analysis of compensation in the US venture capital partnership1, *Journal of Financial Economics,* 51(1), 3–44.

Gompers, P., & Lerner, J.(2001). The venture capital revolution, *Journal of economic perspectives,* 15(2), 145–168.

Gompers, P. A., & Lerner, J.(2004). *The venture capital cycle,* MIT press.

Gompers, P., Kovner, A., Lerner, J., &Scharfstein, D.(2010). Performance persistence in entrepreneurship, *Journal of Financial Economics,* 96(1), 18–32.

Gordon, J.(2014). A stage model of venture philanthropy, *Venture Capital,* 16(2), 85–107.

Goslin, L. N., & Barge, B.(1986). Entrepreneurial qualities considered in venture capital support, *Frontiers of Entrepreneurship Research,* 22(7), 102–128.

Guler, I., & Guillen, M. F.(2010). Home country networks and foreign expansion: Evidence from the venture capital industry, *Academy of Management Journal,* 53(2), 390–410.

Hall, J., & Hofer, C. W.(1993). Venture capitalists' decision criteria in new venture evaluation, *Journal of Business Venturing,* 8(1), 25–42.

Hallen, B. L., Katila, R., & Rosenberger, J. D.(2014). How do social defenses work? A resource,dependence lens on technology ventures, venture capital investors, and corporate relationships, *Academy of Management Journal,* 57(4), 1078–1101.

Hellmann, T., & Puri, M.(2002). Venture capital and the professionalization of start-up firms: Empirical evidence, *The journal of finance,* 57(1), 169–197.

Hisrich, R. D., & Jankowicz, A. D.(1990). Intuition in venture capital decisions: An exploratory study using a new technique, *Journal of Business Venturing,* 5(1), 49–62.

Hochberg, Y. V., Ljungqvist, A., & Lu, Y.(2007). Whom you know matters: Venture capital networks and investment performance, *The Journal of Finance,* 62(1), 251–301.

Hsu, S. H.(2007). Human capital, organizational learning, network resources and organizational innovativeness, *Total Quality Management,* 18(9), 983–998.

Hyytinen, A., Pajarinen, M., & Rouvinen, P.(2015). Does innovativeness reduce startup survival rates?, *Journal of Business Venturing,* 30(4), 564–581.

Inderst, R., & Müller, H. M.(2002). *Venture capital contracts and market structure.*

Jain, B. A.(2001). Predictors of performance of venture capitalist–backed organizations, *Journal of Business Research,* 52(3), 223–233.

Jo. S. K.(2019). *An Empirical Study on Investment Decision Factors of Corporate Venture Capital: Focusing on investment in NTBVs,* Doctral dissertation, Graduate School of Chung–Ang University.

Kaplan, S. N., & Strömberg, P. E.(2004). Characteristics, contracts, and actions: Evidence from venture capitalist analyses, *The Journal of Finance,* 59(5), 2177–2210.

Kenney, M.(2000). *Understanding Silicon Valley: the anatomy of an entrepreneurial region,* Stanford University Press.

Khan, A. M.(1987). Assessing venture capital investments with noncompensatory behavioral decision models, *Journal of Business Venturing,* 2(3), 193–205.

Khanin, D., Baum, J. R., Mahto, R. V., & Heller, C.(2008). Venture capitalists' investment criteria: 40 years of research, *Small Business Institute.*

Keeley, R. H., & Roure, J. B. (1990). Management, strategy, and industry structure as influences on the success of newfirms: *A structural model. Management science,* 36(10), 1256–1267.

Kim, D. H. (2013). The Role of Large Companies in Entrepreneual Ecosystem, *Asia-Pacific Journal of Business Venturing and Entrepreneurship.* 8(2), 83–91

Kim, W. J., & Lee, H. B. (2015). Effectiveness of Screening Items Distinguishing Successful from Unsuccessful Start-up Companies in the Business Incubator Screening Process, *Journal of Industrial Economics and business,* 28(2), 809–834.

Koo, K. C., Lee, C. G., & Yoo, W. J. (2008). Derication of the Korean Venture Capital's Investment Decision Making Model and Feasibility Analysis, *The Korean Venture Management Review,* 11(4), 1–20.

Kollmann, T., & Kuckertz, A. (2010). Evaluation uncertainty of venture capitalists' investment criteria, *Journal of Business Research,* 63(7), 741–747.

Lee, H. W., & Jung, H. S. (2012). Venture Capital and Its Impact on an Early IPO in the Venture–Backed Companies, *Journal of Digital Convergence,* 10(10), 19–29.

Lee, J. W. (2005). *Priority Setting of New Promising IT Industries Using AHP Model,* Doctral dissertation. Graduate School of Hannam Unversity.

Lehtonen, O. (2011). *An Examination of How Entrepreneurs Can Improve Their Position in Relation to Investors.*

Lerner, J. (2000). Assessing the contribution of venture capital, the *RAND Journal of Economics,* 31(4), 674–692.

Liu, Z., Chen, Z. (2014). *Venture Capital Networks and Investment Performance in China,* Carleton Economics Papers, CEP 14–12

MacMillan, I. C., Siegel, R., & Narasimha, P. S. (1985). Criteria used by venture capitalists to evaluate new venture proposals. *Journal of Business venturing,* 1(1), 119–128.

MacMillan, I. C., Zemann, L., & Subbanarasimha, P. N. (1987). Criteria distinguishing successful from unsuccessful ventures in the venture screening process, *Journal of business venturing,* 2(2), 123–137.

Manigart, S., Wright, M., Robbie, K., Desbrieres, P., & De Waele, K. (1997). Venture capitalists' appraisal of investment projects: an empirical European study, *Entrepreneurship Theory and Practice,* 21(4), 29–43.

Martel, F. (2006). *Venture Capitalists' Investment Process, Criteria, and Performance, Lausanne:* University of Lausanne's Hautes Etudes Commerciales(HEC) Working Paper.

Mason, C., & Stark, M. (2004). What do investors look for in a business plan? A comparison of the investment criteria of bankers, venture capitalists and business angels, *International small business journal,* 22(3), 227–248.

Meyer, G. D., Zacharakis, A. L., & De Castro, J. (1993). A postmortem of new venture failure: An attribution theory perspective, *Frontiers of Entrepreneurship Research,* 17(13), 256–269.

Miloud, T., Aspelund, A., & Cabrol, M. (2012). Startup valuation by venture capitalists: An empirical study, *Venture Capital,* 14(2–3), 151–174.

Ministry of SMEs and Startups(2018. 08. 16.). *Results of analysis of employment creation effect of venture investment in the first half of 2018,* Retrieved (2019.06.01.) from https://www.mss.go.kr/site/smba/ex/bbs/View.do?cbIdx=86&bcIdx=1007774

Mishra, A. (2004). Indian venture capitalists (VCs): Investment evaluation criteria, ICFAI *Journal of Applied Finance,* 10(7), 71–93.

Muzyka, D., Birley, S., & Leleux, B. (1996). Trade–offs in the investment decisons of European venture capitalists, *Journal of Business Venturing,* 11(4), 273–287.

Narayanasamy, C., Hashemoghli, A., & Mohd Rashid, R. (2012). Venture capital pre–investment decision making process: An exploratory study in malaysia, *Global Journal of Business Research,* 6(5), 49–63

Olson, E. M., Walker Jr, O. C., & Ruekert, R. W. (1995). Organizing for effective new product development: The moderating role of product innovativeness, *The Journal of Marketing,* 48–62.

Poindexter, J. B. (1977). *THE EFFICIENCY OF FINANCIAL MARKETS: THE VENTURE CAPITAL CASE.*

Pruett, M., Shinnar, R., Toney, B., Llopis, F., &Fox, J. (2009). Explaining entrepreneurial intentions of university students: a cross–cultural study, *International Journal of Entrepreneurial Behavior & Research,* 15(6), 571–594.

Rah, J., Jung, K., & Lee, J. (1994). Validation of the venture evaluation model in Korea, *Journal of Business Venturing,* 9(6), 509–524.

Riquelme, H., & Rickards, T. (1992). Hybrid conjoint analysis: An estimation probe in new venture decisions, *Journal of Business Venturing,* 7(6), 505–518.

Robinson Jr, R. B. (1987). Emerging strategies in the venture capital industry, Journal of Business Venturing, 2(1), 53–77.

Ruhnka, J. C., & Young, J. E. (1991). Some hypotheses about risk in venture capital investing, *Journal of Business Venturing,* 6(2), 115–133.

Saaty, T. L. (1980). *The Analytic Hierarchy Process.* McGraw–Hill, New York, NY.

Saaty, T. L. (2008). Decisi.n making with the analytic hierarchy process, *International journal of services sciences,* 1(1), 83–98.

Sahlman, W. A. (1990). The structure and governance of venture–capital organizations, *Journal of financial economics,* 27 (2), 473–521.

Sandberg, W. R., Schweiger, D. M., & Hofer, C. W. (1988). The use of verbal protocols in determining venture capitalists' decision processes, *Entrepreneurship theory and practice,* 13(1), 8–20.

Savaneviciene, A., Venckuviene, V., &Girdauskiene, L. (2015). Venture capital a catalyst for start–ups to overcome the "Valley of death": Lithuanian case, *Procedia Economics and Finance,* 26, 1052–1059.

Sharma, A. K., Monika(2015). Venture Capitalists' Investment decision criteria for new ventures: A Review, *Procedia-Social and Behavioral Sciences,* 189, 465–470.

Shepherd, D. A., & Zacharakis, A. (1999). Conjoint analysis: A new methodological approach for researching the decision policies of venture capitalists, *Venture*

Capital: An International Journal of Entrepreneurial Finance, 1(3), 197–217.

Shepherd, D. A., Douglas, E. J., & Shanley, M. (2000). New venture survival: Ignorance, external shocks, and risk reduction strategies, *Journal of Business Venturing,* 15(5–6), 393–410.

Shepherd, D. A., Zacharakis, A., & Baron, R. A. (2003). VCs' decision processes: Evidence suggesting more experience may not always be better, *Journal of Business venturing,* 18(3), 381–401.

Shrader, R., Steier, L., McDougall, P., & Oviatt, B. (1997). Venture capital and characteristics of new venture IPOs. *Frontiers of Entrepreneurship Research,* 513–524.

Silva, J. (2004). Venture capitalists' decision–making in small equity markets: a case study using participant observation, *Venture capital,* 6(2–3), 125–145.

Sorenson, O., & Stuart, T. E. (2008). Bringing the context back in: Settings and the search for syndicate partners in venture capital investment networks, *Administrative Science Quarterly,* 53(2), 266–294.

Steenkamp, J. E., & Gielens, K. (2003). Consumer and market drivers of the trial probability of new consumer packaged goods, *Journal of Consumer Research,* 30(3), 368–384.

Stuart, R. W., & Abetti, P. A. (1990). Impact of entrepreneurial and management experience on early performance, *Journal of business venturing,* 5(3), 151–162.

Timmons, J. A., & Spinelli, S. (1994). New venture creation: Entrepreneurship for the 21st century (Vol. 4). *Burr Ridge, IL: Irwin.*

Tyebjee, T. T., & Bruno, A. V. (1981). Venture capital decision making: Preliminary results from three empirical studies, *Frontiers of entrepreneurship research,* 199, 316–334.

Tyebjee, T. T., & Bruno, A. V. (1984). A model of venture capitalist investment activity, *Management Science,* 30(9), 1051-1066.

Valkonen, V. (2018). *VENTURE CAPITAL INVESTMENT CRITERIA IN GAME SOFTWARE COMPANIES: Initial investments in the Finnish game industry.*

Vinig, T. G., & De Haan, M. (2002). How do venture capitalists screen business plans? Evidence from the Netherlands and the US. *Evidence from the Netherlands and the Us.*

Wells, W. A. (1974). *Venture capital decision-making,* Doctral dissertation, Carnegie–Mellon University.

Wilson, J. W. (1985). *The New Venturers: Inside the High-Stakes World of Venture Capital,* Addison Wesley Publishing Company.

Wuebker, R., Hampl, N., & Wuestenhagen, R. (2015). The strength of strong ties in an emerging industry: Experimental evidence of the effects of status hierarchies and personal ties in venture capitalist decision making, *Strategic Entrepreneurship Journal,* 9(2), 167–187.

Zacharakis, A. L., & Meyer, G. D. (1998). A lack of insight: Do venture capitalists really understand their own decision process? *Journal of Business Venturing,* 13(1), 57–76.

Zacharakis, A. L., & Meyer, G. D. (2000). The potential of actuarial decision models: Can they improve the venture capital investment decision?, *Journal of Business Venturing,* 15(4), 323–346.

Zacharakis, A. L., & Shepherd, D. A. (2001). The nature of information and overconfidence on venture capitalists' decision making, *Journal of Business Venturing,* 16(4), 311–332.

Zacharakis, A. L., McMullen, J. S., & Shepherd, D. A. (2007). Venture capitalists' decision policies across three countries: an institutional theory perspective, *Journal of International Business Studies,* 38(5), 691–708.

Zahedi, F. (1986). The analytic hierarchy process–a survey of the method and its applications. *interfaces,* 16(4), 96–108.

Zhang, J. (2011). The advantage of experienced start–up founders in venture capital acquisition: Evidence from serial entrepreneurs, *Small Business Economics,* 36(2), 187–208.

Zider, B. (1998). How venture capital works. *Harvard business review,* 76(6), 131–139.

혁신의 이론과 실증을 아우르는 벤처 창업 : 이론과 쟁점

벤처창업연구 머스트리드 20

조직 수준 연구

스타트업, 조직의 성장 방정식을 풀다

벤처창업연구 머스트리드 20

조직 수준 연구 : 스타트업, 조직의 성장 방정식을 풀다

서론

스타트업의 성공과 성장을 좌우하는 조직 수준의 요인들은 경영학계와 실무의 큰 관심사로『벤처창업연구』에도 관련 논문이 다수 게재됐다. 이에 본서는 여러 논문 중 창업자에게 실무적으로 도움이 되면서 창업 분야 연구자에게도 도움이 되는 조직 수준의 논문 8편을 선정했다. 이 논문들은 스타트업의 자원과 역량, 스타트업의 전략과 혁신, 소셜벤처 성장 전략, 투자자 구성과 투자행태 등 네 가지 주제로 분류 가능하다. 각 주제의 대표 논문들의 핵심 내용을 살펴보고 이를 토대로 벤처창업 분야에서 조직 수준 연구가 나아가야 할 방향을 정리한다.

스타트업의 자원과 역량

초기 단계 스타트업이 성장하기 위해 가장 중요한 것은 경쟁우위를 창출할 수 있는 역량을 확보하는 것이다. 그러나 이 시기 스타트업은 기업가치를 평가할 만한 충분한 자산을 축적하지 못했기 때문에, 투자자나 지원기관은 잠재력 중심으로 기업을 평가할 수밖에 없다. 따라서 어떤 요인이 스타트업의 역량 형성에 영향을 미치는지는 학문적으로나 실무적으로 중요한 질문이다.『벤처창업연구』에도 관련 논문이 다수 게재되었는데, 그중 창업가의 배태조직(이전에 몸담았던 조직)과 과거 창업 경험의 효과를 살펴본 질적 연구, 그리고 액셀러레이터의 역할을 네트워크 관점에서 설명한 개념 연구를 소개한다.

김도연·김연배·송창현(2020)의 「창업가의 배태조직과 창업경험이 형성하는 창업기업의 핵심경영자원에 관한 연구」는 바이오메디컬 산업 창업가 13명을 심층 인터뷰하여, 배태조직과 과거 창업 경험이 현재 스타트업의 핵심 자원 형성에 어떻게 기여하는지 탐색했다. 연구에 따르면 창업가는 이러한 경험을 통해 기술 역량, 조직관리 역량, 네트워크 역량, 시장개척 역량을 형성한다. 특히 '기술개발 자신감', 'R&D 수행 방식', '조직문화', '정신적 지원', '시행착오 학습', '명성 자원' 등 기존 양적 연구에서 주목하지 않았던 세부 자원이 추가로 발견되었다. 이는 창업자의 경력이 기술 노하우, 네트워크, 명성 등 다양한 자원 축적에 중요한 역할을 함을 보여준다. 실무적으로도 창업자의 배경을 고려한 맞춤형 지원이 필요함을 시사한다. 예컨대 바이오메디컬 분야에서는 창업자의 연구개발 경험과 네트워크를 살릴 수 있는 산·학 연계 프로그램이나 멘토링이 효과적이며, 창업자의 경력(대기업 연구소 경험, 창업 성공/실패 경험 등)은 투자나 지원사업 평가의 핵심 요소가 된다.

또한 초기 스타트업의 자원과 역량은 창업자의 경험뿐 아니라 어떤 액셀러레이터를 만나느냐에 따라서도 달라진다. 특히 액셀러레이터가 제공하는 네트워크 자원(멘토, 투자자, 동료 기업과의 교류 등)은 스타트업 성장의 중요한 기반이 된다. 나기혁·양대규·알탄채책(2019)의 「액셀러레이터가 스타트업에 미치는 영향 고찰: 네트워크 관점을 중심으로」는 사회적 네트워크 이론을 바탕으로, 액셀러레이터가 스타트업의 생존과 성장에 기여하는 메커니즘을 설명한다.

연구는 스타트업의 성장 과정이 사회적 관계망 속에서 전개된다는 점에 주목한다. 액셀러레이터는 자금이나 시설을 직접 제공하기보다는 스타트업을 주요 이해관계자와 연결하고, 사회적 네트워크 내에서 중심성을 높여주는 역할을 한다. 특히 멘토–멘티 관계, 동료 스타트업 간 교류, 투자자 네트워크 연결 등 관계의 구조와 강도가 스타트업의 생존율과 성장률을 높이는 핵심 요인임을 강조한다. 따라서 액셀러레이터 프로그램을 설계할 때 스타트업 간 활발한 교류와 협업 네트워크 형성을 촉진하는 것이 중요하며, 멘토 매칭과 성과 관리 같은 체계적 운영 메커니즘이 필요함을 보여준다.

스타트업의 전략과 혁신

스타트업은 심각한 자원 제약 상황에서 기회를 추구한다는 점이 특징이다. 창업가는 동료를 모아 창업팀을 구성하고, 엔젤투자자·액셀러레이터·벤처캐피탈 등을 찾아 자금을 확보한다. 이런 조건에서 어떤 전략이 성과 향상에 효과적인가는 중요한 연구 과제다. 이와 관련해『벤처창업연구』에 게재된 논문 중 스타트업의 양손잡이 전략과 비즈니스모델 혁신을 분석한 두 편을 소개한다.

최성철·이우진(2021)의 「조직의 탐색과 활용에 대한 양손잡이 전략의 균형이 스타트업 성과에 미치는 영향」은 스타트업이 탐색(exploration)과 활용(exploitation)의 균형, 즉 양손잡이(ambidexterity) 전략을 통해 성과를 높일 수 있는지를 검증했다. 국내 스타트업 140개사를 대상으로 한 실증분석 결과, 자원이 부족하더라도 잉여자원을 효율적으로 활용하면서 동시에 새로운 기회를 지속적으로 탐색하는 기업이 더 높은 성과를 달성했다. 특히 환경 불확실성이 큰 산업에서는 양손잡이 전략의 효과가 더욱 두드러졌다. 이는 스타트업이 초기부터 탐색과 활용을 병행해 혁신성과 효율성을 동시에 추구해야 한다는 점을 시사한다. 예컨대 기술 스타트업은 R&D에 치중하기 쉽지만, 내부 프로세스 개선과 자원 활용에도 주의를 기울여야 지속적인 성장이 가능하다. 정책적으로도 정부의 지원은 단순 연구개발 자금 제공을 넘어 경영 역량 강화 교육까지 포함해야 한다.

박예진·이채은·윤원주(2023)의 「B2B (vs. B2C) 비즈니스모델 혁신이 혁신성과에 미치는 상대적 효과」는 비즈니스모델 혁신(Business Model Innovation, BMI)이 스타트업의 성과에 미치는 영향을 B2B와 B2C 기업으로 나누어 비교했다. 비즈니스모델을 가치창출, 가치제안, 가치획득의 세 요소로 구분해 분석한 결과, B2B 기업은 가치창출 혁신, B2C 기업은 가치제안 혁신이 성과에 긍정적인 영향을 미쳤다. 반면 가치획득 혁신은 두 집단 모두에서 유의한 효과가 나타나지 않았다. 이는 스타트업이 고객군 특성에 맞춰 혁신의 초점을 달리해야 함을 보여준다. B2B 스타트업은 밸류체인 구축이나 운영 효율 개선 같은 가치창출 혁신에 집중해야 하고, B2C 스타트업은 신제품·서비스 개발이나 고객 경험 혁신 같은 가치제안 혁신에 주력해야 한다. 다만 가치획득, 즉 수익화 구조 혁신은 단기 성과로 이어지지 않으므로 장기적 관점에서 접근해야 한다. 정책적으로는 B2B와 B2C 여부를 고려한 맞춤형 지원이 필요하다. 예를 들어 B2B 스타트업에는 생산성 향상 기술 지원을, B2C 스타트업에는 UI/UX 개발 지원을 강화하는 방식이다.

소셜벤처 성장 전략

모든 스타트업과 창업가가 재무적 가치 창출에만 집중하는 것은 아니다. 일부는 사회적 가치 실현을 목표로 삼아 사회 문제 해결에 주력한다. 이처럼 등장한 소셜벤처와 사회적기업은 기존 기업가정신 개념에 '사회적 가치'라는 차원을 추가하며, 사회적 기업가정신(social entrepreneurship)에 대한 연구를 촉발했다. 이들의 가장 큰 특징은 경제적 목표와 사회적 목표라는 상충하는 두 가지 목표를 동시에 추구하는 하이브리드 조직이라는 점이다. 따라서 두 목표를 동시에 충족해야 하므로 일반 스타트업보다 더 큰 자원 제약에 직면한다. 이런 맥락에서, 소셜벤처와 사회적기업이 어떻게 두 가지 목표를 조화시키는지를 보여주는 두 편의 연구를 소개한다.

진우석·성지은(2022)의 「하이브리드 조직의 모순 대응 전략 변화: 소셜벤처 노을과 에누마 사례를 중심으로」는 사례연구를 통해 하이브리드 조직이 모순된 제도적 요구에 어떻게 대응하며, 성장 단계에 따라 전략이 어떻게 변화하는지를 분석했다. 연구는 핵심 메커니즘으로 선택적 동조화(selective coupling)를 제시한다. 즉, 성공적인 소셜벤처는 외부의 요구를 단순히 형식적으로 수용하는 탈동조화(decoupling)나 서로 다른 요구를 완전히 결합하는 혼합화(hybridization)가 아니라, 외부 요구 중 일부만 전략적으로 수용하는 방식을 택한다는 것이다. 예를 들어, 소셜벤처 노을(의료진단 스타트업)은 초기에는 단일 비즈니스모델로 수익 창출과 사회 문제 해결을 동시에 추구했으나 성장 단계에서는 사업을 분리하여 일부는 경제적 가치 창출, 다른 일부는 사회적 가치 창출에 집중하는 전략으로 전환했다.

이 연구는 소셜벤처와 사회적기업 경영자에게 성장 단계에 맞는 이중 목표 관리 전략을 제시한다. 초기에는 하나의 사업모델에 사회적·경제적 가치를 통합하여 명확한 스토리를 제시하고 정당성을 확보하는 것이 중요하다. 이후 성장 단계에서는 별도의 사업 라인이나 자회사를 통해 수익사업과 사회공헌사업을 병행하는 것이 바람직하다. 이는 각 목표에 집중하면서도 전체적으로 두 목표를 동시에 달성하는 효율적 방식이다.

김상영·라준영(2024)의 「사회적 기업가적 지향성(SEO)과 기업가적 브리콜라주: 사회적 기업의 성과에 미치는 영향」은 국내 사회적기업 382곳을 대상으로, 사회적 기업가정신 지향성(SEO)이 경제적·사회적 성과에 미치는 영향을 분석하고, 이 과정에서 기업가적 브리콜라주의 매개 역할을 검증했다. 구조방정식모형(SEM) 분석 결과, SEO는 사회적 성과를 직접 높였으나 경제적 성과에는 직접적 영향이 없었다. 다만 SEO가 브리콜라주 활동을 촉진했고, 브리콜라주는 다시 경제적·사회적 성과 모두를 개선하는 효과를 보였다. 이는 한정된 자원을 창의적으로 재조합하는 브리콜라주 전략이 사회적기업의 이중 목표 달성에 핵심적임을 의미한다.

실무적으로 이 연구는 사회적기업 경영자와 지원기관에 대해 브리콜라주 활동의 중요성을 강조한다. 정부 보조금에 의존하기보다는, 손에 잡히는 기존 자원을 창의적으로 재조합하여 활용하는 것이 재무적 지속가능성과 사회적 미션 달성 모두에 기여한다는 것이다. 따라서 사회적기업은 저비용 혁신, 파트너십을 통한 자원 교환, 지역사회 자원 활용 등 전략에 집중해야 한다.

투자자 구성과 투자행태

벤처창업 연구의 대상은 창업가와 스타트업에만 국한되지 않는다. 투자자 구성과 행태 역시 학계와 실무에서 중요한 관심사다. 『벤처창업연구』에는 조직·전략 이론을 접목해 벤처캐피탈의 투자 행태를 분석한 연구들이 다수 게재되었다. 벤처투자는 상용 데이터베이스를 통해 자료 접근이 용이하다는 장점이 있으나, 대규모 실증연구는 주로 미국이나 글로벌 데이터를 활용한 경우가 많고, 국내 연구는 여전히 사례나 설문 중심에 머물러 있다. 이 가운데 조직·전략 이론과 연계성이 높거나 기존 VC와 차별적인 행태를 보이는 기업벤처캐피탈(CVC)을 다룬 두 편의 논문을 살펴본다.

김지은·오주연·가오멍진·김영규(2022)의 「신디케이트 내부 VC 리드투자자 비중과 투자자 지위가 투자 성과에 미치는 영향」은 벤처캐피탈 신디케이트(공동투자) 내에서 리드투자자의 비중과 투자자 지위가 스타트업 성과에 미치는 영향을 분석했다. 연구는 "투자자가 많을수록 성과가 무조건 좋아질까?"라는 질문을 던지고, 실제로는 투자자 간 권력 갈등과 목표 차이가 부정적 결과를 초래할 수 있음을 보여준다. 탐슨 벤처엑스퍼트(Thomson VentureXpert) 데이터베이스의 1991~2005년 벤처투자 24,677건을 분석한 결과, 리드투자자 비중과 성과 간 관계는 역U자형으로 나타났다. 즉, 적정 수준까지는 리드투자자가 많을수록 네트워크 효과와 정보 공유로 성과가 향상되지만, 일정 수준을 넘어서면 의견 충돌과 조정 비용으로 성과가 하락했다. 특히 신디케이트에 지위가 높은 VC가 많을수록 성과 하락 구간이 더 급격하게 나타났다. 이는 톱티어 VC들이 모인 경우 합의가 어려워 갈등 비용이 더 커진다는 점을 시사한다. 요컨대, 리드투자자가 지나치게 많으면 득보다 실이 커지고, 특히 톱티어 VC 중심 신디케이트에서는 그 임계점이 더 빨리 도달한다는 것이다.

김도윤·신동엽(2021)의 「기업벤처캐피탈의 모험적 투자: 미국 기업벤처캐피탈 투자에 미치는 산업특성과 투자경험의 영향 탐색」은 기업벤처캐피탈(Corporate Venture Capital, CVC)이 어떤 조건에서 새로운 모험적 투자에 나서는지를 분석했다. 연구는 CVC를 모기업과 독립적인 학습 주체로 바라보며, 이들의 투자결정을 조직학습 관점에서 해석했다. 1996~2017년 미국 CVC 데이터를 활용한 패널 회귀분석 결과 산업 경쟁 강도가 높을수록, 투자 경험이 많을수록, 그리고 후기단계 투자 비중이 클수록 CVC는 오히려 모험적 투자 비율을 낮추는 경향을 보였다. 이는 경험과 경쟁이 CVC를 '안전한 투자'에 집중하게 하고 후기단계 중심의 위험회피 성향 역시 새로운 영역에 대한 탐색을 제약한다는 점을 보여준다.

결론 및 제언

분석한 연구들을 토대로, 향후 벤처창업 조직 수준 연구가 나아가야 할 방향을 다음과 같이 제언한다.

첫째, 종단 연구 및 성장 단계별 분석의 확대가 필요하다. 현재 연구는 단일 시점 분석에 치중되어 있으며, 향후에는 장기 데이터를 활용해 스타트업 성장 단계별 조직 전략의 변화를 추적해야 한다.

둘째, 다층적 접근과 통합 모형 개발이 요구된다. 지금까지는 창업자 개인, 조직, 투자자 집단 등 특정 수준에 집중했지만, 실제로는 개인-조직-생태계 수준 요인이 상호작용한다. 이를 반영한 통합적 분석이 필요하다.

셋째, 새로운 현상과 이론의 연결이 중요하다. 디지털 전환 시대에는 스타트업의 플랫폼 전략, 거버넌스 구조, AI 활용 조직구조, 원격근무 문화 등이 주요 연구 과제로 부상한다. 더불어, 최근 확산되는 오픈이노베이션 현상에 대한 조직 수준 연구도 강화되어야 한다.

넷째, 데이터 인프라 확충과 접근성 개선이 절실하다. 연구의 심화와 정책 개발을 위해 양질의 데이터 확보가 핵심이며, 특히 국내 벤처투자 통계의 공개와 활용성을 높이는 노력이 필요하다.

종합하면, 벤처기업의 지속가능한 성장과 혁신 생태계 강화를 위해 다양한 차원의 연구가 축적되어야 한다. 스타트업 조직을 이해하는 분석 틀이 정교해질수록, 창업가·투자자·정책 입안자 모두에게 신뢰할 수 있는 나침반이 될 것이다.

2025년 9월

2025년 한국벤처창업학회 총무이사

강신형 드림

벤처창업연구 제15권 제1호 (통권67호)

창업가의 배태조직과 창업경험이 형성하는 창업기업의 핵심경영자원에 관한 연구: 한국의 바이오메디컬 산업을 중심으로

김도연 (서울대학교 협동과정 기술경영경제정책전공 박사과정)
김연배 (서울대학교 협동과정 기술경영경제정책전공·공학전문대학원 교수)
송창현 (서울대학교 협동과정 기술경영경제정책전공 박사과정)

국문 요약

본 연구는 한국의 바이오메디컬 산업을 중심으로 창업가의 배태조직과 창업경험이 형성하는 창업기업의 핵심경영자원을 탐색적으로 살펴보았다. 이를 위해 바이오메디컬 분야의 창업가 13인을 대상으로 심층 인터뷰를 수행하였다. 선행연구를 바탕으로 창업기업의 핵심 경영자원을 크게 기술 역량, 조직관리 역량, 네트워크 역량, 시장개척 역량 등 4가지로 분류하고 이를 중심으로 반구조화된 질문지를 구성하였다. 인터뷰 내용을 정리한 결과, 창업가의 배태조직 및 창업경험이 형성하는 창업기업의 핵심경영자원을 18가지 세부요인으로 구분할 수 있었다. 특히 기존의 실증연구들이 잘 다루지 않던 요인들을 발견할 수 있었는데, 기술 역량을 구성하는 요인들 중 '기술개발 자신감'과 'R&D 수행방식', 조직관리 역량을 구성하는 요인들 중'조직문화', 네트워크 역량을 구성하는 요인들 중 '정신적 지원', 시장개척 역량을 구성하는 요인들 중 '시행착오를 통한 학습'과 '명성자원' 등이 이에 해당한다. 본 연구는 창업가의 배태조직 및 창업경험의 역할을 다룬 질적 연구로서 희소성이 있을 뿐 아니라 이 경험들이 형성하는 기업의 핵심경영자원을 4가지로 유형화하고 있어 향후 연구에서 유용하게 활용될 것으로 기대된다.

핵심주제어: 창업가 특성, 배태조직, 창업경험, 핵심경영자원, 바이오메디컬 산업, 심층 인터뷰

Ⅰ. 서론

활발한 창업 활동은 국가 차원에서 고용 창출 및 경제 성장의 원동력으로 작용하고 있으며, 그에 따라 정부에서는 창업을 활성화하기 위한 적극적인 정책적 노력을 펴고 있다(정헌배, 2016). 하지만 우리나라의 창업정책은 창업기업에 대한 직접적인 자금 지원에 집중되어 있고, 인프라의 확충이나 재도전을 지원할 수 있는 창업 생태계 조성은 상대적으로 미흡한 편이다(양현봉, 2017). 장기적인 관점에서 창업을 활성화하기 위해서는 획일적인 자금 지원과 단순한 행정적 지원에서 벗어나, 기업 특성에 맞는 맞춤형 지원을 고려해야 한다(방혜민·전인오, 2015; 송종호, 2011). 그렇다면 어떤 요인들이 창업기업의 특성을 결정하는 것일까?

창업가는 창업기업의 특성을 결정하는 매우 중요한 요인이다. 창업가가 가지고 있는 특성은 창업기업의 설립 과정, 사업 기회의 포착, 창업기업의 성장 등 창업 전 과정에 걸쳐 큰 영향을 미친다(박상문·이미순, 2019). 특히 창업가의 이전 경험은 창업기업의 핵심 역량과 주요 성과에 가장 큰 영향을 미치는 요인으로 알려져 있다(Delmar & Shane, 2006). 창업가의 이전 경험은 연구의 목적에 따라 다양하게 정의될 수 있지만, 일반적으로 창업 이전에 몸담았던 조직에서의 경험과 직접 창업을 해 보았던 경험으로 구분할 수 있다. 이러한 경험들은 창업가가 현재의 창업기업을 설립하고 경영하는 과정에서 귀중한 자산이 된다(정지용 외, 2002).

창업가의 이전 경험들이 창업기업의 성과에 미치는 영향에 대해서는 많은 연구가 이루어져 왔다(배영임, 2014; 윤보현·박준병, 2007; Burton et al., 2001; Chatterji, 2009). 대체로 이전 경험이 초기 창업기업의 성과에 긍정적인 영향을 미친다

는 실증분석 결과가 많지만, 부정적 영향이 있다는 결과 혹은 통계적 유의성이 없다는 결과도 존재한다(박상문·이미순, 2019). 그런데 대다수의 연구들은 이 두 변수 간의 관계를 살펴보는 데 그치고 있을 뿐, 창업가의 이전 경험이 형성하는 창업기업의 구체적인 특성에 대해서는 자세히 다루지 못하고 있다. 특히 창업가들이 이전 조직에서 배운 지식과 노하우, 그리고 그로 인해 축적된 역량은 이전 창업경험을 통해 획득한 것들과 차이가 있을 것이다. 따라서 본 연구에서는 창업가의 배태조직 경험과 창업경험이 형성하는 창업기업의 핵심적인 경영자원을 나누어 살펴보고자 한다.

한편, 바이오메디컬 산업은 창업가의 이전 경험이 더욱 중요한 역할을 할 것으로 예상되는 산업이다. 일반적으로 바이오 산업은 기술개발의 불확실성이 높으며 그로 인해 창업기업의 실패가 더욱 빈번한 산업이다. 또한 제품 또는 서비스의 개발 기간이 타 산업에 비해 오래 걸리며 개발비용 또한 천문학적인 경우가 많다. 게다가 기반 기술을 구성하는 지식의 암묵적 특성으로 인해 해당 산업에서의 경험이 매우 중요한 역할을 한다(김석관, 2013). 실제로 우리나라의 바이오 벤처기업 현황을 살펴보면, 대다수는 대학이나 병원, 공공연구소, 기업 출신의 경력자들이 창업했고 경험이 없는 신생 창업가가 창업한 경우는 4%에도 미치지 못한다(김석관, 2013).

본 연구에서는 우리나라 바이오메디컬 산업의 창업가 13인을 대상으로 심층 인터뷰를 진행하여, 창업가의 배태조직 경험과 창업경험이 형성하는 핵심경영자원을 살펴보고자 한다. 연구 결과를 통해 창업가의 이전 경험과 창업기업의 특성 사이의 관계를 자세히 분석하고, 향후 바이오메디컬 분야의 창업기업 관련 정책을 수립하는 데 있어 시사점을 제공하고자 한다.

본 연구는 다음과 같은 순서로 구성되어 있다. 2장에서는 선행연구를 통해 창업가의 배태조직 경험과 창업경험이 형성하는 창업기업의 핵심경영자원을 정리하였다. 3장에서는 심층 인터뷰를 비롯한 연구 방법론에 대한 소개를 다루고 있으며, 4장에서는 13인의 인터뷰 진술문을 바탕으로 결과를 정리하고 있다. 마지막 5장에서는 연구 결과의 시사점과 한계점을 제시하고 있다.

Ⅱ. 선행연구

2.1 창업가의 배태조직 경험과 창업기업의 핵심경영자원

배태조직(Incubator Organization)은 창업가가 창업에 앞서 근무했던 조직들을 일컫는 용어로서, 창업을 시작하는 과정은 물론 창업 후 기업의 성과에도 영향을 미치는 것으로 알려져 있다(Cooper, 1985). 배태조직 특성이 창업가 및 창업기업에 미치는 영향들에 대해 분석한 연구들이 다수 존재한다., Roure & Keeley(1990)는 창업가가 배태조직에서 습득한 역량들을 밝혀냈는데, 창업가의 기회탐색 능력, 인적자원 포착 및 조직화 역량, 업종에 특화된 지식 및 기술, 기업 경영 전반에 관한 역량 등이 이에 해당한다. Cooper & Park(2008)에 따르면 창업가가 배태조직에 근무한 경험은 창업 기회의 포착부터 창업기업의 기술적 능력, 시장 관련 지식에까지 영향을 미치는 것으로 나타났다. 국내연구 중에서는 정지용 외(2002)에서 배태조직의 특성에 따른 창업기업의 역량이 제시된 바 있는데, 기회 인식과 창업팀 조직화 역량, 다양한 자원 활용능력 등이 이에 해당한다.

우선 창업가의 배태조직 경험이 창업기업의 '기술 역량'에 미치는 영향을 다룬 연구들은 다음과 같다. Cooper(1985)에 따르면 창업기업이 보유한 기술은, 창업가가 속했던 배태조직의 기술에서 유래한 경우가 많았다. 창업가가 배태조직에서 경험한 기술들을 보다 발전시켜 본인의 창업기업에서 신기술로 개발하는 경우가 많았다(Bierly et al., 2009). 이렇게 창업가는 배태조직을 포함한 다양한 사회적 경험을 통해 창업기업의 사업 기회를 포착하고 기술혁신을 이루어낸다(Cooper & Park, 2008). 창업가는 배태조직에서 학습한 기술 지식을 바탕으로 창업기업의 토대를 쌓으며, 이는 곧 창업기업의 성공을 좌우하는 요소로 작용했다. 창업가의 배태조직으로부터 유래한 기술 역량은 창업기업의 기술은 물론 제품혁신에도 유의한 영향을 미친다(윤보현·박준병, 2007).

한편, 창업가는 배태조직에서의 기술개발 경험을 토대로, 창업기업에서의 기술개발에 대한 자신감을 갖게 된다는 연구 결과도 있다. 동종산업의 배태조직에서 근무한 경험은, 창업가의 자기 효능감과 자신감, 그리고 믿음을 높여 창업기업의 기술혁신에까지 영향을 주는 것으로 나타났다(강영욱·하규수, 2012). 오재우 외(2015)의 연구에서도 창업가의 배태조직 경험은 신진 창업기업에서 기술개발에 대한 자신감을 구축할 뿐 아니라 기업의 지속적 성장과 성공적인 경영에 대한 자신감까지 형성하는 것으로 드러났다.

창업가의 배태조직 경험은 창업가들이 조직을 경영하고 이끌어가는 노하우, 즉 '조직관리 역량'에도 영향을 미치는 것으로 나타났다. 창업가들은 배태조직 경험을 통해 인적자원 식별 능력과 창업팀 구성 노하우를 학습한다. 이는 창업기업의 전반적인 조직관리 및 경영 역량으로 이어져, 기업의 향후 성과에 영향을 준다(Roure & Keeley, 1990). 특히 창업가들이 과거 배태조직에서 중간관리자로 근무하며 쌓은 '조직관리 역량'은 창업기업의 전반적인 조직관리 역량으로 이어진다. 배태조직에서의 조직관리 경험은 창업기업의 조직을 관리함에 있어 보다 나은 상황 판단과 의사결정을 내리는데 밑거름이 된다(Baron & Ensley, 2006).

창업가는 배태조직에서 경험한 전문적이고 개인적인 네트워크를 창업기업에서도 적극 활용하기도 한다. 창업가들은 배태조직에서 알게된 사람들로 창업팀을 구성하기도 하고, 창업기업에서 함께할 유용한 인적자원을 식별하고 판단하는데 있어 배태조직에서의 경험을 다양하게 활용한다(Roure & Keeley, 1990). Cooper(1985)의 연구에 따르면, 배태조직에서 비롯된 네트워크를 통해 창업에 동참할 인력 확보 또는 창업팀 구성이 가능하였다. 정지용 외(2002)의 연구에서도 창업가가 배태조직을 통해 구성한 네트워크 내부에서 창업팀 구성이 가능하다는 것이 드러났다.창업가들은 배태조직에서 근무하며 쌓은 사회적 네트워크를 활용하여 사회적 자본을 구축하고, 이는 새로운 시장에서의 '사업 역량'을 형성하는 것에도 도움을 준다(Cooper & Park, 2008).

창업기업의 자금조달 과정에서도 창업가가 배태조직에서 축적한 네트워크가 도움을 줄 수 있다. 배태조직의 평판과 역량에 따라 창업기업의 외부 자금조달 가능성이 유의하게 달라진다는 연구결과가 존재한다(Burton et al., 2001; Baum & Silverman, 2004). 또한 창업가의 배태조직이 투자를 받은 경험이 있을 경우, 창업기업 역시 벤처캐피탈 투자를 받을 가능성이 높아진다는 연구 결과도 있다(Zhang, 2011).

마지막으로 창업가의 배태조직 경험은 창업기업의 '시장개척 역량'도 형성한다. 창업가들은 배태조직에서의 경험을 바탕으로 산업과 시장에서의 기회를 탐색하고 포착하는 역량을 기를 수 있다. 산업과 시장에 대한 지식을 확보하고(Roure & Keeley, 1990), 시장에서 성공 가능성이 높을 만한 창업 아이디어를 생각해내게 되는 것이다(정지용 외, 2002).

규제에 대한 대응 능력 역시 시장개척과 관련된 역량으로 볼 수 있다. 창업가는 배태조직에서 근무하면서 해당 산업에서의 규제 관련 지식을 축적할 수 있다. 특히 규제에 대한 대응이 중요한 의료기기 분야에서는, 배태조직과 동종산업에 속하거나 배태조직과 여전히 긴밀한 관계를 유지하고 있는 창업기업들의 FDA 허가 속도가 그렇지 않은 기업 대비 현저하게 빠른 경향을 보였다(Chatterji, 2009).

이처럼 창업가의 배태조직 경험은 창업가로 하여금 급격히 변화하는 시장의 신호들을 감지하고 대응할 수 있도록 한다(Shane, 2000).

2.2 창업가의 창업경험과 창업기업의 핵심경영자원

많은 수의 창업자들은 현재의 창업기업 이전에 이미 한 번 이상 창업을 겪으면서 다양한 자원과 역량을 축적한다(Delmar & Shane, 2006). 창업가의 이전 창업경험이 창업기업의 재무성과에 미치는 영향을 다룬 연구들은 다음과 같다. Westhead et al.(2003)의 연구에 의하면 창업경험을 가진 창업가에 의해 설립된 재창업기업은 신진 창업기업보다 재무성과 및 생존 가능성에서 더 강점을 가지는 것으로 나타났다. 이전의 창업경험을 통해 학습한 시행착오를 바탕으로 역량을 구축하고, 이것이 성과로 이어지는 것이다. 이 밖에도 재창업기업의 경영성과가 더 우수하다는 실증분석 연구 결과가 다수 존재한다. Kirschenhofer & Lechner(2012)의 분석 결과에 따르면, 이전 창업경험이 많을수록 재창업기업의 전반적인 성과에 정(+)의 영향을 주는 것으로 나타났다. 배영임(2014)의 연구결과 역시 창업가의 이전 창업기업 수가 더 많을수록, 또 그 이전 창업기업의 경영성과가 좋을수록, 재창업기업의 재무성과가 높아진다는 관계를 밝혔다. 조유리(2016)는 한국의 ICT 산업에 한정하여, 재창업기업이 신진 창업기업보다 더 높은 재무적 성과를 보이는 것을 밝혔다. 윤보현·박준병(2007)은 대덕연구개발특구를 중심으로, 이전 창업경험 및 배태조직, 학력, 전공 분야 등의 창업가 특성이 창업기업의 혁신역량과 재무 성과에 미치는 영향을 실증적으로 분석하였다. 분석 결과, 이전 창업경험이 있는 경우에만 위험 대처 및 성장인식이라는 창업가의 행태적 특성이 제품혁신과 정(+)의 상관관계를 가지는 것으로 나타났다.

몇몇 연구들은 창업가의 이전 창업경험이 형성하는 특정 역량에 주목하였다. Baron & Ensley(2006)는 과거의 창업경험이 창업가들에게 재창업기업의 주요한 의사결정과 판단을 하는 데 있어 상당한 영향을 미친다고 보았다. 창업과정을 경험하며 겪은 시행착오를 바탕으로 재창업기업에서는 보다 분별력 있고 현명한 경영상의 판단을 하게 되는 것이다. 또한 이전 창업기업에서 직접 경영에 참여한 경험은 재창업기업의 조직 관리에도 도움이 되는 것으로 나타났다. 창업가가 창업을 거듭할수록 인력 확보와 창업팀 구성이 더 용이해지고, 인적자원의 효율적인 운영 노하우를 학습할 수 있다(Kirschenhofer & Lechner, 2012).

한편, 재창업기업은 창업가의 과거 창업경험을 바탕으로 신진 창업기업보다 더 많은 시장지식을 보유하게 된다. 이는 창업 자금의 조달, 혁신 및 협력 활동, 정부 지원 등의 '시장개척 역량'과 이어진다(조유리, 2016).

Ⅲ. 연구방법

3.1 연구 분석틀 및 연구문제 설정

2장의 선행연구들을 통해 창업가가 배태조직과 창업경험을 통해 얻을 수 있는 역량과 경영자원들을 확인하였다. 이를 바탕으로 본 연구에서는 창업가의 배태조직 및 창업경험을 통해 얻을 수 있는 창업기업의 핵심경영자원을 '기술 역량', '조직관리 역량', '네트워크 역량', '시장개척역량' 등 네 가지로 구분하였다.

기존 연구들은 주로 배태조직과 창업경험이 창업기업의 성과에 미치는 영향을 실증적으로 분석한 경우가 대부분이다. 하지만 창업가의 이전 경험이 창업기업의 경영자원으로 이어지는 과정을 상세하게 조명한 연구는 많지 않다. 이에 본 연구는 인터뷰 방식의 질적연구를 통해 창업가의 배태조직 및 창업경험이 창업기업의 경영자원을 형성하는 과정을 심층적으로 살펴보고자 한다.

일반적으로 정성적인 연구는 내재되어 있는 요인들을 밝히거나 암묵적인 과정과 절차를 분석하는데 효과적이다(Granot et al., 2012). 기존의 정량적 연구에서는 창업가의 이전 경험이 창업기업의 핵심경영자원으로 이어지는 과정을 충분히 설명하지 못했다. 본 연구는 정성적 접근을 통해 창업가들의 배태조직과 창업경험이 창업기업의 역량을 형성하는 메

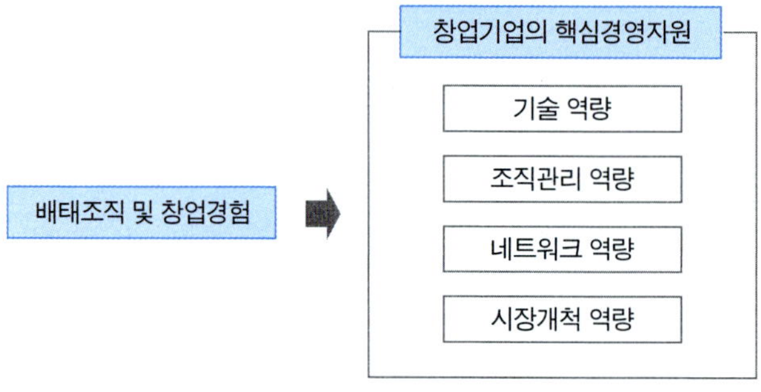

〈그림 1〉 연구의 분석틀

커니즘에 대한 이해도를 높일 것으로 기대한다. 또한 창업가와 창업기업의 특성 사이에 존재하는 관계에 대해 새로운 시사점들을 제공할 수 있을 것으로 예상한다.

3.2 심층 인터뷰 설계

본 연구에서 사용한 심층 인터뷰는 특정 분야의 전문가인 피면담자 개개인을 개별적으로 심층 질의 및 면담하는 과정을 통해 해당 분야와 관련된 전문적이며 심층적인 견해를 수집할 수 있다는 이점이 있다(김용정·송영욱, 2014). 본 연구에서는 반구조화(Semi-structured) 형식의 심층 인터뷰를 진행하였다. 사전에 개방된 큰 질문 문항들을 설계하고 그에 따라 질문하되, 피면담자가 면담 중에 자유롭게 발언할 수 있게 진행하였다. 큰 틀에서는 계획된 질문들을 바탕으로 진행을 하나, 피면담자의 답변의 흐름에 따라 세부 질문 내용을 유연하게 설정하였다(이재윤 외, 2017). 이와 같은 반구조화 인터뷰는 이론을 벗어난 생생하고 표면적으로 드러나지 않는 경험을 다룰 수 있다는 장점을 가지고 있다(Galletta, 2013).

본 연구에서는 선행연구를 바탕으로 창업가의 배태조직 및 창업경험이 형성하는 창업기업의 핵심경영자원들을 네 가지 역량, 즉 '기술 역량', '조직관리 역량', '네트워크 역량', '시장개척역량'으로 구분하고 이를 바탕으로 질문지를 구성하였다. 인터뷰 질문 문항들은 아래와 같다.

1. 창업가 본인의 과거 배태조직 및 창업경험이 현재 창업기업의 '기술 역량'을 형성한 효과가 있습니까?
2. 창업가 본인의 과거 배태조직 및 창업경험이 현재 창업기업의 '조직관리 역량'을 형성한 효과가 있습니까?
3. 창업가 본인의 과거 배태조직 및 창업경험이 현재 창업기업의 '네트워크 역량'을 형성한 효과가 있습니까?
4. 창업가 본인의 과거 배태조직 및 창업경험이 현재 창업기업의 '시장개척 역량'을 형성한 효과가 있습니까?

12명의 피면담자와는 직접 방문을 통한 면대면 심층 면담 및 질의로 인터뷰를 진행하였다. 거리상의 한계가 있는 한 명의 피면담자와는 전화로 인터뷰를 진행하는 방식을 택하였다. 피면담자가 원하는 경우에 한하여 일부 면담자에게는 인터뷰에 앞서 질문지를 이메일로 송부하여 답변을 미리 생각해 볼 수 있도록 하였다. 인터뷰는 2시간 내외로 진행되었다. 피면담자에게 면담 내용의 철저한 비밀 보장과 면담자 개개인의 익명 보장을 약속하였고, 면담자들의 동의하에 면담 내용을 녹취하였다.

3.3. 연구 대상

연구 대상자는 한국 바이오메디컬 산업의 벤처기업 창업가 13명으로, 스노우볼 샘플링 방법을 통하여 모집하였다. 스노우볼 샘플링은 모집단에 대한 접근이 쉽지 않은 전문가 집단을 대상으로 할 때 활용할 수 있는 방법으로, 소개의 소개를 받아 연구 대상자를 확보해나가는 방법이다(Benard, 1995).

바이오메디컬 산업은 크게 제약바이오 산업과 의료기기 산업으로 구분되는데, 본 연구에서는 4인의 의료기기 산업 창업가와 9인의 제약바이오 산업의 창업가를 인터뷰하였다.

제약바이오 산업의 경우, 인터뷰 기사를 쓴 기자들을 통해 창업가들의 정보를 얻고, 그 이후에는 창업가들의 소개를 통하여 다른 인터뷰 대상자를 모집하였다. 의료기기 산업은 해당 산업의 벤처기업 관련 단체를 통해 창업가들을 소개받을 수 있었다. 나중에 모집한 피면담자와의 인터뷰에서 기존에 수집된 답변들이 반복되는 현상이 나타나고, 더이상 새롭고 유의미한 정보 습득이 어렵다고 판단될 때 대상자 모집을 중단하였다(Sutton & Callahan, 1987).

인터뷰 대상자 13인의 주요 특성은 〈표 1〉과 같다. 모든 피면담자들은 창업기업의 창업주이자 현직 대표이사였으며, 창업 이전에 배태조직 경험을 갖고 있었다. 이 중 7명은 과거에 창업한 이력이 있었다. 창업가들이 경험한 배태조직으로는 국내외의 기업들과 연구소 등이 있었다.

〈표 1〉 설문 대상자들의 주요 특성

사례 번호	직책	산업 경력	배태조직	창업경험	업종
1	대표이사	20년 이상	국내 대기업(A) 이전 창업기업(ㄱ)	○	제약
2	대표이사	20년 이상	국내 대기업(B) 해외 벤처기업(C)	×	의료기기
3	대표이사	30년 이상	국내 대기업(D)	×	제약
4	대표이사	20년 이상	국내 중소기업(E)	×	의료기기
5	대표이사	20년 이상	국내 벤처기업(F) 이전 창업기업(ㄴ)	○	의료기기
6	대표이사	5년 미만	국내 연구소(G)	×	제약
7	대표이사	30년 이상	국내 대기업(H) 이전 창업기업(ㄷ)	○	제약
8	대표이사	20년 이상	국내 대기업(I) 국내 중소기업(J) 해외 대기업(K)	○	제약
9	대표이사	30년 이상	국내 대기업(L)	×	제약
10	대표이사	20년 이상	국내 대기업(M) 해외 대기업(N) 이전 창업기업(ㄹ)	○	제약
11	대표이사	20년 이상	국내 대기업(O)	○	제약
12	대표이사	25년 이상	국내 대기업(P)	×	제약
13	대표이사	20년 이상	국내 벤처기업(Q) 이전 창업기업(ㅁ)	○	의료기기

3.4. 설문 분석

심층 인터뷰 내용을 분석하는데 있어 Colaizzi(1978)과 이재윤 외(2017)의 분석방법을 참고하였다. 먼저 기술한 녹취록을 반복하여 읽으며 피면담자들의 진술 중 유의미한 문장들을 분류하였다. 유의미하다고 판단한 문장들 속에서 각 역량에 대한 18개의 내재적 요인들을 도출하였고 그 요인들을 4개의 역량에 연결시켰다. 도출한 요인들을 포괄적으로 해석하고 기술하였다(Edward & Welch, 2011). 이 분석 방법을 활용하여 원자료 속에서 유의미한 요인들을 탐색적으로 발견할 수 있는 이점이 있었다. 이처럼 원자료를 관찰하며 그 속에서 요인이나 이론을 탐색적으로 발견해내는 현상학적 분석방법이 본 연구의 분석 방법으로도 적절하다고 판단하였다.

질적 연구라는 본 연구의 특성을 고려하여, 다양한 방법을 통해 연구의 신뢰도를 확보하고 타당성을 높이고자 하였다. 첫 번째로 Creswell & Miller(2000)의 신뢰도 확보 방법들을 활용하였는데, 그 중에서도 반대 증거 확보, 연구자의 반성적 성찰, 동료 확인 등을 적용하였다. 먼저 인터뷰를 진행하며 피면담자가 제시하는 견해와 상반되는 의견에 대하여 질의하고 논의하며 반대 증거 확보를 하고자 하였다. 또한 연구자의 반성적 성찰을 위하여 인터뷰를 설계, 진행하고 분석하는데 있어 연구자의 선입견을 배제하여 자료를 객관적으로 이해하고 해석하고자 노력하였다. 동료 연구자와 연구의 타당성에 대하여 논의하고 이를 분석에 반영하고자 하였다. 더 나아가 Lincoln & Guba(1985)가 제시한 연구의 엄격성 확보 방법도 활용하고자 하였다. 인터뷰를 진행하는 과정 내내 인터뷰 내용을 기록하고 녹취하였고 이 자료들을 보관함으로써 연구자가 임의로 해석하고 오용하지 못하도록 하여 연구의 신뢰도를 확보하였다.

Ⅳ. 결과

심층 인터뷰를 통한 연구의 결과는 다음과 같다. 먼저 창업가들의 배태조직이 형성하는 4개의 역량에 대한 총 18개의 내재적 요인들을 도출해내었다. 그 결과, 배태조직에서 '기술 역량'과 '조직관리 역량', '네트워크 역량', 그리고 '시장개척 역량'을 습득하는 것을 확인하였다. 또한 창업경험으로부터 형성되는 핵심경영자원의 요인들로 명성자원과 시행착오를 통한 학습, 그리고 자금조달 및 관리를 발견해내었으며 이를 시장개척역량으로 연결시켰다.

〈표 2〉 배태조직 및 창업경험과 창업기업의 핵심경영자원

<table>
<tr><td rowspan="18">창업가의
인적자본특성</td><td rowspan="15">배태조직</td><td>기술개발 자신감</td><td rowspan="4">기술 역량</td><td rowspan="18">창업기업의
핵심경영자원</td></tr>
<tr><td>기술적 기반</td></tr>
<tr><td>R&D 수행 방식</td></tr>
<tr><td>기술 사업화 전략</td></tr>
<tr><td>인적 자원 확보</td><td rowspan="3">조직관리 역량</td></tr>
<tr><td>인적 자원 관리</td></tr>
<tr><td>조직 문화</td></tr>
<tr><td>사업적 도움</td><td rowspan="3">네트워크 역량</td></tr>
<tr><td>인력 영입</td></tr>
<tr><td>정신적 지원</td></tr>
<tr><td>시장에 대한 이해</td><td rowspan="8">시장개척 역량</td></tr>
<tr><td>규제 대응</td></tr>
<tr><td>마케팅 전문성</td></tr>
<tr><td>판로 확보</td></tr>
<tr><td>자금조달</td></tr>
<tr><td rowspan="3">창업경험</td><td>시행착오를 통한 학습</td></tr>
<tr><td>명성자원</td></tr>
<tr><td>자금조달 및 관리</td></tr>
</table>

4.1 배태조직이 창업기업의 핵심경영자원에 미치는 영향

4.1.1 배태조직이 창업기업의 기술 역량에 미치는 영향

심층 인터뷰 결과, 창업가들은 배태조직에서 '기술 역량'을 습득하였고 이러한 기술 역량은 창업기업의 운영에 있어서 핵심 경영자원이 되었다. 기술 역량에는 '기술 개발 자신감'과 '기술적 기반', 'R&D 수행 방식', 그리고 '기술사업화 전략'이라는 요인이 포함되었다.

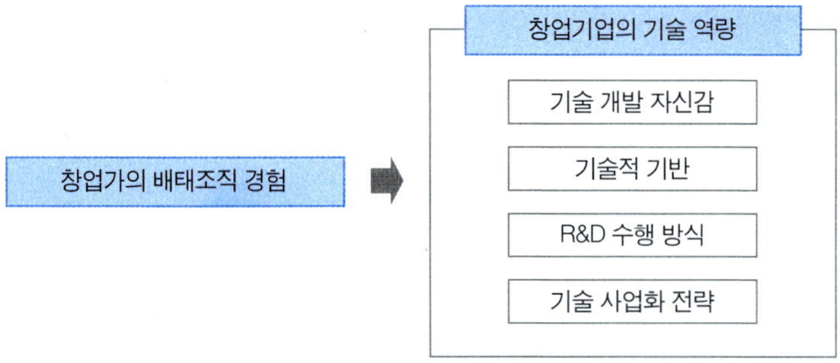

〈그림 2〉 배태조직과 창업기업의 기술 역량

〈표 3〉은 인터뷰 내용 중 창업가의 배태조직 경험이 형성하는 기술 역량을 정리한 것이다.

먼저 창업가들은 배태조직에서 기술 개발 과정을 거친 경험을 토대로 창업기업에서도 기술 개발을 할 수 있다는 자신감을 지니고 있었다.

배태조직에서 경험한 기술개발 방식을 창업기업에서 활용한다면 기술개발에 성공하겠다는 자신감과 확신이 기술개발 과정에서 중요한 역할을 하여 창업기업의 핵심적인 기술 역량으로 이어지는 것을 확인하였다. 이러한 자신감은 창업 동기와 의지를 부여하는 역할도 수행하였다. 창업한 이후에도 이러한 자신감이 꾸준히 기술개발을 하고 사업을 이끌어나가게 만드는 핵심적인 기술 역량이 되는 것을 알 수 있었다. 기술개발에 대한 자신감과 할 수 있다는 확신은 창업을 시작하는 원동력이 되며 창업을 하고나서도 위기와 침체의 순간을 버텨내는 힘이 된다. 특히 사례 2의 진술을 통해 배태조직에서 생긴 자신감으로부터 창업에 대한 확신을 가지게 되는 과정을 확인할 수 있다.

또한 창업가들은 배태조직에서 근무하며 구축한 '기술적 기반'을 현재 창업기업에서 활용하였다고 밝혔다. 이는 기업의 기술혁신은 이미 존재하는 기술개발에서 파생되거나 기존 기업의 기술을 반영한다(Bierly et al., 2009)는 연구결과를 증명한다. 특히 바이오메디컬 산업과 같이 첨단 기술을 다루는 벤처기업들은 배태조직에서 축적한 기술적 기반이 더 중요하게 작용하여 기업의 존망을 결정하기도 한다(Cooper, 1985). 창업가들은 창업기업에 배태조직의 기술을 이해가 상충되지 않는 선에서 그대로 가져와 채택하거나, 기술적 특성은 상당히 근접하지만 독창성을 가진 기술로 파생시켜 활용하였다.

사례 10의 경우처럼 창업기업의 기술이 배태조직의 것에 기반하거나 배태조직의 기술적 배경을 공유하는 것을 알 수 있었는데, 이는 창업기업의 기술적 기반이 되어 기술 역량에 상당히 큰 역할을 하는 것으로 드러났다.

사례 7의 경우에는 배태조직에서 본인이 직접 장기적으로 연구하던 기술을 기반으로 창업을 하면서 창업기업에서 더 확장시켜 활용하였다. 또한 배태조직에서 진행하다가 중단한 사업을 가지고 나와서 창업기업에서 사업을 이어가기도 하였다. 이와 같은 경우, 배태조직의 사업이 창업기업으로 그대로 이어진 형태이기 때문에, 기술적 기반뿐만 아니라 기술의 활용과 관리, 사업화 방안도 활용할 수 있다는 이점이 있었다.

한편 창업가들은 배태조직의 'R&D 수행 방식'을 활용하며 기술 역량을 확보하기도 하였다. 배태조직에서 효과적이라고 느낀 R&D 수행도구나 제도들을 창업기업에서 그대로 적용하여 기술개발 과정에 활용하였다.

창업가들이 창업기업에서 활용한 배태조직의 R&D 도구들은 MBO(Management By Objective), 연구 노트, 위클리 리포트 등이 있었다. 특히 바이오메디컬 산업은 미래가 보장되어 있지 않아 위험성이 상당히 높은 기술개발을 장기간 해야 한다는 특성이 있다. 따라서 장기간 동안 자원의 낭비를 최소화하며 계획적으로 연구를 수행해야 하는데, 이때 창업가들은 배태조직의 여러 R&D 제도들을 활용하고 있었다.

〈표 3〉 배태조직과 창업기업의 기술 역량

요인		인터뷰 진술문	Source
기술 역량	기술개발 자신감	"저희도 A사에서 요정도 연구해가지고 하니까 라이센스 아웃되구나 하는 걸 A사 내에서 본거잖아요. (중략) 이렇게 하면 되는구나 하는 좋은 성공체험. 고게 가장 큰 영향을 미친다고 생각하구요."	사례 1
		"자신감이라는 면이 훨씬 더 중요해요. 그러니까 이게 엔지니어들이 이미 대기업에서 이런 실무를 하면 국제적으로 경쟁관계에서 우리가 어느정도 하고 있다는 걸 잘 알잖아요. 그러다 보니까 뭐 요런 제품이 있는데 우린 요만큼 만들 수 있고 이거 만들면 팔기만 잘 팔면 돈을 벌 수 있을 거야 하는 그런 명확한 확신이 있는 거죠."	사례 2
	기술적 기반	"H사에 있을 시절부터 기술H를 시작했어요. 매우 기초적인 functional 기술 H를 했는데 다음 단계에 가면 좋을 거라는 막연한 생각이 있었어요. 여기서 기술H로 가는게 좋을 거라는 느낌을 받았고, 이 기술을 확장하여 종합체로 만들면 좋을 것이라는 직감이 있었던 거죠."	사례 7
		"기술은 기본적인 배경 지식은 유사하지만 독창적이죠. (중략) 저는 완전히 무에서 이런 거를 하기는 좀 어렵지만, 그래도 innovate를 하고자 하는 거고. 결국은 이제 기존 기업의 여러 가지 공정이나 특허, 당연히 특허 같은 거 찾아보면 아이디어가 생기죠."	사례 10
	R&D 수행방식	"이게 기법이라는 게 있는데, 그런 게이트 설정하는 거에 대해서는 많이 배웠죠. 뭐냐면 연구라는 게 처음부터 끝까지 잘하려면 너무나 복잡하니까 중간 중간 단계에서 얘는 이 시점에서는 죽인다, 아니다 살린다, 그런 게이트를 잘 설정해야돼요. 그게 성공의 관건인데, (중략) 프로젝트가 변수가 많으니까 그거 하나 하나를 수치화하고 변수화를 하는 게 쉬운 일은 아닌데 그 기법들을 따라서 했었어요."	사례 12
		"H사로부터 영향을 받아 활용한 바가 있죠. 팀장이 가이드라인을 주면, 연구원들이 지속적인 디스커션을 통해 수정을 반복하여 프로젝트를 진행해요. 단순히 팀장이 너 이거 해라 시키는 것만 하는 게 아니라, 프로젝트의 주인은 '나'라는 주인 의식을 갖고 각자의 영역에서 관여를 하는 형태로 하는 주도적인 수행 방식이었죠."	사례 7
	사업화 전략	"사업화 전략은 D사에서 배운 게 굉장히 많아요. (중략) 내가 D사에 있는 동안에 소위 글로벌 라이센스 아웃이라고 하거든요, 기술 이전. 이거를 7건을 해봤어요. D사에서 만든 화학물을 적당한 단계에 파는 거야. (중략) 이런 것들 전부 다 D사에서 배운 거에요."	사례 3
		"제가 미국이나 프랑스의 큰 회사에 있을 때는 license-in 쪽이에요. 프로젝트를 사는 입장이니까 그 사이드에도 있어봤고, 그 다음에 한국회사에서는 license-out하는 입장이니까 파는 입장에도 있어봤고, (중략) 지금 우리는 파는 입장인데, in사이드에 있어봤던 경험이 굉장히 큰 도움이 되죠."	사례 8

또한 창업가들이 배태조직에서 기술사업화 과정을 경험하며 습득한 '기술사업화 전략'은 창업기업의 핵심 기술 역량으로 발전하였다. 특히 제약바이오 산업의 경우, 거의 모든 창업가들이 배태조직 기업에서 신약 기술 이전 전략을 경험한 것이 큰 도움이 되었다고 언급하였다. 그리고 배태조직의 특성에 따라 창업가들마다 다른 방식으로 배태조직에서의 기술이전 경험을 활용하는 것을 확인하였다.

먼저 국내기업을 배태조직으로 두는 창업가들은 배태조직에서 다국적 제약기업에게 기술 이전 및 수출하는 License-out(글로벌 기술이전)의 전 과정을 경험해 본 것이 창업기업의 중요한 기술 역량이 되었다고 언급하였다.

사례 3의 진술문을 참고하면, 배태조직의 경험을 바탕으로 향후 글로벌 기술 이전을 목표로 한 가이드라인을 설정하고, 그에 따라 기술개발을 하는 것을 확인할 수 있다.

반면 창업가가 해외의 글로벌 제약기업인 경우에는 배태조직에서 기술을 구매하는 등 License-in(글로벌 기술 수입)을 하는 입장을 겪어본 경험은 현재 창업기업에서 기술을 판매하고자 할 때 많은 도움을 주는 것으로 드러났다.

사례 8의 진술문을 보면 창업가가 License-in을 하는 배태조직에서 근무한 경험을 토대로, 기술을 구매할 때 활용하는 글로벌 기준과 절차들을 파악하고 있는 것을 알 수 있다. 이것이 현재 창업기업에서 상당한 도움이 된다는 것을 강조하고 있다.

4.1.2 배태조직이 창업기업의 조직관리 역량에 미치는 영향

창업가들은 배태조직의 구성원으로서 종업원, 중간관리자, 혹은 최고경영자 등의 다양한 직무 경험을 가질 수 있으며, 이를 활용하여 현재 창업기업의 '조직관리 역량'을 구축할 수 있다. 배태조직의 경험을 통하여 '인적 자원 확보와 관리', '조직문화 구축 노하우' 등을 확보하였다.

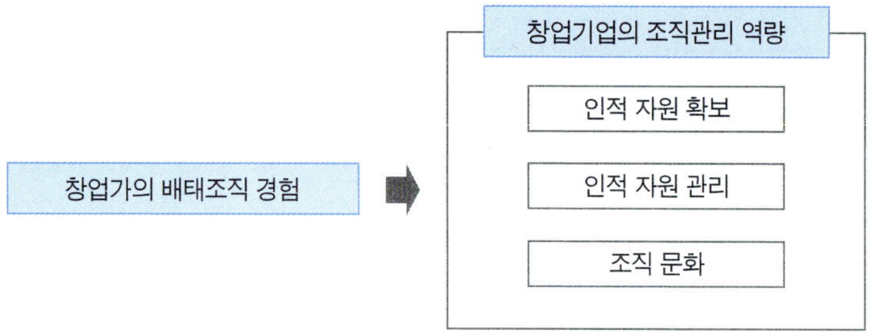

〈그림 3〉 배태조직과 창업기업의 조직관리 역량

〈표 4〉에서는 인터뷰 내용 중 창업가의 배태조직 경험이 형성하는 조직관리 역량을 요약하여 제시하고 있다.

첫째로 인적 자원 확보와 관련하여, 창업가들은 배태조직에서 효과적이라고 느낀 직원 채용 방식과 도구들을 창업기업에서 활용하고자 하였다. 그러나 배태조직이 규모가 큰 대기업이었을 경우, 상대적으로 규모가 작은 현재의 벤처기업에서 그대로 가져와 적용하기는 어렵다는 점에도 불구하고, 배태조직에서 효과적이라고 느낀 채용 도구와 제도들을 채택하여 활용하였다.

직원 채용과정에서 기업 내 다양한 구성원과 여러 단계의 면접을 통해, 직원들의 의견을 채용과정에 반영하기도 하였으며, 배태조직에서 효과적이라고 느낀 특정 직원 채용 제도를 현재 창업기업에서 그대로 활용하기도 하였다.

사례 5에서는 배태조직의 경험을 근거로 창업기업의 채용 방식을 구축하고, 직원 채용에 대한 기준과 철학을 확립하였다.

인적 자원을 관리하는 데 있어서도 현재 창업기업과 배태조직의 성격이 상반된 경우, 배태조직의 것을 변함없이 활용하기에는 쉽지 않았다. 하지만 효과적이었던 직원 관리와 관련된 특정 제도와 도구들을 창업기업에 적용하였다.

전반적으로 인적 자원을 관리하는 데 있어서 종업원으로서 관리의 대상이 되어 겪은 경험들을 토대로, 일의 효율이 올라가는 등, 직접 효과를 느꼈던 제도들을 창업기업에서 종업원을 관리하는데 적용하였다. 사례 2의 경우 배태조직에서 쓰이던 타임카드 제도를 창업기업에서 활용한 것을 알 수 있다.

한편 창업가들은 배태조직에서 종업원으로서 불만족스러웠던 제도들을 타산지석으로 삼아 배제시키거나 수정하여 반영하는 등 직원들의 관점에서 만족할 수 있는 직원 관리 제도들을 수립하였다.

사례 4의 진술문을 참고하면 창업가가 배태조직에서 목격한 직원 근무 제도의 부작용을 토대로 현재 창업기업의 인적 자원 관리 방식을 구축하는 것을 알 수 있다.

또한 창업가들은 직원 보상 제도에도, 배태조직에서 종업원으로써 경험한 바를 활용하였다. 배태조직의 직원 보상에 흡족하지 못했던 경우, 보상의 규모나 보상 지급 방식을 개선하여 창업기업의 직원 보상 제도에 적용하고 있었다. 사례 3의 창업가는 종업원으로서 이전 기업의 진급제도를 겪으며 고충을 느꼈기에, 현재 경영자로써 유연한 진급 제도를 추구하고 있었다. 한편 사례 2의 창업가는 각기 다른 배태조직에서 경험한 다양한 성과급 제도들을 비교하여 만족스러웠던 제도들만 선택적으로 반영하며 효과적으로 직원들을 보상하고 관리하고 있었다.

뿐만 아니라 기업의 '조직문화' 역시 기업의 핵심적인 조직관리 역량이다. 직원들을 채용하고 관리하는 방식도 중요하지만 기업 전체에 바람직한 조직 문화를 구축하는 것도 기업의 성과와 생존에 있어서 핵심적인 부분이다.

창업가들은 창업기업의 조직문화를 구축하는데 있어 배태조직에서 경험한 조직문화를 반영하였다. 배태조직에서 직접 겪은 조직문화적 특성들이 현재 기업의 조직문화를 형성하는데 상당한 영향을 준다고 강조하였다.

조직의 생존에 있어서 조직 문화의 중요성을 거듭 언급하며, 배태조직의 문화적 특성을 창업기업에서 활용하여 조직문화를 구축하는데 긍정적 영향이 있다고 답변하였다. 특히 창업팀을 배태조직의 인력으로 구성한 사례 10의 창업기업처럼 배태조직 내의 조직문화가 창업팀의 문화로 그대로 이전되어 조직문화 구축에 큰 도움이 된 경우도 있었다.

배태조직의 기존문화가 이미 직원들간에 구축되어 있는 이와 같은 경우, 신생 창업기업에서 조직문화를 만드는 것이 비교적 쉽다는 이점이 있었다. 뿐만 아니라 사례 8의 창업가는 경험한 다른 성격의 배태조직의 문화들을 장점들만 채택하여 융합하여 창업기업의 조직문화를 형성하였다고 언급하였다.

〈표 4〉 배태조직과 창업기업의 조직관리 역량

<table>
<tr><th colspan="2">요인</th><th>인터뷰 진술문</th><th>Source</th></tr>
<tr><td rowspan="8">조직 관리 역량</td><td rowspan="2">인적자원 확보</td><td>“유연성. 채용 방식. 이건 뭐 위에서 자꾸 컨트롤할라 그러니까. 그럴 필요 없어요. 팀장이 니가 원하는 친구 니가 아아서 뽑아라. 나는 간섭하지 않겠다. 이렇게 유연하게.”</td><td>사례 3</td></tr>
<tr><td>“결국은 어떤 경험을 통해서 내 나름대로의 어떤 사람이 회사에 도움이 되는가 라고 하는 나름의 노하우까진 아니더라도 (중략) 사람을 채용할 때에 뽑는 기준 같은 것. 예를 들어서 학력차별, 연공차별, 성별차별 없이 진행하는 것. 그 다음 가장 능력있고 보편적으로 잘 섞일 수 있고 팀워크를 잘 발휘할 수 있는 사람을 뽑는 것. 이런 것들이 다 우리 나름대로의 터득하게 된 기준이고. (중략) 예를 들어서 F사에서 비어면접이라고 하는 것은 지금도 우리가 쓰고 있는 방식이구요.”</td><td>사례 5</td></tr>
<tr><td rowspan="3">인적자원 관리</td><td>“성과급. 성과급은 비밀이에요. 내가 직접 계산해서 줍니다. 그니까 우리 회계부서도 몰라요. (중략) 성과급이 대표이사하고 기업 종업원 개개인 사이의 비밀이 유지되는 게 가장 효과적이라고 느꼈기 때문에 그렇게 하는 거죠.”</td><td>사례 2</td></tr>
<tr><td>“회의를 위한 회의. 할 일은 자기가 거의 다 알고 있는데, 제가 보기에는 한 시간씩 회의할 내용 아닌 거 같은데 회의를 하면서 질책을 한다던지 회의보다는 업무적으로 탓하는 시간이 많아서 회의하기가 정말 싫었던 기억이 있습니다. 그래서 저는 월요일 날 오전에 잠시 회의하고, 꼭 필요한 이슈가 있으면 하고, 나머지 부분들은 자율적으로 알아서 하는 편입니다.”</td><td>사례 4</td></tr>
<tr><td>“이전 기업들에서 제일 말단연구원인 석사연구원부터 연구팀장, 대표이사까지 겪었는데, 이러한 이력을 통해 각 연구직의 원하는 점을 다 알고 있어요. 정말 피라미드 제일 하부부터 상부까지 다 경험해봤기 때문에 각 직급마다 간절히 원하는 바가 무엇인지 다 다른데, 그것을 다 알고 있죠. 이 부분은 지금 정말 큰 도움이 되죠.”</td><td>사례 7</td></tr>
<tr><td rowspan="2">조직문화</td><td>“저희는 어느 정도 수직구도도 있구요. 약간의 상하구도를 일부러 두고, 대신에 그 안에서의 토론은 자유롭도록 하고. 그렇게 한 이유가 제약회사 조직을 여기에 미니어처를 만든 거구요. 그 안에서 벤처의 빠른 의사결정을 넣었어요. 그래서 두 장점을 hybrid하는 거를 저희는 추구하거든요. 사실 수평문화로 가면 진행은 느려요. (중략) 신약개발은 그 진도가 느려지면 돈이 술술 다 새어나가요. (중략) 약간의 수직구조를 넣어서 빠른 시일 내에 돌아갈 수 있게 조직문화를 짰어요.”</td><td>사례 8</td></tr>
<tr><td>“우리 회사같은 경우는 이미 그런 컬쳐가 있는 상황에서 add up을 시킨 거니까, 새로운 멤버들도 기존의 멤버들과 화합할 수 있는 애들을 영입한 거고, (중략) M사에서 나와 같이 일했던 신약그룹의 나름대로의 말할 수 없는 어떤 조직문화가 여기와서 새롭게..”</td><td>사례 10</td></tr>
</table>

4.1.3 배태조직이 창업기업의 네트워크 역량에 미치는 영향

인터뷰에 참여한 창업가들은 배태조직에 근무하며 쌓은 산업 내 네트워크의 중요성도 크게 강조하였다. 배태조직을 통해 습득한 여러 가지 자원과 역량 중에 네트워크가 가장 중요하다고 꼽은 창업가들이 많았다. 배태조직을 통한 '네트워크 역량'은 크게 '사업적 도움'과 '인력 영입', '정신적 지원'의 측면으로 나뉜다.

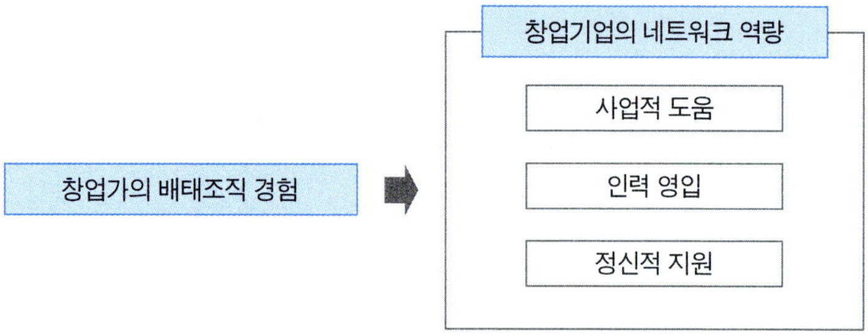

〈그림 4〉 배태조직과 창업기업의 네트워크 역량

창업가의 배태조직 경험이 형성하는 네트워크 역량은 〈표 5〉에 제시되어 있다.

먼저 배태조직에서 쌓은 네트워크가 사업적으로도 크게 도움이 되어 창업기업의 핵심적인 경영자원으로 이어지는 것이 나타났다. 네트워크상의 동종 업계 종사자들과의 소통과 교류 및 협력이 직접적으로 '사업적 도움'으로 이어지는 경우들이 있었다. 사례 12의 진술문을 통해 배태조직에서 쌓은 네트워크를 통해 정보교류를 비롯하여 지식공유, 문제해결까지 가능한 것을 알 수 있다. 이처럼 전문성을 가진 네트워크속에서 지식과 정보가 교류되며 그를 통해 또 새로운 지식들이 생성된다(Phelps et al., 2012). 이 외에도 사례 2와 4의 경우에는 배태조직을 통한 네트워크에서 사업적 기회와 창업아이디어를 포착하고 창업 의지를 갖게 되었다.

공동 연구개발과 같이 기술 협력이 많이 필요한 바이오메디컬 산업의 특성상 특히 더 큰 영향을 미치는 것으로 드러난다. 여기에는 과거에 배태조직에서 함께 일했던, 검증된 인력들과 협업할 수 있다는 큰 장점이 있었다. 뿐만 아니라 기업간에 공동 협력을 하는 데 있어서는 많은 신뢰를 필요로 하는데, 배태조직을 통한 네트워크상의 창업가들은 서로 신뢰할 수 있어서 함께 기술 개발하는데 거리낌이 없다는 상당한 이점이 있었다.

창업가들은 배태조직을 통한 네트워크에서 '인력 영입'도 활발하게 하였다. 실력을 충분히 파악하고 있어 사전 검증된 동료를 창업기업의 핵심 인력으로 쓰거나 네트워크의 소개를 통하여 고급 인력을 확보하는 것이 효과적이라고 언급하였다. 창업가들은 임원급에 해당하는 고급 인력 자원은 일반적인 채용방식을 사용하지 않고 주로 스카우트 방식을 이용하는데, 이때 배태조직의 네트워크가 큰 영향을 미친다. 사례 7의 경우에도 임원급의 고급 인력들은 배태조직에서 쌓은 네트워크상의 동료들로 채운 것이 나타났다.

배태조직을 통한 네트워크에서 직접적으로 인력영입을 하지 않고 외부에서 인적 자원을 확보하는 경우에도 네트워크를 통하여 사전 검증을 하기도 하였다. 또한 사례 5와 8, 10을 포함한 다수의 창업가들은 배태조직을 통한 네트워크에서 창업팀을 구성하거나 창업기업의 초기 핵심 인력 기반을 구축하여 나왔다. 이를 통해 창업 초기에 창업가들이 부담해야 하는 인적자원 확보에 대한 리스크를 줄였고, 이는 창업기업의 핵심적인 경영자원으로 이어져 창업기업의 향후 성장에 큰 역할을 한 것으로 드러난다.

나아가 창업가들은 배태조직을 통해 쌓은 네트워크가 주는 '정신적 지원'의 역할이 상당하다고 언급하였다. 사례 7의 진술에 따르면, 과거에 배태조직에서 함께 근무하며 고생하다, 현재는 창업가이자 대표이사로써 같이 고독한 길을 걷는 동지들과 고충을 공유하며 서로 정신적으로 크게 정신적으로 의지한다고 하였다. 이처럼 정신적인 위안을 주는 동시에, 창업기업이 위기를 겪을 때엔 헤쳐 나갈 힘을 주는 동기부여의 역할도 하는 것으로 드러났다.

〈표 5〉 배태조직과 창업기업의 네트워크 역량

요인		인터뷰 진술문	Source
네트 워크 역량	사업적 도움	"거기 직원으로 있으면서 인적 인프라가 구축이 되지 않습니까, (중략) 권유를 받아서 담당자들 만나고, 그 아이템 하나 가지고 사업을 시작하게 된 거 거든요 처음에. 그런 아는 분들, 지인들이 정보라던지, 소스라던지, 이런 부분들에서 도움이 됐습니다."	사례 4
		"우리가 세미나 같은 거 외부에서 사람 초빙하고 그럴 때는 추천도 받고, 필요하다면 와서 하라고 하고 또 같이 듣기도 하고, (중략) 웬만한 문제들은 그 안에서 해결을 많이 해요. 이 네트워크 안에서..."	사례 12
		"현상을 파악하는데 빠른 시간 내에 감을 잡을 수 있는 그런 것들은 그 네트워크 사람들하고 어울렸을 때, 쉽게 얻을 수 있는 부분인거죠.	사례 11
	인력 영입	"창업 핵심인력들은 내가 창업한대니까 ㄴ사의 핵심인력들이 다 나오겠다고 해서 부사장급 10여 명이 같이 나와서 창업을 한 케이스입니다."	사례 5
		"임원들은 업계에서 시니어들로 인정받는 사람들로, 오랜 인연이 있는 사람들로, 공들여서 부탁해서 데려온 경우가 대부분이에요."	사례 7
		"벤처는 인력자원에 대한 리스크가 제일 크거든요. 벤처를 하게 되면 한사람이 들어와서 다 흐리기도 하고 그런데 그거를 리스크를 take하고 싶지 않아서 다 이미 전에 같이 일했던 사람들로 꾸렸습니다."	사례 8
		"저희가 이제 연구원들의 구성도, 대기업들이 갖고 있었던 연구원들이라 퀄리티가 좋은 편이죠. 그 친구들이 시작할 때 백프로 다 저를 따라나와서 (중략) 이 근처로 다 왔던 commit를 할 수 있던 것도 굉장히 큰 도움이죠."	사례 10
	정신적 지원	"H사 멤버 모임이 있는데, 힘들 때 같이 얘기 나누고, 비슷한 고민을 공유하며 동지애를 다집니다. 조언도 많이 해주고.. CEO의 자리가 정말 외로운 자리인데, 서로의 외로움을 기댈 수 있어서 큰 위로가 돼요."	사례 7

4.1.4 배태조직이 창업기업의 시장개척 역량에 미치는 영향

창업가들이 배태조직에서 시장을 개척해봤던 경험은 동종 산업의 시장에서 창업한 창업가들에게 좋은 경영자원이 된다. 창업가들은 배태조직에서 근무하며 '시장에 대한 이해'를 쌓았고, 이는 곧 창업기업에서 시장을 개척하는데 큰 영향을 주었다. 사례 5와 13의 창업가는 배태조직에서 근무하며 의료기기 산업과 시장에 대한 이해를 쌓았다고 했다. 의료기기 산업은 시장이 특수하고 좁다는 성격이 있는데, 창업가들은 동종 산업의 배태조직에서 근무하며 쌓은 산업과 시장에 대한 이해를 창업기업을 운영하는 데 활용하였고 상당한 도움이 되었다고 언급하였다.

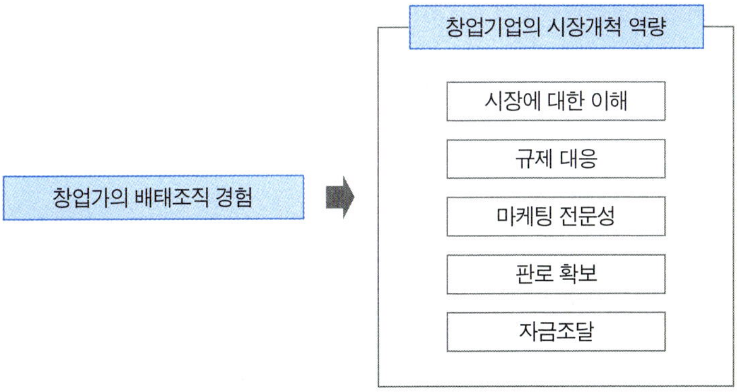

〈그림 5〉 배태조직과 창업기업의 시장개척 역량

〈표 6〉에서는 인터뷰 진술문을 바탕으로 창업가의 배태조직 경험이 형성하는 시장개척 역량이 정리되어 있다.

바이오 벤처기업이 시장에서 생존하기 위해서는 규제에 대응할 수 있는 역량도 중요한데, 창업가들은 배태조직에 종사하며 그 역량을 습득한다고 밝혔다. 바이오메디컬 산업은 인체와 생명과 직접적으로 관련된 산업인 까닭에, 까다로운 규제에 적절하게 대응하여 기술과 제품을 개발하는 것이 중요하다. 이때 창업가들은 배태조직에서 배운 '규제 대응력'을 창업기업에서 활용하는 것으로 나타났다. 동종 업계의 배태조직 경험이 없이는 이러한 규제 대응과 같은 행정적인 부분까지 갖추기 힘들다고 언급하며 바이오 산업에서의 배태조직의 중요성을 다시 한번 강조하였다. 사례 4의 언급에 따르면, 창업가는 의료기기라는 특수한 산업의 특성상, 제품 개발시 여러 단계의 인증과 허가를 통과해야 하는데, 이때 규제 및 다양한 행정 절차와 관련한 노하우들을 배태조직을 통해 학습하였으며 이를 바탕으로 창업기업에서도 규제 내에서 안전하고 기술력있는 제품을 개발할 수 있었다.

바이오메디컬 산업은 산업 특성상 마케팅에 있어서도 전문성을 요구하는데, 창업가들은 산업에 특화된 '마케팅 전문성' 역시 배태조직에서 학습하였다고 밝혔다. 바이오메디컬 산업의 기업들은 병원이라는 특수한 고객을 상대로 공격적이며 전문성있는 마케팅을 해야 한다(Chatterji, 2009). 창업가들은 의사와 병원을 주 고객층으로 하는 바이오메디컬 산업에서의 마케팅은 일반적인 마케팅과 전혀 다른 성격을 지니고 있음을 강조하였다. 이에 따라 동종 산업에서의 배태조직 경험 없이는 마케팅 전문성을 쌓기 어려울 것이라는 견해를 밝혔다. 사례 2와 4의 창업가들 역시 모두 배태조직에서 학습한 마케팅 전문성을 창업기업의 마케팅에서 활용하였다. 마케팅은 기업의 명성과 브랜드 자산을 좌우하는 아주 중요한 역량이다(Simon & Sullivan, 1993). 배태조직에서 습득한 창업가의 마케팅 전문성은 창업기업의 핵심경영자원이 되었다. 뿐만 아니라 사례 4는 배태조직에서 쌓은 고객과의 관계가 창업 이후에도 이어져 새로운 고객확보가 되었고 이는 창업기업의 시장개척에 큰 도움이 되었다고 밝혔다. 새로운 고객을 확보하기 힘든 초기 창업기업에게 창업가의 배태조직을 통한 기존의 고객확보는 창업기업의 생존에 큰 도움이 되었음을 강조하였다. 특히 바이오메디컬 산업과 같이 시장의 진입장벽이 높은 경우 기존 고객확보는 창업기업의 초기 성과에 큰 도움이 된다. 예를 들어 의료기기 산업의 기업들은 병원과 헬스케어 전문가들을 대상으로 직접적으로 마케팅을 해야 하기 때문에 시장의 진입장벽이 높다(Chatterji, 2009). 그러나 동종 업계의 배태조직을 통하여 '마케팅 전문성'을 습득한 경우 시장개척이 비교적 용이하다는 이점이 있다.

이에 더하여 창업가들은 배태조직에서 습득한 '판로 조직도'와 '판로 네트워크'를 창업기업의 시장개척에서 적극 활용하기도 하였다. 특히 의료기기 산업에서는 전국적인 제품 유통망과 판로를 구축하는 것이 매우 중요하다. 이때 창업가들은 배태조직의 유통망과 조직도를 모방하여 창업기업의 판로를 확보하였다. 사례 4의 창업가 역시 배태조직에서 쌓은 고객들, 즉 병원들과의 네트워크를 유지하여 현재 창업기업의 전국적인 판로를 확보하였고 이를 통해 시장개척이 용이했다고 언급하였다. 뿐만 아니라 사례 13의 창업가는 배태조직에서 쓰이던 판로 조직도를 그대로 가져와 활용하기도 하였다. 창업가들은 배태조직 경험이 없어 판로 조직화에 대한 노하우가 결여된 기업들은 산업의 특성상 자체적으로 전국적인 판로를 확보하는데 많은 애로 사항을 겪을 것이며 초기 매출성과를 올리기 쉽지 않을 것이라고 예측하였다.

마지막으로 다수의 창업가들은 배태조직의 경험을 통해 형성한 시장개척역량으로 '자금조달 역량'을 언급하였다. 창업가들이 배태조직에서 근무한 경험과 그 경력 자체가 창업기업의 자금조달 역량으로 이어졌는데, 이는 기업의 재무 성과에 상당한 역할을 담당한 것으로 드러났다. 사례 1과 8과 12의 창업기업들은 배태조직의 경력이 창업기업의 자금조달에 직접적으로 큰 도움이 되었음을 언급하였다. 창업기업의 성공은 기업의 외부 자원 조달 능력이 결정적인 역할을 한다(장수덕 외, 2008). 특히 바이오 산업의 창업기업의 기술개발에 있어 자금조달은 필수적이다(Baum & Silverman, 2004).

바이오 벤처기업은 초기에 매출성과를 내기 쉽지 않고, 장기간 불확실성과 위험성이 크고 성공가능성이 작은 연구개발을 해야 한다는 어려움이 있는데, 이 시간을 극복하는데 결정적인 역할을 하는 자금조달 및 투자는 기업의 생존에 있어서 매우 중요하다. 이와 같은 창업기업의 자금조달에 창업가의 배태조직이 미치는 영향은 상당히 크다.

제약바이오 산업의 경우에는 창업가의 출신 배태조직의 기술력이 창업기업의 기술력에 대한 기대감을 갖게 하였다. 창업가가 속했던 배태조직의 산업 내 인지도가 창업가의 기술력 및 창업기업의 가능성까지 결정하는 경향이 있는 것이 드러났다. 배태조직의 인지도와 명성은 곧 창업기업의 투자로 연결되어, 창업기업의 시장개척 역량으로 이어졌다. 제약바이오 산업에서는 창업가가 아무리 자체 기술력이 있더라도 배태조직에서의 경험 자체가 창업기업의 투자를 이끌어내는 것을 알 수 있다.

사례 3과 12의 진술에 따르면 제약바이오 산업의 투자자들은 창업가의 이전 경력을 토대로 창업기업에 투자 여부를 결정하는 것이 나타난다. 창업가들은 투자자들이 창업가의 모든 경력과 경험들을 고려하여 투자를 결정하며, 특히 바이오 산업의 경우 투자에 있어서 가장 결정적인 영향을 미치는 부분이 그 기업의 대표 경영자이기 때문에, 창업가의 이전 배태조직 경력과 창업 경력이 창업기업의 자금조달에 있어서 매우 중요하다고 강조했다. 또한 창업가가 해외 유수의 글로벌 제약 기업에서 종사한 경험이 투자자들의 기대와 신뢰를 불러일으켜 창업기업의 자금조달로까지 이어지기도 하였다. 뿐만 아니라 창업가들이 배태조직에서 근무하며 구축한 업계 투자자들과의 관계가 창업 이후에도 이어져 창업기업의 자금조달 큰 도움이 되었다.

〈표 6〉 배태조직과 창업기업의 시장개척 역량

요인		인터뷰 진술문	Source
시장 개척 역량	시장에 대한 이해	"여기는 아무나 들어올 수 있는 바닥이 아니에요. 메디칼 쪽은 모르겠어요. (중략) 회사와서 보니까 무슨 말인지 하나도 모르겠는 거에요. 쓰는 용어나 개념자체가 좀 달라가지고. 그거 이해하는데 한참 걸렸어요."	사례 5
		"의사가 하는 말을 보통 사람들이 못 알아들어요. 그리고 저 사람들은 다른 세상에 사는 사람들이라서, 저 사람들이 하는 얘기를 알아듣고 저 사람들이 원하는 제품을 만들어주는 게 쉬운 게 아니에요. 저 같은 경우는 이 바닥에 오래 있었으니까 대충 알아듣는단 말이에요."	사례 13
	규제 대응	"의료기기 제조를 할 때 제조 관리자가 이런 인허가 사항이라던지 서류 작성이나 이런 것들을 입출고 대장, 원자재 입고 대장, 완제품 출고 성적서, 이런 서류들이 굉장히 많지 않습니까. 그 부분에서 우리가 인정받는 부분에서 제조업 허가를 내면 KGMP 인증서를 받습니다. 그런 업무를 했기 때문에 제조업을 하더라도 그냥 기술만 있어서 하는 거 보다 그런 행정적인 거도 어느 정도 알 수 있었기 때문에, 같이 할 수 있었던 거 같습니다."	사례 4
		"신약이 라는 게 소위 가이드라인이 글로벌해야 돼요, 이거는 내가 D사에게 배운 거죠. 왜냐면 D사는 정말 30년 전에도 국내시장을 목표로 한 게 아니고 세계 시장을 목표로 하기 때문에 내가 만든 기술을 사갈 사람은 미국 사람이다. 미국 사람 상대로 그 가이드라인에 맞게, 그 기준에 맞게, 미국 허가를 내주는 FDA 기준에 맞게 만들어야 된다."	사례 3
	마케팅 전문성	"외부에서는 여기 마케팅을 배울 수 없어요. 의료 관련된 회사에서나 하는 거지. 전혀 다른 거니까. 의사나 병원이랑 일을 하는 방법을 배우는 거죠."	사례 13
		"마케팅이라고 하는 게 뭐냐면 신약은 중간에 프로젝트를 파는 거에요. 그거에 대한 마케팅이라고 보시면 돼요. 약의 마케팅은 약이 나와서 나가는 거지만, 그거에 대한 판로확보나 마케팅에 있어서 다른 산업과 굉장히 다른 면이 있어요. (중략) 거기에 굉장히 특별한 마케팅 전략이 필요하거든요. 그런 면에서는 제가 큰 기업에서 했던 경험들이 당연히 도움이 되죠."	사례 8
		"의료기기 기업이 대부분 마켓이 좀 독특하지 않습니까, 일반하고 좀 틀리지 않습니까. (중략) 이게 병원 쪽이 마켓이 의외로 진입장벽도 높구요. 왜냐면 처음부터 신뢰하시는 병원들이 없으니까, 그리고 신뢰를 쌓기가 쉽지 않습니다. 그러면 그게 이제 쌓여있는 부분들이 처음에 베이스가 많이 되는 편이죠."	사례 4
	판로 확보	"결국은 how-to-market 이란 측면에서는 전국적인 조직, 그 다음에 새로 오픈하는 고객들에 대한 정보소스, 기존 사업부에 대한 시너지 이런 것들은 ㄱ사로부터 이어지는 그림이 훨씬 더 많았고, 현재의 지방조직들은 ㄱ사의 지방 조직과 같이 일맥상통하는 그림을 그리고 있기 때문에.."	사례 13
	자금조달	" 그 당시만 해도 A사에서 한다 그러면 나와서 펀딩은 웬만하면 다 받았거든요. 2000년대 초 만해도 A사하고 다른 제약회사하고 한 실력차가 거의 5년에서 10년은 났어요. 그러니까 A사 출신이 나와서 한다고 그러면 거의 대부분 펀딩 받았으니까. 그런 여건이 되게 컸었죠."	사례 1
		"초기에 기관 투자를 받을 때 내가 D사에서 연구소장까지 했다는 것이 굉장히 플러스가 된 건 맞아요. 왜냐면 지금까지 펀딩을 하면서 돈 때문에 어려움을 겪은 적은 없어요. 그래서 (중략) 기관투자, 펀딩해서 한 게 천억은 넘었고, 이런 것들이 내가 D사에서 경험이 없었다면 불가능한 일들이겠죠."	사례 3
		"이제 투자하려는 은행이나 vc에서도 어떤 판단기준이 필요하잖아요? (중략) 그나마 정확하게 알 수 있는 게 P사 출신들이 사업적인 그런 것들을 많이 가봤으니까.."	사례 12
		"특히 신약 쪽은 경험이 굉장히 중요해요. 내가 아무리 똑똑하고 천재고 해도 (중략) 특히 바이오 쪽은 도제 문화 같은 것이 있어서 길게 알면 알수록 insight가 더 생기고 여러 경험들도 해보고 했던 것들이 다 쌓여있는 거 거든요. 그랬을 때 내꺼를 직접 하게 되었을 때 어떻게 대처할 수 있는지가 나타나기 때문에 그런 경험들을 굉장히 존중해주는 편이고, 투자를 받을 때도 그런 경력들이 중요하게 생각되죠."	사례 8

4.2 창업경험이 창업기업의 핵심경영자원에 미치는 영향

창업경험이 있는 창업가들은 과거 창업을 했던 경험에서 학습한 역량으로는 '시행착오를 통한 학습'과 '명성자원', 그리고 '자금조달 및 관리'를 언급하였다. 창업가가 배태조직 외에 창업경험으로부터 얻을 수 있었던 요인들을 이와 같이 도출해내었으며 이를 창업기업의 시장개척역량으로 연결시켰다. 그러나 창업경험이 있는 창업가들과의 인터뷰에서, 일반 배태조직을 통해서가 아닌 과거 '기업창업의 경험'을 통해서만 쌓을 수 있었던 핵심경영자원이 있었다. 기업 창업에서의 '시행착오를 통한 학습'과 창업경험을 통해 인지도를 쌓는 '명성 자원', 그리고 '자금조달 및 관리 능력'이 이에 해당한다.

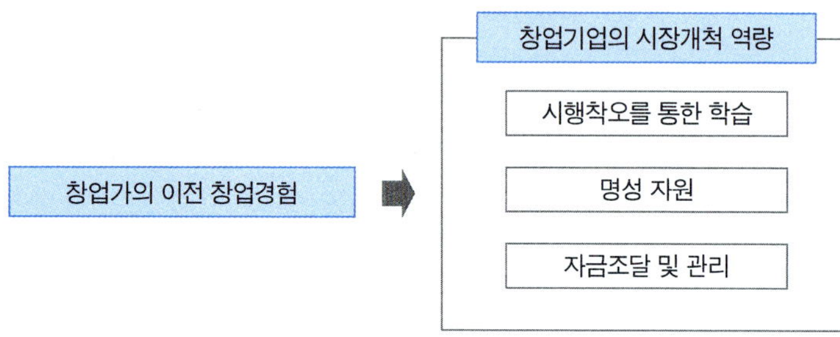

〈그림 6〉 창업경험과 창업기업의 시장개척 역량

〈표 7〉은 창업가의 이전 창업경험이 형성하는 창업기업의 시장개척 역량을 요약하여 보여주고 있다.

이와 같은 역량들을 창업가들이 창업경험을 통하여 축적할 수 있었던 까닭은 창업가들이 배태조직에서 종업원과 연구자로서 근무하다가 창업기업을 직접 경영한 것은 다른 영향을 미쳤기 때문이다. 종업원으로서 많은 직무와 주어진 업무만 수행할 때와 달리, 기업가로서의 경영 경험은 전체적으로 기업을 관리하는 데 있어서 필요로 하는 많은 노하우를 습득하는 계기가 될 것이다. 배태조직에서 훌륭한 기업가를 보고 배우더라도, 창업기업에서 직접 기업을 경영하며 시행착오를 통해 학습한 것에는 미치지 못할 것이다. 창업가들은 과거 창업에서 경험한 수많은 시행착오와 실수들을 반복하지만 않아도 성공할 수 있다는 자신감을 지니고 있었다. 창업가들은 과거 창업경험에서 겪은 실수와 시행착오를 통해 개선된 경영 전략을 세울 수 있었다. 사례 5의 창업가는 여러 번 반복된 창업경험 속에서 시행착오를 통해 얻은 교훈을 재창업기업에서 활용하였고 이는 큰 경영자원이 되었다.

또한 창업가의 이전 창업경험은 그 자체로 재창업기업의 인지도를 높여주어 '명성자원'이 된다. 창업 초창기에 창업기업들은 낮은 인지도와 그에 따른 많은 어려움을 경험한다. 그러나 이미 과거에 창업가의 창업경험이 있는 경우, 창업가의 이전 창업경험과 그 이력 자체가 재창업기업의 명성자원이 되어 시장에서의 입지를 형성해준다. 특히 창업가의 이전 창업기업의 성과가 두드러졌을 경우, 재창업기업은 창업 단계부터 시장에서 인지도와 명성 자원을 지니고 있기에, 시장을 개척하는 데 있어 신진 창업기업보다 큰 이점을 누린다. 이와 같은 창업가의 이전 창업경험이 형성하는 창업기업의 명성자원은 창업기업의 자금조달까지 유발하는 것으로 나타난다. 사례 13의 창업기업에서는 창업가의 이전 창업기업의 이력이 투자를 받는데 큰 영향을 주었던 것을 보여준다.

또한 과거의 창업경험도 현재 창업기업의 '자금조달'에 도움이 된다. 사례 13과 같이 창업가가 배태조직 경험에 더불어 창업경험이 있는 경우, 자금조달에서 더 많은 이점이 있었다. 창업경험이라는 창업가의 경력 그 자체가 투자자들의 투자를 불러일으켰으며 창업기업의 미래를 보장하는 역할을 하였다. 창업가들은 바이오메디컬 산업의 특성상 창업가들의 창업경험이 창업기업의 자금조달에 큰 영향을 미쳐 결정적인 역할을 한다고 강조하였다.

더 나아가 기업에서 '자금 관리'의 측면에서도 창업경험이 큰 영향을 미치는 것으로 드러났다. 바이오메디컬 산업의 기업들은 자금을 조달하는 것도 중요하나, 투자받은 뒤 적절히 관리 및 배분하여 장기간에 걸친 연구개발을 해나가는 것 또한 매우 중요하다. 이때 창업가들은 과거의 창업기업에서 한번 자금을 관리했던 경험을 토대로 현재 창업기업의 자금을 어떻게 효율적으로 운용할 것인지를 결정하는 것으로 나타난다. 사례 10의 창업가는 현재 창업기업의 자금 관리 방향을 수립하는데 과거 창업기업에서의 관리 경험을 반영하였다. 이러한 자금조달 및 자금관리와 같은 기업의 재무적 자원은 앞으로 기업이 직면할 다양한 위험을 방지하는 역할을 한다(Fichman & Levinthal, 1991).

또한 사례 8의 창업가 역시 과거 창업기업의 경험을 통해 학습한 '자금 관리 노하우'가 재창업기업에서 큰 도움이 되었다고 밝혔다. 더 나아가 바이오 산업과 같이 기술력이 중요한 산업의 경우 투자자들이 신생 창업기업에 투자를 결정함에 있어 동종 산업의 친분이 있는 기업가들을 통해 해당 창업기업과 창업가의 인지도와 명성을 사전 조사 및 파악하여 결정한다고 한다. 이처럼 바이오메디컬 산업에서는 창업가의 배태조직과 창업경험을 포함한 다양한 경력과 그에 따른 인지도와 명성자원이 창업기업에 상당한 경영자원을 형성하는 것을 알 수 있다. 이처럼 창업가가 창업경험을 통해 쌓을 수 있는 '자금조달 및 관리 역량'은 창업기업이 향후 시장을 개척하는데 상당한 도움이 된다.

〈표 7〉 창업경험과 창업기업의 시장개척 역량

요인		인터뷰 진술문	Source
시장 개척 역량	시행착오를 통한 학습	"대기업 연구소의 연구원으로 생활하는 것은 어떻게 보면 온실에 있는 식물하고 비슷해요. 환경이 잘 갖춰져있는 거에요. (중략) 박차고 나와서 보니까 해야 될 일이 너무 지저분한 일부터 많은 거에요. 그래서 경영이라고 하는 거를 모르는 연구원이 나와서 창업을 했을 때 제일 이제 그런 부분들이 부딪히는 거죠. (중략) 그런 부분들을 나중에 수업료를 내고 경험을 한 거죠. 그거는 지금 이제 두 번째 창업을 했을 때에는 그런 것들이 많이 도움이 되고 있는 거죠."	사례 11
		"기업을 키우면서 생기는 여러 가지 이슈들에 대해서 대처하는 바가 많이 달라졌죠. 옛날에는 이슈 하나 하나가 생길 때 마다 공부를 많이 하며 극복했는데, 지금은 툭툭 넘어갈 수 있다."	사례 7
		"ㄹ사에서 실패했던 경험들이 조금 도움이 돼요. ㄹ사에서 실패라기보다도 mistake 했던 거. 그거를 반복만 안 하면 되지."	사례 10
	명성 자원	"벤처기업의 낮은 인지도 극복에 도움이 많이 됐죠. 저 같은 경우는 많이 도움이 되었어요. ㅁ사라고 하는 창업자였다고 하는 자체 그런 것이 굉장히 어떤 시장의 신뢰도를 주는 데에는 큰 도움이 되었습니다."	사례 13
	자금조달	"저와 제 팀이 하겠다고 했기 때문에 무조건 믿고 투자한 경우가 많죠. (중략) ㄴ사의 성공적인 성장 그 다음 여러 가지 어려움들을 극복해냈던 히스토리들은 그런 부분에서 신뢰감을 주지 않았나."	사례 5
		"벤처캐피탈리스트의 심사기준은 첫째, CEO. 둘째, 기술이다. 여기서 CEO가 절대적으로 중요합니다. CEO만 보고 투자한다고 봐도 무방할 정도로 H사에서 ㄷ사까지 CEO가 살아온 인생 궤적을 통해서 기업의 가치를 판단하죠. 바이오테크 산업의 특성상 경험이 많은 사람을 선호합니다."	사례 7
		"초창기 자금 확보는 ㄱ사에서의 성공스토리가 있었기 때문에 초창기 자금 확보에서는 주변 지인들 그 다음에 대전 네트워크들 그 다음에 벤처캐피탈들이 많이 호응을 해주어서 저 같은 경우는 초기 자금을 확보하는데 사실 큰 어려움은 없었어요."	사례 13
	자금 관리	"돈도 관리해야 되고 그런 면에서 단순히 제가 ㄹ사라는 회사를 안 해봤으면 현재 같은 회사를 못 만들었을 거다. 왜냐하면 ㄹ사 때 했던 경험은 제가 scientist에서 business로 convert하는 순간이었어요."	사례 10

V. 결론

5.1 연구 결과 및 시사점

본 연구는 창업가의 배태조직 및 창업경험이 창업기업에 미치는 영향을 고찰하고 그에 따라 어떠한 경영자원이 형성되는지 살펴보았다. 배태조직 및 창업경험이 형성하는 경영자원들을 탐색적으로 찾아내기 위하여 심층 인터뷰를 통한 질적 연구를 실시하였다. 총 13명의 바이오메디컬 산업의 창업가와 심층 인터뷰를 실시하였으며, 분석 결과 18가지의 요인을 도출해내었으며 이를 총 4가지의 역량으로 연결시켜 해석하였다. 창업가들은 배태조직과 창업경험을 통하여 '기술 역량'과 '조직관리 역량', '네트워크 역량', '시장개척 역량'을 쌓았으며 이는 창업기업의 '핵심 경영 자원'이 되는 것을 확인하였다. 창업가들은 각각의 역량들을 다양한 요인들을 통해 축적하였다.

본 연구 결과를 한국의 바이오메디컬 산업에 적용했을 때 시사점은 다음과 같다. 바이오메디컬 산업적 특성상 창업가의 배태조직 및 창업경험이 더욱 중요하게 작용하는 부분들이 있었다. 먼저 '기술 역량'의 경우, 바이오 산업 특성상 오랜 기간에 걸친 연구개발이 중요한 까닭에 창업가의 이전 경험을 통해 습득한 '연구개발 방식 및 노하우'가 다른 산업보다 더 중요하다는 것을 시사할 수 있다. 뿐만 아니라 고도의 기술이 필수적인 제약바이오 산업의 경우, 창업가가 배태조직 및 창업경험을 통해 축적한 '기술력' 또한 창업기업의 핵심 자산이 된다. 또한 제약바이오 기업들은 글로벌 기술 이전을 목표로 하는 '기술 사업화 전략'을 배태조직을 통해 학습한 것이 성과를 결정할 것이다.

이와 같은 창업기업의 다양한 기술적 역량은 기업의 경쟁우위로서, 핵심적인 경영자원을 형성한다(Zahra, 1996; Ng et al., 1992).

네트워크 역량의 측면에서도, 바이오메디컬 산업에서는 그의 중요성이 더 두드러진다. 바이오메디컬 산업은 실력이 검증된 고급 연구 인력을 확보하여 채용하거나 협력하여 공동 연구 개발 등을 해야 하기 때문에 창업가의 '네트워크 역량'이 창업기업에 상당한 역할을 한다.

또한 바이오메디컬 산업은 시장이 좁고 전문적으로 특화되어있다는 특성을 가지기에(Chatterji, 2009), 시장개척역량을 쌓는 데 많은 어려움이 따른다. 따라서 산업에 특화된 '전문적인 마케팅'이나 '판로 확보'와 같은 시장개척 역량을 같은 업종의 배태조직 및 창업경험을 통해서 쌓을 수 있다는 특징이 있다. 뿐만 아니라 바이오메디컬 기업들은 글로벌 시장을 타겟으로 하기에, 글로벌 시장 이해를 비롯한 시장 진입 전략을 배태조직 및 창업경험을 통해 구축할 수 있다.

또한 바이오메디컬 산업에서는 창업기업의 자금조달이 다른 산업보다 창업기업의 성공과 실패를 좌우하는 결정적인 역할을 하는데(Baum & Silverman, 2004), 창업기업의 '자금조달'에 배태조직과 창업경험이 절대적인 역할을 하는 것으로 드러났다. 게다가 바이오메디컬 산업의 투자자들은 창업가의 이전 경력을 고려하여 투자여부를 결정하기에, 그 영향력이 다른 산업에 비해 더 크고 결정적인 역할을 한다고 할 수 있다. 또한 바이오메디컬 산업은 인체와 생명을 직접적으로 다루는 산업인 까닭에, 다양한 규제에 대응하며 사업을 추진하는 것이 핵심적인 자산이 된다. 이때 역시 동종 산업의 배태조직 및 창업경험을 통해 형성한 '규제 대응의 노하우'가 기업의 성과와 생존에 상당한 영향을 줄 것이다.

이와 같이 바이오메디컬 산업의 창업기업이기에 창업가의 배태조직 및 창업경험으로 인한 기술적 역량, 네트워크 역량, 시장개척 역량이 더 두드러지는 것을 알 수 있었다.

5.2 연구의 의의 및 한계점

본 연구는 창업가의 배태조직 및 창업경험이 형성하는 핵심경영자원을 살펴본 질적 연구라는 점에서 방법론적 의의를 가진다. 아직까지 국내에서는 위의 경험들이 형성하는 기업의 역량에 대해 탐색적으로 살펴본 연구들이 드문 것이 사실이다.

대부분의 기존 연구들은 두 종류의 경험이 기업 성과에 미치는 영향을 정량적으로 검증하는 것에 치중하고 있다. 하지만 본 연구는 정성적 연구를 수행하여 정량분석으로는 밝히기 힘든 관계들을 발견할 수 있었다.

기존 연구들에서 산발적으로 다뤄지던 역량 관련 요인들을 자원기반 관점에서 크게 4가지 요인으로 묶고, 세부적인 요인들을 확인한 것은 학문적 의의라고 볼 수 있다. 선행연구를 정리하면서 공통적으로 나타나는 요인들을 묶고, 몇 차례에 걸친 수정작업을 통해 확정할 수 있었다. 거듭되는 인터뷰 과정을 거치면서 4가지 요인 내 세부적인 요인들을 구분할 수 있었다. 배태조직 및 창업경험이 형성하는 역량들을 기업의 핵심경영자원으로 연결하고 있어, 향후 벤처기업 관련 연구의 가설을 위한 시작점으로 활용될 수 있다.

한편, 본 연구는 한국 바이오메디컬 벤처기업의 여러 창업가들을 직접 대면하고 심층 인터뷰함으로써 해당 산업의 특성을 잘 반영할 수 있었다. 가령, 규제에 대한 대응은 다른 산업보다 제약이나 의료기기 산업에서 더욱 강조되는 특성인데, 인터뷰 내용을 통해 배태조직 경험으로부터 구축되는 과정을 상세히 알 수 있었다. 그 밖에도 제약, 의료기기 산업의 고유한 특징들, 예를 들어 의사와의 관계로부터 파생되는 특수성, 오랜 시간이 소요되며 실패 가능성이 높은 R&D 등이 요인들에 잘 반영되어 있다.

위와 같은 기여점에도 불구하고 본 연구는 다음과 같은 한계점들을 가진다. 첫째, 인터뷰라는 질적 연구 방법론의 한계로 인해 연구 결과의 일반화에는 무리가 있다. 질적 연구는 실증분석과는 달리 특정 인과관계에 대한 규명이 아니라 새로운 현상 또는 다양한 관계에 대한 가설제기 등에 적합한 방법이다. 따라서 본 연구에서 정리한 요인들 간의 관계를 바탕으로 구체적인 정책 제언 등을 하기에는 무리가 있다. 향후 연구에서 이 같은 한계를 보완하기 위해서는, 본 연구에서 탐색적으로 밝혀낸 요인들 간의 관계를 통계적으로 검증해야 한다. 이를 통해 창업가의 배태조직 및 창업경험이 창업기업의 핵심경영자원으로 이어지는 명확한 인과관계를 규명할 수 있을 것이다.

둘째, 본 연구에서는 창업가의 배태조직과 창업경험이 현재의 창업기업에 미칠 수 있는 부정적인 영향을 배제하고 있다는 한계점이 있다. 창업가들을 대상으로 한 인터뷰에서, 역량의 획득에만 초점을 맞추고 있어 부정적이거나 편향된 영향에 대해서는 논의가 되지 않았다. 향후 연구에서는 더 포괄적인 논의를 위해, 조금 더 비구조화된 설문지를 활용하는 방안도 검토해볼 수 있다.

셋째, 본 연구는 한국의 바이오메디컬 산업을 대상으로 하고 있어, 연구 결과의 내용을 전체 창업기업에 적용하기는 어렵다는 한계가 있다. 인터뷰 대상자인 창업가들은 유사한 분야에서만 근무하거나 창업을 해본 경험을 가지고 있었다. 그렇기 때문에 완전히 다른 분야의 창업기업에서는 이와 다른 양상이 나타날 가능성도 배제할 수 없다.

바이오메디컬 산업은 타 산업에 비해 R&D 집중도가 높고, 이해관계자 간 관계가 복잡한 반면 시장 환경의 변동은 적은 편이다. 따라서 연구 결과의 해석과 활용에 있어서는 주의를 기울일 필요가 있다. 다만, 바이오메디컬 분야의 특수성과 관련이 적은 요인들, 가령 조직관리 역량은 산업 전체에 공통적으로 적용될 수도 있다. 이러한 가능성을 확인하기 위해서는 타 산업의 창업가들을 대상으로 추가 연구를 진행하여 비교하는 방법이 있다.

REFERENCE

강영욱·하규수(2012). 소상공인 창업자특성과 창업준비과정이 창업성과에 미치는 영향에 관한 연구: 자기효능감 매개효과를 중심으로. *디지털융복합연구,* 10(9), 239–251.

김도연(2018). *창업가의 배태조직 및 창업경험이 창업기업의 핵심경영자원에 미치는 영향.* 석사학위논문, 서울대학교.

김석관(2013). *한국 바이오 벤처 20년: 역사, 현황, 발전과제(정책연구 2013–29).* 서울: 과학기술정책연구원.

김용정·송영욱(2014). 심층 인터뷰 방법을 이용한 한국 항공물류산업의 장애요인과 발전전략 연구. *한국항공경영학회지.* 12(6), 23–41.

박상문·이미순(2019). 창업경험 특성이 벤처창업기업 성과에 미치는 영향: 업력의 조절효과. *벤처창업연구,* 14(4), 51–62.

방혜민·전인오(2015). 멘토의 역량과 멘토링 기능이 창업의 초기성과 만족도에 미치는 영향에 관한 연구. *한국콘텐츠학회논문지,* 15(5), 444–454.

배영임(2014). 재창업기업의 성과 결정요인에 관한 연구. *벤처창업연구,* 9(3), 13–22.

송종호(2011). *청년창업 성공확신에 영향을 미치는 요인에 관한 연구: 청년창업사관학교 운영사례를 중심으로.* 석사학위논문, 호서대학교 글로벌창업대학원.

양현봉(2017). *창업정책 추진 실태와 효율화 방안.* iKIET 산업 경제이슈 보고서, 세종시: 산업연구원.

오재우·이동형·강진규(2015). 창업준비성이 창업초기기업 경영성과에 미치는 영향에 관한 실증연구: 창업준비기간의 조절효과 중심. *벤처창업연구,* 10(4), 67–80.

윤보현·박준병(2007). 벤처기업 경영자 특성이 경영성과에 미치는 영향에 관한 연구: 대덕연구개발특구를 중심으로. *벤처창업연구,* 2(3), 145–168.

이재윤·오수진·김명언(2017). 누구와 창업할 것인가?: 스타트업 공동창업팀 내 심층적 다양성의 필요영역. *한국심리학회지:산업 및 조직,* 30(1), 49–76.

장수덕·Scotte·이상설(2008). 벤처기업의 실패에 관한 국제비교연구: 연령의존관점과 자원기반관점의 통합적 접근. *벤처경영연구,* 11(2), 41–63.

정지용·차민석·배종태(2002). 배태조직 및 창업자 특성이 벤처기업 창업과정에 미치는 영향. *기업가정신과 벤처연구,* 5(2), 61–92.

정헌배(2016). 창업학의 정의와 연구과제에 대한 탐색적 연구. *벤처창업연구,* 11(3), 77–85.

조유리(2016). 연쇄창업의 행태와 성과에 대한 실증연구: ICT 창업 초기 벤처기업을 대상으로. *벤처창업연구,* 11(3), 17–25.

Bae, Y. (2014). Performance Drivers of Entrepreneurial Restarts. *Asia-Pacific Journal of Business Venturing and Entrepreneurship,* 9(3), 13–22.

Bang, H., & Jeon, I. (2015). A Study on the Effect of Mentoring Skills and Mentoring Functions on Initial Start–up Performance and Satisfaction. *The Journal of the Korea Contents Association,* 15(5), 444–454.

Baron, R. A., & Ensley, M. D. (2006). Opportunity Recognition as the Detection of Meaningful Patterns: Evidence from Comparisons of Novice and Experienced Entrepreneurs. *Management Science,* 52(9), 1331–1344.

Baum, J. A. C., & Silverman, B. S. (2004). Picking Winners or Building Them? Alliance, Intellectual, and Human Capital as Selection Criteria in Venture Financing and Performance of Biotechnology Startups. *Journal of Business Venturing,* 19(3), 411–436.

Benard, H. R. (1995). *Research Methods in Anthropology.* London: Sage Publications.

Bierly, P., Damanpour, F., & Santoro, M. (2009). The Application of External Knowledge: Organizational Conditions for Exploration and Exploitation. *Journal of Management Studies,* 46(3), 481–509.

Burton, M. D., Sorensen, J. B., & Becnman, C. M. (2001). Coming From Good Stock: Career Histories and New Venture Formation, In Lounsbury, M. & Ventresca, M. J. (Eds.), *Research in the Sociology of Organizations,* 19, 229–262.

Chang, S., Scotte, C., & Lee, S. (2008). Failure of High–Tech Venture Firms: Integrating Age–Dependence and Resource–Based Perspectives. *Advancing Small Enterprise Innovation Research,* 11(2), 41–63.

Chatterji, A. K. (2009). Spawned with a silver spoon? Entrepreneurial performance and innovation in the medical device industry. *Strategic Management Journal,* 30(2), 185–206.

Chung, J., Cha, M., & Bae, Z. (2002). Effects of the Characteristics of Incubating Organizations and Entrepreneurs on New Venture Creation Processes. *Advancing Small Enterprise Innovation Research,* 5(2), 61.

Colaizzi, P. F. (1978). Psychological Research as the Phenomenologist views it, In Valle, R. S., & King, M. (Eds.). *Existential-Phenomenological Alternatives for Psychology,* New York: Oxford University Press.

Cooper, A. C. (1985). The Role of Incubator Organizations in the Founding of Growth–Oriented Firms. *Journal of Business Venturing,* 1(1), 75–86.

Cooper, S. Y., & Park, J. S. (2008). The Impact of Incubator Organizations on Opportunity Recognition and Technology Innovation in New, Entrepreneurial High–technology Ventures. *International Small Business Journal,* 26(1), 27–56.

Creswell, J. W., & Miller, D. L. (2000). Determining Validity in Qualitative Inquiry. *Theory into Practice,* 39(3), 124–130.

Delmar, F., & Shane, S. (2006). Does Experience Matter? The Effect of Founding Team Experience on the Survival and Sales of Newly Founded Ventures. *Strategic Organization,* 4(3), 215–247.

Edward, K., & Welch, T. (2011). The Extension of Colaizzi's Method of Phenomenological Enquiry. *Contemporary Nurse,* 39(2), 163–171.

Fichman, M., & Levinthal, D. A. (1991). Honeymoons and the Liability of Adolescence: A New Perspective on Duration Dependence in Social and Organizational Relationships. *The Academy of Management Review,* 16(2), 442–468.

Galletta, A. (2013). *Mastering the Semi-Structured Interview and Beyond: From Research Design to Analysis and Publication.* New York: New York University Press.

Granot, E., Brashear, T., & Motta, P. (2012). A Structural Guide to In-depth Interviewing in Business and Industrial Marketing Research. *Journal of Business & Industrial Marketing*, 27(7), 574-553.

Jeong, H. (2016). Reflection on the Definitions and Research Tasks for the Startup Studies. *Asia-Pacific Journal of Business Venturing and Entrepreneurship*, 11(3), 77-85.

Jo, Y. (2016). The Differences in Strategic Behaviors and Economic Performances Between Serial and Novice Entrepreneurs. *Asia-Pacific Journal of Business Venturing and Entrepreneurship*, 11(3), 17-25.

Kang, Y., & Ha, K. (2012). Characteristics of Small Business Start-up and Effect of Preparation of Small Busienss Start-up on Business Performance: Focusing on Mediating Effect of Self-Efficacy. *The Journal of Digital Policy & Management*, 10(9), 239-251.

Kim, D. (2018). *The Impact of Entrepreneurs Incubator Organizations and Startup Experience on Core Management Competencies of Ventures: Focusing on the Biomedicine Industry in Korea.* Master's Thesis, Graduate School of Seoul National University.

Kim, S. (2013). *20 Years of Korean Biotech Venture: Past, Present and Challenges for Future.* Policy Research 13-29, Sejong: Science and Technology Policy Institute.

Kim, Y., & Song, Y. (2014). A Study on the Obstacle Factors and Development Strategy for Air Logistics Industry of Korea Using In-depth Interview Method. *Journal of the Aviation Management Society of Korea*, 12(6), 23-41.

Kirschenhofer, F., & Lechner, C. (2012). Performance Drivers of Serial Entrepreneurs: Entrepreneurial and Team Experience. *International Journal of Entrepreneurial Behavior & Research*, 18(3), 305-329.

Lee, J., Oh, S., & Kim, M. (2017). Whom should you start a company with?: Exploring the Component of Deep-Level Diversity in Start-up Co-founding Teams. *Korean Journal of Industrial and Organizational Psychology*, 30(1), 49-76.

Lincoln, Y. S., & Guba, E. G. (1985). *Naturalistic Inquiry.* Beverly Hills, California: Sage Publications.

Ng, S. C., Pearson, A. W., & Ball, D. F. (1992). Strategies of Biotechnology Companies. *Technology Analysis and Strategic Management*, 4(4), 351-361.

Oh, J., Lee, D., & Kang, J. (2015). An Empirical Study on Influence of Venture Preparation on Business Performance of Initial Venture Foundation: Focused on the Effect of Controlling The Period of Venture Preparation. *Asia-Pacific Journal of Business Venturing and Entrepreneurship*, 10(4), 67-80.

Park, S., & Lee, M. (2019). Success and Failure of Entrepreneurial Experience and New Venture Performance: Moderating Effect of Firm Age. *Asia-Pacific Journal of Business Venturing and Entrepreneurship*, 14(4), 51-62.

Phelps, C., Heidl, R., & Wadhwa, A. (2012). Knowledge, Networks and Knowledge Networks: A Review and Research Agenda. *Journal of Management*, 38(4), 1115-1166.

Roure, J., & Keeley, R. (1990). Predictors of success in new technology based ventures. *Journal of Business Venturing*, 5(4), 201-220.

Shane, S. (2000). Prior Knowledge and the Discovery of Entrepreneurial Opportunities. *Organization Science*, 11(4), 448-469.

Simon, C., & Sullivan, M. (1993). The Measurement and Determinants of Brand Equity: A Financial Approach. *Marketing Science*, 12(1), 28-52.

Song, J. (2011). *Internal and External Factors Affecting Success Confidence of Youth Start-up: Focused on the Youth Entrepreneurship Program of the Small and Medium Business Corporation.* Master's Thesis, Graduate School of Global Entrepreneurship, Hoseo University.

Sutton, R. I., & Callahan, A. L. (1987). The Stigma of Bankruptcy: Spoiled Organizational Image and its Management. *Academy of Management Journal*, 30(3), 405-436.

Westhead, P., Ucbasaran, D., & Wright, M. (2003). Differences between Private Firms Owned by Novice, Serial and Portfolio Entrepreneurs: Implications for Policy Makers and Practitioners. *Regional Studies*, 37(2), 187-200.

Yang, H. (2017). *Current Status of Entrepreneurship Policy and Plans for Efficiency.* iKIET Report on Industrial Economic Issues, Sejong: Korea Institute for Industrial Economics & Trade.

Yoon, B., & Park, J. (2007). A Study on the Relationship Between the Performance of Venture Business and CEO's Characteristics. *Asia-Pacific Journal of Business Venturing and Entrepreneurship*, 2(3), 145-168.

Zahra, S. A. (1996). Technology Strategy and New Venture Performance: A Study of Corporate-sponsored and Independent Biotechnology Ventures. *Journal of Business Venturing*, 11(4), 289-321.

Zhang, J. (2011). The Advantage of Experienced Start-up Founders in Venture Capital Acquisition: Evidence from Serial Entrepreneurs. *Small Business Economics*, 36(2), 187-208.

벤처창업연구 제14권 제1호 (통권61호)

액셀러레이터가 스타트업에 미치는 영향 고찰: 네트워크 관점을 중심으로

나기혁 (경희대학교 경영학과 학사)
양대규 (경희대학교 경영학과 조교수)
바트톨가 알탄채책 (경희대학교 경영학과 박사과정)

국문 요약

스타트업이 초기에 무사히 살아남고 지속적인 성장의 기반을 마련하기 위해서는 시작 단계에서 외부의 적절한 도움이 필요하다. 액셀러레이터 (accelerator)는 자금지원 및 멘토링 등 유형과 무형의 도움을 스타트업에게 제공하는 역할을 수행한다. 벤처캐피탈과 같은 기존의 주요 창업지원기관들과는 다른 방식으로 스타트업이 초기에 성장할 수 있는 토대를 마련해줄 수 있는 액셀러레이터는 새로운 창업 생태계를 만들어 나가고 있다. 그러나 액셀러레이터에 관한 관심의 증대에도 불구하고 액셀러레이터가 구체적으로 어떠한 방식으로 스타트업에게 영향을 끼칠 수 있는지를 포괄적으로 파악할 수 있는 이론적 고찰이 미비하다. 본 연구는 액셀러레이터의 기능과 역할을 이해함에 있어서 조직의 네트워크 관점이 지니고 있는 이론적 적절성에 주안점을 두고, 네트워크 관점을 어떻게 적용할 수 있을지에 관한 고찰을 한다. 이를 위해 액셀러레이터의 전반적인 현황을 살펴보고, 액셀러레이터와 스타트업이 형성하는 관계에 초점을 맞추어, 그 관계의 네트워크적 특성이 스타트업의 성장에 어떻게 영향을 미치는지에 관해 고찰할지에 관한 제안을 내어놓고자 한다. 이를 통해 초기 단계의 스타트업의 생존과 성장에 관한 보다 효과적인 이해를 도와 향후 액셀러레이터 관련 실증연구에서도 적용할 수 있는 방향성을 제시한다.

핵심주제어: 액셀러레이터, 스타트업, 네트워크 효과, 사회연결망, 창업가정신, 조직이론

Ⅰ. 서론

오늘날 스타트업 (startup)은 정책가들에게는 일자리 창출의 요람으로, 청년들과 기업가들에게는 보다 재빠르게 자신들이 원하는 사업을 실행에 옮기고 성장을 도모할 수 있는 비즈니스 모델로 주목을 받고 있다(이현호 외, 2017; 조성주 외, 2014; Amezcua et al., 2013). 그러나 태생적으로 신생기업으로서 출범할 수밖에 없는 스타트업은 시장의 극심한 경쟁환경으로부터 기인되는 환경에 관한 취약성과 불확실성의 문제로 인해 창의적인 사업 아이디어를 품고 있음에도 불구하고 사업을 추진하여 안착시키는 초기 단계에서 쉽게 좌절할 수밖에 없는 위험요소를 내포하고 있다. 따라서 스타트업이 "신생조직의 부담 (liability of newness)"을 극복하여 안정적인 사업 동력을 확보하는 단계에 이르기 위해서는 제3의 기관으로부터 적절한 도움을 얻는 것이 절실하다(Jarillo, 1989; Stinchcombe, 1965). 이에 '조직 스폰서십 (organizational sponsorship)'이라 불리기도 하는 기관들은 스타트업의 생성과 성장에 직접적인 도움을 제공하고 있는 상황이다(Cohen et al., 2018). 스타트업이 가지고 있는 잠재적 가능성을 구체적인 사업으로 육성시키는 데 도움을 주기 위하여 정부기관 (governmental institutions), 벤처캐피탈 (venture capital), 엔젤투자자 (angel funds), 인큐베이터 (incubator), 액셀러레이터 (accelerator) 등이 활동하고 있는 것을 볼 수 있는데, 이 중 액셀러레이터는 여타의 기관들과는 현저하게 구별되는 방식으로 스타트업의 성장에 도움을 제공하는 기관으로서 주목받고 있다(최윤수·김도현, 2016; 이현호 외, 2017; Cohen & Hochberg, 2014). 액셀러레이터는 스타트업을 지원하기 위한 목적으로 운영되는 기관으로서 사업의 잠재력을 바탕으로 하는 평가 과정을 통해 선정한 스타트업이 초기 단계에서 겪게 되는 난관을 극복하여 독립적인 사업체로 안착하게 하는

것을 구체적 목적으로 삼고 있다(Cohen & Hochberg, 2014; Cohen et al., 2018; 김용재·염수현, 2014; 이정우, 2016; 중소벤처기업부, 2018). 이 목적을 실현하기 위해 액셀러레이터는 스타트업을 대상으로 집중화된 멘토링 관계를 형성하여 다른 지원기관은 제공하기 어려운 사업화에 관한 교육을 보다 심도 깊은 방식으로 제공하고 있는데, 이는 단순히 금전적 투자를 제공하는 데 그치는 벤처캐피탈이나 엔젤투자자와는 구분되는 전에 없는 새로운 기능과 역할을 담당하고 있는 것이다(Hathaway, 2016). 따라서 액셀러레이터에 관한 학술적이고 실무적인 관심이 국내외 전반에서 확산되고 있는 상황이지만, 정작 액셀러레이터가 스타트업의 성장을 돕는 방식과 과정에 관한 이론적인 고찰은 미미한 상태에 머무르고 있는 것이 현실이다. 그저 액셀러레이터에 관한 성공사례가 소소하게 보고되고 있는 정도에 그치고 있을 따름이며, 보다 근본적인 고찰이 현저하게 부족하기에 액셀러레이터에 관한 긍정적인 시각과 부정적인 시각이 상충적으로 공존하고 있는 상황이다(Cohen & Hochberg, 2014; Hathaway, 2016; 김용재, 2013). 전에 없이 증가되고 있는 스타트업의 창업 활동과 그에 상응하는 액셀러레이터의 운용에도 불구하고 이에 관한 실증적 연구의 결과가 수렴된 방식으로 축적되지 못하고 있는 것은 이 같은 현상을 포괄하여 고찰하는 이론적 토대가 마련되지 못하는 데 있다.

본 연구는 스타트업의 사업적 안착에 관한 액셀러레이터의 역할과 기능에 관한 보다 영향력 있는 연구를 수행하기 위해서는 먼저 그에 상응하는 적절한 이론적 틀거리가 마련되어야 함을 주장하여, 조직이론의 네트워크 관점이 그 이론적 대안이 될 수 있음을 제안하고자 한다. 스타트업의 창업 과정은 하나의 엄연한 사회적 현상으로, 그 출범의 과정에서부터 사업체로 안착하는 전 과정이 일련의 사회적 관계를 통해 구현되고 있음은 부인할 수 없는 사실이다(Hoang & Antoncic, 2003). 본 연구는 액셀러레이터가 지원하고자 하는 스타트업을 선정하여 사업화에 필요한 중요한 정보와 지식을 제공하는 모든 과정은 액셀러레이터와 스타트업 간에 형성되게 되는 사회적 관계의 특성을 통해 이론적으로 분석될 수밖에 없음을 주장하고자 한다. 스타트업과 같은 신생기업이 사업화의 초기단계에서 겪게 되는 다양한 자원의 부족문제는 외부조직과의 적절한 사회적 관계를 통해 해결될 수 있는 것이며(Aldrich & Wiedenmayer, 1993), 액셀러레이터는 스타트업과의 긴밀한 사회적 관계를 제공함으로써 그 같은 문제를 해결하는 데 도움을 주는 기관이라는 점에서 사회적 행위자의 관계의 특성을 통해 행위자의 성패의 요인을 모색하고자 하는 네트워크 관점은 여타의 조직이론보다 더욱 효과적인 이론적 틀로서 기능하게 될 것이다. 따라서 본 연구는 네트워크 관점에서 제시하고 있는 주요한 이론적 개념이 액셀러레이터와 스타트업의 사회적 관계를 기능적으로 이해하는 데 어떻게 활용될 수 있을 것인지에 관한 이론적 고찰을 시행하여, 이로부터 향후 액셀러레이터에 관한 실증 연구의 이론적 기반을 제공하는 데 목적을 두고자 한다. 즉, 본 연구는 액셀러레이터 연구에 관한 네트워크 관점의 이론적 적절성을 고찰을 수행하는 이론 논문 (theoretical review paper)로 자리매김하여 다음과 같은 내용을 다루고자 한다.

본 연구에서는 우선 액셀러레이터의 기본적 개념을 다루고 해외 및 국내에서의 현황을 살펴보아 액셀러레이터의 현주소를 점검하고자 한다. 이어, 액셀러레이터와 스타트업 사이에 형성되는 '관계'에 주목하여 네트워크의 관점에서 스타트업에 대한 액셀러레이터의 영향력을 이해하는 데 적용할 수 있는 이론적 가치를 고찰하고자 한다. 보다 구체적으로, 그러한 액셀러레이터와 스타트업이 형성하는 네트워크의 구조적 특성과 그 구조를 통해 전달될 수 있는 내용물에 관한 이론적 논의를 제시할 것이다. 이 과정을 통해 단순히 액셀러레이터가 스타트업에게 가져다주는 이점뿐만이 아니라 그 비효율성 및 잠재적 위험성도 제시하고자 한다. 그리고 마지막으로 본 연구의 논의를 종합하고 이러한 논의의 한계점과 이론적 및 실무적 의의에 대해 토의할 것이다.

Ⅱ. 액셀러레이터의 배경과 현황

2.1 액셀러레이터의 정의 및 성격

네트워크 관점에서 액셀러레이터에 관한 이론적 고찰을 진행하기에 앞서, 현재 학계와 산업계 등에서 널리 활용되고 있는 액셀러레이터에 관한 개념적 정의에 관해 살펴보고자 한다. 스타트업 생태계에서 비교적 최근 자리 잡은 창업지원기관인 액셀러레이터는 그 정의가 실무자 및 연구자들에 따라 다양하게 정의되어 왔다(Cohen & Hochberg, 2014; Cohen et al., 2018; 김용재·염수현, 2014; 이정우, 2016; 중소벤처기업부, 2018). 예를 들어, 창업진흥원은 액셀러레이터를 "창업기획자(이사, 액셀러레이터)는 초기창업자(사업을 개시한 날부터 3년이 지나지 아니한 자) 등의 선발 및 투자, 전문보육을 주된 업무로 하는 자로서 중소기업창업지원법 제19조의 2에 따라 중소벤처기업부에 등록한 상법상 회사 및 민법에 따른 비영리법인"으로 정의하고 있다(중소벤처기업부, 2018). 이는 국가기관이 창업의 진흥을 위하여 마련한 법안에 기초한 개념으로서 사회적 현상으로서의 액셀러레이터를 이해하는 데에는 다소 한계가 있는 것으로 보인다.

〈표 1〉 액셀러레이터의 다양한 정의

출처	액셀러레이터의 정의
김용재·염수현 (2014)	경쟁적 과정을 통해 선발된 소수의 스타트업을 대상으로 멘토링, 네트워킹 및(지분)투자 등을 체계화시킨 단기 프로그램을 제공하는 촉진자
이정우 (2016)	성공한 선배 창업가의 노하우와 재원을 활용하여 예비창업자(팀) 또는 초기 스타트업을 기수별로 발굴 및 선발하여, 투자, 보육, 교육, 멘토링, 컨설팅 등 종합적인 밀착 지원 서비스를 단기간에 집중적으로 제공함으로써 초기 스타트업의 성장을 빠르게 돕는 조직
중소벤처기업부 (2018)	창업기획자(이사, 액셀러레이터)는 초기창업자(사업을 개시한 날부터 3년이 지나지 아니한 자) 등의 선발 및 투자, 전문보육을 주된 업무로 하는 자로서 중소기업창업지원법 제19조의 2에 따라 중소벤처기업부에 등록한 상법상 회사 및 민법에 따른 비영리법인
Cohen et al.(2018)	신생기업들을 위해 단기적이고 한정된 기간 동안 코호트(cohort) 단위의 교육을 제공하는 프로그램

보다 실무적이고 현재 실제 산업에서의 액셀러레이터의 특성을 포괄한 정의는 "성공한 선배 창업가의 노하우와 재원을 활용하여 예비창업자(팀) 또는 초기 스타트업을 기수별로 발굴 및 선발하여, 투자, 보육, 교육, 멘토링, 컨설팅 등 종합적인 밀착 지원 서비스를 단기간에 집중적으로 제공함으로써 초기 스타트업의 성장을 빠르게 돕는 조직"(이정우, 2016), 혹은 "경쟁적 과정을 통해 선발된 소수의 스타트업을 대상으로 멘토링, 네트워킹 및 지분 투자 등을 체계화시킨 단기 프로그램을 제공하는 촉진자"(김용재·염수현, 2014) 등이 활용되고 있다. 이 같은 정의에서 공통적으로 포함하고 내용 중 주목할 만한 것은 액셀러레이터가 스타트업과 멘토링의 관계를 형성하고 있으며, 스타트업으로 하여금 사업 초기 반드시 필요로 하는 "네트워크"를 형성할 수 있는 기반을 제공하는 촉진자로서 역할을 지니고 있다는 점이다. 특별히 Cohen et al.(2018)이 제시하고 있는 액셀러레이터의 정의는 액셀러레이터가 스타트업에게 동일한 목적을 지니고 있는 스타트업 기업들 간의 관계 형성의 기반을 마련하는 프로그램으로서 운용되고 있다는 사실이다. 이는 오늘날 스타트업으로 출발하는 신생기업들이 기존의 경쟁 환경에 적응하여, 충분한 생존력을 갖추기 위해서는 액셀러레이터를 중심 혹은 매개로 하는 네트워크의 형성에 그 역할과 기능의 중심점이 존재하고 있음을 방증해주고 있다. 즉, 액셀러레이터를 이해함에 있어 네트워크 관점의 이론적 적용이 적절함을 간접적으로 시사하고 있음을 확인할 수 있는 것이다.

스타트업 액셀러레이터는 분명 기존의 스타트업 지원 및 투자 기관인 벤처캐피탈이나 일반적인 엔젤투자자와 같은 창업지원기관과 차별화되는데 주요한 점들은 다음과 같다. 첫째, 액셀러레이터는 다른 기관들과는 다르게 스타트업들을 '공개 지원'의 과정을 통해서 선정한다(김용재·염수현, 2014; Cohen & Hochberg 2014; Cohen et al., 2018). 액셀러레이터들이 스타트업을 찾아 지원하기보다는, 자신들의 프로그램에 지원하는 스타트업들 중에서 성장 잠재력이 있다고 판단되는 스타트업들을 선정하는 방식이다. 둘째, 액셀러레이터의 스타트업에 대한 한정된 비교적 짧은 지원기간 동안 기수(batch)를 선발하여 집중적으로 관리한다는 특징이 있다. 그렇기에 액셀러레이터들은 기존 창업지원기관들보다 더욱 유대감이 있는 관계를 스타트업과 형성한다고 볼 수 있다(이정우, 2016). 이러한 관계는 특히 액셀러레이터가 스타트업에게 단순히 요소 둘 사이의 관계에 주목하여 네트워크 관점을 적용하여 바라볼 수 있다는 사실을 시사한다. 셋째, 다른 창업지원기관들과의 가장 중요한 차이점은 '멘토링 및 교육' 시스템에서 비롯된다. 벤처캐피탈과 같은 투자기관이나 창업 공간을 제공하는 인큐베이터는 외형적인 자원을 초기 스타트업에게 제공하는 성격이 강하다. 그러나 액셀러레이터는 금전적 지원이나 시설 지원과 같은 유형적 자원에서 더 나아가 심사 멘토들의 선택을 받고 집중적인 멘토링, 즉, 무형적인 자원까지 제공하는 성격이 강하다. 그렇기에 액셀러레이터는 벤처캐피탈과는 달리 지원 스타트업 선정 당시에 스타트업이 완전히 자리잡은 상태가 아니더라도 잠재력을 보고 스타트업을 키우고자 하는 성격이 강한 것이다. 실제로 해외 및 국내의 유명 액셀러레이터들은 '데모데이 (Demo Day)'를 개최함으로써 자신들이 지원한 스타트업들이 사업 모델을 투자자와 대중에게 선보여 이들이 후속 투자 유치를 할 수 있도록 도와주는 자리를 마련해주기도 한다(김영환, 2016). 이러한 공적 행사는 스타트업이 액셀러레이터를 통하여 액셀러레이터와의 관계에서 더 나아가, 투자자와 같은 외부 관계자들과 네트워크를 형성할 수 있다는 사실을 보여준다. 넷째, 액셀러레이터는 투자행태의 성격에서도 다른 창업지원기관들과는 구별되는 특징을 보여준다. 액셀러레이터는 어느 정도 완성된 서비스나 제품을 판매하는 기업에 투자하는 다른 기존 창업지원기관과는 달리, 스타트업에 대한 초기 투자를 통하여 사업화를 확신한다(이경상 외, 2014). 최윤수·김도현(2016)은 액셀러레이터와 벤처캐피탈의 투자 행태를 분석하여 액셀러레이터가 벤처캐피탈보다 보다 초기 단계의 스타트업에게 투자를 하며, 해당 스타트업이 비교적 적은 투자와 투자자를 유치한 시점에서 투자를 진행하여 벤처캐피탈보다 위험을 감수하는 성향을 보인다는 사실을 실증적으로 보였다. 이를 통해 철저히 자금 투자 및 회수를 목적으로 하는 벤처캐피탈과는 달리 액셀러레이터는 초기 단계의 스타트업을 키워주는 역할을 맡음으로써 차이점을 보인다는 사실을 확인할 수가 있다.

2.2 해외 및 국내 액셀러레이터 현황

2.2.1 해외 액셀러레이터 현황

해외에서는 국내에 비해 액셀러레이터 생태계가 보다 활성화되어 있고, 안정화되는 단계에 들어섰다고 볼 수 있다. 2005년 미국의 스타트업 액셀러레이터들은 Y Combinator가 시초가 되어 먼저 미국 시장에서 활발하게 영역을 넓혀 나갔다(Hallen et al., 2016). 미국에서뿐만 아니라 유럽 시장에서도 액셀러레이터들은 활발하게 스타트업을 키우고자 노력하고 있다. 〈그림 1〉을 보면 액셀러레이터 시장이 가장 큰 미국에서 액셀러레이터의 숫자는 꾸준히 큰 폭으로 증가해 왔으며, 최근에는 그 증가세는 줄었지만 여전히 증가 숫자가 유지되고 있다는 사실을 알 수가 있다. 이는 액셀러레이터가 사회적으로 인정받는 산업 및 조직형태로 자리 잡아 가고 있다는 것을 의미한다(Younger & Fisher, 2018). 이러한 액셀러레이터들은 특히 실리콘밸리에서 주로 중요시되던 창업지원기관인 벤처캐피탈과는 달리 강한 네트워크를 형성하는 장을 마련해주고 있다.

Gust(2016)의 Global Accelerator Report 2016에 따르면 전 세계적으로 조사한 579개의 액셀러레이터들에 의해 11,305개의 스타트업들이 총 2억 6백만 달러가 넘는 자금을 투자받았다. 이는 전년도 대비 약 10% 가까이 증가한 것으로서, 최근

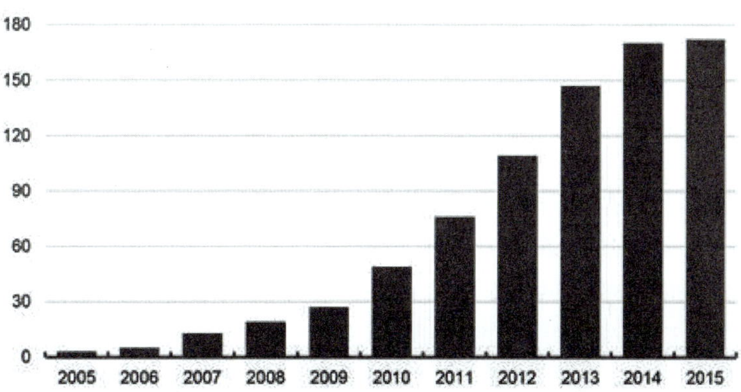

〈그림 1〉 미국 스타트업 액셀러레이터 숫자 증가 추이(Clifford, 2016)

전 세계 액셀러레이터 시장은 계속 증가 추세에 있다고 볼 수 있다. 지역별로 보면 투자 금액과 스타트업의 비중 면에서 북미와 유럽이 가장 크며, 남미와 아시아 시장도 적지않은 비중을 차지하고 있다(Gust, 2016). 이러한 액셀러레이터의 세계적 성장세에는 해외 액셀러레이터 시장의 제도적 환경 역시 중추적인 역할을 하고 있다. 액셀러레이터 시장을 주도하는 미국의 경우, 주로 투자자들에 대한 여러 혜택이나 지원을 통하여 개인 투자자들의 투자 여건을 조성한다. 독일, 호주, 싱가포르 등 다른 다양한 국가들 역시 액셀러레이터들에게 세액 공제를 적용하고 정부와 민간의 공동 투자 등 액셀러레이터가 더욱 활발하게 활동할 수 있는 제도적 환경을 마련해주고 있다(이경상 외, 2014).

2.2.2 국내 액셀러레이터 현황

액셀러레이터 산업은 벤처캐피탈이나 다른 주요 창업 지원 체제와 비교하여 비교적 최근에 발전하기 시작하였다(김용재·염수현, 2014). 국내에서는 최초의 민간 스타트업 액셀러레이터로 2005년에 시작한 프라이머 (Primer)가 꼽힌다(이정우, 2016). 이 시점 이후로 매쉬업엔젤스, 스파크랩스, 소풍 등 여러 액셀러레이터들이 자신들의 기준으로 스타트업을 선발 및 육성하며 자리 잡기 시작하였다. 국내에서의 액셀러레이터는 벤처캐피탈과는 달리 최초 출범 후 오랜 기간 동안 법적인 지위를 갖지 못하여 어려움을 겪고 있었는데, 2016년 11월에 중소기업창업지원법 일부개정법률안, 일명 '액셀러레이터법'이 통과되면서 액셀러레이터가 국내에서도 본격적으로 법적 지위를 갖게 되었다. 이를 통해 액셀러레이터들은 정식으로 기업 형태의 하나로 인정을 받고, 소득세 및 법인세 감면의 혜택 등을 받을 수 있게 되었다. 현재 이러한 제도를 통하여 국내 액셀러레이터의 스타트업 지원규모는 2017년 205개사, 847억원에서 18년 245개사, 1,090억원으로 증가하였다(한승희, 2018). 이를 통해 앞으로 액셀러레이터 산업은 미국 등 해외 시장과 같이 국내에서도 꾸준히 성장할 잠재력이 존재하며, 그 기틀을 마련했다고 볼 수가 있다.

〈표 2〉 국내 액셀러레이터 배출 스타트업 성공 사례(이정우, 2016)

액셀러레이터 (설립시기)	배출기업명	배출기업 서비스 설명	투자 회수 결과
프라이머 (2010년)	퀵켓	모바일 중고장터앱 '번개장터'	2013년 NHN 네이버에 인수(약 100억원)
스파크랩스 (2012년)	5Rocks	모바일 게임 고객생애가치 극대화 및 분석과 마케팅 운영 플랫폼	2014년 글로벌 기업 Tapjoy에 인수
더벤처스 (2014년)	파킹스퀘어	주차장 정보 및 예약 서비스 '파크히어'	카카오 그룹에 인수(약 100억원)

2.3 액셀러레이터 대표 사례

2.3.1 해외 사례: Y Combinator

Y Combinator는 2005년에 Paul Graham에 의해 미국의 캘리포니아에서 설립되어 최초의 액셀러레이터 불린다. 2005년부터 2018년 3월까지 총 1585개의 스타트업을 지원하였으며, Y Combinator 출신의 15개 기업이 현재 1억 달러가 넘는, 70개가 넘는 Y Combinator 출신 기업은 100만 달러 이상의 가치를 지니고 있다고 평가 받고 있다. Y Combinator는 펀드 운용에 대한 관리보수를 받거나 정부에서 따로 보조를 받는 형식이 아니라, 순수하게 스타트업들의 회수(Exit)를 통하여 수익을 창출하는 액셀러레이터 모델을 고수한다(박희원, 2018).

Y Combinator은 현재도 전 세계 액셀러레이터 중 최고의 위치에 있다고 평가받는다. 최근 SARP (Seed Accelerator Rankings Project)의 연구진은 Angelpad와 함께 Y Combinator를 2017년 최고 등급의 액셀러레이터에 선정하기도 하였다(Konrad, 2017). 2005년 여름부터 2015년 여름까지 Y Combinator 출신의 스타트업 743개를 분석한 결과, 81개가 청산

(11%), 562개가 운영 중(76%), 100개는 인수되었다. 또한, 그 중 492개를 분석한 결과, 평균 17백만달러의 후속투자를 유치한 것으로 나타났다(박희원, 2018). 이렇듯 Y Combinator를 거쳐 간 스타트업들은 대체로 실패 확률이 떨어지고 좋은 결과를 보여 왔다는 사실을 알 수가 있다.

Y Combinator가 배출한 대표적인 스타트업으로는 세계 최대의 숙박 공유 서비스업체 Airbnb, 웹 기반 파일 공유 서비스업체 Dropbox, 개인 인터넷 방송 업체 Twitch등을 꼽을 수 있다. Y Combinator는 이러한 성공적인 기업들에 힘입어 큰 성공을 거두었지만 최근에는 Y Combinator에게 선정된 스타트업들이 과대평가 받으며, 또한 Y Combinator의 포트폴리오 크기가 8개에서 80여개의 스타트업으로, 초기에 비해 10배 이상 늘어나 투자자들에게 Y Combinator가 선정한 스타트업들에 대한 명확한 신호를 주기 힘들다는 비판도 있다(Kim & Wagman, 2014).

2.3.2 국내 사례: 프라이머 (Primer)

프라이머는 2010년 1월에 설립된 국내 민간 액셀러레이터의 대표적인 기업이자, 선두주자라고 볼 수 있다. 2018년 전반기까지는 총 149개의 스타트업을 투자 및 지원하였다. 프라이머는 기간별로 다양한 산업의 스타트업을 '배치 (Batch)'로 묶어 발굴하고 지원한다. 이니시스를 창업한 권도균 CEO를 필두로 매 '시즌'마다 5~10 여명의 멘토들이 파트너로 참가하여 스타트업들을 선정하고 멘토링한다.

지원할 스타트업을 선정할 때는 프라이머는 일반 벤처캐피탈과는 달리 잠재력을 위주로 평가한다. 보통 벤처캐피탈들은 유니콘(기업가치 1조원 이상의 스타트업)을 찾는 것에 집중하지만, 프라이머의 경우 자체적인 기준에 따라 '지속가능성'이 있는 스타트업을 선정하는 것에 집중한다. 조언을 해주는 멘토들은 주로 스타트업을 직접 창업하거나 운영을 해본 경험이 있어 초기 스타트업들에게 실질적인 조언을 줄 수 있는 이들이다. 이 멘토들은 지원 기업을 선정할 때 아이디어뿐만이 아니라, 그 기업에 의해 아이디어가 실행이 가능한지의 여부를 검증하여 선발한다. 프라이머가 명시하는 주요 활동으로는 인큐베이팅 프로그램, 해외진출 지원 프로그램, '엔턴십 (Enternship)'이라고 불리는 멘토링 및 교육 프로그램, 데모데이, 대학생 창업 세미나 등이 있다. 프라이머의 이러한 일련의 활동들은 액셀러레이터와 스타트업들이 보다 특별한 관계를 맺는다는 것을 방증한다.

프라이머는 자체적으로 스타트업과 끈끈한 관계를 맺으며 이들의 성장을 도우며, 또한 데모데이와 같은 행사를 통하여 이들을 외부의 행위자들과 효과적으로 네트워킹하도록 돕는 것이다. 평균적인 지원 규모는 5천만원~1억원 사이이며 스타트업 지분율은 10~20% 사이이다. 프라이머는 현재까지 총 149개 스타트업을 도왔다. 그 중에서 대표적으로 유수의 투자기관으로부터 23억원을 유치한 부동산 중개 서비스 '호갱노노'와 2018년 초 기준 월평균 거래액 200억원, 월 평균 매출액 8억원에 달하는 실적을 보여주고 있는 중고 물품 플랫폼 '번개장터' 등이 대표적인 프라이머 출신 스타트업의 성공 사례이다(김기진, 2017; 백주연, 2018).

Ⅲ. 액셀러레이터의 역할에 대한 네트워크 관점 기반 고찰

창업이라는 사회적 현상은 다른 현상에 비해 특히 사회적 관계의 영향을 받는 것으로 여겨진다(Hoang & Antoncic, 2003). 특히 위에서 언급한 초기의 스타트업이 성장할 수 있게끔 유형 및 무형의 자원을 지원하는 액셀러레이터의 특징들을 고려할 때, 액셀러레이터와 스타트업은 영향력 있는 사회적 관계를 형성한다. 이는 액셀러레이터라는 조직 유형의 속성이 스타트업과의 '네트워크 관계 (network relationship)'를 형성하는 것이라 할 수 있다(Larson, 1992). Uzzi(1996)는 행위자가 사회적 구조 속에 속해 있을 때 나타나는 이른바 '배태성 (embeddedness)'으로부터 네트워크의 효과 (network effect)가 나타난다고 간주하는데, 서로 형성한 관계를 통하여 액셀러레이터가 스타트업에게 미치는 영향 역시 이러한 네트워크 효과의 일종이라 볼 수 있다.

본 연구에서는 네트워크의 속성 중에서 네트워크 구조(network structure)와 네트워크 내용 (network content)에 주목하여 액셀러레이터와 스타트업 사이의 네트워크적 특성을 살펴보고자 한다. Hoang & Antoncic(2003)에 따르면 네트워크 내용은 유형 및 무형의 자원, 네트워크 구조는 네트워크의 크기, 중심성, 밀도, 강도 등의 요소를 포함한다.

본 연구에서는 액셀러레이터와 스타트업 간의 나타나는 네트워크 효과 중 네트워크 구조의 효과는 강한 정도의 네트워크 구조 자체가 야기하는 현상을 중심으로 고찰하며, 이러한 구조를 통해 전달되는 네트워크 내용 중에서 학습효과, 정당성 및 지위 신호 효과, 그리고 재무적 자원을 살펴본다. 또한, 본 연구에서는 이러한 논의의 과정에서 단순히 네트워크로부터 비롯되는 이점에 주목하는 것이 아니라, 그러한 속성으로 인해 나타날 수 있는 비효율성 및 잠재적 위험성도 같이 살펴보고자 한다. Hallen et al.(2016)는 많은 스타트업들이 액셀러레이터 프로그램에 선정되면서 지속적으로 긍정적인 성과를 보이기도 했으나, 반대로 몇몇 스타트업들은 그렇지 않고 오히려 부정적인 영향을 받았다는 사실을 지적한다. 그렇기에, 액셀러레이터가 스타트업에게 미치는 영향을 이론적 관점에 기반하여 단순히 긍정적 측면을 조명하는 것이 아니라, 잠재적 위험성 및 비효율적 측면까지 살펴보는 것은 중요하다고 할 수 있다. 이는 액셀러레이터가 만들어내는 경영현상을 보다 심도 깊게 이해하고 액셀러레이터가 스타트업들의 생존 및 성장을 위해 어떻게 활용해야 될 수 있는지 방향성을 제시할 수 있어 의미가 있다고 볼 수 있다. 결국 네트워크 관점이라는 이론적 틀로 액셀러레이터의 역할을 분석하는 것은 피상적인 현상을 조명하는 것에서 더 나아가 그 현상 내면의 본질을 이해하는 데 도움을 줄 것이다.

〈표 3〉 네트워크 구조와 네트워크 내용의 정의

	네트워크 구조 (structure)	네트워크 내용 (contents)
정의	행위자들 간의 사람들 간 및 조직들 간 횡단적 관계. 측정으로는 네트워크 크기, 중심성, 밀도, 강한 / 약한 / 연결의 관계	행위자 간 교환되는 자원. 유형자원(금전적 자본)과 무형자원(정보와 조언에 대한 접근, 감정적 도움, 정당성 신호)에 대한 초점. 내용의 다양성이 다양한 자원의 교환을 나타낸다.

출처: (Hoang & Antoncic, 2003)

3.1 네트워크 구조 (network structure)로부터 발생하는 효과

네트워크 구조는 행위자들 간 직접적 및 간접적 관계의 양상으로 정의된다(Hoang & Antoncic, 2003). 액셀러레이터와 스타트업이 형성하는 네트워크 구조를 본 연구에서는 크게 네트워크 응집 (cohesion)과 중개 (brokerage)로 나눈다(Burt, 1992; Kadushin, 2002). 액셀러레이터 내부와 외부에 따라 다르게 나타나는 이러한 다른 방식의 네트워크 구조는 스타트업 입장에서 네트워크 속성이 다르고, 받는 영향 역시 성격이 다르다고 볼 수 있다.

본 항목에서는 먼저 액셀러레이터와 스타트업이 내부적으로 나타나는 응집의 네트워크 구조를 소개하고 그것이 스타트업에게 미치는 영향을 제시한다. 그 다음으로 외부적으로 액셀러레이터가 다른 행위자들과 스타트업을 연결해주는 중개의 네트워크 구조를 살펴본다.

3.1.1 응집 (cohesion) 네트워크 구조

액셀러레이터 내부에서 형성되는 네트워크 구조의 특징은 바로 응집 (cohesion)의 양상을 보인다는 것이다. 강한 유대관계에서 비롯되는 '응집 (cohesion)'의 네트워크 구조는 많은 행위자들끼리 강한 유대의 관계로 이어져 있을 때 나타난다(Kadushin, 2002). 액셀러레이터 내부의 관점에서 보았을 때, 액셀러레이터와 스타트업은 바로 이러한 응집의 네트워크 구조를 보인다. 이는 액셀러레이터를 중심으로 내부에서 한 기수 단위의 스타트업끼리 밀도가 높고, 강도가 강한 네트워크의 양상을 보여주기 때문이다. 응집의 양상이 전제하는 네트워크의 특징들이 액셀러레이터 내부에서 행위자들끼리의 연결망을 통하여 나타나는 것이다. 스타트업들과 같은 신생 기업은 얕고 부족한 사회연결망 때문에 정보를 효과적으로 처리하는 데에 어려움을 겪는다(Cohen et al., 2018). 액셀러레이터가 스타트업을 지원하고 관계를 맺는 과정에서는 높은 수준의 불확실성과 부족한 자원 때문에 양자 간의 긴밀한 협력이 요구된다(Bustamante, 2018). 이러한 상황에서 액셀러레이터는 초기 단계의 스타트업에게 자신의 네트워크 구조에 속한 행위자가 되도록 해준다.

액셀러레이터들은 멘토링과 같은 과정을 통해서 자신들과 스타트업 사이에 강한 네트워크를 형성한다. 이러한 네트워크는 벤처캐피탈과 같은 기존의 창업지원기관이 형성하는 네트워크와 강도가 다를 수밖에 없다. 또한, 신생기업이 자원을 제공해주는 외부조직과 사회적 관계를 가질 때 원활하게 자원을 확보하고 활용하는 것을 촉진할 수 있다(Aldrich & Wiedenmayer, 1993). 이를 통하여 액셀러레이터와 스타트업이 갖는 사회적 관계 자체가 초기 스타트업에게 필요한 자원을 얻는 것에 긍정적인 영향을 미친다고 볼 수 있다.

더 나아가, 액셀러레이터는 자신들이 지원하는 스타트업끼리의 네트워크 형성에도 적극적으로 도움을 준다. 액셀러레이터는 멘토링을 통하여 스타트업과 강한 네트워크를 형성하기도 하면서, 스타트업들끼리 네트워크의 장을 열어 하나의 조밀한 네트워크 구조를 만들어낸다. 실제 국내의 액셀러레이터들은 개별적인 멘토링뿐만이 아니라, 해당 액셀러레이터 출신이 진행하는 강의를 제공하는 등 내부적으로 양질의 정보를 교환할 수 있는 장을 마련해준다(이정우, 2016). 이와 같이 액셀러레이터는 스타트업들끼리의 네트워크 모임을 장려하며 이를 통해 밀도가 높은 네트워크 구조를 형성한다. 이러한 네트워크 구조를 통하여 그 곳에 속하는 스타트업들은 외부에서 쉽게 얻을 수 없는 정보와 지식을 얻고 교환할 수가 있다. 또한 그러한 모임을 통하여 액셀러레이터와 소속 스타트업들은 서로 골고루 연결 관계가 생겨 네트워크 구조의 밀도 역시 높아진다. 이렇게 형성되는 조밀하고 강한 네트워크 구조는 그렇지 않은 네트워크 구조에 비해 신생 기업들에게 필요한 초기 안정성 확보를 위한 이점을 가져다준다.

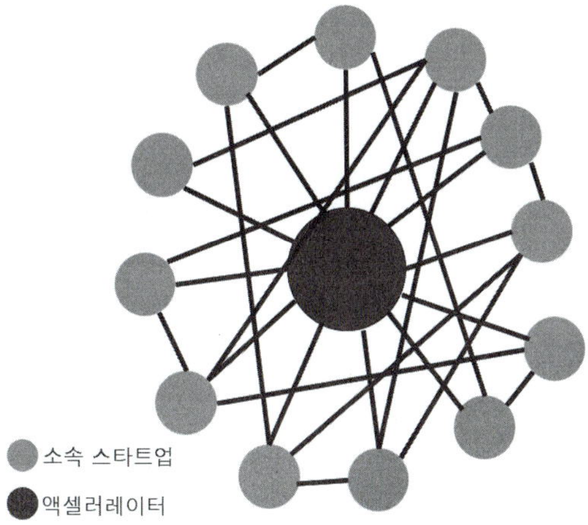

〈그림 2〉 액셀러레이터와 소속 스타트업이 형성하는 응집 네트워크 구조

〈그림 2〉는 내부적으로 액셀러레이터와 스타트업이 형성하는 사회 연결망 구조의 예시이다. 액셀러레이터가 각 스타트업을 지원함으로써 중앙에 위치하게 되고, 각 스타트업들도 액셀러레이터가 마련하는 각종 내부적 행사들을 통하여 서로 비교적 강한 관계를 맺게 된다. 자금뿐만이 아니라 멘토링 및 교육과 같은 무형 자원의 폐쇄적 교류도 일어나기에 액셀러레이터는 가령 벤처캐피탈과 같은 기관에 비해 더욱 강한 네트워크를 형성한다고 할 수 있는 것이다. 또한, 액셀러레이터 내부에서 출신 스타트업끼리도 네트워킹 기회를 제공해주는 만큼 스타트업들끼리의 네트워크도 활발히 형성되어 보다 많은 점들이 선으로 연결되어 있다. 이를 통해서 스타트업들이 액셀러레이터와의 강한 관계를 통하여 사회적 자본(social capital)을 다양한 형태로 받는다는 사실을 알 수가 있다. 사회적 자본은 사회적 행위자들이 형성하는 사회적 구조 속에서 형성되는 자본으로서, 의무 (obligations), 기대 (expectations), 정보의 통로 (information channel) 등의 기능을 수행한다(Coleman, 1988). 또한, 응집은 기본적으로 필요한 것을 충족시키고자 하는 안전함 (safety)을 추구할 때 나타난다

(Kadushin, 2002).

초기에 불안정한 상태에서 액셀러레이터의 지원을 받는 스타트업은 안전함을 도모하는 네트워크 구조에 속한다고 볼 수 있다. 따라서 스타트업은 <그림 2>처럼 액셀러레이터를 통하여 응집된 형태의 연결망을 형성할 가능성이 높다. 이렇게 사회적 자본을 주고받음으로써 형성되는 네트워크는 '닫힌' 형태의 연결망 (network closure)를 만들어 내어 강한 신뢰(trust)를 바탕으로 행위자들이 사회적 자본에 기초한 양질의 정보를 주고받을 수 있다(Coleman, 1988). 사회적 자본은 특히 초기 스타트업의 지식 습득 및 기업성과에 영향을 끼치는 중요한 요소 중 하나이다(Shane & Stuart, 2002; Yli-Renko et al., 2001). Baum et al. (2000) 역시 이러한 사회적 자본의 형태라 할 수 있는 네트워크 제휴 (network alliance)가 초기 스타트업의 성과에 지대한 영향을 끼칠 수 있다고 말한다. 따라서 응집의 네트워크 구조는 초기에 양질의 정보를 필요로 하는 스타트업의 성장을 도울 가능성이 높다.

스타트업이 이러한 구조 속에서 형성하는 강한 연결망들은 지식을 얻는 것에 있어서도 긍정적인 영향을 끼치는데, 특히 강한 네트워크는 노하우와 같이 초기 스타트업에게 중요한 암묵지 (tacit knowledge)의 습득을 더욱 촉진시킨다(Hansen 1999; Adler & Kwon, 2002; Reagans & McEvily, 2003).

액셀러레이터가 형성하는 연결망 구조는 위에서 언급한 것과는 반대로, 오히려 소속 스타트업에게 부정적인 영향을 끼칠 가능성도 존재한다. 액셀러레이터는 멘토링 및 교육 프로그램도 진행하면서 스타트업과 보다 강한 유대 관계를 형성할 가능성이 높다. 그리고 스타트업끼리의 네트워크의 장도 마련해주면서 <그림 2>와 같이 조밀하고 강한 네트워크 구조를 형성하게 된다. 이러한 네트워크 구조는 위에서 말했듯이 사회적 자본의 기반이 되지만, 반대로 혁신성이 필요한 스타트업에게 혁신의 제약이 될 가능성도 존재한다.

Giudici et al. (2018)은 네트워크 구조의 중심에 위치한 행위자가 존재하는 폐쇄적 '합주 (orchestration)'가 개방적인 것에 비해 기회를 탐색하는 자율적 행위를 제한할 가능성이 있다고 지적한다. <그림 2>와 같이 액셀러레이터가 주도하여 선발과정으로 통해 상대적으로 폐쇄적인 구조를 만들어내는 액셀러레이터와 스타트업 간 연결망 구조는 그러한 '폐쇄적 합주'의 예시라 할 수 있다. Chatterji et al. (2018)은 액셀러레이터와 같이 체계적 교육이나 멘토링을 받는 스타트업이 성장의 밑바탕이 될 수 있는 외부 동료의 비형식적 조언에 영향을 덜 받는다는 연구 결과를 내놓기도 하였다. 위에서 언급한 폐쇄적 네트워크 구조가 이러한 연구 결과를 설명할 수 있다.

액셀러레이터가 형성하는 강하지만 폐쇄적 네트워크 구조가 다양한 정보의 유입을 막을 가능성이 있는 것이다. 따라서 스타트업이 액셀러레이터 내부의 네트워크 구조에 과도하게 예속될 경우, 그러한 강한 유대의 관계가 오히려 혁신성의 제고를 위해 필요한 다양한 정보 습득에 제한이 될 수 있는 것이다.

3.1.2 중개 (brokerage) 네트워크 구조

두 번째 네트워크 구조의 특징은 액셀러레이터 외부의 행위자들과 스타트업이 이어지는 중개 (brokerage)의 네트워크 구조이다. Burt(1992)는 구조적 공백 (structural holes)이라는 개념을 제시하면서 서로 연결고리가 없는 다른 두 행위자를 이어주는 중개자 (broker)의 역할을 강조하였다. 이를 통하여 나타나는 네트워크 구조는 앞서 소개한 강한 유대를 통하여 나타나는 응집과는 달리, 약한 유대와 밀접한 관련이 있다고 볼 수 있다(Granovetter, 1973; Burt, 2001). 액셀러레이터는 액셀러레이터 자체적으로 소속 스타트업들과 형성하는 내부 네트워크와는 별개로 이 스타트업들을 외부의 행위자들과 연결하는 중개자의 역할을 수행한다. 이러한 과정을 통하여 <그림 3>처럼 외부 행위자–액셀러레이터–스타트업으로 이어지는 중개의 네트워크 구조가 형성된다. 바로 이러한 중개 네트워크 구조의 이점을 통하여 스타트업은 위에서 언급했던 한 액셀러레이터 안에서 형성되는 네트워크 응집 구조의 약점을 보완할 수 있다.

<그림 3>에서 볼 수 있듯이 액셀러레이터는 데모데이와 같은 다양한 공적 행사를 통하여 자신들이 지원하는 스타트업들이 외부 파트너를 찾는 자리를 마련해준다. 액셀러레이터들이 주최하는 데모데이는 단순히 스타트업이 자신들의 사업 모델을 발표하는 것에서 더 나아가, 스타트업들이 새로운 파트너를 찾을 수 있는 자리를 마련해준다(김영환, 2016). 이 덕

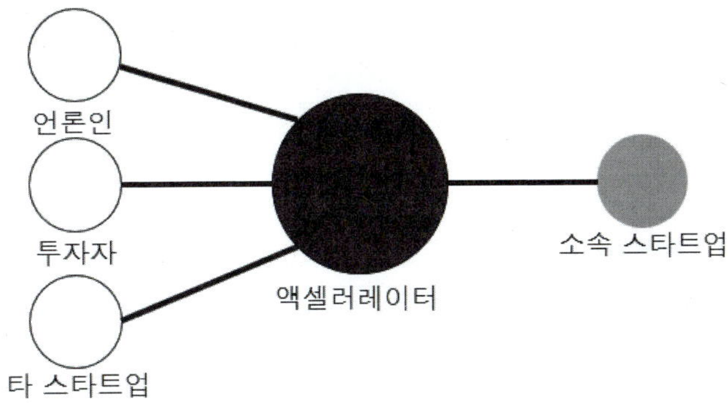

〈그림 3〉 **액셀러레이터의 중개자 역할을 통해 나타나는 외부 행위자-액셀러레이터-소속 스타트업 네트워크 구조**

분에 스타트업들은 초기에 액셀러레이터 네트워크 안에서 제한된 정보를 얻는 데 그치지 않고 보다 다양한 정보를 얻으며, 더 나아가 후속 투자 유치 혹은 사업 파트너를 만날 기회를 제공받는 것이다. 이는 스타트업을 외부의 행위자들과 연결시켜주는 액셀러레이터의 중개자 역할이 스타트업들에게 중요하게 작용한다는 점을 시사한다.

중개자로서의 액셀러레이터의 역할은 또한 스타트업에게 다양성 있는 정보의 통로를 제공한다. Burt(2001)는 '구조적 공백을 통하여 형성되는 네트워크 구조가 중복되지 않는(nonredundant) 정보를 주고받게 만들고, 그 속에서 중개자의 역할을 하는 경우 행위자가 큰 경쟁력을 가질 수 있다고 밝히고 있다. 액셀러레이터는 바로 이러한 중개자의 역할을 한다고 볼 수 있다. 중개에 기반한 연결망은 자율성을 토대로 변화를 이끌어낸다(Kadushin, 2002). 따라서 혁신을 위해 수동적 현상유지보다 자율적인 변화가 중요시되는 스타트업에게 액셀러레이터가 형성하는 중개의 네트워크 구조는 초기 성장에 긍정적인 영향을 줄 수 있는 것이다.

더 나아가, 스타트업들은 액셀러레이터를 통한 중개의 네트워크 구조를 통하여 다양한 사업 파트너와 네트워킹할 기회를 가질 수 있다. 스타트업들은 이를 통하여 보다 다양하고 중복되지 않는 지식과 정보를 얻을 수 있다. 지식의 다양성은 신생 기업의 성장을 돕는 주요 요인 중 하나이다(Larrañeta et al., 2012). 그렇기 때문에 신생 기업에게 다양한 파트너의 중요성은 무척 크다고 할 수 있다. 다양하고 중복되지 않는 네트워크가 기업들의 경쟁 역량 (competitive capabilities)을 얻는 데에 긍정적인 영향을 준다(McEvily & Zaheer, 1999). 그리고 구조적 공백을 통하여 신생기업이 속하는 네트워크 구조는 내부적으로 혁신의 기반이 되는 역량을 키우는 것에 도움이 된다(Zaheer & Bell, 2005) 따라서 스타트업들은 액셀러레이터에 속함으로써 혼자서는 형성하기 힘든 다양한 행위자들과 연결되는 네트워크에 소속될 수가 있는 것이다.

스타트업이 액셀러레이터의 중개자 역할의 이점을 활용하는 데에 있어서 이로운 점만 나타난다고 볼 수는 없다. 〈그림 3〉처럼 스타트업은 외부 행위자와 관계를 형성할 기회를 얻지만 이는 오로지 액셀러레이터를 통하여 나타난다. 이러한 경우, 양자가 중개자에게 의존을 해야 하는 양상이 나타난다(Burt, 1992). 즉, 소속 스타트업은 외부와의 관계 형성에 있어서 액셀러레이터에 대한 의존도가 커지는 것이다. 이러한 의존도가 과도해질 경우, 스타트업은 자율성을 토대로 하는 변화를 이끌어 낼 가능성이 제한될 수도 있다. 따라서 이 경우에 스타트업은 액셀러레이터를 통하여 형성되는 네트워크를 적극적으로 활용하되, 그것이 족쇄가 되지 않도록 전략을 세우는 것이 바람직할 것이다.

3.2 네트워크 내용 (network contents)으로부터 발생하는 효과

앞서 우선 액셀러레이터와 스타트업이 형성하는 네트워크 구조 자체가 스타트업에게 어떻게 영향을 미치는지 살펴보았다. 본 항목에서는 액셀러레이터와 스타트업이 형성하는 네트워크 구조 속에서 이 두 행위자가 주고받는 내용물을 살펴보고자 한다. 네트워크 구조가 관계의 양상이 지니는 특징에 주목한다면, 네트워크 내용 (content)은 그러한 관계 안에 흐르는 무형 및 유형의 자원에 주목 한다(Hoang & Antoncic, 2003). 다른 연구 역시 이러한 요소들을 행위자 간 관계에서 흐르는 내용물임을 보여준다(e.g. Brown & Butler, 1995; Stuart et al, 1999). 이러한 점에 근거하여, 본 연구에서는 <그림 4>와 같이 액셀러레이터의 특징을 반영하여 학습, 정당성 및 지위 신호 효과, 그리고 재무적 자원으로 네트워크 내용으로 분류한다.

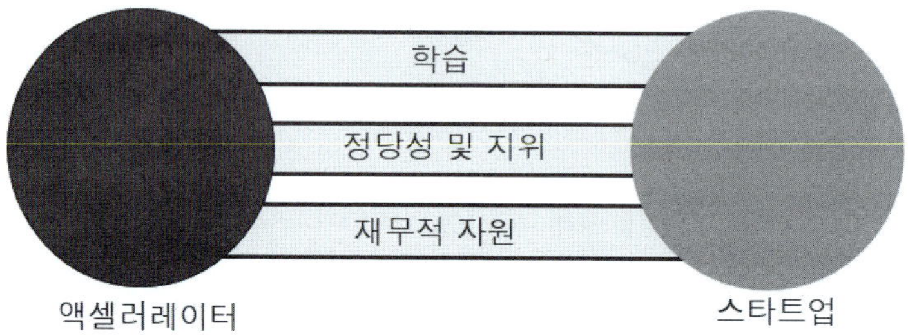

<그림 4> 액셀러레이터와 한 스타트업 간의 네트워크 내용

3.2.1 학습 (learning)

액셀러레이터가 정보 및 조언을 전달함으로써 생기는 스타트업의 학습의 효과는 네트워크 자체가 가져다주는 효과 중 하나이다. 조직 간 배태적 관계 (embedded ties)는 서로 강한 유대 관계로 형성 되어있음으로써 즉각적인 피드백과 새로운 지식의 발견하는 암묵지 (tacit knowledge) 학습의 과정을 촉진시킨다(Larson, 1992). 다른 창업지원기관들과 비교하여 액셀러레이터가 지니는 가장 큰 차별화 된 특징은 멘토링 및 교육 시스템이라고 위에서 언급한 바 있다. 체계적 멘토링을 강조하는 액셀러레이터의 속성은 이와 같은 배태적 관계의 특성을 반영한다. 실질적으로 노하우와 같은 경험적 지식이 부족한 대다수 초기 스타트업에게는 효과적으로 노하우를 얻는 과정이 초기에 결정적인 요소로 작용한다고 할 수 있다. 직접 스타트업의 창업 및 실패를 경험한 멘토들이 컨설팅을 해주는 시스템은 단순히 다른 행위자를 관찰하는 것과 같은 대리학습 (vicarious learning) 이상으로 스타트업의 학습 효과를 높일 수 있다(Hallen et al., 2016). 이는 특히 액셀러레이터의 멘토링 및 교육을 통하여 스타트업이 거치는 학습 과정인 '창업가적 학습 (entreprenuerial learning)'을 강조하며 이를 통하여 액셀러레이터가 스타트업의 가시적 성과에 긍정적인 영향을 미친다는 사실을 보여준다. 시장의 반응을 재빠르게 인지하고 비즈니스 모델을 시장에서 통하도록 재빠르게 바꾸는 '피벗(pivot)'은 스타트업이 수행해야 할 가장 중요한 전략 중 하나로 꼽히며 이는 단순히 외부에서 지켜보는 것으로는 학습이 어려운 복잡한 경험적 지식이다(Nobel, 2011). 액셀러레이터가 제공하는 체계적인 멘토링 및 교육 시스템은 스타트업들이 이러한 피벗을 더욱 효과적으로 수행할 수 있도록 할 수 있다.

Hallen et al. (2016)은 액셀러레이터을 통해 스타트업들이 (1)비즈니스 모델과 전략을 세밀화 할 수 있도록 만드는 학습, (2)그러한 비즈니스 모델을 실제로 실행하게 만드는 학습, 그리고 (3)자신들의 목표와 열망치 (aspiration level)를 상황에 따라 유연하게 조절해 나갈 수 있게 만드는 학습능력을 키울 수 있다고 보았다. 특히 열망치와 관련하여 타 조직과 비교하여 기준을 찾는 '사회적 열망치 (social aspiration level)'의 조절을 하는데 있어서 액셀러레이터는 스타트업에게 도움을 준다고 볼 수 있다(Greve, 1998). 단순히 어떤 자원을 전달받는 것에서 더 나아가 스타트업들은 액셀러레이터들을 통해 조직을 발전 시켜 나가는 일종의 '조직학습 (organizational learning)'을 실현시키는 것이다. 이를 통해 액셀러레이터가 창업 노하우와 같은 지식을 단순히 말로 전수하는 것에서 더 나아가 체계적인 시스템을 갖고 선정된 스타트업들을 도와주고 있다는 사실을 알 수가 있다. 가령 프라이머의 경우, 기수 기간이 끝난 이후에도 프라이머 출신의 스타트업들에게만 독자적으로 제공되는 강의를 계속 제공하기도 한다. 이렇게 멘토링 및 교육 시스템이라는 특성이 반영된 네트워크를 통해 나타나는 학습효과는 보다 양질의 정보를 스타트업에게 제공한다는 점에서 스타트업들에게 유리하게 작용할 수가 있다. 이를 통해 실제로 직접 스타트업을 창업해본 이들의 노하우와 같은 높은 질의 정보는 단순한 물질적 지원과는 다른 형태로 스타트업의 학습을 촉진시키며 초기 성장을 돕는다고 할 수 있는 것이다. 이러한 멘토링에 기반한 학습은 액셀러레이터와 스타트업 간의 유대관계를 형성하는 기초가 된다. 또한, 이러한 노하우의 전수는 응집성을 띠는 네트워크 구조를 통하여 더욱 용이해지기도 한다.

액셀러레이터와 스타트업의 관계에서 비롯되는 학습의 과정이 스타트업에게 항상 효과적으로 작용한다고 말하기는 어렵다. 액셀러레이터들은 스타트업들이 짧은 기간 동안 멘토, 잠재적 소비자, 프로그램 관리자, 다른 창업자 등의 다양한 사람들과 강한 강도의 상호작용을 하도록 요구한다. 이러한 집약적인 대량 정보에 대한 접근하는 과정에서 신생기업의 창업자들은 비교적 짧은 기간 내에 그러한 정보들을 어떻게 선택적으로 받아들이고 해석할 것인지에 대하여 이른바 '제한된 합리성 (bounded rationality)'의 문제에 봉착한다(Cohen et al., 2018). 제한된 합리성이란, 개인 및 조직의 목표는 합리적 의사결정이지만, 그들의 불완전하고 한계가 있는 정보 및 지식을 해석 및 처리할 수 있는 능력의 한계 때문에 그러한 합리적인 의사결정이 제대로 이루어지지 않는 것을 말한다(March & Simon, 1958). 많은 액셀러레이터들은 최선을 다해서 스타트업들에게 멘토링과 교육의 기회를 제공하지만, 짧은 기간 동안 강한 강도로 스타트업들의 잠재력을 끌어내고자 하는 액셀레이터의 특성상 스타트업들의 제한된 합리성이라는 한계 때문에 그 효과가 제대로 나타나지 않을 수도 있는 것이다. 따라서 스타트업들은 단순히 액셀러레이터 프로그램이 멘토링 및 교육 시스템으로 자신들을 긍정적인 방향으로 이끌어줄 것이라고 단순히 전제하기보다는 구체적으로 자신들이 그러한 멘토링 및 교육을 통해 얻는 정보 및 지식들을 어떻게 받을들일지 고민을 해야 한다. 그리고 액셀러레이터 역시 멘토링 및 교육 시스템을 어떻게 설계하는지에 따라 스타트업에게 효과적으로 지식 및 정보를 효과적으로 전달할 수 있는 정도가 달라질 것이다.

3.2.2 정당성과 지위 신호 효과 (legitimacy and status signaling)

액셀러레이터가 스타트업에게 전달하는 네트워크의 내용으로 정당성 (legitimacy) 및 지위 (status)도 포함할 수가 있다. 네트워크 관점에서 조직을 바라볼 때 정당성과 지위와 같은 신호효과 역시 네트워크 자체가 내포하는 요소로 간주된다(Hoang & Antoncic, 2003; Podolny & Page, 1998). 액셀러레이터는 스타트업들이 정당성과 지위를 얻도록 도움을 주어 시장에 긍정적인 신호를 보낼 수 있도록 한다. 신생기업들에게 시장에 진출해 있는 기존 기업들에 비해 객관적으로 평가 받을 지표 및 기록이 없기에 외부 평가자에게는 그것이 불확실성으로 작용한다. 이러한 점 때문에 스타트업들에게 신뢰, 명성 등의 형성을 통하여 정당성 (legitimacy)을 얻고자 노력한다(Aldrich & Fiol, 1994).

초기 스타트업은 단순히 아이디어만으로 자신들을 홍보하기에 한계가 있다. 이런 경우에 사회적으로 인정을 받고 신뢰를 받는 기관에게 지원을 받은 경력이 있으면 후에 다른 투자를 받을 때 긍정적인 신호로 작용할 수가 있다. 네트워크 구조상으로는 액셀러레이터의 중개자 역할이 이러한 정당성 획득을 가능하게 만든다. 초기 스타트업은 외부 평가자들이 심도 깊게 가치 분석을 하는 것에 한계가 있기에 액셀러레이터를 통하여 스타트업의 가치를 평가한다. 이러한 과정에서 외부평가자-액셀러레이터-스타트업으로 이어지는 중개의 네트워크 구조가 기능을 하는 것이다. Hallen et al. (2016) 역시 스타트업들이 액셀러레이터 프로그램에 참여하는 행위를 통해 긍정적 신호효과의 혜택을 받는다고 주장한다. 이는 스타트업이 신생 기업으로서 구축해야 하는 정당성과도 밀접한 관련이 있다. 지위가 높은 기관과의 관계는 그들의 경쟁력을 나타내는 신호가 되며 정당성을 얻게 해주는 역할을 한다(Fisher et al., 2016). 불확실성이 큰 시장에 새롭게 진입한 기업이 외부적 정당성 (external legitimacy)를 얻게 되면 신생조직의 부담(liability of newness)을 감소시킬 수 있다(Singh et al., 1986). 또한, 이러한 정당성은 다른 자원을 얻는 것에 도움을 주며, 이는 신생기업의 성장을 촉진시킨다(Amezcua et al., 2013; Zimmerman & Zeitz, 2002). 스타트업들은 액셀러레이터의 선택을 받기 힘들 뿐만이 아니라 들어가서의 멘토링 등의 체계적 경쟁력 제고라는 이점 때문에 이는 벤처캐피탈 및 엔젤 투자자와 같은 후속 투자자들에게도 정당성의 신호로 작용한다(Fisher et al., 2017). 따라서 스타트업이 지위가 높은 액셀러레이터와 갖는 강한 관계는 외부에서 인식하는 스타트업의 정당성을 높이면서 초기에 직면하는 위험성을 줄여주며 성장을 촉진한다고 볼 수 있다.

액셀러레이터를 통해 스타트업이 초기에 얻는 정당성은 더 나아가 해당 스타트업이 다른 스타트업들에 비해 높은 지위 및 평판을 가진 것으로 인식되게 한다. 정당성이 행위자에게 사회적으로 기대되는 요소들을 강조한다면, 지위는 그러한 요소들이 어떻게 행위자들 간의 사회구조적 순위를 형성하는지에 관한 것이다(Piazza & Castellucci, 2014). 따라서 액셀러레이터의 지원을 받는 스타트업은 지원을 받는 행위로부터 정당성을 얻는 것에서 더 나아가 액셀러레이터의 지위에 따라 다른 스타트업들에 비해 시장에서 유리한 위치를 점할 수가 있다. 조직지위는 관계를 맺는 외부조직의 지위의 영향을 받는데, 높은 지위의 조직은 뛰어난 파트너를 찾아내고 선택할 역량이 있다고 인식되며 그렇게 형성된 파트너십은 파트너의 역량에 대한 긍정적인 신호로 작용한다(Benjamin & Podolny, 1999; Hallen et al., 2016). 실제 산업에도 초기 스타트업은 외부 평가자들로부터 얻는 정당성을 필요로 하며, 액셀러레이터는 그러한 정당성을 얻는 것에 도움을 줄 수 있는 기관으로 강하게 인식되고 있다(Ramasubramaniam, 2018). 이러한 점을 통하여 국내 스타트업의 경우에도 액셀레러이터에게 선정되었다는 것 자체가 이후의 투자 유치 등에서 있어서 스타트업에게 정당성 및 지위라는 긍정적인 신호 효과를 가져다 준다는 사실을 알 수가 있다. 이처럼, 스타트업이 액셀러레이터와 형성하는 관계는 사회적 인식만으로도 해당 스타트업들이 일종의 '보증 수표'의 신호 효과를 보여주는 것이다. 스타트업을 평가할 때 사람들은 그 스타트업 자체의 내부 역량을 보기도 하지만, 객관적으로 평가가 어려운 불확실성이 존재하므로 지위가 높은 기관의 투자 및 지원을 받은 점 역시 가치 평가의 결정적인 요소로 고려되는 것이다.

그러나 액셀러레이터에게 선정이 되었다는 사실이 정당성 확립 및 지위 신호 효과라는 긍정적 사회적 평가로 이어지지 않을 가능성도 존재한다. 이는 스타트업이 액셀러레이터의 지원을 받음으로써 벤처캐피탈과 같은 특정 청중 (audience)에게는 부정적으로 인식될 가능성이 존재하기 때문이다. 일례로, 한 스타트업의 창업자는 이미 특정 지분을 내주었다는 점에서 액셀러레이터 출신 스타트업은 벤처캐피탈의 입장에서 오히려 부정적인 신호로 여겨질 수도 있다는 점을 언급한다(Disrupting, 2016). 이는 경우에 따라 액셀러레이터의 지원을 받는 스타트업은 벤처캐피탈에게 매력적이지 않은 스타트업으로 여겨질 가능성도 있다는 사실을 보여준다. 잠재력이 있다는 신호에 그치지 않고 이미 실질적으로 발전을 했다는 신호를 보고 싶어 하는 투자자 입장에서는 액셀러레이터 프로그램에 들어가는 행위 자체는 자칫 부정적으로 보일 수도 있는 것이다. 이러한 상황에서는 특정 평가자에게는 액셀러레이터에 속하는 것이 반드시 정당성이나 지위라는 긍정적인 신호로 인식되지 않을 가능성도 있다.

3.2.3 재무적 자원 (financial resources)

네트워크 내용의 또 다른 대표적인 이점으로는 유형의 자원인 재무적 자원을 꼽을 수가 있다(Hoang & Antoncic, 2003; Podolny & Page, 1998). 액셀러레이터들은 기본적으로 스타트업을 선발하고 해당 스타트업에게 금전적으로 지원한다. 미국 액셀러레이터들은 보통 15,000달러에서 20,000달러를 투자한다(Hallen et al., 2016). 국내 액셀러레이터의 스타트업에 대한 초기투자금액의 경우 액셀레러이터별로 그 규모가 다른 편이다. 적게는 2000만원, 많게는 1억~3억원을 상회하기도 한다(서일석, 2018). 여러 경영 자원 중에서도 재무적 자원은 가장 기본적인 자원의 한 유형이며 이는 다른 유형의 자원으로 쉽게 변환할 수가 있기에 특히 소규모 기업들에게 중요하다(Wiklund & Shepherd, 2005). 또한, 창업을 위한 전략적 행위에는 금전적인 자원이 중요한 요인으로 작용하기에 외부로부터 금전적 지원을 받는 것은 그 신생기업의 생존 확률을 높여준다(Castrogiovanni, 1996). 이 때문에, 기업의 창업에 관해서도 자원이 풍부한 환경은 중요한 성공 조건이다(Alvarez & Busenitz, 2001; Amezcua et al., 2013). 따라서 초기 기업 운영에 필요한 자금 및 다른 자원이 부족한 스타트업들이 초기에 지속적인 성장할 수 있도록 발판을 마련해주는 초기지원금의 역할은 매우 중요하다고 볼 수 있다. 이러한 근거로, 벤처캐피탈에게 투자금을 받은 스타트업이 그렇지 않은 스타트업에 비해 직원 수와 자산가치로 측정한 기업규모의 성장률이 높다는 선행연구 결과도 있다(Davila et al., 2003). Rosenbusch et al. (2013) 역시 벤처캐피탈의 스타트업에 대한 금전적 지원이 인적자원과 같이 가치를 창출하는 다른 자원을 얻을 수 있게 만들면서 스타트업의 재무적 성과를 높여준다는 사실을 보여주었다. 스타트업 지원 기관으로서 지원금을 준다는 점에서는 벤처캐피탈과 같은 성격을 띠는 액셀러레이터의 경우도 마찬가지로 비슷한 결과를 보일 가능성이 높다. 국내 스타트업 전문가들이 중요하게 생각하는 초기 성공 결정요인으로도 창업 초기 단계부터 성장 단계까지 지속적인 자금 확보가 꼽힌다(이현호 외, 2017). 특히, 대기업과 같은 자금력이 있는 기업들과 경쟁해야 하는 국내와 같은 사업 환경에서, 스타트업들이 얻는 초기 자금은 매우 중요한 요소라고 볼 수 있다. 액셀러레이터와 같은 창업지원기관이 주는 지원 자금으로 스타트업들은 초기에 겪는 재무적인 어려움을 최대한 해결하여 제품 및 서비스 개발, 유능한 직원 고용, 세금 납부 등 스타트업들이 실행해야 하는 다양한 행위 및 선택에 제한을 최소화할 수 있다. 이러한 재무적 지원은 액셀러레이터와 스타트업이 형성하는 네트워크 구조의 응집성의 기초가 된다고도 볼 수 있다. 적지 않은 돈을 신생 기업에게 투자하는 액셀러레이터 입장에서는 소속 스타트업을 더욱 신경 쓸 수밖에 없으며 이는 강한 관계로 이어진다.

반면에, 액셀러레이터가 제공하는 자원이 오히려 역설적으로 스타트업에게 부정적으로 영향을 끼칠 가능성도 존재한다. 액셀러레이터의 장점은 바로 초기 스타트업이 어려움을 겪지 않도록 여러 자원을 지원 및 투자할 수 있다는 점이다. 그렇기 잠재력이 있는 스타트업은 그러한 지원을 받고 비교적 좋은 환경에서 사업을 진행하게 되는 것이다. 하지만 그러한 좋은 환경이 오히려 스타트업의 진정한 잠재력을 발휘하는 것에 제약이 되는 경우도 존재할 가능성이 있다. 바로 스타트업들이 받는 초기 지원금이 여유자원 (slack)으로 이어지는 경우이다. 자원이 모두 사용되지 않아 여유가 있는 상태를 뜻하는 여유자원은 일반적으로 탐색적 활동 및 혁신을 위한 토대를 마련한다(Cyert & March, 1963; Greve, 2007; Pitelis, 2007). 하지만 여유자원은 오히려 경영자가 창의적으로 자원의 재결합 및 외부 기회를 적극적으로 찾는 것을 충분히 격려하지 않게 만들 가능성도 있다. 여유자원이 기업의 혁신에 미치는 영향은 일반적으로 역 U자의 관계를 보여 준다는 연구 결과도 있다(Herold et al., 2006; Nohria & Gulati, 1996). 적정 수준의 여유자원은 기업이 새로운 프로젝트에 적극적으로 투자할 여력을 제공한다. 그러나 그러한 여유자원이 어느 지점 이상으로 많아지는 순간, 그 기업은 더 이상 진행하지 않아도 되는 프로젝트에 불필요하게 투자를 계속 하게 되는 경우가 발생한다. 또한 여유자원이 너무 큰 기업은 자원접근성이 비교적 떨어지는 기업에 비해 위험을 극복하고 문제해결을 하기 위한 '전략적 성향 (strategic orientation)'이 낮은 경향을 보인다는 연구 결과도 있다(Bradley et al., 2011). 물론 신생기업의 경우 이러한 여유자원의 부작용이 어떻게 다르기 나타나는지는 더욱 생각해 보아야 할 점이나, 상대적으로 경험이 부족한 스타트업에게 여유자원의 효과적인 활용은 경영자에게 커다란 부담이자 과제가 될 가능성은 충분히 존재한다. 이러한 점에 비추어 볼 때, 금전적인 자원을 적극적으로 지원하는 액셀러레이터의 특징은 스타트업이 독자적으로 문제를 해결하고 위험을 극복하는 능력을 오히려 제한할 가능성도 존재하는 것이다. 따라서 액셀러레이터가 제공하는 풍부한 자원 때문에 스타트업이 누리는 환경은 초기 스타트업의 지속적인 성장을 오히려 저해할 가능성이 있는 '양날의 검'으로 작용할 가능성을 배제해서는 안 된다. 그렇기에 스타트업들은 재무적 지원을 받는 것이 효과적인 자원의 활용으로 이어지고 있는 것인지 지속적으로 점검해야 할 필요가 있을 것이다.

Ⅳ. 결론 및 시사점

본 연구는 네트워크 관점이라는 이론적 틀을 액셀러레이터에 적용하는 이론논문으로서, 먼저 스타트업 액셀러레이터의 개념을 살펴보았다. 이어서 액셀러레이터의 국내 및 해외 현황 및 대표 사례를 살펴보면서 액셀러레이터의 현 주소를 확인해보았다. 그리고 액셀러레이터가 다른 창업지원기관과 차별화 되는 점으로 공개지원선발, 한정된 단기간 프로그램, 멘토링 및 교육 시스템, 그리고 스타트업의 잠재력을 중시함에 따라 위험감수성과 같은 특징을 보인다는 것을 알아보았고, 특히 이를 통하여 액셀러레이터와 스타트업이 다른 창업기관과는 차별화되는 특별한 관계를 맺는다는 사실을 확인하였다. 해외의 액셀러레이터 산업은 현재 성장을 거쳐 안정적인 단계에 있는 상태이며, 국내에서의 액셀러레이터 산업은 현재 초기 상태로, 정부로부터 법적 지위까지 보장받음에 따라 꾸준히 성장하고 있다는 상황도 살펴보았다.

본 연구는 그리고 액셀러레이터와 스타트업이 형성하는 '관계'에 주목하여 네트워크 관점에서 액셀러레이터가 스타트업에게 미치는 영향을 이론적으로 고찰해보았다. 우선 액셀러레이터와 스타트업이 형성하는 네트워크 구조의 영향력을 알아보았다. 액셀러레이터와 스타트업이 형성하는 네트워크 구조는 크게 응집과 중개로 구분된다. 액셀러레이터는 내부적으로 스타트업들과 응집의 네트워크 구조를 형성한다. 강한 강도의 네트워크를 통하여 형성되는 조밀한 네트워크 구조는 사회적 자본의 전달을 기반으로 스타트업에게 긍정적으로 작용하는 특징이 있다. 반대로, 그렇게 액셀러레이터를 중심으로 형성되는 강한 네트워크 구조는 혁신성을 제한할 가능성이 있기에 스타트업의 성장을 저해하는 요인으로 작용할 수도 있다. 한편, 외부적으로 액셀러레이터는 중개자의 역할을 수행하며 외부행위자들과 스타트업을 연결하는 중개의 네트워크 구조를 형성한다. 이러한 네트워크 구조를 통하여 소속 스타트업은 액셀러레이터 내부의 네트워킹에서 더 나아가 다양한 파트너들을 만날 기회를 제공받는다. 이러한 네트워크 구조는 다양한 지식과 정보의 습득을 도우며, 스타트업을 투자자와 연결하는 것을 가능하게 한다. 한편, 액셀러레이터가 중개자의 위치에 있어 스타트업에 구조적으로 액셀러레이터에게 과도하게 의존할 경우 오히려 외부 네트워킹에 있어서 자율성이 제한되는 부정적인 결과가 나타날 가능성도 존재한다.

다음으로, 이러한 구조 속에서 네트워크 자체의 내용으로부터 비롯되는 액셀러레이터의 다양한 효과를 분석하였다. 액셀러레이터와 스타트업 간의 관계는 특히 스타트업의 학습을 촉진시킨다. 두 행위자 간의 관계는 암묵지와 같은 복잡한 지식의 전이를 가능하게 한다. 하지만 이 과정에서 제한된 합리성으로 인한 비효율성이 나타날 가능성 역시 존재한다. 그리고 이러한 네트워크는 스타트업이 정당성 및 지위를 얻는 신호효과를 만들어 낸다. 신생기업이 독자적으로 사회적 인정을 받는 것은 어려운데, 액셀러레이터와의 관계가 이를 가능하게 만드는 것이다. 하지만 액셀러레이터와의 관계 자체가 특정 청중에게는 부정적인 신호로 여겨질 잠재적 위험성은 존재한다. 마지막으로 재무적 자원은 스타트업의 초기 성장에 긍정적인 영향을 끼칠 가능성이 높지만, 그것이 여유자원으로 남을 경우, 경우에 따라서는 성장 속도를 오히려 저해할 수가 있다.

본 연구는 다음과 같은 두 가지 사항에서 액셀러레이터에 관한 연구 영역을 심화하고 확장하는 데 공헌하고 있다. 첫째, 아직 연구가 많이 이루어지지 않은 액셀러레이터에 대해 네트워크 관점의 이론적 배경에 근거를 두어 분석함으로써 보다 액셀러레이터에 대한 실질적인 이해를 가능하도록 도왔다는 점이다. 단순히 액셀러레이터가 스타트업에게 미치는 영향을 피상적으로 정리한 것이 아니라 액셀러레이터가 빚어내는 경영 현상 내면에 존재하는 작동 방식을 이해하기 위한 이론적 관점을 함께 제시하였기에 본 연구는 액셀러레이터에 대한 보다 심도 깊은 이해를 가능하게 한다. 따라서 본 연구는 액셀러레이터를 근본적으로 고찰하는 이론논문으로서 액셀러레이터 관련 연구가 국내에서 아직 미미한 상황에서 향후 액셀러레이터 연구에 방향성을 제시할 수 있는 하나의 길잡이가 될 것으로 기대한다.

둘째, 본 연구는 또한 액셀러레이터가 스타트업에게 미칠 수 있는 다양한 영향을 탐구하고 논의한다는 점에서 스타트업을 시작하려는, 혹은 시작한 창업가들에게 실무적 시사점도 제공한다. 보통 스타트업들은 액셀러레이터가 제공해주는 각종 지원들에 주목하며 프로그램에 참여하기를 원한다. 하지만 겉으로 보이는 것에서 더 나아가 그러한 지원들이 구체적으로 어떻게 자신들의 기업에 영향을 미칠 수 있는지를 알 수 있다면 액셀러레이터를 선정하는 과정과 지원받는 과정에서 보다 자신에게 맞는 효과적인 선택을 할 수 있을 것이다. 본 연구가 스타트업에게 시사하는 더욱 중요한 점은 액셀러레이터가 스타트업에게 미치는 영향은 액셀러레이터 그리고 스타트업의 성격 및 특징에 따라 매우 달라질 수 있다는 점이다. 위에서 살펴보았듯이 예를 들어 위에서 논의했듯이 어떠한 액셀러레이터는 선정된 스타트업을 자신들의 강한 네트워크 구조의 이점을 누릴 수 있게 해줄 수 있지만, 다른 경우에는 오히려 닫혀있는 응집의 네트워크 구조가 초기 스타트업의 혁신성을 제한하는 결과를 낳을 수도 있다. 이렇듯 스타트업들은 자신들의 특징과 상황을 고려하여 어떠한 액셀러레이터가 자신들의 성장을 가장 효과적으로 촉진시킬 수 있는지를 고려해야 할 것이다.

본 연구는 네트워크 관점에서 액셀러레이터를 바라봄으로써 네트워크 관점에 기반한 이론적 고찰을 통하여 액셀러레이터와 스타트업 사이에 나타나는 경영 현상을 더욱 심도 깊게 분석하고 있지만, 한편으로는 이러한 이론적 관점이 제약으로 작용할 가능성 역시 존재한다. 액셀러레이터가 스타트업에게 끼치는 영향을 설명할 다른 이론적 틀은 얼마든지 제시될 수 있기 때문이다. 그렇기에 향후에는 액셀러레이터를 설명하기 위해 보다 다양한 학제적 관점에서의 이론적 틀이 제시되어야 할 것이다. 더 나아가 이러한 이론적 틀을 통합하려는 시도 역시 이루어진다면, 액셀러레이터에 대한 이해의 기반이 더욱 풍부해져 실증연구를 하고자 하는 연구자들뿐만이 아니라 액셀러레이터를 활용하려 하는 실무자들에게도 중요한 시사점을 제공해줄 수 있을 것이다.

향후 연구에서는 이러한 이론적 배경을 바탕으로 액셀러레이터들이 스타트업에 미치는 다양한 양상을 실제 데이터에 기반하여 탐구해 보아야 할 것이다. 이를 위해서는 국내 역시 스타트업 및 액셀러레이터에 대한 양질의 데이터 축적이 필요할 것으로 보인다. 이러한 데이터를 바탕으로, 본 연구에서 제시한 이론 모델뿐만이 아니라, 다양한 이론 모델에 기반한 실증연구를 수행하여 보다 설득력 있는 방식으로 액셀러레이터가 스타트업에 미치는 영향을 탐구해 볼 수 있을 것이다.

스타트업은 창업가정신을 실현시키는 가장 중요한 수단 중 하나이기에, 창업가정신에 대한 관심이 지속적으로 나타나는 현 시대에 스타트업에 대한 관심 역시 지속될 것이다. 그러한 과정 속에서 액셀러레이터는 분명 스타트업의 발전에 커다란 영향을 미치는 역할을 하고 있다. 창업생태계에서의 이런 행위자들이 만들어내는 경영현상을 제대로 이해하기 위한 이론적 관점의 중요성은 결코 간과되지 않아야 할 것이다. 또한, 분명 액셀러레이터의 위에서 언급한 긍정적인 영향들에 기반을 두어 초기 스타트업의 성장을 촉진하는 역할을 하지만, 그러한 특징이 오히려 비효율적이거나 부정적으로 작용할 가능성도 존재한다. 따라서 초기 단계의 스타트업을 적극적으로 지원하는 액셀러레이터에 대한 이러한 지속적인 관심과 연구가 있어야 스타트업의 초기 생존과 지속가능한 성장에 대한 더욱 심도 깊은 이해가 가능해질 것이다.

REFERENCE

김기진(2017). 부동산 앱 다크호스 '호갱노노' 입소문만으로 1년 반 만에 월 50만명 접속, 매일경제, Retrieved 2018.11.7. from *http://news.mk.co.kr/newsRead.php?year=2017&no=750300*

김영환(2016). 엑셀러레이터와 대중의 접점 스타트업 연습생의 공개 데뷔무대, '데모데이(Demo Day)', *Entrepreneurship Korea*, 1, 11–14.

김용재(2013). ICT 중소벤처 창업 및 성장을 위한 맞춤형 전략 연구, *정책연구*, 13–17.

김용재·염수현(2014). 벤처 엑셀러레이터의 이해와 정책방향. *KISDI Premium Report*, 19.

박희원(2018). 해외 엑셀러레이터 기관 사례분석 및 시사점, *산은조사월보*, 794, 33–54.

백주연(2018). 장원귀 대표 "중고상품거래 全과정 서버 저장…번개장터에선 사기 걱정 없어요", 서울경제, Retrieved 2018. 11. 17. from *https://www.sedaily.com/NewsView/1R UN5DONKU*

서일석(2018). 스타트업 초기 재원 마련, 어떻게 할까? 벤처스퀘어, Retrieved 2018. 10. 27. from *http://www.ventures quare.net/756088*

이경상·주희엽·손정민·한승연·안철현(2014). *엑셀러레이터 성과분석 시스템 구축과 제도적 기반조성 연구*, 한국생산성본부.

이정우(2016). 창업대중화의 주역, 액셀러레이터, *Entrepreneurship Korea*, 1, 7–10.

이현호·황보윤·공창훈(2017). 스타트업의 초기 성공을 결정하는 요인에 관한 연구, *벤처창업연구*, 12(1), 1–13.

조성주·이상명·박병진(2014). 린 스타트업: 창업 초기기업의 실패 최소화 전략, *벤처창업연구*, 9(4), 41–53.

중소벤처기업부(2018). *창업기획자(엑셀러레이터) 등록 절차 및 준비서류*, 대전.

최윤수·김도현(2016). 투자 행태를 통한 엑셀러레이터와 벤처캐피탈의 비교 연구, *벤처창업연구*, 11(4), 27–36.

한승희(2018). 국가 공인 창업기획자 액셀러레이터 100개 넘어, 플래텀, Retrieved 2018. 10. 21 from *https://platum.kr/archives/103715*

Adler, P. S., & Kwon, S. W. (2002). Social capital: Prospects for a new concept, *Academy of Management Review*, 27(1), 17–40.

Aldrich, H. E., & Fiol, C. M. (1994). Fools rush in? The institutional context of industry creation, *Academy of Management Review*, 19(4), 645–670.

Aldrich, H. E., & Wiedenmayer, G. (1993). From traits to rates: An ecological perspective on organizational foundings, *Advances in Entrepreneurship, Firm Emergence, and Growth*, 1(3), 145–196.

Alvarez, S. A., & Busenitz, L. W. (2001). The entrepreneurship of resource–based theory, *Journal of Management*, 27(6), 755–775.

Amezcua, A. S., Grimes, M. G., Bradley, S. W., & Wiklund, J. (2013). Organizational sponsorship and founding environments: a contingency view on the survival of business–incubated firms, 1994–2007, *Academy of Management Journal*, 56(6), 1628–1654.

Baum, J. A., Calabrese. T, & Silverman. B. S. (2000). Don't go it alone: Alliance network composition and startup's performance in Canadian biotechnology, *Strategic Management Journal*, 21(3), 267–294.

Baek, J. Y. (2018). CEO Chang, "All Processes of Used–Products Transactions Saved in the Server…Bungaejangteo Is Fraud–Free", Seoul Daily Retrieved 2018. 11. 17 from *https://www.sedaily.com/NewsView/1RUN5DONKU*

Benjamin, B. A., & Podolny, J. M. (1999). Status, quality, and social order in the California wine industry, *Administrative Science Quarterly*, 44(3), 563–589.

Bradley, S. W., Wiklund, J., & Shepherd, D. A. (2011). Swinging a double–edged sword: The effect of slack on entrepreneurial management and growth, *Journal of Business Venturing*, 26(5), 537–554.

Brown, B., & Butler, J. E. (1995). Competitors as allies: a study of entrepreneurial networks in the US wine industry. *Journal of Small Business Management*, 33(3), 57.

Burt, R. S. (1992). *Structural Holes*, Cambridge, MA: Harvard University Press.

Burt, R. S. (2001). Structural holes versus network closure as social capital, In *Social Capital*(pp. 31–56), Abingdon, UK: Routledge.

Bustamante, C. V. (2018). Strategic choices: Accelerated startups' outsourcing decisions, *Journal of Business Research*.

Castrogiovanni, G. J. (1996). Pre–startup planning and the survival of new small businesses: Theoretical linkages. *Journal of Management*, 22(6), 801–822.

Chatterji, A., Delecourt, S., Hasan, S., & Koning, R. M. (2018). *When Does Advice Impact Startup Performance?* (No. w24789), Cambrdige, MA: National Bureau of Economic Research.

Cho, S. J., Lee, S. M., & Park, B. J. (2014). 'Lean–Startup': The Way to Reduce the Failure Rate of Startups, *Asia-Pacific Journal of Business Venturing and Entrepreneurship*, 9(4), 41–53.

Choi., Y. S., & Kim, D. H. (2016). A Comparative Study of the Accelerator and Venture Capital through Investment Behavior, *Asia-Pacific Journal of Business Venturing and Entrepreneurship*, 11(4), 27–36.

Clifford, C. (2016). Within 10 Years, the Number of Accelerator Programs in the U.S. Has Increased Tenfold, Retrieved 2018. 10. 17 from *https://www.entrepreneur.com/article/271000*

Cohen, S. L., Bingham, C. B., & Hallen, B. (2018). The Role of Accelerator Designs in Mitigating Bounded Rationality in New Ventures, *Administrative Science Quarterly*.

Cohen, S., & Hochberg, Y. (2014). Accelerating startups: The seed accelerator phenomenon, *SSRN Journal*, 1–16

Coleman, J. (1988). Social Capital in the Creation of Human Capital. *American Journal of Sociology*, 94, S95–S120.

Cyert, R. M., & March, J. G. (1963). *A Behavioral Theory of the Firm*. Englewood Cliffs, NJ: Prentice Hall.

Davila, A., Foster, G., & Gupta, M. (2003). Venture capital financing and the growth of startup firms, *Journal of Business Venturing*, 18(6), 689–708.

Disrupting the Disruptors: Startup Accelerators Feel Pressure to Evolve, Knowledge@Wharton(2016, July 28). Retrieved 2018. 10. 17 from *http://knowledge.wharton.upenn.edu/article/why-startup-accelerators-are-feeling-pressure-to-evolve/*

Fisher, G., Kotha, S., & Lahiri, A. (2016). Changing with the times: An integrated view of identity, legitimacy, and new venture life cycles, *Academy of Management Review*, 41(3), 383–409.

Fisher, G., Kuratko, D. F., Bloodgood, J. M., & Hornsby, J. S. (2017). Legitimate to whom? The challenge of audience diversity and new venture legitimacy, *Journal of Business Venturing*, 32(1), 52–71.

Giudici, A., Reinmoeller, P., & Ravasi, D. (2018). Open-system orchestration as a relational source of sensing capabilities: evidence from a venture association. *Academy of Management Journal*, 61(4), 1369–1402.

Granovetter, M. S. (1973). The strength of weak ties. *American Journal of Sociology*, 78(6), 1360–1380.

Greve, H. R. (1998). Performance, aspirations, and risky organizational change, *Administrative Science Quarterly*, 43(1), 58–86.

Greve, H. R. (2007). Exploration and exploitation in product innovation. *Industrial and Corporate Change*, 16(5), 945–975.

Gust(2016). Global Accelerator Report 2016. Retrieved 2018. 10. 27. from *http://gust.com/accelerator_reports/2016/g lobal/*

Hallen, B. L., Bingham, C. B., & Cohen, S. (2016). Do accelerators accelerate? A study of venture accelerators as a path to success?, In *Academy of Management Proceedings*(Vol. 2014, No. 1, p. 12955), Briarcliff Manor, NY 10510: Academy of Management.

Han, S. H. (2018). Government-certified Accelerators are Now Over 100. Retrieved 2018. 10. 21 from *https://platum.kr/archives/103715*

Hansen, M. T. (1999). The search-transfer problem: The role of weak ties in sharing knowledge across organization subunits, *Administrative Science Quarterly*, 44(1), 82–111.

Hathaway, I. (2016). What startup accelerators really do, *Harvard Business Review*, 1.

Herold, D. M., Jayaraman, N., & Narayanaswamy, C. R. (2006). What is the relationship between organizational slack and innovation?. *Journal of Managerial Issues*, 18(3), 372–392.

Hoang, H., & Antoncic, B. (2003). Network-based research in entrepreneurship: A critical review, *Journal of Business Venturing*, 18(2), 165–187.

Jarillo, J. C. (1989). Entrepreneurship and growth: The strategic use of external resources, *Journal of Business Venturing*, 4(2), 133–147.

Kadushin, C. (2002). The motivational foundation of social networks, *Social Networks*, 24(1), 77–91.

Kim, J. H., & Wagman, L. (2014). Portfolio size and information disclosure: An analysis of startup accelerators, *Journal of Corporate Finance*, 29, 520–534.

Kim, K. J. (2017). Real Estate App 'Hogangnono' Hits 500,000 Monthly Users in Just a Year and a Half, Maeil Business Newspaper, Retrieved 2018. 11. 7 from *http://news.mk.co.kr/newsRead.php?year=2017&no=750300*

Kim, Y. J. (2013). A Study on Industry-Specific Strategy for Creation and Growth of ICT Ventures Businesses, *Korea Information Society Development Institute*.

Kim, Y. J., & Yeom, S. H. (2014). Understanding Venture Accelerator and Direction of Policy, *KISDI Premium Report*, 19.

Kim, Y. H. (2016). 'Demo Day,' the Open Debut Stage for Trainee Startups to Meet Accelerators and the Public, *Entrepreneurship Korea*, 1, 11–14.

Konrad, A. (2017, June 7). The Best Startup Accelerators Of 2017, Retrieved 2018. 10. 17 from *https://www.forbes.com/sites/alexkonrad/2017/06/07/best-accelerators-of-2017/#2c5880e910cb*

Larson, A. (1992). Network dyads in entrepreneurial settings: A study of the governance of exchange relationships, *Administrative Science Quarterly*, 37(1), 76–104.

Larrañeta, B., Zahra, S. A., & González, J. L. G. (2012). Enriching strategic variety in new ventures through external knowledge, *Journal of Business Venturing*, 27(4), 401–413.

Lee, H. H., Hwang, B. Y., & Kong, C. H. (2017). A Study on the Factors that Determine the Initial Success of Start-up, *Asia-Pacific Journal of Business Venturing and Entrepreneurship*, 12(1), 1–13.

Lee, J. W. (2016). The Main Leader of the Popularization of Entrepreneurship, Accelerator, *Entrepreneurship Korea*, 1, 7–10.

Lee, K. S., Joo, H. Y., Son, J. M., Han, S. Y., & Ahn, C. H. (2014). *A Research on Building of Accelerator Performance Analysis System and Institutional Foundation*, Korea Productivity Center.

March, J. G., & Simon, H. A. (1958). *Organizations*, England: Oxford

McEvily, B., & Zaheer, A. (1999). Bridging ties: A source of firm heterogeneity in competitive capabilities, *Strategic Management Journal*, 20(12), 1133–1156.

Ministry of SMEs and Startups(2018). *Accelerator Registration Procedure and Required Papers*, Daejeon.

Nobel, C. (2011). Teaching a 'Lean Startup' Strategy, *HBS Working Knowledge*, 1–2.

Nohria, N., & Gulati, R. (1996). Is slack good or bad for innovation?, *Academy of Management Journal*, 39(5), 1245–1264.

Park, H. W. (2018). Case Study on Abroad Accelerator Institutions and Implications, *Korea Development Bank Monthly Bulletin*, 794, 33–54

Piazza, A., & Castellucci, F. (2014). Status in organization and management theory, *Journal of Management*, 40(1), 287–315.

Pitelis, C. (2007). A Behavioral Resource–Based View of the Firm: The Synergy of Cyert and March(1963) and Penrose(1959), *Organization Science*, 18(3), 478–490.

Podolny, J. M., & Page, K. L. (1998). Network forms of organization, *Annual Review of Sociology*, 24(1), 57–76.

Ramasubramaniam, A. (2018). Market Access Programs: Adding Dimensions to Accelerators, Entrepreneur. Retrieved 2019. 2. 15. from *https://www.entrepreneur. com/article/318672*

Reagans, R., & McEvily, B. (2003). Network structure and knowledge transfer: The effects of cohesion and range, *Administrative Science Quarterly*, 48(2), 240–267.

Rosenbusch, N., Brinckmann, J., & Müller, V. (2013). Does acquiring venture capital pay off for the funded firms? A meta–analysis on the relationship between venture capital investment and funded firm financial performance, *Journal of Business Venturing*, 28(3), 335–353.

Shane, S., & Stuart, T. (2002). Organizational endowments and the performance of university start–ups, *Management Science*, 48(1), 154–170.

Seo, I. S. (2018). How to Get Initial Financial Resources? VentureSquare, Retrieved 2018. 10. 27 from *http://www.venturesquare.net/756088*

Singh, J., Tucker, D., & House, R. (1986). Organizational Legitimacy and the Liability of Newness, *Administrative Science Quarterly*, 31(2), 171–193.

Stinchcombe, A. L. (1965). Social structure and organizations. In J.G. March (ed.), *Handbook of organizations*: 142–193. Chicago: Rand–McNally

Stuart, T. E., Hoang, H., & Hybels, R. C. (1999). Interorganizational endorsements and the performance of entrepreneurial ventures, *Administrative Science Quarterly*, 44(2), 315–349.

Uzzi, B. (1996). The sources and consequences of embeddedness for the economic performance of organizations: The network effect, *American Sociological Review*, 61(4), 674–698.

Wiklund, J., & Shepherd, D. (2005). Entrepreneurial orientation and small business performance: a configurational approach, *Journal of Business Venturing*, 20(1), 71–91.

Yli–Renko, H., Autio, E., & Sapienza, H. J. (2001). Social capital, knowledge acquisition, and knowledge exploitation in young technology–based firms, *Strategic Management Journal*, 22(6–7), 587–613.

Younger, S., & Fisher, G. (2018). The exemplar enigma: New venture image formation in an emergent organizational category, *Journal of Business Venturing*.

Zaheer, A., & Bell, G. G. (2005). Benefiting from network position: firm capabilities, structural holes, and performance, *Strategic Management Journal*, 26(9), 809–825.

Zimmerman, M. A., & Zeitz, G. J. (2002). Beyond survival: Achieving new venture growth by building legitimacy, *Academy of Management Review*, 27(3), 414–431.

벤처창업연구 제16권 제6호 (통권78호)

조직의 탐색과 활용에 대한 양손잡이 전략의 균형이 스타트업 성과에 미치는 영향

최성철 (국민대학교 글로벌창업벤처대학원 석사)
이우진 (국민대학교 글로벌창업벤처대학원 부교수)

국문 요약

조직의 양손잡이(organizational ambidexterity) 구조는 기업이 새로운 기회를 포착하는 탐색(exploration) 활동과 자원을 효율적으로 이용하는 활용(exploitation) 활동을 동시에 추구할 수 있도록 설계한 조직 전략이다. 이러한 양손잡이 구조는 현재 대부분 여유 자원이 풍부한 대기업을 대상으로 연구가 이루어지고 있으며, 상대적으로 여유 자원 보유 수준이 낮은 스타트업의 양손잡이 조직구조 필요성에 대한 연구는 아직 많지 않다. 하지만, 최근 전 세계적으로 창업생태계가 고도화되면서 벤처에 투자하는 모험자본이 급속하게 증가하고 있으며, 이러한 현상은 스타트업에 많은 투자가 이루어지고 급성장할 수 있는 환경이 조성되면서 스타트업의 양손잡이 조직구조의 필요성과 적용 가능성에 대한 논의가 필요한 시점이다.

이에 본 연구는 새로운 아이디어로 시장의 문제를 해결하며 꾸준히 시장에서 탐색 활동을 하고 있는 스타트업(start-up)이 이러한 탐색 활동과 동시에 누적되어 가는 기업의 자원을 활용할 수 있는 역량을 갖추는 것이 기업성과에 영향을 미칠 것이라는 가설을 검증하였다. 본 연구의 가설검증을 위해 국내 140개 스타트업의 설문데이터를 분석하였으며, 지금의 시장 상황처럼 불확실하고 변동성이 높은 환경에서의 양손잡이 조직에 대한 필요성을 검증하기 위하여 환경적 동태성(environmental dynamics)의 조절효과가 있는지도 분석하였다. 연구결과 스타트업의 탐색과 활용의 균형(balance)은 기업성과에 유의미한 영향이 있음이 검증되었고, 환경적 동태성의 조절효과는 비재무성과와의 관계에 유의미한 영향을 미치는 것으로 나타났다.

따라서 자원이 부족한 스타트업의 경우 기업이 성장해 가는 과정에서 발생하는 잉여자원들을 효과적으로 활용하고 새로운 사업을 탐색하는 초기 단계부터 탐색과 활용의 균형을 맞추어야 한다는 결론을 도출하였다. 즉, 장기적으로 스타트업도 효과성과 효율성을 동시에 추구할 수 있는 메커니즘을 내재화하기 위해서 양손잡이 조직의 구조화를 추구하는 것이 지속적인 성장과 생존을 위해 중요함을 확인할 수 있었다. 본 연구는 조직의 구조 관점에서 스타트업의 성장을 위한 전략적 방향을 제시하고, 급격하게 성장하는 창업벤처 분야에서 스타트업의 양손잡이 역량과 기업성과와의 영향 관계에 대한 유의미한 결과가 스타트업의 성장에 기여할 것으로 기대한다.

핵심주제어: 양손잡이 조직, 스타트업, 기업성과, 환경적 동태성, 탐색과 활용의 균형

I. 서론

모든 생명체는 불확실한 환경변화 속에서 안정을 원하지만 생태계의 변화로 인해 지속해서 존속하기 어렵다. 이러한 환경에서 존속하기 위해 생명체들은 자신의 장점을 활용하는 동시에 새로운 변화를 추구하며 진화해 나아간다. 마찬가지로 기업도 시장 환경의 변화에 도태되지 않기 위해 지속해서 기업의 장점을 활용하며 변화와 혁신을 추구해야 한다. 최근에 발생한 코로나 발 세계 대공황과 같은 위기는 1929년의 대공황보다 더 심각하다. 이러한 예측 불가능한 환경변화는 기업에 재정적, 경제적 어려움을 야기하고 예기치 않은 방식으로 기업의 수요와 재정적 가용성을 감소시키는 위협적인 사건이다. 특히 다양성이 낮아 자원이 적고 대기업보다 집중적인 위험에 직면해야 하는 중소기업의 경우 더욱 힘들 수 있다. 이러한 시대적 흐름에 현재 전 세계적으로 침체된 경제 상황을 극복하기 위해 신성장동력으로 스타트업이 주목받게 되

면서 스타트업 정책과 스타트업 생태계 조성에 관한 관심이 높아졌다. 실제로 이러한 스타트업 기업들은 국내의 IMF 구제 금융 당시 경제 위기를 극복하기 위한 대안으로 주목받았으며, 이후 국가 경제의 새로운 성장동력으로 자리매김한 이력이 있다. 따라서 이러한 스타트업 기업이 부족한 자원을 효율적으로 활용하면서 다양한 환경의 변화 속에서 살아남기 위해서는 지속적인 혁신이 필요하며, 새로운 기회를 포착하는 탐색(exploration) 활동과 자원을 효율적으로 이용하는 활용(exploitation) 활동을 동시에 수행해야만 한다. 이처럼 탐색과 활용 활동을 동시에 수행하는 기업을 '양손잡이 조직' 또는 '양손잡이 역량'(Organizational ambidexterity)이라고 하며(O'Reilly & Tushman, 2004), 이러한 자원이 부족한 스타트업이 한정적인 자원을 효율적으로 활용하기 위해서는 탐색과 활용의 균형을 맞추고 효과적인 조직을 구축할 수 있는 양손잡이 역량을 키우는 것이 중요하다. 이는 급변하는 환경 속에서 지속적인 경쟁우위를 확보할 수 있는 전략으로 실제로 양손잡이 혁신을 추구하는 조직이 기업성과 측면에서 그렇지 않은 조직보다 우월함을 보여주고 있다(Gibson & Birkinshaw, 2004).

본 연구의 목적은 시장과 기술 변화 속도가 빠르며 자원에 제약이 있는 스타트업의 성장을 위한 혁신 전략으로써 이 탐색과 활용의 사용 정도에 따라 얼마나 효과적으로 기업 성과에 영향을 미치는지를 분석하는 데 있다. 따라서 본 연구는 조직이 양손잡이 전략을 추구할 때 기업성과에 영향을 미칠 수 있는지를 조사하였으며, 환경적 동태성이 이러한 성과를 조절하는지를 알아보았다. 또한, 본 연구를 통해 스타트업 경영자들에게 적합한 자원관리를 할 수 있는 방향성을 제시할 수 있으며, 조직의 지속적인 생존과 성장을 위해 활용할 수 있는 혁신 전략을 제안하고자 한다.

Ⅱ. 이론적 배경

2.1 양손잡이 조직(Ambidextrous Organization)

2.1.1 탐색(Exploration)과 활용(Exploitation)

양손잡이 또는 양면성(ambidexterity)이라는 단어는 라틴어의 'ambi' 두 방향(양쪽)이라는 뜻과 'dexter' 오른손이라는 의미가 합쳐져 만들어진 단어로 양손 모두 능숙하게 사용할 수 있는 사람(양손잡이)이라는 의미의 단어이다(Simsek, 2009). 이는 두 개의 얼굴을 가진 로마 신화의 야누스와 같이 두 가지 이상의 관점을 갖는 야누스 조직으로 논의되기도 한다(Rothenberg, 1996; Isaksen & Tidd, 2006).

이러한 양손잡이 조직(Ambidextrous Organization)은 탐색(exploration)적 활동을 통한 혁신을 추구하는 동시에 활용(exploitation)적 활동을 통한 효율성을 동시에 추구하는 조직의 능력으로 정의된다(O'Reilly & Tushman, 2004). 양손잡이 조직을 연구하는 학자들은 조직이 탐색적 과정과 활용적 과정 모두 관여하는 것이 조직의 장기적 생존과 성공에 중요함을 강조하고 있다(Gibson & Birkinshaw, 2004).

여기서 탐색(exploration)은 검색, 발견, 자율성, 혁신에 관한 것으로 새로운 기회를 찾고 위험을 감수하여 신제품이나 신사업을 개발해 나가는 것으로 정의하며, 활용(exploitation)은 효율성, 통제력, 확실성, 분산 감소에 관한 것으로 최소한의 리스크와 보유한 자원을 토대로 기존 제품이나 서비스를 중심으로 효율성을 높이는 것으로 정의한다(March, 1991).

〈표 1〉 탐색(exploration)과 활용(exploitation) 개념

구분	탐색(exploration)	활용(exploitation)
정의	근본적인 혁신. 새로운 고객/시장의 요구 반영	점진적 혁신. 기존 고객/시장의 요구를 반영
결과	새로운 시장/고객, 유통경로, 새로운 상품 개발 및 디자인 등	기존 시장/고객, 유통경로, 기존 상품/디자인 등
지식기반	새로운 지식 요구 및 기존 지식과 경험에서 탈피	기존 지식과 기술을 활용하고 확장
결과의 근원	탐색, 개척, 다양성, 유연성, 실험, 위험 감수	정렬, 생산, 효율성, 실행, 개선, 리스크 회피

자료 : Jansen et al.(2005)

조직이 직면한 기본적인 문제는 현재의 생존확률을 보장하기 위해 충분한 활용과 동시에 미래의 생존 가능성을 보장받기 위해 탐색에 충분한 에너지를 쏟아야 하며, 탐색과 활용에 모두 관여하는 기업은 한 차원을 다른 차원에 비해 강조하는 기업보다 우수한 성과를 달성할 가능성이 더 큰 것으로 나타났다(Raisch & Birkinshaw, 2008; Tushman & O'Reilly, 1996).

양손잡이 조직(ambidextrous organization) 관련 연구는 <표 2>와 같이 양손잡이(ambidexterity) 조직으로 이중 구조 조직의 중요성을 이야기한 Duncan(1976)의 연구와 탐색과 활용에 대한 개념을 제시한 March(1991)의 연구 이후 많은 연구자에 의해 다루어져 왔으며, 이러한 연구의 흐름은 빠른 기술과 시장 환경의 변화 속에서 조직의 갈등과 긴장을 해결하고 기업이 지속적으로 성장하기 위한 조건으로 양손잡이(ambidexterity) 조직에 관한 연구가 활발하게 이루어져 온 것을 볼 수 있다(Gupta et al., 2006; Raisch & Birkinshaw, 2008, Raisch et al., 2009; Simsek, 2009; Birkinshaw & Gupta, 2013; Junni et al., 2013; O'Reilly & Tushman, 2013).

<표 2> 양손잡이 조직의 주요연구

개념	연구자	연도
혁신 단계마다 다른 조직구조가 요구	Duncan	1976
탐색 및 활용 개념 제시, 적절 균형 강조	March	1991
점진적, 연속적인 변화와 혁신을 동시 지향하기 위한 양면적 특성 요구	Tushman & O'Reilly	1996
양손잡이 전략의 균형적 동시추구와 조직성과와의 관계 검증	He & Wong	2004
다양한 관점에서의 양손잡이 조직과 균형	Raisch & Birkinshaw	2008
회사 규모에 따른 양손잡이 전략의 균형과 결합의 성과 검증	Cao et al.	2009

2.1.2 양손잡이 조직의 균형(Balance)

양손잡이 조직의 탐색(exploration)과 활용(exploitation)의 사용 균형 관점에 있어 March(1991)는 탐색과 활용 사이의 적절한 균형을 달성하고 유지하는 것이 조직의 생존을 위해 필수적이라고 주장하였다. 특히 양손잡이 조직의 탐색과 활용의 사용 균형은 자원에 제약이 소규모의 기업에 더 이롭지만 전체 탐색과 활용의 사용 정도는 내부 또는 외부 자원에 더 많이 접근하는 대기업 회사들에 더 이로운 것으로 밝혀졌다(Cao et al., 2009). 이는 자원이 제한된 상황의 관리자가 탐색과 활용 수요 사이의 상충 관계를 관리하는 데 초점을 맞출 수 있지만 충분한 자원에 접근할 수 있는 기업의 경우 탐색과 활용을 동시에 추구하는 것이 가능하고 바람직하다는 것을 나타낸다.

탐색과 활용은 조직 학습에 대한 근본적으로 다른 두 가지 접근 방식을 나타내지만 최근 문헌은 기업들이 둘 사이의 균형을 달성할 필요성을 점점 더 시사하고 있다. 이러한 균형 잡힌 견해는 양손잡이 조직의 개념에 내재되어 있으나 확실한 성과에 대한 양면성이 긍정적인 영향을 미친다는 직접적인 증거는 거의 없다(He & Wong, 2004).

탐색과 활용의 균형적 측면을 측정하기 위해서는 변수 간의 조화 관점으로 해석하는 것이 필요하다(Barreto, 2010). 기존 연구에서는 이러한 관계를 계산하기 위해 단순히 탐색과 활용을 합산(summation)하여 점수화하거나 곱(multiplication)하여 점수화하였으며, 절댓값 차(subtraction of absolute value)를 양면성(ambidexterity) 방식으로 측정하였다. 이러한 방식에 대하여 이론적으로 다룬 연구는 아직까지 부족한 실정이다(Cao et al., 2009; He & Wong, 2004).

양손잡이 역량을 측정하는 여러 유형 중 조직의 생존에 관한 연구의 초점을 맞추기 위해서는 두 가지 활동의 균형(balance)적 관계를 중심으로 하여 절댓값 차를 통해 측정할 수 있으며, 양손잡이 역량을 측정하는 방법은 <표 3>과 같다.

〈표 3〉 양손잡이 역량 측정 방법

구분	계산 방법	연구자	연도
균형	| 탐색(exploration) − 활용(exploitation) |	He & Wong	2004
		Cao et al.	2009
조합 (시너지)	탐색(exploration) X 활용(exploitation)	Gibson & Birkinshaw	2004
		Cao et al.	2009
	탐색(exploration) + 활용(exploitation)	Lubatkin et al.	2006
		Jansen et al.	2009b

규모가 작거나 부족한 운영 환경 때문에 상대적으로 자원이 제약된 기업들은 탐색(exploration) 및 활용(exploitation)의 긴밀한 균형을 달성함으로써 가장 많은 이익을 얻을 수 있으며, 반면 높은 탐색과 활용의 정도는 낮은 성과와 관련이 있음을 밝혀냈다. 이러한 결과는 더 많은 자원이 제한된 기업의 경우 절충 관점이 상당히 적합하고 적절해 보인다는 것을 시사한다(Cao et al., 2009). 따라서 작은 기업에 탐색과 활용의 긴밀한 균형이 더 중요하며, 탐색과 활용은 큰 기업들과 작은 환경에서 활동하는 기업들 사이의 성과와 긍정적으로 연관되어 있음을 밝혀냈다. 즉, 자원이 충분한 기업일수록 탐색과 활용 사이의 절충이 극복될 수 있음을 나타낸다(Cao et al., 2009).

이러한 발견은 선행연구로 인해 그들이 절충에 더 관심을 두고 탐색과 활용 사이의 균형을 추구해야 하는지, 아니면 동시에 높은 수준의 두 가지 모두를 달성하려고 해야 하는지를 불명확하게 했기 때문에 고위 경영진과 중간 수준의 경영진에게 분명하고 실질적인 영향을 미치고 있다. 이는 기업이 이용할 수 있는 내부적으로 통제되고 외부적으로 접근할 수 있는 자원의 양에 따라 결정된다는 것을 보여준다(He & Wong 2004). 또한 이러한 점에서 자원이 제약된 조직의 관리자들이 탐색과 활용 사이의 절충을 관리하는 데 집중함으로써 이익을 얻을 수 있으나, 충분한 자원에 접근할 수 있는 기업은 탐색과 활용의 동시 추구가 가능하고 바람직하다고 볼 수 있다(Cao et al., 2009).

2.2 스타트업의 양손잡이 역량

스타트업(Start-up)은 성장 초기단계의 기업으로 새로운 비즈니스모델을 개발하거나 새로운 시장을 찾는데 주력하는 다양한 업종의 프로젝트성 조직 또는 신생기업으로 불확실한 환경에서 혁신을 통해 가치를 창출하는 기업으로 정의할 수 있다(Eric, 2011; 이서한·노승훈, 2014).

스타트업(Start-up)의 탐색적 혁신은 새로운 제품이나 서비스를 개발하는 것을 의미하며 활용적 혁신은 기존의 기술이나 역량을 바탕으로 현재의 제품이나 서비스를 개선하는 것을 말한다(윤권현, 2010). 이처럼 새로운 제품과 서비스를 개발하고 기존에 판매되는 제품 혹은 서비스를 변화시키는 과정은 지금의 기업이 살아남기 위한 필수적인 방법이며 이와 같은 방법은 자원이 한정된 스타트업 기업이 탐색과 활용을 동시에 진행하는 것은 어려운 과제일 수 있다.

실제로 대다수 경영 전략 분야의 선행연구에서는 양손잡이 역량을 키우고 양손잡이 조직으로 거듭나기 위해서는 기업의 여유자원(slack resource)의 필요성을 언급하고 있으며(Jansen et al., 2005), 이러한 측면에서 자원이 부족한 스타트업 기업의 경우 자원이 상대적으로 풍부한 대기업의 경우보다 더 많은 어려움을 가질 수 있다(Lubatkin et al., 2006). 따라서 자원이 부족한 스타트업의 경우 자원 분배 시 즉각적인 성과 창출을 위해 기존 주력 제품이나 서비스를 최대한 활용하는 활용 활동에 초점을 맞출 수 있으며, 새로운 제품을 개발하거나 기회를 추구하는 탐색 활동에 있어서는 자원을 사용하지 않을 수 있다(Jackson et al., 1989). 따라서 창업을 시작한 스타트업보다 내부 잉여자원이 포착되는 시점에 있는 성장 단계의 스타트업에게 양손잡이 역량이 더 적용될 수 있다.

O'Reilly와 Tushman(2008)는 양손잡이 역량이 기업에게 중요한 역량이지만 많은 기업들이 자원을 보유하고 있음에도

변화하는 환경에 적응 및 실패하는 이유는 자원(resource)이나 역량(competencies)을 제대로 활용하지 못하였기 때문이라고 주장한다. 이는 기업의 지속적인 경쟁우위 확보와 유지에 있어 자원과 역량은 필요조건이지 충분조건은 아니라는 것이다.

Raisch와 Birkinshaw(2008)는 기업의 자원 차별성이 양손잡이 역량 성과에 미치는 영향력을 조절할 것이라고 하였다. 즉, 부유한 기업들은 탐색과 활용에 동시에 자원을 활용할 수 있으며, 반면 그렇지 못한 기업들은 자원의 한계로 인해 양손잡이 혁신을 할 여력을 가지지 못하게 된다는 것이다. 이와 유사하게 Lubatkin et al. (2006)는 자원이 부족한 기업일수록 하나의 전략에만 집중하는 것이 보다 효과가 크다고 하였다. 따라서 이러한 결과들은 조직의 양손잡이 역량이 충분한 자원의 활용 여부에 따라 달라질 수 있다는 것이다.

실제로 기업 간 자원의 차별적 소유는 양손잡이 역량 성과에 미치는 영향력을 조절한다(kyriakopoulos & Moorman, 2004; Venkatraman et al., 2007). 자원에 여유가 있는 기업들은 탐색과 활용에 동시에 자원을 활용할 수 있으며, 반면 그렇지 못한 기업들은 자원의 한계로 인하여 양손잡이 역량을 추구할 여력을 가지지 못할 수 있다.

여유자원은 기업을 일상적으로 운영하고 유지하는 데 필요한 자원 그 이상으로 보유하고 있는 여유분을 말하는데(Nohria & Gulati, 1996), 여유자원(Slack)과 혁신과의 관계에 대해서는 서로 반대되는 의견이 양립하고 있다. 즉, 여유자원이 혁신을 추진할 수 있는 기회를 제공한다는 의견이 있는 반면, 조직의 여유 자원이 변화 감지를 둔화시킨다는 부정적 견해 또한 존재한다. 이는 혁신의 결과를 침해하는 낭비적(wasteful), 미숙한(undisciplined) 요소로 파악하는 견해이며, 혁신에 대한 부정적 견해는 기업의 여유자원이 외부 환경변화를 감지하거나 이를 지각하는 데 있어 완충(cushion) 역할을 함으로써 변화 감지를 둔화시키게 된다는 것이다(Nohria & Gulati, 1996).

Katila와 Ahuja(2002)는 탐색과 활용을 동시에 추구하는 것이 신제품 개발에 있어서 긍정적인 영향을 미치는 것을 보여주었으며, He와 Wong(2004) 역시 탐색 중심의 혁신 전략과 활용 중심의 혁신 전략을 함께 사용하는 것이 매출액 성장에 긍정적 영향을 미치는 것을 보여 주었다. 그리고 창출된 성과는 일반적으로 탐색에서는 새로운 지식, 활용에서는 단기적 이익의 창출이며 혁신의 측면에서 살펴보면 탐색에서는 탐색적 혁신성과로 활용에서는 활용적 혁신성과로 지칭된다(Ahn, et al., 2006; Benner & Tushman, 2003). 이렇듯 선행 연구 결과를 통해 탐색과 활용의 적절한 조화 및 균형을 유지하는 전략이 조직성과에 긍정적인 영향을 줄 것이라 보고 있기 때문에 자원이 부족한 기업일지라도 지속적인 성장을 위해 양손잡이 역량의 중요성을 인지하고, 급변하는 환경 속에서 지속적인 경쟁우위를 확보하여 새롭게 변화하는 환경에 효과적으로 적응할 수 있는 능력을 배양할 수 있다.

2.3 환경적 동태성 (Environmental Dynamics)

환경적 동태성은 외부 환경의 불안정성과 높은 변동성 등 예측 불가능한 상태를 의미한다(Jansen et al., 2009a).

복잡하고 예측하기 어려운 경영환경 속에서 조직을 환경과 분리해서 설명하기는 쉽지 않으며, 조직은 환경으로부터 끊임없이 영향을 받고 지속해서 생존하기 위해서는 이러한 불확실한 환경에 잘 적응해야만 한다(Thompson, 1967). 많은 기업은 시장과 급변하는 경쟁 환경 속에서 다양한 외부적 수요에 대응하기 위해 경쟁우위를 유지하고 경영 시스템 구축을 위한 최상의 방법을 찾아내야 한다(Venkatraman, 1990). 더불어, 이러한 경영 시스템 및 합리적 조직구조는 급변하는 환경변화에 직면한 기업에 경쟁우위를 가져다줄 수 있는 요인으로 작용한다(Drazin & Van de Ven, 1985). 실제로 환경의 역동성 및 경쟁 정도가 탐색과 활용 그리고 성과(performance) 간의 관계를 조절할 수 있다(Levinthal & March, 1993; Lewin et al., 1999; Auh & Mengue, 2005). 따라서 환경적 동태성(environmental dynamics)은 급격한 환경의 변화가 기업들이 탐색과 활용의 선택에 있어 중요한 판단 기준이 될 수 있기 때문에 양손잡이 영향 요인 중 가장 빈번하게 언급되는 변수 중 하나이다. 기업은 환경의 변동성으로부터 기술혁신을 해야 하는 필요성을 인식할 수 있으며, 요구되는 정보 및 자원을 얻기 위해 혁신 과정에 있어 직면한 경영 환경은 기술적 혁신에 중대한 영향을 준다(Miller & Friesen, 1983; Burns &

Stalker, 1961). 또한, 다수의 선행연구에서는 탐색적 혁신을 추구하는 기업들은 역동적인 환경에서 더욱더 효과적이며, 반면에 활용적 혁신을 추구하는 기업들은 상대적으로 덜 역동적인 환경에서 효과적이라고 밝히고 있다(Jansen et al., 2005).

2.4 기업의 성과 (Firm's Performance)

2.4.1 양손잡이 조직의 성과

양손잡이 조직의 성과에 있어 크게 두 가지를 들 수 있는데 첫 번째는 양손잡이(ambidexterity) 역량과 성과를 연결하는 것은 강력하다는 것이다. 이는 양손잡이 역량의 측정 결과 변수 범위, 분석 수준, 산업별 표본 등 다양하게 사용하지만 뚜렷한 성과를 나타낼 수 있다는 점이다. 두 번째로 초기 연구 중 일부는 사례 연구나 일화적 증거에 의존했지만(Markides & Charitou, 2004; Tushman & O'Reilly, 1996) 최근 10년 내의 많은 연구는 종적 데이터가 있는 큰 표본을 사용하고 시간의 경과에 따른 양손잡이의 영향을 문서화하였다. 예를 들어, Goosen et al. (2012)의 연구는 10년 동안 대규모 표본(500개 기업)을 사용했으며, 기술 역량이 더 큰 기업들이 양손잡이(ambidexterity)의 혜택을 더 많이 받는 것으로 나타났다. Caspin-Wagner의 연구는 605개의 기술 회사를 조사했으며, 양면성과 확고한 재무성과 사이의 U자 모양의 반전 관계를 발견하였다(Caspin-Wagner et al., 2012). 이 연구는 Uotila와 동료들의 또 다른 대규모 표본 연구에서 확증된 것으로 양손잡이 역량은 확고한 성과와 긍정적으로 연관되어 있다는 결론을 제시하였다. 이러한 영향은 불확실한 조건과 충분한 자원이 확보될 경우 양손잡이 역량이 기업의 환경에 따라 좌우될 수 있기 때문에 소규모 기업보다 규모가 큰 기업에서 더 유리하게 나타났다(Uotila et al., 2008).

2.4.2 스타트업의 성과

자원이 적은 스타트업의 경우 성과를 판단하기 위해서는 재무적인 기업 성과와 비재무적인 기업 성과로 나누어 평가하여야 하며 정량적인 기업의 매출과 자본 비율 등을 재무적인 기업 성과로 측정하고 기업의 정성적인 목표 등은 비재무적인 기업 성과로 나누어서 성과를 확인할 수 있다. 실제로 기업의 성과는 객관적 및 주관적 기준에서 다양하게 측정되고 있으며(Lomberg et al., 2017), 스타트업 기업의 성과를 내기 위한 선행 연구에서는 스타트업의 성과로 매출액, 매출 성장률, 매출액 이익, 투자 수익률 등에 대한 중요도와 각각의 재무 기준에 대한 창업가의 만족도를 통해 주관적 성과를 사용하였다(Covin & Slevin, 1990). 그 이유는 스타트업 기업의 경우 재무 자료 제공을 망설일 소지가 있으며, 객관적인 재무 자료가 공개되어 있지 않아 정확성이 결여될 수 있다.

특히, 비재무적 성과는 객관화가 어려우며, 측정의 범위가 넓은 점 등으로 단기적인 성과라고 하기에는 부적합한 것으로 인식되고 있으나 장기적인 관점에서는 조직을 중심으로 관련된 모든 이해 당사자의 기준에 의해 성과를 측정함으로써 종합적이고 포괄적인 성과로 조직성과의 많은 부분을 설명할 수 있다(홍대웅 외, 2017).

Ⅲ. 연구 방법

3.1 연구모형 및 가설설정

본 연구는 조직의 탐색(exploration)과 활용(exploitation)에 대한 균형(balance)이 기업성과에 미치는 영향을 검증하기 위한 연구모형을 도출하였다. 또한, 기업성과에 영향을 미치는 조직의 양손잡이 균형과의 관계가 환경적 동태성(environmental dynamics)에 의해 미치는 영향을 검증하기 위해 연구모형을 〈그림 1〉과 같이 구성하였다.

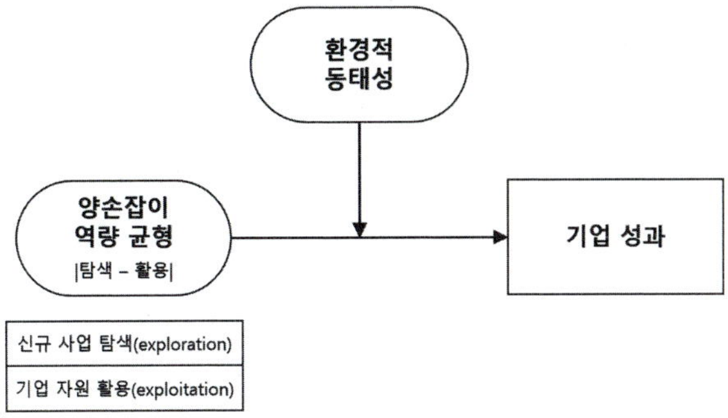

〈그림 1〉 연구모형

독립변수인 탐색(exploration)과 활용(exploitation) 혁신 전략 간 상대적 균형(balance)은 He & Wong(2004)의 연구에서 측정한 절댓값의 차(subtraction of absolute value)를 양면성 방식으로 측정할 수 있다. 따라서 측정한 결과를 기반으로 〈표 4〉과 같이 양손잡이 역량 균형 정도를 확인할 수 있는데, A 기업의 경우 활용보다는 탐색에 집중하여 균형 정도가 낮은 반면 B 기업의 경우 탐색과 활용 정도가 적절하여 균형 정도가 높게 나타남을 확인할 수 있다. 따라서 조직의 양손잡이 역량에 대한 균형은 계산 값이 낮을수록 균형 정도가 높게 나타나게 되며, 상대적으로 양손잡이 역량 균형 계산 값이 클수록 균형 정도는 낮게 나타나게 된다. 이와 같이 탐색과 활용의 각각의 평균값을 토대로 두 평균값의 차를 통해 양손잡이 조직 균형값을 산출하였다.

〈표 4〉 양손잡이 역량 균형 측정 예시

구분	탐색 점수	활용 점수	양손잡이 역량 균형 계산	양손잡이 역량 균형 평가
A 기업	10	5	|10 − 5| = 5	낮다
B 기업	5	5	|5 − 5| = 0	높다

자료: Cao et al.(2009)
※ 양손잡이 활동 균형 값의 도출식: | 탐색–활용 |

3.1.1 양손잡이 활동의 균형과 스타트업의 성과

초기 단계의 기업과 같이 규모가 작아 활용할 수 있는 자원이 제약된 기업은 탐색 및 활용의 긴밀한 균형을 달성함으로써 많은 이익을 얻을 수 있지만, 어느 한쪽의 활동에 치우친 정도는 조직의 낮은 성과를 초래할 수 있다(Cao et al., 2009). 이와 같은 이유로 환경의 변화가 빨라 예측이 어렵고 변동성이 상시화된 시장의 환경에서는 더욱 양손잡이 활동의 균형이 기업의 성과창출을 위해 필요하다.

본 연구에서는 조직의 양손잡이 활동이 기업의 성과에 긍정적인 영향을 미친다는 주요 선행연구를 기반으로 양손잡이 역량과 스타트업의 성과와의 관계에 대해 다음과 같은 연구 가설을 설정하였다. 또한, 성과(performance)에 대한 세부적인 분류를 통해 어떠한 성과에 영향을 미치는지 검증할 수 있도록 네 가지의 세부 가설을 설정하였다.

가설 1: 조직의 탐색과 활용 간 상대적 균형이 스타트업의 성과에 긍정적인 영향을 미칠 것이다.
1–1: 조직의 탐색과 활용 간 상대적 균형이 스타트업의 제품혁신에 유의한 영향을 미칠 것이다.
1–2: 조직의 탐색과 활용 간 상대적 균형이 스타트업의 비즈니스모델 혁신에 유의한 영향을 미칠 것이다.
1–3: 조직의 탐색과 활용 간 상대적 균형이 스타트업의 비재무성과에 유의한 영향을 미칠 것이다.
1–4: 조직의 탐색과 활용 간 상대적 균형이 스타트업의 재무성과에 유의한 영향을 미칠 것이다.

3.1.2 환경적 동태성의 조절효과

조직이 환경과 긴밀하게 관계를 형성해야 하는 이유는 생존을 위해 필요한 자원을 외부로부터 조달해야 하는 필연적인 연계성 때문이다(Aldrich & Pfeffer, 1976).

Nevo와 Wade(2011)는 오히려 역동적인 환경에 처한 기업이 조직 관리 능력이 더 우수함을 확인하였으며, Jansen, et al.(2005)는 실증연구를 통해 동태적인 환경에 직면한 조직일수록 양손잡이 역량이 높아진다는 것을 강조하였다. 따라서 불연속적으로 변화하는 외부환경을 이해하고, 상황에 맞는 적응방식을 찾아내는 것은 조직에게 중요한 과제이며 더불어 한정된 자원을 가지고 있는 스타트업에게는 생존을 위해 중요한 요인으로 작용할 수 있다.

본 연구에서는 이러한 선행연구를 기반으로 양손잡이 역량의 균형과 스타트업의 성과와의 관계에 있어 환경적 동태성의 조절효과에 대한 연구가설을 다음과 같이 설정하였다.

가설 2: 조직의 탐색과 활용에 대한 균형과 스타트업 성과와의 관계는 환경적 동태성에 의해 조절될 것이다.

2-1: 조직의 탐색과 활용에 대한 균형과 스타트업 제품혁신의 영향 관계는 환경적 동태성에 의해 조절될 것이다.

2-2: 조직의 탐색과 활용에 대한 균형과 스타트업 비즈니스모델 혁신의 영향 관계는 환경적 동태성에 의해 조절될 것이다.

2-3: 조직의 탐색과 활용에 대한 균형과 스타트업 비재무성과의 영향 관계는 환경적 동태성에 의해 조절될 것이다.

2-4: 조직의 탐색과 활용에 대한 균형과 스타트업 재무성과의 영향 관계는 환경적 동태성에 의해 조절될 것이다.

3.2 측정변수의 조작적 정의

본 연구에서 사용된 변수들은 <표 5>에서 보는 바와 같이 구성하였으며, 각각의 측정항목들은 선행연구를 통해 구성하였다. 실제 조사에 사용된 설문 문항은 총 40문항이며, Likert 척도를 사용하여 매우 그렇다 5점, 그렇다 4점, 보통이다 3점, 아니다 2점, 전혀 아니다 1점으로 측정하였다.

앞서 설명한 것과 같이 독립변수인 양손잡이(ambidexterity) 균형은 탐색과 활용의 절댓값 차에 대한 결과 값을 사용하였고, He와 Wong(2004)의 연구를 바탕으로 탐색 4문항, 활용 4문항의 Likert 5점 척도를 사용하여 측정 후 결과 값을 도출하여 적용하였다.

최근 연구에서는 기업의 성과(performance) 측정에 다양한 기업의 활동결과를 적용하여 연구가 진행되고 있으며, 신제품 개발 성공률, 시장 출시 시기, 개발 주기 및 시장 잠재력에 대한 성공정도와 같은 변수들이 활용되고 있다(Wei et al.,

<표 5> 변수의 조작적 정의

구분	변수명	변수 정의	문항	연구자
독립변수	양손잡이 역량의 균형	탐색과 활용을 동시에 추구하면서 한쪽으로 치우치지 않고 균형을 가지는 것	8	He & Wong(2004)
종속변수	제품혁신	기존 제품보다 성능이 향상되어 완전히 다른 제품이나 개선된 제품을 출시하는 것	4	Kaplan & Norton(1992) 전제란(2008) 양예형(2017)
	비즈니스 모델혁신	비즈니스모델을 구성하는 여러 가지 요소를 다각도에서 변형시켜 차별화되는 가치를 창출해내는 것	3	
	비재무 성과	시장 점유율이 높아지며, 소비자 만족도가 높아지고 회사의 기술설비 및 종업원 증가율이 상승하는 것	4	
	재무 성과	기업의 매출총액이나 투자 이익률 등 수익이 상승하는 것	3	
조절변수	환경적 동태성	기업이 의사결정에 고려하는 환경요소들이 어느 정도로 변화하는가를 나타내는 것	8	Dess & Beard(1984) Miller(1983)

2013). 또한 제품혁신, 비즈니스모델 혁신, 비재무성과, 재무성과와 같은 변수들로 기업의 성과를 측정하고 있으며(Wei et al., 2013, 박상문·이병헌, 2008, 정동섭·이희옥, 2015, 최윤정 외, 2020), 이러한 기업의 성과는 기업성과지표(Performance Indicator)를 토대로 조직의 임무, 전략목표, 성과목표의 달성여부를 측정하는 척도를 계량적으로 나타낸 것을 의미한다.

본 연구에서는 기업의 성과를 측정하는 재무적 관점, 재무 이외에 관한 기업의 성과를 측정하는 비재무적 관점, 신제품 출시에 대한 기업의 성과를 측정하는 제품혁신과 신사업 출시에 대한 비즈니스모델 혁신 이렇게 4가지 관점에 대하여 스타트업의 성과를 측정하였다. 이를 위하여 설문 문항은 기존 선행연구를 참고하여 Kaplan & Norton(1992), 전제란(2008), 양예형(2017)의 제품혁신 4문항, 비즈니스모델 혁신 3문항, 비재무성과 4문항, 재무성과 3문항으로 적용하였다. 조절변수인 환경적 동태성을 측정하기 위해서는 Dess와 Beard(1984)의 연구와 Miller(1983)의 연구를 토대로 외부요인 4문항, 내부요인 4문항을 사용하여 측정하였다.

3.3 자료 수집 및 분석방법

본 연구는 국내 스타트업에 종사하고 있는 대표 및 의사 결정권을 가진 임원을 대상으로 하였으며, 이들은 스타트업에서 기업의 핵심역량을 이해하고 있는 경영층으로 기업성과에 대한 정보에 쉽게 접근이 가능하고 공유가 가능할 수 있는 지위에 있다. 현재 소속된 기업의 상황을 정확하게 파악할 수 있는 그룹이라 판단하여 설문 대상인 표본으로 선정하였다.

설문은 국내에서 활동하는 스타트업 회원들을 보유하고 있는 '코리아 스타트업 포럼' 및 '청년창업사관학교 출신 동문 기업'을 대상으로 하여 2021년 4월 28일부터 5월 10일까지 총 12일간 진행하였다. 또한, 설문은 온라인 설문 조사로 진행하였으며, 총 168개의 기업이 설문에 응답하였으나 중소기업 창업지원법 제2조 2항에 따라 업력이 7년 이상인 자료 28개는 제거하고 분석을 실시하였다.

스타트업 종사자의 인구 사회학적 특성 및 변수의 특성을 살펴보기 위해 빈도 분석과 기술통계분석을 실시하였으며, 주요 변수 간 상관관계와 다중공선성 문제 검토를 위해 상관관계 분석을 실시하였다. 또한, 신뢰도와 타당성을 검증을 위해 요인분석 및 신뢰도분석 등을 실시하였다.

3.4 연구 대상의 특성분석

본 연구의 대상을 분석하여 살펴보면 실험에 참여한 남성 110명(78.6%), 여성 30명(21.4%)으로 나타났으며, 연령은 20대(9.3%), 30대(44.3%), 40대(34.3%), 50대(10.7%), 60대 이상(1.4%)으로 나타났다. 또한, 직위에 경우 대표이사는 119명

〈표 6〉 연구표본의 인구 사회학적 특성

변인	범주	빈도	유효 %	누적 %
성별	남자	110	78.6	78.6
	여자	30	21.4	100
연령	20대	13	9.3	9.3
	30대	62	44.3	53.6
	40대	48	34.3	87.9
	50대	15	10.7	98.6
	60대 이상	2	1.4	100
직책	대표이사 / 사장	119	85	85
	부사장	1	0.7	85.7
	전무 / 상무 / 이사	4	2.9	88.6
	실무책임자	16	11.4	100

(85%), 부사장은 1명(0.7%), 전무/상무/이사는 4명(2.9%), 실무책임자는 16명(11.4%)으로 나타났다.

본 연구 표본의 기업 일반적 특성을 살펴보면 기업형태는 개인은 56개(40%), 법인은 82개(58.6%), 기타 2개(1.4%)로 나타났다. 소재지는 서울시 87개(62.1%)로 가장 많이 나타났으며, 경기도는 30개(21.4%), 강원도 2개(1.4%), 충청도 4개(2.9%), 전라도 3개(2.1%), 경상도 12개(8.6%), 제주도 2개(1.4%)의 순으로 나타났다.

직원 수는 10명 미만이 108개(77.1%)로 가장 많았으며, 10명에서 29명 사이가 20개(14.3)이며, 30명에서 49명 사이가 5개(3.6%), 50명 이상은 7개(5%)로 나타났다.

업종별로는 교육/문화/콘텐츠가 47개(33.6%)로 많았으며, 금융/보험은 4개(2.9%), 유통/물류는 22개(15.7%)로 나타났다. 또한, 소프트웨어는 11개(7.9%), 전자기기/반도체는 10개(7.1%), IT/방송은 22개(15.7%), 기타 24개(17.1%)로 나타났다.

〈표 7〉 연구표본의 기업 특성 분석

변인	범주	빈도	유효 %	누적 %
기업형태	개인	56	40	40
	법인	82	58.6	98.6
	기타	2	1.4	100
업력	1년 이하	13	9.3	9.3
	2년	33	23.6	32.9
	3년	30	21.4	54.3
	4년	15	10.7	65.0
	5년	12	8.6	73.6
	6년	37	26.4	100.0
소재지	서울시	87	62.1	62.1
	경기도	30	21.4	83.6
	강원도	2	1.4	85.0
	충청도	4	2.9	87.9
	전라도	3	2.1	90.0
	경상도	12	8.6	98.6
	제주도	2	1.4	100.0
직원수	10명 미만	108	77.1	77.1
	10~30명 미만	20	14.3	91.4
	30~50명 미만	5	3.6	95.0
	50명 이상	7	5.0	100.0
업종	교육/문화/콘텐츠	47	33.6	33.6
	금융/보험	4	2.9	36.4
	유통/물류	22	15.7	52.1
	소프트웨어	11	7.9	60.0
	전자기기/반도체	10	7.1	67.1
	IT/방송	22	15.7	82.9
	기타	24	17.1	100.0

Ⅳ. 실증연구 결과

4.1 타당성 및 신뢰성 분석

본 연구에 사용된 변수들의 타당성 및 신뢰성을 검증하기 위해 탐색적 요인분석과 신뢰도분석을 진행하였는데 이는 여러 변수들에 존재하는 요인들을 찾아내 통계적으로 다양한 변수들을 보다 작은 수의 요인으로 재정리하는 측면에서 자료를 요약하는 기능을 갖는다. 측정변수는 나타난 자료의 손실을 줄이기 위해 척도의 순환과정을 통해 불필요한 항목을 제외시켰다. 본 연구에서는 요인 적재값이 0.5이상이면 매우 유의한 것으로 판단하였으며 0.5이하의 공통성에 문제가 있는 문항은 분석에서 제외시켰다. 요인분석의 적용 가능성 분석은 KMO와 Bartlett의 표본 적합도 검증을 통해 이루어졌으며, 독립변수인 양손잡이 역량에 대한 신뢰도분석 결과 카이제곱 값이 유의(χ^2=339.99, df=28, p=0.000)하게 나타나 요인분석에 적합함을 보여주었으며, KMO의 값은 0.752로 표본 적합도가 적합한 것으로 나타났다. 따라서 독립변수에 대한 요인분석 결과는 <표 8>과 같으며, 탐색과 활용에 대하여 추출된 요인은 전체 분산의 약 63%를 설명하는 것으로 분석되었다.

<표 8> 양손잡이 역량 요인분석 결과

양손잡이 역량	활용	탐색
탐색1	0.160	0.657
탐색2	0.221	0.774
탐색3	-0.008	0.849
탐색4	0.252	0.713
활용1	0.608	0.181
활용2	0.851	0.149
활용3	0.849	0.128
활용4	0.863	0.156
고유값	2.699	2.355
분산(%)	0.337	0.294
누적분산(%)	0.337	0.631

종속변수인 기업성과에 대한 신뢰도분석 결과는 카이제곱 값이 유의(χ^2=924.33, df=105, p=0.000)하게 나타나 요인분석에 적합함을 보여주었으며, KMO의 값은 0.853로 표본 적합도가 적합한 것으로 나타났다. 따라서 성과의 탐색적 요인분석 결과 약 71%를 설명하는 것으로 분석되었다.

설문 응답을 한 대상자들의 의해 주관적으로 응답될 수 있기 때문에 신뢰성 있는 결과가 나왔는지에 대한 검토가 필요하다. 따라서 이에 대한 신뢰도를 확인하기 위해 신뢰도분석(Reliability Analysis)을 실시하였으며, 항목 간 상관관계를 계산하여 변형하는 방법으로 크론바흐 알파계수(Cronbach's alpha)를 구하여 측정하였다. 크론바흐 알파계수를 구하여 변수의 신뢰성을 확인한 결과 <표 9>과 같이 나타났으며, 분석 결과 양손잡이 균형은 0.807, 기업성과 0.862, 환경적 동태성은 0.861로 나타났다. 모두 높은 수치인 0.8이상이 나왔으므로 신뢰성이 검증되었다.

<표 9> 변수 신뢰도 분석 결과

변수	항목수	Cronbach'α
양손잡이 균형	8	0.807
기업성과	14	0.862
환경적 동태성	6	0.861

또한, 본 연구에서는 변수들의 관련성을 파악하기 위해 Pearson의 상관관계 분석(Correlation Analysis)을 실시하였으며, 사용된 변수들 간 상관관계 분석 결과는 <표 10>과 같다.

<표 10> 변수 상관관계 분석 결과

변수	양손잡이 균형	기업성과	환경적 동태성
양손잡이 균형	1		0.807
기업성과	-0.216**	1	
환경적 동태성	-0.188*	0.259**	1

+p<0.1, *p<0.05, **p<0.01, ***p<0.001

4.2 가설검증 결과

본 연구의 변수 가설과 연구모형 분석을 위해 회귀분석(Regression Analysis)을 실시하였으며, 양손잡이 역량의 탐색(exploration)적 요인과 활용(exploitation)적 요인의 균형을 독립변수로 지정하였다. 또한 성과를 종속변수로 하여 회귀분석을 실시하였다. 이는 변수들 중 하나를 종속변수로 지정하고 나머지를 독립변수로 지정하여 독립변수가 종속변수에 어떠한 영향을 미치는지를 파악하는 분석으로 두 변수 간 인과관계를 분석하는 기법이다.

따라서 본 연구에서는 독립변수로 양손잡이의 탐색과 활용의 균형을 절댓값 차(subtraction of absolute value)를 사용하여 측정하였으며, 종속변수로 제품혁신, 비즈니스모델 혁신, 비재무성과, 재무성과를 하나의 종속변수로 하는 회귀분석을 실시하였다. 또한, 각각의 성과에 대하여 어떠한 성과에서 영향이 나타나는지 세부적으로 검증하기 위해 각각의 종속변수에 대하여 회귀분석을 진행하였다.

가설 1의 양손잡이의 균형이 스타트업 기업 성과에 긍정적인 영향을 미칠 것이라는 가설 검정 결과(t=-2.318, p=0.022)는 유의한 것으로 나타났으며, 각각의 성과에 대한 가설 검정 결과 제품혁신(H1-1)과 비재무성과(H1-3)에서는 유의하게 나타났으나 비즈니스모델 혁신(H1-2)과 재무성과(H1-4)에서는 긍정적인 영향을 미칠 것이라는 가설이 유의하지 않는 것으로 나타났다.

〈표 11〉 가설1의 회귀분석 결과

가설	종속변수	독립변수	B	std. Error	t value	P
H1 (채택)	기업성과	(intercept)	3.666	0.086	42.648	0.000***
		양손잡이 균형	−0.243	0.105	−2.318	0.022*
		R^2	0.047			
		adj. R^2	0.038			
		F-statistics	5.373(p=0.022)			
H1-1 (채택)	제품혁신	(intercept)	3.841	0.106	36.289	0.000***
		양손잡이 균형	−0.407	0.129	−3.158	0.002**
		R^2	0.083			
		adj. R^2	0.075			
		F-statistics	9.975(p=0.002)			
H1-2 (기각)	비즈니스 모델혁신	(intercept)	3.979	0.114	34.830	0.000***
		양손잡이 균형	−0.215	0.139	−1.542	0.126
		R^2	0.021			
		adj. R^2	0.012			
		F-statistics	2.378(p=0.126)			
H1-3 (채택)	비재무 성과	(intercept)	3.715	0.090	41.299	0.000***
		양손잡이 균형	−0.312	0.110	−2.851	0.005**
		R^2	0.069			
		adj. R^2	0.060			
		F-statistics	8.131(p=0.005)			
H1-4 (기각)	재무 성과	(intercept)	3.128	0.159	19.693	0.000***
		양손잡이 균형	−0.037	0.193	−0.189	0.850
		R^2	0.000			
		adj. R^2	0.009			
		F-statistics	0.036(p=0.850)			

+$p<0.1$, *$p<0.05$, **$p<0.01$, ***$p<0.001$

환경적 동태성이 양손잡이 균형과 성과의 영향 관계에 있어 조절 역할을 할 것인지 분석하기 위해 조절 효과 분석을 진행하였으며, 이를 위해 독립변수에서 종속변수에 이르는 영향 관계가 제2의 변수인 조절변수에 의해 달라지는지를 검증하였다. 또한, 독립변수(양손잡이 균형)와 조절변수(환경적 동태성)를 통제하고, 독립변수와 조절변수의 상호작용 변수(독립변수*조절변수)를 통해 회귀분석을 진행하였다. 가설1과 마찬가지로 양손잡이의 탐색과 활용의 균형을 독립변수로 하였으며, 종속변수로 제품혁신, 비즈니스모델 혁신, 비재무성과, 재무성과를 하나의 종속변수로 지정하여 회귀분석을 실시하였다.

가설2의 환경적 동태성이 양손잡이 균형과 성과와의 관계를 조절할 것이라는 가설의 검정 결과는 유의 확률이 의미 있는 결과 값이 아니므로 조절 효과가 없는 것으로 나타났다.

각각의 성과들에 대한 가설의 검정 결과는 비재무성과의 관계(t=−2.094, p=0.039)에서만 조절 효과가 있는 것으로 나타났다. 양손잡이 균형과 제품혁신과의 관계, 비즈니스모델 혁신과의 관계, 재무성과와의 관계를 조절할 것이라는 가설의 검정 결과는 유의 확률이 의미 있는 결과 값이 아니므로 조절 효과가 없는 것으로 나타났다.

〈표 12〉 가설2의 회귀분석 결과

가설	종속변수	독립변수	B	std. Error	t value	P
H2 (기각)	기업성과	(intercept)	2.518	0.491	5.131	0.000***
		양손잡이 균형	0.294	0.497	0.592	0.555
		환경적 동태성	0.306	0.129	2.368	0.020*
		양손잡이 균형* 환경적 동태성	-0.135	0.134	-1.006	0.317
		R^2	0.105			
		adj. R^2	0.080			
		F-statistics	1.013			
H2-1 (기각)	제품혁신	(intercept)	2.454	0.607	4.039	0.000***
		양손잡이 균형	0.432	0.615	0.702	0.484
		환경적 동태성	0.370	0.160	2.314	0.023*
		양손잡이 균형* 환경적 동태성	-0.218	0.166	-1.314	0.192
		R^2	0.130			
		adj. R^2	0.106			
		F-statistics	1.728			
H2-2 (기각)	비즈니스 모델 혁신	(intercept)	2.834	0.654	4.333	0.000***
		양손잡이 균형	-0.050	0.662	-0.075	0.940
		환경적 동태성	0.304	0.172	1.766	0.080
		양손잡이 균형* 환경적 동태성	-0.027	0.178	-0.153	0.878
		R^2	0.075			
		adj. R^2	0.049			
		F-statistics	0.024			
H2-3 (채택)	비재무 성과	(intercept)	2.152	0.507	4.244	0.000***
		양손잡이 균형	0.786	0.513	1.532	0.129
		환경적 동태성	0.417	0.133	3.126	0.002**
		양손잡이 균형* 환경적 동태성	-0.290	0.138	-2.094	0.039*
		R^2	0.147			
		adj. R^2	0.124			
		F-statistics	4.386			
H2-4 (기각)	재무 성과	(intercept)	2.630	0.933	2.819	0.006**
		양손잡이 균형	0.007	0.944	0.008	0.994
		환경적 동태성	0.132	0.245	0.539	0.591
		양손잡이 균형* 환경적 동태성	-0.004	0.255	-0.015	0.988
		R^2	0.006			
		adj. R^2	-0.021			
		F-statistics	0.000			

+p<0.1, $^{*}p$<0.05, $^{**}p$<0.01, $^{***}p$<0.001

V. 결론

본 연구는 국내 스타트업의 양손잡이 활동에 대한 균형이 성과에 미치는 영향을 분석하기 위해 탐색(exploration)적 활동과 활용(exploitation)적 활동의 두 가지 요인에 대한 균형을 산출하고 스타트업의 성과와의 관계를 실증적으로 분석하였다. 이를 통해 제품혁신 성과, 비즈니스모델 혁신 성과, 비재무적 성과, 그리고 재무성과에 각각 어떠한 영향을 미치는지 검증하였으며 이들 사이의 관계에 있어 환경적 동태성의 조절효과에 대한 분석을 진행하였다.

본 연구는 양손잡이 조직 이론이 출발하게 된 배경이 기업의 유휴자원(slack resources)을 통한 탐색 활동이라는 대기업 중심의 연구 한계를 넘어 최근 전 세계적으로 빠르게 성장하고 있는 창업생태계의 스타트업에서도 이러한 이론이 적용될 수 있는지에 대한 결과를 도출하였다는 것에 큰 학술적인 의의를 가지고 있다. 또한, 최근 벤처기업 및 소기업을 중심으로 양손잡이 조직에 대한 연구가 점차 많이 진행되고 있는 시점에서 국내 스타트업 기업들을 대상으로 한 연구라는데 독창성을 가지고 있다. 특히, 환경적 동태성을 조절효과로 설정하여 실제 스타트업의 활동이 격변하는 시장의 환경과 어떠한 관계가 있는지 실증적으로 분석하였다는데 학문적인 의미를 지닌다. 본 연구의 주요 분석 결과 및 시사점을 정리하면 다음과 같다.

본 연구 결과 양손잡이 역량 균형은 스타트업의 성과에 유의한 영향을 주는 것으로 검증되었으며, 이 관계에 있어 양손잡이 균형을 유지할 수 있는 역량을 관리하는 것이 스타트업 기업 성과에 영향을 주는 것으로 나타났다. 일반적으로 스타트업은 자원이 부족하기 때문에 균형 값으로 설정한 절댓값이 클수록(즉, 탐색이나 활용 중 어느 한쪽에 더 집중되어 있을수록) 성과가 더 높을 것이라고 예상할 수 있지만 본 연구를 통해 가설을 검증한 결과 스타트업도 탐색과 활용의 두 가지 활동 역량을 초기 단계부터 준비하는 것이 성과에 좋은 영향을 줄 수 있다는 것이 확인되었다.

또한, 각 성과별로 분리해서 보았을 경우 양손잡이 균형은 제품혁신 성과와 비재무성과에 영향을 주는 것으로 나타났으며, 재무성과와 비즈니스모델 혁신에서는 성과가 없는 것으로 나타났다. 이는 잉여자원이 충분하지 않은 스타트업 특성상 매출이나 수익을 높이는 재무적 성과로 양손잡이 역량이 효과를 보인다기보다 소비자 만족을 높이고 제품을 개선하는 제품혁신 및 비재무적인 부분에서 스타트업의 조직 내 잉여자원 활용에 대한 효과가 유의하게 나타났음을 추론할 수 있다.

따라서 한시적 조직이라고도 불리는 스타트업의 본질적 특성에 비추어 볼 때 비즈니스모델이 아직 확정된 상태라고 보기 어렵기 때문에 양손잡이 역량이 다음 단계의 비즈니스모델 혁신이나 신규 사업으로의 분화에 효과가 나타나는 것은 아니라는 해석이 가능하다.

본 연구의 의미 있는 결과는 스타트업이 지속적인 성장을 위해 새로운 제품이나 서비스를 개발하고 출시하는 등의 탐색(exploration)적 활동과 기존의 제품이나 서비스의 품질개선 및 비용 절감과 같은 활용(exploitation)적 활동을 균형 있도록 해야 한다는 것으로 기존에 대기업 대상의 양손잡이 균형 관련 선행연구 결과 방향성이 모두 일치하지는 않으나, 제한적인 범위에서 그 맥락을 같이 하는 것으로 볼 수 있다.

하지만 환경적 동태성이 양손잡이 역량 균형과 성과 사이의 조절역할을 할 것이라는 가설에서는 검증결과 조절역할을 하지 않는 것으로 나타났으며, 각 성과 요소별로 측정 시에는 비재무적 성과에서만 긍정적인 측면에서 유의한 영향을 미치는 것을 확인할 수 있었다. 나머지 성과 요소인 제품혁신 성과, 비즈니스모델 혁신 성과, 재무성과에서는 유의하지 않은 결과를 나타내어 스타트업 기업에 있어 환경적 동태성은 양손잡이 역량 균형과 성과 사이의 조절 역할을 하지 않는 것으로 확인되었다. 이는 대기업이나 중소기업처럼 스타트업 역시 양손잡이 균형에 대한 성과는 환경적 동태성 조건에 따라 연관관계 정도가 달라질 수 있음을 확인할 수 있었다.

위 연구 결과를 종합하여 본 연구의 시사점은 다음과 같다.

첫째, 자원과 인력이 적은 스타트업의 양손잡이 균형에 대한 역량이 기업성과에 긍정적으로 작용하는 것을 확인할 수 있었으며, 이는 단순히 탐색과 활용을 통한 양손잡이 역량을 발휘하는 것에 그치지 않고 적절한 균형을 유지하는 것이 유효한 전략으로 규모가 작거나 부족한 운영 환경으로 인해 상대적으로 자원이 제약된 기업들은 탐색과 활용의 긴밀한 균형을 달성함으로써 성과를 얻을 수 있음을 보여준다(Cao et al., 2009).

따라서 스타트업 기업에게 탐색과 활용의 긴밀한 균형이 중요한 것으로 나타났으며, 이는 선행연구에 있어 그들이 절충에 더 관심을 두고 탐색과 활용 사이의 균형을 추구해야 하는지, 아니면 동시에 높은 수준의 두 가지 모두를 달성하려고 해야 하는지를 불명확하게 했기 때문에 경영진에게 분명하고 실질적인 영향을 미칠 수 있으며, 자원이 부족한 스타트업 조직의 관리자들이 탐색과 활용 사이의 절충을 관리하는 데 집중함으로써 이익을 얻을 수 있음을 시사한다.

둘째, 불확실한 환경 속에서 스타트업의 양손잡이 역량 균형이 기업 성과에 미치는 영향을 확인하기 위해 환경적 동태성에 대한 조절 효과 관계를 검증하였는데 스타트업의 경우 환경적 동태성에 따라 영향 관계 정도가 미비하거나 나타나지 않는 것으로 밝혀졌고, 일부 비재무성과에 있어서만 긍정적인 영향 관계가 있는 것으로 나타났다. 실제 7년 이내의 스타트업의 경우 다양한 환경의 변화 속에서 높은 재무성과를 기대하기 어렵기 때문에 단기적인 성과가 아닌 장기적인 관점에서 이를 인지하고 준비해야 하며, 복잡하고 예측하기 어려운 경영환경 속에서 스타트업이 양손잡이 균형을 유지하기에는 한계가 있음을 시사한다.

셋째, 탐색(exploration)과 활용(exploitation)의 균형성을 측정하는 방법을 제시하였다. 양손잡이 조직 관련하여 계산하는 방식에 있어 많은 이견이 있었으나 균형 차원을 측정하기 위해 Lubatkin, Jansen의 합산(summation)하여 점수화하는 방식과 Gibson과 Birkinshaw의 곱(multiplication)하여 점수화는 방식의 문제점들을 보완하여 He와 Wong이 주장한 절댓값 차(subtraction of absolute value)를 이용하여 측정하는 방식을 통해 기존 연구의 문제점을 보완하였다.

본 연구는 스타트업 창업가의 양손잡이 역량 균형이 기업 성과에 미치는 영향에 있어 다양한 이론적, 실무적 의미를 제공하지만 그럼에도 불구하고 여러 가지 한계점을 내포하고 있다.

첫째, 본 연구는 연구 표본의 선정에 있어 매우 적은 표본으로 국내 스타트업 전체를 대표한다고 보기에 다소 무리가 있으며 기업의 업종, 창업 연도별, 기업 특성 등의 상황이 다양하므로 국내 스타트업 전부가 본 연구에서 다룬 양손잡이 역량에 관심을 가지고 있다고 볼 수 없다. 또한, 지역적으로는 대부분 수도권이며, 업종에 있어 교육/문화/콘텐츠가 많이 포진되어 그들이 갖는 특수성이 연구결과에 영향을 줄 소지가 있으며, 양손잡이 역량을 균형 있게 발휘하기 위해서는 직원 수가 어느 정도 갖추어져 있어야 하지만 스타트업 기업 특성상 본 연구의 참여한 표본의 경우 10명 미만의 기업이 70% 이상을 차지하는 등 연구의 한계성이 존재한다고 할 수 있다. 그리고 이러한 스타트업 특성과 더불어 이번 연구에 참여한 기업 형태가 개인 40%, 법인 58.6%의 비율로 구성되어 있기 때문에 조직차원의 전략으로써 스타트업 양손잡이 역량을 명확하게 측정하는 데에는 한계가 있을 수 있다.

둘째, 코로나가 성행하는 시기에 설문을 진행하여 성과 판별에 한계성이 있을 수 있다. 환경적 특성상 규모와 관계없이 모든 기업들이 성과가 좋지 않은 시기로 재정적, 경제적 어려움을 야기하고 예기치 않은 방식으로 기업의 수요와 재정적 가용성을 감소시킨 위협적인 환경에서 자원이 적고 위험에 직면할 수 있는 스타트업을 대상으로 하였다는 한계성을 가지고 있다.

셋째, 데이터의 설명력이 낮은 한계점이 있다. 기존 선행연구에서는 독립변수를 탐색과 활용의 평균값으로 양손잡이 역량을 측정하였으나 본 연구에서는 기존 연구와 달리 독립변수를 양손잡이 역량의 균형 차원으로 측정하여 독립변수 간의 수치적 차이가 크게 나지 않아 변수의 낮은 설명력에 기인하는 것으로 판단된다. 따라서 결과는 유의하게 나왔으나 보편적으로 설명력까지 전부 적용하기에는 한계점을 가지고 있다.

본 연구의 시사점 및 한계점을 기반으로 향후 연구에서는 지역적 분포를 다양화하고 업종 선정에서도 다양한 산업으로 확대할 필요가 있으며, 규모에서는 직원 수의 범위를 폭넓게 확대할 필요가 있을 것이다. 이러한 한계점을 보완하여 현실적으로 스타트업 기업의 도움이 되어 의미 있는 연구가 이어질 것으로 기대한다.

REFERENCE

박상문·이병헌(2008). 탐험과 활용의 혁신전략과 연구개발조직이 중소기업의 기술혁신에 미치는 영향. *기술혁신학회지,* 11(1), 118–143.

양예형(2017). *대학교 창업보육센터 입주기업의 기업역량이 기업성과에 미치는 영향.* 석사학위논문, 동양대학교 대학원.

윤권현(2010). *역동적 역량으로서의 양면성 혁신이 기업성과에 미치는 영향: 자원, 역량, 소유 구조를 중심으로.* 박사학위 논문, 고려대학교 대학원.

이서한·노승훈(2014). ICT 융합 유형별 스타트업 기업의 성공요인에 관한 연구: 사례연구를 중심으로. *디지털융복합연구,* 12(12), 203–215.

전제란(2008). *병원CRM 시스템의 성과측정요인 및 중요도 분석.* 박사학위논문, 청주대학교 대학원.

정동섭·이희옥(2015). 혁신형 중소기업의 혁신성과 환경의 동태성이 조직 양면성과 경영성과에 미치는 영향. *인적자원관리연구,* 22(1), 213–230.

최윤정·이우진·오혜미(2020). 야누스(Janus)의 두 얼굴: 조직의 양손잡이 역량을 통한 중소기업의 성과관리. *벤처창업연구*, 15(1), 197–208.

홍대웅·이일한·손종서(2017). 경기도 문화콘텐츠 분야 창업보육센터 지원 서비스가 입주기업 성과에 미치는 영향에 관한 연구. *벤처창업연구*, 12(4), 47–60.

Aldrich, H. E., & Pfefferr, J. (1976). Environments of organizations. *Annual review of sociology*, 2(1), 79–105.

Ahn, J., Lee, J., & Lee, S. (2006). Balancing business performance and knowledge performance of new product development: Lessons from ITS industry. *Long Range Planning*, 39(5), 525–542.

Auh, S., & Menguc, B. (2005). Balancing exploration and exploitation: The moderating role of competitive intensity. *Journal of Business Research*, 58(12), 1652–1661.

Barreto, I. (2010). Dynamic capabilities: A review of past research and an agenda for the future. *Journal of Management*, 36(1), 256–280.

Benner, M. J., & Tushman, M. L. (2003). Exploitation, exploration, and process management: The productivity dilemma revisited. *Academy of Management Review*, 28(2), 238–256.

Birkinshaw, J., & Gupta, K. (2013). Clarifying the distinctive contribution of ambidexterity to the field of organization studies. *Academy of Management Perspectives*, 27(4), 287–298.

Burns, T., & Stalker, G. M. (1961). The management of innovation, *The Economic Journal*, 79(314), 403–405.

Cao, Q., Gedajlovic, E. R, & Zhang, H. (2009). Unpacking organizational ambidexterity: Dimensions, contingencies, and synergistic effects. *Organization Science*, 20(4), 781–796.

Caspin–Wagner, K., Ellis, S., & Tishler, A. (2012). *Balancing exploration and exploitation for firm's superior performance: The role of the environment.* Paper presented at the annual meeting of the Academy of Management.

Choi, Y. J., Lee, W. J., & Oh, H. M. (2020). Janus's Two Faces: SME's Performance Through Ambidextrous Organization Capabilities. *Asia-Pacific Journal of Business Venturing and Entrepreneurship*, 15(1), 197–208.

Chun, J. R. (2008). *The Factor and Weight Analysis for the Performance Measurement of Hospital CRM System.* Doctoral Dissertation, Graduate School of Cheongju University.

Chung, D. S., & Lee, H. O. (2015). An Impact of Organizational Ambidexterity, Innovativeness and Environmental Dynamism on the Corporate Performance in Inno–Biz Small–Medium Corporation. *Korean Academy Of Human Resource Management,* 22(1), 213–230.

Covin, J. G., & Slevin, D. P. (1990). New Venture Strategic Posture, Structure, and Performance:An Industry Life Cycle Analysis. *Journal of Business Venturing,* 5(2), 123–135.

Dess, G. G., & Beard, D. W. (1984). Dimensions of Organizational Task Environments. *Administrative Science Quarterly*, 29(1), 52–73.

Drazin, R., & Van de Ven, A. H. (1985). Alternative forms of fit in contingency theory. *Administrative Science Quarterly*, 30(4), 514–539.

Duncan, R. B. (1976). The ambidextrous organization: Designing dual structures for innovation. *The management of organization*, 1(1), 167–188.

Eric, R. (2011). *The Lean Startup: How Today's Entrepreneurs Use Continuous Innovation to Create Radically Successful Businesses,* New York: Crown Books.

Gibson, C. B., & Birkinshaw, J. (2004). The antecedents, consequences, and mediating role of organizational ambidexterity. *Academy of Management Journal*, 47(2), 209–226.

Goosen, M. C., Bazzazian, N., & Phelps, C. (2012). *Consistently capricious: The performance effects of simultaneous and sequential ambidexterity.* Paper presented at the annual meetings of the Academy of Management, Boston.

Gupta, A. K., Smith, K. G., & Shalley, C. E. (2006). The interplay between exploration and exploitation. *Academy of Management Journal*, 49(4), 693–706.

He. Z., & Wong, P. (2004). Exploration vs exploitation: An empirical test of the ambidexterity hypothesis. *Organization Science*, 15(3), 481–494.

Hong, D. U., Lee, I. H., & Son, J. S. (2017). A Study on the Effects of Support Service of Gyeonggi–do Cultural Contents Area Business Incubating Center on Corporate Performance: Focusing on the Business Validity of Business Start–Up Items. *Asia-Pacific Journal of Business Venturing and Entrepreneurship,* 12(4), 47–60.

Isaksen, S. G., & Tidd, J. (2006). *Meeting the innovation challenge: Leadership for transformation and growth.* Chichester, UK: John Wiley and Sons.

Jackson, S. E., Schuler, R. S., & Rivero, J. C. (1989). Organizational characteristics as predictors of personnel practices. *Personnel Psychology,* 42(4), 727–786.

Jansen, J. J. P., Van den Bosch, F. A. J., & Volberda, H. W. (2005). Exploratory innovation, exploitative innovation, and performance: Effects of organizational antecedents and environmental moderators. *Management Science,* 52(11), 1661–1674.

Jansen, J. J., Tempelaar, M. P., Van den Bosch, F. A., & Volberda, H. W. (2009a). Structural Differentiation and Ambidexterity: The Mediating Role of Integration Mechanisms. *Organization Science,* 20(4), 797–811.

Jansen, J. J., Vera, D., & Crossan, M. (2009b). Strategic leadership for exploration and exploitation: The moderating role of environmental dynamism. *The Leadership Quarterly,* 20(1), 5–18.

Junni, P., Sarala, R. M., Taras, V., & Tarba, S. Y. (2013). Organizational ambidexterity: A meta–analysis. *Academy of Management Perspectives,* 27(4), 287–298.

Kaplan, R., & Norton, D. (1992). The Balanced Scorecard: Measures that Drive Performance. *Harvard Business Review,* 70(1), 71–79.

Katila, R., & Ahuja, G. (2002). Something old, something new: A longitudinal study of search behavior and new product introduction. *Academy of Management Journal,* 45(6), 1183–1194.

Kyriakopoulos, K., & Moorman, C. (2004). Tradeoffs in Marketing Exploitation and Exploration Strategies: The Overlooked Role of Market Orientation. *International Journal of Research in Marketing,* 21(3), 219–240

Lee, S. H., & Noh, S. H. (2014). A study on the success factors of ICT Convergence type–specific start–up enterprise. *Journal of Digital Convergence,* 12(12), 203–215.

Levinthal, D., & J. March. (1993). Myopia of Learning. *Strategic Management Journal,* 14(8), 95–112.

Lewin, A. Y., Long, C. P., & Carroll, T. N. (1999). The coevolution of new organizational forms. *Organization Science,* 10(5), 535–550.

Lomberg, C., Urbig, D., Stockmann, C., Marina, L., & Dickson, P. H. (2017). Entrepreneurial orientation: the dimensions' shared effects in explaining firm performance. *Entrepreneurship Theory ad Practice,* 41(6), 973–998.

Lubatkin, M. H., Simsek, Z., Ling, Y., & Veiga, J. F. (2006). Ambidexterity and performance in small–to medium–sized firms: The pivotal role of top management team behavioral integration. *Journal of management,* 32(5), 646–672.

March, J. G. (1991). Exploration and exploitation in organizational learning. *Organization Science,* 2(1), 71–87.

Markides, C., & Charitou, C. (2004). Competing with Dual Business Models: A Contingency Approach. *Academy of Management Executive,* 18(3), 22–36.

Miller, D. (1983). The correlates of entrepreneurship in three types of rms. *Management Science,* 29(7), 770–791.

Miller, D., & Friesen, P. H. (1983). Strategy–Making and Environment: The Third Link. *Strategic Management Journal,* 4(3), 221–235.

Nevo, S., & Wade, M. (2011). Firm–level benefits of IT–enabled resources: A conceptual extension and an empirical assessment. *The Journal of Strategic Information Systems.* 20(4), 403–418.

Nohria, N., & Gulati, R. (1996). Is slack good or bad for innovation?. *Academy of Management Journal,* 39(5), 1245–1264.

O'Reilly, C. A., & Tushman, M. L. (2004). The Ambidextrous Organization. *Harvard Business Review,* 82(4), 74–81.

O'Reilly, C. A., & Tushman, M. L. (2008). Ambidexterity as a dynamic capability: Resolving the innovator's dilemma. *Research in Organizational Behavior,* 28, 185–206.

O'Reilly, C. A., & Tushman, M. L. (2013), Organizational ambidexterity: Past, present, and future. *Academy of Management Perspectives,* 27(4), 324–338

Park, S. M., & Lee, B. H. (2008). The Impact of Exploration, Exploitation, and R&D Organization on Innovations in the Korean SMEs. *Journal of Korea Technology Innovation Society,* 11(1), 118–143.

Raisch, S., & Birkinshaw, J. (2008). Organizational ambidexterity: Antecedents, outcomes, and moderators. *Journal of management,* 34(3), 375–409.

Raisch, S., Birkinshaw, J., Probst, G., & Tushman, M. L. (2009). Organizational ambidexterity: Balancing exploitation and exploration for sustained performance. *Organization Science,* 20(4), 685–695.

Rothenberg, A. (1996). The Janusian Process in Scientific Creativity. *Creativity Research Journal,* 9(2–3), 207–231.

Simsek, Z. (2009). Organizational ambidexterity: Towards a multilevel understanding. *Journal of Management Studies,* 46(4), 597–624.

Thompson, J. D. (1967). *Organizations in action: Social science bases of administrative theory.* McGraw–Hill.

Tushman, M. L., & O'Reilly, C. A. (1996). Ambidextrous organizations: Managing evolutionary and revolutionary change. *California management review,* 38(4), 8–29.

Uotila, J., Maula, M., Keil, T., & Zhara, S. A. (2008). Exploration, exploitation and firm performance: An analysis of S&P 500 corporations. *Strategic Management Journal,* 30(2), 221–231.

Venkatraman, N. (1990). Performance implications of strategic coaligment: A methodological perspective. *Journal of Management Studies,* 27(1), 19–41.

Venkatraman, V., Chuah Y. M, Huettel S. A., & Chee M. W. (2007). Sleep deprivation elevates expectation of gains and attenuates response to losses following risky decisions. *SLEEP,* 30(5), 603–609.

Wei, Z., Yi, Y., & Guo, H. (2013). Organizational learning ambidexterity, strategic flexibility, and new product development. *Journal of Product Innovation Management,* 31(4), 832–847.

Yang, Y. H. (2017). *The Influence of Corporate Capacity of Tenant Companies of Business incubators in University on Business Performance.* Master's Thesis, Graduate School of Dongyang University.

Yoon, K. H. (2010). *The Effects of Ambidextrous Innovation as a Dynamic Capability on Firm Performance:Focus on Resource, Capabilities, Ownership Structure.* Doctoral Dissertation, Graduate School of Korea University.

벤처창업연구 제18권 제6호 (통권90호)

B2B (vs. B2C) 비즈니스모델혁신이 혁신성과에 미치는 상대적 효과

박예진 (한국외국어대학교 컴퓨터공학부 학부생 4학년)
이채은 (한국외국어대학교 GBT학부 학부생 4학년)
윤원주 (한국외국어대학교 경영대학 교수)

국문 요약

본 연구는 B2B(business-to-business) 비즈니스모델혁신(business model innovation, BMI)이 B2C(business-to-consumer) 비즈니스모델혁신 대비 혁신성과에 미치는 상대적 효과를 실증적으로 검증하고자 한다. 연구는 비즈니스모델혁신의 세 가지 핵심 구성 요소인 1. 가치창출(value creation), 2. 가치제안(value proposition), 3. 가치획득(value capture)을 기반으로 각각의 요소가 혁신성과에 미치는 영향을 살펴본다. 본 연구는 실증분석을 위해 (재)한국청년기업가정신재단의 2022년 기업가정신 실태조사(기업편) 데이터베이스의 2,879개 기업을 활용하였다.'산업', '기업', 'CEO', '기술' 등의 다양한 범주에 따른 한국의 최신 창업 현황을 탐색적으로 분석하였다. 다중회귀분석을 통해 '가치창출'이 B2B (vs. B2C) 기업의 혁신성과에 더 긍정적이고 유의한 영향을 미치는 것으로 나타났다. 반면, '가치제안'은 B2C (vs. B2B) 기업의 혁신성과에 더 긍정적이고 유의한 영향을 미치는 것으로 나타났다. 흥미롭게도, '가치획득'은 양쪽 기업 모두에서 유의미한 효과를 보이지 않았다. 추가로, 본 연구에서는 강건성 검정을 위해 SUR(seemingly unrelated regression) 분석을 활용하여 결과의 신뢰성을 강화했다. 이러한 연구 결과는 B2B-BMI(vs. B2C-BMI)의 상대적 효과에 대해 중요한 인사이트를 제공함으로써, 추후 중소기업 및 스타트업의 비즈니스모델혁신 및 전략 수립에 기여할 것으로 기대된다.

핵심주제어: 비즈니스모델혁신, B2B, B2C, 혁신성과, SUR

Ⅰ. 서론

4차 산업혁명이 가져온 변화는 대부분 기술 중심으로 진행되고 있으며, 이에 따라 기업들의 비즈니스모델도 큰 전환을 겪고 있다. 18세기에는 증기를 기반으로 한 기계화 혁명, 19~20세기에는 전력을 통한 대량생산의 혁명이 일어났다. 이후 20세기 후반에는 정보통신을 기반으로 하는 지식정보 혁명이 일어났는데, 위 세 가지 혁명은 모두 새로운 동력원이 발명되면서 촉발되었다고 할 수 있다. 그러나 4차 산업혁명은 기술 간의 연결과 소통을 가능하게 하면서 동력원의 생산성을 극대화한다는 점이 차별점이다(김영훈, 2020). 특히 IoT, AI, VR/AR, 첨단로봇, 자율주행 자동차, 클라우드 컴퓨팅 등의 기술이 중심이 되어 가치창출사슬(value creation chain)의 변화가 점점 다양해지고 있다(Rymarczyk, 2020). 이러한 사회적 변화는 혁신과 높은 관련성을 가지고 있으며, 이를 통해 혁신 기반의 경제 구조로 나아가고 있다(Morrar & Arman, 2017).

비즈니스모델혁신(business model innovation, BMI)에 관한 관심은 지속적으로 존재한다(Pohle & Champman, 2006; Zott et al., 2011; Schneider & Spieth, 2013; Schneider & Spieth, 2014). 비즈니스모델혁신이란 기존의 비즈니스모델과는 완전히 다른 방식으로 새로운 가치를 창출하고 획득하는 프레임워크로 정의할 수 있다(Massa et al., 2017). 기업들은 미래의 경쟁우위를 확보하기 위해 기존의 비즈니스모델을 재해석하고, 이를 바탕으로 새로운 비즈니스 개념 창출하는 능력이 필요하다(IBM, 2005). 이러한 능력을 바탕으로 기업들은 전략적으로 차별화된 성과를 얻을 수 있다. 비즈니스모델혁신 자체가 기업의 경쟁우위 확보를 보장하지 않지만, 새로운 비즈니스모델 또는 현재 모델을 일부 수정하는 것만으로도 고객에게 차별화된 가치를 제공하거나 비용을 절감할 수 있다(Teece, 2018). 따라서 비즈니스모델의 어느 영역에서 혁신이 일어나는지 비즈니스모델혁신의 요소(component)와 범위(scope)를 이해하는 것이 중요하다(이미아 외, 2023).

기존 비즈니스모델혁신과 관련된 연구 중 Clauss et al.(2019)는 비즈니스모델혁신의 요소인 가치창출, 가치제안, 가치획득이 기업성과에 미치는 영향을 살펴보았다. 이미아 외(2023)의 연구에서도 비즈니스모델혁신을 유형(제품·서비스 혁신, 프로세스 혁신) 별로 나누어 중소기업의 성과에 미치는 영향을 살펴보았다. 또한, 비즈니스모델혁신을 매개효과로 살펴본 연구도 존재한다. Pang et al.(2019)의 경우, 비즈니스모델혁신이 통합 능력, 비즈니스 전략 및 기업성과 간의 관계를 어떻게 매개하는지 살펴보았으며, Zhang et al.(2018)의 경우, 기업의 탐색적 지향성과 기업성과 간의 관계를 알아보며 비즈니스모델혁신의 매개효과를 분석하였다.

본 연구에서는 이러한 선행연구를 바탕으로 비즈니스모델혁신과 혁신성과 간의 관계를 알아보고자 한다. 특히, 비즈니스모델혁신을 세 가지 구성 요소인 '가치창출,' '가치제안,' '가치획득'으로 나누어 각각의 요소가 기업의 혁신성과에 어떠한 영향을 미치는지 살펴보았다. 더 나아가 기업의 특성(B2B 기업 vs B2C 기업)에 따라 그 영향이 어떻게 달라지는지를 중점적으로 실증분석을 진행하고자 한다. 이는 선행연구가 해외 특정 산업군을 대상으로 분석한 것을 국내 다양한 산업군의 기업을 분석함으로써 국내 상황에 적합한 시사점을 제시할 수 있다. 분석 결과는 B2B, B2C 기업 경영자 혹은 예비 창업자들의 효율적인 의사결정에 기여할 수 있을 것으로 기대된다.

본 연구는 한국청년기업가정신재단(KoEF)에서 제공한 2022 기업가정신 실태조사 데이터베이스를 사용하였다. 총 3,120개의 표본 중 주력 판매처가 국내 B2B 기업에 해당하는 1,806개의 표본과 국내 B2C 기업에 해당하는 1,073개 표본을 사용하여 총 2,879개의 기업을 대상으로 분석을 진행하였다.

Ⅱ. 이론적 배경

2.1. 비즈니스모델과 비즈니스모델혁신

비즈니스모델이란 수익을 창출하기 위해서 사업을 영위하는 방식이자, 기업이 가치를 포착하고 창조하고 전파하는 방법을 논리적으로 설명한 것이다(Rappa, 2001; Osterwalder & Pigneur, 2010). 이 외에도 연구자마다 비즈니스모델을 여러 관점에서 정의하고 있어, 이에 대한 개념을 다양하게 개발, 정의, 측정, 분류하고 있다. 이에 본 연구에서는 다양한 연구자들의 비즈니즈모델에 대한 정의를 <표 1>에 정리했다.

<표 1> 비즈니스모델 정의

연구자	정의
Venkatraman & Henderson(1998)	고객과의 상호작용, 자산 형태, 지식 수단 등의 세가지 측면에서 전략을 수립하기 위해 조정된 계획
Hamel(2002)	사업을 운영하는 방식에 관한 설계도
Chesbrough & Rosenbloom(2002)	기술 잠재력과 경제적 가치 실현을 연결하는 휴리스틱 논리(Heuristic logic)
Johnson et al.(2008)	고객 가치제안, 수익 공식화, 핵심 자원, 핵심 프로세스 4가지 구성 요소가 서로 맞물려 가치를 창출하고 전달하는 것
Teece(2010)	고객을 위한 가치제안을 뒷받침하는 논리, 데이터 및 기타 증거와 그 가치를 전달하는 기업의 수익과 비용의 실행 가능한 구조

비즈니스모델은 서로 밀접하게 연관된 구성 요소들로 이루어진 프레임워크라고 할 수 있다(Afuah, 2014). 비즈니스모델의 하위 구성 요소는 일반적으로 3개로 나눈 가장 간단한 모델에서 17-20개의 요소로 나눈 모델에까지 다양하게 존재한다(Demil & Lecocq, 2010; Zott & Amit, 2010; Koen et al., 2011; Shafer et al., 2005; Johnson et al., 2008). Johnson &

Lafley(2010)는 고객가치제안, 이윤공식, 핵심 자원, 핵심 프로세스의 4개의 구성 요소로 나누었으며, Chesbrough(2006)은 가치제안, 가치 사슬, 가치 네트워크, 시장세분화, 비용구조와 수익 창출 가능성, 경쟁전략의 6개의 구성 요소로 나누었다. Osterwalder & Pigneur(2010)는 가치제안, 고객세분화, 고객관계, 채널, 수익원, 비용구조, 핵심활동, 핵심자원, 핵심파트너십의 8개의 구성 요소로 나누었다. 본 연구에서는 비즈니스모델 구성 요소에 관한 기존 연구들을 참고하여 비즈니스모델 하위 구성 요소들을 (1) 가치창출(value creation), (2) 가치제안(value proposition), (3) 가치획득(value capture)으로 정한다(Afuah & Tucci, 2003; Foss & Saebi, 2017; Johnson et al., 2008; Osterwalder & Pigneur, 2010; Teece, 2018).

가치창출(value creation)은 비즈니스모델에 존재하는 프로세스의 역량과 자원을 사용하여 가치를 창출하는 방법 또는 수단으로, 생산을 위한 핵심 활동, 핵심 자원과 핵심 파트너 전달을 위한 고객과의 사이에 있는 채널, 기술을 통해 실현된다(Clauss, 2017; 김종석 외, 2022). 즉, 가치제안을 가능하게 하는 기업의 자원과 역량으로 정의할 수 있다(Johnson et al., 2008). 가치제안(value proposition)은 고객을 위해 문제 해결 포트폴리오를 구성하고 고객에게 솔루션을 제공하는 방법과 수단으로, 제품·서비스, 고객세분화 및 고객관계를 통해 실현된다(Clauss, 2017; 김종석 외, 2022). 이는 일반적으로 고객의 가치를 창출하는 제품과 서비스 및 관련 고객군의 선택을 나타낸다(Cavalcante, 2014). 가치획득(value capture)은 기업이 비용을 충당하는 수익을 얻고 지속가능한 성장을 보장하는 이익을 달성하는 방법이며, 비용과 수익 구조로 실현된다(Clauss, 2017; 김종석 외, 2022). 이는 고객에게 가치제안을 통한 사업 활동으로 얻은 수익성을 나타낸다(Schneckenberg et al., 2017). 또한, 비즈니스모델은 상호작용하는 요소들로 구성된 하나의 시스템이기 때문에, 이러한 시스템 구조를 하나의 프레임워크로 활용하여 비즈니스모델을 분석하는 경우, 그 요소들의 상호작용 관계 때문에 설명이 중복될 가능성이 있다는 점에 유념해야 한다(Afuah, 2014). 〈표 2〉에서는 비즈니스모델의 세 가지 구성 요소와 관련 세부 요소를 정리했다.

〈표 2〉 비즈니스모델 구성 요소 및 세부요소

구성 요소	관련 세부요소
가치창출 (value creation)	핵심 역량과 자원 핵심 활동 새로운 기술과 부품 핵심 프로세스와 구조 관계(파트너쉽)
가치제안 (value proposition)	시장 제공물(제품, 서비스, 솔루션, 고객편익 등) 시장 및 고객 세분화 수혜자
가치획득 (value capture)	매출모델 비용구조 성장-투자모델

(Afuah, 2014; Clauss, 2017; Osterwalder & Pigneur, 2010 참고하여 재구성)

혁신(innovation)이란 기존과는 다른 방식으로 무언가를 수행하는 것을 의미한다. 따라서 비즈니스모델혁신은 기존과는 완전히 다른 방식으로 가치를 창출하고 획득하는 프레임워크 또는 방안으로, 명확한 경영혁신 목표를 기반으로 기업의 전 임직원이 상시적으로 새로운 사업 기회를 발굴하여 고객 관점의 비즈니스모델을 설계하고 실험을 통해 완성시키는 체계화된 활동이다(Afuah, 2014; 김대이, 2015). 이병남(2011)에 따르면, 비즈니스모델혁신은 급변하는 환경변화에 따라 기업 전략을 지속적으로 바꾸면서 경쟁력을 유지하는 적응우위를 강화해 한 차원 높은 가치를 창출하는 방법이다. 또한 경영자들과 기업가들은 비즈니스모델혁신을 경제적 변화의 시기에 맞춰 가치를 창조하는 방법으로써 강조한다(유순근, 2017).

비즈니스모델혁신의 과정은 다양하게 정의되어 있는데 Mitchell & Coles(2004)는 이를 '수정, 채택, 개선, 재설계'의 4단계로 제시하였다. 첫 번째, 수정 단계에서는 가치제안을 제외하고 비즈니스모델 요소 중 고객관계 등 한 가지만을 변경한다. 이후 채택 단계에서는 가치제안의 변화가 일어나는데 주로 경쟁업체와의 경쟁에 중점을 둔다. 이 단계에서는 상품과 서비스를 변경하는 것이 필요하다. 다음 개선 단계에서는 대부분의 비즈니스모델 구성 요소를 변경하지 않고 개선한다. 마지막으로 재설계 단계에서는 완전히 새로운 가치제안을 통해 비즈니스모델을 재설계한다. 재설계 과정이란 기본적인 사업구조를 대체하고, 새로운 상품, 서비스나 시스템을 제공하는 것을 의미한다(유순근, 2017).

2.2. 혁신성과

기업의 혁신과정은 조직 전반을 효율적이고 효과적으로 운영하기 위해 변화시키는 과정을 의미하며, 혁신성과는 혁신과정에서 산출되는 정량적 및 정성적 결과물이다(Hsu et al., 2014; 이선우 외, 2022). 혁신 기반의 성장은 완전히 새로운 시장 기회를 창출하거나 현재의 고객과 시장에 근본적으로 새로운 가치를 전달하는 것을 통해서 이루어진다. 이는 경쟁사가 모방하기 어렵고, 기존 제품이나 서비스를 단순히 확장하는 것보다 훨씬 더 지속적인 성장원이 된다(IBM, 2005). 이때 대부분의 혁신은 제품 또는 서비스, 고객에게 가치 전달 과정 혹은 비즈니스모델 자체에 적용된다.

기존 선행연구에서는 주로 '기술혁신성과' 혹은 '제품혁신성과'에 초점을 맞추어 연구를 진행해왔다. 최종열(2015)의 연구에서 혁신역량이 기술혁신성과에 긍정적인 영향을 미친다는 것을 밝혀내었으며, 외부협력 또한 기술혁신성과에 긍정적 영향을 미치는 것으로 나타났다. 강원진 외(2012)의 연구에서는 기업가가 적극적으로 외부와 협력할수록 기술혁신성과가 높게 나타났다. 이 외에도 이병헌 외(2014)의 연구는 정부의 기술개발 지원이 중소기업의 혁신성과에 긍정적인 영향을 준다는 것을 밝혀냈다. Bae & Chung(1997)의 연구에서는 제품혁신성과에 대한 연구를 진행하였으며, 외부협력의 규모와 다양성이 높을수록 제품혁신성과가 높음을 밝혀내었다. 최용호·황우익(2004)의 연구에서는 정부 및 유관기업과의 협력은 제품혁신에 긍정적인 영향을 미친다는 것을 밝혔다. Grimpe & Sofka(2009)는 산업의 특성에 따라 첨단, 비첨단 산업군으로 분류하여, 외부 지식 탐색의 차이가 서로 다른 산업군의 혁신성과에 미치는 영향을 분석했다. 채희상 외(2014)의 연구에서는 기업의 외부 지식 탐색 전략과 혁신활동 성과와의 관계를 규명하였으며, 혁신의 유형인 공정혁신과 조직혁신에 미치는 영향을 함께 살펴보았다.

본 연구에서는 실질적 성과인 기업의 실제 신제품 매출액과 지각된 성과인 신제품 및 신규 서비스 개발을 혁신성과로 측정하는 척도를 각각 사용하였다(Damanpour & Evan, 1984). 상반된 두 가지 혁신성과를 사용하는 이유는 기업의 성과는 다차원적 구조이므로 단일 지표로 측정하기 어렵기 때문이다. 또한, 실질적 혁신성과와 지각된 혁신성과 사이에는 높은 상관관계가 있으며, 객관적 성과보다 지각된 성과가 기업성과를 더욱 잘 나타내는 경우도 있다는 점을 고려했을 때 더욱 유의미한 분석 결과를 기대해 볼 수 있다(Dess & Robinson, 1984; Styles, 1998).

2.3. B2B vs B2C

B2B(business-to-business)는 기업 간 거래를 뜻하며, 제조업체와 도매업체 또는 도매업체와 소매업체 간의 상거래를 의미한다. B2C(business-to-consumer)는 제품 또는 서비스를 최종 소비자에게 제공하는 비즈니스 활동을 뜻한다(Kumar & Raheja, 2012). B2B 제품은 소비재에 비해 제품의 기술 수준과 공급업체의 전반적인 기술력이 판매에 중요한 요인으로 작용한다. 또한, B2B 시장에서 제품 차별화는 기술적인 제품 향상이나 제품에 수반되는 서비스의 향상을 통해 나온다. 이와 대조적으로 B2C 시장에서는 제품 포지셔닝, 브랜드 관리, 제품의 감성적 이미지, 광고 등을 통해 제품이나 서비스의 특별한 향상 없이도 제품 가치를 유지할 수 있다(한상린, 2011). <표 3>에서는 각각의 차이를 비교 정리했다.

〈표 3〉 B2B와 B2C 기업의 차이점

구분	B2B	B2C
타겟	기업(enterprise)	최종 소비자(end user)
시장 사이즈	작음	큼
판매량	높음	낮음
위험도	높음	낮음
구매과정	깁	짧음
제품정책	• 커스터마이제이션(customization) • 기술적 특성 강조 • 기능에 초점을 맞춘 제품 포지셔닝(기술 개발에 주력)	• 표준화(standardization) • 감성적 특성 강조 • 표준화된 제품 • 심리적 속성에 초첨을 맞춘 제품 포지셔닝
고객의 주요 관심사	• 기술적 성과(technical performance) • 경제적 이익(economic benefit)	• 기능적 성과(functional performance) • 감성적 이익(emotional benefit)

본 연구는 B2B와 B2C 기업 간 특성의 차이가 비즈니스모델 혁신의 구성 요소인 가치창출, 가치제안, 가치획득에 미치는 영향에 주목한다. 가치창출은 B2B 기업에서, 가치제안은 B2C 기업에서 각각 더 중요하다고 볼 수 있다. 특히, B2B 기업에서 가치창출은 시장의 위험성이 높고 시장 규모가 상대적으로 작아서 다수의 아이디어를 생산하기보다는, 기술적 혁신을 통해 차별화된 제품이나 서비스를 제공하는 것이 더욱 중요하다. 즉, 기업고객을 대상으로 할 때 자원과 역량을 기술적 혁신에 집중하여 어떠한 가치를 창출해내는지가 핵심적이라는 것이다. 예를 들어, 애니메이션 회사인 '픽사'는 독창적인 소프트웨어 시스템(예: 마리오네트, 링마스터, 렌더맨, 픽사비전 등)을 개발하여 고품질의 3D 그래픽 제작에 결정적인 역할을 하고, 경쟁우위를 확보하는 데 중요한 기여를 했다. 하지만 1990년대에 이르러서 애니메이션 제작 도구의 매출만으로는 회사의 재정적 요구를 충족시키기 어려웠다. 이에 스티브 잡스는 TV 광고 제작 기술의 혁신을 통해 다양한 고객층을 확보하며 픽사를 성공적인 애니메이션 영화 회사로 성장시켰다. 이는 기술 혁신을 통한 가치창출의 성공 사례로 볼 수 있다(Afuah, 2014).

반면 가치제안은 고객 유치를 위한 기업의 핵심 전략으로, B2C 기업에 있어서 특히 중요하다. 가치제안은 고객의 문제해결 및 니즈 충족을 위해 기업과 그 제품 또는 서비스가 제공하는 이점들로 구성된다. 또한, 구매과정이 비교적 짧고 제품의 감성적 속성이 중요시되는 B2C 기업에서 특히 중요한 역할을 한다. OTT 플랫폼 '넷플릭스'는 DVD 우편 배송 서비스에서 시작하여, 월 정액제 모델로 전환함으로써 가치제안의 혁신을 보여주었다. 넷플릭스는 마케팅 활동을 통해 신규 고객 확보에 주력했으며, 개인화된 추천 엔진 '시네매치'를 통해 사용자 맞춤형 서비스를 제공함으로써 고객 만족을 극대화했다. 더 나아가, 넷플릭스는 OTT 서비스 사업자에서 자체 콘텐츠 제작으로 비즈니스모델을 확장하며 후방 통합을 했다. 이와 같은 가치제안의 다각화는 넷플릭스를 미디어 산업의 중요한 플레이어로 자리매김하게 했다(Afuah, 2014).

가치제안 및 가치창출 활동이 기업에 중요하지만, 이들 활동이 반드시 수익성이나 지속가능성을 담보하지는 않는다. 이에 따라 기업의 가치획득 활동은 기업 유형(B2B, B2C)에 상관없이 필수적인 요소로 인식되고 있다. 즉, 수익 모델과 가치획득 메커니즘은 두 기업 유형 모두에서 핵심적인 전략이다. 예를 들어, 금융 서비스 플랫폼인 '스퀘어'는 대표적인 B2B 가치획득의 성공 사례이다. 스퀘어는 기존에 휴대용 기기로 신용카드 결제가 불가능했던 시장 공백을 파고들어 모바일 결제 서비스를 제공함으로써, 거래 건당 수수료를 통해 수익을 창출하는 새로운 가치획득 모델을 성공적으로 구축하였다. B2C 영역에서는 닌텐도의 Wii가 대표적인 성공 사례로 꼽힌다. Wii는 가속도계 기능을 가지는 원격 조종기를 사용한 게임 기기로써, 사용자가 비디오 게임을 더욱 자유롭게 즐길 수 있게 만들었다. 특별한 기술혁신 없이도 유니크한 가치제안으로 시장에서 큰 성공을 거두었다. Nintendo Co.(2007)의 HSBC Global Research에 따르면, 닌텐도 Wii의 콘솔 판매량은 2007년 580만 대에서 2010년 1,830만 대로 급증하였고, 소니 PS3 및 MS X-Box와의 경쟁에서 우위를 차지했다. 또한,

게임 판매에서도 2007년 288만 대에서 2010년에는 1,288만 대로 크게 증가하며, 가치획득의 중요성을 실증했다.

이를 바탕으로 본 연구는 다음과 같은 연구문제를 제시한다.

RQ1: 가치창출은 B2C 대비 B2B 기업의 혁신성과에 더 큰 영향을 미칠 것이다.

RQ2: 가치제안은 B2B 대비 B2C 기업의 혁신성과에 더 큰 영향을 미칠 것이다.

RQ3: 가치획득은 B2B 및 B2C 기업 모두의 혁신성과에 유의한 영향을 미칠 것이다.

Ⅲ. 연구 방법

3.1. 자료의 수집

본 연구에서는 한국청년기업가정신재단(KoEF)이 2022년 전국 3,120개 기업을 대상으로 조사한 기업가정신 실태조사 기업편 데이터베이스를 분석하였다. 한국청년기업가정신재단은 해당 조사를 개인편과 기업편으로 나누어 3년 주기로 진행함으로써 정책·학술적 측면에서 시의성 있는 통계조사를 제공하고 조사 결과의 활용성을 제고한다. 개인편의 경우, 만 13~69세 일반 국민을 대상으로 전화, 이메일을 병행하며 직접 가구 방문 면접 조사를 시행하였으며 유효 표본을 11,958개 수집하였다. 조사 항목은 기업가적 지향성, 기업가적 역량, 기업가적 태도, 기업에 대한 인식, 기업가적 행동, 기업에 대한 인식, 기업가적 행동, 창업 의지와 창업교육이며, 기업에 대한 인식과 기업가적 행동은 2019년 대비 신설 항목이다(임이숙, 2023; 윤두균·박지훈, 2023). 기업편의 경우, 한국의 기업들을 대상으로 사업체를 방문하여 직접 면접 조사하는 방식으로 자료가 수집되어 일반적인 우편을 통해 수집된 설문조사 자료보다 결측치가 낮고 높은 신뢰성을 기대할 수 있다(이채은 외, 2023; 이주연·박태경, 2023). 기업편 설문 항목은 리더(최고경영자)의 비전과 전략, 기업가적 지향성, 조직문화와 구조, 운영체계, 기업가정신 활성화를 통한 성과, 비즈니스모델혁신, 경영 환경, 조직의 기업가정신 활동, 기업가적 전략, 사내벤처에 대한 인식 등이 있으며, 2019년 대비 신설 항목은 기업형태, 주업종 성장단계, 인증 여부, 대표이사 정보, 기술 정보(4차 산업기술 관련성), 비즈니스모델혁신, 기업가적 전략이다.

본 연구에서는 관심변수로 각각의 비즈니스모델혁신 구성 요소를 그리고 통제변수로는 기업형태, 주업종 성장단계, 인증 여부, 대표이사 정보, 기술 정보(4차 산업기술 관련성)를 사용하였다. 연구 표본으로는 한국청년기업가정신재단(KoEF)의 2022 기업가정신 실태조사 데이터베이스 3,120개 샘플 중 주력 판매처에 따라 분류된 B2B 기업(n=1,806)과 B2C 기업(n=1,073)에 집중하여 총 2,879개를 최종 표본으로 분석하였다.

3.2. 탐색적 데이터 분석(EDA)

3.2.1. 산업 관련 변수

전체 연구 표본(3,120개)의 산업 관련 변수는 각각 산업군 및 주업종의 성장단계이며 각 변수의 특성은 <표 4>와 같다. 업종은 구조화된 표본추출 틀에 따라 조사 모집단의 분포와 유사하게 전체 17개 업종 중 제조업(16.2%)이 가장 큰 비중을 차지하였으며, 보건 및 사회복지(9.7%), 운수업(8.9%), 건설업(8.8%), 도소매업(8.8%) 등이 상대적으로 높은 비중을 차지하였다. 비교적 낮은 비중을 차지한 업종은 광업(0.6%), 농업·임업·어업(1.2%), 하수 폐기물 재생환경업(2.1%)이었다. 주업종 성장단계는 성숙기가 2,080개(66.7%)로 가장 큰 비중을 차지하고 있으며, 비율순으로 고도성장기는 712개(22.8%), 초기창업기는 170개(5.5%), 쇠퇴기는 712개(22.8%), 마지막으로 창업기는 16개(5.1%)이다.

〈표 4〉 산업관련: 주업종 산업군 및 성장단계

	구분	빈도	비율(%)
주업종 산업군	건설업	273	8.8
	광업	20	0.6
	교육서비스업	83	2.7
	금융 및 보험업	189	6.1
	농업·임업·어업	37	1.2
	도소매업	275	8.8
	보건 및 사회복지업	302	9.7
	부동산 및 임대업	119	3.8
	사업시설관리업	232	7.4
	숙박및음식점업	131	4.2
	예술스포츠 및 여가업	93	3.0
	운수업	276	8.9
	전기가스수도업	68	2.2
	전문,과학 및 기술서비스업	265	8.5
	제조업	504	16.2
	출판영상방송통신정보업	187	6.0
	하수폐기물재생환경업	66	2.1
주업종 성장단계	창업기	16	5.1
	초기창업기	170	5.5
	고도성장기	712	22.8
	성숙기	2,080	66.7
	쇠퇴기	142	4.6

3.2.2. 기업 관련 변수

기업 관련 변수로는 기업형태, 업력, 조직규모 그리고 지역이 있다. 먼저, 기업형태는 중소기업이 2,518개로 80.7%라는 압도적으로 높은 비중을 차지하고 있으며, 중견기업과 대기업은 각각 404개(13%), 198개(6.4%)의 값을 나타내고 있었다. 다음으로 업력은 '11~20년'에 해당하는 표본이 가장 높았고 평균은 20.46년, 표준편차는 14.19년이었다. 세 번째로, 종종사자 수를 기준으로 측정한 조직규모는 '30인 미만'의 기업이 1,107개(35.5%), '100~299인'의 기업이 983개(31.5%), '30~99인'의 기업이 657개(21.1%) 순으로 비중을 차지하고 있었다. 평균 종사자 수는 208.10명, 표준편차는 1001.38명으로 큰 값을 나타내고 있는데, 이는 일부 대기업의 종사자 수가 평균과 표준편차의 값을 높이기 때문으로 확인했다. 마지막으로 표본의 본사 소재지를 나타내는 지역 변수는 광역자치단체를 기준으로 분석하였다. 서울(30.8%) 및 경기(20.6%) 수도권이 높은 비중을 차지하였고, 부산(7.1%)과 경남(5.4%)이 포함된 경상남도 지역의 비중이 12.5%로 타 지역 대비 높은 비율을 나타냈다. 해당 내용은 〈표 5〉를 통해 확인할 수 있다.

〈표 5〉 기업관련: 기업형태, 업력, 총 종사자 수, 지역

	구분	빈도	비율(%)
기업형태	대기업	198	6.4
	중견기업	404	13.0
	중소기업	2,518	80.7
업력	5년 이하	350	11.2
	6-10년	520	16.7
	11-20년	921	29.5
	21-30년	720	23.1
	31-40년	286	9.2
	41년 이상	323	10.4
조직규모	30인 미만	1107	35.5
	30-99인	657	21.1
	100-299인	983	31.5
	300-999인	294	9.4
	1,000인 이상	79	2.5
지역	강원	81	2.6
	경기	642	20.6
	경남	167	5.4
	경북	126	4.0
	광주	93	3.0
	대구	106	3.4
	대전	67	2.1
	부산	220	7.1
	서울	962	30.8
	세종	12	0.4
	울산	58	1.9
	인천	138	4.4
	전남	107	3.4
	전북	99	3.2
	제주	37	1.2
	충남	130	4.2
	충북	75	2.4

3.2.3. CEO 관련 변수

기업의 CEO 관련 특징을 나타내는 변수는 CEO의 성별, 연령, 창업경험 여부와 창업 전 업무 분야이다. 남성 CEO는 2,780명(88.9%)으로 여성 CEO 대비 압도적인 비중을 차지한다. CEO의 연령은 '60대 이상'의 CEO가 1,350명(43.3%)으로 가장 높은 비율을 차지하였다. 이어서 '50대'(38.7%), '40대'(15%), '30대'(2.8%), '20대'(0.3%) 순으로 나타났다. 이전 창업경험이 있는 CEO의 경우가 2,467명(79.1%)으로 나타나, 과반수 이상의 CEO가 이전 창업경험이 있는 것으로 확인되었다. CEO의 창업 전 업무 분야로 '전략·기획'(27.9%), '홍보·마케팅'(17.9%), '인사·총무'(10.2%), '재무·회계'(10.0%)가 60% 이상의 비중을 차지하였다. 이 외 창업 전 업무 분야로는 '유통·물류'(6.2%), '연구·개발'(5.3%), '생산·품질'(4.6%) 등이 있다. 관련 내용은 아래 <표 6>에 정리하였다.

<표 6> CEO관련: 성별, 연령, 창업경험 여부, 창업 전 업무분야

구분		빈도	비율(%)
CEO 성별	남성	2,780	88.9
	여성	350	11.2
CEO 연령	20대	9	0.3
	30대	87	2.8
	40대	466	15.0
	50대	1,208	38.7
	60대 이상	1,350	43.3
CEO 창업경험 여부	있다	2467	79.1
	없다	653	20.9
CEO 창업 전 업무분야	전략·기획	872	27.9
	인사·총무	317	10.2
	재무·회계	312	10.0
	홍보·마케팅	558	17.9
	연구·개발	164	5.3
	생산·품질	144	4.6
	유통·물류	193	6.2
	기타	560	18.0

3.2.4. 기술 관련 변수

연구 표본에서 기술 관련 결과에 대해 '인증여부'는 벤처인증, 이노비즈인증, 메인비즈인증으로 나누어 분석하였다, 각 인증에 대해 벤처인증은 225건(30.4%), 이노비즈인증은 289건(39.1%), 메인비즈인증은 226건(30.5%)으로 모두 유사한 수치의 비율을 보였다. '주업종과 4차 산업혁명 관련 여부'와 주업종 4차 산업혁명 관련이 있는 경우의 '기술 분포'라는 두 가지 변수로 분석했다. 주업종이 4차 산업 혁명과 관련이 있다고 응답한 기업은 327개로 10.5%에 불과했다. 이들 327개 기업을 대상으로 주업종과 관련 있는 최신기술을 조사한 결과, 20개의 기술 후보군 중 '지능형 로봇' (19.5%), '스마트 공장' (17.9%), '인공지능(AI)'(15.2%)의 합이 52.6%로 과반 이상을 차지하였다. 이어 빅데이터는 9.6%, 자율주행차는 8.9%, 드론은 5.9%를 나타냈다.

〈표 7〉 기술관련: 인증여부, 주업종 4차 산업혁명 관련 여부, 주업종 4차 산업혁명 관련 기술 비율

구분		빈도	비율(%)
인증여부 (복수응답)	벤처인증	225	30.4
	이노비즈인증	289	39.1
	메인비즈인증	226	30.5
주업종 4차 산업혁명 관련 여부	있다	327	10.5
	없다	2,793	89.5
주업종 4차 산업혁명 관련 기술 비율 (복수응답)	3D 프린팅	7	2.2
	5G	2	0.6
	드론	19	5.9
	블록체인	1	0.4
	빅데이터	31	9.6
	사물인터넷(IoT)	16	4.8
	스마트 공장	59	17.9
	스마트 시티	2	0.7
	스마트 팜	4	1.3
	스마트 헬스케어	9	2.8
	신소재(첨단소재)	6	1.7
	에너지 신산업	7	2.2
	인공지능(AI)	50	15.2
	자율주행차	29	8.9
	지능형 로봇	65	19.8
	지능형 반도체	5	1.5
	클라우드	9	2.8
	핀테크	1	0.2
	AR/VR(증강/가상현실)	6	1.7
	O2O(공유경제)	0	0

3.3. 변수 측정 및 변수 구체화

종속변수는 신제품 혁신성과를 사용하였는데, 이는 3년간 (2019–2021) 매출액의 평균(단위: 백만 원)에서 최근 3년 사이 등장한 신제품 및 신규 서비스가 연 매출액에서 차지하는 비율을 로그 변환하여 사용하였다(이채은 외, 2023).

독립변수는 비즈니스모델의 구성 요소인 '가치창출', '가치제안', '가치획득'을 사용하였다. 설문지에서 '비즈니스모델혁신'에 관한 질문 문항 9개를 사용하였으며, 해당 값들의 평균값을 사용하여 하나의 요소 값으로 도출하였다. 설문 항목은 〈표 8〉에 제시하였다.

〈표 8〉 비즈니스모델혁신 설문항목

구분	설문항목
가치창출	q49:사업 파트너와 함께 독자적인 비즈니스 생태계를 조성하고 있다.
	q50:새로운 거래방식, 운영 절차, 사업 관행 및 규범을 제시하고 있다.
	q51:필요한 자원을 효율적으로 조달하여 효과적으로 조합하고 있다.
가치제안	q45:새로운 고객군을 계속 발굴하고 있다.
	q46:고객에게 차별화된 가치를 제안하고 있다.
	q47:고객이 가치를 쉽게 인지할 수 있도록 관리하고 있다.
	q48:차별화된 고객 채널을 구축하고 있다.
가치획득	q52:수익 원천을 다각화하기 위한 방법을 모색하고 있다.
	q53:불필요한 비용 낭비를 줄이기 위한 방법을 모색하고 있다.

통제변수는 산업관련, 기업관련, CEO관련, 기술관련 변수들이 있다. 먼저 산업관련 변수의 경우, '주업종 산업군'과 '주업종 성장단계'가 있다. 주업종 산업군은 17개의 산업군 후보가 있으며 매출액 비중 상위 1위 업종을 선택한다. 그리고 해당 업종에 대한 성장단계를 선택한 것이 주업종 성장단계이다. 본 연구에서는 창업기, 성장기, 성숙·쇠퇴기로 나누어 사용하였다. 다음으로, 기업관련 변수로는 '업력', '기업크기', '벤처인증 여부'가 있다. 업력은 조사된 기업의 설립연도를 기반으로 계산하였고, 기업크기는 조사 당시 CEO와 임원을 포함한 총종사자 수에 로그 변환을 적용하였다. 벤처인증여부의 경우, 벤처확인제도(벤처인증), 이노비즈인증, 메인비즈인증 문항으로 구성되었다. CEO관련 변수로는 'CEO의 현재 기업 창업 전 창업경험여부', 'CEO 성별', 'CEO 연령'을 조사하였다. CEO 연령의 경우, 20대, 30대, 40대, '50대', '60대 이상'으로 구성된 문항으로 범주형 변수로 사용했다. 마지막으로 기술관련 변수로는 '주업종과 관련성 가장 높은 기술'이 있으며, 지능형 로봇, 스마트 공장, 인공지능(AI) 등을 포함하는 문항이다.

3.4. 분석방법

기업의 비즈니스모델혁신 구성 요소 세 가지가 혁신성과인 혁신제품 매출에 미치는 효과를 분석하기 위해서 다중회귀분석(multiple regression analysis)을 진행하였다. 추가로 결과를 B2B 및 B2C 기업으로 나누어 비교하기 위해 서브샘플링 분석을 진행하였다. 또한, 변수들의 다중공선성 검토 결과, VIF 값은 6 이하로 양호한 범위 내에 존재하였다.

Ⅳ. 분석 결과

4.1. 실증 분석

본 연구에서는 B2B와 B2C 기업에 따라 비즈니스모델혁신의 세 가지 구성 요소가 혁신성과에 미치는 상대적 효과를 비교하여 이를 실증적으로 검증하였다. 이와 함께, 전체 기업에 대한 분석도 진행하였다. 결과는 〈표 9〉에 제시하였다.

〈표 9〉 회귀분석 결과

구분	DV: 혁신제품 매출 (실질적 혁신성과)		
	Total (n = 2,879)	B2B (n = 1,806)	B2C (n = 1,073)
	Coef. (S.E.)	Coef. (S.E.)	Coef. (S.E.)
주 효과항			
가치창출	0.23*(0.09)	0.45**(0.14)	-0.09(0.18)
가치제안	0.40***(0.11)	0.17(0.12)	0.73***(0.16)
가치획득	0.06(0.09)	-0.01(0.11)	0.11(0.15)
통제변수			
업력	0.73***(0.12)	0.90***(0.17)	0.68***(0.18)
총 종사자 수	0.79***(0.05)	0.78***(0.06)	0.82***(0.08)
ceo 창업경험	-0.24(0.18)	0.09(0.25)	-0.56*(0.24)
ceo 성별	-0.56**(0.18)	-0.67**(0.23)	-0.38(0.26)
주업종 성장단계 고정효과	Yes	Yes	Yes
벤처인증 여부 고정효과	Yes	Yes	Yes
ceo 연령대 고정효과	Yes	Yes	Yes
산업군 고정효과	Yes	Yes	Yes
주업종과 관련성 가장 높은 기술 고정효과	Yes	Yes	Yes
R-sq	0.4432	0.4294	0.4480
RSME	3.5340	3.4801	3.3715

+p<0.1; *p<0.05; **p<0.01; ***p<0.001

분석 결과, 가치창출은 B2B 기업의 혁신성과에 긍정적인 영향(β=.44, p<.000)을 미치는 반면, B2C 기업의 혁신성과에는 유의하지 않은 것으로 확인되었다. 가치제안은 B2B 기업의 혁신성과에는 유의하지 않지만, B2C 기업의 혁신성과에는 긍정적인 영향을 미쳤다(β=.74, p<.000). 하지만, 가치획득의 경우, B2B 및 B2C 기업 모두 유의하지 않은 것으로 나타났다.

전체 기업의 경우, 가치창출(β=.23, p<.05)과 가치제안(β=.41, p<.000) 모두 긍정적인 영향을 미치는 것으로 나타났다. 이는 기업의 유형에 따라 혁신성과에 유의미한 영향을 주는 비즈니스모델혁신 요소가 다르며, 각 비즈니스모델 구성 요소에 맞추어 혁신을 추구하면 더욱 긍정적인 성과를 얻을 수 있다는 것을 시사한다. 반면, 전체 기업의 표본에서는 이러한 상대적 효과가 보이지 않는다. 이는 기업 유형별 효과를 살펴보는 것의 중요성을 보여준다.

4.2. 강건성 검정: SUR 분석

본 연구에서는 기업 유형별 비즈니스모델혁신이 혁신성과에 미치는 상대적 영향의 결과를 추가로 실증하기 위해 SUR 모형을 사용하여 강건성 검정을 진행하였다. SUR 모형은 Zellner(1962)에 의해 처음으로 도입되었으며, 사회과학에서 나타나는 광범위한 현상을 연구할 수 있게 하는 방법론이다. SUR 모형은 각각의 종속변수별 추정 모형의 오차항이 동일 시점에서 서로 상관성이 있다는 가정을 고려하여, 일반회귀모형이 종속변수 간 상관성을 고려할 수 없다는 한계를 극복한다. 즉, SUR 모형은 개별 회귀모형의 상관계수(ρ_{ij})가 0인 경우, 각각 개별 회귀모형에서 추정한 독립변수의 계수와 동일한 결과가 추정되므로 오차항 간의 상관계수(ρ_{ij})가 0이 아니어야 한다. 따라서 SUR 모형을 사용함으로써 각 추정모형을 독립적으로 추정하는 것보다 효율적인 추정량을 제공한다(Cameron & Trivedi, 2005; Baum, 2006).

$n \times p_i$차원의 N개의 회귀모형으로 구성된 모수적 SUR 모형을 가정하고 식으로 표현하면 다음과 같다.

$$y_i = X\beta_i + \epsilon_i \ (i=1, \cdots, N)$$
$$Corr(\epsilon_i, \epsilon_j) = p_{ij} \neq 0$$

y_i는 i번째 회귀모형의 반응 변수를 포함한 $n \times 1$차원의 벡터이며, X_i는 i번째 회귀모형의 설명변수(explanatory variables)에 해당하는 $n \times p_i$ 차원의 설계행렬(design matrix)이다. 여기서 β_i는 i번째 회귀모형의 p_i차원의 계수 벡터(vector of coefficients)를 나타내며, ϵ_i는 평균이 0인 $n \times 1$차원의 오차항 벡터이다. 위 모형에서 i번째 회귀모형은 1번째 회귀모형과 서로 다른 설명변수를 갖지만, 회귀모형 사이에는 오차항 벡터를 통해 서로 종속관계가 있다고 가정한다(신강원·최기주, 2014; 구자헌·추상호, 2021; 민인식·최필선, 2012; 조성일 외, 2016; Breusch & Pagan, 1980; Fiebig, 2001).

SUR 모형을 사용한 예시로, Yun & Hanson(2020)경우, 고객 만족도 및 고객 충성도가 기업 과에 미치는 영향을 알아보는 과정에서 SUR모형을 활용하였다. 위 과정에서 고객 만족도와 고객 충성도는 개인화된 서비스, 고객 접점, 가격 변동 등의 마케팅 활동 등에 영향을 받으므로 세 가지 모형에 대한 상관관계를 모두 고려하는 SUR모형이 효율적으로 사용되었다. 또한, 이채은 외(2023) 경우, 기업가적 지향성이 기업가적 성과와 신제품 혁신성과에 미치는 영향을 확인함과 동시에 기업가적 성과와 신제품 혁신성과가 총매출에 미치는 영향을 확인하기 위해 해당 모형을 사용하였다. 각 회귀모형 내의 설명변수를 다르지만 회귀모형 간 유의한 관계는 존재하므로 SUR모형을 적용하였다.

혁신성과는 신제품 매출액을 활용하는 실질적 혁신성과와 신제품 및 신규 서비스 개발 성과의 지각된 혁신성과로 나누어 사용하였다. 강건성 검정에 활용된 혁신성과는 설문 항목 중 지각된 재무성과 중 신제품 개발과 관련된 3개의 항목을 이용하여 측정하였다. 기업가정신 실태조사 내 38, 39, 40번 항목에 해당하며 '경쟁사와 비교해볼 때 신제품과 신규 서비스의 비율이 높다', '구성원의 신제품 및 신규 서비스 개발 등을 지속적으로 강조한다', '경쟁사보다 더 많은 신제품 및 신규 서비스를 시장에 출시하였다'라는 내용으로 구성되어있다. 응답자는 각 문항에 대해 '전혀 그렇지않다(1점)'에서 '매우 그렇다(7점)' 중 각 기업의 특성에 맞는 수준으로 응답하였다. 해당 문항들에 대해 척도의 타당성과 신뢰성을 측정하기 위해 확인적요인분석(confirmatory factor analysis, CFA)을 실시하였으며, 측정모형의 적합도는 수용할 만한 수준이었다(χ^2=315.46, d.f.=32, p<.000, CFI=.99, RMSEA=.05). 또한, 수렴타당도(C.R=0.976, AVE=0.932), 판별타당도(AVE=0.932), 신뢰도(Cronbach's alpha=0.9013, C.R.=0.976)도 양호한 수준으로 나타났다. 통제변수로는 다중회귀분석과 동일하게 적용하였다.

본 연구에서는 비즈니스모델혁신이 혁신성과인 실질적 혁신성과와 지각된 혁신성과에 각각 영향을 준다는 추정하여 각 회귀모형 사이에는 오차항 벡터를 통해 서로 종속관계가 있다고 가정한다(Breusch & Pagan, 1980). 본 연구에 사용되는 모형을 수식화하면 다음과 같다.

$$y_1 = \alpha_1 + \beta_{11}x_1 + \beta_{12}x_2 + \beta_{13}x_3 + \epsilon_1$$
$$y_2 = \alpha_2 + \beta_{21}x_1 + \beta_{22}x_2 + \beta_{23}x_3 + \epsilon_2$$

y_1=실질적 혁신성과
y_2=지각된 혁신성과
x_1=비즈니스모델 구성 요소 중 가치창출
x_2=비즈니스모델 구성 요소 중 가치제안
x_3=비즈니스모델 구성 요소 중 가치획득

SUR 분석 결과는 <표 10>에 제시하였다.

<표 10> 강건성 검정: SUR 모형 결과

구분	B2B (n=1,806)		B2C (n=1,073)	
	DV:실질적 혁신성과	DV:지각된 혁신성과	DV:실질적 혁신성과	DV:지각된 혁신성과
	Coef. (S.E.)	Coef. (S.E.)	Coef. (S.E.)	Coef. (S.E.)
주 효과항				
가치창출	0.44**(0.14)	0.26***(0.03)	-0.08(0.19)	0.38***(0.04)
가치제안	0.18(0.13)	0.31***(0.03)	0.73***(0.18)	0.22***(0.03)
가치획득	-0.01(0.12)	0.08**(0.03)	0.11(0.15)	0.17***(0.03)
통제변수				
업력	0.91***(0.16)	0.02(0.03)	0.68***(0.18)	0.09**(0.03)
총 종사자 수	0.78***(0.06)	0.06***(0.01)	0.82***(0.07)	0.05***(0.01)
ceo 창업경험	0.08(0.24)	0.03(0.05)	-0.57*(0.24)	0.03(0.05)
ceo 성별	-0.65*(0.23)	-0.13*(0.07)	-0.38(0.26)	-0.02(0.05)
주업종 성장단계 고정효과	Yes	Yes	Yes	Yes
벤처인증 여부 고정효과	Yes	Yes	Yes	Yes
ceo 연령대 고정효과	Yes	Yes	Yes	Yes
산업군 고정효과	Yes	Yes	Yes	Yes
주업종과 관련성 가장 높은 기술 고정효과	Yes	Yes	Yes	Yes
N = 2,879				
R-sq	0.4275	0.5506	0.4475	0.7170
RMSE	3.4354	0.7461	3.2968	0.6129

†p<0.1; *p<0.05; **p<0.01; ***p<0.001

B2B 기업 분석 결과, 비즈니스모델혁신의 구성 요소들은 종속변수인 실질적 혁신성과와 지각된 혁신성과에 유의한 영향을 미치는 것으로 나타났다(χ^2=58.003, p<.001). 첫 번째 모형에서는 종속변수로 실질적 혁신성과를 사용하였다. 비즈니스모델혁신의 3가지 구성 요소 중 가치창출(β=.44, p<.01)만 실질적 혁신성과에 긍정적인 영향을 미치는 것으로 나타났다. 나머지 구성 요소인 가치제안과 가치획득은 종속변수에 유의한 영향을 미치지 않았다. 두 번째 모형에서는 종속변수로 지각된 혁신성과를 사용하였다. 지각된 혁신성과의 경우, 가치창출(β=.26, p<.001), 가치제안(β=.31, p<.001), 가치획득(β=.08, p<.001) 모두 유의한 영향을 미치는 것으로 나타났다.

B2C 기업 분석 결과, 이 또한 설명변수인 비즈니스모델혁신의 구성 요소들은 종속변수인 실질적 혁신성과와 지각된 혁신성과에 긍정적이고 유의한 영향을 미치는 것으로 나타났다(χ^2=22.321, p<.001). 첫 번째 종속변수인 실질적 혁신성과에 대해 설명변수 중 가치제안(β=.74, p<.001)만이 긍정적 영향을 미쳤다. 하지만 나머지 구성 요소인 가치창출과 가치획득은 종속변수에 유의미한 영향을 미치지 않았다. 지각된 혁신성과를 종속변수로 사용하는 두 번째 모형에서는 3가지 설명변수인 가치창출(β=.38, p<.001), 가치제안(β=.22, p<.001), 가치획득(β=.17, p<.001) 모두 지각된 혁신성과에 유의한 영향을 미치는 것으로 나타났다.

분석 결과, 가치창출의 경우 B2B 기업의 실질적 혁신성과와 지각된 혁신성과에 모두 긍정적인 영향을 미치나 B2C 기업에는 지각된 혁신성과에만 긍정적인 영향을 미쳤다. 반면, 가치제안의 경우 B2B 기업에는 지각된 혁신성과에만 긍정적인 영향을 미쳤으나, B2C 기업에는 실질적, 지각된 혁신성과에 모두 긍정적인 영향을 미쳤다. 마지막으로 가치획득의 경우, B2B 기업와 B2C 기업에 대해 실질적 혁신성과에는 유의하지 않으나, 지각된 혁신성과에는 긍정적인 영향을 미치는 것으로 확인됐다. 즉, 본 연구에서는 다중회귀모형과 SUR모형을 활용하여 앞서 제시한 세 가지 연구문제를 실증분석 및 강건성 검정을 진행할 수 있었다.

V. 결론 및 논의

5.1. 결론

4차 산업혁명이 가속화되면서 기술 발전이 가치창출사슬(value creation chain)에 다양한 변화를 가져오면서, 오늘날 비즈니스모델 혁신에 관한 관심이 커지고 있다(Rymarczyk, 2020). 본 연구에서는 B2B와 B2C 기업에서 비즈니스모델혁신이 혁신성과에 미치는 영향을 구분하여 분석하였다. 이를 위해 가치창출, 가치제안, 가치획득의 세 가지 요소로 비즈니스모델 혁신을 구분하고, 실질적 및 지각된 성과를 포함한 혁신성과 변수들을 통해 둘의 관계를 깊이 있게 살펴볼 수 있었다.

분석 결과를 요약하면 다음과 같다. 첫째, 가치창출은 B2B 기업의 실질적 혁신성과에 긍정적 영향을 미치는 것으로 나타났으며, 이는 B2B 기업의 핵심 기술과 역량이 혁신에 중요함을 시사한다. 둘째, 가치제안은 B2C 기업에서만 긍정적인 영향을 미치는 것으로 나타났다. 이는 B2C 기업이 고객의 성향, 기호, 그리고 시장 트렌드를 잘 파악해야 함을 의미한다. 셋째, 가치획득은 B2B와 B2C 기업 모두에서 실질적 혁신성과에는 유의미한 영향을 주지 않았다. 이는 경영자들이 가치창출이나 가치제안에 더 중점을 두고 가치획득을 소홀히 하는 경향에서 기인한다고 알려져 있다(Shafer et al., 2005). 경영자 대부분은 가치창출 및 가치제안을 통한 기업가치 증대를 시장 경쟁에서 우위를 점할 수 있는 전략으로 보고 있으며, 이는 투자자와의 관계에도 중요하게 작용한다고 할 수 있다. 그러나 이러한 접근은 가치에 상응하는 보상을 받지 못하는 경우를 초래할 수 있다. 넷째, SUR을 사용한 강건성 검정 결과는 비즈니스모델의 세 구성 요소가 모두 지각된 혁신성과에 긍정적인 영향을 미친다는 것을 확인할 수 있었다. 실질적 성과와 지각된 성과 간의 차이는 실질적 성과 측정의 어려움과 다양한 성과 목표(KPI) 때문으로 추정된다. 실질적 성과는 매출액, 이익률, 시장 점유율 등 다양한 재무적 지표로 측정할 수 있지만, 본 연구는 매출액을 실질 성과로 사용했기 때문에 전반적인 기업성과를 파악하는 데 한계가 존재한다. 기업은 재무적 목표 외에도 고객만족, 제품혁신, 사회적 책임 등 다양한 분야에서 성과 목표를 설정할 수 있으므로 재무적인 실질적 성과와 다른 결과가 나타난 것으로 추정된다. 본 연구의 실증분석 결과 요약 표를 <표 11>과 <표 12>에 제시하였다.

<표 11> 실증분석 결과 요약

다중회귀 모형		
구분	B2B	B2C
가치창출(value creation)	+**	n.s.
가치제안(value proposition)	n.s.	+***
가치획득(value capture)	n.s.	n.s.

†p<0.1; *p<0.05; **p<0.01; ***p<0.001

〈표 12〉 강건성검정 결과 요약

SUR 모형			
DV	구분	B2B	B2C
실질적 성과	가치창출	+**	n.s.
	가치제안	n.s.	+***
	가치획득	n.s.	n.s.
지각된 성과	가치창출	+***	+***
	가치제안	+***	+***
	가치획득	+**	+***

†p<0.1; *p<0.05; **p<0.01; ***p<0.001

5.2. 연구 시사점

본 연구는 학술적 및 실무적 관점에서 중요한 시사점을 제공한다. 먼저, 학술적으로는 Clauss et al.(2019)의 연구를 실증분석으로 지지하였다. 해당 연구는 432개의 독일 기업을 분석하였으며, 가치창출 및 가치제안은 기업성과에 긍정적인 영향을 미치지만, 가치획득은 기업성과에 부정적인 영향을 미치는 것을 확인하였다. 이는 가치창출과 가치제안이 각각 B2B 기업과 B2C 기업의 성과에 긍정적인 영향을 준다는 본 연구의 결과와 유사한 분석 결과를 보여준다. 가치획득이 기업의 성과에 긍정적인 영향을 주지 않는다는 연구 결과 또한 유사하다고 볼 수 있다. 또 다른 학술적 시사점으로는 비즈니스모델의 각 구성 요소가 혁신성과에 미치는 영향은 상이할 수 있으며, 이를 심층적으로 이해하는 것이 필요하다는 것이다. 본 연구에서는 가치창출, 가치제안, 가치획득의 세 가지 요소를 중심으로 분석을 진행하였으나, 추후에는 다른 기준으로 분류된 비즈니스모델 구성 요소들이 혁신성과에 미치는 영향에 관한 추가적 연구가 가능할 것으로 기대된다. 다음으로 B2B와 B2C 기업은 주요 고객층에 따라 비즈니스모델 구성 요소의 영향력에 차이를 보일 수 있다. 이는, B2B 기업은 기술혁신을 통한 가치창출에 집중해야 하며, 기존 자원과 역량을 효율적으로 활용하여 혁신을 추진해야 함을 시사한다. 반면, B2C 기업은 고객의 니즈에 부응하는 차별화된 가치제안을 통해 새로운 시장을 개척해야 한다.

실무적으로는 B2B와 B2C 기업에 따라 집중해야 할 비즈니스모델혁신의 구성 요소가 상이함을 밝혔다. 기업가는 이러한 이해를 바탕으로 기업의 특성에 적합한 혁신전략을 수립할 수 있다. 특히, 가치획득이 유의하지 않았던 결과는 많은 기업가들이 가치획득 요소를 간과하는 경향에서 기인할 수 있음을 나타낸다. 이에 기업가들은 기업 특성에 맞는 수익 모델을 고려하여 가치획득에 대한 혁신을 추진하는 것이 대단히 중요하다고 볼 수 있다. 또한, 각 회사는 KPI(key performance indicators) 혹은 OKR(objective key results)을 설정하는 데 있어 다양한 성과 측정 지표의 필요성을 강조한다. 실질적 혁신성과와 지각된 혁신성과를 종합적으로 평가할 수 있는 다각적 지표 개발이 중요하다. 이러한 지표는 경영자가 객관적인 상황 판단과 명확한 방향성을 가질 수 있게 하는 데 기여할 것으로 기대된다.

5.3. 연구의 한계 및 향후 방향

본 연구는 B2B와 B2C 기업의 비즈니스모델혁신이 혁신성과에 미치는 상대적 영향을 실증적으로 분석하였다. 하지만 본 연구의 한계점을 인지하고, 이를 바탕으로 후속 연구 방향을 제안하고자 한다. 첫째, 본 연구는 2021년에 측정된 단일 연도 데이터에 근거한 횡단(cross-sectional) 데이터를 기반으로 한 연구로, 인과추론에 있어 한계를 가진다. 하지만 횡단 자료의 한계에도 불구하고 약 3,000개의 표본 크기는 국내 창업 생태계를 대표할 수 있는 충분한 범위로 볼 수 있을 것이다. 후속 연구에서는 시간을 걸쳐 수집된 패널(panel) 데이터를 활용함으로써 더 깊이 있는 연구 결과를 도출할 수 있을 것으로 기대된다. 둘째, 본 연구는 B2B와 B2C 기업에 초점을 맞췄지만, B2G(정부 및 공공부문) 및 B2I(해외시장) 등 다른 비즈니스 거래 유형에 대한 분석은 제외하였다. 해당 거래 유형들의 표본 수가 상대적으로 적어 적절한 비교 분석을 수행하기 어렵다고 판단했다. 향후 연구에서는 이들 유형을 포함한다면 더 폭넓고 의미 있는 연구 결과를 제공할 수 있을 것이다. 셋째, 성과변수의 측정은 단일 지표에 의존하였다는 점에서 한계가 있다. 실질적 성과를 매출액에 국한하여 분석한 것은 다른 재무성과 지표(예: ROA, ROE 등)들을 고려하지 않았음을 의미한다. 지각된 성과 또한 기업 관점의 혁신성과로 한정되어, 소비자 관점에서의 제품 혁신에 대한 지표 또한 분석되었다면 더 의미 있는 이해를 가능하게 할 것이다(Chandy & Tellis, 1998; Lawton & Parasuraman, 1980; Robertson, 1967; 유연재, 2012).

추가로, 본 연구는 비즈니스 거래 유형에 따른 성과 차이를 살펴보았지만, 후속 연구에서는 거래 유형 외에도 주업종에 따른 산업 분야의 특성, 주업종의 성장단계, 대표이사의 배경, 4차 산업혁명의 영향 등 다양한 변수를 고려하여 분석할 수 있다. 또한, 비즈니스모델의 구성 요소에 영향을 미치는 기타 결정요인을 탐색하고, 이들을 분석에 통합하여 비즈니스모델혁신의 세부 구성 요소를 더욱 정교하게 파악하는 것이 중요할 것이다.

REFERENCE

강원진·이병헌·오왕근(2012). 국내 벤처기업의 성장단계별 외부자원 활용이 기술혁신 성과에 미치는 영향. *벤처창업연구,* 7(1), 35–45.

구자헌·추상호(2021). 통행목적을 고려한 통행시간 영향요인 분석. *대한교통학회지,* 39(5), 697–710.

김대이(2015). *White Space 비즈니스 모델 혁신 워크북.* 서울: 좋은땅.

김영훈(2020). 4차 산업혁명 시대의 개인맞춤 시장과 제조 밸류체인의 변화. *주간기술동향(기획시리즈–융합).* 대전: 정보통신기획평가원.

김종석·강민정·김병근(2022). 기업가적 기회가 비즈니스모델 설계에 미치는 영향: 레디앤스타트 사례를 중심으로. *KBR,* 26(1), 37–66.

민인식·최필선(2012). *STATA 고급 패널데이터 분석.* 한국STATA학회. 경기: 지필미디어

신강원·최기주(2014). SUR 모형을 이용한 강수량과 대중교통 승객 수간 관계 분석. *대한교통학회지,* 32(2), 83–92.

유순근(2017). *벤처창업과 경영:창업과 비즈니스 모델 혁신.* 서울:박영사.

유연재(2012). 소비자의 지각된 제품혁신성 척도 개발과 타당화: 대학생과 전자제품을 중심으로. *한국심리학회지,* 13(2), 159–183.

윤두균·박지훈(2023). 반기업정서와 공공매체를 통해 접한 역할모델이 창업의도에 미치는 영향:기업가적 지향성의 조절효과를 중심으로. *기업가정신연구,* 4(2), 69–97.

이미아·이유재·정나영(2023). 혁신지향성이 중소기업의 성과에 미치는 영향: 비즈니스모델혁신과 환경역동성의 역할을 중심으로. *한국경영학회,* 52(1), 191–216.

이병남(2011). 과거 아이디어의 덫에서 과감히 벗어나라. *동아비즈니스리뷰,* 72, 18–24.

이선우·김선우·김지연(2022). 기업벤처링이 혁신성과에 미치는 영향: 협력파트너 다양성의 조절효과. *경영컨설팅연구,* 22(2), 77–90.

이주연·박태경(2023). 4차산업 기술 중소기업의 비즈니스모델혁신:비전, 조직체계, 기업가지향성의 역할과 환경풍요성의 조절효과. *기업가정신연구,* 4(2), 1–28.

이채은·박예진·윤원주(2023). 기업가적 지향성이 기업성과에 미치는 영향:사내벤처에 관한 인식의 조절효과를 중심으로. *기업가정신연구,* 4(2), 29–50.

이병헌·이수욱·위세안(2014). 정부의 기술개발 지원이 중소기업의 기술혁신 성과에 미치는 영향. *벤처창업연구,* 9(5), 157–171.

임이숙(2023). 기업가정신 교육이 창업의도에 미치는 영향:성별 차이를 중심으로. *기업가정신연구,* 4(2), 51–67.

조성일·석인혜·최태련(2016). 비모수 베이지안 겉보기 무관 회귀모형. *응용통계연구,* 29(4), 627–641.

채희상·최윤영·허은지(2014). 벤처기업의 오픈이노베이션. *벤처창업연구,* 9(1), 1–13.

최용호·황우익(2004). 벤처기업의 기술혁신과 산학관 네트워크. *한국중소기업학회,* 7(2), 3–23.

최종열(2015). 기업가정신, 혁신역량 및 외부협력이 벤처기업의 기술혁신 성과에 미치는 영향. *벤처창업연구,* 10(5), 219–231.

한국청년기업가정신재단(2022). *기업가정신 실태조사 (기업편)–기술통계보고서.*

한상린(2011). *B2B 마케팅.* 서울:21세기북스.

IBM(2005). *지속적 성장을 위한 비즈니스 모델 혁신전략.* 서울: 한국경제신문.

Afuah, A. (2014). *Business model innovation: Concepts. analysis, and cases.* London:Routledge.

Afuah, A., & Tucci, C. (2003). *Internet Business Models and Strategies.* Boston McGraw–Hill.

Bae, Z. T., & Chung, J. W(1997). Relationships Between Technological Cooperation Activities and Performance of Small and Medium sized Companies in Korea. *The Korean Small Business Review,* 19(2), 273–296.

Baum, C. F. (2006). An Introduction to Modern Econometrics Using Stata. Stata Press. *College Station,* 341.

Breusch, T. S., & Pagan, A. R. (1980). The lagrange multiplier test and its applications to model specification in econometrics. *The Review of Economic Studies,* 47(1), 239–253.

Cameron, A. C., & Trivedi, P. K. (2005). Microeconometrics: methods and applications. *Cambridge University Press.*

Cavalcante, S. A. (2014). *Designing business modelchange. International Journal of InnovationManagement,* 18(2), 1450018.

Chae, H. S., Choi, Y. Y., & Heo, E. J. (2014) Open Innovation in Venture Firms: the Impact of External Search Strategy on Innovation Performance of Korean Manufacturing Firms. *Asia-Pacific Journal of Business Venturing and Entrepreneurship,* 9(1), 1–13.

Chandy, R. K., & Tellis, G. J. (1998). Organizing for radical product innovation: The overlooked role of willingness to cannibalize. *Journal of Marketing Research,* 35, 474–487.

Chesbrough, H. (2006). *Open Innovation: A New Paradigm for Understanding Industrial Innovation. 10th Anniversary Summer Conference on Dynamics of Industry and Innovation: Organizations.* Copenhagen: Networks and Systems.

Chesbrough, H. & Rosenbloom, R. (2002). The Role of the Business Model in Capturing Value from Innovation: Evidence from Xerox Corporation's Technology Spin–Off Companies. *Industrial and Corporate Change.* 11(3).

Choi, J. Y. (2015). Relationship Analysis among Entrepreneurship, Innovation Capability, External Cooperation, and Technological Innovation Performance for Venture Companies. *Asian Pacific Journal of Business Venturing and Entrepreneurship,* 10(5), 219–231.

Choi, Y. H., & Hwang, W. I. (2004). Technological innovation of venture firms in partnership with IUG networks. *Advancing Small Enterprise Innovation Research,* 7(2), 3–23.

Clauss, T. (2017). *Measuring Business Model Innovation: Conceptualization, Scale Development and Proof of Performance.* R&D Management. 47(3). 385–403.

Clauss, T., Abebe, M., Tangpong, C., & Hock, M. (2019). Strategic agility, business model innovation, and firm performance: an empirical investigation. *IEEE transactions on engineering management,* 68(3), 767–784.

Damanpour, F., & Evan, W. M. (1984). *Organizational Innovation and Performance: The Problem of "Organizational Lag".* Administrative Science Quarterly, 29, 392–409.

Demil, B., & Lecocq, X. (2010). Lecocq, X.: Business Model Evolution: In Search of Dynamic Consistency. *Long Range Planning* 43, 227–246.

Dess, G. D., & Robinson Jr, R. B. (1984). Measuring Organizational Performance in the Absence of Objective Measures: The Case of the Privately Held Firm and Conglomerate Business Unit. *Strategic Management Journal,* 5(3), 265–273.

Fiebig, D. G. (2001). Seemingly unrelated regression. *A companion to theoretical econometrics,* 101–121.

Foss, N. I., & Saebi, T. (2017). Business models and business model innovation: Between wicked and paradigmatic problems. *Long Range Planning,* 51(1).

Grimpe, C., & Sofka, W. (2009), Search patterns and absorptive capacity: Low- and high-technology sectors in European countries. *Research Policy,* 38(3), 495–506.

Hamel, G. (2002). *Leading the Revolution: How to Thrive in Turbulent Times by Making Innovation a Way of Life.* Boston: Harvard Business School Press.

Han, S. L. (2011). *B2B Marketing.* Seoul: Book21

Nintendo Co. (2007). *HSBC Global Research.* Telecom, Media & Technology Software.

Hsu, P., Lander, E., & Zhang, F. (2014). Development and Applications of CRISPR-Cas9 for Genome Engineering. *Cell.* 157(6). 1262–1278.

IBM(2005). *Business model innovation strategy for sustainable growth.* Seoul: The Korea Economic Daily.

Jo, S. I., Seok, I. H., & Choi, T. R. (2016). A nonparametric Bayesian seemingly unrelated regression model. *The Korean Journal of applied Statistics,* 29(4), 627–641.

Johnson, G., Scholes, K., & Whittington, R. (2008). *Exploring Corporate Strategy.* Text and Cases. 8th Edition, Harlow:Prentice Hall.

Johnson, M. W., & Lafley, A. G. (2010). Seizing the White Space: Business Model Innovation for Growth and Renewal. *Harvard Business Review Press.*

Kang, W. J., Lee, B. H., & Oh, W. G. (2012). The effects of the utilization of external resources on the technological innovation performance along the stages of growth in Korean ventures. *Asian Pacific Journal of Business Venturing and Entrepreneurship,* 7(1), 35–45.

Kim, D. I. (2015). *White Space Business innovative model book.* Seoul: g-world.

Kim, J. S., Kang, M. J & Kim, B. K. (2022). Business Model Design and the Influence of Entrepreneur Opportunity:The Case of Ready and Start. *Korea Business Review,* 26(1), 37–66.

Kim, Y. H. (2020). Changes in the personalized market and manufacturing value chain in the era of the 4th Industrial Revolution. *Weekly technology trends (special series-convergence).* Daejeon: Information and Communications Planning and Evaluation Institute.

Koo, J. H., & Choo, S. H. (2021). Analysis of Factors Affecting Travel Time Considering Travel Purpose. *Korean Society of Transportation,* 39(5), 697–710.

Korea Entrepreneurship Foundation. (2022). *Survey of Entrepreneurship (Company): Technical statistics report.*

Kumar, V., & Raheja, G. (2012). Business to business (b2b) and business to consumer (b2c) management. *International Journal of Computers & Technology,* 3(3), 447–451.

Lawton, L., & Parasuraman. A. (1980). The impact of the marketing concept on new product planning. *Journal of Marketing,* 44(Winter), 19–25.

Lee, B. H., Lee, S. W., & W, S. A. (2014). The Effect of Government R&D Supports on SMEs Technological Innovation Performance in Korea. *Asian Pacific Journal of Business Venturing and Entrepreneurship,* 9(5), 157–171.

Lee, B. N. (2011). Dare to break free from the trap of past ideas. *Dong-A Business Review,* 72, 18–24.

Lee, C. E., Park, Y. J., & Yun, W. J. (2023). The Impact of Entrepreneurial Orientation on Firm Performance: The Moderating Role of Corporate Venturing. *Journal of Entrepreneurship Studies,* 4(2), 29–50.

Lee, J. Y., & Park, T. K. (2023). The 4th Industrial Revolution-relevant Technology SMEs and Their Business Model Innovation: Roles of Strategic Vision, Organizational Architecture, and Entrepreneurial Orientation and the Moderation of Environmental Munificence. *Journal of Entrepreneurship Studies,* 4(2), 1–28.

Lee, M. A., Yi, Y. J. & Jung, N. Y. (2023). The Effect of Innovation Orientation on the Performance of SMEs: Focusing on the Role of Business

Model Innovation and Environmental Turbulence. *Korea Business Review,* 52(1), 191–216.

Lee, S. W., Kim, S. W., & Kim, J. Y. (2022). Corporate Venturing and Innovative Performance: The Moderating Role of Cooperation Partners' Diversity. *Korean Management Consulting Review,* 22(2), 77–90.

Lim, Y. S. (2023). The Impact of Entrepreneurship Education on Entrepreneurial Intentions: Gender Differences. *Journal of Entrepreneurship Studies,* 4(2), 51–67.

Massa, L., Tucci, C. L., & Afuah, A. (2017). A Critical Assessment of Business Model Research. *The Academy of Management Annals,* 11(1), 73–104.

Morrar, R., & Arman, H. (2017). The Fourth Industrial Revolution (Industry 4.0): A Social Innovation Perspective. *Technology Innovation Management Review.* 7(11). 12–20.

Min, I. S., & Choi, P. S. (2012). *Advanced Panel Data Analysis.* The Korean Association of STATA. Gyeonggi: Jiphil Media.

Mitchell, D., & Coles, C. (2004). Establishing a Continuing Business Model Innovation Process. *Journal of Business Strategy.* 25(3). 39–49.

Koen, P., Bertels, H.,& Elsum, I. (2011). The Three Faces of Business Model Innovation: Challenges for Established Firms. *Research-Technology Management.* 54(3). 52–59.

Osterwalder, A., & Pigneur, Y. (2010) *Business Model Generation: A Handbook for Visionaries,* Game Changers, and Challengers. New Jersey: Wiley.

Pang, C., Wang, Q., Li, Y., & Duan, G. (2019). Integrative capability, business model innovation and performance: Contingent effect of business strategy. *European Journal of Innovation Management,* 22(3), 541–561.

Pohle, G. & Chapman, M. (2006). *IBM's global CEO report 2006: Business model innovation matters.* Strategy & Leadership. 34(5).

Rappa, M. (2001). *Managing the digital enterprise: Business models on the web,* North Carolina State University.

Robertson, T. S. (1967). The process of innovation and the diffusion of innovation. *Journal of Marketing,* 31(January), 14–19.

Rymarczyk, J. (2020). Technologies, Opportunities and Challenges of the Industrial Revolution 4.0: Theoretical Considerations. *Entrepreneurial Business and Economics Review,* 8(1), 185–198.

Ryu, Y. J. (2012). Perceived Consumers' product Innovation Scale Development and Validation: Focused on College students and Electronic Devices. *Koreanpsychology,* 13(2), 159–183.

Schneckenberg, D., Velamuri, V., Comberg, C., & Spieth, P. (2017). Business model innovation and decision making: Uncovering mechanisms for coping with uncertainty. *R&D Management.* 47(3). 404–419.

Schneider, S., & Spieth, P. (2014). Business model innovation and strategic flexibility: insights from an experimental research design. *International Journal of Innovation Management,* 18(6), 1440009.

Schneider, S., & Spieth, P. (2013). Business model innovation: Towards an integrated future research agenda. *International Journal of Innovation Management,* 17(1), 1340001.

Shafer, S., Smith, H., & Linder, J. (2005). The Power of Business Models. *Business Horizons.* 48(3). 199–207.

Shin, K. W., & Choi, K. C. (2014). Analyzing the Relationship Between Precipitation and Transit Ridership Through a Seemingly Unrelated Regression Model. *Korean Society of Transportation,* 32(2), 83–92.

Styles, C. (1998). Export performance measures in Australia and the United Kingdom. *Journal of International Marketing,* 6(3), 12–36.

Teece, D. J. (2010) Business Models, Business Strategy and Innovation. *Long Range Planning,* 43(2–3), 172–194.

Teece, D. J. (2018). Business models and dynamic capabilities. *Long Range Planning,* 51(1), 40–49.

Venkatraman, N., & Henderson, J. C. (1998). Real strategies for virtual organizing. *Sloan Management Review,* 40(1), 33–48.

Yun, D. G., & Park. J. H. (2023). Negative Attitudes towards Companies in Korea and the Influence of Role Models from Public Media on Entrepreneurial Intention: Focusing on the Moderating Effects of Entrepreneurial Orientation. *Journal of Entrepreneurship Studies,* 4(2), 69–97.

Yoo, S. G. (2017). *Venture entrepreneurship and management: Entrepreneurship and business model innovation.* Seoul: pybook.

Yun, W., & Hanson, N. (2020). Weathering consumer pricing sensitivity: The importance of customer contact and personalized services in the financial services industry. *Journal of Retailing and Consumer Services,* 55, 102085.

Zellner, A. (1962). An Efficient Method of Estimating Seemingly Unrelated Regression and Tests for Aggregation Bias. *Journal of American Statistics Association,* 57, 348–368.

Zhang, H., Sun, X., & Lyu, C. (2018). Exploratory Orientation, Business Model Innovation and New Venture Growth. *Sustainability,* 10 (1), 56.

Zott, C. & Amit, R. (2010). Business Model Design: An Activity System Perspective. *Long Range Planning,* 43(2–3), 216–226,

Zott, C., Amit, R., & Massa, L. (2011). The Business Model: Recent Developments and Future Research. *Journal of Management,* 37(4), 1019–1042.

벤처창업연구 제17권 제5호 (통권83호)

하이브리드 조직의 모순 대응 전략 변화: 소셜벤처 노을과 에누마 사례를 중심으로

진우석 (과학기술정책연구원 연구원)
성지은 (과학기술정책연구원 선임연구위원)

국문 요약

최근의 기업은 주주의 이윤 극대화를 넘어서 사회적 목표의 달성을 요구받으며, 이에 따라 기업의 경제적 목표와 사회적 목표를 동시에 추구하는 것이 중요하게 여겨지고 있다. 이러한 시대적 배경에서 하이브리드 조직에 대한 연구는 이론적·실무적으로 중요성이 증가하고 있다. 특히 하이브리드 조직은 본질적으로 경제적 목적과 사회적 목적을 동시에 추구하는 이중성을 가지고 있기에, 하이브리드 조직을 둘러싼 여러 이해관계자들의 제도적 요구 또한 모순적이다. 이처럼 모순된 제도적 요구에 하이브리드 조직이 대응하는 방식에 대해 여러 선행연구에서 고찰했으나, 대부분 연구가 특정 시점의 대응에 한정되어 있었다. 따라서 하이브리드 조직이 사업을 확장하고 진화하는 과정에 따라 모순된 제도적 요구에 대한 대응전략이 변화하는 모습을 파악하기에는 한계가 있었다. 본 연구는 하이브리드 조직이 모순된 제도적 요구에 대해 선택적 동조화를 취할 것으로 보았으며, 모순된 제도적 요구에 대한 대응이 조직의 성장과정에 따라 변화할 것으로 보았다. 모순된 제도적 요구에 대한 대응방식의 변화를 파악하기 위해 본 연구는 혁신성·기술성에서 좋은 성과를 내면서 고도화된 수준의 비즈니스모델을 운영하고 있는 소셜벤처인 노을과 에누마를 선정해 사례 연구를 수행하였다.

분석 결과 소셜벤처는 모순된 제도적 요구에 대해 선택적 동조화 방식을 취하며, 소셜벤처의 사업이 고도화됨에 따라 선택적 동조화 과정이 변화하는 모습을 보인다. 구체적으로 사업 초기에는 단일 비즈니스모델로 경제적 요구와 사회적 요구를 동시에 대응하는 모습을 보인다. 이후 사업이 고도화되면 두 개 이상의 비즈니스모델을 운영하여서 일부는 경제적 요구에 대응을 하고, 일부는 사회적 요구에 대응하게 된다. 이는 사업 초기 소셜벤처가 제도적 환경에 대해 정당성을 얻고 생존하기 위해 단일 비즈니스 모델로 경제적 요구와 사회적 요구를 동시에 대응하되, 사업 성장기에 접어들면 지속가능한 성장을 추구하고 대규모 미션에 도전하기 위하여 경제적 가치를 추구하는 비즈니스모델과 사회적 가치를 추구하는 비즈니스모델을 분리하여 대응하는 것으로 해석된다. 이를 통해 본 연구는 하이브리드 조직이 성장함에 따라서 모순된 제도적 요구에 대응하는 방식이 달라지는 변화 양상을 밝혀내어 하이브리드 조직에 대한 심층적인 이해에 기여하고자 했다.

핵심주제어: 하이브리드 조직, 모순된 제도적 요구, 제도화 이론, 소셜벤처, 선택적 동조화

Ⅰ. 서론

하이브리드 조직은 이론적·실무적으로 중요성이 증가하고 있다(Battilana & Dorado, 2010). 최근의 기업은 주주의 이윤을 극대화하는 것을 넘어서 사회적 목표의 달성을 요구받으며, 이에 따라 기업의 경제적 목표와 사회적 목표를 동시에 추구하는 것이 중요하다(Battilana et al., 2022). 특히 기업의 사회적 책임(CSR)이 기업의 평판에 미치는 영향력이 커지고 있으며 ESG, 사회적 기업가정신(Social entrepreneurship) 등 지속가능한 사회를 위한 기업의 역할이 중요시되는 시점에서 하이브리드 조직에 대한 연구의 필요성 또한 증가하고 있다(Dacin et al., 2011; Doherty et al., 2014; Saebi et al., 2019; Lall & Park, 2022; Marinov et al., 2022).

본래 조직이론 연구에서 하이브리드 조직은 하나의 조직 내부에서 서로 다른 두 개 이상의 구조가 융합되어 있는 형태

의 구조(Hybrid Structure)를 지닌 조직[1)]을 의미하였다(Daft, 2015). 그런데 기업의 사회적 책임을 중요시하는 최근의 트렌드에서 하이브리드 조직은 단순히 서로 다른 형태의 구조를 지닌 조직이 아니라 경제적 목표와 사회적 목표를 동시에 추구하는 조직으로 그 의미가 변화되고 있다(Daft, 2020). 실제로 최근 연구에서는 이상적인 하이브리드 조직의 형태로 사회적 목적과 경제적 목적이 통합된 조직형태를 제시하고 있으며(Battilana et al., 2012; McMullen & Warnick, 2016) 향후에도 지속될 것으로 보인다.

하이브리드 조직의 의미가 변화하고 그 중요성이 증가하는 이유 중 하나는 기업을 둘러싼 다양한 제도적 압력들이 기업의 지속가능성을 위협하고 있기 때문이다(Moss et al., 2011; Pache & Santos, 2013). 기업은 기후변화, 공급망 변화 등 다양한 사회 문제에 직면하게 된다. 이러한 문제에 대해 기업을 둘러싼 이해관계자들은 기업이 사회 문제를 적극적으로 해결하기를 요구함과 동시에 기업의 지속가능성 제고를 요구한다(Murray et al., 2010; Doherty et al., 2014). 그러나 모든 이해관계자들의 요구가 동일하지 않으며, 이해관계자 간 제도적 요구가 충돌하는 모순(Conflicting Institutional Demands) 상황을 형성하게 된다(Pache & Santos, 2021). 기존의 제도화 이론은 기업이 다양하면서 모순된 제도적 요구에 노출될 수 있다고 논의하고 있다(Meyer & Rowan, 1977). 하지만 모순된 요구에 대한 기업의 대응 전략은 비교적 최근에 연구되고 있다.

Pache & Santos(2010)에 따르면, 모순적인 제도적 요구에 대해 조직들이 선택하는 대응전략은 크게 4가지로 나눌 수 있다. 타협(Compromise), 회피(Avoidance), 거부(Defiance), 조정(Manipulation) 4가지 전략이 그것이다. 다만 이는 일반적인 조직의 대응방식이며, 하이브리드 조직이 선택하는 전략은 아니었다. 후속연구에서 이들은 4가지 대응전략들이 하이브리드 조직에서 선택적으로 활용될 수 있다고 주장했는데, 타협전략과 회피전략을 적절히 혼용한 선택적 동조화(Selective Coupling)가 그것이다(Pache & Santos, 2013). 즉 하이브리드 조직은 모순적인 제도적 요구를 대응함에 있어 기존의 조직들보다 좀 더 유연한 대응방식을 취할 수 있다. 이러한 특징으로 인해 모순적인 제도적 요구에 대한 하이브리드 조직의 대응전략이 지속적으로 연구되어 왔다(Besharov & Smith, 2014; Wry et al., 2014; Vedula et al., 2022).

모순된 제도적 요구에 대한 하이브리드 조직의 대응전략 연구는 조직에 대한 이해를 확장시키는데 도움을 준다. 그러나 기존연구에서는 기업의 성장과정에 따라 기업이 처한 모순적인 제도적 요구가 지속적으로 변할 수 있으며, 전략 또한 변한다는 사실을 설명하기는 어렵다. 이에 본 연구는 하이브리드 조직의 모순된 제도적 요구에 대한 대응전략이 기업의 성장단계에 따라 다르게 나타날 것으로 보았다. 구체적으로, 하이브리드 조직의 성장단계에 따라 조직이 지닌 서로 다른 가치를 다루는 방식이 어떻게 변화하는지를 파악하고자 한다.

본 연구는 하이브리드 조직의 예시로 소셜벤처를 선정하여 사례 분석을 수행하였다. 소셜벤처는 본질적으로 사회적 가치와 경제적 가치를 동시에 추구하는 하이브리드 조직이며, 혁신성을 가지고 있다는 점에서 타 조직과 차별이 된다(김진수 외, 2016). 따라서 본 연구는 하이브리드 조직이 태생적으로 가지고 있는 모순적인 가치가 비즈니스모델 발전 과정에 따라 어떻게 변화하는지 파악하고자 소셜벤처의 비즈니스모델 발전과정을 통해 살펴보았다. 이를 위해 고도화된 비즈니스모델을 운영해서 일정한 성과를 내고 있는 소셜벤처 노을과 에누마의 사례를 기반으로 분석하고 그 시사점과 한계를 기술했다.

Ⅱ. 이론적 배경

2.1. 하이브리드 조직과 모순된 제도적 요구 대응

2.1.1. 모순된 제도적 요구와 기업의 대응

제도적 요구란 기업을 둘러싼 사회문화적 환경 속에서 다양한 이해관계자들이 기업에게 하는 요구를 의미한다(Meyer & Rowan, 1977). 예를 들면 기업이 IPO를 할 때, 적절한 근거를 가지고 IPO를 하는지 그 정당성을 확인하는 것이다(Pache & Santos, 2010). 또한 기업으로 인해 야기된 여러 사회문화적 현상에 대해 기업에게 책임을 묻는 것 등이 제도적 요구일 수 있다(김성훈, 2011).

제도화 이론(또는 신제도주의 이론)은 기업을 둘러싼 제도적 요구 또는 환경 속에서 기업이 생존에 대한 정당성을 인정받을 때 기업이 살아남는다는 것을 전제로 한다(Meyer & Rowan, 1977). 제도적 요구들은 가정, 종교, 국가, 시장, 연합 등 다양한 제도화 논리에 지배된다(Thornton & Ocasio, 2008; Scott, 2013). 서로 다른 제도화 논리에 의한 요구들은 기업에게 있어 모순된 형태로 받아들여진다. 예를 들면 출판사의 경우 출판사의 평판을 유지하기 위해 전문성 있는 서적만 내야 하는 것을 요구받을 수 있다. 반면, 시장의 관점에서 보면 대중적으로 판매량이 높은 서적을 출판해서 출판사의 시장 지위를 높이는 것을 요구받는 모순적 상황이 일어난다(Thornton, 2002). 즉, 모순된 제도적 요구란 상반되는 제도적 논리에 정렬된 이해관계자들의 요구를 의미하며, 기업은 이에 대해 다양하게 대응할 수 있다(Pache & Santos, 2010; Greenwood et al., 2011).

Pache & Santos(2010)는 이런 모순된 제도적 요구에 대한 기업의 대응전략을 체계적으로 논하였다. 이들은 기업의 대응전략을 설명하기 위해 제도적 요구의 본질적 측면(Nature of demands)과 요구를 내부화(Internal Representation)하는 측면에서 접근한다. 즉 제도적 요구에는 목표와 수단이 있는데 조직이 수단 차원에서만 정당성을 확보할지, 목표 차원까지도 정당성을 확보할지에 따라 전략이 다르다. 또한 제도적 요구의 내부화 측면도 모든 요구를 거부할지, 한 개의 요구만 내부화할지 아니면 두 개 이상의 요구를 내부화할지에 따라 전략이 다르다. 이들은 이러한 두 가지 측면을 고려해서 조직이 취할 수 있는 전략을 타협(Compromise), 회피(Avoidance), 거부(Defiance), 조정(Manipulation)의 4가지로 제시했다.

〈표 1〉 **모순된 제도적 요구에 대한 조직의 대응**

구분	타협	회피	거부	조정
대응방식	제도적 요구에 대해 부분적으로 순응하려고 노력	제도적 요구에 부합할 필요성을 배제하고자 시도	최호 1개의 제도적 요구에 대해서 거부반응 표출	제도적 요구의 내용을 변경하려고 노력
예시	하이브리드화	탈동조화(Decoupling) 버퍼링(Buffering)	저항	협력, 로비, 제도적 기업가정신
긍정적 측면	정당성 증가 지속가능성	일부 구조는 정당성 증가 효율성 증가	자율성과 재량 일부 이해관계자들에게 정당성 증가	정당성 증가 지속가능성
부정적 측면	조직의 복잡성 증가 효율성 감소 내부 및 이념적 갈등	내부 및 이념적 갈등 종업원의 도덕성 감소 경직되고 노후된 조직구조	정당성의 하락 조직차원의 낙인효과 발생	내부 정치 이슈 거버넌스 상의 위기 조직실패 가능성

자료: Pache & Santos(2021) 일부 인용

먼저 타협은 제도적 요구의 일부만 받아들이는 것을 의미한다. 이 전략을 활용하는 조직은 제도적 요구의 수단적인 측면만 주로 받아들여 최소한의 노력으로 모든 요구를 충족시키고자 노력한다. 이에 따라 이해관계자들과 협상을 통해 기대치를 낮추려고 시도하거나, 내부적으로 일부만 받아들이는 경향이 보일 수 있다. 반면 회피는 제도적 요구에 순응할 필요성을 배제하려고 시도한다. 상징적으로는 모든 요구에 반응하는 것처럼 하면서 적합하지 않은 부분을 숨기거나, 탈동조화(Decoupling)를 통해 특정 부분(예를 들면, 기술적인 부분)은 제도적 요구에서 분리하는 등의 전략을 취한다. 거부의 경우 공격적인 전략으로 최소 1개 이상의 제도적 요구를 받아들이지 않는 전략을 의미한다. 마지막으로 조정은 제도적 요구 자체를 바꾸려는 전략으로, 조직은 이를 위해 이해관계자들에게 로비 등을 하게 된다.

2.1.2. 하이브리드 조직의 대응

위에서 언급한 4가지 전략은 특정한 조직 형태나 분야 등을 가정하지 않았기에 모든 기업이 취할 수 있다. 그렇다면 근

본적으로 조직형태가 서로 다른 제도적 논리에 정렬되어 있는 하이브리드 조직은 어떻게 대응할 것인지에 대한 의문이 들 수 있다.

먼저 하이브리드 조직은 다른 조직에 비해 모순된 제도적 요구를 받을 가능성이 크다. 왜냐하면 첫째, 두 가지 이상의 제도적 논리를 융합하는 것이 기존 분류체계에선 설명하기 어렵기 때문이다(Ruef & Patterson, 2009; Smith & Besharov, 2019). 따라서 하이브리드 조직은 기존에 확립된 경제·사회적 범주 내에서 정당성을 획득하기 어렵고 다양한 이해관계자들의 제도적 요구를 받게 된다(Battilana & Lee, 2014). 둘째, 외부 투자자들이 하이브리드 조직에 대한 투자가 위험성이 크다고 인식해 더 많은 것을 요구하게 된다(Kraatz & Block, 2008). 하이브리드 조직은 일반적인 조직에 비해 미래 행동에 대한 불확실성이 크기 때문이다. 정리하면, 하이브리드 조직은 기존 조직에게 바라는 제도적 요구보다 더 많은 제도적 요구를 받게 되고, 이에 따라 이해관계자들의 이해충돌이 발생할 가능성이 더 커지게 된다(Jay, 2013; Battilana et al., 2017).

이러한 모순된 요구를 하이브리드 조직은 어떻게 대응하는지에 대해 살펴보면, 선행연구에서는 조직 내부의 제도적 논리를 융합해서 대응하는 방식을 언급하고 있다(Jay, 2013; Pache & Santos, 2013). Pache & Santos(2013)는 기존의 조직들이 모순된 요구에 대응하기 위해 실제 조직의 행동과 상징적으로 받아들여지는 정책 간의 차이를 만들고 유지하는 탈동조화(Tilcsik, 2010)를 활용하거나 외부 이해관계자들의 요구를 하나로 합쳐서 대응하는 방식을 취한다고 한다(Pache & Santos, 2010). 그러나 하이브리드 조직에서는 두 가지 방식 모두 한계가 있다고 주장한다. 탈동조화의 경우 조직 내부에서 상징적인 행동과 실제 행동이 무엇일지에 대한 합의가 필요하지만 내부의 제도적 논리가 강하게 나눠져 있는 하이브리드 조직은 합의 도출이 쉽지 않다는 것이다. 또한 요구를 합쳐서 대응하는 것은 장기적으로 볼 때 서로 다른 제도적 요구를 하는 핵심 이해관계자들의 요구를 충족하기 어려워 이해관계자들의 만족도를 떨어트릴 가능성이 있다고 주장한다. 따라서 이들은 선택적 동조화(Selective Coupling)라는 전략을 활용한다. 이는 모순된 제도적 요구에 대응해서 어느 한쪽에만 탈동조화를 시키는 것이 아니라 조직의 필요에 따라 일부 기능만 어느 한쪽의 요구에 제각각 탈동조화를 시키거나 모호한 형태로 융합시켜 대응하는 것이다.

Pache & Santos(2013)에서는 네 개의 하이브리드 조직의 선택적 동조화를 활용해 법률상 지위, 소유자, 이윤의 투자방

〈표 2〉 모순된 제도적 요구에 대한 하이브리드 조직의 대응방식

구분	사회적 요구에 대한 대응	경제-사회적 요구에 혼합 대응	경제적 요구에 대한 대응
법률상 지위	비영리 조직	비영리 조직과 영리 법인의 혼합	영리 법인
소유자	지역 내 비영리 관계자	투자자와 비영리 관계자의 혼합	지분 투자자
이윤의 투자방향	사회적 미션에 대한 재투자	때때로 사회적 미션에 대해 재투자	지분투자자에게 분배
소유구조	지역 주민들도 자유롭게 활용할 수 있는 자율 공동체	-	특정 조직에 의한 소유
거버넌스	지역 주민 등으로 이루어진 거버넌스	지분을 가지고 있는 지역 주민들로 이루어진 거버넌스	지분투자자 위주의 거버넌스
절차의 지역화	지역의 자원과 환경을 활용해 지역에서 받아들여질 수 있는 절차 구축	일부 활동은 표준화, 일부 활동은 지역화	지속가능한 효율성을 추구하기 위한 모든 절차의 표준화
브랜드	특정 지역에서만 공감 가능한 브랜드	일반적인 이름을 사용하되, 모든 지역에서 공감가능한 정체성은 드러나지 않음	모든 지역에서 공감가능한 정체성을 드러내는 일반적인 브랜드 이름
모니터링	지역 주민들에 의한 감시체계	-	중앙 감시 체계
타 업체와의 관계	주로 취약계층 고용 관련 전문가들과 친밀	일부는 취약계층 고용 전문가, 일부는 산업 내 이해관계자들과 친밀	산업 내 이해관계자들과 친밀
자원봉사자의 활용	적극적 활용	-	활용하지 않음

주: 원문에서는 4개 기업에게 나타난 대응들을 하나의 표로 재구성하였으며, 이에 따라 나타나지 않은 대응도 존재함

자료: Pache & Santos(2013) 수정 후 재구성

향, 소유 구조, 거버넌스, 절차의 지역화, 브랜드, 모니터링, 타 업체 간의 관계, 자원봉사자의 활용 측면에서 경제적 요구와 사회적 요구에 각각 다른 방식으로 대응하는 것을 보여 준다. 예를 들면, 어떤 기업은 법률상 지위는 영리 법인이어서 경제적 요구에 대응하지만, 지역주민으로 이뤄진 거버넌스를 유지하여 사회적 요구에도 대응하는 것이다. 그러면서 투자자와 비영리 관계자가 같이 소유를 하고 있는 소유 형태를 보인다. 또한 조직 전체가 취약계층 고용 전문가 및 산업 내 이해관계자 모두와 친밀한 관계를 형성하여 경제적 요구와 사회적 요구에 대한 대응이 동시에 이뤄지고 있다.

이처럼 하이브리드 조직이 모순된 제도적 요구에 대응하기 위해서 선택적 동조화를 이용한다는 사실은 하이브리드 조직 이해에 기여했으나, 연구가 특정 시점(2007년)에서 발생한 횡단적 연구라는 점에서 한계를 지닌다. 이에 본 논문에서는 하이브리드 조직이 사업 조직의 규모와 비즈니스모델을 진화시키나가면서 모순된 제도적 요구에 대한 대응전략이 달라지는 양상을 파악하고자 한다. 이를 위해 본 논문에서는 소셜벤처의 사례 분석을 통해 하이브리드 조직의 모순된 제도적 요구에 대한 대응전략 변화과정을 살펴보았다.

2.2. 소셜벤처의 하이브리드적 속성

소셜벤처는 서로 다른 가치인 사회적 가치와 경제적 가치를 동시에 추구하는 하이브리드적 조직이라는 속성을 갖는다(Thornton et al., 2012; 김진수 외, 2016; 한정수·최자영, 2021). 이러한 점은 소셜벤처와 유사한 사회적 기업에서도 발견되는 특징이다. 선행연구에 따르면 소셜벤처는 기존의 제품이나 프로세스, 사회현상 등을 개선하는데 초점을 맞추는 사회적 기업과는 달리, 실험적인 아이디어로 위험을 감수하는 혁신성을 가진다는 점에서 차이가 있다고 설명한다(Coleman & Kariv, 2015; 박민진·김태영, 2018; 김진영 외, 2020; 라준영, 2020). 사회적 기업이 현재 존재한 사회문제를 개선하는데 존재 이유가 있다면, 소셜벤처는 그들이 지닌 경제적·사회적 가치를 극대화시켜서 영향력을 키우는 것이 존재이유라고 할 수 있다. 혁신적인 방식을 가지고 경제적 가치를 추구해 기업이 성장을 하고, 이에 따라 사회적 임팩트를 키워(Bloom & Chatterji, 2009) 규모 있는 사회문제를 혁신적으로 다루는 것이 소셜벤처의 특징이다(라준영, 2019).

경제적 가치는 시장에서 기업이 창출할 수 있는 가치로서 재무제표 상에 기입되는 가치를 의미한다. 반면, 사회적 가치는 경제적 가치와 다르게 재무제표 상에 기입되지는 않지만 기업경영에 중요한 인적자원, 위험관리 등의 무형자산으로서 취약계층 일자리 창출, 사회서비스 제공, 지역사회 개발 등으로 제시될 수 있다(박재홍·황금주, 2017). 근본적으로 두 개의 가치는 조직운영 과정에서 서로 충돌하는 경우가 많기 때문에 둘 간의 관계는 모순적이다(송위진·성지은, 2021).

이러한 모순된 속성을 가지고 있는 소셜벤처들이 사회적 문제를 해결하기 위해 사회적 가치와 경제적 가치 중 어떤 가치에 치중해야 하는지에 대한 다양한 연구가 진행되었다. Luke & Verreynne(2006)은 공공 영역에 있는 사회적 기업들은 경제적 가치를 창출하기 위한 활동에 주목해야 한다고 주장했다. 정부정책 또한 이들의 경제적 활동을 지원해야 하는 쪽으로 설정되어 경제적인 목표와 사회적 목표의 균형을 이뤄야 한다고 강조했다. 반면 Thompson & Doherty(2006)는 기업의 자가생존도 중요하지만 해결하고자 하는 사회문제가 동일한 기업가들이 시너지를 낼 수 있는 연합체를 만들고 사회적 가치를 공유하는 것도 중요하다고 강조했으며, 이를 뒷받침할 11개 소셜벤처 사례를 제시했다. 두 가지 가치 중 경제적 가치는 기업의 생존과 직결되어있는 문제이기 때문에 기업에게 체감되는 영향력이 더 크며, 이로 인해 사회적 가치보다 경제적 가치가 중요하게 여겨지는 이른바 미션 전이(Mission Drift) 현상을 경계해야 한다고 언급한 연구도 존재한다(Battilana et al., 2012; Kwong et al., 2017; Siebold et al., 2019).

이처럼 소셜벤처는 태생적으로 사회적 가치와 경제적 가치를 동시에 추구하고 있으며, 모순성을 지닌 두 가지 가치 모두를 극대화하는 것이 소셜벤처의 목적이다(Lumpkin et al., 2013; Kickul et al., 2018). Besharov & Smith(2014)는 제도적 논리의 중심성과 공존성에 따라 외부 압력에 대한 조직 내 갈등의 양상이 달라진다고 주장했다. 즉 기업에 있는 모든 제도적 논리가 제각각 기업활동에 영향을 미치면서 해당 제도적 논리가 공존할 수 없고 서로 다른 형태를 취할 때 갈등이 가장 심하게 나타난다. 소셜벤처는 두 가지 가치를 동시에 추구하기에 다른 조직에 비해 외부 압력에 대한 갈등이 강하게 드러난다고 볼 수 있다.

최근에는 경제적 가치와 사회적 가치가 기반이 되어서 소셜벤처에 두 가지 다른 정체성이 형성된다고 보는 연구들이 등장했다(Battilana & Lee, 2014). Moss et al.(2011)은 다양한 가치들을 종합해서 소셜벤처가 규범적 정체성(Normative Identity)과 실용주의적 정체성(Utilitarian Identity)을 가지고 있다고 주장했다. 규범적 정체성은 공동체성, 고객, 지역, 공공 이미지 등이 포함되고 실용주의적 정체성은 성장, 자율성, 혁신성, 경쟁심, 반응성, 위험감수성, 제품/서비스, 기술 등이 포함된다. Wry & York(2017)은 이와 같은 정체성 개념을 기업가 개인 차원에 도입해 영역을 구분했다. 기업가 개인에게는 경제적 가치와 연관된 정체성과 사회적 가치와 연관된 정체성이 있으며 이러한 정체성은 각각의 가치에 기반을 둔 역할 정체성(Role Identities)과 개인 정체성(Personal Identities)로 나눠진다고 주장했다. 이 때 경영자 개인의 역할 정체성이 경제적·사회적 가치 모두에 균형있게 정렬되는 것이 가장 이상적인 형태의 소셜벤처 경영자로 보았다.

이처럼 소셜벤처의 특징에 주목한 대부분의 연구는 경제적 가치와 사회적 가치의 적절한 균형점을 찾는 것이 중요하다고 주장한다. Battilana et al.(2012)은 소셜벤처가 이상적인 균형점(Hybrid Ideal)을 찾는 것이 중요하며, 균형점에 개입할 수 있는 외부요인으로 법률적 구조, 재무 상태, 고객과 수혜자, 조직문화 및 역량 개발을 언급했다. 이들은 2007~2008년 미국발 금융위기로 인해 제기된 자본주의의 위험성이 경제적 영역에 반대되는 사회적 영역이 주목받게 되는 상황을 지적했다. 이로 인해 두 영역의 통합을 시도하는 하이브리드형 조직이 지속적으로 출현하고 많은 조직들이 통합된 형태를 지향할 것이라고 주장했다. Siebold et al.(2019)은 Battilana et al.(2012)의 이론적 논의를 사례를 통해 검증했으며, 그 결과 소셜벤처가 취하는 이중적 미션은 각각의 미션에 긍정적인 파급효과(Mission Spillover Effects)를 미쳐 미션 간 시너지를 형성하고 조직의 균형 있는 성장을 촉진할 수 있다는 것을 밝혀냈다. 즉 소셜벤처가 가지고 있는 이중적 미션을 어떻게 다루는지가 소셜벤처의 성장에 영향을 미친다고 볼 수 있다.

2.3. 소셜벤처의 성장과정과 가치변화 양상

일반적인 기업과는 다른 사업목적을 가지고 있는 소셜벤처의 특징으로 인해, 소셜벤처의 성장과정에 대한 다양한 연구가 이뤄졌다. 먼저 Murray et al.(2010)에서는 발단-제안-프로토타입-유지-확대-구조적 변화의 6가지 단계로 사회혁신이 이뤄진다고 주장하였는데, 박민진·김태영(2018)은 이를 토대로 소셜벤처의 성장단계를 구분했다. 이들은 발단-제안 단계를 문제인지 및 아이디어 생성단계, 프로토타입을 아이디어 검증 단계, 유지를 소셜벤처 설립 및 실천 단계, 확대와 구조적 변화를 소셜벤처를 통한 확산 및 사회적 변화단계로 규정했다.

반면 김진영 외(2020)에서는 린스타트업의 고객개발단계(Cooper & Viaskovits, 2010)를 차용하여 고객발견-고객검증- 고객창출-기업 생성의 단계로 소셜벤처의 비즈니스모델을 설명했다. 해당 연구에서는 고객발견-고객검증 단계에 있는 소셜벤처를 분석의 대상으로 했으며, 이들의 의사결정이 어떤 방식으로 이뤄지는지를 파악하고자 했다.

박노윤·이은수(2019)는 소셜벤처 두손컴퍼니의 사례 분석을 통해 소셜벤처가 Sarasvathy(2001)의 실현적 접근방법을 활용하여 비즈니스모델을 개발한다고 설명했다. 신생조직인 소셜벤처는 가용할 수 있는 자원이 제한적이고, 소셜벤처의 특성상 경제적 가치와 사회적 가치를 같이 추구해야 하는 복잡성을 가지고 있다. 이로 인해 일반 기업보다 불확실성의 수준이 더 높다. 이러한 특성 때문에 소셜벤처는 비즈니스모델을 개발하는 과정에서 명확한 목표와 계획을 수립하고 이에 따라 행동하기보다는 주어진 수단으로 시작하고 점차 목표를 구체화시킨다고 설명한다. 또한 불확실성의 극복을 위해 가용할 수 있는 인적자본과 사회적 자본을 적극적으로 활용한다고 언급했다(De Carolis & Saparito, 2006; Stam et al., 2014).

위와 같은 연구들은 소셜벤처의 성장과정을 조명하거나 성장단계에서 활용하는 비즈니스모델(박재홍·황금주, 2017; Margiono et al.,2017; 박재환·전혜진, 2018)의 단편적인 모습을 이해하는데 도움이 되었다. 다만 성장과정에서 소셜벤처가 가지고 있는 모순적인 두 개의 가치가 어떻게 변화하는지에 대해서는 시사점을 주지 못하고 있다. 소셜벤처를 이루는 가치의 구성형태(Configuration)는 시간이 지날수록 조직을 둘러싼 제도적 환경에 맞게 변화한다(Besharov & Mitzinneck, 2020). 그렇기에 소셜벤처의 성장과정은 단순히 사업구조의 변화만을 파악하는 것이 아니라 소셜벤처를 이루고 있는 두 가지 가치의 변화 양상도 같이 파악해야 한다.

김상준 외(2021)는 소셜벤처의 성장과정에서 소셜벤처가 지닌 다중적 목적이나 가치의 변화과정을 파악할 수 있다고 주장했다. 구체적으로 소셜벤처는 아이디어와 비즈니스모델을 창출하는 팀 수준의 창업국면에서는 기업의 존재이유와 경제적 타당성에 대해 끊임없이 질문을 한다. 반면, 조직구조가 공식화되는 성장국면에서는 두 가지 가치가 혼합되거나, 복잡성이 강화되고 갈등이 심화되거나, 경제적 가치로 치중하는 미션 전이 현상을 보이게 된다. 즉 소셜벤처의 성장과정에 따라 두 가지 가치가 다른 양상을 보인다는 것을 의미한다.

2.4. 연구모형

기존 선행연구들을 토대로 본 논문에서는 다음과 같은 연구모형을 도출하였다. 하이브리드 조직은 모순된 제도적 요구에 대응하여 조직 내부의 루틴들을 서로 다른 제도적 요구에 대응하게 하는 선택적 동조화를 취한다. 사업 초기에는 생존하는 것이 가장 중요하기 때문에 경제적 요구와 사회적 요구에 대해 혼합 대응하는 경우가 많을 것이다. 이는 Pache & Santos(2010)에서 주장한 타협 전략과 유사하다. 사업 초기의 조직은 환경에 적응하고 생존하는 것이 우선이기 때문에, 생존 가능성이 높아지는 타협 전략을 활용할 것으로 보았다.

그리고 하이브리드 조직의 규모와 비즈니스모델이 진화함에 따라 모순된 제도적 요구에 대해 경제적 요구와 사회적 요구 각각에 대응하는 경우가 많아질 것이다. 비즈니스모델이 고도화되고 기업규모가 커지면서 하이브리드 조직이 대응해야 할 모순된 제도적 요구 또한 복잡해지고 규모가 커지게 된다. 따라서 하이브리드 조직은 모든 이해관계자들을 만족시키고 효율적인 조직 운영을 추구하기 위해 경제적 요구에 대응하는 비즈니스모델과 사회적 요구에 대응하는 비즈니스모델을 분리할 것이며, 각각의 제도적 요구에 대한 정당성을 획득하고자 시도할 것이다(Pache & Santos, 2013).

본 논문에서 분석할 소셜벤처의 존재이유는 경제적 가치와 사회적 가치를 동시에 추구하는 것이다. 또한 본질적으로 혁신성을 지니며, 사회적 임팩트를 키우기 때문에 성장에 대한 지속적인 열망이 있다(라준영, 2019). 이 과정에서 소셜벤처는 경제적 가치와 사회적 가치에 기반을 둔 모순된 제도적 요구를 받을 것이고, 이러한 요구는 소셜벤처가 성장함에 따라 그 강도가 더 강해질 것이다. 이에 대응하여 소셜벤처는 비즈니스모델을 변화시킬 것이며, 모순된 제도적 요구에 대한 대응방식도 변화할 것이다.

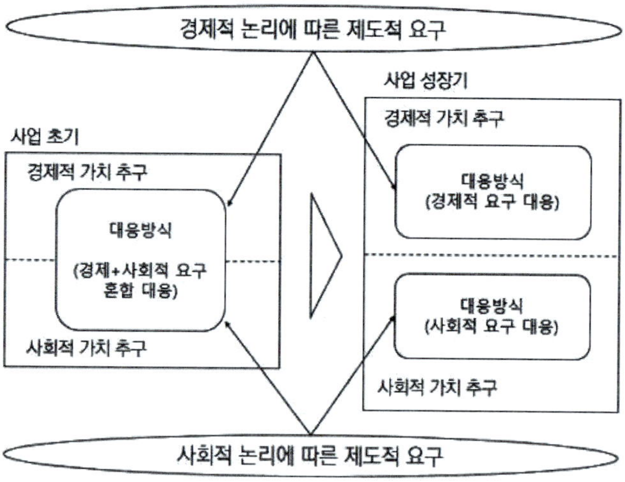

〈그림 1〉 **연구 모형**

Ⅲ. 연구 방법

3.1. 연구방법론

본 연구에서는 사례연구방법을 통해 소셜벤처의 비즈니스모델 진화과정을 살펴보고자 한다. 사례연구방법의 특징은 여러 정보 출처를 포함하는 상세하고 심층적인 데이터 수집을 통해 실제 현실에서 발생하는 사회현상을 탐색하고 파악하는데 유리하다는 장점이 있다(Yin, 2003; Creswell, 2013).

사례연구는 단일사례연구와 다중사례연구로 구분된다(Gustafsson, 2017). 단일사례연구는 하나의 사례에서 일어나는 현상을 심층적으로 연구해야 할 때 주로 활용된다. 반면 다중사례연구는 다양한 사례를 통해 주장하고자 하는 이론적 모형을 검증하는 연구방법으로 여러 사례에서 등장하는 공통적인 결과를 추측하고 이에 대한 원인을 파악하는데 주로 활용된다(Yin, 2003). 다중사례연구의 장점은 다양한 경험적 증거에 기초하여서 연구자가 주장하고자 하는 이론을 좀 더 설득력 있게 검증하는 것에 있다(Gustafsson, 2017). 예를 들면, 다중사례연구는 여러 가지 사례에서 나타나는 공통적인 현상을 도출해 이론의 타당성을 높일 수 있으며, 대조되는 결과가 나타나는 여러 가지 사례 연구를 통해 사례의 차이점을 보여줄 수도 있다(Yin, 2003). 따라서 일반적으로는 다중사례연구가 이론을 검증하기에 좀 더 신뢰성 있는 자료로 인정받는다(Baxter & Jack, 2008). 그러나 다중사례연구의 경우 여러 가지 사례를 분석하기에 시간이 많이 소요된다는 단점 또한 존재한다(Baxter & Jack, 2008; Gustafsson, 2017). 본 연구에서는 여러 소셜벤처의 사례에서 나타나는 공통적인 변화를 살펴봄으로써 연구모형을 설득력 있게 검증하고자 다중사례분석 방법론을 활용하였다.

3.2. 연구대상 및 자료수집

본 연구는 사례분석의 대상으로 소셜벤처 2개사를 선정하였다. 본 연구에서 설정한 모형(<그림 1>)은 사업 초기의 소셜벤처가 사업 성장기로 접어드는 과정에 따라 모순된 제도적 요구에 대한 대응방식이 변화할 것이라고 가정을 하고 있다. 이를 위해서는 사업이 성장기에 접어든 소셜벤처를 연구대상으로 해야 하는데, 국내 소셜벤처 중 사업이 안정적으로 성장기에 접어든 기업은 극소수에 불과하다. 「2021년 소셜벤처 실태조사」를 보면 국내 소셜벤처는 61.3%가 업력 7년 이내의 기업이며 평균 매출액은 28억 9,500만원, 영업이익은 −8,500만원으로 나타난다(중소벤처기업부, 2021).[2] 이는 대부분의 소셜벤처가 아직은 사업 초기 수준에 머무르고 있다는 것을 시사한다. 따라서 연구모형 검증을 위해 통계적 방법론을 활용하기에는 적절한 수의 모집단 구성이 불가능하다는 한계가 있었으며, 이에 연구 모형에 적합한 사례를 선정하게 되었다.

사례로 선정한 노을의 경우 소셜벤처 최초로 KOSDAQ에 상장해 기업공개(IPO)에 성공하였다. 이는 경제적·사회적 성과 모두를 거둔 소셜벤처 사례로 현재까지도 국내 소셜벤처 중 유일한 IPO 사례에 해당한다. 에누마는 미국에서 설립되었으나 중국, 한국, 인도네시아, 탄자니아 등 글로벌한 사업을 영위하면서 여러 경제적·사회적 성과를 이뤄내고 있다. 이러한 사업의 변천과정을 보았을 때 노을과 에누마는 사업이 성장기에 접어든 독특한 사례라고 판단되었고, 함께 포럼을 개최하는 등 비교적 자료수집과 접근이 용이하여 선정되었다.[3]

분석을 위해 본 연구에서는 기사, 인터뷰 자료 등 다양한 방면에서 2차 자료를 수집하고 해당 기업의 비즈니스모델 진화과정을 도출 후 진화과정에 따라 기업이 추구하는 경제적 가치와 사회적 가치의 변화과정을 기술했다.

사례분석을 위한 자료수집과정은 다음과 같다. 우선 각 기업이 설립(2015년) 이후 본격적으로 언론에 등장한 2016년부터 발간된 언론기사와 인터뷰 등을 수집하여서 기업에 대한 정보와 창업과정 등을 파악하였다. 그리고 기업에 대한 선행연구, 홈페이지, 기업 자체 발간물 등을 통하여 해당 기업의 서비스에 대해 파악하였다. 마지막으로 기업별 대표자들의 포럼 및 컨퍼런스 발표내용과 발표 자료를 수집하였다. 노을은 2021년 11월 과학기술정책연구원과 임팩트얼라이언스에서 주최한 「제21차 과학기술+사회혁신 포럼」에서 발표한 이동영 대표의 발표자료를 참고하였으며, 추가로 이동영 대표와 논의한 사항 등을 토대로 분석하였다. 에누마는 2022년 9월 서울특별시와 매경미디어그룹에서 주최한 「2022 Try Everything」행사와 과학기술정보통신부에서 주최한 「2022 스마트클라우드쇼」행사에서 이수인 대표가 발표한 자료를 토대로 사례를 분석하였다.

Ⅳ. 분석결과

4.1. 사례 분석: 노을[4)]

4.1.1. 기업 개요

노을은 말라리아 퇴치를 위한 혈액 검사 진단 키트 개발을 목표로 2015년에 창업한 소셜벤처이다. 말라리아 진단은 현미경으로 직접 관찰하는 방식인데, 현미경 방식은 고성능의 실험실 환경을 요구하며 결과를 얻는데 시간이 오래 걸린다는 문제가 있었다. 이를 대체하기 위해 활용되던 신속 진단 키트(RDTs)는 정확도가 60% 정도로 떨어지는 것이 문제였다. 이를 해결하기 위해 노을의 이동영 대표는 말라리아를 정확하고 빠르게 진단하는 혈액 검사 진단 키트를 제작하고자 했다. 이후 바이오 스타트업 투자자로 일하던 학교 동기 임찬양 대표를 만나 2015년 9월 한국국제협력단(KOICA)에서 지원하는 혁신적 기술 프로그램(CTS: Creative Technology Solution Program)에 아이디어를 함께 응모하였다. 이들의 진단 키트 아이디어는 CTS에 최종 선발되었고 이를 계기로 노을을 창업했다.

WHO Malaria Report를 살펴보면 2020년 한 해에 241만 명이 말라리아에 걸리며 62만 명이 사망했다(WHO, 2021). 보다 심각한 점은, 말라리아 환자의 95%가 아프리카에서 발생하며 나머지 5%도 대부분 동남아시아 등 제3세계 국가에서 발생한다는 것이다. 말라리아 퇴치가 어려운 이유도 이들 국가의 인프라 부족 문제가 크다. 전통적으로 말라리아 검사는 실험실에서 현미경을 활용해 직접 샘플을 보는 방식이다. 그러나 이러한 현미경 검사는 실험실의 환경, 장비 수준 그리고 현미경을 사용하는 테크니션의 숙련도에 따라 검사 결과가 달라질 수 있다. 아프리카의 경우 말라리아 진단을 위한 시설을 구축한 실험실이 적으며, 테크니션의 숙련도도 선진국과 대비하면 낮다. 말라리아가 가장 많이 발생하는 지역임에도 불구하고 말라리아 검진을 위한 인프라는 열악한 상황인 것이다. 이런 상황이지만 전 세계적으로 말라리아의 진단과정을 혁신하려는 시도는 보이지 않았는데, 그 이유는 말라리아 발병 국가들이 대부분 저소득 국가이기 때문에 경제적으로 이윤이 크지 않기 때문이다.

초기에 노을은 말라리아 퇴치 기술 개발에 목표를 두고 기존 실험실 기반의 진단 장비 및 진료 방식을 뛰어넘는 '탈중앙화 진단 플랫폼' 개발을 시도해 왔다.

"말라리아 진단 방법은 100전 기술을 그대로 사용하고 있었다. 그리고 기술이 100년 동안 거의 진보되지 않았다는 사실을 알게 되었다. 아프리카, 아시아를 비롯하여 선진국도 상황은 동일했다. 중요한 건 이 방법이 에러가 굉장히 높다는 거였다. 이 문제에 관심을 갖고 이를 해결하는 방법으로 노을을 창업하게 되었다(이동영 대표 발표 영상 내용, 2021. 11. 23)."

"이런 성격의 문제는 연구개발만으로 해결하기 어렵고 회사를 창업해 많은 자본과 노력을 들여 해결해야했다. 평소 지향했던 '창업을 통해 많은 사람의 인생에 임팩트를 주는 글로벌 비즈니스'를 만들어낼 수 있겠다는 확신에서 진행했다(장재웅, 2022)."

이동영·임찬양 대표의 인터뷰 내용을 통해 말라리아 퇴치를 위해 창업을 하되, 이를 통해 기존 말라리아 퇴치의 한계를 넘어설 수 있는 경제적 가치와 사회적 가치를 동시에 추구하고자 시도했음을 알 수 있다. 노을의 미션인 "인류의 건강과 생명을 위협하는 도전적인 문제들을 탐구해 새로운 해결 방법을 찾고 그 가능성을 실현한다"는 노을의 가치추구 방식을 잘 보여주는 미션이기도 하다.

4.1.2. 노을의 선택적 동조화 과정

노을은 자체 개발한 혈액 검사 기술(NGSI: Next Generation Staining and Immunoassay)로 실험실에서 말라리아 감염 여부를 검사하는 기존의 검진 과정을 혁신적으로 개선했다. 구체적으로 노을이 개발한 것은 혈액 염색 패치로, 테크니션 도움 없이 소량의 혈액으로 10여 분 만에 감염 여부를 진단할 수 있었다. 노을의 말라리아 진단 키트는 제3세계의 말라리아 퇴치라는 사회적 가치를 위해 탄생하였으며, 진단 키트라는 단일 비즈니스모델로 수익을 내고자 했다는 점에서 사회적 가치와 경제적 가치를 단일 비즈니스모델로 추구하는 초기 단계라 할 수 있다.

사업 초기 노을의 고민은 아프리카에서 제품을 활용하는 이해관계자들의 요구를 대응하는 것에 있었다. 특히 노을의 비즈니스모델은 혈액 염색 패치였는데, 염색 과정에서 물 사용은 필수적이었다. 또한 염색을 하고 남은 시약의 처리를 위해서는 폐수 정화 시설도 필요했다. 그러나 아프리카는 대부분의 국가에서 상하수도 인프라가 부족해 깨끗한 물을 얻기 어려웠다. 그래서 아프리카에서 말라리아를 진단하는 사람들은 물을 사용하지 않고 혈액 염색을 할 수 있는 방법이 필요했다. 이를 해결하기 위해 노을은 액체가 아닌 고체 시약을 활용해서 염색을 하는 'NGSI 카트리지'를 개발하였다. 기존의 염색 방식에 비해 시료 사용량을 100분의 1 수준으로 감소시키면서 수행시간도 1/3 이상 단축하는 경제적인 방식이었다. 이는 노을의 비즈니스모델을 좀 더 혁신적으로 개선하여 비즈니스모델의 시장성을 강화함과 동시에 이해관계자들의 사회적 요구에도 대응하는 모습으로 볼 수 있다. AI 알고리즘을 통해 혈액 검사 결과를 바로 판독할 수 있게 한 점도 아프리카에 검사 결과를 전문적으로 판독하는 인력이 부족하다는 문제를 해결하기 위한 사회적 요구에 대한 대응이다.

"기술은 도구이며 사회적 임팩트는 결국 고객에서 실현됩니다. 문제 해결을 위해 얼마나 우리 관점에서 이상적인 기술과 아이디어를 찾았느냐가 아니라 우리의 고객 또는 대상 이해관계자가 실제로 겪는 Pain Point를 얼마나 그들의 니즈에 맞게 실현해주는가, 이런 현실적인 접근에서 사회적 임팩트가 실현된다고 생각합니다(안정권 CSO 영상 내용, 2022. 10.13)."

더 나아가 노을은 해당 기술이 말라리아뿐만 아니라 혈액 검사를 통해 판별하는 다른 질병에도 활용이 가능한 것을 깨달았다. 말리리아 진단의 기술적인 성공에 이어 일반적인 혈액까지 검사가 가능한 플랫폼형으로 제품 확장이 이뤄지게 된다. 이들의 원천기술은 질병에 따라서 각각 다른 칩을 만들면 되기 때문에 이론적으로는 20개 질환까지 진단 가능하며, 이는 비즈니스모델을 다른 검사 영역으로 확장시킬 수 있음을 의미한다. 혈액 검사 진단 플랫폼 마이랩(miLab: Micro-Intelligent Laboratory)은 이러한 질병 진단 과정을 이동이 가능하고 자동화된 기계를 활용해서 어디서나 할 수 있게 하기 위해 탄생했다. 이는 마이랩이라는 단일 비즈니스모델 내에서 사회적 가치를 추구하는 말라리아 진단 키트와 경제적 가치를 추구하는 다른 혈액 검사 키트로 분리된 사업전략을 보여준다는 점에서 발전된 모습을 보인다.[5)]

"이제는 말라리아 진단뿐만 아니라 백혈구 등 일반적인 혈액 검사까지 가능한 플랫폼형 제품으로 마이랩을 개발했다. 이를 통해 굉장히 느리고 복잡한 과정과 다양한 리소스가 필요한 상황을 완전 자동화된 제품을 통해 빠르고 간편하고 어디서나 사용할 수 있는 그런 플랫폼을 개발했다. 이 제품을 디자인하면서 세계 최초의 기술을 발명하게 되었고 복잡하고 지저분했던 폐액을 완전히 제거할 수 있는 새로운 기술을 개발하게 되었다. 이는 결국 환경친화형 기술이 되었다(이동영 대표 발표 영상 내용, 2021. 11. 23.)."

사업 성장기의 노을은 Pre-IPO 투자를 유치하면서 투자자들에게 장기적인 성장모델 제시를 요구받았다. 말라리아 진단의 경우 노을의 정체성을 생각하면 반드시 필요하고 지속해야 하는 사업이지만, 말라리아에 걸리는 국가들이 대부분 가난한 국가들임을 감안하면 투자자들의 경제적 요구를 충족하기는 쉽지 않았다. 이를 감안하여서 노을은 혈액 염색 패치를 활용한 암 진단과 암 프로파일링 솔루션을 제안하였다. 특히 암 진단 시장은 경제적 가치가 큰 시장에 속하는데, 예를 들

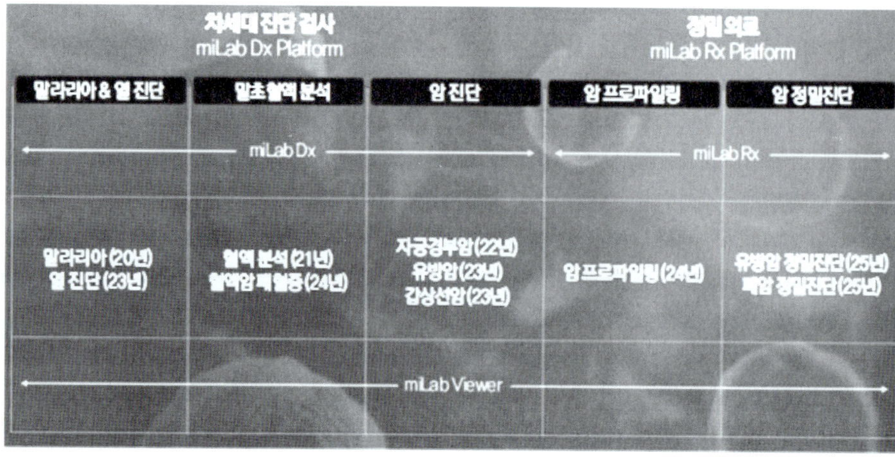

자료: 장재웅(2022)

〈그림 2〉 **노을의 제품개발 로드맵**

어 자궁경부암의 경우 2025년 기준 약 12조원 규모로 성장할 것으로 전망되는 시장이다. 노을은 2021년 말 말초혈액 진단 솔루션을 출시하였다. 또한 2022년 하반기 자궁경부암 진단 솔루션을 출시하였으며 향후 유방암·폐암 등으로 진단 범위를 넓혀서 장기적 성장모델을 제시하였다. 뿐만 아니라 사회적 요구에 대응하기 위하여 노을은 말라리아 및 제3세계 사람들이 주로 겪는 질병에 대한 진단기술을 개발하고 있다. 이를 위해 WHO, 라이트펀드, FIND 등의 국제기구 또는 NGO와의 지속적인 협력을 이어나가고 있다.

"말라리아 진단을 연구하고 마이랩을 개발하면서 우리가 할 수 있는 것이 굉장히 많다는 것을 인식하게 되었다. (노을) 제품 로드맵을 보면 말리리아는 시작이다. 혈액암, 자궁경부암 등의 질병을 실험실이 없는 환경에서도 선진국 수준으로 진단하고 구현할 수 있는 플랫폼으로 성장 가능하다는 것을 인식하게 되었다. 이를 위해 여러 가지 일들을 많이 하고 있다(이동영 대표 발표 영상 내용, 2021. 11.23)."

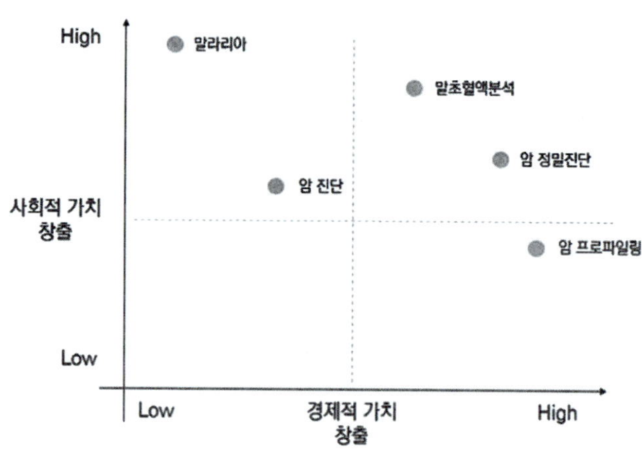

자료: 장재웅(2022) 수정 후 재구성

〈그림 3〉 **노을의 비즈니스 접근법**

좀 더 큰 그림에서 노을의 사회혁신을 바라보면, 노을은 의료접근성을 개선해 누구나 쉽고 정확한 진단서비스를 받는 환경을 조성하려 한다. 현재 진단검사시스템은 1차 의료기관들에서 검사를 수행하고 검사 대상물을 2,3차 의료기관에 보내 검사결과를 받고 환자에게 통보하는 시스템인데, 마이랩을 이용하면 1차 의료기관에서도 검사 수행 후 결과 분석까지 가능하다는 장점이 있다. 궁극적으로는 진단검사서비스의 접근성 향상을 통해 진단검사시스템의 탈집중화(Decentralization)를 이루는 것이 노을의 목표이다.

노을의 사례를 보면, 사업이 고도화됨에 따라 그들에게 주어지는 모순된 제도적 요구에 선택적 동조화를 취하는 모습을 확인할 수 있다. 사업 초기 노을은 제3세계 국가 이해관계자들의 사회적 요구와 이윤 창출이라는 경제적 요구를 단일 비즈니스모델(말라리아 진단 키트 사업)으로 대응하였다. 이는 경제적 요구와 사회적 요구를 적절히 혼합하여서 대응하였음을 의미한다. 이후 사업 성장기 노을은 경제적 요구와 사회적 요구에 대응함에 있어 별도의 비즈니스모델을 활용하였다. 노을은 사회적 요구에 대해서는 자체 개발한 검진 플랫폼 '마이랩'에 말라리아 검진 키트를 상용화하고, 개발도상국에는 큰 이윤을 남기지 않으며 대응하였다. 경제적 요구의 경우, 자궁경부암 등 혈액으로 진단할 수 있는 암에 대한 진단검사시스템 및 프로파일링 시스템 등 시장성이 높은 비즈니스모델을 운영하여서 장기적인 성장모델을 제시하였다. 이를 통해 사회적 가치와 경제적 가치를 모두 극대화하여서 IPO에 성공, 현재도 소셜벤처 중 유일한 IPO 사례로 남아있다.

향후 노을은 사회적 요구에 대해서 말라리아 외에도 제3세계 사람들이 주로 겪는 질병들에 대해 다양한 기관들과 협업하고 진단 방식을 연구할 것이며, 경제적 요구에 대해서는 혈액검사를 하는 로컬 병원을 상대로 마이랩을 판매하거나 암 진단검사시스템 및 프로파일링 시스템을 고도화하여서 이윤 창출을 극대화하고자 한다(<표 3> 참고).

<표 3> 모순된 제도적 요구에 대한 노을의 선택적 동조화

구분	사회적 요구에 대한 대응	경제-사회적 요구에 혼합 대응	경제적 요구에 대한 대응
사업 초기		말라리아 진단 키트라는 하나의 비즈니스 모델로 말라리아 퇴치라는 사회적 요구와 이윤 창출이라는 경제적 요구에 동시 대응	
사업 성장기 (과도기)	'마이랩' 키트 내에 말라리아 진단 키트를 상용화 하여서 사회적 요구에 대응		'마이랩' 키트 내에 자궁경부암 등 혈액 검사를 할 수 있는 키트를 상용화 하여서 경제적 요구에 대응
사업 성장기	WHO 등과 협업하여서 말라리아 뿐 아니라 제3세계 사람들이 주로 겪는 질병에 대한 진단방법 연구		혈액검사를 하는 로컬 병원을 상대로 마이랩 판매 수익성이 높은 암 진단, 암 프로파일링 시스템 개발 및 확장

4.2. 사례 분석: 에누마[6]

4.2.1. 기업 개요

에누마는 장애·문맹 아동을 위한 교육용 소프트웨어를 개발하는 소셜벤처이다. 에누마의 창업자 이수인 대표와 이건호 기술총괄은 부부로, 창업 전에는 게임개발사인 엔씨소프트에서 근무했다. 처음에는 엔씨소프트의 사회공헌 프로젝트 중 하나로 인지 장애 아동을 위한 교육용 소프트웨어를 제작하였다. 이후 본격적인 제품 출시를 위해 2012년 창업을 했고 2013년 6월 '토도수학(Todo Math)' 이 탄생하였다.

토도수학은 인지 장애를 가진 아동도 쉽게 따라할 수 있는 학습 어플리케이션을 만들기 위해 학습과정 전반에 게임화를 적용하였다. 쉽고 재미있는 조작법으로 아이들이 학습과정 자체에 흥미를 가질 수 있도록 설계하였다. 인지장애 아동들의 원활한 학습이라는 사회적 가치를 추구하고, 소프트웨어 판매를 통한 경제적 가치를 '토도수학'이라는 단일 비즈니스모델을 통해 동시해 추구하였다.

상용 서비스인 토도수학은 출시 이후 전 세계적으로 큰 반응을 일으켰다. 특히 토도수학이 장애 아동을 위한 소프트웨어로 시작했음에도 비장애아동들에게 인기를 끌며 성공했다. 이런 모습을 보고 공공 영역의 상품이기에 투자하기 어렵다는 투자자들의 견해가 사라졌으며, 에누마 또한 잘 만들어진 소프트웨어는 장애 여부와 관계없이 좋은 학습도구가 될 수 있다는 깨달음을 얻게 되었다.

토도수학 출시 1년 후인 2015년, 에누마는 개발도상국의 문맹 아동 대상으로 기초 학습 솔루션을 개발하는 '글로벌 러닝 엑스프라이즈(Global Learning XPrize)'[7]에 참가하게 된다. 해당 경연대회에 에누마가 개발한 소프트웨어는 토도수학과 유사하게 게임화 방식을 활용한 '킷킷스쿨(KitKit School)'이었다. 킷킷스쿨은 개발자들의 단순한 선입견에서 벗어나 최대한 탄자니아 아이들의 특징이나 경험을 생각하고 편의성을 증가시키기 위해 노력하였다. 예를 들면 킷킷스쿨의 주요 콘셉트는 헛간에서 알이 부화하는 설정이며 주로 태양, 풍뎅이, 꽃, 젖소 등의 이미지를 활용했는데, 이는 탄자니아 아이들이 익숙하게 접할 수 있는 물체였기 때문이다. 결과적으로 대회에 참가한 700개 팀 중 에누마는 공동 우승을 차지했다.

킷킷스쿨을 성공적으로 출시한 이후 에누마는 다양한 국가에서 킷킷스쿨을 활용한 임팩트 사업을 진행하고 있다. 국내 다문화가정과 저소득층 자녀를 위한 한글 학습 앱인 '에누마 글방', 인도네시아의 기초학습역량 강화를 위한 '에누마스쿨' 등이 대표적인 임팩트 사업이다. 이는 토도수학을 출시할 당시 해결하고 싶었던 장애 아동 교육문제에 대한 개선을 넘어서 선진국과 개발도상국 사이의 교육격차 문제 해결이라는 대규모 미션에 도전하는 의도가 반영되어 있다.

현재 에누마는 두 가지 사업 모델을 동시에 운영하고 있다. 먼저 유아~초등 저학년을 대상으로 하는 학습 소프트웨어 '토도수학' 시리즈는 경제적 가치 중심 비즈니스모델에 해당한다. 반면 탄자니아 등의 제3세계 문맹 아동들을 대상으로 기초학습을 돕는 '킷킷스쿨'은 사회적 가치 중심 비즈니스모델에 해당한다. 두 비즈니스모델이 별개로 운영된다는 점에서 에누마는 복합 비즈니스모델을 통해 모순적인 두 가지 가치를 분할해서 추구하고 있다.

4.2.2. 에누마의 선택적 동조화 과정

사업 초기에 에누마가 개발한 토도수학은 장애 아동들을 대상으로 한 교육용 소프트웨어였다. 에누마의 이수인 대표는 "장애아와 학습장애를 경험하고 있는 아이들의 '특수한 필요(special needs)'를 만족시킬 수 있는 최고의 제품"을 만들기 위하여 토도수학을 만들었다(박윤중, 2020). 그러나 실리콘밸리의 투자자 및 심사위원들은 에누마의 기술력 그리고 교육의 게임화라는 포지션에는 시장성이 있는 것으로 보았지만, 장애아를 위한 제품은 지나치게 좁은 시장이어서 어떻게 규모 있는 성장을 이룰지 모르겠다는 반응이 많았다(박윤중, 2020).

"제품은 정말 좋은데... 장애라는 말은 좀 뺄 수 없나요? 장애아들의 '특수한 필요'라는 말을 듣는 순간 나 같으면 안 살 것 같아요(박윤중, 2020)."

이러한 투자자들의 경제적 요구에 대해 에누마는 장애아를 위한 제품이어도 제품의 퀄리티가 좋으면 비장애아동들의 부모들도 좋아할 것이라고 판단하여서 토도수학의 개발에 더욱 집중을 하였다. 이들은 미국 유치원부터 초등학교 2학년까지의 커리큘럼을 700여개 이상의 게임으로 제작하였으며, 학습을 하는 아이들이 자신의 속도에 맞춰서 흥미를 잃지 않고 재미있게 학습을 하도록 만드는데 초점을 두었다(이방실, 2019). 이 때문에 토도수학은 장애아를 위한 사회적 목적을 추구하면서도 학교의 진도를 따라가지 못하는 학습부진아들이 흥미를 잃지 않고 학습을 하도록 도와줌으로써 시장에서의 경쟁력도 갖추게 되었다. 이는 토도수학이라는 하나의 비즈니스모델을 활용, 경제적 요구와 사회적 요구를 혼합해서 대응한 선택적 동조화 과정을 잘 보여준다.

이후 에누마는 토도수학을 출시한 이후 글로벌 러닝 엑스프라이즈에 참가하는데, 열악한 학습 환경에 놓인 아이들에게도 동등한 기회를 제공하기 위한 의도였다(이혜경, 2016). 당시 에누마는 토도수학을 어떻게 확장할지에 대해 고민을 하고 있었는데, 토도수학이 아시아 시장에서 경제적 여유가 있는 3~6세 유아들의 선행학습의 도구로 활용되고 있었기 때문이었다(박윤중, 2020). 이미 시장에서 토도수학의 시장성은 검증이 되었으나, 원래 의도하던 방향과는 다른 방향으로 성장하는 것이었다.

그래서 에누마는 에누마의 미션과 가치에 더 부합하는 기업활동을 하고자 하였다. 글로벌 러닝 엑스프라이즈는 개도국 문맹 아이들을 대상으로 자신들이 개발한 솔루션의 확장 가능성을 시험할 수 있었지만, 결과물을 오픈소스로 공개하는 것이 조건이었다. 따라서 에누마는 대회에서 자신들이 개발한 솔루션으로 이윤 창출을 할 수 없음에도 불구하고 참가를 결정하게 된다.

"저희 투자자 중에는 '상금 액수, 그 이상도 투자할 테니 이런 대회 참여하지 말고 앱을 계속 개발하라'는 분도 있어요. 저희는 세상에 '에누마'가 하려는 것을 보여줄 수 있는 기회라고 생각했어요. 저희가 만들었던 '토도수학'앱은 '장애아동'이나 '수학이 어려운 아이들'을 위해 만든 것이거든요. 그걸 확장시켜서, '교육 기회가 제한됐던 아이들의 학습을 도와주는 앱'을 만들면 좋겠다고 생각했어요. 어떻게 해야 가능할지, '토도수학'을 만들어봤던 저희로서는 답을 알 것 같았고요." [8)]

그러나 토도수학으로 발생한 매출과 이전에 투자받은 투자금으로는 대회가 끝날 때 까지 정상적인 기업운영이 불가능했으며, 이에 소셜 임팩트를 투자조건으로 고려하는 임팩트 투자자들의 투자를 유치하게 된다. 투자 유치시 에누마가 주장한 점은 장애 아동이나 개발도상국의 아동 모두 학습에 대한 접근성이 제한적이라는 사회문제를 경험하고 있으며, 이를 디지털 교육으로 해결하겠다는 점이었다(박윤중, 2020). 이러한 과정을 통해 에누마는 사회적 목적을 달성하기 위한 오픈소스 솔루션인 킷킷스쿨을 출시하였다. 이와 더불어 기존에 운영하던 토도수학은 장애여부를 구분하지 않고 효과적인 아동학습수단을 제공하는데 초점을 맞추었다.

위의 사례는 에누마가 임팩트 투자자들의 사회적 요구를 킷킷스쿨으로, 경제적 요구를 토도수학으로 각각 분리해서 대응하는 것을 보여준다. 즉 경제적 요구에 대응이 필요할 때는 토도수학을 활용하고, 사회적 요구에 대응이 필요할 때는 킷킷스쿨을 활용하는 선택적 동조화 과정을 보여주고 있다.

마지막으로 에누마의 사업이 고도화될수록 각각의 요구에 대응하는 수단들도 고도화되는 것을 볼 수 있다. 킷킷스쿨은 현재 다문화가정의 한글 학습 어플리케이션인 '에누마 글방', 인도네시아 문맹 퇴치 사업에 활용되는 '에누마스쿨' 등으로 발전하여서 다양한 사회 사업에 활용되고 있다. 토도수학은 수학뿐만 아니라 국어, 영어 등으로 과목을 다각화하였고, 타겟 또한 유아~초등 저학년으로 대상을 넓혀서 경제적 목적 달성에 충실하고자 한다.

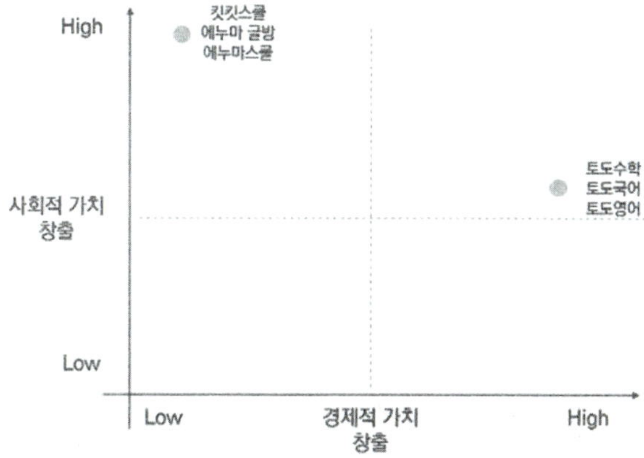

〈그림 4〉 에누마의 비즈니스 접근법

에누마의 비즈니스모델 고도화에 따른 선택적 동조화 방식을 보면 다음과 같다. 사업 초기 에누마는 장애 아동을 위한 교육용 소프트웨어 토도수학을 만들었고, 사업성이 부족하다는 투자자들의 의견에 대해 제품의 퀄리티가 좋으면 장애 여부를 가리지 않고 판매량이 좋을 것이라는 믿음으로 제품의 퀄리티를 높였다. 그 결과 토도수학은 학습부진아들을 대상으로 한 교육 시장에도 인기를 얻어서 성공하게 된다. 이후 사회적 목적 달성을 위해서 탄자니아의 문맹 아이들을 위한 학습 소프트웨어인 킷킷스쿨을 출시한다. 사업 성장기의 에누마는 이러한 두 가지 비즈니스모델을 기반으로 이해관계자들의 모순적 요구에 대응하고 있다. 토도수학은 장애·비장애 아동을 가리지 않고 수익창출을 위주로 하여서 경제적 요구에 대응을 하고 있다. 사회적 요구에 대해서는 탄자니아와 비슷하게 문맹 아동이 많은 인도네시아, 말레이시아 등의 다른 국가에서도 킷킷스쿨과 유사한 비즈니스모델을 활용하고 있다. 이처럼 에누마의 사업이 고도화됨에 따라 모순적 요구에 대응하는 선택적 동조화 방식 또한 변화하고 있다(〈표 4〉 참고).

〈표 4〉 모순된 제도적 요구에 대한 에누마의 선택적 동조화

구분	사회적 요구에 대한 대응	경제-사회적 요구에 혼합 대응	경제적 요구에 대한 대응
사업 초기		장애 아동을 위한 교육용 소프트웨어인 '토도수학' 출시로 장애 아동 교육이라는 사회적 요구와 이윤 창출이라는 경제적 요구에 동시 대응	
사업 성장기 (과도기)	문맹 아동 퇴치를 위해 탄자니아 등 제3세계 아동들의 원활한 학습을 돕는 '킷킷스쿨' 출시		기존의 '토도수학'은 사용자의 장애여부를 특별히 구분하지 않고 효과적인 아동 학습에 초점을 맞춤
사업 성장기	문맹률이 높은 다른 국가에서 '킷킷스쿨'의 플랫폼을 활용한 기초학습역량 강화 사업 진행		'토도수학' 외에도 유아~초등 저학년 대상 학습 프로그램인 '토도국어', '토도영어' 출시

4.3. 모순된 제도적 요구에 대한 소셜벤처의 선택적 동조화 과정

위의 두 가지 사례는 모순된 제도적 요구에 대한 소셜벤처의 선택적 동조화 과정을 보여주고 있다. 각각의 사례에서 비즈니스모델의 변화가 있었던 기점을 사업 초기와 사업 성장기로 구분 후, 시점별로 선택적 동조화 과정을 파악해보면 다음과 같다.

먼저 사업 초기에는 단일 비즈니스모델로 사회적 요구와 경제적 요구를 동시에 대응하는 전략을 활용하였다. 사업 초기의 소셜벤처들은 창업을 위한 비즈니스모델이 존재하지만 어떻게 사회적 가치와 경제적 가치를 추구할지에 대한 구체성은 떨어진다. 그렇기에 제도적 환경에서 정당성 확보가 상대적으로 쉬운 혼합 전략을 활용한다. 이에 따라 사회적 가치와 경제적 가치를 추구하는 전략이 혼재되어있는 점이 특징이다.

이후 소셜벤처는 단일 비즈니스모델에서 사회적 요구와 경제적 요구 대응 전략을 각각 분리하는 접근을 취한다. 사례에서 보면 노을은 하나의 플랫폼 내에서 사회적 요구를 하는 이해관계자와 경제적 요구를 하는 이해관계자를 동시에 만족시키되 각각의 요구에 대해 전혀 다른 전략으로 대응한다. 에누마 또한 그들에게 주어진 사회적 요구와 경제적 요구를 각각 대응하며 전혀 다른 전략을 사용하는 것이 특징이다. 이전 단계에서 소셜벤처의 최우선 목표가 제도적 환경에 대해 정당성을 확보해서 생존하고자 하는 게 목적이라면, 이 단계부터 소셜벤처는 그들이 가진 비즈니스모델의 확장 가능성에 대해서 고민을 한다. 이렇게 하나의 비즈니스모델을 운영하되 두 가지 모순된 요구에 대한 대응전략이 달라지는 것은 소셜벤처가 사업 성장기로 접어드는 과도기적 모습으로 보인다.

마지막으로 사업 성장기의 소셜벤처는 두 개 이상의 비즈니스모델을 운영하며, 사회적 요구와 경제적 요구를 각각의 비즈니스 모델 상에서 대응하는 모습을 보인다. 개별 비즈니스모델은 경제적 가치를 우선시하는 전략과 사회적 가치를 우선시하는 전략 하에 독립적으로 움직인다. 이는 소셜벤처가 지속가능한 성장을 추구하고 대규모 미션에 도전하려는 의지를 보일 때 나타난다. 노을의 경우 현재 이뤄지고 있는 진단검사시스템을 근본적으로 변화시켜서 진단검사시스템의 탈집중화를 이루기 위해 암 진단 시스템 등 다양한 기능을 개발하고 있다. 에누마는 선진국과 개발도상국간의 교육격차 해소라는 대규모 미션에 도전하기 위해 '킷킷스쿨'과 '토도수학'을 별개의 비즈니스모델로 두고 서로 다른 방향으로 확장시킨다.

결론적으로 소셜벤처는 외부 이해관계자들의 경제적 요구와 사회적 요구에 대해 사업 초기에는 하나의 비즈니스모델로 혼합 대응을 하려고 시도한다. 시간이 지나 소셜벤처는 하나의 비즈니스모델에서 두 가지 요구에 대한 대응전략을 나누는 과도기를 거친 후, 사업 성장기에서는 두 가지 요구를 별개의 비즈니스모델에서 분리 대응하는 전략을 취한다. 즉 모순된 제도적 요구에 대해 사업 초기와 사업 성장기의 대응전략이 달라지는 모습을 보이는데, 사업 초기에는 경제적 요구와 사회적 요구를 혼합해서 대응하다가 성장기로 갈수록 분리해서 대응하는 선택적 동조화 과정을 확인할 수 있다.

단, 소셜벤처의 특성상 사회적 요구를 대응하는 비즈니스모델이지만 경제적 가치를 완전히 배제하는 것은 아니며, 반대의 경우도 그러하다. 이런 점을 감안할 때 두 가지 비즈니스모델은 분리되어서 운영되지만 서로 영향을 받을 수 있다. 예를 들면 사회적 요구 대응에 중점을 둔 비즈니스모델이 경제적 요구 대응에 중점을 두는 비즈니스모델을 발전시키는 토대가 될 수 있다. 경제적 요구 대응 중심의 비즈니스모델에서 수익을 확보하여 사회적 요구 대응 비즈니스모델을 지원하면서 소셜 임팩트 지향성을 유지하는 방식으로 서로 영향을 주고받을 수 있다.

V. 결론 및 시사점

5.1. 결론

본 연구는 조직 내부에 다양한 정체성을 지니고 있는 하이브리드 조직이 조직을 둘러싼 이해관계자들의 모순된 제도적 요구에 대응해서 정당성을 확보하는 과정을 소셜벤처의 사례를 통해 파악하고자 하였다. 하이브리드 조직은 모순된 제도적 요구에 대응하기 위해 기존 조직들이 대응하던 방식인 탈동조화나 결합 전략을 활용하기보다는 상황에 맞춰 선택적으로 동조화를 하는 선택적 동조화(Selective Coupling)를 한다. 그리고 이러한 선택적 동조화는 하이브리드 조직의 초기와 성장기에 그 양상이 다르게 나타난다. 결론적으로 본 연구는 하이브리드 조직이 가지고 있는 모순적인 가치들을 다루는 방식에 대해 사례를 통해 검증하여 하이브리드 조직 및 조직을 둘러싼 제도적 환경의 모순된 요구에 대한 이해에 기여하고자 했다. 본 연구의 시사점과 한계점은 다음과 같다.

5.2. 연구의 이론적 시사점

본 연구는 하이브리드 조직이 모순된 제도적 요구에 어떻게 대응하는지를 파악하고 그 과정에서 하이브리드 조직이 가지고 있는 조직 내부의 여러 정체성이 사업 진화 과정에서 다양하게 변화하는 양상에 대해 논하였다. 선행연구에서는 하이브리드 조직이 모순된 제도적 요구에 대응함에 있어 선택적 동조화를 활용한다는 사실을 밝혔지만, 연구가 특정 시점에 한정된 자료라는 한계가 있었다(Pache & Santos, 2013). 이에 본 연구에서는 하이브리드 조직이 발전하고 규모가 커지면 선택적 동조화의 양상이 달라질 수 있다는 점을 검증하고자 하였다. 구체적으로 하이브리드 조직의 사업 초기 단계에서는 모순된 제도적 요구를 모두 통합하여서 하나의 비즈니스모델로 대응하게 되는데, 이는 통합하여 대응하는 것이 제도적 환경으로부터 조직의 정당성을 높이기 때문이다(Pache & Santos, 2010). 그리고 시간이 지날수록 하이브리드 조직은 모순된 이해관계자들의 요구에 경제적 요구와 사회적 요구의 대응전략을 분리하게 된다. 이는 초기에 어느 정도의 정당성이 확보되었기 때문에 조직 규모가 커진 다음에는 조직을 효율적으로 운영하고 더 큰 미션에 도전하고자 분리하는 것이라고 이해할 수 있다. 결론적으로 하이브리드 조직은 각각의 대응전략에 맞는 비즈니스모델을 운영해 효율성을 높이게 된다. 그러나 하이브리드 조직 특성상 두 모델이 완전히 분리되기 보다는 각각의 모델이 서로에게 영향을 미친다고 해석해 볼 수 있다. 따라서 본 연구는 상황에 따라 모순된 요구에 대응하는 전략이 변화할 수 있으며, 전략이 단편적이지 않고 지속적으로 변화하는 형태에 대해 논하여서 하이브리드 조직의 이해를 높이는데 기여하였다.

또한, 소셜벤처가 경제적 가치와 사회적 가치를 추구하는 방식을 실제 사례를 통해서 검증하였다는 기여점이 있다. 최근에는 다양한 사회문제들이 부각됨에 따라 소셜벤처가 중요하게 여겨지고 이에 따라 소셜벤처가 경제적 가치와 사회적 가치를 동시에 추구하는 기업이라는 개념이 많은 사람들에게 알려지고 있다. 그러나 구체적으로 어떤 방식을 활용해서 두 가지 가치를 동시에 추구하는지는 명확히 알려지지 않았다. 이러한 모호성 때문에 소셜벤처의 개념이 구체적이지 않으며, 그 범위에 대해서도 지속적인 논란이 이뤄지고 있다. 이는 많은 소셜벤처들이 아직 사업 초기 형태의 소규모 기업이어서 소셜벤처의 성장과정이나 가치추구방식을 시계열적으로 파악하기에는 표본이 부족하기 때문이기도 하다. 본 연구에서는 다른 소셜벤처에 비해 상당부분 진화된 형태의 사업모델을 갖추고 있는 두 기업의 사례를 통해 성장과정을 검증하였다. 이를 통해 막연하게 경제적 가치와 사회적 가치를 동시 추구한다는 정도로 알려진 소셜벤처의 하이브리드 특성을 구체화하여 분석했다는 연구의 의의를 찾을 수 있다.

5.3. 연구의 실무적 시사점

본 연구의 실무적 시사점은 다음과 같다. 먼저 소셜벤처를 포함한 하이브리드 조직의 성장경로와 그 과정에서 발생하는 모순된 제도적 요구에 대한 대응방안을 모형으로 정립했다는 점이다. 기업은 자신들에게 우호적이거나 가능성을 알아봐 줄 수 있는 이해관계자들의 투자를 받아야 하며, 이는 하이브리드 조직도 마찬가지이다. 그러나 하이브리드 조직이 내재하고 있는 모호성은 잘못 다루게 되면 어느 한쪽의 이해관계자들도 만족하기 어려운 결과로 나타날 수 있다. 예를 들면 소셜벤처가 자금투자를 필요로 해서 경제적 가치를 추구하는 이해관계자들의 다양한 요구를 받을 때, 소셜벤처는 경제적 가치를 추구하는 다양한 방안을 제안하여서 이들의 요구를 충족시켜야 한다. 그러나 비즈니스모델이 복잡해질수록 그 요구 또한 복잡해질 것이며, 어느 순간에는 경제적 가치와 사회적 가치를 동시에 추구하는 단일 비즈니스모델로는 복잡한 요구를 하는 이해관계자들을 만족시키기 어려울 수 있다. 따라서 본 연구결과를 활용하면, 소셜벤처는 성장과정에서 두 가지 가치를 모두 추구하고 이해관계자들을 만족시키기 위해 어느 순간에는 비즈니스모델을 분리 운영해서 예상되는 위기에 미리 대응하고 지속가능한 성장을 이룰 수 있다.

또한, 소셜벤처의 성장경로를 단계적으로 조명해 이에 따른 적절한 정부지원정책의 필요성을 도출하였다. 그동안 정부는 소셜벤처에 대해 단순히 창업 혹은 창업 후 자금지원 등의 정책에만 초점을 맞췄다. 하지만 소셜벤처가 성장함에 따라 가치추구방식 또한 변하게 되고 비즈니스모델도 다양하게 변화하게 된다. 따라서 소셜벤처의 성장 및 유형에 맞춰 지원정책을 다양화하거나 고도화하는 전략이 필요하다. 예를 들면 초기 단계를 벗어나서 비즈니스모델이 상대적으로 안정화된 소셜벤처에게는 제품의 상용화를 위해 시험인증이나 법·제도 관련 지원, 판로 개척 등의 지원을 고려할 수 있다.

5.4. 연구의 한계점

본 연구의 한계점은 다음과 같다. 첫 번째로, Pache & Santos(2010)에서 나온 모순된 제도적 요구에 대한 기업의 네 가지 전략 중 타협 전략은 하이브리드 조직에도 적용이 되는 것을 확인했으나, 회피 전략은 부분적으로만 확인하였고 거부와 조정 전략에 대해서는 다루지 못하였다. 이에 대해 논해 보면, 먼저 Pache & Santos(2010)에서 언급한 회피 전략은 모순된 제도적 요구에 대해서 어느 한쪽의 요구사항에 대해 조직의 다른 한쪽 면을 숨기는 방식의 탈동조화를 취하는 것이다. 그러나 이 방식의 경우 하이브리드 조직은 두 가지 이해관계를 모두 중요하게 여기기 때문에 탈동조화 전략이 바람직하지 않으며, 이에 따라 선택적 동조화가 이루어진다고 언급된 바 있다(Pache & Santos, 2013). 그렇다면 거부 전략과 조정 전략은 하이브리드 조직에서 나타날 것인지, 나타난다면 어떤 방식으로 나타날 것이며 그것이 적절한지에 대해 논할 필요가 있다. 거부 전략의 경우 모순된 제도적 요구를 대응함에 있어 한쪽의 제도적 요구를 무시하고 다른 한쪽의 제도적 요구만 대응하는 방식인데, 이는 하이브리드 조직이 어느 한쪽의 미션(특히 경제적 미션)에 쏠리게 되는 미션 전이(Mission Drift) 현상으로 볼 수 있다. 따라서 거부 전략이 하이브리드 조직에서 나타나는 것은 하이브리드 조직의 특성을 고려할 때 부적절할 수 있다. 반면 조정 전략의 경우 이해관계자들의 제도적 요구사항 자체를 변경하려고 협상을 하는 대응전략을 말한다. 이러한 방식은 하이브리드 조직이 지닌 다양한 정체성을 미션 전이처럼 흔들지 않는다는 점에서 나타날 수는 있으나, 해당 조직의 규모가 더 커져서 이해관계자들에 대응할 만한 협상력을 가진 다음에야 나타날 것이다. 따라서 지금보다 더 고도화된 비즈니스모델을 가진 소셜벤처가 나타난 다음에 발생할 것으로 추측해볼 수 있다.

두 번째로 본 연구에서는 하이브리드 조직의 사례로 소셜벤처를 활용하였는데, 이에 따라 모든 하이브리드 조직에 본 연구결과가 적용되지 않는다는 점이다. 본 연구에서는 하이브리드 조직이 성장할수록 모순된 제도적 요구에 대해 선택적 동조화를 취하는 양상이 변화할 것으로 보았다. 이는 조직이 성장할수록 이해관계자들의 요구가 더 복잡해질 것이라는 가정을 하고 있다. 본 연구에서 사례로 활용한 소셜벤처는 근본적으로 사회적 임팩트를 키우고자 하고, 혁신성을 지니고 있기 때문에 성장에 대한 욕구가 강하다고 볼 수 있다(Bloom & Chatterji, 2009). 즉 소셜벤처는 비즈니스모델을 고도화할수록 다양한 사회문제에 도전하게 되고 이에 따라 모순된 제도적 요구의 복잡성도 더욱 강화되는 것이다. 반면 경제적 가치와 사회적 가치를 둘 다 추구하고 있지만 사회적 임팩트의 증가나 성장보다는 사회문제의 개선과 해결 그 자체에 초점을 두고 있는 사회적 기업(라준영, 2020)은 이해관계자들의 모순된 제도적 요구가 소셜벤처보다는 덜 복잡할 수 있다. 따라서 소셜벤처의 초창기와 같이 제도적 요구를 결합해서 대응하거나 사회적 요구만 대응할 가능성이 있다.

마지막으로는 대부분의 사례연구가 보이고 있는 기술적·탐색적 연구에 머물러 있다는 점이다. 사례 연구가 가지는 심층적, 다차원적, 집중적 연구 방식을 추구하기에는 접근할 수 있는 자료 및 데이터가 미흡했다. 일부 발표 및 인터뷰 자료를 인용하였으나 상당 부분이 2차 자료 위주로 사례 분석을 하였기 때문에 기업의 비즈니스모델에 대한 깊이 있는 논의가 이뤄지지 못한 점이다. 따라서 본 연구는 다양한 방식의 후속 연구를 필요로 한다. 예를 들면 계량적 방법론을 활용해 모순된 제도적 요구에 대한 대응방식을 점검할 수도 있으며(Marquis & Lounsbury, 2007; Wry et al., 2014), 더 많은 사례나 다양한 기법을 활용하는 것을 고려할 수 있다(Doherty et al., 2014; Margiono et al., 2017).

주석

1) 예를 들면, 조직 내에 기능적 조직(Functional structures)과 사업부제 조직(Divisional structures)가 혼합되어있는 형태를 의미하며 Daft(2015)에서는 Sun Petroleum Products Corporation(SPPC)를 예시로 들고 있다.

2) 국내에서 소셜벤처는 사회적기업과 같이 인증 제도로 운영되는 것이 아니라 판별 제도로 운영되며, 기업 스스로 응답한 결과가 소셜벤처 판별에 반영된다. 2021년 기준 국내에서 소셜벤처로 판별된 기업은 2,031개이다. 위에서 제시한 업력, 매출액 및 영업이익은 2,031개 기업 중 1,435개 기업에 대한 설문결과이다.

3) 본 연구는 두 개의 사례를 보다 종합적으로 깊이 있게 접근하는 사례연구이다. 사례연구에서 가장 먼저 해야 할 작업이 적절한 사례를 선정하는 것이다. 연구로서 가치 있는 사례는 중요하거나(critical), 독특하거나(rare or unique), 극단적이어야(extreme) 한다. 그 이유는 사례를 연구함으로써 이제까지 밝혀지지 않은 새로운 가설이나 이론을 형성할 가능성이 있으며, 단일 사례에 대한 연구를 통해서도 기존의 이론 및 가설을 확증하거나 반증하거나 확장할 수 있는 이론적 의의를 가지기 때문이다(강은숙 · 이달곤, 2005).

4) 노을의 사례는 기업을 소개하는 2차 자료 분석과 함께 2021년 11월 23일 과학기술정책연구원과 소셜벤처 협의체인 임팩트얼라이언스와 함께 진행한 '21차 과학기술+사회혁신 포럼' 발표 내용에 기반하여 정리하였다. 이 포럼은 "소셜벤처, 과학기술과 만나다"라는 주제로 진행됐고 소셜벤처가 왜 과학기술과 만나야 하는지, 그리고 그 현황과 과제는 무엇인지를 살펴보고 양자의 만남을 활성화하기 위한 전략을 논의했다. 이날 이동영 대표는 노을 창업 동기, 어려움, 향후 계획 등에 대해 발표했다.

5) 마이랩은 NGSI 카트리지 기술과 염색과 AI기술을 기반으로 염색과 분석이 한 번에 가능한 올인원 플랫폼이다. 이를 통해 혈액 및 조직 분야에서 상용화된 AI 진단 솔루션을 제공할 수 있는 세계 유일의 회사로 자리매김하게 되었다. '의료 접근성 해결'이라는 사회적 가치를 바이오, 소프트웨어, 하드웨어 등을 융합한 딥테크로 풀어내면서 경제적 가치 창출에 성공한 것이다. 하이드로겔과 염색 시료를 혼합해 만든 NGSI 카트리지 기술은 관련 기술 특허도 획득하였다. NGSI 카트리지를 활용한 염색법의 경우 액체 염색 방식을 고체 염색 방식으로 전환하면서 시료량을 최대 100분의 1로 감소시켰고 세척과 건조 과정 없이 폐수가 전혀 발생되지 않는 친환경 기술로 사회적 가치도 함께 달성하고자 했다(장재웅, 2022). 다만 마이랩 개발은 첨단기술개발을 활용한 경제적 가치 창출이라는 대 · 외부 요구를 이뤄내기 위한 전략이 우선적으로 작용한 것으로 보인다.

6) 에누마의 사례는 2차 자료 분석을 포함, 이수인 대표가 2022년 9월 서울특별시와 매경미디어그룹에서 주최한「2022 Try Everything」행사와 과학기술정보통신부에서 주최한「2022 스마트클라우드쇼」행사에서 발표한 자료를 기반으로 정리하였다.

7) 엑스프라이즈(XPrize)재단은 인류가 공통적으로 직면한 중대 문제를 혁신적 기술로 해결하는 것을 목표로 하고 있으며, 전 인류가 해결해야 할 문제를 지정하고 이를 해결하는 대회를 개최한다. 2015년에 열린 글로벌 러닝 엑스프라이즈는 문맹 퇴치를 인류가 해결해야 할 문제로 선정하였으며, 기초 교육을 받지 못한 탄자니아의 아이들이 스스로 영어와 스와힐리어를 학습할 수 있는 소프트웨어를 개발하는 것을 목표로 하였다.

8) 주선영(2016.12.27.) 누구나 스스로 배울 수 있도록… '에누마(Enuma), 조선일보, Retrieved from https://futurechosun.com/archives/18689.

REFERENCE

강은숙·이달곤(2005). 정책사례연구에 대한 방법론적 논의. *행정논총*, 43(4), 95–121.

김성훈(2011). Propositions for Institutional Diffusion of Corporate Social Responsibility in KOREA: Lessons from Advanced Countries. *국제경영리뷰*, 15(3), 131–152.

김상준·김나현·이승주(2021). 소셜 벤처 성장 이론: 혼합성의 다이내믹스 고찰. *전략경영연구*, 25(1), 1–35.

김진수·이창영·김재호·서경준·박재홍(2016). *소셜벤처 창업하기*. 서울; 청람출판사.

김진영·성창수·조한준·문강현(2020). 소셜벤처의 의사결정 프로세스에 관한 연구: 고요한택시 사례. *벤처창업연구*, 15(4), 83–96.

라준영(2019). 소셜벤처 아토머스의 모바일 심리상담 서비스 플랫폼. *서비스경영학회지*, 20(4), 125–144.

라준영(2020). 소셜벤처의 악성댓글 방지 서비스: 시지온 사례. *서비스경영학회지*, 21(4), 165–190.

박노윤·이은수(2019). 두손컴퍼니의 지속성장과정 사례연구. *사회적기업연구*, 12(1), 55–90.

박민진·김태영(2018). 소셜벤처의 사회혁신 역할 분석. *사회적기업연구*, 11(3), 3–30.

박윤중(2020). 존재하지 않는 시장의 가치를 이야기하는 방법 - 에누마, *아산 기업가정신 리뷰*, 6(5), 1–19.

박재환·전혜진(2019). 지속가능한 비즈니스모델 설계 도구: 소셜벤처 사례를 중심으로. *벤처창업연구*, 14(1), 187–198.

박재홍·황금주(2017). 소셜벤처 창업초기에 플랫폼 전략의 도입과 영향에 관한 연구: 점프! 의 사례를 중심으로. *벤처창업연구*, 12(4), 133–144.

송위진·성지은(2021). 사회· 기술시스템 전환을 지향하는 기업의 혁신활동에 대한 탐색적 연구: 개념적 틀과 사례분석. *기술혁신연구*, 29(4), 59–93.

이방실(2019). *공부 앱에 게임 기업 넣어 재미있게 스스로 글 깨치는 '탄자니아의 마법'으로. DBR Case Study*, 279(2). 1–8, Retrieved from https://dbr.donga.com/article/view/1203/article_no/9249.

이혜경(2016). 과학기술혁신 (STI) 과 교육: 탄자니아 교육여건 개선을 위한 태블릿 기반 아동교육 앱 개발 사례. *국제개발협력*, 11(4), 53–70.

장재웅(2022). *사명감으로 뭉친 테크 전문가들, 외면받던 말라리아 진단시장 구원하다 DBR Case Study*, 350(1). 1–8, Retrieved from https://dbr.donga.com/article/view/1206/article_no/10538.

주선영(2016.12.27.). *누구나 스스로 배울 수 있도록… '에누마(Enuma)*. 조선일보, Retrieved from https://futurechosun.com/archives/18689.

한정수·최자영(2021). 소셜벤처의 이중가치 (경제적 vs. 사회적 가치) 와 벤처투자가의 해석수준이 소셜벤처 투자의도에 미치는 영향. *한국창업학회지*, 16(4), 85–111.

Baxter, P., & Jack, S. (2008). Qualitative Case Study Methodology: Study Design and Implementation for Novice Researchers. *The Qualitative Report*, 13(4), 544–559.

Battilana, J., & Dorado, S. (2010). Building Sustainable Hybrid Organizations: The case of Commercial Microfinance Organizations. *Academy of Management Journal*, 53(6), 1419–1440.

Battilana, J., Lee, M., Walker, J., & Dorsey, C. (2012). In Search of the Hybrid Ideal. *Stanford Social Innovation Review*, 10, 50–55.

Battilana, J., & Lee, M. (2014). Advancing Research on Hybrid Organizing-Insights from the Study of Social Enterprises. *Academy of Management Annals*, 8(1), 397–441.

Battilana, J., Besharov, M., & Mitzinneck, B. (2017). On Hybrids and Hybrid Organizing: A Review and Roadmap for Future Research. *The SAGE handbook of Organizational Institutionalism*, London: Sage, 133–169.

Battilana, J., Obloj, T., Pache, A. C., & Sengul, M.. (2022). Beyond Shareholder value Maximization: Accounting for Financial/Social Trade–offs in Dual–purpose Companies. *Academy of Management Review*, 47(2), 237–258.

Besharov, M. L., & Smith, W. K. (2014). Multiple Institutional Logics in Organizations: Explaining their Varied Nature and Implications. *Academy of Management Review*, 39(3), 364–381.

Besharov, M., & Mitzinneck, B. (2020). *Organizational Hybridity: Perspectives, Processes, Promises*. Washington: Emerald Group Publishing, 12–15.

Bloom, P. N., & Chatterji, A. K. (2009). Scaling Social Entrepreneurial Impact. *California Management Review*, 51(3), 114–133.

Coleman, S., & Kariv, D. (2015). *Creating the Social Venture*. Boston: Routledge.

Cooper, B., & Vlaskovits, P. (2010). *The entrepreneur's guide to customer development: a" cheat sheet" to The Four Steps to the Epiphany*, CA: Newport Beach. 90–110.

Creswell, J. W. (2013). *Steps in conducting a scholarly mixed methods study*. DBER Speaker Series, NB: University of Nebraska.

Doherty, B., Haugh, H., & Lyon, F. (2014). Social Enterprises as Hybrid Organizations: A Review and Research *Agenda. International Journal of Management Reviews*, 16(4), 417–436.

Dacin, M. T., Dacin, P. A., & Tracey, P. (2011). Social Entrepreneurship: A Critique and Future Directions. *Organization Science*, 22(5), 1203–1213.

Daft, R. L. (2015). *Organization Theory and Design(10th ed)*. Mason: South–Western Cengage Learning

Daft, R. L. (2020). *Organization Theory & Design(13rd ed)*. Boston: Cengage learning.

De Carolis, D. M., & Saparito, P. (2006). Social Capital, Cognition, and Entrepreneurial Opportunities: A Theoretical Framework. *Entrepreneurship Theory and Practice*, 30(1), 41–56.

Greenwood, R., Raynard, M., Kodeih, F., Micelotta, E. R., & Lounsbury, M.. (2011), Institutional Complexity and Organizational Responses. *Academy of Management Annals*, 5(1), 317–371.

Gustafsson, J. (2017). Single Case Studies vs. Multiple Case Studies: A Comparative Study. *Academy of Business, Engineering and Science*. Halmstad, Sweden: Halmstad University.

Han, J. S., & Choi, J. Y. (2021). The Effects of the Dual Values(Economic value vs. Social value) of Social Venture and the Venture Capitalist's Construal Level on the Investment Intention. *The Korea Enterpreneurship Society*, 16(4), 85–111.

Jang, J. W. (2022). *The Mission and Vision of Social Venture "Noul"*. DBR Case Study, 350(1). 1–8, Retrieved from https://dbr.donga.com/article/view/1206/article_no/10538.

Jay, J. (2013). Navigating Paradox as a Mechanism of Change and Innovation in Hybrid Organizations. *Academy of Management Journal*, 56(1), 137–159.

Joo, S. Y. (2016.12.27.). *So that Everyone can Learn for Themselves...'ENUMA", ChosunMedia*. Retrieved from https://futurechosun.com/archives/18689.

Kang, E. S., & Lee, D. G. (2005). A Methodological Discourse on Policy Case Studies. *Korea Journal of Public Administration*, 43.

Kickul, J., Griffiths, M., Bacq, S., & Garud, N. (2018). Catalyzing Social Innovation: is Entrepreneurial Bricolage Always Good?. *Entrepreneurship & Regional Development*, 30(3–4), 407–420.

Kim, S. H. (2011). Propositions for Institutional Diffusion of Corporate Social Responsibility in KOREA: Lessons from Advanced Countries. *International Business Review*, 15(3), 131–152.

Kim, S. J., Kim, N. Y., & Lee, S. J. (2021). The Theory of the Growth of the Social Venture: A Dynamic Hybridity View. *Journal of Strategic Management*, 25(1), 1–35.

Kim, J. S., Lee, C. Y., Kim, J. H., Seo, K. J., & Park, J. H. (2016). *Creating Social Ventures*. Seoul; Chungram.

Kim, J. Y., Sung, C. S., Cho, H. J., & Moon, K. H. (2020). A Study on the Decision Making Process of Social Venture: he case of Goyohan Taxi. *Asia-Pacific Journal of Business Venturing and Entrepreneurship*, 15(4), 83–96.

Kraatz, M. S., & Block, E. S. (2008). Organizational Implications of Institutional Pluralism, *The Sage handbook of Organizational Institutionalism*. London: Sage, 243–275.

Kwong, C., Tasavori, M., & Wun-mei Cheung, C. (2017). Bricolage, Collaboration and Mission Drift in Social Enterprises. *Entrepreneurship & Regional Development*, 29(7–8), 609–638.

Lall, S. A., & Park, J. (2022). How Social Ventures Grow: Understanding the Role of Philanthropic Grants in Scaling Social Entrepreneurship. *Business & Society*, 61(1), 3–44.

Lee, B. S. (2019). *Learning Software for Illiterate Children: Enuma's 'KitKit School'*. DBR Case Study, 279(2). 1–8, Retrieved from https://dbr.donga.com/article/view/1203/article_no/9249.

Lee, H. K. (2016). Science and Technology Innovation (STI) and Education: Development of Tablets-based Children's Education App to Improve Educational Conditions in Tanzania. *Journal of International Development Cooperation*, 11(4), 53–70.

Luke, B., & Verreynne, M. L. (2006). Exploring Strategic Entrepreneurship in the Public Sector. *Qualitative Research in Accounting & Management*. 3(1), 4–26.

Lumpkin, G. T., Moss, T. W., Gras, D. M., Kato, S., & Amezcua, A. S. (2013), Entrepreneurial Processes in Social Contexts: How are They Different, If at all?. *Small Business Economics*, 40(3), 761–783.

McMullen, J. S., & Warnick, B. J. (2016). Should we Require Every New Venture to be a Hybrid Organization?. *Journal of Management Studies*, 53(4), 630–662.

Margiono, A., Zolin, R., & Chang, A. (2017). A Typology of Social Venture Business Model Configurations. *International Journal of Entrepreneurial Behavior & Research*, 24(3), 626–650.

Marinov, K., Metz, A., Alexander, K., & Angeli, F. (2022). *Learning in Hybrid Organizations: A Systematic Literature Review. in Angeli, F., Metz, A., & Raab, J.(2022), Organizing for Sustainable Development: Addressing the Grand Challenges (1st ed.)*. Boston: Routledge. https://doi.org/10.4324/9780429243165.

Meyer, J. W., & Rowan, B. (1977). Institutionalized Organizations: Formal Structure as Myth and Ceremony. *American Journal of Sociology*, 83(2), 340–363.

Moss, T. W., Short, J. C., Payne, G. T., & Lumpkin, G. T. (2011). Dual Identities in Social Ventures: An Exploratory Study. *Entrepreneurship Theory and Practice*, 35(4), 805–830.

Murray, R., Caulier-Grice, J., & Mulgan, G. (2010). *The Open book of Social Innovation* (Vol. 24), London: Nesta.

Pache, A. C., & Santos, F. (2010). When Worlds Collide: The Internal Dynamics of Organizational Responses to Conflicting Institutional Demands. *Academy of Management Review*, 35(3), 455–476.

Pache, A. C., & Santos, F. (2013). Inside the Hybrid Organization: Selective Coupling as a Response to Competing Institutional Logics. *Academy of Management Journal*, 56(4), 972–1001.

Pache, A. C., & Santos, F. M.. (2021). When Worlds Keep on Colliding: Exploring the Consequences of Organizational Responses to Conflicting Institutional Demands. *Academy of Management Review*, 46(4), 640–659.

Park, J. H., & Jeon, H. J. (2019). The Tool to Design Sustainable Business Models: A Case Study for the Social Ventures. *Asia-Pacific Journal of Business Venturing and Entrepreneurship*, 14(1), 187–198.

Park, J. H., & Hwang, K. J. (2017). A Study on the Effects of Adoption and Application of Platform Strategy for Social Ventures in Early Stage of Start-up: A Case Study of JUMP. *Asia-Pacific Journal of Business Venturing and Entrepreneurship*, 12(4), 133–144.

Park, M.. J., & Kim, T. Y. (2018). An Analysis of the Role of Social Ventures in Social Innovation. *Social Enterprise Studies,* 11(3), 3–30.

Park, N. Y., & Lee, E. S. (2019). A Case Study on the Sustainability of Dohands Corporation. *Social Enterprise Studies,* 12(1), 55–90.

Park, Y. J. (2020). How to Talk about the Value of a Market that Doesn't Exist-ENUMA. *Asan Entrepreneurship Review,* 6(5), 1–19.

Rha, J. Y. (2019). Mobile Platform of a Social Venture for Providing Remote Psychological Help Service: A Atommerce Case. *The Korea Service Management Society,* 20(4), 125–144.

Rha, J. Y. (2020). Social Commenting Service of Social Venture for Reducing Malicious Comments in Online Media: A CIZION Case, *The Korea Service Management Society,* 21(4), 165–190.

Ruef, M., & Patterson, K. (2009). Credit and Classification: The Impact of Industry Boundaries in Nineteenth–century America. *Administrative Science Quarterly,* 54(3), 486–520.

Thornton, P. H. (2002). The Rise of the Corporation in a Craft Industry: Conflict and Conformity in Institutional Logics. *Academy of Management Journal,* 45(1), 81–101.

Thornton, P. H., & Ocasio, W. (2008). "Institutional logics". *In The SAGE handbook of organizational institutionalism,* London: Sage, 99–129.

Thornton, P. H., Ocasio, W., & Lounsbury, M. (2012). *The Institutional Logics Perspective: A New Approach to Culture, Structure and Process.* London: Oxford.

Thompson, J., & Doherty, B. (2006). The Diverse world of Social Enterprise: A Collection of Social Enterprise Stories. *International Journal of Social Economics,* 33(5/6), 361–375.

Tilcsik, A. (2010). From Ritual to Reality: Demography, Ideology, and Decoupling in a Post–communist Government Agency. *Academy of Management Journal,* 53(6), 1474–1498.

Saebi, T., Foss, N. J., & Linder, S. (2019). Social Entrepreneurship Research: Past Achievements and Future Promises. *Journal of Management,* 45(1), 70–95.

Sarasvathy, S. D. (2001). Causation and Effectuation: Toward a Theoretical Shift from Economic Inevitability to Entrepreneurial Contingency. *Academy of Management Review,* 26(2), 243–263.

Scott, W. (2013). *Institutions and Organizations: Ideas, Interests, and Identities.* London: Sage. 1–10.

Siebold, N., Günzel–Jensen, F., & Müller, S. (2019). Balancing Dual Missions for Social Venture Growth: A Comparative Case Study. *Entrepreneurship & Regional Development,* 31(9–10), 710–734.

Smith, W. K., & Besharov, M. L. (2019). Bowing Before Dual Gods: How Structured Flexibility Sustains Organizational Hybridity. *Administrative Science Quarterly,* 64(1), 1–44.

Song, W. C., & Seong, J. E. (2021). A Exploratory Study on the Transition–Oriented Firm: A Conceptual Framework and a Case Study. *Journal of Technology Innovation,* 29(4), 59–93.

Stam, W., Arzlanian, S., & Elfring, T. (2014). Social Capital of Entrepreneurs and Small Firm Performance: A Meta–analysis of Temporal and Contextual Contingencies. *Journal of Business Venturing,* 29(1), 152–173.

Vedula, S., York, J. G., Conger, M., & Embry, E. (2022). Green to Gone? Regional Institutional Logics and Firm Survival in Moral Markets. *Organization Science.* published in online.

WHO(2021), *World Malaria Report 2021,* Retrieved from https://www.who.int/teams/global–malaria–programme/reports/world–malaria–report–2021.

Wry, T., Lounsbury, M., & Jennings, P. D. (2014). Hybrid Vigor: Securing Venture Capital by Spanning Categories in Nanotechnology. *Academy of Management Journal,* 57(5), 1309–1333.

Wry, T., & York, J. G. (2017). An Identity–based Approach to Social Enterprise. *Academy of Management Review,* 42(3), 437–460.

Yin, R. K. (2003). Designing Case studies. *In Case study Research: Design and methods,* CA: Thousand Oaks, 19–56.

벤처창업연구 제19권 제5호 (통권95호)

사회적 기업가적 지향성(SEO)과 기업가적 브리콜라주: 사회적 기업의 성과에 미치는 영향

김상영 (가톨릭대학교 경영학과 박사과정)
라준영 (가톨릭대학교 경영학과 교수)

국문 요약

본 논문은 자원 동원이 여의치 않은 사회적기업에게 새롭게 필요한 기업가정신인 기업가적 브리콜라주의 역할을 탐구한다. 기존 연구에서 중시하던 사회적 기업가적 지향성(SEO)과 사회적 기업의 경제적 성과 및 사회적 성과 간의 관계에 브리콜라주를 매개변수로 통합하여 실증적으로 분석한다. 이를 위해 본 연구는 구조방정식모형을 활용하여 SEO와 브리콜라주가 사회적 기업의 경제적 및 사회적 성과에 미치는 직접적인 영향을 평가하고, SEO가 사회적 기업의 성과에 미치는 영향을 매개하는 브리콜라주의 역할을 분석하였다. 연구 결과 SEO는 사회적 기업의 경제적 성과에 유의한 영향을 미치지 않으나, 사회적 성과의 향상에는 직접적인 영향을 미치는 것으로 나타났다. 또한, SEO는 브리콜라주에 영향을 미치며, 브리콜라주는 다시 사회적 기업의 경제적 성과와 사회적 성과에 긍정적인 영향을 미치는 것으로 확인되었다. 아울러 사회적 기업의 경제적 성과는 사회적 성과에 긍정적인 영향을 미치는 것으로 나타났다. 본 논문은 SEO가 브리콜라주를 통해 사회적 기업의 성과에 미치는 영향의 구체적인 경로와 메커니즘을 밝혔으며, 브리콜라주를 활용한 자원 동원 활동이 사회적 기업의 경제적 성과와 사회적 성과를 동시에 향상시키고 있음을 확인하였다.

핵심주제어: 사회적 기업, 사회적 기업가적 지향, SEO, 브리콜라주, 자원, 경제적 성과, 사회적 성과

Ⅰ. 서론

불평등, 양극화, 기후재난 등 인류 사회의 위기 상황이 심각해짐에 따라 사회문제의 효율적인 해결 방안에 대한 논의가 활발히 진행되고 있다. 이러한 상황에서 재무적으로 지속가능하면서도 사회적 가치를 창출하는 '하이브리드 조직(Voltan, 2019)'인 사회적 기업이 사회문제 해결에 적합한 새로운 조직 형태로 주목받고 있다(장용석, 2018). 우리나라에서는 2007년『사회적 기업 육성법』제정 이후, 2024년 9월 현재 3,635개의 사회적 기업이 정부의 인증을 받아 활동하고 있다(한국사회적기업진흥원, 2024). 또한, 기술과 비즈니스모델의 혁신을 통해 사회적 가치를 창출하는 소셜벤처는 정부의 판별 기준을 충족하는 2,184개의 기업이 활동하고 있다(중소벤처기업부, 2023).

그러나 이러한 양적 성장에도 불구하고, 사회적 기업의 지속가능성에 대한 우려가 여전하다. 고용노동부는 2023년 9월 1일 제4차『사회적 기업 기본 계획』을 발표하면서, 2007년『사회적 기업 육성법』제정 이후 정부의 취약계층 인건비 지원 중심의 획일적인 육성 정책으로 인해 사회적 기업이 여전히 정부의 일자리 사업 수행 기관으로 인식되고 있으며, 정부 지원에 대한 의존도가 높아 자생력이 부족하다고 지적하였다. 최근 정부의 사회적 기업 예산이 대폭 삭감된 상황에서, 사회적 기업이 재무적 안정성을 확보하고 사회혁신의 지속가능성을 높이기 위한 방안에 대한 논의가 절실하다. 이를 위해 영리기업에 관한 이론에서 참고할 수 있는 사례가 많다(Griffiths et al., 2013). 특히 기업가정신 분야의 '기업가적 지향성(entrepreneurial orientation, EO)'에 관한 연구가 주목할 만하다. 기업가적 지향성은 '고성과 기업의 필수적인 특징'으로서 기업의 성공에 중요한 역할을 한다(Lumpkin & Dees, 1996).

사회적 기업 분야에서도 사회적 기업이 기업가적 행동을 통해 사회적 목표를 달성한다는 것이 중론이다(Dacin et al., 2010; Kraus et al., 2014). 특히 사회적 기업이 사회적 가치를 창출하는 과정에서 발휘하는 혁신성, 진취성, 위험감수성, 미

선지향성 등의 사회적 기업가적 지향성(social entrepreneurial orientation, SEO)이 사회적 기업의 성과에 미치는 영향이 크다는 다수 연구가 있다(이용탁, 2011; 최무현·고은주, 2019). 그러나 사회적 기업의 SEO가 어떠한 메커니즘을 통해서 기업 성과로 이어지는지에 대한 연구는 여전히 부족한 상황이다.

사회적 기업은 영리기업보다 자원 조달이 더욱 제한된 환경에서 운영된다. 원활한 자원 조달은 영리기업이든 사회적 기업이든 사업 성공의 핵심적인 요건이다. 따라서 사회적 기업의 SEO는 우선적으로 자원부족 문제를 해결하면서 기업의 성과 향상을 도모할 수 있어야 한다.

본 논문은 이러한 문제의식에서 출발하여 자원 조달과 관련된 기업가정신의 개념인 '기업가적 브리콜라주(entrepreneurial bricolage)'를 사회적 기업과 연계하여 탐구한다. 기업가적 브리콜라주는 '새로운 문제와 기회를 해결하기 위해 손안에 있는 자원을 조합하여 해결하는 과정'으로 정의된다(Baker & Nelson, 2005).

사회적 기업은 목표 달성과 성장을 위해 보유한 희소 자원을 효율적으로 활용하고 수집한 자원을 창의적으로 결합할 필요가 있다(Dacin et al., 2010). 자원 조달이 제약된 다수의 사회적 기업에게 기업가적 브리콜라주의 활용은 바람직한 전략일 수 있다. 그럼에도 SEO와 브리콜라주 간의 관계나 사회적 기업의 성과에 미치는 브리콜라주의 역할에 대한 실증적 연구는 미비한 상황이다.

본 논문은 SEO가 사회적 기업의 성과에 미치는 영향을 주목하면서 브리콜라주의 매개 효과를 실증적으로 검증하고자 하며, 자원 제약이 많은 사회적 기업에서 기업가적 브리콜라주가 조직의 지속가능성을 높이는 데 기여할 수 있음을 밝히고자 한다.

Ⅱ. 이론적 배경

2.1. 사회적 기업가적 지향성

2.1.1 기업가적 지향성 (Entrepreneurial Orientation, EO)

기업가적 지향성(EO)은 캐나다의 경영학자인 밀러(Danny Miller)가 제시한 개념으로, '제품 및 시장 혁신에 참여하고, 위험을 감수하며, 진취적인 혁신을 통해 경쟁자를 제치고 선도하는 기업의 지향성'을 의미한다(Miller, 1983). 지난 40년 간 경영학계에서 기업의 경쟁력을 좌우하는 핵심 요소로 논의되어 왔다(Covin & Wales, 2019). EO는 기업가정신의 내부적 동력으로서 <그림 1>과 같이 구분할 수 있다.

기업가정신은 기업 외부적 관점에서 새로운 시장 진입 및 사업적 모험의 행위와 관련되는 반면, 기업가적 지향성은 기업 내부적으로 경영자가 기업가적으로 행동하기 위해 사용하는 방법, 관행, 의사결정 스타일을 포함하는 개념이다(Dees et al., 1998).

EO는 혁신성, 위험감수성, 진취성의 세 가지 차원으로 구성된다(Miller, 1983). 혁신성은 창의성과 실험을 통해 새로운

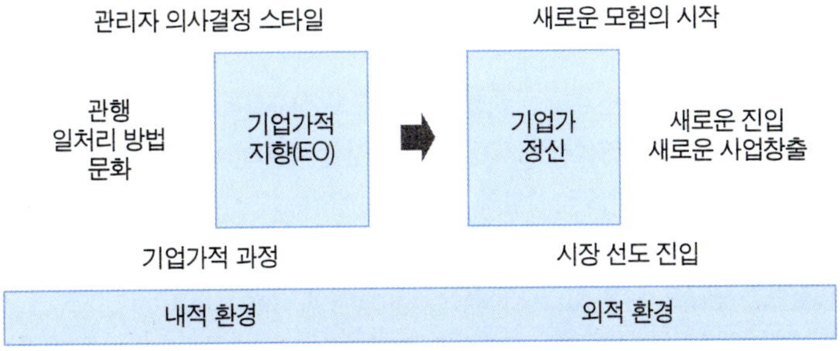

<그림 1> 기업가정신과 기업가적 지향의 차이

제품, 서비스 또는 프로세스를 창출하거나 개선하려는 의지를 의미한다. 위험감수성은 정보가 부족한 분야로의 모험을 감수하거나 불확실한 환경에 도전하기 위해 자금 또는 기타 자원을 투자하는 대담한 행동을 의미한다. 진취성은 시장 기회를 적극적으로 활용하고 미래 지향적인 행동을 통해 다른 기업과 경쟁하는 것을 포함한다.

EO 개념이 기업 내부 조직 차원의 기업가정신 연구에서 주요 구성개념(construct)으로 자리잡으면서(Covin & Lumpkin, 2011), EO의 실증적 타당성을 검증하기 위한 다양한 측정도구가 개발되었다. 특히 Covin & Slevin(1989)의 측정도구를 널리 사용하는데, 이들은 혁신성, 위험감수성, 진취성을 각각 3가지 문항으로 측정하는 도구를 개발하였다. 약 80% 이상의 EO 관련 연구가 이 도구를 사용하고 있으며, 이는 도구의 신뢰성과 타당성이 검증되었음을 의미한다(Wales et al., 2013).

한편 Lumpkin & Dess(1996)는 EO를 '새로운 진입으로 이끄는 과정, 관행 및 의사결정 활동'으로 정의하고, Covin & Slevin(1989)이 제시한 세 가지 차원 외에 경쟁적 공격성과 자율성을 추가하여 다섯 가지 차원으로 설명하였다. 그러나 다른 연구에서는 경쟁적 공격성이 진취성 차원의 일부로, 자율성이 조직 분위기의 일부로 확인되었다(Hough & Scheepers, 2008; Chang et al., 2011).

2.1.2. 사회적 기업가적 지향성(Social Entrepreneurial Orientation, SEO)

그동안 학계에서는 사회적 기업이 영리 기업의 기업가정신 개념과 많은 공통점이 있다는 점에 주목해왔다. 사회적 기업가는 '사회적 비전을 가진 기업가'로 정의되며, 사회적 기업가정신은 '사회적 문제를 해결하기 위해 시장 기반의 방식을 채택하는 절차'로 설명된다(Dees, 1998; Miller et al., 2012). 이러한 관점을 바탕으로 EO를 사회적 기업의 맥락에서 적용하려는 시도가 일부 진행되었다. 그러나 대부분의 연구가 사회적 기업이 기업가적 행동을 통해 사회적 목표를 달성한다는 점에는 동의하면서도(Kraus et al., 2017), EO를 활용하여 사회적 기업이나 비영리조직의 성과를 연구하는 것에는 한계를 보여 왔다. Morris et al.(2011)은 원래 영리 부문을 위해 개발된 EO 척도가 다양한 유형의 기업가정신에 맞추어 조정되지 않았음을 지적했으며, Lurtz & Karin(2017)은 경제적 성과보다 사회적 사명을 우선시하는 사회적 기업의 맥락에서 기업가적 태도와 행동의 개념을 충분히 구성하지 못했다고 언급했다. Sulphey & Salim(2020)에 따르면, 사회적 기업가적 지향성(SEO)에 관한 연구는 <표 1>과 같이 두 가지 주요 흐름이 있다. 하나는 SEO를 조직의 품질 측면으로 간주하는 것이며, 다른 하나는 SEO를 개인의 속성이나 특질의 형태로 이해하는 것이다.

〈표 1〉 사회적 기업가적 지향(SEO)의 차원 구분

차원	저자
조직 품질 (oganizational quality)	Dees(1998), Kraus et al.(2017), Luu(2017)
개인적 속성 (individual attribute)	Doherty et al.(2006), Fowler(2000), Hu & Pang(2013), Leadbeater(1997), Thompson(2002), Vega & Kidwell(2007)

출처: Sulphey & Salim(2020)

Miller et al.(2012)은 SEO를 '기업 내에서 시장 기반 방법을 활용하여 사회적 가치를 창출하는 하이브리드 형태의 기업가적 행동'으로 정의하며, 사회적 기업의 맥락에서 SEO를 탐구할 것을 제안하였다. 반면 Hu & Pang(2013)은 SEO를 '기업가적 지향성 및 호혜성을 개발하기 위한 사회적 기업의 노력'으로 정의하고, 사회적 기업가의 SEO는 '개인적 수준의 현상으로, 기업과 상호작용한다'고 제안하였다.

SEO를 계량화하여 측정하는 연구도 일부 있었다. Weerawardena & Dwivedi(2018)는 SEO를 '사회적 목적을 가진 조직이 전략적 의사결정을 내릴 때 보이는 조직 행동 지향성'으로 정의한 후, SEO를 EO의 세 가지 차원에 사회적 사명 지향,

지속가능성 지향, 실현성(effectuality) 지향의 세 가지 행동 특성을 추가하여 개념화하고 측정 도구를 제시하였다. 반면 Kraus et al.(2017)은 혼합 방법과 2단계 설계를 사용하여 SEO 측정도구를 개발하였으며, 사회적 혁신성, 사회적 위험 수성, 사회적 진취성 및 미션지향성을 SEO의 구성 차원으로 제시하였다.

2.2. 기업가적 브리콜라주(Entrepreneurial Bricolage)

'브리콜라주'(bricolage)라는 개념은 프랑스어 동사 'bricoler'에서 유래하였으며, 이는 '손수 만들다' 또는 '고치거나 개선하기 위해 무언가를 다루다'는 의미를 지닌다. 이 개념은 프랑스의 구조주의 인류학자인 레비-스트로스(Claude Lévi-Strauss)에 의해 처음으로 소개되었다. 레비-스트로스는 1962년에 출간된 저서『야생의 사고(La Pensée Sauvage)』에서 현대인의 논리적 사고와는 다른 형태로 신화가 세계를 설명하는 방식을 논의하였다. 그는 원시 부족사회에서 한정된 재료와 도구를 이용하여 다양한 작업을 능숙하게 수행하는 원주민의 기술을 브리콜라주라고 명명하였다(Levi-Strauss, 1967). 또한 브리콜라주를 통해 임시변통에 능한 문화 제작자를 '브리콜뢰르'(bricoleur)라고 칭하였다.

기업가정신 분야에서 브리콜라주에 처음으로 주목한 연구는 Baker & Nelson(2005)이다. 이들은 자원이 제한된 환경에서 일부 기업이 어떻게 생존하거나 심지어 번창할 수 있는지를 면밀히 분석하면서, '새로운 문제와 기회에 대응하기 위해 손에 있는 자원을 조합하여 무언가를 창출하는 과정'을 연구하였으며, 자원 환경이 열악한 상황에서 기업가가 보유한 자원을 재조합하여 기존에 활용되지 않았던 요소를 활용하는 과정에서 기업가적 브리콜라주가 발생한다고 설명하였다(Baker & Nelson, 2005; Garud & Karnoe, 2003).

Baker & Nelson(2005)은 브리콜라주 개념의 분석 범위를 '무언가를 만들어내는 것'을 넘어 '한계의 인정을 거부하는 것(refusal to enact limitations)'으로 확장하였다. 이들은 브리콜라주를 '새로운 문제와 기회에 대응하기 위해 손에 닿는 자원을 조합하여 해결하는 활동'으로 정의하였으며, 이를 다음의 세 가지 하위 차원으로 분류하였다. ① 무엇이든 해내려는 의지(making do) ② 기존에 보유한 자원(the resources on hand) ③ 새로운 목적을 위한 자원의 조합(recombinations of resources for new purposes)(Baker & Nelson, 2005). 이러한 브리콜라주는 자원 부족의 시기에 생존을 위한 이점을 제공하기 때문에 자원을 창의적으로 활용하는 것이 브리콜라주의 핵심 마음가짐이라고 본다(Halme et al., 2012). 이 마음가짐은 어려운 문제를 기꺼이 해결하려는 의지로 표현된다(Chinyoka, 2017).

사회적 기업 분야에서도 브리콜라주의 활용성에 대한 연구가 진행되고 있다. 사회적 기업가는 사회적 가치를 창출하기 위해 자원에 의존하며, 기업 운영과정의 일부로 자원을 결합하고 변환한다(Meyskens et al., 2010). 그러나 사회적 기업은 영리기업에 비해 전통적인 자본 자원에 대한 접근이 폭넓게 제공되지 않는다. 이러한 자원의 희소성은 사회문제를 해결하기 위한 창의성을 촉진하는 경향이 있다(Desa, 2012; Alarifi & Alrubaishi, 2018). 그 결과 기존 자원을 혁신적으로 활용하고 새로운 자원을 추가적으로 확보하는 방법을 찾도록 압박한다(Di Domenico et al., 2010). 사회적 기업가는 새로운 자원과 기존 자원의 재조합을 통해 제도적 한계(인지적, 규제적, 규범적)를 극복하고 사회적 가치를 창출하면서 지속가능성을 확보한다. Salahat & Ta'amreh(2023)는 355개의 팔레스타인 사회적 기업에 대한 실증연구를 통해 SEO와 지속가능성 간 관계에서 기업가적 브리콜라주가 중요한 매개 역할을 한다는 것을 밝혀 냈다. 이 매개 역할은 경제적, 환경적, 사회적 지속가능성 등 지속가능성의 세 가지 주요 차원 모두에서 유의미한 것으로 나타났다. 이처럼 브리콜라주는 자원 조달의 어려움으로 인해 사회적 가치 창출과 기업의 지속가능성을 동시에 고민하는 사회적 기업가에게 필수적인 전략적 행동양식이라고 할 수 있다. Baker & Nelson(2005)이 기업가정신 연구에 브리콜라주를 도입한 이후, 사회적 기업가정신 분야에서 브리콜라주에 관한 연구는 2012년부터 2019년까지 해외에서 총 17건이 발표되었다(Poornima & Rajini, 2021). 그러나 우리나라에서는 사회적 기업의 브리콜라주에 대한 연구가 초기 단계에 있으며, 브리콜라주와 사회적 기업의 성과 간 관계를 실증적으로 분석한 논문은 아직 매우 드물다.

2.3. 사회적 기업가적 지향(SEO)과 성과

사회적 기업가적 지향성(SEO)과 성과의 관계를 연구한 최근의 학술 연구들은 SEO가 사회적 기업의 성과에 미치는 영향을 다양한 측면에서 탐구하고 있다. SEO는 EO의 변형으로서 사회적 기업의 성과에 미치는 영향을 예상할 수 있지만, 이와 관련된 연구는 여전히 제한적이다(Kraus et al., 2017).

do Adro et al.(2021)은 비영리 조직을 대상으로 한 연구에서 SEO의 사회적 위험감수성은 성과에 유의한 영향을 미치지 않는 반면, 사회적 혁신성과 사회적 진취성은 성과에 긍정적인 영향을 미친다고 보고하였다. 이는 SEO의 특정 차원이 성과에 중요한 영향을 미친다는 것을 시사한다. Pinheiro et al.(2021)은 포르투갈의 사회적 기업을 대상으로 한 연구에서 SEO와 시장지향성 모두 성과에 상당한 영향을 미치며, 시장 지향성이 SEO와 성과 간의 관계를 매개할 수 있음을 실증하였다. 이는 SEO와 시장지향성 간의 상호작용이 사회적 기업의 성과에 중요한 역할을 한다는 것을 의미한다.

최근 국내에서도 사회적 기업의 SEO와 성과의 관계를 다룬 연구가 진행되었다(장성희·이경탁, 2017; 박보연·조윤직, 2022). 국내 기존 연구는 명시적으로 사회적 기업가정신과 성과의 관계를 다루고 있지만, 사회적 기업가정신의 측정 항목은 거의 모두 SEO의 구성 차원과 항목을 따르고 있어서, SEO와 성과의 관계에 관한 연구로 간주할 수 있다.

유한나·정의범(2022)은 SEO의 사회적 위험감수성이 경제적 성과와 사회적 성과 모두에 긍정적인 영향을 미친다고 보고하였으며, SEO가 혼합가치 지향성을 향상시키고, 혼합가치 지향성이 사회적 성과에 영향을 미친다고 하였다. 추양현·류동우(2023)는 Covin & Slevin(1989)과 Frishammar & Horte(2007)의 연구를 참조하여 SEO를 측정하였으며, SEO가 시장지향성에 유의한 영향을 미친다는 것을 확인하였다. 이는 SEO와 시장지향성 간의 관계를 설명하는 중요한 통찰을 제공한다. 김형민(2022)은 SEO가 사회적 성과에는 직접적인 영향을 미쳤으나, 경제적 성과에는 유의한 영향을 미치지 않았다고 보고하였다. 이는 SEO가 사회적 성과에 더 큰 영향을 미친다는 것을 나타낸다. 강문실·김윤숙(2016)은 SEO의 하위 차원으로 혁신성, 진취성, 위험 감수성, 사회적 가치 지향성 등을 측정하였으며, 혁신성, 진취성, 사회적 가치 지향성이 사회적 성과에, 혁신성, 진취성, 위험 감수성이 경제적 성과에 영향을 미친다고 하였다. 장성희(2014)는 SEO가 기업의 사회적 책임 성과(지역사회 책임, 자선적 책임, 환경적 책임)에 영향을 미친다는 것을 확인하였다. 이는 SEO가 기업의 사회적 책임 수행에 기여할 수 있음을 시사한다.

이러한 연구들은 SEO가 사회적 기업의 성과에 미치는 다양한 영향을 실증적으로 검토하고 있으며, SEO의 특정 차원과 성과 간의 관계를 명확히 하고자 하는 노력을 보여준다. 이 연구들은 SEO의 특정 차원이 사회적 성과와 경제적 성과에 미치는 영향을 이해하는 데 중요한 기초 자료를 제공하고 있다.

Ⅲ. 연구모형 및 가설

3.1. 연구모형

본 연구의 목적은 사회적 기업가적 지향성(SEO)이 사회적 기업의 성과에 미치는 영향을 분석하고, 이 과정에서 기업가적 브리콜라주가 매개변수로서 어떠한 역할을 하는지를 검증하는 것이다. SEO는 사회문제 해결을 위한 혁신성, 진취성, 위험감수성, 미션지향성 등의 행동적 특성을 포함하며, 이는 사회적 기업이 새로운 기회를 탐색하고 혁신적인 솔루션을 도입하며 시장을 적극적으로 개척하는 데 기여한다. SEO는 사회적 기업의 행동적 특성을 나타내며, 전략적 의사결정 과정에서 나타나는 조직행동 지향성을 의미한다. 따라서 SEO는 사회적 기업이 경제적 성과와 사회적 성과를 모두 향상시키기 위해 중요한 역할을 한다.

브리콜라주는 Baker와 Nelson(2005)이 정의한 바와 같이, 자원 제약을 극복하기 위해 주변의 자원을 창의적으로 조합하고 활용하는 과정으로 설명할 수 있다. 이는 외부의 전략적 자원에 의존하지 않고, 주어진 평범한 자원을 효과적으로 활용하여 혁신적이고 지속가능한 해결책을 모색하는 데 중대한 역할을 한다.

브리콜라주는 SEO가 사회적 기업의 성과에 미치는 영향을 매개하는 역할을 한다. SEO는 기업의 자원을 창의적으로 활용하여 경제적 성과를 향상시키는 데 기여하며, 자원 제약을 극복하여 사회적 가치를 창출하고 사회적 성과를 증진시키는 데 중요한 역할을 한다.

본 연구는 SEO가 기업의 브리콜라주에 긍정적인 영향을 미치고, 브리콜라주가 매개변수로서 사회적 기업의 경제적 성과와 사회적 성과 모두에 긍정적인 영향을 미친다는 가설을 설정한다. 본 연구를 통해 사회적 기업이 제한된 자원을 활용하여 지속가능한 경제적 및 사회적 성과를 어떻게 달성할 수 있는지에 대한 통찰을 제공하고자 한다. 이 연구모형을 통해 SEO와 브리콜라주의 관계를 명확히 하고, 이들이 사회적 기업의 성과에 미치는 영향을 실증적으로 검토할 수 있다. 〈그림 2〉는 연구모형의 시각적 표현으로, SEO가 브리콜라주에 미치는 영향과 브리콜라주가 성과에 미치는 매개 효과를 명확히 나타내고 있다.

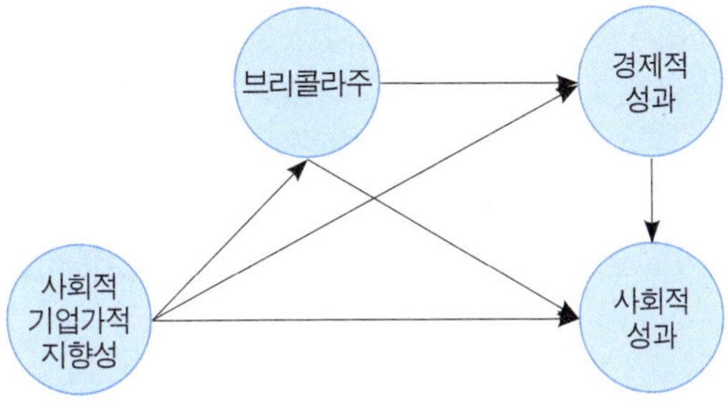

〈그림 2〉 연구모형

3.2. 사회적 기업가적 지향성과 사회적 기업의 성과

사회적 기업의 성과를 연구할 때 SEO(사회적 기업가적 지향성)와 EO(기업가적 지향성)의 차별성을 이해하는 것이 중요하다. EO는 일반적으로 기업의 성과에 긍정적인 영향을 미치는 것으로 알려져 있으며, 이 효과는 재무적 성과보다 수출이나 혁신 성과와 같은 중간 단계의 성과에 더 큰 영향을 미치는 것으로 나타났다(윤현중, 2014). EO와 재무성과 사이에 중간 단계의 매개효과가 존재하는 셈이다. 반면 SEO는 사회적 사명과 결합된 기업가정신으로, 기존의 EO 개념과 본질적으로 차별화된다(Leadbeater, 1997; Mort et al., 2003; Weerawardena & Mort, 2006). SEO는 사회문제 해결의 혁신성, 사회문제 해결의 진취성, 사회문제 해결의 위험감수성, 미션지향성 추구를 하위 구성요소로 한다. 혁신성, 진취성, 위험감수성 등의 기업가적 행동은 EO와 공유하고 있는 한편, 사회적 기업에 고유한 도덕적 측면을 반영하는 미션지향성을 포함하고 있는 다차원의 구성개념이다(Weerawardena & Mort, 2006).

사회문제를 해결하면서 동시에 기업으로서의 지속가능성을 유지해야 하는 사회적 기업의 성과는 크게 사회적 성과와 경제적 성과로 구분될 수 있다. SEO는 경제적 관점의 EO 요소인 혁신성, 진취성, 위험 감수성을 포함하고 있으므로, 기존 연구에서 EO가 기업 성과에 미치는 긍정적 영향을 고려할 때, SEO 역시 사회적 기업의 경제적 성과에 유의한 영향을 미칠 수 있다고 볼 수 있다. 예를 들어 사회적 문제에 대한 진취적 접근은 기업의 시장 지위를 강화하고 장기적으로 경제적 성과를 개선하는 데 기여할 수 있다(Porter & Kramer, 2011).

사회적 기업은 생산조직으로서 사회적 성과를 기업의 비즈니스 활동 및 가치 창출 프로세스를 통해 달성하므로, 경제적 성과와 사회적 성과의 위치가 종종 일치한다. 따라서 SEO의 EO 요소가 사회적 기업의 사회적 성과에 긍정적인 영향을 미칠 수 있다고 할 수 있다(Weerawardena & Mort, 2006). SEO의 주요 구성 요소 중 하나인 미션지향성은 사회적 기업의 사회적 지향성을 반영하며, 따라서 미션지향성이 높은 기업일수록 사회적 성과가 클 가능성이 있다.

가설 1: 사회적 기업가적 지향성(SEO)은 사회적 기업의 경제적 성과에 긍정적인 영향을 미칠 것이다.

가설 2: 사회적 기업가적 지향성(SEO)은 사회적 기업의 사회적 성과에 긍정적인 영향을 미칠 것이다.

3.3. 사회적 기업가적 지향성과 브리콜라주

기업가적 지향성(EO)은 기업이 미래의 시장 수요와 기회를 예측하고 이를 포착하기 위해 위험을 감수하며 혁신적이고 진취적으로 행동하는 지향성을 의미한다(Covin & Slevin, 1989). 이러한 EO는 브리콜라주와 결합할 때 효과적인데(Voltan, 2019), 특히 자원이 부족한 환경 하에서는 기존 자원을 창의적으로 활용하는 브리콜라주를 통해 더 높은 성과를 달성할 수 있다(Hooi et al., 20016, Mohammadi, 2021).

영리 기업과 비교하면 사회적 기업의 SEO는 가용 자원이 극도로 제한된 환경에서 작동한다(Austin et al., 2006). 이윤 극대화를 추구하는 영리 기업과 달리, 사회적 기업은 사회적 가치 창출을 최우선 목표로 삼는다. 그 결과 사회적 기업은 사회적 목적 때문에 시장 개척이나 가격 조정에 제약을 받을 수 있다. 이러한 제약은 자원의 변형과 재조합을 통해 가치 창출의 잠재력을 극대화하는 기업가적 브리콜라주를 필요로 한다(Baker & Nelson, 2005).

SEO가 높은 사회적 기업은 환경에 도전적으로 대응하고 기회를 활용하며 혁신적으로 성과를 달성하기 위해 자원 제약에 적절히 대응하는 방식으로 기업가적 브리콜라주를 활용한다(Senyard et al., 2014; Baker et al., 2013; Di Domenico et al., 2010; Baker & Nelson, 2005).

가설 3: SEO는 기업가적 브리콜라주에 긍정적인 영향을 미칠 것이다.

3.4. 브리콜라주와 사회적 기업의 성과

모든 기업은 자원을 효율적으로 조달하고 관리함으로써 사업 기회를 실현하고 성과를 창출한다. 따라서 자원의 혁신적 재조합과 조달을 의미하는 기업가적 프로세스인 브리콜라주는 기업의 성과로 이어지는 것은 당연하다. Senyard et al.(2014)은 자원 제약이 큰 호주 스타트업을 대상으로 한 대규모 패널 연구에서 브리콜라주의 수준이 높을수록 스타트업의 혁신성과가 크게 나타난다고 실증하였다. Yu et al.(2019) 역시 타오바오에 입점한 중국 온라인 상점에 대한 실증 연구에서 이 상점들이 자원제약이 크기 때문에 기업가적 브리콜라주가 온라인 상점의 효율성과 판매성과를 향상시키는 중요한 수단일 수 있다고 분석하였다.

사회적 기업은 영리기업과 달리 경제적 안정성과 함께 사회적 영향력을 동시에 달성해야 하는 상충된 성과 목표를 가지고 있다. 이러한 이중적 특성이 사회적 기업의 시장실패를 가져오고(라준영, 2013), 결국 그 시장실패 요인으로 인해 자원 제약은 더욱 심화하는 경향이 있다. 따라서 이러한 제약을 극복하기 위해 사회적 기업에게 자원을 새롭게 확보하고 동원하는 효과적인 전략적 자원관리 능력과 관련한 브리콜라주가 필수적이다(Sakarya et al., 2012).

브리콜라주 행동은 사회적 기업의 자원 부족 문제를 해결하여 성장을 촉진하고, 사회적 변화를 위한 혁신을 이루며, 궁극적으로 사회적 영향력의 확대를 가져오는 중요한 역할을 한다(Bacq et al., 2015). 브리콜라주는 '현재 손에 닿는 자원들'을 조합하여 새로운 문제와 기회에 대응하는 자원 구축 활동으로, 사회적 기업이 재무적 안정성을 확보하고 사회적 임팩트를 창출하는 데 기여한다.

사회적 기업은 브리콜라주를 통해 기존 자원을 창의적으로 활용하여 자원 제약을 극복하고, 사회문제를 해결할 수 있는 혁신적인 솔루션을 개발할 수 있다(Noor et al., 2020). 이러한 과정에서 브리콜라주는 사회적 기업이 지속가능한 사회적 영향을 창출하는 데 기여한다(Winkel et al., 2013). 특히 자원이 제한적이고 상황이 역동적인 환경에서 브리콜라주는 기회를 발견하고 개발하며 이를 효과적으로 활용하는 데 유용하다. 따라서 자원이 만성적으로 부족한 사회적 기업이 경제적 성과와 사회적 성과를 동시에 달성하는 데 필수적이다(Winkel et al., 2013). 또한 브리콜라주는 사회적 기업이 새로운 시장에 진출하고, 기존 자원을 활용하여 새로운 제품을 개발함으로써 재무적 안정성을 달성하는 데 기여한다(Tasavori et al., 2018). 이로 인해 사회적 기업은 자원 제약을 극복하고 경제적 성과를 극대화할 수 있다(Janssen et al., 2018).

가설 4: 기업가적 브리콜라주는 사회적 기업의 경제적 성과에 긍정적인 영향을 미칠 것이다.

가설 5: 기업가적 브리콜라주는 사회적 기업의 사회적 성과에 긍정적인 영향을 미칠 것이다.

한편 가설 1~5를 종합해 논리적 인과관계를 구성하면 기업가적 브리콜라주가 SEO와 사회적 기업의 경제적 성과 및 사회적 성과 간의 관계를 매개한다고 볼 수 있다. 이는 SEO가 브리콜라주를 촉진하고, 브리콜라주가 성과를 향상시키는 과정을 통해, SEO와 성과 간의 관계를 보다 명확히 설명할 수 있음을 의미한다.

가설 4-1: 기업가적 브리콜라주는 사회적 기업가적 지향성(SEO)이 사회적 기업의 경제적 성과에 미치는 긍정적인 영향을 매개할 것이다.

가설 5-1: 기업가적 브리콜라주는 사회적 기업가적 지향성(SEO)이 사회적 기업의 사회적 성과에 미치는 긍정적인 영향을 매개할 것이다.

3.5. 사회적 기업의 경제적 성과와 사회적 성과

사회적 기업은 경제적 성과와 사회적 성과라는 두 가지 목표를 동시에 추구하는 하이브리드 조직으로, 이 두 목표의 조화로운 달성은 사회적 가치 창출과 재무적 지속가능성 확보라는 복합적인 도전 과제를 수반한다. 이러한 관계에 대한 기존 연구는 다양한 관점을 제시하고 있다.

일부 연구는 경제적 성과와 사회적 성과 간의 상충 관계를 주장한다. 예를 들어 장영란 외(2012)는 경제적 성과가 높아질수록 사회적 성과가 낮아지는 경향이 있다고 언급하였다. 이러한 연구는 경제적 성과를 추구하기 위해 취약계층 고용을 줄이거나 사회 서비스의 가격을 인상하는 등의 조치가 사회적 성과의 희생을 초래할 수 있다는 논리를 제시한다.

반면 두 성과 간의 긍정적 관계를 지지하는 연구도 존재한다. 김현미·홍정화(2011)는 장애인 고용 사회적 기업의 사례를 통해 경제적 성과와 사회적 성과 사이에 양의 상관관계가 있음을 보여주었다. 이러한 연구는 경제적 성과가 사회적 성과를 지원하거나 강화하는 역할을 할 수 있음을 시사한다.

최근 연구는 두 성과의 상호 의존성과 균형의 중요성을 강조하고 있다. Battilana et al.(2022)은 기업이 재무적 목표와 사회적 목표를 동시에 추구할 것을 요구받는 상황에서, 이중 목적 기업은 재무적 목표에 집중하면 사회적 목표를 저해할 수 있고, 반대로 사회적 목표를 우선시하면 재무적 성과가 나빠질 수 있다고 하였다. 이러한 상충성은 재무성과를 강조하는 자유시장 경제에서 더욱 강하게 나타나므로, 신중한 거버넌스 메커니즘이 없다면 이중 목적 기업은 재무적 성과를 우선시하게 되어 사회적 목표를 소홀히 할 위험이 있다고 하였다. Doherty et al.(2014)은 사회적 기업이 사회적 목표와 재무적 목표 사이에서 균형을 유지해야 한다고 주장하며, 한쪽에 과도하게 치우칠 경우 다른 쪽의 성과를 저해할 수 있음을 경고한 바 있다. 이진민·이상식(2017)도 사회적 기업의 지속가능성을 위해 경제적 성과와 사회적 성과의 동시 추구가 필요하다고 강조하였다. 이는 Borza et al.(2009)의 주장과 일맥상통하는데, 이들은 사회적 기업이 혁신적 접근과 전략적 시장 포지셔닝을 통해 경쟁력을 유지하면서 사회적 사명을 달성할 수 있다고 보았다.

한편 이석환·김성수(2024)는 탄자니아 사회적 기업을 대상으로 한 연구에서 사회적 기업의 경제적 성과가 사회적 성과에 긍정적인 영향을 미치며, 경제적 성과가 우수한 사회적 기업이 드물다는 현실을 고려할 때, 경제적 성과 제고에 우선적으로 노력하여 사회적 성과와 경제적 성과 간의 균형을 추구하는 것이 사회적 기업의 지속가능성을 위한 현실적인 전략일 수 있다고 하였다.

이처럼 다수의 연구가 사회적 기업이 경제적 성과와 사회적 성과 간의 균형을 유지하며 동시에 두 목표를 달성하는 것이 중요함을 보여준다. 또한 사회적 기업이 재무적 안정성과 사회적 임팩트를 동시에 추구하기 위해 필요한 전략적 접근과 혁신적 접근의 중요성을 강조하고 있다.

SEO와 사회적 성과, 경제적 성과 간의 관계를 다룬 연구도 있다. Gali et al. (2020)은 오스트리아의 1,156개 사회적 기업을 분석하여 사회적 성과가 SEO와 경제적 성과 간의 관계를 부분적으로 매개한다는 사실을 발견하였다. 이들은 사회적 성과가 SEO의 영향을 경제적 성과에 전달하는 중요한 역할을 한다고 제시하였다. 또한 Zafar(2022)는 사회적 성과가 SEO와 재무적 성과 사이를 긍정적으로 부분 매개하며, 직간접 경로가 모두 유의하다는 것을 실증하였다. 그러나 사회적 성과가 경제적 성과에 선행한다는 결론은 논란의 여지가 많다. 사회적 가치가 시장의 가격 기구에 반영되어 사회적 시장이 발달한 국가에서는 사회적 가치 제안과 가치 창출이 경제적 성과로 바로 이어질 수 있지만, 그렇지 않은 국가에서는 사회적 성과가 경제적 성과로 직접 연결되는 경우는 매우 제한적이다. 특히 윤리적 소비시장이 발달하지 않은 우리나라가 그렇다.

기존 연구를 종합해 보면 사회적 기업의 경제적 성과와 사회적 성과는 상호 보완적이며 긍정적인 영향을 주고받을 수 있다는 결론에 도달할 수 있다. 그러나 사회적 성과와 경제적 성과 간의 관계에 대한 구체적인 메커니즘과 방향성에 대해서는 여전히 추가적인 연구가 필요하다. 특히 경제적 성과가 사회적 성과에 미치는 영향에 주목할 필요가 있다.

사회적 기업은 사회적으로 필요한 가치를 창출하는 생산조직으로, 고용, 제품, 서비스 등 경제적 가치 창출 활동 과정에서 사회적 가치를 함께 창출하는 것이 일반적이다. 따라서 생산량과 기업 규모에 비례하여 사회적 성과가 증가할 수 있다. 즉 경제적 성과가 우수한 기업이 사회적 가치도 클 가능성이 존재한다. 경제적 성과의 향상은 사회적 미션 수행에 필요한 자원을 제공함으로써 사회적 성과 달성을 위한 기반을 마련할 수 있기 때문이다. 예를 들어 재무적으로 안정된 사회적 기업은 더 많은 취약계층을 고용하거나, 대규모의 사회문제 해결 프로젝트를 수행할 수 있는 여력을 갖추게 된다. 또한 경제적 성과의 개선은 사회적 기업의 지속가능성을 높여 장기적인 사회적 가치 창출에 기여할 수 있다. 안정적인 재무 상태는 사회적 기업이 일시적인 외부 지원에 의존하지 않고 자립적으로 사회적 사명을 수행할 수 있도록 한다. 이러한 논리를 바탕으로, 사회적 기업의 경제적 성과가 사회적 성과에 미치는 영향을 구체적으로 검증할 필요가 있다.

따라서 SEO 및 브리콜라주의 사회적 성과에 미치는 영향에 대한 경제적 성과의 매개 효과를 다루는 추가 가설을 설정할 수 있다. 구체적으로 경제적 성과가 SEO와 브리콜라주가 사회적 성과에 미치는 관계에서 매개 역할을 할 수 있다는 것이다. 이러한 가설은 SEO와 브리콜라주가 사회적 성과에 미치는 직접적인 영향을 이해하는 데 중요한 통찰을 제공할 수 있다. 경제적 성과가 사회적 성과를 매개함으로써, SEO 및 브리콜라주가 경제적 성과를 통해 사회적 성과에 간접적으로 영향을 미친다는 것을 검토할 수 있다. 또한 사회적 기업의 경제적 성과가 사회적 성과에 미치는 구체적인 메커니즘을 이해하는 데 기여할 수 있으며, 이를 통해 사회적 기업의 전략적 의사결정과 자원 배분에 대한 보다 효과적인 접근법을 제시할 수 있다.

가설 6. 사회적 기업의 경제적 성과는 사회적 기업의 사회적 성과에 긍정적인 영향을 미칠 것이다.

가설 6-1 사회적 기업의 경제적 성과는 기업가적 브리콜라주가 사회적 기업의 사회성과에 미치는 긍정적인 영향을 매개할 것이다.

가설 6-2 사회적 기업의 경제적 성과는 사회적 기업가적 지향성이 사회적 기업의 사회적 성과에 미치는 긍정적인 영향을 매개할 것이다.

Ⅳ. 연구 방법

4.1. 측정 도구 및 데이터 수집

본 연구에서는 사회적가치연구원이 관리하는 사회성과인센티브(Social Progress Credits, SPC) 제도에 참여하고 있는 기업을 대상으로 실시한 '2023 SPC 참여기업 서베이'의 원데이터를 사용하였다.[1] 해당 조사는 2023년 1월 2일부터 1월 31

〈표 2〉 구성변수

<table>
<tr><th colspan="2">잠재 변수</th><th>측정 변수</th><th>측정문항</th></tr>
<tr><td rowspan="18">사회적 기업가적 지향성 (SEO)</td><td rowspan="5">사회적 혁신성</td><td>inno1</td><td>우리 회사는 사회문제를 혁신적으로 해결하기 위해 노력한다.</td></tr>
<tr><td>inno2</td><td>우리 회사는 사회문제의 원인을 새로운 관점에서 파악하려고 노력한다.</td></tr>
<tr><td>inno3</td><td>우리 회사는 새로운 방식으로 사회문제를 해결하는 것을 선호한다.</td></tr>
<tr><td>inno4</td><td>우리 회사는 사회문제 해결을 위해 지속적인 개선 및 혁신에 적극적이다.</td></tr>
<tr><td>inno5</td><td>우리 회사는 사회문제 해결을 위해 다양한 외부 이해관계자와의 새로운 협력 방식을 모색한다.</td></tr>
<tr><td rowspan="5">사회적 진취성</td><td>proac1</td><td>우리 회사는 사회문제 해결의 선도자가 되려고 노력한다.</td></tr>
<tr><td>proac2</td><td>우리 회사는 심각한 사회문제를 포착해서 도전한다.</td></tr>
<tr><td>proac3</td><td>우리 회사는 아무도 도전하지 않은 사회문제를 해결하기 위해 도전한다.</td></tr>
<tr><td>proac4</td><td>우리 회사는 기존 방식으로 해결이 어려운 복잡한 사회문제에 도전한다.</td></tr>
<tr><td>proac5</td><td>우리 회사는 사회문제의 규모 있는 해결을 추구한다.</td></tr>
<tr><td rowspan="4">사회적 위험 감수성</td><td>riskta1</td><td>우리 회사는 사회문제를 해결하기 위해 불가피한 위험을 감수한다.</td></tr>
<tr><td>riskta2</td><td>우리 회사는 임팩트가 크다면 성공할 확률이 낮아도 사회문제 해결에 적극 나선다.</td></tr>
<tr><td>riskta3</td><td>우리 회사는 사회문제 해결의 새로운 기회가 불확실하더라도 과감하게 문제해결에 나선다.</td></tr>
<tr><td>riskta4</td><td>우리 회사는 사회문제를 해결한다면 이해관계자의 비난도 두려워하지 않는다.</td></tr>
<tr><td rowspan="4">미션 지향성</td><td>mission1</td><td>우리 회사의 미션(사명)은 사회문제를 해결하고 사회적 가치를 창출하는 것이다.</td></tr>
<tr><td>mission2</td><td>우리 회사는 단순히 이익 창출이 아닌 사회적 가치를 지속적으로 창출하기 위한 미션을 추구하고 있다.</td></tr>
<tr><td>mission3</td><td>우리 회사는 사회적 가치창출을 위해 헌신적으로 활동한다.</td></tr>
<tr><td>mission4</td><td>우리 회사는 사명과 관련된 사회문제를 근본적으로 해결하고자 한다.</td></tr>
<tr><td rowspan="6">브리콜라주</td><td rowspan="6">브리콜라주</td><td>bricolage1</td><td>우리 회사는 기존 보유자원을 활용하여 새로운 도전과제에 대한 실행가능한 해결책을 찾는 능력이 있다고 확신한다.</td></tr>
<tr><td>bricolage2</td><td>우리 회사는 유사한 자원을 보유한 다른 회사들보다 광범위한 도전과제를 기꺼이 수행한다.</td></tr>
<tr><td>bricolage3</td><td>우리 회사는 새로운 기회나 문제가 주어지면, 일단 실행가능한 해결책을 마련할 것으로 가정하고 즉시 행동에 옮긴다.</td></tr>
<tr><td>bricolage4</td><td>우리 회사는 기존 보유자원을 재조합하여 아주 다양한 종류의 새로운 도전과제를 수행한다.</td></tr>
<tr><td>bricolage5</td><td>우리 회사는 기존 보유자원과 비용부담이 적은 다른 외부자원을 재조합하여 새로운 도전과제를 해결한다.</td></tr>
<tr><td>bricolage6</td><td>우리 회사는 자원의 본래 사용 목적과 다르더라도, 새로운 도전 과제를 위해 자원을 새롭게 조합하여 활용한다.</td></tr>
<tr><td rowspan="5">경제적 성과</td><td rowspan="5">경제적 성과</td><td>financialout1</td><td>우리 회사는 수익성이 높다.</td></tr>
<tr><td>financialout2</td><td>우리 회사는 성장성이 높다.</td></tr>
<tr><td>financialout3</td><td>우리 회사는 현금 유동성이 높다.</td></tr>
<tr><td>financialout4</td><td>우리 회사는 생산성이 높다.</td></tr>
<tr><td>financialout5</td><td>우리 회사는 활동성(자산 회전율)이 높다.</td></tr>
<tr><td rowspan="4">사회적 성과</td><td rowspan="4">사회적 성과</td><td>socialout1</td><td>우리 회사의 사업으로 사회적 가치를 제공받은 수혜자(고객) 수가 많다.</td></tr>
<tr><td>socialout2</td><td>우리 회사의 사업으로 수혜자 개인의 삶에 깊은 영향을 미치고 있다.</td></tr>
<tr><td>socialout3</td><td>우리 회사의 사업으로 사회문제가 근본적으로 해결되고 있다.</td></tr>
<tr><td>socialout4</td><td>우리 회사의 솔루션이 국내외로 확산되어 사회문제를 규모있게 해결하고 있다.</td></tr>
</table>

일까지 진행되었으며, 개별 사회적 기업을 대표하는 총 328명의 유효한 응답자가 제공한 데이터를 최종 분석에 사용하였다. 본 연구에서는 <표 2>와 같이 '사회적 기업가적 지향성'(사회적 혁신성, 사회적 진취성, 사회적 위험 감수성, 미션지향성), '기업가적 브리콜라주', '기업의 성과'(경제적 성과, 사회적 성과)에 대한 측정 문항을 선별하여 분석하였다. 데이터 분석은 다음과 같은 절차에 따라 수행하였다.

첫째, 연구 대상자의 인구통계학적 특성에 대해 빈도분석을 실시하였다. 둘째, 구성개념의 타당성을 확보하기 위해 확인적 요인분석을 수행하였으며, 이를 통해 집중타당성과 판별타당성을 검토하였다. 확인적 요인분석은 2단계 접근법을 적용하였다. 셋째, 연구모형의 가설 검증은 구조방정식모형을 통해 실시하였다. 넷째, SPSS 25.0 및 AMOS 29.0을 이용하여 데이터를 분석하였으며, 모든 분석에서 유의수준 p=.05를 적용하였다.

4.2. 표본의 특성

설문 응답자의 인구통계학적 분포는 <표 3>과 같다. 총 응답자는 382명이었으며, 이 중 40대가 34.8%, 50대가 32.6%로 과반수를 차지하였다. 학력 분포를 보면, 대졸이 46.6%, 대학원 졸업이 44.8%였다. 또한 응답자의 74.7%가 해당 사회적 기업의 설립자였다.[2]

<표 3> 표본의 특성

특성	구분	빈도	비율 (%)	특성	구분	빈도	비율 (%)
연령	20대	2	0.6	학력	고등학교	18	5.5
	30대	55	16.8		전문대	10	3.0
	40대	114	34.8		대학	153	46.6
	50대	107	32.6		대학원	147	44.8
	60대 이상	50	15.2	창립자 여부	창립자	245	74.7
성별	남	18	5.5		비창립자	83	25.3
	여	22	6.7	전체		328	100.0
	무응답	288	87.8				

V. 실증분석 결과

5.1. 변수의 신뢰성 및 타당성 검증

본 연구의 가설을 검증하기에 앞서 측정 도구의 신뢰성과 타당성을 검토하였다. 먼저 연구모형의 구성개념에 대해 탐색적 요인분석을 실시하였으며, 요인별 요인적재량과 크론바흐알파(Cronbach-α) 값은 <표 4>에 제시되어 있다.

탐색적 요인분석은 주성분분석(principal component analysis)과 직각회전(varimax rotation) 방식을 사용하여 수행하였다. 고유값(eigenvalue)이 1 이상을 기준으로 설정하지 않고, 본 연구의 연구모형에 따라 7개의 요인을 추출하도록 하였다. 분석 결과 모든 측정 변수는 공통성(communalities) 0.4 및 적재값(loadings) 0.5 이상을 나타냈다. KMO(Kaiser-Meyer-Olkin) 측도는 0.935로 나타났으며, 바넷의 구형성검정(Bartlett's Test of Sphericity)은 8313.111(p=0.000)으로 통계적으로 유의하였다. 모든 요인의 신뢰성은 크론바흐알파계수(Cronbach's α) 값이 0.8 이상으로 나타나 높은 신뢰성을 보여주었다. SEO의 4가지 하위 구성 변수인 혁신성(innovation), 진취성(proactiveness), 위험 감수성(risk-taking), 미션 지향성(mission) 등은 세부 측정 항목의 평균값을 사용하여 탐색적 요인분석을 통해 타당성을 확보하였다.

〈표 4〉 탐색적 요인분석 및 신뢰성 분석결과

측정변수	공통성	요인1	요인2	요인3	요인4	요인5	요인6	요인7	신뢰성
bricolage5	0.752	0.816	0.102	0.056	0.168	0.139	0.091	0.130	0.926
bricolage3	0.773	0.811	0.206	0.125	0.087	0.145	0.087	0.147	
bricolage4	0.782	0.804	0.210	0.088	0.152	0.137	0.103	0.174	
bricolage2	0.776	0.787	0.178	0.129	0.150	0.185	0.176	0.141	
bricolage6	0.686	0.754	0.098	−0.057	0.193	0.137	0.211	0.071	
bricolage1	0.710	0.725	0.189	0.197	0.044	0.248	0.127	0.172	
inno3	0.818	0.187	0.807	0.106	0.237	0.107	0.208	0.103	0.917
inno2	0.797	0.175	0.785	0.198	0.209	0.079	0.152	0.197	
inno4	0.801	0.201	0.720	0.330	0.281	0.092	0.172	0.128	
inno5	0.683	0.273	0.692	0.283	0.132	0.005	0.180	0.011	
inno1	0.712	0.191	0.663	0.315	0.293	0.086	0.163	0.131	
mission1	0.830	0.054	0.203	0.852	0.194	0.009	0.113	0.096	0.920
mission2	0.809	0.118	0.198	0.846	0.041	−0.025	0.160	0.112	
mission3	0.810	0.104	0.238	0.792	0.166	0.048	0.220	0.193	
mission4	0.804	0.101	0.232	0.782	0.251	0.039	0.128	0.217	
proac3	0.779	0.176	0.300	0.152	0.713	0.053	0.322	0.141	0.918
proac2	0.781	0.144	0.317	0.227	0.706	0.062	0.299	0.128	
proac4	0.762	0.227	0.342	0.123	0.673	0.093	0.332	0.084	
proac5	0.706	0.234	0.270	0.258	0.650	0.164	0.242	0.058	
proac1	0.733	0.205	0.388	0.335	0.585	0.097	0.243	0.132	
financialout3	0.746	0.043	0.061	−0.042	−0.027	0.850	0.064	0.105	0.853
financialout5	0.751	0.206	0.000	0.052	0.011	0.824	0.112	0.123	
financialout1	0.716	0.141	0.008	−0.021	0.160	0.814	0.036	0.078	
financialout4	0.628	0.273	0.142	0.060	0.074	0.713	0.092	0.081	
financialout2	0.549	0.342	0.155	0.081	0.346	0.507	−0.006	0.157	
risktk3	0.817	0.200	0.205	0.145	0.300	0.043	0.786	0.063	0.888
risktk1	0.749	0.180	0.208	0.165	0.188	0.020	0.775	0.100	
risktk2	0.811	0.175	0.253	0.186	0.305	0.104	0.758	0.046	
risktk4	0.660	0.113	0.081	0.147	0.133	0.167	0.750	0.102	
socialout2	0.814	0.182	0.173	0.205	−0.024	0.117	0.192	0.811	0.808
socialout1	0.744	0.187	0.189	0.195	0.094	0.193	0.010	0.767	
socialout3	0.704	0.278	0.106	0.174	0.281	0.147	0.067	0.693	
socialout4	0.580	0.337	−0.108	0.058	0.411	0.236	0.142	0.455	

다음으로 확인적 요인분석을 실시한 결과 요인적재량이 0.7 미만인 socialout4, financialout2, financialout4 등 3가지 문항을 제거하였다. 분석한 결과 <표 5>와 같이 절대적합지수와 상대적합지수의 모든 기준을 충족하였으며, <표 6>과 같이 모든 경로계수가 통계적으로 유의하였다.

<표 5> 연구모형 확인적 요인분석의 모형 적합도

모형 적합도	절대적합지수							상대적합지수		
	CMIN(p)	CMIN/df	RMSEA	GFI	AGFI	RMR	SRMR	NFI	TLI	CFI
판단기준	p>0.05	< 3.0	≤0.07	≥0.9	≥0.8	≤0.05	≤0.08	≥0.9	≥0.9	≥0.9
적합도	225.027 (.000)	2.296	.063	.918	.887	.026	.048	.932	.951	.960

<표 6> 연구모형의 확인적 요인분석

요인		비표준화 경로계수	표준 오차	표준화 경로계수	C.R.(p)	구성 신뢰도	AVE
SEO	inno	0.771	0.044	0.824	17.675*** (.000)	.933	.656
	proac	1.000	-	0.879	-		
	risktk	0.919	0.061	0.734	15.081*** (.000)		
	mission	0.655	0.050	0.661	13.073*** (.000)		
브리콜라주	bricolage1	0.783	0.043	0.800	18.193*** (.000)	.962	.808
	bricolage2	1.000	-	0.866	-		
	bricolage3	0.875	0.043	0.855	20.428*** (.000)		
	bricolage4	0.895	0.043	0.859	20.608*** (.000)		
	bricolage5	0.801	0.042	0.822	19.057*** (.000)		
	bricolage6	0.817	0.050	0.746	16.269*** (.000)		
경제적 성과	financialout1	0.890	0.065	0.748	13.794*** (.000)	.893	.621
	financialout3	1.000	-	0.825	-		
	financialout5	0.930	0.062	0.843	14.992*** (.000)		
사회적 성과	socialout1	0.933	0.065	0.804	14.356*** (.000)	.898	.678
	socialout2	1.000	-	0.823	-		
	socialout3	0.901	0.068	0.730	13.181*** (.000)		

***p<.001

확인적 요인분석 결과를 활용하여 신뢰성 분석을 실시하였다. <표 7>에서 제시된 바와 같이 4가지 요인의 구성신뢰도(composite reliability)는 모두 0.7 이상이며, 평균추출분산(average variance extracted, AVE)도 0.5 이상으로 나타났다. 이는 측정모형이 신뢰성을 확보하였음을 의미한다.

<표 7> 요인 간 상관관계와 평균추출분산(AVE)

	사회적 기업가적 지향성	브리콜라주	재무성과	사회적성과
사회적 기업가적 지향성	0.656	.381	.065	.334
브리콜라주	.617** (.005)	0.808	.171	.316
경제적성과	.254** (.007)	.414** (.005)	0.621	.148
사회적성과	.578** (.003)	.562** (.006)	.385** (.004)	0.678

대각선 : AVE, 대각선 위 : 상관계수제곱 대각선 아래 : 상관계수
** p<.01

개념타당성(content validity) 분석을 실시하였다. 모든 측정 항목의 표준 요인적재량이 p<0.001에서 통계적으로 유의하므로 4가지 요인 모두 수렴타당성(convergent validity)을 확보하고 있음을 확인할 수 있다(Anderson & Gerbing, 1988). 더불어 판별타당성(discriminant validity) 분석을 수행하였다. <표 8>에 따르면 임의의 두 요인 간 상관계수가 유의수준 p<0.001에서 모두 유의하고, 모든 상관계수가 0.9보다 작으며, 임의의 두 변수 간 상관관계의 제곱이 평균추출분산(AVE)보다 작다.

<표 8> 연구모형의 가설검증 결과

요인			비표준화 경로계수	표준오차	표준화 경로계수	C.R.(p)	비고
SEO	→	경제적 성과	-.003	.110	-.002	-.031(..976)	가설 1 기각
SEO	→	사회적 성과	.454	.090	.373	5.076***(.000)	가설 2 채택
SEO	→	브리콜라주	.702	.069	.617	10.101***(.000)	가설 3 채택
브리콜라주	→	경제적 성과	.506	.100	.416	5.066***(.000)	가설 4 채택
브리콜라주	→	사회적 성과	.274	.081	.256	3.390***(.000)	가설 5 채택
경제적 성과	→	사회적 성과	.163	.054	.185	3.024**(.002)	가설 6 채택

*** p<.001

5.2. 인과모형 분석 및 가설 검정

AMOS 29.0을 사용하여 <그림 2>의 연구모형에 대해 구조방정식모형 분석을 실시하였다. 경로 분석에서는 최대우도추정법(maximum likelihood)을 적용하였다.

분석 결과 <그림 3>에 제시된 바와 같이 가설적 인과모형이 식별되었으며[3], 측정 모형과 구조모형의 모든 경로계수가 유의수준 p<0.001에서 통계적으로 유의하였다. 전체 적합도지수도 X^2= 351.441(p=.000), GFI=.911, AGFI=.879,

RMR=.033, NFI=.924, CFI=.953, RMSEA=.068 와 같이 좋은 결과를 보여주었다. 단 X^2 값이 유의한데, 이는 X^2가 표본 크기에 민감하기 때문이다(Lages et al., 2005). 이 결과는 연구모형이 데이터에 잘 적합하며, 가설적 인과관계가 통계적으로 유의하다는 것을 의미한다.

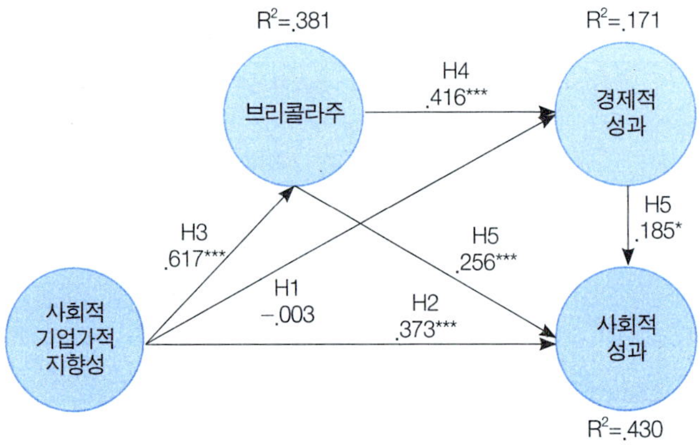

〈그림 3〉 인과모형의 경로계수

가설 검정과 관련한 구조모형의 경로계수는 〈표 8〉과 같다. 연구모형에서 제시한 가설 중 가설 1을 제외한 모든 가설이 채택되었다. 가설 1이 기각된 이유는 SEO가 주로 사회문제 해결에 초점을 맞춘 혁신성, 진취성, 위험 감수성, 그리고 미션지향성과 관련되기 때문에, 경제적 성과를 직접적으로 촉진하는 동인으로 작용하기 어렵다는 점에 기인하는 것으로 보인다. 이는 SEO가 사회적 성과에 미치는 영향은 긍정적이지만, 경제적 성과에는 부정적인 영향을 미친다고 실증한 Gali et al. (2020)과 Miles et al. (2013)의 연구와 일맥상통한 결과이다. 그러나 SEO가 자원 동원과 관련된 브리콜라주를 통해 경제적 생산활동을 촉진하여 경제적 성과를 향상시킬 가능성은 여전히 존재한다. 이 점은 후속 매개효과 분석을 통해 검토할 것이다.

가설 1을 제외한 나머지 가설은 모두 지지되었다. SEO는 브리콜라주(β=0.617)와 사회적 성과(β=0.373)에 직접적인 영향을 미친다(가설 2, 가설 3). 이는 SEO가 사회적 성과의 직접적인 동인이 될 수 있다는 기존 연구의 결론과 일치하며, 높은 SEO를 지닌 기업일수록 사회문제 해결을 위한 브리콜라주 방식의 자원 동원에 더 적극적일 수 있음을 의미한다.

브리콜라주는 경제적 성과(β=0.416)와 사회적 성과(β=0.256)에 직접적인 영향을 미치는 것으로 나타났다(가설 4, 가설 5). 이는 자원이 제한된 환경에서 운영되는 사회적 기업이 기업가적 브리콜라주를 활용함으로써 경제적 성과를 향상시킬 수 있는 가능성을 시사한다. 또한 사회적 가치를 창출하기 위해 기업가적 브리콜라주 활동이 자원 연계와 네트워크 활동 등 선행 요소들을 포함해야 함을 보여준다. 한편 경제적 성과가 사회적 성과에 미치는 영향(β=0.185)은 상대적으로 작은 것으로 나타났다(가설 6). 이는 사회적 기업 중에서 사회적 성과에 비해 경제적 성과가 우수한 사례가 상대적으로 적기 때문으로 해석된다. 실제 데이터 분석 결과 사회적 성과의 평균값은 3.93으로 상대적으로 높은 반면, 경제적 성과의 평균값은 3.03에 그친다.

SPSS Process Macro Model 6을 사용하여 인과모형의 매개 분석 효과를 평가한 결과가 〈표 9〉에 제시되어 있다. 〈그림 3〉에서 식별된 연구모형의 모든 간접 경로는 통계적으로 유의한 것으로 나타났으며, 이는 기각된 가설 1과 관련된 매개효과 가설 4-1을 제외한 모든 가설(가설 5-1, 가설 6-1, 가설 6-2)을 지지함을 의미한다. 구체적인 분석 결과 SEO가 브리콜라주를 매개로 하여 경제적 성과(0.257)와 사회적 성과(0.205)에 간접적인 영향을 미친다는 사실이 확인되었다. 특히 경제적 성과와 직접적인 인과관계가 없던 SEO가 브리콜라주를 통해 경제적 성과로 이어지는 현상은 매우 주목할 만하다. 이는 사회적 기업의 경제적 성과가 단순히 SEO만으로는 개선되기 어려우며, 적극적인 기업가적 브리콜라주를 통한 자원

동원 활동이 필수적임을 의미한다. 이러한 결과는 Pinheiro et al.(2020)이 제시한 시장지향성이 SEO가 사회적 기업의 성과에 미치는 영향을 매개한다는 논리와 일치한다. 즉 사회적 기업에서 기업가정신은 사회적 지향성만으로는 충분하지 않으며, 경제적 가치와 연결된 활동이 필수적임을 의미한다. 한편 브리콜라주가 경제적 성과를 통해 사회적 성과에 미치는 간접 영향(β=0.077)도 그 크기는 상대적으로 작지만 존재하는 것으로 나타난 것도 주목할 만하다.

〈표 9〉 연구모형의 직·간접효과

		브리콜라주		경제적 성과		사회적 성과	
SEO	전체	0.617**	(.007)	0.254*	(.012)	0.578*	(.014)
	직접	0.617**	(.007)	−0.002	(.953)	0.373**	(.008)
	간접	–		0.257**	(.009)	0.205**	(.009)
브리콜라주	전체	–		0.416*	(.015)	0.333**	(.007)
	직접	–		0.416*	(.015)	0.256**	(.008)
	간접	–		–		0.077**	(.005)
경제적 성과	전체	–		–		0.185**	(.007)
	직접	–		–		0.185**	(.007)
	간접	–		–		–	

Ⅵ. 결론

본 논문은 자원 제약이 심각한 사회적 기업에 필요한 새로운 기업가정신으로서 기업가적 브리콜라주의 개념과 역할을 논하였다. 그동안 사회적 기업가정신 연구에서 주로 논의되어 왔던 사회적 기업가적 지향성(SEO)과 경제적·사회적 성과 간 관계 모형을 대상으로 자원동원과 관련한 브리콜라주의 매개효과를 실증적으로 분석하였다. 기존 문헌연구를 바탕으로 연구모형과 가설을 설정하고, 사회적가치연구원의 조사 데이터를 활용하여 구조방정식모형 분석을 적용하고 가설을 검증하였다.

그 결과 SEO가 경제적 성과에 직접 미치는 영향에 관한 가설을 제외하고 모든 직접 영향 가설이 채택되었으며, 브리콜라주의 매개 효과에 관한 간접 영향 가설도 모두 지지되었다. 이를 통해 SEO가 사회적 기업의 성과에 미치는 메커니즘과 경로를 구체적으로 파악할 수 있었다. 특히 SEO는 직접적으로 경제적 활동을 촉진하기보다는 자원동원 활동과 관련한 브리콜라주를 통해 자원을 확보할 때만 경제적 성과를 거둘 수 있음을 확인할 수 있었다. 또한 브리콜라주의 자원동원 활동이 직접적으로 사회적 성과의 개선에 많은 영향을 미친다는 것도 확인하였다. 결국 사회적 기업의 전략적 행동이나 의사결정을 성과 향상으로 연결하기 위해서는 브리콜라주의 역할을 적극적으로 인정하고, 이를 사회적 기업의 행동 역량으로 확보하기 위한 노력이 필요하다.

마지막으로 경제적 성과가 사회적 성과에 미치는 영향은 아직 크지 않지만 긍정적이라는 점도 확인되었다. 이는 사회적 기업이 본원적인 사업 활동을 통해 조직의 효율성을 향상시킬 경우, 사회적 성과도 비례하여 증가할 수 있다는 가능성을 보여준다. 따라서 사회적 기업의 사회적 성과 달성을 위해서는 SEO에 기반한 브리콜라주의 적극적인 활용과 함께 경제적 성과의 뒷받침이 필요함을 알 수 있다.

본 논문은 그 동안 사회적 기업 분야에서 주목받지 못했던 자원동원과 관련한 브리콜라주의 역할을 SEO와 연결하여 분석하여 자원 부족이 만연한 사회적 기업에서 SEO가 기업성과로 이어지는 메커니즘을 실증적으로 밝혔다는 데 이론적 의의가 있다. 즉 SEO가 강한 사회적 기업은 기업가적 브리콜라주를 적극적으로 활용하여 성과를 창출하고 있음을 실증한 것이다. 자원이 부족한 환경은 사회적 기업이 다양한 가용 자원을 활용하도록 요구하며, 이러한 상황에서 사회적 기업은 사용되지 않거나 다른 방식으로 활용될 수 있는 자원을 혁신적인 방법으로 선택하고 조합하여 새로운 사회적 가치를 창출할 수 있다.

이 연구 결과는 현장의 사회적 기업에게 다양한 실무적 시사점을 제공한다. 최근 정부 지원 예산이 대폭 삭감된 상황에서, 사회적 기업은 SEO 강화와 브리콜라주를 통한 효과적인 자원 동원 전략으로 새로운 돌파구를 마련해야 한다. 예를 들어 기존 자원을 창의적으로 재구성 하는 것, 기존의 인적, 사회적 네트워크를 활용한 자원의 확보, 협력과 파트너십을 통한 자원의 교환이나 공유 등을 통해 외부 지원 없이도 문제를 해결할 수 있다. 이는 단순한 비용 절감을 넘어, 혁신을 촉진하고 더 유연하고 적응력 있는 비즈니스 모델을 구축하는 데 기여한다.

더불어 SEO와 브리콜라주의 결합은 사회적 기업가들이 재정적 지속가능성과 사회적 가치 창출이라는 이중 목표를 달성하는 데 도움을 준다. 이를 통해 적은 자원으로도 지속적인 혁신을 이루어내고, 기업의 사회적 영향력을 확대할 수 있다.또한 자원조달 환경의 예측 불가능성과 변동성이 높은 환경에서 전략적 유연성을 제공하여, 복잡하고 변화하는 상황에서도 효과적으로 목표를 달성할 수 있게 한다.

결론적으로 SEO와 브리콜라주의 통합은 자원 제약이 심한 환경에서 운영되는 사회적 기업의 성과를 강화하는 핵심 전략이 될 수 있다. 이는 단기적인 생존을 넘어 장기적인 지속가능성과 성장을 가능케 하는 실질적인 방안이다. 향후 연구에서는 이러한 브리콜라주의 구체적인 실행 메커니즘과 성과 창출 경로에 대한 더 깊이 있는 분석이 필요할 것이다.

본 논문은 SEO와 사회적 기업의 성과를 브리콜라주와 연계하여 분석한데 의의가 있지만 여러 한계도 있다. 첫째, 브리콜라주의 구체적인 유형과 활용 시점에 대한 실증적 분석이 이루어지지 않았다. 사회적 기업 현장에 보다 실질적인 기여를 하기 위해서는 사례 연구를 통해 다양한 브리콜라주의 유형과 활용 방안을 제시할 필요가 있다. 특히 영리기업 연구에서는 브리콜라주가 주로 초기 진입 단계 기업의 성과와 관련이 있다고 알려졌으나, 브리콜라주가 사회적 기업의 규모, 경과 연수, 인증 유형 등에 따라 다르게 작용할 가능성이 크므로, 향후 연구에서는 각 유형별로 보다 세분화된 조사가 필요할 것이다.

둘째, SEO의 주요 구성변수인 혁신성, 진취성, 위험 감수성, 미션지향성 등이 개별적으로 브리콜라주 및 사회적 기업의 성과에 미치는 영향에 대한 분석은 이루어지지 않았다. 향후 연구에서는 이러한 변수 간 인과관계를 분석함으로써 SEO와 브리콜라주를 보다 효과적으로 향상시킬 수 있는 인과모형을 개발할 수 있을 것이다.

셋째, 본 논문에서는 특정 연도의 횡단 데이터를 활용하여 인과모형 분석을 수행함으로써 역인과성을 원천적으로 배제할 수 없는 한계가 있다. 향후 시계열 데이터가 확보되면 인과관계에 대한 추가적인 실증분석이 가능할 것이다.

주석

1) 사회적가치연구원에 따르면 설문 항목은 사회적 기업가정신과 사회적 기업 관련 국내외 연구를 기반으로 관련 분야 학자들의 자문을 받아 개발하였으며, 특히 사회적 성과와 경제적 성과는 화폐가치로 측정한 정량적 수치와 함께 리커트 척도를 병행해서 측정하고 있다.

2) 사회적가치연구원이 발간한 SPC Review Volume 4호(2023년 6월 30일 발간)에 따르면 SPC 참여기업이 인증 사회적 기업을 대표할 수 있는지 외부 데이터와 통계적으로 비교 분석한 결과, 대부분의 주요 요소에서 통계적 차이가 없는 것으로 나타나 SPC 참여기업이 일반 인증 사회적 기업을 대표할 수 있다고 밝힌 바 있다.

3) 본 연구의 분석은 횡단 데이터를 사용하여 인과분석에 한계가 있으나, SEO와 브리콜라주의 반대 경로에 대한 인과모형 분석 결과 모델을 인식하지 못하였다. 따라서 역인과성에 대한 타당성이 낮고 본 인과관계가 실증적으로 유효하다고 볼 수 있다.

REFERENCE

강문실·김윤숙(2016). 사회적 기업가 정신과 조직성과간의 조직몰입 조절효과. *상업교육연구,* 30(3), 307-329.

김현미·홍정화(2011). 장애인 고용중심 기업의 기업가 특성과 종업원 역량이 기업성과에 미치는 영향에 관한 연구. *상업교육연구,* 25(4), 91-116.

김형민(2022). 사회적 기업가정신이 시장· 기술지향성과 경제적 성과를 매개로 사회적 성과에 미치는 영향 관계. *사회적가치와 기업연구,* 15(2), 135-168.

라준영(2013). 사회적 기업의 기업가정신과 가치혁신. *한국협동조합연구,* 31(3), 49-71.

박보연·조윤직(2022). 사회적기업 성과의 결정요인에 관한 연구: 조직자원과 사회적기업가정신을 중심으로. *한국조직학회보,* 18(4), 161-196.

유한나·정의범(2022). 사회적 기업가정신과 혼합가치 지향성이 사회적 기업의 성과에 미치는 영향. *벤처창업연구,* 17(1), 213-227.

윤현중(2014). 기업가적 지향성의 성과 효과 재검토: 중소 벤처기업을 대상으로. *벤처창업연구,* 9(5), 103-114.

이석환·김성수(2024). 사회적기업의 사회적 성과와 경제적 성과의 관계: 탄자니아 사회적기업을 대상으로. *한국공공관리학보,* 38(1), 27-49.

이용탁(2011). 사회적 기업가정신과 성과와의 관련성에 관한 연구. *인적자원관리연구,* 18(3), 129-150.

이진민·이상식(2017). 사회적기업의 성과와 지속가능성의 성공요인에 관한 연구. *한국산업정보학회논문지,* 22(2), 123-142.

장성희(2014). 기업가지향성, 시장지향성, 기업의 사회적 책임이 사회적 기업의 성과에 미치는 영향. *한국콘텐츠학회논문지,* 14(6), 355-366.

장성희·이경탁(2017). 사회적 기업가정신이 사회적 자본과 기업성과에 미치는 영향. *한국창업학회지,* 12(2), 256-277.

장영란·홍정화·차진화(2012). 사회적기업의 성과 및 지속가능성에 영향을 미치는 요인에 대한 연구. *회계정보연구,* 30(2), 175-207.

장용석(2018). *사회적 가치의 재구성: 대한민국 사회문제 지도로 사회적 기업의 미래를 그리다.* [KIIP] 한국지식재산연구원 도서 DB.

중소벤처기업부(2023). *2021년 기준 사회적벤처(소셜벤처) 실태조사 결과 발표.* Retireved 2023.03.01. from https://www.mss.go.kr/site/smba/ex/bbs/View.do? cbIdx=86&bcIdx=1039834&parentSeq=1039834

최무현·고은주(2019). 사회적기업가정신이 사회적·경제적 성과에 미치는 영향: 지역자산활용도 매개효과를 중심으로. *현대사회와 행정,* 29(2), 37-61.

추양현·류동우(2023). 사회적 기업가정신과 시장지향성이 기업성과에 미치는 영향에 관한 연구: 사회적 자본의 조절효과를 중심으로. *경영연구,* 38(1), 99-114.

한국사회적기업진흥원(2024). *사회적기업조회.* Retrieved 2024.09.01. from https://www.seis.or.kr/home/sub.do?menukey=7127

Alarifi, G., & Alrubaishi, D.(2018). The social entrepreneurship landscape in Saudi Arabia.. *Academy of Entrepreneurship Journal,* 24(4), 1-8.

Anderson, J. C., & Gerbing, D. W.(1988). Structural equation modeling in practice: A review and recommended two-step approach. *Psychological Bulletin,* 103(3), 411-423.

Austin, J., Stevenson, H., & Wei-Skillern, J.(2006). Social and commercial entrepreneurship: same, different, or both?., Entrepreneurship *Theory and Practice,* 30(1), 1-22.

Bacq, S., Ofstein, L. F., Kickul, J. R., & Gundry, L. K.(2015). Bricolage in social entrepreneurship: How creative resource mobilization fosters greater social impact. *The International Journal of Entrepreneurship and Innovation,* 16(4), 283-289.

Baker, T., & Nelson, R. E.(2005). 'Creating something from nothing: Resource construction through entrepreneurial bricolage.' *Administrative Acience Quarterly,* 50(3), 329-366.

Baker, T., Pollock, T. G., & Sapienza, H. J.(2013). Winning an unfair game: How a resource-constrained player uses bricolage to maneuver for advantage in a highly institutionalized field. *In Entrepreneurial resourcefulness: Competing with constraints*(pp. 1-41). Emerald Group Publishing Limited.

Battilana, J., Obloj, T., Pache, A. C., & Sengul, M.(2022). Beyond shareholder value maximization: Accounting for financial/social trade-offs in dual-purpose companies. *Academy of Management Review,* 47(2), 237-258.

Borza, A., Nistor, R., Mitra, C., & Bordean, O.(2009). Social enterprise and competitiveness. *Management & Marketing,* 4(3).

Chang, H. J., Lin, S. J., Murray, L. W., Efendioglu, A. M., Khoshbakht, H., & Salteh, H. M.(2011). Entrepreneurial intensity in catering industry: A case study on Wang Group in Taiwan. *Business and Management Review,* 1(9), 1-12.

Chinyoka, S. V.(2017). Bricolage: a state of entrepreneurial excellence. *Asian Business Research,* 2(3), 46.

Covin, J. G., & Lumpkin, G. T.(2011). Entrepreneurial orientation theory and research: Reflections on a needed construct. *Entrepreneurship Theory and Practice,* 35(5), 855-872.

Covin, J. G., & Slevin, D. P.(1989). Strategic management of small firms in hostile and benign environments. *Strategic management journal,* 10(1), 75-87.

Covin, J. G., & Wales, W. J.(2019). Crafting high-impact entrepreneurial orientation research: Some suggested guidelines. Entrepreneurship: *Theory and Practice,* 43(1), 3-18.

Dacin, P. A., Dacin, M. T., & Matear, M.(2010). Social entrepreneurship: Why we don't need a new theory and how we move forward from here. *Academy of Management Perspectives,* 24(3), 37-57.

Dees, J. G.(1998). The Meaning of Social Entrepreneurship. *Kauffman Foundation and Stanford University.*

Desa, G.(2012). Resource mobilization in international social entrepreneurship: Bricolage as a mechanism of institutional transformation. *Entrepreneurship Theory and Practice,* 36(4), 727-751.

Di Domenico, M., Haugh, H., & Tracey, P. (2010). Social bricolage: Theorizing social value creation in social enterprises. *Entrepreneurship Theory and Practice, 34*(4), 681–703.

do Adro, F., Fernandes, C. I., Veiga, P. M., & Kraus, S. (2021). Social entrepreneurship orientation and performance in non-profit organizations. *International Entrepreneurship and Management Journal,* 17(4), 1591–1618.

Doherty, B., Haugh, H., & Lyon, F. (2014). Social enterprises as hybrid organizations: A review and research agenda. *International Journal of Management Reviews,* 16(4), 417–436.

Fornell, C., & Larcker, D. F. (1981). Evaluating structural equation models with unobservable variables and measurement error. *Journal of Marketing Research,* 18(1), 39-50.

Frishammar, J., & Åke Hörte, S. (2007). The role of market orientation and entrepreneurial orientation for new product development performance in manufacturing firms. *Technology Analysis & Strategic Management,* 19(6), 765–788.

Gali, N., Niemand, T., Shaw, E., Hughes, M., Kraus, S., & Brem, A. (2020). Social entrepreneurship orientation and company success: The mediating role of social performance. *Technological Forecasting and Social Change,* 160, 120230.

Garud, R., & Karnøe, P. (2003). Bricolage versus breakthrough: distributed and embedded agency in technology entrepreneurship. *Research Policy,* 32(2), 277–300.

Griffiths, M. D., Gundry, L. K., & Kickul, J. R. (2013), The socio–political, economic, and cultural determinants of social entrepreneurship activity: An empirical examination", *Journal of Small Business and Enterprise Development,* 20(2), 341–357.

Halme, M., Lindeman, S., & Linna, P. (2012). Innovation for inclusive business: Intrapreneurial bricolage in multinational corporations. *Journal of Management Studies,* 49(4), 743–784.

Hooi, H. C., Ahmad, N. H., Amran, A., & Rahman, S. A. (2016). The functional role of entrepreneurial orientation and entrepreneurial bricolage in ensuring sustainable entrepreneurship. *Management Research Review,* 39(12), 1616–1638.

Hough, J. & Scheepers, R. (2008), Creating corporate entrepreneurship through strategic leadership, *Journal of Global Strategic & Management,* 3, 17–25

Hu, Y., & Pang, X. (2013). Social Entrepreneurial Orientation and Performance of Nonprofit Organizations: An Empirical Study in China. *Journal of Applied Sciences,* 13(19), 3989.

Janssen, F., Fayolle, A., & Wuillaume, A. (2018). Researching bricolage in social entrepreneurship. *Entrepreneurship & Regional Development,* 30(3–4), 450–470.

Kraus, S., Filser, M., O'Dwyer, M. & Shaw, E. (2013). Social Entrepreneurship: An exploratory citation analysis. Review of Managerial Science, Vol. No., pp. 1–18.

Kraus, S., Niemand, T., Halberstadt, J., Shaw, E., & Syrjä, P. (2017). Social entrepreneurship orientation: development of a measurement scale. International *Journal of Entrepreneurial Behavior & Research,* 23(6), 977–997.

Lages, C., Lages, C. R., & Lages, L. G. (2005). The RELQUAL scale: a measure of relationship quality in export market ventures. *Journal of Business Research,* 58(8), 1040–1048.

Leadbeater, C. (1997). The rise of the social entrepreneur. *Demos.*

Levi–Strauss, C. (1967). *The Savage Mind.* Chicago: University of Chicago Press.

Lumpkin, G. T., & Dess, G. G. (1996). Clarifying the entrepreneurial orientation construct and linking it to performance., *Academy of Management Review,* 21, 135–172.

Lurtz, K., & Kreutzer, K. (2017). Entrepreneurial orientation and social venture creation in nonprofit organizations: The pivotal role of social risk taking and collaboration. *Nonprofit and Voluntary Sector Quarterly,* 46(1), 92–115.

Meyskens, M., Robb-Post, C., Stamp, J. A., Carsrud, A. L., & Reynolds, P. D. (2010). Social ventures from a resource-based perspective: An exploratory study assessing global Ashoka fellows. *Entrepreneurship Theory and Practice,* 34(4), 661–680.

Miles, M. P., Verreynne, M. L., Luke, B., Eversole, R., & Barraket, J. (2013). The relationship of entrepreneurial orientation, vincentian values and economic and social performance in social enterprise. *Review of Business,* 33(2), 91–102.

Miller, D. (1983). The correlates of entrepreneurship in three types of firms. *Management Science,* 29(7), 770–792.

Miller, T. L., Grimes, M. G., McMullen, J. S., & Vogus, T. J. (2012). Venturing for others with heart and head: How compassion encourages social entrepreneurship. *Academy of Management Review,* 37(4), 616–640.

Mohammadi, S. (2021). The relationship between individual entrepreneurial orientation(IEO) and entrepreneurial bricolage: exploring passion and perseverance. *Asia Pacific Journal of Innovation and Entrepreneurship,* 15(1), 75–86.

Morris, M. H., Webb, J. W. and Franklin, R. J. (2011). Understanding the manifestation of entrepreneurial orientation in the nonprofit context. *Entrepreneurship Theory and Practice,* 35, 947–971.

Noor, M., Shah, F. A., & Kakakhel, S. J. (2020). Unfolding Bricolage in Social Entrepreneurship: A Way Forward for Future Research. *International Review of Management and Business Research,* 9(4), 44–55.

Pinheiro, P., Daniel, A., & Moreira, A. (2021). Social enterprise performance: the role of market and social entrepreneurship orientations. VOLUNTAS: *International Journal of Voluntary and Nonprofit Organizations,* 32(1), 45–60.

Poornima, A., & Rajini, G. (2021). Bricolage as an Intervention to Resource Constraints in Social Entrepreneurship–A Systematic Literature Review. *Turkish Journal of Computer and Mathematics Education,* 12(7), 698–709.

Porter, M., & Kramer, M. R. (2011). *Creating shared value* (Vol. 17). Boston, MA, USA: FSG.

Sakarya, S., Bodur, M., Yildirim–Öktem, Ö., & Selekler–Göksen, N. (2012). Social alliances: Business and social enterprise collaboration for social transformation. *Journal of business research,* 65(12), 1710–1720.

Salahat, M. A., & Ta'amreh, R. (2023). The Connective Power of Entrepreneurial Bricolage in NGOs: Unveiling its Mediating Influence on Social Entrepreneurial Orientation and Sustainability. *Journal of Knowledge Management Application and Practice,* 5(1), 15–26.

Senyard, J., Baker, T., Steffens, P., & Davidsson, P. (2014). Bricolage as a path to innovativeness for resource–constrained new firms. *Journal of Product Innovation Management,* 31(2), 211–230.

Sulphey, M. M., & Salim, A. (2020). Development of a tool to measure social entrepreneurial orientation. *Journal of Entrepreneurship in Emerging Economies,* 13(2), 231–253.

Tasavori, M., Zaefarian, R., & Eng, T. Y. (2018). Internal social capital and international firm performance in emerging market family firms: The mediating role of participative governance. *International Small Business Journal,* 36(8), 887–910.

Voltan, A. (2019). *On the importance of being scrappy: entrepreneurial orientation and bricolage in social enterprises,* Doctorial Thesis, Department of Business Administration, Saint Mary's University.

Wales, W. J., Gupta, V. K., & Mousa, F. T. (2013). Empirical research on entrepreneurial orientation: An assessment and suggestions for future research. *International Small Business Journal,* 31(4), 357–383.

Weerawardena, J., & Dwivedi, A. (2018). Conceptualizing and operationalizing the social entrepreneurship construct. *Journal of Business Research,* 86, 32–40.

Weerawardena, M. & Mort, G. S. (2006). Investigating social entrepreneurship: A multidimensional model. *Journal of World Business,* 41(1), 21–35.

Winkel, D., Vanevenhoven, J., Yu, A., & Bronson, J. (2013). The invisible hand in entrepreneurial process: bricolage in emerging economies. *International Journal of Entrepreneurship and Innovation Management,* 17(4–6), 214–223.

Yu, X., Li, Y., Chen, D. Q., Meng, X., & Tao, X. (2019). Entrepreneurial bricolage and online store performance in emerging economies. *Electronic Markets,* 29, 167–185.

Zafar, Z., Wenyuan, L., Bait Ali Sulaiman, M. A., Siddiqui, K. A., & Qalati, S. A. (2022). Social entrepreneurship orientation and Enterprise fortune: an intermediary role of social performance. *Frontiers in Psychology,* 12,

벤처창업연구 제17권 제1호 (통권 79호)

신디케이트 내부 VC 리드투자자 비중과 투자자 지위가 투자 성과에 미치는 영향력에 관한 연구

김지은 (고려대학교 경영대학 강사)
오주연 (고려대학교 경영대학 박사수료)
Mengjin Gao (고려대학교 경영대학 박사수료)
김영규 (고려대학교 경영대학 부교수)

국문 요약

본 논문은 주주의 구성 및 지분이 기업 성과에 유의미한 영향을 미친다는 기존 재무, 경영전략의 문헌에 기반, 벤처 신디케이트(VC syndication) 내 리드투자자 비중 및 투자자 지위가 투자유치 및 확대에 미치는 영향력을 살펴본다. VC 신디케이트 내의 리드투자자의 증가는 시장 내 영향력 증가, 높은 가시성 등의 이점을 기반으로 투자 기업의 가용자원을 증가시켜 투자 성과에 긍정적으로 작용한다. 반면 리드투자자는 투자 전략수립과 실행에 있어 상반된 의견을 제시하거나 영향력을 관철시키려는 경향을 보이기 때문에 리드 투자자의 증가가 갈등을 조장할 수 있으며, 이때 조정을 위해 많은 시간과 비용을 소모해 잠재투자자의 진입장벽을 높이거나, 기존 투자자들의 추후 투자 수준을 낮추는 등의 비용을 수반할 수 있다. 따라서 우리는 리드 투자자는 투자성과에 긍정적인 영향력을 미치지만 일정 수준을 넘어서는 경우 투자 성과가 하락하는 역 U자 형태를 보일 것이라는 가설을 수립하였다. 또한 신디케이트 내 VC의 지위가 높아질수록 이견이 쉽게 조율되지 않아 리드 투자자 비중 증가에 따른 비용이 더욱 증가할 것으로 예측하였다. 본 연구는 Thomson VentureXperts 데이터에서 추출한 1991년부터 2005년까지 약 15년간의 24,677건의 VC 신디케이트 투자 데이터를 기반으로 가설을 검증하였다. 연구결과 신디케이트 내 리드투자자의 비중과 투자성과는 역 U자 관계를 보이며 신디케이트 내부 VC 지위가 높아질수록 갈등에 따른 투자 성과 하락이 더욱 강화된다는 것을 확인하였다. 본 연구결과는 투자자 간의 관계 기반의 힘의 역학을 고려할 필요성 및 명확한 역할 분담 및 조정시스템 도입에 관한 논의가 필요하다는 점을 시사한다.

핵심주제어: 벤처 캐피탈리스트, 벤처 신디케이트, 리드투자자 비중, 지위, 투자성과

Ⅰ. 서론

1.1. 연구배경

신생 기업에게 있어 투자 유치 및 확장은 기업의 성공 가능성에 대한 인정의 의미를 지니며, 잠재 투자자에게 긍정적인 신호로 작용해 추가 투자 유치를 가능하게 하는 중요한 성과 변수이다. 신생기업은 투자유치를 두고 다른 기업들과 경쟁하게 되며(Ebbers & Wijnberg, 2012), 더 많은 자원확보를 위해 피칭(pitching) 등에 많은 노력을 기울이고 있다(Fehder & Hochberg, 2014). 벤처캐피탈리스트(Venture Capitalist, 이하 VC)는 높은 성장성을 보이는 신생기업을 선정하여 투자할 뿐만 아니라 투자 이후에도 지속적으로 경영전반에 다양한 전문성과 유, 무형의 자원을 제공하여 투자 확대 및 이익 창출에 긍정적인 영향력을 미치며(Gompers & Lerner, 1999; Kaplan & Lerner, 2010; Ritter, 2021), 신생기업 투자에 중요한 역할을 담당하는 것으로 알려져 있다.

VC 투자자는 기업에 투자를 결정하고 진행하는데 있어 다른 투자자들과 공동으로 투자하는 신디케이트(syndication)

방식을 주로 사용한다(Bygrave, 1987; Zhang et al., 2017). 신디케이트는 벤처 투자에 수반되는 높은 불확실성과 정보의 비대칭성을 해소하고 불확실성을 줄이는 동시에 VC가 지닌 각자의 다양한 경험과 자원을 상호보완적으로 사용하여 투자 성과를 제고할 수 있다. 신디케이트에서는 투자성과가 발생하기 전까지는 중간 정산을 받는 것이 불가능하다. 투자자는 투자 결정에 대해 높은 기회비용을 가지고 있기 때문에 투자에 대한 추가 정보를 습득하지 못하거나 투자에 대한 높은 불확실성을 느낄 경우 다른 투자를 중단하거나 감소시킬 수 있다(Dixit & Pindyck, 1994; Guler, 2007). 일반적으로 신디케이트는 개인 혹은 2~3개의 투자자 집단으로 이루어진 리드 투자자(lead investors)가 공동투자자(co-investors)를 선정하거나 초청하며 형성되는데 이때 리드 투자자는 투자 대상 기업의 선정, 이후 투자 계획 수립, 기업 경영에 참여를 통해 투자 대상 기업의 가치를 높이는 역할을 담당하는 등 신디케이트 내 중심적 역할을 하는 것으로 알려져 있다(Lerner, 1994; Wright & Lockett, 2003).

초기 신디케이트에서는 단일 리드 투자자의 형태가 많이 관측되었지만 2000대 이후 높은 가시성, 자원 공유, 시장 내 영향력 강화 등을 통해 기업의 투자 성과에 긍정적인 영향력을 미칠 수 있다는 점에서 IPO시장 등에서 리드 투자자가 다수로 구성되는 형식의 신디케이트가 증가하는 추세를 보이고 있다(Jeon et al., 2015). 그러나 다양한 이점에도 불구하고 일정 수준 이상의 리드 투자자 비중은 각종 비용을 수반할 수 있다. 우선 리드 투자자 간 추구하는 가치와 우선순위에 대한 이견이 발생할 수 있으며, 역할의 중복으로 인한 조정(coordination) 비용이 증가할 수 있다. 그러나 이와 같이 상반되는 이론적 가능성에 대한 실증적 연구는 미흡하다. VC 신디케이트 내의 리드 투자자의 중요성이 다양한 연구에서 논의되었음에도 불구하고(Hopp & Lukas, 2014), 리드 투자자의 비중 증가에 따른 효과가 투자 성과에 미치는 영향력에 관한 연구는 매우 제한적으로 진행되어 왔다(Jeon et al., 2015; Vithanage et al., 2016). 본 논문에서는 이러한 문제의식에 따라 다수 리드 투자자가 투자 성과에 미치는 영향력에 관해 살펴보고자 한다.

리드 투자자의 이점과 비용을 고려할 때, 리드 투자자 비중의 증가는 투자 확대에 상당 부분 긍정적인 영향을 미칠 수 있지만 이러한 긍정적 효과는 비중이 증가함에 따라 체감되는 반면, 이들의 비중이 증가함에 따라 나타날 수 있는 갈등 및 조정에 따른 비용은 체증할 것으로 예상할 수 있다. 따라서 리드 투자자 비중과 투자성과의 관계는 역 U자 모양을 갖게 될 것으로 보았다. 특히 이런 효과는 참여한 VC들의 사회적 위치기반인 지위(status)에 따라 조절될 수 있을 것으로 예측하였다. 불확실한 시장에서 품질에 대한 신호의 하나로써(Podolny, 1993) 지위는 VC의 경우 함께 신디케이트에 참여함으로써 서로를 존중하는 형태로 인정받게 되며 VC의 지위는 VC자신뿐 아니라 VC가 투자한 기업의 행동과 성과에도 많은 영향력을 미친다(Stuart et al., 1999). 높은 불확실성을 보이는 벤처 산업에서 더 높은 지위를 지닌 VC의 추가 영입은 VC신디케이트의 지위 향상 뿐 아니라 투자의 성과를 높인다는 점에서 중요한 요소이다(Chemmanur & Krishnan, 2012; Hochberg et al., 2007; Stuart et al., 1999). 그러나 리드 투자자 간 주도권에 관한 이해관계에 불일치가 발생할 경우, 투자자의 높은 지위는 리드 투자자 간 갈등으로 인한 주도권 상실에 더욱 민감하게 반응하거나, 다른 투자자에 영향력을 미치려는 유인 역시 증가시켜(Castellucci & Ertug, 2010; Emerson, 1962; Ma et al., 2013) 이견 조율의 비용을 높일 수 있다. 따라서 투자자의 지위는 리드 투자 비중이 투자성과에 미치는 부정적 영향을 강화할 수 있다.

우리는 신디케이트 내부 리드 투자자의 비중과 이들의 지위, 그리고 투자성과의 관계를 1991년부터 2005년까지 15년간 미국에서 VC 투자를 유치한 총 9,253개의 벤처기업을 대상으로 검증하였다. 연구 결과에 따르면 적정 수준의 리드 투자자 비중은 투자성과에 긍정적인 영향을 미치지만 일정 수준을 넘어설 경우 투자성과에 부정적인 영향을 미치는 것으로 나타났다. 또한 리드 투자자 비중과 투자금액의 역 U자 관계는 VC 투자자의 지위가 증가함에 따라 조절되었는데, 투자자의 높은 지위는 부정적 영향력을 강화하는 것으로 나타난 반면, 낮은 지위는 오히려 긍정적 효과를 증가시키는 것으로 나타나 리드 투자자 비중이 투자성과에 미치는 영향이 투자자의 지위에 따라 조절됨을 확인하였다. 이러한 발견은 투자 유치에 있어서 투자자 간의 역할과 이들의 사회적인 위치가 추후 투자 성과에 중요한 영향력을 미치고 있기 때문에 투자 결정에 있어서 신디케이트 내부에서 투자자 간 역할과, 역학관계에 기반한 상호작용에 따라 발생할 수 있는 갈등과 조정에 대한 고려가 필요함을 시사한다.

Ⅱ. 이론적 배경

2.1. VC 신디케이트와 투자성과

VC 투자는 창업가 및 혁신적 벤처 기업의 성장과 성과 창출에 매우 중요한 역할을 담당해왔다(Gompers & Lerner, 1999; 2001). 매년 상당히 많은 신생기업이 탄생함에도 불구하고 기업공개(IPO) 및 인수합병(M&A)을 통한 시장 회수(market exit) 성과를 보이는 기업의 수는 매우 제한적이다. 이러한 상황에서 VC 투자를 받은 신생기업은 그렇지 않은 기업에 비해 월등이 높은 시장성과를 보이는 것으로 알려져 있는데(Chemmanur et al., 2011), 2000년 기준 성공적 시장회수를 한 기업의 약 70% 이상은 VC의 투자를 받았다는 사실은 VC 투자의 효과를 잘 보여주는 예시이다(Kaplan & Lerner, 2010; Ritter, 2021).

VC는 높은 성장성을 보이는 신생 기업에게 투자 기회 모색, 투자 이후 지속적 모니터링을 통해 성과에 기여한다. Chemmanur et al. (2011)에 따르면 VC 기업들은 가장 높은 성장성을 지닌 벤처들을 선정하고 게이트키퍼(gatekeeper)로서의 역할을 담당하며 투자 이후 기업의 감독자로 영향력을 행사하며 각종 자원을 제공한다. 또한, 기업공개(IPO) 및 인수합병 등을 진행하는데 있어 발생할 수 있는 정보의 비대칭성(information asymmetry)과 대리인 비용(agency cost)을 지속적인 모니터링을 통해 효과적으로 감소시키고 시장 내에서 다양한 이해관계자들과 잠재투자자들에게 정당성을 제공하여 기업 가치를 제고할 수 있다(Ko & McKelvie, 2018; Stuart et al., 1999). 뿐만 아니라 VC 투자는 고용, 생산자 관리, 제품 및 시장 기회 평가, 마케팅 등 경영 전반에 필요한 다양한 정보와 경영지식, 기술 등을 제공하고(Fried & Hisrich, 1995; Gorman & Sahlman, 1989; Hellmann & Puri, 2002), 공급자 및 고객과 파트너를 연결시키면서 이윤 창출에 기여한다(Hallen, 2008; Lindsey, 2008). 하지만 VC 역시 투자 대상 기업을 선정하고 이후 경영 전반에 참여하는데 있어서 높은 불확실성을 마주하게 되는데, 불확실성을 감소시키기 위해 다른 VC들과 함께 투자에 참여하는 공동 투자 형식인 VC 신디케이트 방식의 투자를 채택하는 것이 일반적이다(Bygrave, 1987; Wilson, 1968; Zhang et al., 2017). 높은 불확실성과 복잡성을 보이는 환경에서는 기술, 지식, 또는 능력을 가진 다른 주체들과 협력하는 것은 상호보완성을 확보할 수 있는 효과적인 방안이므로(Gronn, 1999, 2002; Hodgson et al., 1965; Krantz, 1989), VC는 다양한 전문성을 지닌 공동 투자자를 모집함으로써 그들의 자원을 공동으로 이용하는 등 VC 신디케이트 내부에서 시너지를 창출하고자 한다. 또한 VC의 신디케이트를 통한 공동 투자는 기업 간의 사회적 연결망을 형성하게 하며, 이들의 추후 투자 행위에도 영향을 미치게 된다(Gould, 2002; Guler, 2007). 이렇게 형성된 관계에서 발생하는 상호 호혜적 관계(reciprocal)와 신뢰, 헌신 등은 VC 투자자 간의 정보 공유를 더욱 활성화시켜 친숙하지 않은 산업이나 지역에서의 투자기회 접근을 가능하게 하는 등의 다양한 이점을 지니고 있다.

또한 VC는 신디케이트 투자를 진행하는 데 있어 투자를 여러 시점에 걸쳐 점진적으로 투자하는 순차적 투자(sequential investment)의 형식을 채택하는 경향을 보인다(Dixit & Pindyck, 1994). VC는 스타트업의 생애주기에 걸쳐 투자 전반에 개입하기도 하며, 해당 기업의 추가 정보를 습득하거나 투자 성공가능성이 높다고 판단할 때 추가 투자를 진행하지만, 반대로 불확실성이 높아지거나 다른 매력적인 투자처를 발견할 경우 투자 중단 결정을 내리기도 한다(Aoki, 2000).

물론 투자대상 기업의 성공가능성과 기대가 투자 지속 및 확대에 가장 중요한 영향력을 미치고 있지만, 신디케이트 내부의 VC간의 역할과 사회적인 위치 역시 투자 지속 및 투자금액 증대에 많은 영향력을 미치고 있다. 예를 들어 VC 기업 간 친밀도나 감정적 교류, 공동 투자자 간의 의사교환에 따른 집단사고(group thinking) 및 공통 투자자의 투자 지속에 대한 압력, 내부의 정치적 요소 등은 투자 결정에 직접적인 영향을 미친다(Guler, 2007). 즉, 신디케이트 내부의 투자자 역할과 힘의 역학에 따른 투자의 방향 및 성과를 연구할 필요성이 제기된다.

2.2. 신디케이트 내 리드투자자 비중

벤처 신디케이트 내에서 벤처 투자자의 역할은 크게 리드 투자자(lead underwriter)와 공동투자자(co-investor)로 구분될 수 있다. 리드 투자자는 신디케이트를 형성하는데 주도적인 역할을 담당한다. 리드 투자자는 투자 대상 기업을 물색하고 신디케이트를 형성하여 투자의 시작 단계에서부터 전반적인 경영과 조율을 담당할 뿐만 아니라 명성, 지위, 경험, 성과 등을 기반으로 공동 투자자들을 선정하고 신디케이트 내부에 초청하는 역할을 맡는다(Brander et al., 2002; Hsu, 2004). 리드 투자자들은 공동투자자들과 함께 벤처기업을 지원하고 감독(monitor)하며 정보의 비대칭성을 해결하는 역할을 맡는데, 유형의 투자 이외에도 기술과 지식, 조직의 기능을 향상시키고 신뢰를 구축하는 등의 무형의 자원을 제공할 수 있다(Bothner et al., 2015). 실제 리드 투자자는 가장 많은 투자금액을 투입하며(Hochberg et al., 2007), 전략 회의에 상당히 많은 노력과 시간을 할애하는 것으로 알려져 있는데(Elango et al., 1995; Wright & Lockett, 2003), Gorman & Sahlman(1989)에 따르면 리드 투자자는 비 리드 투자자에 비해 약 10배 이상의 시간을 기업의 감독 및 경영에 투자하는 것으로 나타났다. 즉, 리드 투자자들은 벤처기업의 전반적 경영에 더 깊숙이 관여하고 투자 종료 이후에도 이사회 구성원으로 영향력을 행사하는 등 투자 중대에서 중추적 역할을 담당한다(Bothner et al., 2015; Brander et al., 2002). 반면 공동투자자들은 보완적인 역할(supporter)을 맡으며(Bothner et al., 2015) 상호보완적 자원 제공 등을 통해 성과에 기여한다. 그런데 최근 신디케이트 내 다수 리드 투자자가 등장하는 사례가 자주 관측되고 있다.

Jeon et al.(2015)에 따르면 IPO를 한 기업의 약 50% 정도가 한 신디케이트 내에 다수 리드 언더라이터(multiple lead underwriter)를 두고 진행되며, 이러한 추세는 점점 강화되고 있다는 것을 발견하였는데, 이는 다수 리드 투자자로 인한 다양한 이점이 발생하기 때문이다. 첫째, 신디케이트 내 리드 투자자가 증가할 경우 벤처 투자에 대한 가시성을 높일 수 있다(Ellis et al., 2000). 예를 들면 각종 매체 및 애널리스트 등의 전문가 집단은 리드 투자자가 많이 존재하는 투자에 관해 더 많은 관심을 보이는 경향이 있으며(Ljungqvist et al., 2009), 투자 커뮤니티 내부에서 역시 인지도를 높여 추가 투자를 유치할 확률을 높인다(Bajo et al., 2016). 또한 리드 투자자의 증가로 인해 신디케이트는 다른 이해관계자들에 비해 높은 협상능력(bargaining power)을 지니게 되는데, 이는 기업공개 시 저평가(underpricing)의 정도를 줄이는 등 시장 내 영향력을 제고할 수 있으며(Hu & Ritter, 2007), 리드 투자자의 책임을 공유해 불확실성을 줄이고 가용 자원을 증가시킬 수 있다. 그러나 투자를 유치하는데 있어 많은 리드 투자자를 영입하는 것이 투자성과에 항상 긍정적인 영향력을 미치는 것은 아니다. 우선 집단 내 리더 비중이 증가할 경우 이들 간의 역할 중복(role overlap)과 이에 따른 역할 모호성(role ambiguity)이 증가하게 되는데, 이때 각자 맡은 역할에 대한 재정의가 필요한 만큼(Goldstein, 2004) 역할을 정의하고 분배하는데 있어서 많은 시간과 노력이 발생할 수 있다(Brass & Krackhardt, 1999). 조직의 규모 증대에 따라 더 많은 구성원에게 권한이 위임되면서 조직 구조는 더욱 복잡해지고 내부 정치적 프로세스 역시 더욱 빈번하게 발생할 수 있으며 이러한 현상은 VC 신디케이트에서도 관찰되었다(Guler, 2007). 따라서 집단 내 리드 권한을 위임을 받은 주체가 증가할수록 의사결정 프로세스에 역시 복잡해지고 갈등을 유발할 것으로 예측할 수 있다. Dust & Ziegert(2016)에 따르면 집단 내 리더의 수가 증가 할수록 역할 간의 경계를 명확히 하는 것이 어려우며 확실한 분업을 유지하기가 쉽지 않은데, 이는 리더 간에 명확한 역할 분배 가능성에 따라 필요한 의사소통의 양과 종류, 의사결정에 소요되는 시간, 의사결정의 질(quality) 등이 달라질 수 있기 때문이라고 주장하였다. 뿐만 아니라 신디케이트 내 파트너 간 이해관계 상충은 기업투자를 효과적으로 진행 및 감독하는데 어려움을 수반하며 역할이 중복될 경우 무임승차(free-rider)를 발생시킬 수도 있다(Bruton et al., 2010; Carletti et al., 2007). Bayar et al.(2020)에 따르면 VC 신디케이트 내 투자 기업들이 신생 기업의 가치 창출을 위한 자원 조달에 있어 최적의 투입을 제공하지 않는 무임승차 문제를 보이는 경우가 있다는 사실을 발견했다. 또한 VC 기업 간의 정보 및 자원공유가 이루어지면서 개별 VC 기업이 차별적인 경쟁우위를 확보, 유지하지 못할 가능성 역시 존재한다(Bygrave, 1987).

리드 투자자 간 의견 불일치가 발생할 수 있어 투자의 방향성에 대한 불확실성 역시 증가할 수 있다. 역할 재정립의 과정에서 각각의 구체적인 업무에 대한 책임소재와 관련하여 혼란이 생길 뿐만 아니라(Grubb & Flessa, 2006; Wood & Fields, 2007), 역할 재정립 과정에서 발생한 권력과 지위 갈등이 의사소통과 조정 문제들로 이어질 수 있으며(Ingvaldsen & Rolfsen, 2012) 주요한 결정에 있어서 의사소통(communication)과 조정(coordination)에 관련한 비용이 증가한다(Wright & Lockett, 2003). 특히 높은 불확실성과 변동성을 보이는 상황에서는 민첩한 의사결정과 실행이 강조되는데, 리드 투자자 간 갈등은 리드투자자 증가에 따른 이점을 상쇄할 수 있다(Cope et al., 2011; Halevy et al., 2011). 우리는 이러한 연구들을 연구를 기반으로 리드 투자자의 증가로 인해 다양한 기대 혜택이 존재하지만, 투자자 간 의사소통 및 의견조율 등에 관한 비용 역시 증가하여 리드 투자자의 비중과 투자유치의 관계는 역 U자형 관계를 보일 것으로 가설을 수립하였다.

가설 1: 리드 투자자의 비중과 투자유치의 관계는 역 U 자형 관계를 보일 것이다.

2.3. 리드투자자 비중과 투자자 지위(Status)의 상호작용

VC 투자 결정은 VC의 상대적 사회적 위치에 의해 영향을 받는다(Dimov et al., 2007). 신호이론에 따르면 불확실성이 높은 상황에서는 불확실성을 줄이기 위한 요소들에 귀를 기울이게 되는데, 관찰 가능한 활동이나 특징들에 대한 정보가 얻기 힘들 때 시장 주체들은 간접적인 지표들을 사용해 의사결정을 한다(Spence, 1973). 본 논문에서는 VC 투자 성과에 있어 중요한 요인으로 연구되어 온 지위에 초점을 맞추어 리드 투자자의 비중과 투자자들의 지위가 투자 양상에 미치는 영향력을 살펴보고자 한다(Kim et al., 2019).

Podolny(1993)에 따르면 지위는 사회 위계질서 내 위치로서 시장 내 경쟁자 제품의 인지된 품질 대비 생산자의 인지된 제품의 품질로 정의될 수 있는데(Podolny, 1993), 사회적 관계가 품질을 매개하며 신호의 역할을 하기 때문에 이해관계자들이 높은 불확실성을 마주할 때 지위가 더욱 선호된다(Merton, 1968; Podolny, 1993). 지위는 이를 보유한 사회적 주체에게 다양한 이점을 제공하는 것으로 알려져 있다. 높은 지위를 지닌 조직은 이해관계자들의 인식에 영향을 미쳐 시장 내의 영향력을 강화할 수 있으며, 경쟁자에 비해 높은 가격을 부과하거나(Benjamin & Podolny, 1999; Uzzi & Lancaster, 2004), 다양한 비용 상 우위를 선점하여(Podolny & Phillips, 1996) 수익성에 긍정적인 영향을 미친다. 또한 거래에 있어 높은 협상력을 갖거나 리더로서 역할을 맡게 되는 경향을 보이며(Podolny & Page, 1998) 시장 내 행위에 대한 높은 가시성과 이에 따른 파급력을 지닐 수 있다(Podolny & Stuart, 1995). 따라서 높은 지위를 지닌 주체와 협력관계를 유지함으로써 긍정적인 전이효과(spillover effect)를 기대할 수 있으며, 이러한 전이 효과는 정당성 확보에 어려움을 겪는 신생기업의 생존과 성장에 매우 효과적이다(Khaire, 2010; Stuart et al., 1999). 특히 VC맥락에서 신생기업이 투자유치를 진행하는데 있어 과거의 거래(transaction)를 통해 자신의 가치를 증명하지 못한 경우 투자자는 많은 불확실성과 위험을 경험하게 되는데, 이때 VC 투자자의 명성 및 지위는 불확실성을 감소시켜 이후 투자 자금 유치를 용이하게 할 수 있다(Hellmann & Puri, 2000; Hochberg et al., 2007). 기존 연구에 따르면 신생 기업은 높은 지위의 VC투자자로부터 투자를 받는 경우 기업가치가 높아지거나 기업공개의 기간이 단축되는 등의 혜택을 입는 것으로 나타났다(Podolny, 2005; Stuart et al., 1999).

특히 집단 내 개별 투자자는 개별적 지위를 기반으로 하여 전체의 성과에 기여할 수 있으며, 외부 이해관계자에게 존재감을 향상시켜 집단전체의 지위 향상에도 영향을 미치는데(Goode, 1978; West, 1994) 이러한 이유로 스타 플레이어(star player)들을 영입해 성과를 향상시키려는 시도가 다양한 분야에서 관측되고 있다(Groysberg et al., 2011). 이와 같이 VC 신디케이트 내 개별 VC 지위는 VC 신디케이트 전체의 지위를 향상시켜 가시성과 영향력을 높일 뿐만 아니라 지위로 인해 발생되는 다양한 이점을 공유하게 하여 투자 성과에 긍정적인 영향을 끼칠 수 있다. 그러나 집단 내 개별기업의 지위는 성과에뿐만 아니라 집단 내 의사결정 및 상호작용에 영향을 미친다. 사회적 주체의 지위 획득 및 향상욕구는 보편적인 동기로써(Hogan & Hogan, 1991), 집단 내의 상대적 지위를 향상시켜 집단 내에서 자신의 입지 및 발언권을 확대하고자 한다(Mannix & Sauer, 2006). 특히 지위 갈등은 업무 등에서 발생하는 갈등과는 구별되게 해당 갈등에 결과가 지속되는 특징을 보이며, 이러한 특징은 경쟁적 행동을 야기해 집단 내의 중요한 정보 공유를 저해하는 등 집단의 성과에 부정적 영향력을 미칠 수 있다(Bendersky & Hays, 2012; Groysberg et al., 2011; Overbeck et al., 2005). 이와 같은 현상은 개인 간 상호작용에서뿐만 아니라 기업간 협력관계에서도 나타날 수 있다. 예를 들면 지위에 따른 낮은 지위의 VC들은 높은 지위의 VC와의 상호 관계에서 더욱 높은 수준의 헌신과 몰입을 제공하고 있으며(Dimov & Milanov, 2010; Zhelyazkov & Tatarynowicz, 2021), 이견이 발생하더라도 높은 지위를 지닌 동업자에게 동의할 가능성을 높여(Castellucci & Ertug, 2010; Ma et al., 2013) 지위 갈등을 야기하지 않는데 반해 높은 지위를 지닌 주체 간 협력에는 지위 갈등으로 인한 협력과 조정의 어려움이 발생할 수 있다(Ma et al., 2013).

실제 VC 신디케이트 내부에서 투자자 간의 사회적 영향력은 상호작용에 영향을 미치고 있다(Wright & Lockett, 2003). 높은 지위의 VC는 첫 번째 라운드(first round)에서 많은 금액을 투자하고 소유지분(ownership)을 얻고자 하는 경향을 보이는데(Zhang et al., 2017), 소유지분은 정당한 권력의 원천이 될 뿐만 아니라 다른 이들로 하여금 소유권에 대한 권리 및 영향력을 행사하고자 하는 유인을 증가시킨다(Ma et al., 2013). 우리는 앞서 리드 투자자가 자신의 소유권을 기반으로 한 권력으로 더 많은 영향력을 행사하려는 유인은 리드 투자자 비중이 증가함에 따라 갈등 양상으로 전개될 수 있다는 점을 강조했다. 즉, 높은 지위에서 발생하는 지위 갈등은 소유지분에 따른 갈등 양상과 상호작용하며 투자 성과에 더욱 부정적인 영향력을 미칠 수 있을 것이다.

VC 신디케이트 형태의 투자를 받는 기업의 경우 VC 투자자로부터 상충된 요구를 받는 경우가 종종 발생하며(Hoskisson et al., 2002), 일부 VC 투자자들의 반대로 인해 중도에 전략적 방향성을 변경하는 경우도 관측되고 있는데(Chahine et al., 2012), 이런 변화는 투자자의 불확실성을 증가시켜 투자 성과에 부정적인 영향력을 미칠 수 있다(Ring & Van de Ven, 1992). 특히 투자자의 지위가 높을수록 전략적 변화에 비협조적일 가능성이 높기 때문에(Chang et al., 2017) 갈등 양상이 심화될 수 있을 것으로 예측할 수 있다. 이러한 관점에서 Ma et al. (2013)은 투자자의 지위와 소유지분에서 발생하는 권력이 조율되지 못할 때 VC 투자 성과에 매우 부정적인 영향력을 미친다는 사실을 발견했다. 이러한 기존 연구에 기반 하여 신디케이트 내부의 리드 투자자의 증가에 따른 비용이 높은 지위로 인해 발생하는 소유권 및 이후 투자자 선정 등에서 자신의 영향력을 강화하려는 경향과 상호작용할 때 조정의 필요성을 증가시키고 투자 성과를 감소시킬 수 있을 것으로 가설을 수립하였다.

가설 2: 리드투자자 비중 증가에 따른 투자유치 성과는 투자자 지위에 따라 조절될 것이다. 즉, 지위가 높아질수록 리드투자자 비중 증가에 따른 비용은 증가할 것이다.

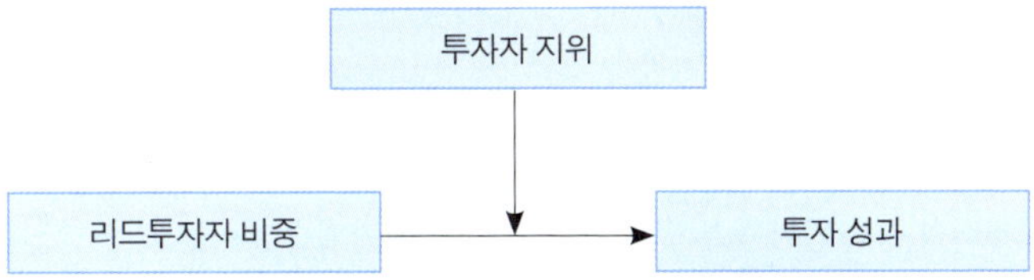

〈그림 1〉 **연구모형**

Ⅲ. 실증 분석 결과

3.1. 연구방법과 자료수집

3.1.1. 데이터 수집과 분석

연구 자료는 Thompson VentureXpert를 통해 데이터를 통해 수집되었으며, 1991년부터 2005년간 벤처 캐피탈리스트에게 투자를 받은 벤처 기업을 대상으로 하였다. 벤처 신디케이트 내 단독 리드 벤처투자자가 있을 경우 리드 비중이 100%로 나타나 리드 투자자가 단독인 경우 오히려 갈등이 적은 상태이기 때문에 이를 제외한 후 가설을 검증하였다. 최종적으로 총 9,253개 기업의 24,677의 투자 데이터로 구성되었다. 패널데이터로 이전 투자금액에 비해 얼만큼 투자금액이 증가했는지를 살펴보기 위해 성장모형(growth model)을 사용하였다. 본 데이터는 기업의 라운드별 투자 증감으로 구성된 패널 데이터로 t기와 t+1기간의 패널 간 오차항의 상관관계가 존재해 효율적인 추정량을 구하지 못할 가능성이 있다. 하우스만 검정 결과를 통해 임의효과와 고정효과 추정치 간 차이가 발생함을 확인하였고, 최종적으로 고정효과를 사용하여 가설을 검증하였다.

3.2. 변수의 조작적 정의 및 측정

3.2.1. 종속변수

우리의 종속변수는 t+1기의 총 투자금액(Investment Amount (t+1))이다. Stuart et al. (1999)에 따르면 투자 성과에 대해 더 높은 기대를 할 때 기업에 대한 투자를 한다. 기업은 VC로부터 라운드에 걸쳐 투자를 받게 되는데 첫 라운드는 처음 투자가 유치된 단계이며 우리의 데이터에 따르면 최고 27번째 라운드까지 투자가 진행되었음을 확인하였다. 라운드가 진행될수록 총 투자금액이 항상 증가하지는 않는다. 우리의 표본에서 약 4,514개의 관측치는 최종 라운드가 아님에도 불구하고 투자금액이 증가하지 않았다.

3.2.2. 독립변수

가설 1을 검증하기 위한 독립변수는 리드투자자 비중의 제곱항이다. 우리는 리드 투자자를 해당 신디케이트에서 첫 번째 라운드에 투자를 한 VC 중 여러 라운드에 걸친 투자를 최대로 진행한 VC로 정의하였다(Bothner et al., 2015; Sorenson & Stuart, 2008). 리드투자자 비중은 총 투자자 중 리드 투자자의 비율로 측정되었다. 또한 가설 2를 검증하기 위해 라운드별로 투자한 VC의 평균 지위를 사용하였다. 우리는 VC의 지위가 높아질수록 내부에서 자신의 영향력을 관철시키려는 경향이 더욱 뚜렷하게 나타날 것으로 예측하였다. 투자자의 지위는 공동 투자 관계를 기반으로 구성된 행렬을 통해 아이겐벡터 중심성으로(eigenvector centrality) 측정하였다(Bonacich, 1987). 아이겐벡터 중심성은 더 높은 중심성을 지닌 주체와 관계를 맺을 때 큰 폭으로 증가하는 특성을 지니고 있다.

3.2.3. 통제변수

우리는 성장모형을 사용하여 투자의 증가를 살펴보고자 하였다. 따라서 기존 라운드까지의 투자금액(총투자금액(t))을 통제하였다. 총 투자파트너의 수의 증가는 투자금액과도 높은 상관관계를 보이는 것이 일반적이므로 신디케이트의 크기(총 투자자수) 역시 모형에 추가하였다(Guler, 2007). 또한 우리는 투자 대상 기업의 특성이 투자금액 증가에 미치는 영향력을 고려하여 기업의 연령과 투자라운드를 통제하였다. 신생기업일수록 투자에 많은 불확실성이 따르는 만큼 투자 증가에 부정적인 영향을 미칠 가능성이 높다(Stuart et al., 1999). 반면 투자 라운드가 진행될수록 투자자의 불확실성이 감소하게 되는데(Gompers, 1995; Gould, 2002), Lee et al. (2011)은 투자가 계속 진행될수록 투자를 받은 기업의 품질이 높아지는 것으로 이해할 수 있다고 주장하였다. 뿐만 아니라 투자 라운드에 따라 투자자의 역할 역시 달라질 수 있기 때문에(Lockett & Wright, 2001; Hopp & Lukas, 2014) 이를 포함시켜 분석을 실시하였다.

우리는 지위의 개념과는 구분되는 투자자 명성(VC명성) 역시 고려하였다. 투자자 명성은 기존의 투자성과를 기반으로 측정되었는데, 기존에 벤처 캐피탈리스트가 기업공개(IPO) 및 인수합병(M&A)을 성공시킨 기업의 수를 합산하였다(Lee et al., 2011). 우리는 개별 투자자의 명성을 라운드별 평균을 계산하였고, 이후 자연로그를 취하였다.

〈표 1〉 기초통계와 상관관계분석 결과

	변수명	평균	표준편차	최소값	최대값	1	2	3	4	5	6	7	8
1	총투자금액(t)	13.843	26.093	0	857.2	1							
2	총투자금액(t-1)	9.465	21.545	0	8.60E+04	0.9632*	1						
3	리드투자자 비중	0.48	0.418	0	1	−0.0804*	−0.0772*	1.00E+00					
4	VC 지위	1.456	1.762	0	17.516	0.1353*	0.1156*	−0.0996*	1				
5	VC 명성	1.10E+04	3.60E+04	0	4.90E+05	−0.0219*	−0.0343*	−0.0858*	0.0328*	1			
6	기업연령	7.592	12.622	0	231	0.0433*	0.0477*	−0.0038	−0.1049*	−0.0507*	1		
7	투자라운드	2.976	2.481	1	27	0.3061*	0.3696*	−0.2775*	0.0834*	−0.0714*	0.1033*	1	
8	총 투자자수	2.833	2.553	1	34	0.1319*	0.0981*	−0.4078*	0.1782*	0.0200*	−0.0927*	0.0861*	1

N=24,677, p<0.05

이 외에도 투자에 영향을 미치는 외부 환경적 요인을 고려하여 투자연도와 투자 유치기업의 산업 고정효과를 사용하여 분석하였다. 산업은 생명공학(biotechnology), 커뮤니케이션 및 매체(communications and media), 컴퓨터 하드웨어(computer hardware), 컴퓨터 소프트웨어 및 서비스(computer software and services), 소비재(consumer related), 산업/에너지(industrial/energy), 인터넷(internet specific), 의료/건강(medical/health), 기타 제품(other products), 반도체 및 전자(semiconductors/other elect)의 10개 더미변수를 사용하였다.

$$총투자금액_{t+1}=\beta_0+\beta_1총투자금액_t+\beta_2리드투자자비중+\beta_3 VC지위+\beta_4 VC명성+\beta_5기업연령+\beta_6투자라운드+\epsilon$$

3.3. 통계분석과 결과

모형 1은 통제변수만을 추가한 모형이다. 투자 라운드가 진행되고 투자자가 많아질수록 투자 금액은 증가하는 것으로 나타났다. 또한 투자자의 평균 지위는 이후 투자 유치에 긍정적인 영향을 주고 있는데, 이는 투자라운드 진행, 투자자수 증가 등이 투자에 대한 불확실성을 줄여주는 유인으로 작용하고 있다고 해석할 수 있다.

모형 2에서는 리드 투자자 비중이 투자 증가에 미치는 영향을 살펴보았는데, 리드투자자의 비중의 증가는 투자 증가에 부정적인 영향을 미쳤다(b=−2.031, p<0.001). 모형 3에서는 리드 투자자 비중의 제곱항을 추가하였는데 리드 투자자의 비중이 투자 증가와 역U자형 관계를 지닌다는 논문의 가설 1을 검증한 결과를 포함하고 있다. 리드 투자자 비율의 증가는 투자 확대에 긍정적인 영향력을 미치지만 일정 수준 이상의 리드 투자자 비중 증가는 오히려 투자 금액의 감소를 유발하는 것으로 나타나(b=−15.717, p<0.001) 가설 1이 지지되었음을 확인하였다. 이러한 결과는 기존의 연구와 같이(Jeon et al., 2015) 리드 투자자 증가의 긍정적인 효과가 신디케이트 투자 성과에 긍정적인 영향력을 미치고 있지만, 지속적인 리드 투자자의 증가는 다양한 비용을 수반하여 긍정적 효과를 상쇄할 수 있다는 점을 시사한다.

모형 4는 리드 투자자 비중과 지위의 교호작용의 결과를 나타낸다. 리드 투자자 비중의 증가의 효과가 지위의 상승에 따라 강화되고 있는 것을 확인할 수 있다. 마지막으로 모형 5에서는 리드 투자자의 비중 증가에 따른 투자 성과 감소가 평균 투자자 지위에 따라 더욱 강화할 것이라는 우리의 가설 2가 지지되는 것을 확인할 수 있다(b=−2.878, p<0.05).

본 논문에는 포함하지 않았으나 몇 가지 강건성 검증(Robustness check)을 실시하였다. 첫째, 기업이 M&A, IPO 등으로 더 이상 투자를 받지 않게 되거나 알 수 없는 이유로 투자가 중단될 경우 투자 증가량이 0으로 나타날 수 있다. 우리는 투자가 전혀 발생하지 않은 기업의 더미를 1로 설정하여 회귀분석에 포함하였으나 결과에 차이가 발생하지 않았다. 둘째,

리드투자자의 지위 및 공동투자자의 지위의 평균 비율을 통제하였으나 역시 결과에는 차이가 발생하지 않았다. 셋째, 투자 라운드 중 최종 라운드의 경우 이후 투자금액의 증가가 발생하지 않으므로 최종라운드 더미변수를 형성하여 회귀분석을 실시하였으나 결과는 동일함을 확인하였다. 넷째, 시너지/갈등이 아닌 투자 불확실성에 따른 리드 투자자의 행동을 통제하기 위해 투자 초기, 중기, 후기 단계 중 초기와 후기를 제외한 중기 데이터를 샘플로 하여 실증하였다. 더불어 IPO를 한 기업과 그렇지 않은 기업의 샘플로도 구분하여 실증하였는데 리드투자자의 효과가 여전히 역 U자형으로 나타남을 발견하였다.

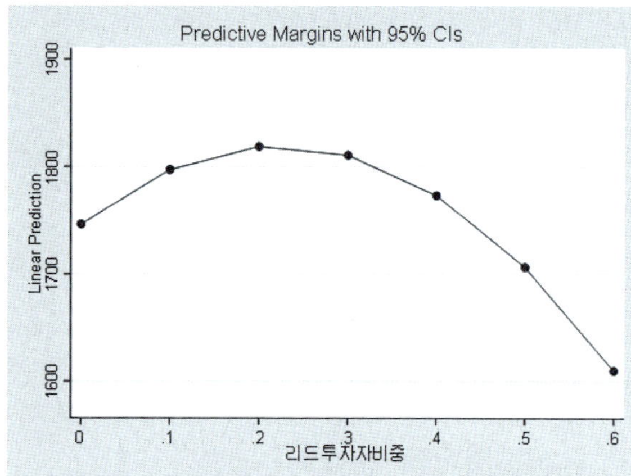

〈그림 2〉 **리드투자자 비중 증가에 따른 투자 성과**

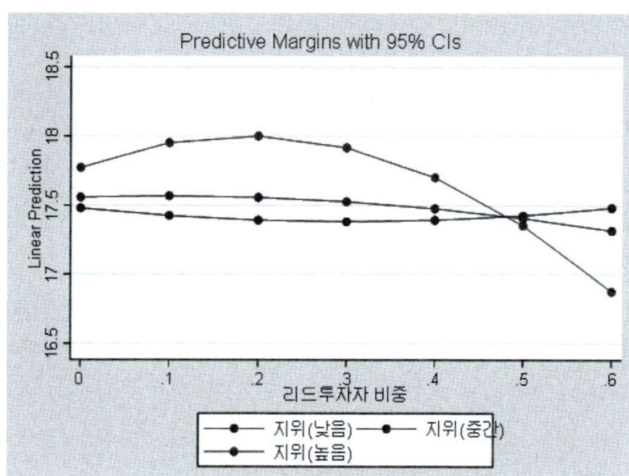

〈그림 3〉 **리드투자자 비중과 지위의 상호작용효과**

〈표 2〉 리드투자자 비중과 투자자 지위에 따른 라운드별 투자 성과 패널고정효과 분석 모형

	모형1	모형2	모형3	모형4	모형5
리드투자자 비중-		-2.031***	6.893***	-0.781	4.503**
		(0.398)	(1.109)	(0.509)	(1.595)
리드투자자 비중^2			-15.717***		-9.237***
			(1.824)		(2.805)
리드투자자 비중 × VC지위				-0.669***	0.988
				(0.170)	(0.573)
리드투자자 비중^2 × VC지위					-2.878**
					(1.017)
VC지위	0.111*	0.121**	0.120**	0.245***	0.183**
	(0.045)	(0.045)	(0.045)	(0.055)	(0.057)
VC명성	-0.000***	-0.000***	-0.000***	-0.000***	-0.000***
	(0.000)	(0.000)	(0.000)	(0.000)	(0.000)
기업연령	0.357	0.325	0.323	0.332	0.323
	(0.437)	(0.437)	(0.436)	(0.437)	(0.435)
투자라운드	0.215***	0.200***	0.212***	0.201***	0.212***
	(0.056)	(0.056)	(0.056)	(0.056)	(0.056)
투자자수	0.484***	0.480***	0.483***	0.480***	0.482***
	(0.023)	(0.023)	(0.023)	(0.023)	(0.023)
투자금액(t)	0.966***	0.966***	0.964***	0.965***	0.964***
	(0.004)	(0.004)	(0.004)	(0.004)	(0.004)
산업고정효과	포함	포함	포함	포함	포함
연도고정효과	포함	포함	포함	포함	포함
상수	2.345*	3.177**	2.610*	2.987**	2.543*
	(1.123)	(1.134)	(1.133)	(1.134)	(1.134)
R^2(within)	0.848	0.849	0.849	0.849	0.849
R^2(between)	0.8174	0.8251	0.8231	0.8214	0.8216
R^2(overall)	0.8736	0.8768	0.8767	0.8753	0.8762
관측치	24,677	24,677	24,677	24,677	24,677
기업수	9,253	9,253	9,253	9,253	9,253

Robust standard errors clustered are in parentheses.

*** p<0.001, ** p<0.01, * p<0.05 (two-tailed tests of significance)

마지막으로 투자자의 수에 따라 투자자 비율의 의미가 달라질 수 있어 신디케이트의 크기가 3 이상인 경우 표본을 추출하여 동일 가설을 검증한 결과(6,814개 기업의 15,013개의 투자 관측치), 리드 투자자의 비중과 투자자의 지위의 상호작용이 투자 성과에 미치는 영향력은 동일함을 확인하였다.

〈그림 2〉와 〈그림 3〉에서는 리드 투자자 비중의 증가에 따른 투자 성과 감소와 지위의 상호작용의 한계 효과를 각각 나타내고 있다. 〈그림 3〉에 따르면 높은 지위를 지닌 투자자들의 경우 리드 투자자 비중이 증가함에 따라 성과가 급격히 하락하는 반면 낮은 지위를 지닌 투자자들의 경우 리드 투자자의 비중의 증가가 투자 성과에 오히려 긍정적인 영향력을 강화하는 것으로 나타나고 있다. 이러한 결과는 리드 투자자의 긍정적인 효과는 투자자의 높은 지위로 발생하는 혜택을

누리지 못하는 낮은 지위의 투자자의 경우 리드투자자로 인한 이점이 비용보다 클 수 있다는 점을 시사한다.

Ⅳ. 결론 및 제언

4.1. 연구결과

신생기업에겐 자원 조달 특히 투자금의 확보는 생존에 필수적인 요인이다. 투자자 및 투자금 유치는 기업에 역량에 대한 긍정적 신호이며, 정당성을 확보하게 하여 잠재 투자자의 투자 의도를 증가시킬 수 있고, 기업의 성과를 향상시키는 등 신생기업 성과에 긍정적인 영향력을 미친다(Ebbers & Wijnberg, 2012; Fehder & Hochberg, 2014). VC 투자자가 신생 기업을 발굴하고 유, 무형의 자원을 투입하여 기업의 성장과 성과 향상에 긍정적인 영향을 미친다는 점에서 VC 투자의 중요성은 지속적으로 강조되어 왔다(Manigart et al., 2006; Gorman & Sahlman, 1989). 그러나 신생 기업의 투자가 높은 불확실성을 지니는 만큼 VC 신디케이트, 즉 VC 투자자들이 공동 투자 형식으로 위험성을 분산하고 상호 호혜적인 자원을 투입하는 방식이 선호되어 왔다(Brander et al., 2002; Hochberg et al., 2007).

본 논문은 VC 신디케이트 내부의 VC가 맡은 역할과 이들의 지위가 기업의 투자 성과에 어떠한 영향력을 미치는지 살펴보았다. 1991년부터 2005년 동안 VC 신디케이트 투자를 받은 9,253개 미국 기업의 투자 성과를 분석한 결과, 리드 투자자의 비중이 증가에 따라 투자성과는 향상될 수 있으나 일정 수준이 지나자 성과가 오히려 감소하는 것을 발견하였다. 투자 대상을 물색하고 검증하여 신디케이트를 형성한 후 공동 투자자를 모집하는 역할을 맡는 리드 투자자는 투자 대상기업 경영 전반에 각종 유, 무형의 자원 및 전문성 기반의 경영감독을 제공할 뿐만 아니라(Bothner et al., 2015; Hochberg et al., 2007), 정당성 확보에도 긍정적인 영향력을 미친다. 리드 투자자 역할의 중요성을 고려해 볼 때 신디케이트 내부의 리드 투자자 증가는 투자에 대한 가시성을 높일 뿐만 아니라(Jeon et al., 2015), 각 투자자의 자원의 시너지를 발생시켜 투자 성과에 더욱 긍정적일 수 있다고 이해되어왔다. 그러나 리드 투자자는 공동투자자에 비해 더 많은 영향력을 행사하는 경향이 있으며 이에 따라 더 많은 소유권 등을 갖게 되는 특징을 보이는 만큼 리드 투자자 증가에 따라 자신의 영향력을 확대하고 주도적 역할을 맡으려는 데서 비롯되는 일련의 갈등 발생 역시 가능하다. 즉, 리드투자자 간의 역할 규정 및 이견을 조율하는데 많은 시간과 비용이 발생할 수 있기 때문에 신디케이트의 참가자들이 투자에 적극적이지 않거나, 잠재 투자자에게 불확실성으로 인지되어 리드투자자 증가에 따른 투자성과는 일정수준까지는 정의 관계를 보이나 이후에는 감소하는 역 U자 관계를 보였다고 이해할 수 있다. 또한 리드 투자자의 비중 증가가 투자 성과 감소에 미치는 영향력은 투자자들의 지위가 높을수록 더욱 강화되는 것으로 나타났다. 투자자의 지위가 높아질수록 자신의 영향력을 강화하려는 경향을 보이며(Ma et al., 2013), 의견 충돌이 발생할 경우 비협조적인 태도를 유지할 가능성을 높여 빠른 협의 도출을 어렵게 하여 궁극적으로 투자 성과에 부정적인 영향력을 미칠 수 있다. 즉, 리드 투자자가 증가함에 따라 발생하는 조정 비용은 투자자 지위가 높아질수록 더욱 증가할 수 있다(Denis et al., 2001; Locke, 2003; Muethel & Hoegl, 2012).

본 논문의 연구 결과는 투자자의 리더역할(role) 및 지위가 현재 및 미래의 투자자 및 다양한 이해관계자의 불확실성을 줄이는 요소로 작용할 수 있는 반면 위험요소를 동시에 증가시켜 투자 유치에 부정적으로 작용할 수 있다는 것을 의미한다. 이러한 발견은 신생기업이 투자를 유치하는데 있어서 투자자의 성향과 역할, 지위 및 명성 등을 충분히 고려할 필요성이 있다는 점과 투자자의 높은 사회적 지위가 항상 긍정적인 결과를 가져오지 않는다는 점을 시사한다. 따라서 신생기업 및 투자자는 투자자의 역할과 지위를 고려하여 협력관계를 구축할 뿐만 아니라 투자자 특성 간 균형을 유지하는 것이 바람직하다.

4.2. 한계점과 향후과제

본 논문은 다음과 같은 한계점을 지닌다. 먼저, 우리의 연구는 신디케이트 내 리드 투자자의 비율은 투자 성과와 역 U자형 관계를 보일 수 있으며 특히 높은 시장 영향력을 지닌 VC간 지위 갈등의 발생이 존재할 때 리드 투자자의 비중 증가의 부정적 영향력이 강화된다는 것을 발견하였다. 그러나 우리는 투자자들이 기존에 어떠한 관계를 맺고 있었는지에 관해서는 충분히 살펴보지 못했다. 예를 들어 기존의 공동 투자 경험으로 인한 역할 분담과 신뢰구축이 수반된 경우 투자 결정에 있어 갈등 조율이 더욱 수월할 수 있다(Guler, 2007) Hopp & Lukas(2014)에 따르면 리드투자자와 공동 투자자 간의 상호 호혜적 관계가 발견될 때 이들의 신디케이트 공동 투자가 더욱 활발해진다는 것을 발견했다. VC는 기존의 공동 투자 경험을 지니고 있거나 간접적인 네트워크를 통해 신뢰를 쌓은 파트너와 협력관계를 구축하고자 하는 경향을 보이며(Sorenson & Stuart, 2001), 지리적 위치, 전문성 및 보유 자원에서의 유사성을 보이는 파트너를 선호하는 것으로 연구되어 왔다(Gompers et al., 2016; Trapido, 2007). 즉, 갈등의 관계를 해소하는 등의 다양한 관계적, 조직적 메커니즘이 존재할 수 있으며 향후 이와 관련한 조정 메커니즘이 향후 연구될 필요성이 있다고 판단한다. 뿐만 아니라 본 연구에서는 리드 투자자 비중 증가에 따른 시너지/갈등을 직접적으로 관측하지 못하였는데 향후 연구에서 실제 이사회 회의록, 인터뷰 등의 자료를 기반으로 현재는 블랙박스(black box)로 남겨진 내부 메커니즘을 깊이 다룰 수 있을 것이라고 기대한다. 또한 기업은 다양한 경로를 통해 투자를 유치할 수 있는데, 비록 VC의 투자가 매우 중요한 영향력을 미치고 있음에도 불구하고 본 연구에서는 기업이 VC 이외에 받는 투자의 효과 등은 충분히 고려되지 못했다. 투자자의 증가로 인해, 내부에서 어떠한 갈등과 이견, 충돌이 발생하는지, 또한 어떠한 긍정적인 효과들이 공존하는지, 어떤 상황에서 이러한 점들이 균형을 잘 맞출 수 있는지 등이 연구된다면 이론적으로도 실무적으로 큰 기여를 할 것으로 판단된다.

마지막으로 본 논문은 투자 증대를 성과변수로 고려하였으나 기업공개 및 인수합병, 저평가(underpricing) 등의 다양한 성과에 따른 리드투자자 비중의 효과가 상이할 수 있다. 따라서 리드 투자자의 효과가 달라질 수 있는 다양한 맥락에 대한 연구는 투자자 역할에 따른 성과에 대한 이해의 폭을 넓힐 수 있을 것으로 기대한다.

REFERENCE

Aoki, M. (2000). *Information and governance in the Silicon Valley model. Corporate Governance: Theoretical and Empirical Perspectives*. NY: Cambridge University Press.

Bajo, E., Chemmanur, T. J., Simonyan, K., & Tehranian, H. (2016). Underwriter networks, investor attention, and initial public offerings. *Journal of Financial Economics*, 122(2), 376–408.

Bendersky, C., & Hays, N. A. (2012). Status conflict in groups. *Organization Science*, 23(2), 323–340.

Brander, J. A., Amit, R., & Antweiler, W. (2002). Venture–capital syndication: Improved venture selection vs. the value–added hypothesis. *Journal of Economics & Management Strategy*, 11(3), 423–452.

Benjamin, B. A., & Podolny, J. M. (1999). Status, quality, and social order in the California wine industry. *Administrative Science Quarterly*, 44(3), 563–589.

Bonacich, P. (1987). Power and centrality: A family of measures. *American Journal of Sociology*, 92(5), 1170–1182.

Bothner, M. S., Kim, Y. K., & Lee, W. (2015). Primary status, complementary status, and organizational survival in the US venture capital industry. *Social Science Research*, 52, 588–601.

Brass, D. J., & Krackhardt, D. (1999). *The social capital of twenty-first century leaders. Out-of-the-box leadership: Transforming the twenty-first-century army and other top-performing organizations*. CT: JAI.

Bruton, G. D., Filatotchev, I., Chahine, S., & Wright, M. (2010). Governance, ownership structure, and performance of IPO firms: The impact of different types of private equity investors and institutional environments. *Strategic Management Journal*, 31(5), 491–509.

Bygrave, W. D. (1987). Syndicated investments by venture capital firms: A networking perspective. *Journal of Business Venturing*, 2(2), 139–154.

Carletti, E., Cerasi, V., & Daltung, S. (2007). Multiple–bank lending: Diversification and free–riding in monitoring. *Journal of Financial Intermediation*, 16(3), 425–451.

Castellucci, F., & Ertug, G. (2010). What's in it for them? Advantages of higher–status partners in exchange relationships. *Academy of Management Journal*, 53(1), 149–166.

Chahine, S., Arthurs, J. D., Filatotchev, I., & Hoskisson, R. E. (2012). The effects of venture capital syndicate diversity on earnings management and performance of IPOs in the US and UK: An institutional perspective. *Journal of Corporate Finance*, 18(1), 179–192.

Chang, J. W., Chow, R. M., & Woolley, A. W. (2017). Effects of inter–group status on the pursuit of intra–group status. *Organizational Behavior and Human Decision Processes*. 139, 1–17.

Chemmanur, T. J., & Krishnan, K. (2012). Heterogeneous beliefs, IPO valuation, and the economic role of the underwriter in IPOs. *Financial Management*, 41(4), 769–811.

Chemmanur, T. J., Krishnan, K., & Nandy, D. K. (2011). How does venture capital financing improve efficiency in private firms? A look beneath the surface. *The Review of Financial Studies*, 24(12), 4037–4090.

Bayar, O., Chemmanur, T. J., & Tian, X. (2020). Peer Monitoring, Syndication, and the Dynamics of Venture Capital Interactions: Theory and Evidence. *Journal of Financial and Quantitative Analysis*, 55(6), 1875–1914.

Cope, J., Kempster, S., & Parry, K. (2011). Exploring distributed leadership in the small business context. *International Journal of Management Reviews*, 13(3), 270–285.

Denis, J. L., Lamothe, L., & Langley, A. (2001). The dynamics of collective leadership and strategic change in pluralistic organizations. *Academy of Management Journal*, 44(4), 809–837.

Dimov, D., & Milanov, H. (2010). The interplay of need and opportunity in venture capital investment syndication. *Journal of Business Venturing*, 25(4), 331–348.

Dimov, D., Shepherd, D. A., & Sutcliffe, K. M. (2007). Requisite expertise, firm reputation, and status in venture capital investment allocation decisions. *Journal of Business Venturing*, 22(4), 481–502.

Dixit, R. K., & Pindyck, R. S. (1994). *Investment under uncertainty*. New Jersey: Princeton University Press.

Dust, S. B., & Ziegert, J. C. (2016). Multi–leader teams in review: A contingent–configuration perspective of effectiveness. *International Journal of Management Reviews*, 18(4), 518–541.

Ebbers, J. J., & Wijnberg, N. M. (2012). Nascent ventures competing for start–up capital: Matching reputations and investors. *Journal of Business Venturing*, 27(3), 372–384.

Elango, B., Fried, V. H., Hisrich, R. D., & Polonchek, A. (1995). How venture capital firms differ. *Journal of Business Venturing*, 10(2), 157–179.

Ellis, K., Michaely, R., & O'hara, M. (2000). When the underwriter is the market maker: An examination of trading in the IPO aftermarket. *The Journal of Finance*, 55(3), 1039–1074.

Emerson, R. M. (1962). Power–dependence relations. *American Sociological Review*, 27(1), 31–40.

Fehder, D. C., & Hochberg, Y. V. (2014). *Accelerators and the regional supply of venture capital investment*, Retrieved from https://papers.ssrn.com/sol3/papers.cfm?abstract_id52518668.

Fried, V. H., & Hisrich, R. D. (1995). The venture capitalist: A relationship investor. *California Management Review,* 37(2), 101–113.

Goldstein, J. (2004). Making sense of distributed leadership: The case of peer assistance and review. *Educational Evaluation and Policy Analysis,* 26(2), 173–197.

Gompers, P. (1995). Optimal investment, monitoring and staging of venture capital. *Journal of Finance,* 50, 1461–1489.

Gompers, P., & Lerner, J. (1999). An analysis of compensation in the US venture capital partnership. *Journal of Financial Economics,* 51(1), 3–44.

Gompers, P., & Lerner, J. (2001). The venture capital revolution. *Journal of Economic Perspectives,* 15(2), 145–168.

Gompers, P. A., Mukharlyamov, V., & Xuan, Y. (2016). The cost of friendship. *Journal of Financial Economics,* 119(3), 626–644.

Goode, W. J. (1978). *The celebration of heroes: Prestige as a social control system.* Berkeley: University of California Press.

Gorman, M., & Sahlman, W. A. (1989). What do venture capitalists do?. *Journal of Business Venturing,* 4(4), 231–248.

Gould, R. V. (2002). The origins of status hierarchies: A formal theory and empirical test. *American Journal of Sociology,* 107(5), 1143–1178.

Guler, I. (2007). Throwing good money after bad? Political and institutional influences on sequential decision making in the venture capital industry. *Administrative Science Quarterly,* 52(2), 248–285.

Gronn, P. (1999). Substituting for leadership: The neglected role of the leadership couple. *The Leadership Quarterly,* 10(1), 41–62.

Gronn, P. (2002). Distributed leadership as a unit of analysis. *The Leadership Quarterly,* 13(4), 423–451.

Groysberg, B., Polzer, J. T., & Elfenbein, H. A. (2011). Too many cooks spoil the broth: How high-status individuals decrease group effectiveness. *Organization Science,* 22(3), 722–737.

Grubb, W. N., & Flessa, J. J. (2006). A job too big for one: Multiple principals and other nontraditional approaches to school leadership. *Educational Administration Quarterly,* 42(4), 518–550.

Halevy, N., Chou, E. Y., & Galinsky, A. D. (2011). A functional model of hierarchy: Why, how, and when vertical differentiation enhances group performance. *Organizational Psychology Review,* 1(1), 32–52.

Hallen, B. L. (2008). The causes and consequences of the initial network positions of new organizations: From whom do entrepreneurs receive investments?. *Administrative Science Quarterly,* 53(4), 685–718.

Hellmann, T., & Puri, M. (2000). The interaction between product market and financing strategy: The role of venture capital. *Review of Financial Studies,* 13(4), 959–984.

Hellmann, T., & Puri, M. (2002). Venture capital and the professionalization of start-up firms: Empirical evidence. *The Journal of Finance,* 57(1), 169–197.

Hochberg, Y. V., Ljungqvist, A., & Lu, Y. (2007). Whom you know matters: Venture capital networks and investment performance. *The Journal of Finance,* 62(1), 251–301.

Hodgson, R. C., Levinson, D. J., & Zaleznik, A. (1965). *The executive role constellation: An analysis of personality and role relations in management.* Boston: Harvard University, Division of Research, Graduate School of Business Administration.

Hogan, R., & Hogan, J. (1991). *Personality and status. Personality, social skills, and psychopathology: An individual differences approach.* NY: Plenum Press.

Hopp, C., & Lukas, C. (2014). A signaling perspective on partner selection in venture capital syndicates. *Entrepreneurship Theory and Practice,* 38(3), 635–670.

Hoskisson, R. E., Hitt, M. A., Johnson, R. A., & Grossman, W. (2002). Conflicting voices: The effects of institutional ownership heterogeneity and internal governance on corporate innovation strategies. *Academy of Management Journal,* 45(4), 697–716.

Hsu, D. H. (2004). What do entrepreneurs pay for venture capital affiliation?. *The Journal of Finance,* 59(4), 1805–1844.

Hu, Y., & Ritter, J. R. (2007). *Multiple bookrunners in IPOs.* Doctoral dissertation, University of Florida.

Ingvaldsen, J. A., & Rolfsen, M. (2012). Autonomous work groups and the challenge of inter-group coordination. *Human Relations,* 65(7), 861–881.

Jeon, J. Q., Lee, C., Nasser, T., & Via, M. T. (2015). Multiple lead underwriter IPOs and firm visibility. *Journal of Corporate Finance,* 32, 128–149.

Kaplan, S. N., & Lerner, J. (2010). It ain't broke: The past, present, and future of venture capital. *Journal of Applied Corporate Finance,* 22(2), 36–47.

Khaire, M. (2010). Young and no money? Never mind: The material impact of social resources on new venture growth. *Organization Science,* 21(1), 168–185.

Kim, J. E., Kim, E. S., & Kim, Y. K. (2019). Market Position and Growth: Integration of Vertical and Horizontal Positions of Venture Capitalists. *Asia-Pacific Journal of Business Venturing and Entrepreneurship,* 14(6), 131–141.

Ko, E. J., & McKelvie, A. (2018). Signaling for more money: The roles of founders' human capital and investor prominence in resource acquisition across different stages of firm development. *Journal of Business Venturing,* 33(4), 438–454.

Krantz, J. (1989). The managerial couple: Superior-subordinate relationships as a unit of analysis. *Human Resource Management,* 28(2), 161–175.

Lee, P. M., Pollock, T. G., & Jin, K. (2011). The contingent value of venture capitalist reputation. *Strategic Organization,* 9(1), 33–69.

Lerner, J. (1994). The syndication of venture capital investments. *Financial Management,* 16–27.

Lindsey, L. (2008). Blurring firm boundaries: The role of venture capital in strategic alliances. *The Journal of Finance,* 63(3), 1137–1168.

Ljungqvist, A., Malloy, C., & Marston, F. (2009). Rewriting history. *The Journal of Finance,* 64(4), 1935–1960.

Locke, E. A. (2003). *Foundations for a theory of leadership. The future of leadership development.* NJ: Erlbaum.

Lockett, A., & Wright, M. (2001). The syndication of venture capital investments. *Omega,* 29(5), 375–390.

Ma, D., Rhee, M., & Yang, D. (2013). Power source mismatch and the effectiveness of interorganizational relations: The case of venture capital syndication. *Academy of Management Journal,* 56(3), 711-734.

Manigart, S., Lockett, A., Meuleman, M., Wright, M., Landström, H., Bruining, H., & Hommel, U. (2006). Venture capitalists' decision to syndicate. *Entrepreneurship Theory and Practice,* 30(2), 131-153.

Mannix, E. A., & Sauer, S. J. (2006). Status and power in organizational group research: Acknowledging the pervasiveness of hierarchy. *Advances in Group Processes,* 23, 149-182.

Merton, R. K. (1968). The Matthew effect in science: The reward and communication systems of science are considered. *Science,* 159(3810), 56-63.

Muethel, M., & Hoegl, M. (2012). The influence of social institutions on managers' concept of trust: Implications for trust-building in Sino-German relationships. *Journal of World Business,* 47(3), 420-434.

Overbeck, J. R., Correll, J., & Park, B. (2005). *Research on Managing Groups and Teams. Internal status sorting in groups: The problem of too many star.* St. Louis: Elsevier Press.

Podolny, J. M. (1993). A status-based model of market competition. *American Journal of Sociology,* 98(4), 829-872.

Podolny, J. M. (2005). *Status signals: A sociological study of market competition.* NJ: Princeton University Press.

Podolny, J. M., & Page, K. L. (1998). Network forms of organization. *Annual Review of Sociology,* 24(1), 57-76.

Podolny, J. M., & Phillips, D. J. (1996). The dynamics of organizational status. *Industrial and Corporate Change.* 5(2), 453-471.

Podolny, J. M., & Stuart, T. E. (1995). A Role-Based Ecology of Technological Change. *American Journal of Sociology,* 100(5), 1224-1260.

Ring, P. S., & Van de Ven, A. H. (1992). Structuring cooperative relationships between organizations. *Strategic Management Journal,* 13(7), 483-498.

Ritter, J. R. (2021). Initial public offerings: VC-backed IPO statistics through 2021. *University of Florida Working Paper.*

Sorenson, O., & Stuart, T. E. (2001). Syndication networks and the spatial distribution of venture capital investments. *American Journal of Sociology,* 106(6), 1546-1588.

Sorenson, O., & Stuart, T. E. (2008). Bringing the context back in: Settings and the search for syndicate partners in venture capital investment networks. *Administrative Science Quarterly,* 53(2), 266-294.

Spence, M. (1973). Job market signaling. *Quarterly Journal of Economics.* 87(3), 355-374.

Stuart, T. E., Hoang, H., & Hybels, R. C. (1999). Interorganizational endorsements and the performance of entrepreneurial ventures. *Administrative Science Quarterly,* 44(2), 315-349.

Trapido, D. (2007). Competitive embeddedness and the emergence of interfirm cooperation. *Social Forces,* 86(1), 165-191.

Uzzi, B., & Lancaster, R. (2004). Embeddedness and price formation in the corporate law market. *American Sociological Review,* 69(3), 319-344.

Vithanage, K., Neupane, S., & Chung, R. (2016). Multiple leadunderwriting syndicate and IPO pricing. *International Review of Financial Analysis,* 48, 193-208.

West, M. A. (1994). *Effective teamwork: Practical lessons from organizational research.* MA: BPS Blackwell.

Wilson, R. (1968). The theory of syndicates. *Econometrica: Journal of the Econometric Society,* 119-132.

Wood, M. S., & Fields, D. (2007). Exploring the impact of shared leadership on management team member job outcomes. *Baltic Journal of Management,* 2(3), 251-272.

Wright, M., & Lockett, A. (2003). The structure and management of alliances: syndication in the venture capital industry. *Journal of Management Studies,* 40(8), 2073-2102.

Zhang, L., Gupta, A. K., & Hallen, B. L. (2017). The conditional importance of prior ties: A group-level analysis of venture capital syndication. *Academy of Management Journal,* 60(4), 1360-1386.

Zhelyazkov, P. I., & Tatarynowicz, A. (2021). Marriage of Unequals? Investment Quality Heterogeneity, Market Heat, and the Formation of Status-Asymmetric Ties in the Venture Capital Industry. *Academy of Management Journal,* 64(2), 509-536.

벤처창업연구 제16권 제3호 (통권75호)

기업벤처캐피탈의 모험적 투자: 미국 기업벤처캐피탈 투자에 미치는 산업특성과 투자경험의 영향 탐색

김도윤 (연세대학교 경영연구소 전문연구원)
신동엽 (연세대학교 경영대학 교수)

국문 요약

본 연구는 기업벤처캐피탈의 모험적 투자에 영향을 미치는 요인들에 대해 탐색한다. 기존 연구들이 기업벤처캐피탈을 모기업 사업 다각화와 신규 사업 진출을 위한 기업벤처링의 수단, 사업전략을 위한 전략적 투자자, 소유 지배 구조를 확장하기 위한 부정적인 역할을 수행하는 주체로 바라보는 것에 반해, 본 연구는 독립된 재무적 투자자이자 학습 주체로서 기업벤처캐피탈의 정체성에 주목한다. 구체적으로 본 연구는 변화하는 경영 환경에 대응하여 탐색을 시도하는 기업벤처캐피탈의 모험적 투자에 주목하여, 기업벤처캐피탈로 하여금 기존에 투자하던 방식이 아닌 새로운 방식의 모험적 투자를 하게하는 요인에 대해 분석한다. 이를 위해 산업 내 경쟁강도, 기업벤처캐피탈의 투자경험, 기업벤처캐피탈의 투자와 관련된 위험선호성향이 모험적 투자에 미치는 영향에 대해 실증분석하였다. 1996년부터 2017년까지 미국 기업벤처캐피탈의 기업정보, 투자정보를 기반으로 실증분석한 결과, 산업 내 경쟁강도가 강할수록, 투자경험이 많을수록, 스타트업의 후반 라운드에 투자를 주로 하는 기업벤처캐피탈일수록 상대적으로 모험적인 투자를 하지 않는 것이라는 가설이 모두 지지되었다. 주로 모기업과의 관계를 중심으로 기업벤처캐피탈의 투자에 대해 논의했던 기존 연구들과 달리, 독립된 투자자이자 탐색과 활용의 주체로서의 기업벤처캐피탈 투자에 대해 주목했다는 점에서 기업벤처캐피탈 정체성과 투자전략에 대한 논의의 폭을 확장하고, 기업벤처캐피탈이 스타트업 생태계에서의 역할에 대해 제고한다는 점에서 시사점이 있다.

핵심주제어: 기업벤처캐피탈, 경쟁강도, 투자경험, 투자성향

Ⅰ. 서론

본 연구는 조직학습의 이론적 관점에서 기업벤처캐피탈의 모험적 투자에 영향을 미치는 요인들에 대해 1996년부터 2017년까지 미국 기업벤처캐피탈의 기업정보, 투자정보를 기반으로 실증분석한다. 21세기 경영환경에서 스타트업과 벤처생태계가 활성화될수록 기업벤처캐피탈의 필요성과 산업 내에서의 역할에 대한 관심이 증가하고 있다. 최근 들어 기업벤처캐피탈의 투자규모가 늘어나고, 벤처생태계 참여가 증가하면서 전체 벤처캐피탈 투자 중 기업벤처캐피탈의 투자비중이 24%를 넘어서고, 기업벤처캐피탈의 설립 역시 최대 최고 수준으로 설립되는 등(2018년 기준 264개) 기업벤처캐피탈 투자가 크게 증가하고 있다. 특히 본 연구의 분석대상이 되는 미국 스타트업 벤처생태계에서 2016년 963건($17,9억)에서 2020년 1,211건($40.2억)으로 기업벤처캐피탈 투자 규모가 증가하는 등 기업벤처캐피탈의 활약이 두드러지고 있다(CB Insights, 2020). 한편 대한민국 스타트업 생태계에서는 기업벤처캐피탈을 대기업에 종속되어 모기업의 방만한 경영, 소유자의 지분 편법 승계, 소유 지배구조 확장 등을 위해 부정적인 역할을 수행하는 주체로 인식되어 공정거래법상 금산분리 원칙에 의해 설립에 제약이 있어왔으나. 2018년 이후 스타트업 생태계의 역동성 제고를 위해 대기업 투자자금이 스타트업으로 유입될 수 있도록 대기업 지주회사 내 벤처캐피탈 설립을 허용하고, 설립요건을 완화하는 등 기업벤처캐피탈을 통해 산업·경제 구조의 혁신을 시도하고 있다. 기업벤처캐피탈은 이처럼 기존 대기업들이 급격하게 변화하는 경영환경에 대응하기 위한 전략적 수단으로 설립되어, 주로 모기업이 새로운 사업 기회를 모색하거나 계열사 편입을 통해 지식과 자

산을 확보하기 위한 전략적 목적으로 운영되어 왔고(김도현, 2013; Block & MacMillan, 1993; Dushnitsky & Lenox, 2005; 2006; Lee & Kang, 2015), 많은 기업벤처캐피탈의 투자자들 또한 모기업의 현재 핵심 사업을 지원하고자 하는 목적을 기업벤처캐피탈 설립과 운영의 목적으로 제시하고 있다(Hill & Birkinshaw, 2014).

반면에 본 연구는 독립된 학습 주체로서 기업벤처캐피탈의 정체성에 주목한다. 기업벤처캐피탈 회사(Corporate Venture Capital Firms)는 모기업 내에 속하여 기업벤처캐피탈 투자를 하는 기업벤처캐피탈 부서(Corporate Venture Capital Unit)와 달리 모기업과 독립적으로 분리된 재무적 투자 법인이자 변화하는 환경에 대응하여 탐색과 혁신을 시도할 수 있는 학습주체이기도 하다. 이러한 관점에서 본 연구는 기업벤처캐피탈과 기업벤처투자에 대한 기존 연구들과 조직학 분야의 이론적인 기반을 두고 기업벤처캐피탈의 모험적 투자에 대해 탐구하고자 한다. 구체적으로 본 연구는 기업벤처캐피탈로 하여금 기존에 투자하던 방식이 아닌 새로운 방식의 모험적 투자를 하는 데 영향을 미치는 선행요인들을 탐색한다. 이를 위해 기업벤처캐피탈과 벤처캐피탈의 투자에 관한 기존 문헌연구들을 기반으로, 첫째, 산업 내 경쟁강도가 기업벤처캐피탈의 모험적 투자에 미치는 영향을 분석하고, 둘째, 모험적 투자에 영향을 미치는 기업벤처캐피탈의 과거 투자경험의 영향을 분석하였으며, 셋째, 기업벤처캐피탈의 투자 경향이 모험적 투자에 미치는 영향에 대해 분석하였다. 이를 위해 1996년부터 2017년까지 미국 기업벤처캐피탈의 기업정보, 투자정보를 기반으로 실증분석하여 모든 가설들이 높은 수준의 신뢰수준에서 지지되었다.

Ⅱ. 이론적 배경

2.1 기존문헌연구

2.1.1 기업벤처캐피탈의 양면적 정체성과 탐색

기업벤처캐피탈에 대한 기존 연구들은 주로 기업벤처캐피탈의 정체성과 설립목적에 초점을 두고 논의해왔다. 기업벤처캐피탈의 설립목적은 크게 전략적 목적과 재무적 목적 두 가지로 나눌 수 있다. 기존 연구들은 주로 모기업의 전략적 목적에 의해 설립된 기업벤처캐피탈의 정체성이 재무적 목적으로 설립된 독립벤처캐피탈(Independent Venture Capital, IVC)과 차별화된다고 보고하며(MacMillan et al., 1986; Siegel et al., 1988; Winters & Murfin, 1988), 기업벤처캐피탈의 투자활동은 모기업의 사업전략과 밀접한 관계가 있음을 강조하고 있다(Block & MacMillan, 1993). 한편 기업벤처캐피탈의 재무적 목적에 초점을 맞춘 연구들은 기업벤처캐피탈의 투자와 투자성과 자체에 주목하고 있다. 이 연구들에 따르면 모기업은 자회사인 기업벤처캐피탈의 투자가 모기업의 사업 성장하는 데 기여할 것으로 기대하는데 반해, 기업벤처캐피탈 내부 투자자들이 투자 의사결정을 할 때 고려하는 핵심요인 중 하나가 재무적으로 높은 수익을 얻는 것이라는 것이다(Chesbrough, 2002; Siegel et al., 1988). 기업벤처캐피탈에 대한 연구들의 주요한 관심은 기업벤처캐피탈 설립목적에서 정의되는 양면적 정체성과 이로 인해 발생하는 투자결과에 대한 것들이었다.

조직학습과 행동주의 이론을 연구하는 조직 연구자들은 모기업의 전략적 목적에 의해 설립된 기업벤처캐피탈을, 기존 조직의 성장과 생존을 위해 변화하는 환경에 대응하기 위한 탐색(Search)활동에 필요한 하위 부서로서의 역할에 주목하고 있다(Gompers, 2002; Birkinshaw & Hill, 2005; Lee, et al., 2018). 행동주의이론과 조직학습이론에서 환경변화에 대응하는 조직의 시도인 탐색에 대해 다양한 이론들을 제시한 March(1991)에 따르면, 조직이 변화하는 양상은 크게 기존에 조직이 보유하고 있는 경험, 지식, 기술, 역량, 루틴에 기반하여 변화를 시도하는 활용(Exploitation)과 조직이 경험하지 않은 새롭고 친숙하지 않은 지식, 기술, 역량, 영역을 탐색(Search)하려는 시도인 탐색(Exploration, 또는 탐험)으로 나눌 수 있다. 활용은 기존에 존재하는 시장과 고객 군을 대상으로 예측가능성을 기반으로 기존 지식들을 정교화하거나 발전시키고 효율성과 생산성을 향상시키는 것을 목표로 하는 데 반해, 탐색은 기존에 없던 시장과 고객 군을 대상으로 새로운 지식과 기술자원을 획득하는 효과성을 목표로 한다(He & Wong, 2004; March, 1991; Maula, 2001; Rosenkopf & Nerkar, 2001).

하지만 두 가지 변화 양상 또는 탐색 시도는 조직 내 주어진 자원 총량의 제약과 상충되는 내적특성으로 인해 균형을 이루기가 매우 어렵다(Levinthal & March, 1993; March, 1991).

탐색과 활용의 이론적 프레임을 기업벤처캐피탈의 설립목적에 적용하면, 모기업이 변화하는 환경에 대응하기 위해 기업벤처캐피탈 부서를 조직 내에 신설하여 새로운 기술을 탐색하거나, 사업기회를 모색하는 등의 탐색을 전담하는 역할을 담당하게 하고, 다른 부서들은 현재 사업을 영위하기 위해 기존 루틴과 역량, 지식을 개발하고 발전하는 역할을 담당하게 하는 방향으로 구조를 설계함으로써 탐색과 활용의 균형을 달성하고자 한 것으로 볼 수 있다(Hill & Birkinshaw, 2014; Lee, et al., 2018). 이와 같이 기존 연구들은 기업벤처캐피탈 부서와 기업벤처캐피탈 투자를 모기업이 환경에 대응하여 탐색과 활용 등의 탐색을 시도하기 위한 사업부서와 활동으로 여겨왔다(Campbell et al., 2003; Hill & Birkinshaw, 2014; Keil et al., 2008; Schildt et al., 2005).

이에 반해 본 연구는 기업벤처캐피탈 부서가 아닌 기업벤처캐피탈 회사를 중심으로 벤처캐피탈 투자활동을 살펴보고자 한다. 특히 기업벤처캐피탈 회사의 재무적 투자자로서의 정체성과 주체적으로 환경변화에 대응하여 투자활동에 있어서 탐색을 시도하는 학습주체로서의 정체성에 주목한다. 기존 조직의 탐색활동을 수행하는 역할에서 나아가 독립된 조직으로서 기업벤처캐피탈 회사의 탐색과 변화의 시도를 '모험적' 투자라는 맥락에서 살펴보고자 한다.

2.1.2 기업벤처캐피탈의 투자 의사결정 기준

본 연구는 "기업벤처캐피탈도 모험적인 투자를 할까?"라는 질문에서 시작하였다. 이 질문에 답하기 위해서는 기업벤처캐피탈과 기업벤처캐피탈의 투자에 대한 이해가 필요하다. 기업벤처캐피탈을 포함한 벤처캐피탈의 투자, 투자전략과 투자성과에 대한 기존 연구들은 전통적으로 재무 분야에서 논의되어왔다. 벤처투자는 본질적으로 시장 위험(Market Adoption Risk), 기술 위험(Technology Risk), 사람 위험(People Risk), 규제 위험(Regulatory Risk), 투자자금 위험(Exit Risk)과 같은 위험들과 불확실성과 밀접한 관련이 있고(Black & Gilson, 1998; Fried & Hisrich, 1994; Wüstenhagen & Teppo, 2006), 일반적으로 벤처캐피탈 회사들은 위험회피(Risk-aversion)성향보다는 위험추구(Risk-seeking)성향의 투자를 할 것으로 인지되고 있다. 하지만 벤처캐피탈이 오히려 위험회피 성향이 강하다는 상반되는 연구도 제시되고 있다(오진섭·김병근, 2017; Zider, 1998,).

Zider(1998)에 따르면, 기술 환경이 불확실하거나 시장수요를 예측하기 어려울 경우 벤처캐피탈은 위험을 추구하지 않고 투자 의사결정자들은 초기 단계 스타트업에 대한 투자를 회피하는 등 위험을 회피하는 투자를 한다고 제시하고 있다. 이와 같이 벤처캐피탈의 투자는 환경과의 관계를 함께 고려할 필요가 있다.

기업벤처캐피탈로 논의를 확장하면, 기업벤처캐피탈은 모기업이 탐색과 활용의 균형을 어렵게 하는 상충관계를 극복하고, 균형을 모색하기 위해 독립적으로 분리한 조직이라 할 수 있다(Hill & Birkinshaw, 2014; Lavie et al., 2010). 하지만 본 연구는 기업벤처캐피탈이 모기업이 필요로 하는 새로운 기술과 사업 기회를 모색하는 탐색 수단이라는 정체성뿐만 아니라(Lee & Kang, 2015), 벤처캐피탈 투자에 있어 새로운 투자영역과 기회를 모색하는 탐색적 투자활동과 기존 투자경험과 지식을 기반으로 하는 활용적 투자활동을 하는 학습주체로서의 정체성에 주목하고자 한다. 이러한 맥락에서 기업벤처캐피탈의 투자는 독립벤처캐피탈 투자보다 복잡한 투자 의사결정을 가진다. 본 연구는 기업벤처캐피탈의 투자 의사결정과정에 대해 고찰하고 새로운 투자영역에 대한 투자와 기존 투자경험에 기반한 투자전략을 선택할 때 고려하는 요인들에 대해 주목하고자 한다.

기업벤처캐피탈의 탐색적 투자와 활용적 투자에 영향을 미치는 요인들을 살펴보기 위해, 벤처캐피탈의 투자 의사결정 프로세스와 투자 의사결정 기준을 이해할 필요가 있다. Tyebjee & Bruno(1984)가 벤처캐피탈 연구 분야의 초석이 되는 이 연구에서 벤처캐피탈 투자 의사결정에서 가장 중요한 요소를 피투자회사 경영진의 경영능력으로 제시한 이후, 후속 연구들에서는 다양한 투자 의사결정 기준들이 제시되었다. Tyebjee & Bruno(1984)는 시장매력도, 제품차별성, 경영능력, 환경 위험 및 현금화 가능성을, MacMillan et al.(1986)은, 창업자 특성 및 경험, 제품 및 시장 특성 등을 포함한 6개 카테고리 27개 기준을, Khan(1987), Riquelme & Rickards(1992) 등은 경영자의 성공에 대한 욕망, 창의성과 천재성, 끈기와 용기, 창업자의 지식, 경영숙련도 등 경영진의 개인적 특성을 제시하였다. 벤처캐피탈과 기업벤처캐피탈의 투자 의사결정 기준에 대한 최근 연구들은 표본규모를 확장하고 방법론적으로 정교화하는 등의 방향으로 발전하고 있으나, Tyebjee & Bruno(1984)의 기준들을 기초로 하고 수정·보완한 것이라 할 수 있다(Zacharakis & Meyer, 1998; 2000).

Tyebjee & Bruno(1984)이 제시한 벤처캐피탈 투자 의사결정 기준 외에 벤처캐피탈 투자 의사결정 프로세스에서 고려하는 네 가지 축(Dimension)에도 주목할 필요가 있다. 벤처캐피탈 투자를 위해 조성된 펀드 규모(Size), 투자하는 벤처회사가 위치한 지역(Geographic Location), 투자하는 벤처회사의 기술과 시장(Technology and Market Sector) 그리고 투자받는 스테이지(Stage of Financing)이다. 본 연구 또한 벤처캐피탈 투자 의사결정에서 고려하는 위 네 가지 축을 중심으로 기업벤처캐피탈의 투자전략에 대해 살펴보고자 한다.

2.1.3 기업벤처캐피탈의 투자전략과 투자유형

기업벤처캐피탈의 투자전략을 이해하기 위해서는 벤처캐피탈의 투자전략과 투자유형을 살펴볼 필요가 있다. 벤처캐피탈 투자전략에 대한 기존 연구들은 투자위험 분산을 위해 투자회사들이 속한 산업군, 지역, 투자 포트폴리오를 어떻게 다양하게 구성했는지 그리고 이러한 다각화가 투자성과 향상에 어떻게 기여하는 가에 초점을 두고 분석해왔다(Belderbos et al., 2018; Norton & Tenenbaum, 1993; Yang et al., 2014).

본 연구가 주목하고 있는 기업벤처캐피탈 투자는 벤처캐피탈 투자 의사결정 기준에 더하여 모기업의 벤처투자를 담당하는 부서 또는 조직으로써 모기업의 사업 다각화, 사업 포트폴리오 관리 등과 같은 전략적 목적을 고려하여 투자 포트폴리오를 구성한다(Chesbrough, 2002).

Chesbrough(2002)에 따르면 기업벤처캐피탈 투자유형은 투자목적과 모기업과의 전략적 연관성에 따라 추진형(Driving), 탐색형(Emergent), 보완형(Enabling), 수동형(Passive) 네 가지 유형으로 분류할 수 있다. 먼저 추진형 투자는 모기업의 지속적 성장을 위해 전략사업 영역에 투자를 하는 것을 의미하고(i.e., 활용적 투자), 기업벤처캐피탈과 모기업 연계가 긴밀하고 전략적 투자목적이 강하다. 탐색형 투자는 모기업 사업전략 및 업무수행역량과 밀접하게 연계되어 있으나, 현재 진행 중인 사업보다는 미래 수익원이 될 수 있는 신규사업을 개발하는 영역에 투자하는 것을 의미한다(i.e., 탐색적 투자), 보완형 투자는 현재 모기업의 전략 및 운영목표와 관련 있지만 상대적으로 연계성이 낮은 영역인, 가치사슬 전후방 있는 공급자, 고객, 써드파티, 기술영역에 투자하는 것을 의미한다. 마지막으로 수동형 투자는 모기업 사업전략과 업무역량과 연계성이 낮은, 일반적인 벤처캐피탈의 재무적 목적투자와 유사하며, 투자수익을 핵심 목표로 하는 투자유형을 의미한다(이종훈, 2018).

벤처캐피탈 투자전략과 기업벤처캐피탈 투자유형에 관한 기존 연구들은 벤처캐피탈 투자가 현재 얼마나 다양한 영역의 기업 또는 투자처에 투자했는지에 대해서 많이 논의해왔으나, 벤처캐피탈과 기업벤처캐피탈이 다양한 투자목적과 정체성을 가지고 '모험자본'으로서 얼마나 모험적 투자를 했는지에 대해서는 상대적으로 논의되지 않았다. 예를 들어 기존 투자대비 새로운 시장과 기술영역에 투자를 했는지, 다시 말해 기존 투자대비 얼마나 익숙하지 않은 섹터와 지역에 투자했는지 등에 대해서는 논의되지 않았다. 따라서 기업벤처캐피탈 투자에 탐색-활용의 프레임을 적용하여, 기업벤처캐피탈이 기존에 해왔던 투자 대비 얼마나 새로운 투자를 하였는지(탐색적 투자), 기존 투자에서 학습한 경험과 지식을 활용하여 투자를 하였는지(활용적 투자)에 대해 살펴보는 것은 이론적으로나 실무적으로 의의가 있다. 이와 같은 맥락에서 본 연구는 기업벤처캐피탈이 어떠한 상황에서 모험적 투자에 나서는지, 모험적 투자의 선행요인을 탐색하고자 한다.

2.2 연구모형 및 가설설정

기업벤처캐피탈 산업 내 경쟁강도(이하 산업 내 경쟁강도)와 모험적 투자: 조직생태학(Organizational Ecology), 전략경영, 조직학습 등 경영학 연구에서 경쟁은 조직 행동과 성과에 영향을 미치는 가장 중요한 요인 중 하나이다(March, 1991; Hannan & Freeman, 1977; 1984, Porter, 1980). Hannan & Freeman(1977; 1984)은 유사한 규모와 형태의 조직들은 유사한 자원과 환경에 의존하게 되어 유사한 구조적 제약의 영향을 받아 조직이 선택할 수 있는 전략과 구조가 유사해짐을 주장하였다. 이에 더해 Baum & Singh(1994)은 규모와 정책이 유사한 조직들 사이에서 집중적으로 발생하는 국지화된 경쟁(Localized Competition)에 대해 살펴봤으며, 산업조직론을 기초로 경쟁전략을 제시한 Porter(1980)는 특정한 시장과 산업을 둘러싼 기업 간 경쟁관계는 산업 구조에 의해 영향을 받고, 이에 따라 기업의 수익성, 성과, 시장참여, 제품차별화 등에 영향을 받는다고 제시하였다. 전략군(Strategic Group)에 대한 기존 연구들에서도 산업 내에서 유사한 규모, 유사한 전략적 선택을 하는 기업들 간의 경쟁관계와 경쟁자들의 행동에 대해 논의하고 있다(Caves & Pugel, 1980; Lahti, 1983; Porter, 1980).

강한 경쟁상황에 직면한 조직들이 모두 경쟁으로 수익성이 저해되고 성과가 낮아지는 부정적인 영향을 받는 것은 아니다. 높은 경쟁 상황을 맞이한 조직들이 문제해결적 탐색활동(Problemistic Search)을 통해 높은 경쟁강도로 인한 압력에서 탈피하기 위한 새로운 돌파구를 찾을 수도 있기 때문이다(Cyert & March, 1963). Stinchcombe(1990)과 Weick(1995)도 경쟁상황으로 인한 불확실성이 조직의 탐색활동(Search)을 증가시키는 경향이 있다고 주장하였다. 반면 제도주의이론의 정당성(Legitimacy) 담론에서 생각해보면 산업 내 기업들의 밀도와 경쟁강도가 높고 선도 기업들이 기존 산업에 많이 존재하는 경우, 해당 산업의 매력도가 높다는 정당성으로 작용할 수 있다. 이와 같이 산업 내 경영강도가 정당성 인지(Legitimacy Perception)로 작용할 경우에는 위험을 무릅쓰고 새로운 니치를 탐색하지 않을 것으로 예측한다.

본 연구에서 주목하고 있는 기업벤처캐피탈 역시 투자업무를 하는 독립된 조직으로서, 기업벤처캐피탈 산업 내 경쟁자 수와 경쟁자 간 경쟁강도가 투자 의사결정에 영향을 미칠 것으로 예상한다. 기업벤처캐피탈의 모기업들이 각자의 사업 분야에서 경쟁관계에 있듯이 기업벤처캐피탈도 전략적 관련성, 재무적 수익성 등 투자동기와 목적에 따라 다른 기업벤처캐피탈과 투자대상 선정부터 집행에 이르기까지 경쟁 관계의 영향을 받게 된다. 기업벤처캐피탈이 투자를 희망하는 스타트업에 투자를 유치하고자 하는 다른 기업벤처캐피탈 등 경쟁 강도가 강해질수록 투자 금액, 투자 규모 등에 영향을 받게 되고, 투자를 체결하게 되어도 기업벤처캐피탈 보다는 스타트업에게 보다 유리한 투자 조건으로 계약을 맺게 될 가능성이 있다. 따라서 본 연구는 제도주의 이론의 정당성 의론에 따라, 기업벤처캐피탈 생태계의 경쟁강도가 강해질수록 기업벤처캐피탈들이 불리한 투자 조건, 위험을 무릅쓰고 새로운 기술영역에 투자하거나 새로운 시장에 모험적인 투자를 할 가능성이 낮을 것으로 예측한다.

가설 1: 강한 산업 경쟁강도는 기업벤처캐피탈의 모험적 투자에 부(−)의 영향을 미칠 것이다.

투자경험과 모험적 투자: 조직생태학과 조직학습 분야에서 조직 변화와 혁신, 새로운 지식과 기술 탐색과 관련된 핵심 개념 중 하나는 구조적 관성(Structural Inertia)과 근시안적 학습(Myopic Learning)이다. 먼저 조직생태학의 Hannan & Freeman(1984)에 따르면 큰 규모 조직은 작은 규모 조직에 비해, 오래된 조직이 신생 조직에 비해, 업무수행의 복잡성이 높고 관료제의 단점들이 많아짐에 따라 경직성이 높다. 이러한 경직성은 시장과 환경변화에 조직이 신속하게 대응하는데 있어 더 높은 구조적 관성의 압력으로 작용하게 된다. 조직학습이론에서는 조직들은 일반적으로 혁신을 위한 탐색 시도가 가지는 실패위험 때문에 기존에 보유하고 있는 지식과 시장자원 활용에 치중하는 근시안적 학습의 경향을 가지게 된다고 주장한다. 새로운 기술, 새로운 시장영역에 대한 탐색은 높은 실패가능성으로 인해, 조직은 기존의 경쟁전략이나 사업 분야, 시장, 권한구조, 기술체계 등과 같은 핵심적인 요인들을 급진적으로 변화하는 것이 어렵다(Levinthal & March, 1993; March, 1991). 구조적 관성과 근시안적 학습과 관련된 이론적 담론을 기업벤처캐피탈 투자전략에 적용해보면, 새로운 기술과 시장 탐색활동의 높은 실패가능성은 투자를 전문으로 하는 조직인 기업벤처캐피탈들로 하여금 새로운 시장과 환경변화에 대응하기 위한 모험적 시도를 어렵게 하는 요인으로 작용할 가능성이 있다. 투자경험이 많다는 것은 기업벤처캐피탈 조직 또는 조직 내 투자인력에게 배태된(Embedded) 투자관련 지식이 많다는 것을 의미한다. 따라서 새로운 시장상황 변화, 기술 환경 변화에 대응하는 데 있어 기존에 기업벤처캐피탈이 보유한 지식들이 오히려 관성으로 작용하거나, 근시안적 학습효과로 인해 투자 의사결정에 영향을 미칠 가능성이 높을 것으로 본 연구는 예상한다. 따라서 본 연구는 기업벤처캐피탈이 투자한 경험이 많을수록 새로운 기술과 시장영역에 모험적 투자를 할 가능성이 낮을 것으로 예측한다.

가설 2: 누적된 투자 경험은 기업벤처캐피탈의 모험적 투자에 부(−)의 영향을 미칠 것이다.

투자성향과 모험적 투자: 벤처캐피탈 회사들은 모험자본이라는 이름과 정체성에서 알 수 있듯이 일반적으로 위험회피(Risk-aversion)성향보다는 위험추구(Risk-seeking)성향을 가진 것으로 인지되고 있다. 하지만 Zider(1998) 연구 등에 따르면, 벤처캐피탈 회사들이 오히려 위험회피 성향이 강하다는 상반되는 관점도 제시되고 있다. 예를 들어 기술 환경이 불확실하거나 시장수요를 예측하기 어려운 상황에서 벤처캐피탈 회사들은 위험을 추구하지 않고 투자 의사결정자들 또한 초기 단계 스타트업에 대한 투자하지 않는 등 위험회피 성향을 보이는 것으로 기존 연구들은 보고하고 있다. Khanin et al.(2008)은 벤처캐피탈 회사의 주요 투자 의사결정 기준으로 위험(Risk)을 제시하고 있고, Shrader et al.(1997), Muzyka et al.(1996), Mishra(2004), Eloranta(2018) 등은 투자위험과 직접적으로 연관된 재무적 특성인 예상수익률과 회수시기를 제시하고 있다. 이희우·정희석(2012)은 벤처캐피탈 회사의 투자는 초기 투자부터 회수까지 오랜 시간이 소요되는 높은 위험을 감수한 투자이기 때문에 투자단계와 회수시기는 위험과 매우 밀접한 관련이 있으며 투자자금 회수까지 오래 시간이 걸리는 투자를 집행한다는 것은 보다 높은 위험을 감수하는 것이라고 제시하고 있다.

벤처캐피탈 회사의 투자 의사결정기준인 투자단계와 회수시기를 피투자사인 스타트업의 성장단계, 투자 라운드 관점에서 살펴보면, 초기 단계 스타트업일수록 생존과 성공 가능성이 낮고, 증권거래소 상장 등을 통해 회수단계에 이른 스타트업일수록 이미 시장에서의 검증이 된 불확실성이 낮은 회사라 할 수 있다. 스타트업의 투자 라운드도 위험과 관련이 있는데, 다른 투자자가 투자하지 않은 최초 투자단계(Seed Stage)에서 투자하거나 소수 투자자만이 투자할 가능성이 높은 초반 라운드에 투자하는 것은, 다른 투자자가 투자한 이후에 투자하거나 다수 투자자가 투자할 가능성이 높은 후반 라운드에 투자하는 것보다 위험이 크다 할 수 있다. 이와 같은 맥락에서 본 연구는 기업벤처캐피탈의 투자경험으로 기업벤처캐피탈의 위험추구, 위험기피와 관련된 투자성향을 미루어볼 때, 스타트업의 후반 라운드에 주로 투자하는 것은 상대적으로 강한 위험기피 투자 성향, 초반 라운드에 투자하는 것은 상대적으로 약한 위험추구 성향을 의미한다고 할 수 있다. 따라서 본 연구는 스타트업의 후반 라운드에 주로 투자하는 투자 성향이 기업벤처캐피탈이 새로운 기술과 시장영역에 모험적 투자를 할 가능성을 낮출 것으로 예측한다.

가설 3: 스타트업 후반 투자 라운드에 투자하는 기업벤처캐피탈의 투자 성향은 기업벤처캐피탈의 모험적 투자에 부(−)의 영향을 미칠 것이다.

Ⅲ. 실증분석

3.1 연구방법과 자료수집

3.1.1 데이터 수집과 분석

기업벤처캐피탈의 모험적 투자에 미치는 선행요인을 탐색하기 위해 본 연구는 1996년부터 2017년까지 미국 기업벤처캐피탈의 투자데이터, 재무데이터를 기반으로 패널데이터를 구성하여 실증분석하였다. 실증분석에 필요한 투자정보, 재무정보는 Thomson Reuters EIKON 데이터베이스에서 수집하였다. 분석기간은 벤처캐피탈 관련 기존 연구들에서 현대적인 형태의 벤처캐피탈 붐이 시작되었던 1996년을 시작년도로 하였고(Gompers & Learner, 2001; Metrick, 2006), 종료연도는 연구 수행시점에서 수집 가능한 가장 최근 회계연도까지로 하였다.

기업벤처캐피탈 기업정보는 지역정보, 기업유형, 설립년도, 조직원수, 펀드정보, 재무정보를 포함하고 있으며, 기업벤처캐피탈 투자정보는 피투자사 산업, 지역정보, 투자관련 정보(i.e., 투자금액, 참여라운드, 스테이지, 기타)로 구성되어 있다. 분석집단은 정부관련, 대학관련 기업벤처캐피탈을 제외한 기업벤처캐피탈 중 2년 이상 투자를 한 기업들을 선정하였다. 최초에는 550개 기업벤처캐피탈의 4,022개의 투자정보를 수집하였으나, 분석의 엄밀함을 위해 자료 누락이 있는 기업데이터를 제외하여 최종적으로 85개 기업벤처캐피탈의 2,306개 투자정보를 수집하였다. 분석에 포함된 관측값은 542개(Firm by Year)이다. 연구모형에 사용된 모든 독립변수와 통제변수는 역인과 관계(Reverse Causality) 발생가능성을 피하기 위해 종속변수보다 1년 앞선 값을 사용하였다.

3.2 변수의 조작적 정의 및 측정

3.2.1 종속변수: 모험적 투자

Tyebjee & Bruno(1984) 연구의 벤처캐피탈이 의사결정을 할 때 고려하는 네 가지 차원; 투자할 수 있는 벤처펀드의 투자규모(Investment Size), 투자하려는 벤처회사의 기술과 시장영역(Technology and Market Sector), 벤처회사가 위치한 지역(Geographic Location) 그리고 투자하는 스테이지와 라운드(Investment Stage and Round)이 있다. 본 연구는 이 네 차원을 고려하여 기업벤처캐피탈의 조직적 관점에서 현재 보유하지 않고, 경험한 적 없는 새로운 지식과 정보를 바탕으로 투자를 탐색적으로 시도해야하는 모험적 투자를 두 가지 종속변수로 측정하였다. 첫째, 기존 벤처캐피탈 투자 관련 연구들과 실무에서 벤처캐피탈이 모험자본에 충실한 지에 대한 지표로 인정받는 투자 단계를 고려하여, 새로운 투자 단계에 투자할 경우를 1(모험적 투자), 그렇지 않으면 0으로 더미변수로 측정하였다. 다음으로 새로운 기술과 시장영역 투자를 기업벤처캐피탈의 두 번째 모험적 투자로 측정하였다. 이를 위해 투자한 벤처회사의 네 자리 산업분류코드(US SIC Code) 첫 두 자리가 다른 산업 내 벤처회사에 투자할 경우를 1(모험적 투자), 그렇지 않으면 0으로 더미변수를 생성하여 연구모형에 포함하였다.

3.2.2 독립변수: 경쟁강도, 투자성향, 투자경험

경쟁강도: 경쟁강도는 전략경영, 조직생태학, 조직학습 분야의 이론적 전통에 따라 산업 내 전체 경쟁자 수가 조직의 탐색과 활용 의사결정에 영향을 미칠 수 있다(Hannan & Freeman, 1977; 1984, Porter, 1980; March, 1991). 특히 본 연구에서 주목하고 있는 기업벤처캐피탈 역시 투자업무를 전문으로 하는 독립된 조직으로서, 기업벤처캐피탈 산업 내 경쟁자의 수에 영향을 받는 경쟁강도가 투자 의사결정에 영향을 미칠 것으로 예상하였다. 따라서 본 연구는 연간 기업벤처캐피탈 기업 수를 합산하여 산업 경쟁강도로 측정하여 연구모형에 포함하였다.

투자경험: 행동주의이론(Behavioral Theory)과 조직학습이론에서는 조직이 경험을 축적함에 따라 새로운 지식과 기술을 탐색하는 활동에 미치는 영향이 차별화된다고 제시하고 있다(Cyert & March, 1963). 조직은 다양한 시행착오(Trial and Error)를 통해 경험을 쌓고, 학습한 결과들을 조직 시스템, 구조, 전략, 루틴(Routine) 등에 배태(Embedded)하며, 이를 활용하여 불확실성이 높은 의사결정과 행동에 활용하게 된다(Crossan et al., 1999; Nelson & Winter, 1982). 따라서 본 연구는 기업벤처캐피탈의 모험적 투자 의사결정에 영향을 미치는 두 번째 독립변수, 투자경험을 측정하기 위해 기업벤처캐피탈 회사의 연간 투자건수를 측정하여 연구모형에 포함하였다.

투자성향: Tyebjee & Bruno(1984) 연구에 따라 벤처캐피탈이 의사결정을 할 때 고려하는 네 가지 차원 중 투자 스테이지와 라운드를 세 번째 독립변수인 투자성향으로 측정하였다. 이를 위해 먼저 기업벤처캐피탈의 투자건별 투자 라운드를 확인하여 연단위로 평균을 내었다. 투자 라운드의 평균이 작을수록 회수까지 오래시간이 걸리는 초기 스타트업에 투자를 많이 하는 성향 즉, 위험추구 성향이 강하고 투자 라운드의 평균이 클수록 상대적으로 초기 스타트업에 투자를 하지 않는 성향 즉, 위험회피 성향이 강할 것으로 인지하고 이를 변수로 측정하였다.

3.2.3 통제변수

외생적 충격: 조직이 속한 산업 밖에서 발생하는 위기와 충격은 산업 내 조직과 이해관계자들의 의사결정에 직간접적인 영향을 미친다. 2007년 미국 발 글로벌 금융위기(Global Financial Crisis)는 미국 부동산, 금융뿐만 아니라 전 세계 금융과 경제에 영향을 미친 중요한 사건이었다. 2007년 글로벌 금융위기는 당시 전 벤처회사와 벤처캐피탈에도 큰 영향을 미쳐 많은 기업들이 파산하거나 투자금액을 줄이는 등의 여파가 있었다(Gompers & Lerner, 2001). 본 연구의 분석대상이 되는 미국 기업벤처캐피탈 산업에서도 이 산업 밖에서 발생한 외생적 충격의 영향으로 벤처캐피탈 산업에서 가장 핵심활동이 되는 투자금액, 펀드규모가 급격하게 감축하였으며, 투자활동 의사결정에 영향을 받았다. 따라서 본 연구는 글로벌 금융위기가 발생한 2007년을 더미변수로 측정하여 산업 내 외생적 충격이 미치는 영향을 통제하였다.

산업 내 위기: 조직이 속한 산업 내의 위기는 보다 직접적으로 조직 경영활동과 의사결정에 영향을 미친다. 산업 내 위기는 조직과 조직이해관계자들의 의사결정을 경직되게 하는 영향을 미친다(Staw et al., 1981). 미국의 벤처산업, 벤처캐피탈산업은 1995년 중반부터 2000년까지 전에 없던 호황을 맞았으나, 하지만 2001년을 정점으로 인터넷·IT버블(The dot-com implosion and the economic recession)이 꺼지고 이후 몇 년간 불황을 맞았다(Gompers & Lerner, 2001; Lerner, 2002; Metrick, 2006). 따라서 본 연구는 미국 벤처산업, 벤처캐피탈산업의 위기였던 2001년을 더미변수로 생성하고 모형에 포함하여 산업 내 위기가 기업벤처캐피탈의 모험적 투자에 미치는 영향을 통제하였다.

산업 내 위기의 경과효과: 앞서 언급한 것처럼 산업 내 위기는 발발한 시점부터 일정기간 그 효과가 유지된다. 하지만 그 효과는 위기가 시작된 시점 이후 시간이 흐름에 따라 그 영향력이 감소하는 경향이 있다. 따라서 본 연구는 2001년 산업 내 위기 이후 경과한 시간의 흐름을 측정(관측시점년도-2001년)하여 산업 내 위기의 경과효과가 미치는 영향을 통제하였다.

조직연령: 행동주의이론과 조직학습 분야 연구들은 조직이 환경변화에 대응하여 변화를 시도하는데 있어 조직연령이 중요한 영향을 미친다고 보고하고 있다. 이 연구들에 따르면 조직연령이 높으면 새로운 변화를 시도하기 어려워지고(Hannan & Freeman, 1977; 1984), 조직연령이 낮으면 상대적으로 보다 모험적인 변화를 시도하는 성향을 가지게 된다(Huergo & Jaumandreu, 2004). 본 연구는 조직연령이 기업벤처캐피탈의 모험적 투자에 미치는 영향을 통제하기 위해 관측시점에서 설립년도를 뺀 값을 조직연령으로 측정하여 모형에 포함하였다.

조직규모: 조직생태학과 조직학습 연구들은 조직규모를 성과, 생존, 변화에 중요한 영향을 미칠 수 있는 잠재적 요인으로 제시하고 있다(Cyert & March, 1963; Levinthal & March, 1993; Dobrev et al., 2001). 조직학습, 전략경영연구에서 조직규모를 각 조직의 자본금이나 매출액 규모와 같은 재무적 자료를 통해 측정하는 전통에 따라 본 연구도 기업 자산규모를 표준화한 값을 조직규모로 측정하여 모험적 투자에 미치는 잠재적 영향을 통제하였다.

운영인력: 독립벤처캐피탈과 기업벤처캐피탈에서 운영인력은 조직 내 투자관련 경험과 지식이 배태되는 대상이 된다. 또한 투자 운영인력은 투자를 결정하거나 추천을 받는 투자네트워크, 피투자사인 스타트업들의 사후관리를 담당하는 역할을 수행할 수 있다. 따라서 본 연구는 기업벤처캐피탈 투자 운영인력 수를 모형에 포함하여 투자의사결정에 미치는 영향을 통제하였다.

누적투자건수: 본 연구는 두 번째 독립변수인 투자경험과 관련하여 연 단위 투자경험이 모험적 투자의사결정에 미치는 영향 이외에 기업벤처캐피탈 조직 내에 누적된 경험 또한 투자의사결정에 영향을 미칠 가능성을 고려하였다. 이를 통제하기 위해 관측시점 이전연도까지 누적투자건수를 모형에 포함하여 누적투자경험의 잠재적 영향을 통제하였다.

투자금액: 기업벤처캐피탈의 투자 의사결정, 수익성, 회수시기와 같은 재무적 특성에 영향을 미칠 수 있는 투자금액의 영향을 통제하기 위하여 본 연구는 연간 총 투자금액을 합산하여(단위: Million USD) 모형에 포함하였다.

3.3 통계분석과 결과

본 연구는 산업 내 경쟁강도와 기업벤처캐피탈 투자경험, 투자성향이 기업벤처캐피탈들이 모험적 투자를 하는데 미치는 영향을 분석하였다. 이를 위해 기업벤처캐피탈의 모험적 투자를 종속변수로, 산업 내 경쟁강도, 기업벤처캐피탈 투자 경험, 투자성향을 독립변수로 측정하여 통계적으로 실증분석하였다. 시계열 패널데이터 분석을 위한 통계적 방법으로 이항변수 분석을 위한 일반화추정방정식(GEE, Generalized Estimation Equation)과 로짓회귀분석(Logit Regression) 등 복수의 통계분석 방법을 사용하여 방법론적인 엄밀함을 높이고자 하였다. 재무관리, 조직연구, 전략경영 분야 기존 연구들에서 많이 사용하는 통계분석방법인 일반화추정방정식은, 조직 내, 조직 간 변동성을 분석하거나, 산업 내 집단수준의 평균적 경향성을 예측하는데 장점이 있다(Zeger & Liang, 1986). 또한 유사한 통계분석 방법 계열인 최대우도추정방법(MLE, Maximum Likelihood Estimation)과 마찬가지로, 분석대상이 되는 시계열패널데이터의 공분산을 가정하지 않아도 된다는 점, 자기상관(Autocorrelation)의 문제와 회귀분석 후 잔차 간 지연효과(Lagged Effect) 문제를 해결할 수 있는 장점이 있다. 일반화추정방정으로 추정한 분석결과와 로짓회귀분석으로 추정한 분석결과 모두 통계적으로 매우 높은 신뢰수준에서 가설에서 예측한 방향과 동일한 결과를 보였다.

〈표 1〉 변수 기초통계량

	변수명	평균	표준편차	최소값	최대값
1	모험적투자:새로운단계	.668	.471	.000	1.000
2	모험적투자:새로운영역	.775	.418	.000	1.000
3	경쟁강도	83.095	7.636	63.000	92.000
4	투자경험	1.161	3.625	.000	64.000
5	투자성향	1.092	2.151	.000	14.000
6	산업외생적충격	.010	1.022	−.218	4.581
7	산업내위기	.010	1.022	−.218	4.581
8	산업내위기의경과효과	6.476	5.414	.000	16.000
9	조직연령	25.386	27.586	.000	140.000
10	조직규모	8.066	2.091	.000	12.909
11	운영인력	8.739	1.983	1.792	12.981
12	누적투자건수	14.274	32.758	.000	322.000
13	투자금액	6.023	34.128	.000	937.380

〈표 2〉 변수간 피어슨 상관관계

	변수명	1	2	3	4	5	6	7	8	9	10	11	12	13
1	모험적투자:새로운단계	1.000												
2	모험적투자:새로운영역	.298*	1.000											
3	경쟁강도	−.112*	−.132*	1.000										
4	투자경험	−.259*	−.174*	−.018	1.000									
5	투자성향	−.248*	−.345*	.034	.278*	1.000								
6	산업외생적충격	−.017	−.047	.056*	.010	.034	1.000							
7	산업내위기	−.178*	−.003	−.091*	.188*	.056*	−.050*	1.000						
8	산업내위기의경과효과	−.032	−.080*	.849*	−.088*	−.043	.022	−.268*	1.000					
9	조직연령	.045	−.013	.123*	.026	.068*	.002	−.043	.147*	1.000				
10	조직규모	−.060	−.045	.308*	.146*	.159*	.031	−.024	.285*	.237*	1.000			
11	운영인력	.022	−.016	.180*	.043	.109*	.020	−.024	.182*	.218*	.854*	1.000		
12	누적투자건수	−.135*	−.037	.217*	.439*	.255*	.016	−.038	.210*	.124*	.231*	.090*	1.000	
13	투자금액	−.175*	−.128*	−.014	.729*	.144*	.002	.216*	−.070*	.021	.113*	.017	.293*	1.000

<표 1>과 <표 2>는 분석에 사용된 모든 변수들의 기초통계량과 상관관계를 요약하여 기술하였다. <표 1>에 기술한 변수 간 상관관계표에서 산업 내 경쟁강도와 산업 내 위기의 경과효과 간 높은 수준의 상관계수(r>.060)가 관측되어, 추가적으로 VIF(Variance Inflation Factor)를 계산하여 변수 간 다중공선성 문제의 가능성을 확인하였다. 회귀분석 시행 이후 VIF값을 계산한 결과 모든 변수의 VIF값이 5를 넘지 않는 낮은 수준의 VIF값(평균 2.58)을 가짐을 확인하였다. 이 정도 수준의 VIF값은 Chatterjee & Hadi(2013) 연구에서 제시한 바와 같이 다중공선성 문제를 야기하지 않는 일반적인 사회과학 분야의 수준이라 할 수 있다(Chatterjee & Hadi, 2013).

<표 3>와 <표 4>는 일반화방정식추정 방법론을 통해 새로운 단계에 대한 모험적 투자와 새로운 영역에 대한 모험적 투자에 영향을 미치는 요인을 검증을 한 분석결과를 보여주고 있다. 모형 1과 모형 6은 기업벤처패피탈의 모험적 투자에 잠재적인 영향을 미칠 것이라 추측한 통제변수만을 포함한 모형으로, 예상한 바와 같이 산업 내 위기의 부정적 영향과 투자금액이 모험적 투자에 유의미한 영향을 미치는 것을 확인할 수 있었다. <표 3> 모형 2~5, <표 4> 모형 7~10은 본 연구가 제시한 가설을 검증하기 위한 독립변수들의 통계분석결과이다. 모형 2와 모형 6에서는 가설 1에서 예상했던 것과 산업 내 경쟁강도가 모험적 투자에 미치는 영향이 음의 부호(β=-.105, -.091)로 유의하게 추정되고 있으므로(p-value< .030, .007), 가설 1은 높은 신뢰수준으로 지지되었다.

<표 3> 일반화추정방정식 분석결과: 새로운 투자 단계

변수명	모형 1	모형 2	모형 3	모형 4	모형 5
경쟁강도		-.105*			-.105*
		(.049)			(.050)
투자경험			-.113***		-.100**
			(.031)		(.031)
투자성향				-.225***	-.206***
				(.043)	(.045)
산업외생적충격	-.064	-.054	-.048	-.029	-.004
	(.091)	(.091)	(.093)	(.092)	(.094)
산업내위기	-.305***	-.244**	-.304***	-.320***	-.260**
	(.075)	(.079)	(.077)	(.077)	(.083)
산업내위기 경과효과	-.027	.077	-.042†	-.024	.062
	(.025)	(.052)	(.025)	(.026)	(.053)
조직연령	.008 †	.008 †	.007	.011*	.010 †
	(.005)	(.005)	(.005)	(.005)	(.005)
조직규모	-.260	-.227 †	-.204	-.322*	-.201
	(.131)	(.134)	(.134)	(.140)	(.143)
운영인력	.222 †	.206 †	.193 †	.277*	.202
	(.116)	(.118)	(.119)	(.123)	(.126)
누적투자건수	-.003	-.002	.000	.000	.002 †
	(.002)	(.002)	(.003)	(.002)	(.003)
투자금액	-.005*	-.005*	.001	-.005 †	.001
	(.002)	(.002)	(.003)	(.002)	(.003)
상수	1.643**	9.626**	1.682**	2.067***	10.043**
	(.567)	(3.775)	(.573)	(.609)	(3.916)
N	551	551	551	551	551
Firms	85	85	85	85	85
Wald Chi-Square	36.68	35.51	44.00	55.69	61.92

***p< .001, **p< .01, *p< .05 †p< .10

〈표 4〉 일반화추정방정식 분석결과: 새로운 투자 영역

변수명	모형 1	모형 2	모형 3	모형 4	모형 5
경쟁강도		−.091**			−.098**
		(.034)			(.036)
투자경험			−.095***		−.074**
			(.029)		(.028)
투자성향				−.287***	−.270***
				(.043)	(.042)
산업외생적충격	−.092	−.080	−.079	−.043	−.028
	(.078)	(.078)	(.078)	(.083)	(.082)
산업내위기	.042	.103	.054	.045	.114
	(.079)	(.081)	(.080)	(.081)	(.084)
산업내위기 경과효과	−.032	.062	−.040 +	−.035	.055
	(.022)	(.040)	(.022)	(.023)	(.042)
조직연령	−.001	−.001	−.002	.001	.001
	(.004)	(.004)	(.004)	(.004)	(.004)
조직규모	.041	.092	.096	.020	.113
	(.119)	(.123)	(.127)	(.123)	(.133)
운영인력	−.034	−.060	−.061	−.004	−.048
	(.108)	(.111)	(.115)	(.111)	(.119)
누적투자건수	.000	.001	.001	.004	.006*
	(.002)	(.002)	(.003)	(.002)	(.003)
투자금액	−.006**	−.006**	−.001	−.006**	−.001
	(.002)	(.002)	(.003)	(.002)	(.003)
상수	.885 +	7.694**	.871	1.265*	8.591**
	(.527)	(2.620)	(.559)	(.538)	(2.820)
N	542	542	542	542	542
Firms	85	85	85	85	85
Wald Chi-Square	10.91	17.54	18.93	55.15	64.70

***p<.001, **p<.01, *p<.05 +p<.10

이 결과를 통해 산업 내 경쟁강도가 높아질수록 기업벤처캐피탈은 모험적 투자를 하지 않는 보수적인 투자전략을 선택하는 것으로 해석할 수 있다. 모형 3, 모형 7은 가설 2에서 제시한 두 번째 독립변수, 기업벤처캐피탈의 투자경험이 모험적 투자에 미치는 영향을 검증한다. 가설 2에서 예측했던 것과 동일하게 음의 부호(β=−.113, −.095)로 높은 신뢰수준에서 유의하게 추정되었다(p<.000, .001). 이는 기업벤처캐피탈의 투자경험이 많고 투자건수가 많을수록 모험적 투자에 대해 소극적이며, 관성적인 투자를 하는 것으로 해석할 수 있다. 모형 4와 모형 9의 분석결과는 가설 3에서 예측한 바와 같이 음의 부호(β=−.225, −.287)로 유의하게 추정되고 있으므로(p<.000, .000), 평균적으로 벤처회사의 후반부 투자라운드에 투자를 많이 하는 기업벤처캐피탈일수록 모험적 투자를 하지 않을 것이라는 가설 3 또한 매우 높은 통계적 신뢰수준에서 지지되었다. 스타트업의 후기 라운드에 투자를 많이 하는 투자 성향은 기업벤처캐피탈의 새로운 영역뿐만이 아니라 새로운 단계의 스타트업 투자에 부정적 영향을 미치는 것으로 해석할 수 있다. 마지막으로 모든 독립변수를 모두 포함한 모형 5, 모형 10에서도 모든 독립변수들이 가설에서 예측한 것과 동일한 방향으로 높은 신뢰수준에서 유의함을 확인하였다.

Ⅳ. 토론 및 결론

스타트업 생태계가 활성화되고 있는 것은 전 세계적인 추세이다. 정부의 벤처기업 지원정책, 모험자본의 적극적 투자를 비롯하여 기업벤처캐피탈을 통한 기존 기업의 참여 또한 활발하게 진행되고 있으나(김도현, 2013), 독립벤처캐피탈의 투자전략, 투자성향에 이론적 학문적으로 풍부하게 논의되어온 것에 비해 기업벤처캐피탈의 정체성과 투자전략, 투자성향에 대한 논의는 상대적으로 부족하였다. "기업벤처캐피탈도 모험적인 투자를 할까?"라는 질문에 대한 답을 찾기 위해 시작한 본 연구는 기업벤처캐피탈의 양면성 정체성, 투자전략과 투자유형을 고찰하고, 기업벤처캐피탈이 기존에 투자하던 전략과 유형이 아닌 새로운 방식의 모험적 투자를 하는 데 영향을 미치는 선행요인들을 탐색하고 실증분석하였다. 1996년부터 2017년까지 미국 기업벤처캐피탈의 투자데이터, 재무데이터로 구성된 패널데이터를 기반으로 실증분석한 결과, 산업 내 경쟁강도가 기업벤처캐피탈로 하여금 모험적 투자를 할 가능성을 낮출 것이라는 첫 번째 가설, 기업벤처캐피탈의 투자경험이 많을수록 모험적 투자를 하지 않을 것이라는 두 번째 가설, 스타트업 후반 라운드에 주로 투자하는 기업벤처캐피탈일수록 모험적 투자를 하지 않을 것이라는 세 번째 가설 모두 지지되었다.

본 연구의 분석결과는 다음과 같은 시사점이 있다고 할 수 있다. 첫째, 기업벤처캐피탈의 다양한 설립목적과 정체성 중 모기업에 종속된 투자를 하는 하위기관이 아닌, 시장 환경과 조직 내 축적된 경험을 기반으로 새롭게 탐색하는 학습주체로서의 정체성에 대해 주목하였다. 이는 기업벤처캐피탈 부서가 아닌 독립된 조직으로서 구별되는 기업벤처캐피탈회사의 역할과 투자환경에서의 투자전략 다변화 등 기업벤처캐피탈회사의 다양한 투자활동에 대한 논의를 활발하게 할 것으로 기대한다.

둘째, 조직학습이론에서 논의된 탐색과 활용의 상충관계와 이를 해결하기 위한 수단으로서 기업벤처캐피탈의 기능을 살펴봄과 동시에 독립된 조직으로서의 기업벤처캐피탈의 탐색과 활용 또한 고찰했다는 점에서 의의가 있다. Lavie et al. (2010)이 제시하였듯이 탐색과 활용의 상충관계로 인해 한 조직 내에서 양자 간의 균형을 찾는 것이 매우 어렵다는 점에서 기존 업무가 아닌 새로운 업무를 탐색하는 독립된 조직으로써 기업벤처캐피탈이 기능할 수 있음을 다시 한번 확인함과 동시에 기업벤처캐피탈도 다른 벤처캐피탈과의 경쟁, 조직 내부경험을 기반으로 탐색과 활용을 시도한다는 것을 밝혀냈다.

마지막으로, 본 연구는 기업벤처캐피탈을 모기업에 종속되어 전략적 사업 다각화의 수단으로 인식하던 기존 연구 관점에서 벗어나, 스타트업 생태계의 성장과 혁신에 기여할 수 있는 독립적인 재무적 투자자이자 독립적 학습주체로 정의하고 있다. 본 연구를 통해 기업벤처캐피탈을 모기업의 방만한 경영, 소유자의 지분 편법 승계, 소유 지배구조 확장 등 부정적인 역할을 수행하는 주체가 아닌, 스타트업 생태계에서 독립벤처캐피탈과 함께 모험적 투자를 하는 주체로 함께 논의할 수 있는 시각을 제시한다는 점에서 의의가 있다. 다만, 연구가 모험투자자본인 기업벤처캐피탈이 모험적 투자를 하지 않게 되는 산업구조적, 거시경제적, 기업특성(투자 경험과 투자 성향)의 영향을 탐색한 것이고, 기업벤처캐피탈 투자 전반의 투자성향과 위험추구, 회피 성향을 검증한 것이 아니기 때문에 모든 기업벤처캐피탈이 모험적 투자를 하지 않는다는 등 확대해서 해석하는 것에 주의를 요하는 바이다.

본 연구의 한계점은 다음과 같다.

첫째, 실증분석을 위한 데이터 수집의 제약으로 인해 일반화 가능성에 있어 한계를 갖는다. 본 연구는 전 세계 스타트업 생태계와 기업벤처캐피탈 산업에서 가장 오래되고 활성화된 미국 기업벤처캐피탈들의 재무데이터와 투자데이터를 기반으로 실증분석하였다. 따라서 정부지원 정책이나 기업벤처캐피탈을 설립근거 규정이 다른 그 외 지역 국가의 특수성은 반영하지 못하였다. 추후 연구에서는 대한민국, 중국, 유럽을 비롯한 다양한 국가의 기업벤처캐피탈 생태계를 조망하는 연구가 진행되길 바란다.

둘째, 실증분석을 위한 변수측정에서 가지는 조작적 정의의 한계를 본 연구 또한 가진다. 우선, March(1991)가 탐색과 활용에 대한 개념적 정의를 제시한 이후 다양한 연구들에서 제시한 측정방법들은 크게 이항변수 측정방식과 연속변수 측정방식으로 나눌 수 있는데 각 측정방식은 개념적 정의와 특성을 측정하는데 있어 장단점을 갖는다. 본 연구는 기업벤처캐피탈의 모험적 투자 역시 기존과는 질적으로 다른 정보와 지식을 가지고 새로운 영역에 투자하는 활동으로 인식했기기 때문에 더미변수를 활용하여 이항변수로 측정하였다. 이러한 측정방식에 대해서는 조직학습이론과 기업벤처캐피탈 투자 전략에 대한 후속 연구를 통해 더 고도화된 측정방식이 개발될 것으로 기대한다. 다음으로 기업벤처캐피탈 간 투자 경합을 위한 경쟁강도를 산업 내 기업벤처캐피탈 숫자로 측정하였는데, 후속연구에서는 스타트업 출현 수 대비 기업벤처캐피탈 숫자 등 다양한 측정방식을 고려할 필요가 있다.

셋째, 본 연구는 20여 년을 관측기간으로 하는 시계열 연구가 가지는 한계점으로, 기업벤처캐피탈의 모험적 투자에 영향을 미치는 조직수준의 변수들을 측정하였지만 투자 매니저의 업력과 같은 개인수준 정보는 수집하지 못하였다. 후속연구에서는 투자 의사결정의 특성상 투자에 관여하는 투자 매니저의 평균 업력과 투자 포트폴리오 등과 같이 투자 경험을 보다 심층적으로 분석할 수 있는 정보를 수집하여 조직과 개인수준의 다층적으로 분석하길 기대한다.

마지막으로 짧은 역사를 가진 벤처캐피탈 연구 분야에서 기업벤처캐피탈에 대한 이론과 연구들은 질적인 측면에서나 양적인 측면에서 부족하고, 투자의사결정과정, 의사결정기준 등에 있어서 독립벤처캐피탈에 대한 논의와 공통점이 많다. 본 연구는 이와 같은 이론적 특성을 고려하여 논의를 전개함에 있어 벤처캐피탈 투자에 대한 독립벤처캐피탈의 이론적 논의들 많은 부분 참조하고 있다. 앞으로 기업벤처캐피탈 분야의 논의들이 더욱 활발하게 진행되어 독립벤처캐피탈과 구분되는 고유한 이론적 담론으로 발전되길 기대한다. 모기업의 전략적 목적의 투자를 위해 설립되었고 주로 전략적 투자를 하지만, 상황에 따라 독립벤처캐피탈과 같이 재무적 목적의 투자도 하는 기업벤처캐피탈의 복합적 정체성으로 인해 개별 투자건을 완벽하게 전략적 투자와 재무적 투자로 구분하는 것은 매우 어려운 일이다. 후속연구를 통해 개별 투자건의 투자목적과 성격에 대해 사전적으로 또는 사후적으로 구분하여 분석하는 이론적, 실증적 토대가 마련되길 기대한다.

REFERENCE

김도현(2013). 창업생태계 강화와 대기업의 역할, *벤처창업연구,* 8(2), 83-91.

오진섭·김병근(2017). 국내 벤처캐피탈의 투자위험회피활동과 차별적 특성이 피투자기업의 경영성과에 미치는 영향, *중소기업연구,* 39(2), 89-107.

이종훈(2018). *대기업의 개방형 혁신창구, 기업주도형 벤처캐피탈 'CVC'의 정의 그리고 사례, CLO 물류로 보는 세상,* Retrieved 2021-01.28 from http:// clomag.co.kr/ar ticle/3116.

이희우·정희석(2012). 벤처캐피탈의 투자가 투자기업 조기 IPO에 미치는 영향. *디지털융복합연구,* 10(10), 19-29.

Baum, J. A., & Singh, J. V.(1994). Organizational niches and the dynamics of organizational mortality. American *Journal of Sociology,* 100(2), 346-380.

Belderbos, R., Jacob, J., & Lokshin, B.(2018). Corporate venture capital(CVC) investments and technological performance: Geographic diversity and the interplay with technology alliances. *Journal of Business Venturing,* 33(1), 20-34.

Black, B. S., & Gilson, R. J.(1998). Venture capital and the structure of capital markets: banks versus stock markets. *Journal of Financial Economics,* 47(3), 243-277.

Birkinshaw, J., & Hill, S. A.(2005). Corporate Venturing Units: Vehicles for Strategic Success in the New Europe. *Organizational Dynamics,* 34(3), 247-257.

Block, Z., & MacMillan, I.(1993). *Corporate Venturing,* Boston, MA: Harvard Business School Press.

Campbell, A., Birkinshaw, J., Morrison, A., & van Basten Batenburg, R.(2003). The future of corporate venturing: Companies undertake venturing for a variety of reasons. *MIT Sloan Management Review,* 45(1), 30-38.

Caves, R. E., & Pugel, T. A.(1980). *Intraindustry differences in conduct and performance: viable strategies in US manufacturing industries*(Vol. 734). New York University, Graduate School of Business Administration, Salomon Brothers Center for the Study of Financial Institutions.

CB Insights.(2020). *The 2020 Global CVC Report.* Retrieved 2021-01.28 from https://www.cbinsights.com/ research/report/corporate-venture-capital-trends-2020/.

Chatterjee, S., & Hadi, A. S.(2013). *Regression analysis by example.* Hoboken: Wiley.

Chesbrough, H. W.(2002). Making sense of corporate venture capital. *Harvard Business Review,* 80(3), 90-100.

Crossan, M. M., Lane, H. W., & White, R. E.(1999). An organizational learning framework: From intuition to institution. *Academy of Management Review,* 24(3), 522-537.

Cyert, R. M., & March, J. G.(1963). *A Behavioral Theory of the Firm.* Englewood Cliffs: Prentice Hall.

Dobrev, S., Kim, T., & Hannan, M.(2001). Dynamics of Niche Width and Resource Partitioning, *American Journal of Sociology,* 106(5), 1299-1337.

Dushnitsky, G., & Lenox, M. J.(2005). When do incumbents learn from entrepreneurial ventures?: Corporate venture capital and investing firm innovation rates. *Research Policy,* 34(5), 615-639.

Dushnitsky, G., & Lenox, M. J.(2006). When does corporate venture capital investment create firm value? *Journal of Business Venturing,* 21(6), 753-772.

Eloranta, O.(2018). *Investment criteria of Finnish venture capitalists,* Master's Thesis, Business School of Lappeenranta University of Technology.

Fried, V. H., & Hisrich, R. D.(1994). Toward a model of venture capital investment decision making, *Financial Management,* 23(3), 28-37.

Gompers, P., & Learner, J.(2001). *The Money of Invention.* Boston: Harvard Business School Press.

Gompers, P. A.(2002). Corporations and the financing of innovation: The corporate venturing experience. *Economic Review-Federal Reserve Bank of Atlanta,* 87(4), 1-18.

Hannan, M. T., & Freeman, J.(1977). The population ecology of organizations. *American Journal of Sociology,* 82(5), 929-964.

Hannan, M. T., & Freeman, J.(1984). Structural inertia and organizational change. *American Sociological Review,* 49(20), 149-164.

He, Z. L., & Wong, P. K.(2004). Exploration vs. exploitation: An empirical test of the ambidexterity hypothesis. *Organization Science,* 15(4), 481-494.

Hill, S. A., & Birkinshaw, J.(2014). Ambidexterity and survival in corporate venture units. *Journal of Management,* 40(7), 1899-1931.

Huergo, E., & Jaumandreu, J.(2004). How does probability of innovation change with firm age?. *Small Business Economics,* 22(3), 193-207.

Khan, A. M.(1987). Assessing venture capital investments with noncompensatory behavioral decision models, *Journal of Business Venturing,* 2(3), 193-205.

Khanin, D., Baum, J. R., Mahto, R. V., & Heller, C.(2008). *Venture capitalists' investment criteria: 40 years of research,* Small Business Institute.

Kim, D. H.(2013). The Role of Large Companies in Entrepreneurial Ecosystem, *Asia-Pacific Journal of Business Venturing and Entrepreneurship,* 8(2), 83-91.

Keil, T., Maula, M., Schildt, H., & Zahra, S. A.(2008). The effect of governance modes and relatedness of external business development activities on innovative performance. *Strategic Management Journal,* 29(8), 895-907.

Lahti, A.(1983). *Strategy and a Performance of a Firm.* An Empirical Investigation in the Knitwear Industry in Finland 1969-1981.

Lavie, D., Stettner, U., & Tushman, M. L.(2010). Exploration and exploitation within and across organizations. *Academy of Management annals,* 4(1), 109-155.

Lerner, J.(2002). Boom and Bust in the Venture Capital Industry and the Impact on Innovation, *Federal Reserve Bank of Atlanta Economic Review,* Fourth Quarter, 25-39.

Lee, J. H.(2018). *Large companies' open innovation window,* Corporate Venture Capital (CVC)s' definition and cases, Retrieved 2021-01.28 from http://clomag.co.kr/article/3116.

Lee, H. W., & Jung, H. S.(2012). Venture Capital and Its Impact on an Early IPO in the Venture-Backed Companies, *Digital Convergence Study,* 10(10), 19-29.

Lee, S. U., & Kang, J. (2015). Technological diversification through corporate venture capital investments: creating various options to strengthen dynamic capabilities. *Industry and Innovation,* 22(5), 349–374.

Lee, S. U., Park, G., & Kang, J. (2018). The Double-edged effects of the Corporate Venture Capital Unit's Structural Autonomy or Corporate Investor's Explorative and Exploitative Innovation, *Journal of Business Research,* 88, 141–149.

Levinthal, D. A. & March, J. G. (1993). The myopia of learning, *Strategic Management Journal,* 14(S2), 95–112.

MacMillan, I. C., Block, Z., & Narasimha, P. S. (1986). Corporate venturing: Alternatives, obstacles encountered, and experience effects. *Journal of Business Venturing,* 1(2), 177–191.

March, J. G. (1991). Exploration and exploitation in organizational learning. *Organization Science,* 2(1), 71–87.

Maula, M. V. (2001). *Corporate venture capital and the value-added for technology-based new firms.* Helsinki: Helsinki University of Technology.

Metrick, A. (2006). *Venture Capital and the Finance of Innovation,* Hoboken: Wiley.

Mishra, A. (2004). Indian venture capitalists (VCs): Investment evaluation criteria, *ICFAI Journal of Applied Finance,* 10(7), 71–93.

Muzyka, D., Birley, S., & Leleux, B. (1996). Trade-offs in the investment decisons of European venture capitalists, *Journal of Business Venturing,* 11(4), 273–287.

Nelson, R. R., & Winter, S. G. (1982). The Schumpeterian tradeoff revisited. *The American Economic Review,* 72(1), 114–132.

Norton, E., & Tenenbaum, B. H. (1993). Specialization versus Diversification as a Venture Capital Investment Strategy, *Journal of Business Venturing,* 8(5), 431–442.

Oh, J., & Kim. B. K. (2017). The Effect of the Risk Avoiding Activities and Characteristic of Korean Venture Capital on the Financial Performance of the Invested Companies, *Asia Pacific Journal of Small Business,* 39(2), 89–107.

Porter, M. E. (1980). Industry structure and competitive strategy: Keys to profitability. *Financial Analysts Journal,* 36(4), 30–41.

Riquelme, H., & Rickards, T. (1992). Hybrid conjoint analysis: An estimation probe in new venture decisions, *Journal of Business Venturing,* 7(6), 505–518.

Rosenkopf, L., & Nerkar, A. (2001). Beyond local search: Boundary-spanning, exploration, and impact in the optical disk industry. *Strategic Management Journal,* 22(4), 287–306.

Schildt, H. A., Maula, M. V., & Keil, T. (2005). Explorative and exploitative learning from external corporate ventures. *Entrepreneurship Theory and Practice,* 29(4), 493–515.

Shrader, R., Steier, L., McDougall, P., & Oviatt, B. (1997). Venture capital and characteristics of new venture IPOs. *Frontiers of Entrepreneurship Research,* (3), 513–524.

Siegel, R., Siegel, E., & MacMillan, I. C. (1988). Corporate venture capitalists: Autonomy, obstacles, and performance. *Journal of Business Venturing,* 3(3), 233–247.

Staw, B. M., Sandelands, L. E., & Dutton, J. E. (1981). Threat rigidity effects in organizational behavior: A multilevel analysis. *Administrative Science Quarterly,* 26(4), 501–524.

Stinchcombe, A. L. (1990). *Information and organizations.* Berkeley: Univ of California Press.

Tyebjee, T. T. & Bruno, A. V. (1984). A Model of Venture Capitalist Investment Activity, *Management Science,* 30(9), 1051–1066.

Weick, K. E. (1995). *Sensemaking in Organizations,* Thousand Oaks: Sage.

Winters, T. E., & Murfin, D. L. (1988). Venture capital investing for corporate development objectives. *Journal of Business Venturing,* 3(3), 207–222.

Wüstenhagen, R., & Teppo, T. (2006). Do venture capitalists really invest in good industries? Risk-return perceptions and path dependence in the emerging European energy VC market, *International Journal of Technology Management,* 34(1/2), 63–87.

Yang, Y., Narayanan, V. K., & De Carolis, D. M. (2014). The relationship between portfolio diversification and firm value: the evidence from corporate venture capital activity. *Strategic Management. Journal,* 35(13), 1993–2001.

Zacharakis, A. L., & Meyer, G. D. (1998). A lack of insight: Do venture capitalists really understand their own decision process? *Journal of Business Venturing,* 13(1), 57–76.

Zacharakis, A. L., & Meyer, G. D. (2000). The potential of actuarial decision models: Can they improve the venture capital investment decision? *Journal of Business Venturing,* 15(4), 323–346.

Zeger, S. L., & Liang, K. Y. (1986). Longitudinal Data Analysis for Discrete and Continuous Outcomes, *Biometrics,* 42(1), 121–130.

Zider, B. (1998). How Venture Capital Works. *Harvard Business Review,* 76(6), 131–139.

혁신의 이론과 실증을 아우르는 벤처 창업 : 이론과 쟁점

벤처창업연구 머스트리드 20

생태계 수준 연구

생태계, 혁신의 무대를 만들다

벤처창업연구 머스트리드 20

생태계 수준 연구 :
생태계, 혁신의 무대를 만들다

서론

최근 국내외에서 창업 생태계와 연구 방법론에 대한 관심이 높아지면서 관련 학술 연구도 활발해지고 있다. 특히 한국의 창업생태계는 신설 법인 증가와 벤처투자 확대 등으로 외형적 성장을 이루었고, 글로벌 지표에서도 기업가정신 순위(GEM)는 2019년 10위에서 2021년 6위로, 서울의 도시 창업생태계 순위(Starup Genome)도 2018년 20위에서 2025년 8위로 상승하는 등 대내외적 위상이 크게 향상되었다.

이제는 "더 많은 창업"에서 "더 성장하는 창업"으로 초점 전환이 필요하다는 인식 아래, 정부 정책, 창업교육, 연구방법 등 다양한 측면에서 질적 도약을 모색하는 창업 연구들이 진행되고 있다. 이러한 맥락에서 선정된 네 편의 국내 주요 연구를 살펴보고, 창업 정책 및 생태계, 창업교육 인프라, 연구방법론 혁신 측면에서 시사점을 논의한다. 다루는 논문은 벤처투자 정책 효과를 분석한 이종훈·정태현(2016), 대학 창업교육 역량체계를 제시한 변지유·이장희(2020), 기업가형 대학의 사례를 연구한 원치운·배태준·최경철(2020), 그리고 기계학습·네트워크분석 기법을 활용한 김선우 외(2024)의 연구이다.

창업정책과 투자 생태계

이종훈·정태현(2016)은 벤처캐피탈(VC) 산업에서 정부의 간접출자금(모태펀드 등)이 창업 초기기업 투자에 미치는 영향을 실증 분석하였다. 이들은 VC가 합리적 투자자 관점에서 의사결정을 한다고 보고, 정부 자금 투입이 가져올 수 있는 효과로 불확실성 완화, 정책유도, 투자 규모의 경제, 정보비대칭 완화, 자본비용 완화 등을 이론적으로 검토하였다. 이러한 논의를 바탕으로 정부 출자 규모가 커질수록 초기단계 투자 비중이 증가할 것, 초기기업 투자를 조건으로 정부자금을 받은 경우 그렇지 않은 경우보다 초기투자가 더 클 것, 그리고 정부자금 규모 효과가 일정 수준 이후 감소하여 역U자 형태를 보일 것이라는 세 가지 주장을 제시하였다. 2010~2013년 사이 105개 VC의 출자 구성 및 투자 데이터를 다중회귀분석 등으로 검증한 결과, 세 가지 가설 모두 지지되었다. 이는 정부의 초기기업 지원이 어느 정도까지는 투자 촉진에 유효하지만, 지나치게 확대되면 오히려 효과가 줄어들 수 있음을 시사한다. 본 연구는 벤처캐피탈의 투자행태에 대한 정책 개입 효과와 그 메커니즘을 밝힘으로써 이론적 기여를 하였고, 실증적 근거를 통해 벤처기업 정책의 효과와 향후 정책 방향성 재검토의 기준점을 제공하였다는 실무적 의의를 가진다. 이는 창업생태계 관점에서 정부 지원의 최적 규모와 효율적 운용에 대한 근거를 제시하여, 향후 벤처 관련 정책이 단순한 자금 확대를 넘어 질적 고도화로 나아가야 함을 보여준다.

창업교육과 대학 생태계

변지유·이장희(2020)는 대학 창업교육의 역량 기반 고도화를 위해, 유럽연합(EU)의 EntreComp 프레임워크를 토대로 한국 대학에 적합한 8대 기업가정신 역량 체계를 도출하고 현황을 분석하였다. 선행 연구와 Bacigalupo et al.(2016)의 EntreComp 모델을 참고하여, 기회의 포착(spotting opportunities), 가치 창출(value creation), 자기개발(self improvement), 자원 동원(mobilising resources), 기술 활용(technology application), 전략적 관리(strategic management), 관계형성(relationship), 경험을 통한 학습(learning through experience)의 8가지 역량을 대학 창업교육의 핵심 프레임으로 제시하였다. 연구진은 전문가 FGI와 델파이 조사를 통해 이 역량들을 검증하고, 2018년 창업선도대학 42개교의 학부 창업교육 과목 919개를 전수 조사하여 각 역량별 교육 반영 정도와 교육 현황을 파악하였다. 그 결과 국내 대학 창업교육은 일부 역량(예: 기술활용, 전략경영 등)에 편중되거나 미흡한 부분이 드러났으며, EntreComp 관점의 체계적 교육 개선이 필요한 상황임이 확인되었다. 본 연구는 변화하는 시대 요구를 반영해 대학이 갖춰야 할 창업교육 목표를 재정립하고 이를 뒷받침할 기업가정신 역량 프레임워크를 제시한 점에서 의의가 크다. 또한 창업선도대학의 실제 교과목 커리큘럼 데이터를 활용한 전수분석을 통해 현 체계의 한계를 진단하고, 향후 대학 창업교육을 어떤 역량에 초점을 두고 강화할지 방향성을 제안하였다. 다만 표본이 창업선도대학으로 한정되어 일반화에 한계는 있지만, 본 연구는 기업가정신 역량 관점에서 대학 창업교육의 질적 성장 방안을 모색하고 후속 연구에 구체적 틀을 제공했다는 점에서 큰 의미를 지닌다. 이는 창업 인재 양성을 위한 교육 인프라 구축에 있어, 단순한 교과 개설 수 늘리기에서 나아가 창업 교육 목표와 성과를 역량 지표로 관리하는 체계 확립의 중요성을 환기시킨다.

다음으로 원치운·배태준·최경철(2020)은 창업교육을 넘어 대학 조직 전체의 창업역량 강화, 즉 "기업가형 대학(entrepreneurial university)"으로의 전환에 주목하였다. 이들은 전통적 대학이 어떻게 기업가형 대학으로 패러다임 전환을 이룰 수 있는지 탐색하기 위해, 대학 조직의 양손잡이 전략(ambidexterity) 개념을 적용한 사례연구를 수행하였다. 세계적으로 기업가형 대학의 모범 사례로 꼽히는 영국 옥스퍼드 대학, 미국 스탠퍼드 대학, 독일 베를린공과대학 등 3개 대학을 선정하여, 각 대학이 교육·연구 중심의 전통적 역할과 시장지향 혁신활동(학문적 자본주의) 사이에서 균형을 이루는 전략을 어떻게 구현했는지를 분석하였다. 분석 틀로는 조직 양손잡이 전략의 선행요인인 1) 구조적 측면(전담 조직 및 제도), 2) 맥락적 측면(문화·지원 환경), 3) 리더십 측면(경영진의 전략과 비전)을 고려하였다. 연구 결과 이들 대학은 기술이전센터 설립, 창업지원 조직 및 펀드 운영, 유연한 학사제도 등 구조적 변혁을 추구함과 동시에, 교내에 기업가정신 문화를 정착시키고 인센티브 시스템을 구축하는 맥락적 지원을 병행하였으며, 최고경영진이 강력한 리더십으로 창업을 핵심 미션에 통합하는 전략을 활용하고 있음을 보여주었다. 이러한 양손잡이 전략을 통한 혁신으로 세 대학은 교수·학생 창업 활성화, 기술사업화 수익 증대 등의 탁월한 성과를 거두었으며, 결과적으로 대학의 생존과 발전에 필요한 새로운 수입원과 경쟁력을 확보하였다. 본 연구는 단순히 국외 사례를 소개하는 것을 넘어, 해당 사례들을 통해 한국 대학들이 기업가형 대학으로 전환하기 위해 고려해야 할 요소들을 시사한다. 궁극적으로 국내 대학이 불확실한 환경 속에서 생존하고 미래 발전 방향을 설정하는 데 본 연구가 참고자료가 될 것으로 기대된다. 이는 대학 차원의 창업역량 강화 전략에 있어 해외 선진 사례의 시사점을 제시함과 동시에, 대한민국 현실에 맞는 대학 혁신 모델을 모색하는 후속 연구의 필요성을 보여준다.

결론 및 제언

이상의 논의를 바탕으로, 향후 창업생태계 연구와 정책 추진을 위한 몇 가지 방향성을 제안한다.

첫째, 창업 정책 및 생태계의 방향성 측면에서 정부 지원의 규모 최적화와 질적 전환이 필요하다. 이종훈·정태현(2016)의 연구가 보여주듯이 정부 자금이 일정 수준까지는 초기투자를 촉진하지만, 무조건적인 예산 확대는 효과를 떨어뜨릴 수 있다. 따라서 정책 입안자는 근거 기반의 최적 지원규모를 파악하고, 단순히 자금을 늘리는 것보다 민간 투자와의 효율적 매칭과 투자 품질 제고에 초점을 맞춰야 한다. 아울러 김선우 외(2024)의 결과에서 강조된 네트워크 역량 강화를 정책에 반영할 필요가 있다. 스타트업과 투자자, 대기업 등 생태계 주체 간 협력 네트워크를 촘촘히 구축하고 정보 교류를 촉진함으로써, 금융지원 이상의 간접적 자원(멘토십, 신뢰 형성 등)을 제공해야 한다. 더불어 스타트업 내부 역량 축적을 돕는 질적 프로그램(예: 전문인력 양성, 기술검증 지원)으로 정책의 무게중심을 이동시켜, "많은 창업"에서 "지속 성장하는 창업" 중심으로 생태계 목표를 재설정해야 한다.

둘째, 창업정책과 생태계의 방향 측면에서, 정부 간접출자는 초기단계 투자 활성화에 기여하지만, 효과에는 한계 수익 체감이 존재한다. 예산의 단순 확대보다 근거 기반(evidence-based)의 최적 규모 산정, 민간자본과의 정교한 매칭, 성과연동 배분이 중요하다. 동시에 금융지원만으로는 부족하므로, 스타트업·투자자·대기업·연구기관을 잇는 협력 네트워크 인프라와 신뢰·정보의 순환을 촉진하는 간접자원을 강화해야 한다. 정책의 무게중심을 "양적 창업"에서 내부 역량(인재·기술 검증·시장 적합성) 축적을 돕는 "지속 성장하는 창업"으로 이동시키는 것을 목표로 할 필요가 있다.

셋째, 창업교육 및 역량 강화 인프라 측면에서는 성과 평가 및 관리 체계의 고도화가 요구된다. 표준화된 지표(역량 균형, 학습성과, 창업·고용·매출의 질적 지표)를 구축하고, 창업교육 커리큘럼 이수-졸업 후 성과를 패널 형태로 연결해 그 영향을 지속적으로 모니터링해야 한다. 이러한 평가 결과를 바탕으로 재정지원·프로그램 개선에 피드백 루프로 반영하고, 교육 인프라 측면에서도 강의 중심을 넘어 프로젝트·멘토링·커뮤니티·현장실습을 확대해 경험학습 기회를 제도화할 필요가 있다. 즉, 창업교육 성공의 핵심은 측정(measurement)과 관리(management)가 결합된 질적인 관리 체계를 구축하는 것이다.

넷째, 현실 문제 해결에 기여하는 실용적 연구로의 발전을 지향해야 한다. 창업 현장은 급변하고 있으며, 정부 정책과 교육 프로그램도 현장의 문제를 정확히 짚어내는 연구를 필요로 한다. 따라서 연구주제 선정 단계부터 실제 스타트업의 애로사항, 정책 수행상의 쟁점, 교육 현장의 피드백 등을 반영하는 것이 바람직하다. 더 나아가 연구 결과를 논문에만 머물지 않고 실무자용 보고서, 정책 제안서, 교육 지침 등으로 확산시켜 지식의 확산을 촉진해야 한다. 대학 연구자와 현업 종사자 간 협업 연구 프로젝트를 늘리고, 학회에서도 실무 세션이나 정책 패널을 활성화함으로써, 생태계 분야 학술연구가 현실 문제 해결의 실용적 도구로 자리매김하도록 노력해야 한다.

다섯째, 장기적 관점과 미시적 분석을 병행하는 종합적 시각이 필요하다. 창업생태계의 발전을 이해하고 올바른 전략을 수립하려면, 거시적·장기적 흐름과 미시적·단기적 현상을 함께 살펴보는 연구가 요구된다. 장기적 관점에서는 정책의 누적 효과, 제도 변화의 역사적 맥락, 경제·사회 구조의 변화 추세 등을 고려하여 창업 환경을 진단해야 한다. 예를 들어 과거 20년간 벤처투자 생태계의 진화 과정이나, 세대별 창업가 정신의 변화를 추적하는 연구가 해당된다. 반면 미시적 분석을 통해서는 창업팀의 행동, 투자자의 의사결정, 개별 기업의 성장 경로 등 구체적 탐색해야 한다. 이러한 거시적–미시적 접근을 동시에 수행함으로써, "숲"과 "나무"를 모두 보는 균형 잡힌 통찰을 얻을 수 있을 것이다.

여섯째, 해외 벤치마킹을 넘어 한국적 특수성이 창업 생태계에서 어떻게 작동하는지 이론적으로 규명해야 한다. 지금까지는 실리콘밸리 모델이나 유럽의 정책 사례 등을 벤치마킹하여 국내 적용을 모색하는 연구가 많았다. 그러나 단순 모방으로는 한계가 있으므로, 한국 고유의 제도적 환경, 문화적 요인, 시장 특성이 창업활동에 미치는 영향을 깊이 있게 분석할 필요가 있다. 예를 들어, 우리나라의 군복무 제도가 청년 창업에 미치는 영향, 대기업 중심 산업구조가 스타트업 스케일업에 주는 제약, 학연·지연과 같은 네트워크 문화가 기업가정신에 끼치는 영향 등은 한국만의 맥락에서 중요한 연구주제가 될 수 있다. 또한 앞으로는 정부 주도의 창업지원이 큰 비중을 차지하는 생태계 구조, 국민 정서상 실패에 대한 낮은 관용도, 높은 불확실성 회피 성향 등 해외와 다른 요인들이 성과에 어떤 상호작용을 내는지 실증적 근거를 축적해야 할 것이다. 이를 통해, 한국 현실에 맞는 창업생태계 이론을 정립할 뿐만 아니라, 궁극적으로 국내 창업생태계 발전과 정책 수립에 더 깊은 인사이트를 제공할 것으로 기대한다.

2025년 9월

2025년 한국벤처창업학회 글로벌협력위원장

윤원주 드림

벤처창업연구 제11권 제3호 (통권45호)

벤처캐피탈에 대한 정부출자금의 초기단계기업 투자에 대한 영향: 한국의 벤처캐피탈에 관한 실증연구

이종훈 (한양대학교 기술경영전문대학원 박사과정)
정태현 (한양대학교 기술경영전문대학원 조교수)

국문 요약

본 연구는 벤처캐피탈에 대한 정부의 간접출자가 창업초기단계 기업에 대한 투자를 장려하는지에 대해 논한다. 벤처캐피탈의 의사결정이 합리적 투자자의 관점을 취한다고 가정하고 정부의 자금투여가 이에 영향을 미치는 원리를 불확실성 완화효과, 정책 유도 효과, 투자금의 규모의 경제효과, 정보비대칭성 완화효과, 자본비용 완화효과로 분해하여 이론적 고찰을 한다. 이론적 논의를 종합하여, 본 논문은 다음의 주장을 한다. 첫째, 정부출자금의 규모가 벤처캐피탈의 창업초기단계 기업에 대한 투자를 증가시키는 효과를 가질 것이다. 둘째, 창업초기단계에 대한 투자지침을 명시한 출자금을 유치한 벤처캐피탈의 창업초기단계 투자가 그러한 투자지침을 갖지 않는 출자금을 유치한 벤처캐피탈에 비해 클 것이다. 셋째, 정부출자금의 창업초기단계 기업의 투자에 대한 규모효과는 일정 수준 이상이 되면 감소하여 역U의 형태를 보일 것이다. 본 연구는 2010년부터 2013년 사이 투자활동을 벌인 한국의 105개 벤처캐피탈사의 출자금 구성과 투자 내역자료를 활용하여 상기 주장의 유효성을 실증 조사하였다. 다중회귀분석을 포함한 다양한 통계적 검정의 결과 세 가지 주장을 모두 지지하는 일관된 결론을 얻었다. 본 연구는 벤처캐피탈의 투자행태 및 정책개입의 효과와 메커니즘에 대한 새로운 설명을 제시한다는 이론적 의의와 이에 대한 실증근거의 제시를 통해 벤처기업 및 벤처캐피탈 정책의 효과와 방향성에 대한 재검토의 기회를 제공한다는 실무적 의의를 갖는다.

핵심주제어: 창업투자회사, 벤처캐피탈, 창업초기기업투자, 모태펀드, 스타트업

Ⅰ. 서론

창업 초기의 벤처기업에 대한 자금지원은 벤처생태계의 활성화는 물론 잠재적 혁신기업의 태동에 중요한 역할을 한다. 그러나 창업 초기 단계의 벤처를 위한 금융시장은 시장의 실패가 확연히 드러나는 부분이기도 하다.

초기 기업은 그 영세성으로 말미암아 자산과 담보를 기반으로 하는 전통적 대출금융이 작동하기 어렵고, 민간벤처캐피탈도 후기벤처에 대한 투자보다 상대적으로 더 높은 불확실성과 보다 더 장기적인 회수전망에 따른 리스크를 회피하고자 하기 때문이다. 시장의 실패를 보완하기 위해 각국 정부는 창업 초기 기업 지원에 정책적 개입을 해 왔다(Mayer, et. al. 2005; Mcglue, 2002). 한국의 경우, 한편으로는 2006년 출범한 모태펀드를 통해 벤처기업에 대한 투자확대를 유도하였고 다른 한편으로는 국가 R&D 자금지원 프로그램을 통해 창업초기 기술개발을 지원해 왔다.

벤처캐피탈은 벤처기업의 양적성장을 견인할 뿐만 아니라(Kim, 2014), 혁신적인 창업기업의 성공에 있어 특히 그 역할이 중요하다(Chemmanur, et. al. 2011; Humphery-Jenner, 2012; Kortum & Lerner, 2000; Puri & Zarutskie, 2012). 초기기업에 대한 벤처캐피탈의 역할은 단순히 금융의 제공에 머물지 않는다. 벤처캐피탈은 초기기업의 성장에 필요한 경영적, 기술적 자문 또한 제공함으로써 투자기업의 가치제고를 위한 활동도 직접 수행한다(Gompers & Lerner, 2001; Kortum & Lerner, 2000; Sung et al. 2014). 나아가, 투자기업에 대한 정보를 확산하고 신뢰성을 제고함으로써 제3의 투자가를 유치할 개연성을 높이는 매개체의 역할도 수행한다(Kim & Suh, 2010). 이러한 메커니즘은 벤처캐피탈이 특히 새로운 혁신 벤처기업의 창출과 성장에 실제로 더욱 중요한 역할을 수행한다는(Bottazzi, et. al. 2004; Gompers, 1995; Hellmann & Puri,

2002; Lerner, 1994) 관측을 설명한다.

이와 같이, 초기기업에 대한 금융지원 특히, 벤처캐피탈을 통한 지원의 중요성과 이에 대한 정책적 인지와 노력은 확연하다. 그러나 여전히 초기기업에 대한 금융지원은 충분치 않은 것으로 평가된다(Lim & Jung, 2014). 2003년 대비 2011년의 엔젤투자가의 수와 액수가 정체하거나 감소하였고, 업력이 낮을수록 기업의 기술개발과 사업화 성과가 높음에도 정부의 R&D지원금의 배분은 업력이 높은 기업에 더욱 치중하여 왔다는 것이 그 근거이다 (Lim & Jung, 2014).

이에 대한 해결책으로 엔젤투자에 대한 진흥책, 모태펀드 운용의 개선방안, 중소기업 대상 국가 R&D 운영 개선안 등이 논의되고 있다. 그러나 막대한 예산을 투입해 지원한 민간 벤처캐피탈의 초기기업에 대한 투자행태와 투자결정요인에 대해서는 학술적 이해가 높지 않은 실정이다. 정부지원의 효과성이라든가 민간 벤처캐피탈의 행태적 반응에 대한 더욱 깊이 있는 이해는 새로운 정책대안을 제시함에 있어 효과적 메커니즘을 설계하는 데에 기반이 되는 중요한 의미를 갖는다.

이와 같은 문제의식이 바로 본 연구가 천착하는 지점이다.

본 연구는 2010년부터 2013년까지 국내 벤처투자사들의 투자내역을 조사해 투자 펀드 중 정부지원금의 비중과 투자사 단위의 창업초기기업에 대한 투자비중간의 관계를 실증적으로 밝힌다. 창업 후기기업에 대비해 초기기업에 대한 투자는 회수기간의 장기화와 높은 불확실성으로 인하여 투자가 기피되는 반면, 가용한 금융조달의 형태가 후기기업보다 제한적이어서 심각한 자본간극(Equity Gap)이 발생하는 영역이다. 이러한 자본간극을 채우기 위해 정부가 벤처캐피탈에 지원하는 정책자금이 활용되어 왔다. 이를 통해 정책당국이 기대하는 정책효과 중 하나는 초기기업에 대한 투자를 촉진하는 것이다.

본 연구는 이러한 상식적 기대가 실제로 충족되었는지 먼저 살펴본다. 이론적으로는 정부출자금이 투자펀드의 양적 증대를 초래함으로써 투자행태에 끼치는 영향과 정부자금과 민간자금 간의 차별적 특성(예를 들어, 산업, 기술, 업력 등에 대한 한정이라든가, 민간 투자자 대비 회수부담 또는 책임성에서의 차별점 등)이 투자행태에 끼치는 영향을 동시에 고려하여 벤처투자 유인과 행태에 대한 설명을 시도한다.

본 연구의 의의는 다음과 같다. 우선 정부의 출자금지원이라는 간접투자 방식의 벤처캐피탈 시장 활성화 정책이, 시장실패가 보다 자명한 초기기업에 대한 투자에 있어 실효성을 갖는지에 대한 실증근거를 제시한다. 현 정부는 창조경제 활성화와 혁신적 벤처기업육성이라는 정책기조에 따라 자금지원정책을 위시한 다양한 벤처창업활성화 정책을 시도하고 있다. 본 연구의 결과는, 특히 벤처기업에 대한 간접적 자금지원정책방향의 점검과 재설정에 활용될 수 있다는 점에서 정책적, 실무적 의의가 있다.

논문은 다음과 같이 구성되어 있다. 2장에서는 본 연구의 배경이 되는 한국의 벤처캐피탈 및 정부지원의 현황을 살펴본다. 3장은 연구의 이론적 배경으로 벤처캐피탈의 창업초기기업 투자현황 및 기피요인에 대해서 분석하였으며, 시장실패 극복을 위한 벤처캐피탈 산업에 대한 정책자금 지원과 초기기업 투자간의 관계에 대해서 정리하였다. 4장은 실증분석에 필요한 표본 및 분석방법, 연구가설에 대해 설명하고 있으며, 5장은 실증적으로 분석한 창업초기기업투자 활성화에 대한 정책자금 투자효과를 해석하고 있다. 6장은 본 논문의 결론이다.

Ⅱ. 한국의 벤처캐피탈 현황 및 정부지원

2.1. 벤처캐피탈과 정부지원

한국의 벤처캐피탈 산업은 정부의 주도로 시작되었다. 1974년에 한국과학기술연구소(KIST)의 기술을 사업화하기 위해서 설립된 한국기술진흥주식회사(KTAC)를 비롯하여, 1985년까지 정부의 주도로 한국기술개발주식회사(KTDC), 한국개발투자주식회사(KDIC), 한국기술금융주식회사(KTFC) 등 모두 4개 사가 설립되었다(Kim & Kutsuna, 2014). 이후 1986년 제정된 '중소기업창업지원법'에 의하여 민간 창업투자회사들이 생겨나기 시작하였다. 1996년 '벤처기업육성에 관한 특별

지원법'의 제정과 장외시장인 코스닥 시장의 개설은 민간창업투자회사의 벤처금융조달 역할의 중요성을 극명히 보여 주었는데, 2000년대 초 IT버블시기에는 150여 개의 창업투자회사들이 2조원이 넘는 투자를 집행할 정도로 한국의 벤처캐피탈 산업이 급격한 양적 성장을 하였다. 벤처캐피탈 산업에서의 민간의 역할은 2002년 전 세계적인 IT거품의 붕괴 이후 상당히 위축되었다. 통계(한국벤처캐피탈협회(KVCA))에 따르면, 2004년 등록된 창업투자회사는 100개로 줄어들었고 투자집행액도 6천억원 수준으로 급격히 감소하여 민간 벤처캐피탈에 대한 정부지원의 필요성이 제고되었다. 다른 한편으로는, 기존의 정부지원 방식의 효율성에 대한 의문도 제기되었다(Kim & Lim, 2015).

2004년까지 민간 벤처캐피탈에 대한 정부지원은 정부가 직접 펀드를 조성하고 투자처를 선정하는 방식의 공공벤처캐피탈(또는 정부벤처캐피탈: Governmental Venture Capital) 형태였다. 그러나 수년간의 정부벤처캐피탈 운영 과정에서 수익성 악화와 시장왜곡(Park & Yoon, 2012; Song & Kim, 2014)의 문제와 더불어 단년도 위주의 투자계획에서 비롯된 혁신형 중소기업 지원의 불안정성 문제(Park & Yoon, 2012)가 대두되었다. 벤처캐피탈 산업에서의 시장실패와 정부실패를 보완하기 위한 수단으로 2005년 새롭게 도입된 것이 모태펀드(Fund of Funds)이다.

모태펀드는 '벤처기업육성에 관한 특별조치법'에 의거하여 결성되었다. 투자재원은 정부의 재정지원으로 마련하되 운용은 중소기업진흥공단이 100% 투자한 공공기관인 한국벤처투자㈜가 담당한다. 모태펀드의 운용기간은 2005년부터 2035년까지 총 30년으로 정해져 있다. 모태펀드는 결성 이후 2015년 12월까지 총 418개 자펀드 결성에 대하여 2조 7,753억 원을 출자하였는데, 이들 자펀드가 모태펀드 이외의 투자처로부터 출자를 받아 결성한 금액은 총 12조 7,753억 원에 달한다(KVIC, 2016). 모태펀드에 출연하는 정부기관은 2015년 국민 체육진흥공단의 참여로 총 8개 기관(중소기업진흥공단, 문화 체육관광부, 특허청, 영화진흥위원회, 미래창조과학부, 고용노동부, 보건복지부), 10개 계정이 되었다. 각 기관별 출자금은 별도의 계정으로 관리되어 정책목표와 출자기관의 지침에 따라 출자사업과 투자대상이 한정된다. 모태펀드의 출자기관별 출자사업(계정이라고 칭함)과 자펀드에 대한 누적출자액은 <표 1>에 정리하였다. <표 1>을 보면, '중진계정'과 '엔젤계정'이 창업초기기업에 대한 투자를 명시하고 있다. 출자액은 중진계정이 가장 많은 1조 7,578억 원으로 전체의 64%를 차지하며 문화, 특허계정 등이 그 뒤를 따른다.

모태펀드 이외에 정부의 주요 벤처캐피탈 자금지원 프로그램으로 금융위원회의 성장사다리펀드와 KDB산업은행(정책금융공사 포함)의 다양한 출자 사업을 들 수 있다. 성장사다리펀드는 2013년 8월에 결성되어 2015년까지 3년간 KDB산업은행이 1조 3500억 원, IBK기업은행이 1,500억 원, 은행권 청년창업재단이 3,500억 원을 각각 출자하였다. 2015년 7월까

<표 1> 모태펀드 계정별 출자액 요약 (2015년)

계정	출자분야	출자액(백만원)
중진	창업초기, 지방기업, 부품소재, M&A등에 투자하는 펀드	17,578
문화	문화산업진흥기본법에 의한 문화산업에 투자하는 펀드	4,629
특허	발명진흥법에 의한 발명활동의 진작과 발명성과의 권리화 촉진, 우수 발명의 이전알선과 사업화 등 특허기술사업화 기업에 투자하는 펀드	2,308
엔젤	엔젤매칭펀드 등 엔젤 투자 활성화를 위한 펀드	1,762
영화	한국영화 등에 투자하는 펀드	476
미래	방송법, 전기통신사업법, 인터넷멀티미디어 방송사업법에 근거한 방송, 인터넷멀티미디어방송, 전기통신역무 제공 및 서비스 등 방송통신사업분야에 투자하는 펀드	417
보건	보건산업에 투자하는 펀드	199
지방	지방기업 투자 활성화를 위한 펀드	75
스포츠	산업진흥법 상 스포츠산업 산업에 투자하는 펀드	55
관광	관광진흥법에 의한 관광업 등에 투자하는 펀드	26
공동	다양한 계정의 목적을 담은 융합 산업에 투자하는 펀드	42

출처: 한국벤처투자(주) (2016)

지 총 4조 3,802억 원의 하위펀드를 조성했고(이 중 성장사다리펀드 출자 1조 1,585억 원) 262개 기업에 1조 157억 원 규모의 투자를 집행했다(KFSC, 2015). 이 중 창업, 초기 중소기업, 벤처기업에 대한 투자 지원을 목적으로 하는 스타트업펀드는 2,769억 원(이 중 성장사다리 출자 1,375억 원) 규모의 10개 하위펀드로 구성되어 총 91개 기업에 투자를 집행하였다(KFSC, 2015).

KDB산업은행은 자체적으로 투자전문 인력을 활용하여 벤처 및 중소기업에 대한 직접 투자를 집행하지만, 주로 펀드 출자를 통해 창업초기기업, 벤처기업, 중소기업에 대한 간접투자방식의 지원을 해왔는데, 특히 초기창업단계 지원을 위해서 청년창업펀드, 특허사업화펀드, 미래창조펀드 등을 운용하며, 그 밖에 기업의 성장단계별로 8개 이상의 펀드를 운용한다. 이러한 한국산업은행의 정책금융사업의 전문성을 강화하고자 2009년부터 분리된 정책금융공사는 2015년 한국산업은행으로 재흡수되기까지 벤처펀드에 대하여 총 1.62조를 출자하여 벤처캐피탈 산업의 성장 및 활성화에 기여를 해왔다.

본 연구의 분석기간인 2010년에서 2013년간 주체별 창업편 드에 대한 출자비중을 보았을 때 〈표 2〉, 정부의 직접적인 정책에 의한 벤처캐피탈 산업에 대한 출자 비중은 모태펀드의 출범 이후 상승하여 2013년 약 45% 수준으로 증가하여 출자금 구성요소 중 가장 높은 비율을 차지하고 있다.

뿐만 아니라, 정부정책의 직접적인 출자에 해당되지는 않으나 그 운영 방향이 정부의 정책에 큰 영향을 받는 연기금 및 성장사다리 펀드의 출자 비율을 고려하였을 때 2014년의 경우 60.7%가 정부 정책에 기반한 출자라고 볼 수 있고, 민간금융 및 기타 순수 민간 출자금도 정책자금 또는 연기금의 출자를 전제로 한 출자임에 따라, 한국 벤처캐피탈 산업의 정부 의존도가 절대적 수준이라고 할 수 있다.

〈표 2〉 연도별, VC결성조합 출자자 구성비(%)

	2009	2010	2011	2012	2013	2014
정부 정책 (모태펀드, KDB)	35.8	37.8	34.4	41.4	45.2	29.6
민간금융	8.5	9.2	6	12.2	13.5	10
벤처캐피탈	12.9	15	13.3	19.4	13.4	11.7
연기금	14.8	6.9	21.1	10.7	9	20.4
성장사다리	0	0	0	0	0	10.7
기타	28	31.1	25.2	16.3	18.9	17.6
합계	100	100	100	100	100	100

주) 약정 금액기준
출처: 한국벤처캐피탈협회 동계자료(2015)

2.2. 창업 초기단계 투자현황

한국 벤처캐피탈 시장의 경우, 위와 같은 정부주도의 적극적인 지원에도 불구하고 시장에서의 주요 실패영역으로 창업초기기업에 대한 투자 비중이 낮다는 것(Equity Gap 존재)[1]과 더불어, 벤처캐피탈 투자재원 중 정부 출자금이 차지하는 비중이 타국 대비 높다는 것(Kim, et al., 2007)이 VC 시장의 성공적인 발전을 위하여 극복해야 할 두 가지 주요 과제로 기존의 연구에서는 지적하고 있다.

이러한 벤처캐피탈 시장의 불균형 해소와 활성화를 위하여, 한국정부의 경우 업력 3년 미만 또는 초기 성장단계에 속한 창업초기기업에 대하여 일정규모 이상의 투자가 의무시되는 '창업초기 투자조합(이하 펀드)' 조성을 꾸준히 지원해 왔었 다. 창업초기단계에 대한 특별목적 펀드의 필요성은 해외의 연구(Murray, 1999)에서도 강조된 바 있는데, 대한민국 정부는 2009년을 기점으로 연 평균 1천억원 이상 규모의 출자를 통하여 펀드결성을 지원해 왔으며, 이러한 지원규모의 증가는 〈표 3〉과 같이 직접적으로 초기벤처기업에 대한 양적인 투자 규모를 증대시켰다. 그러나 창업초기펀드의 및 양적 투자규모의 꾸준한 증가에도 불구하고 한국의 최근 창업초기기업에 대한 벤처캐피탈 투자액 비중은 평균적으로 30% 내외의 정체상태를 보여주고 있다(<표 3> 참조). 여기다가 주로 영화, 공연 등 콘텐츠 산업을 위한 프로젝트 투자의 경우에도 대부분 초기투자로 분류되고 있어, 이러한 프로젝트 투자를 제외할 경우 실제 창업초기 단계에 대한 투자는 더 낮다고 볼 수 있다. 특히, 창업초기단계 투자 비중의 정체 추이와는 달리 안정성과 단기적인 금융적인 성과를 위한 후기성장단계(Later–Stage)의 투자 비율은 전체 투자액의 절반(2013년 49%, 2014년 44%)에 육박하는 수준으로 성장하였는데, 이는 정부의 출자 및 초기기업펀드 결성 출자지원을 통한 창업초기기업 육성에 대한 정부 정책의 효용성에 대해서 다시 한번 생각하게 한다.

같은 기간 미국 벤처캐피탈 산업의 업력별 투자금액 분포 (2013년 Seed 및 Early 단계 36%, Expansion 단계 34%, Later 단계 30%, NVCA(2016)와 비교하여도 한국의 초기성장단계의 비중은 다소 낮은 반면, 후기단계 투자 비중은 현격히 높은 수준이라는 것을 알 수 있는데, 이로부터 한국의 벤처캐피탈은 미국에 비하여도 초–중기 단계의 투자에 상대적으로 취약함을 알 수가 있다.

<표 3> 벤처투자조합, 창업초기투자조합 결성액 및 업력별 벤처투자금액 (2005년~2014년)

(억원)	2005	2006	2007	2008	2009	2010	2011	2012	2013	2014
벤처펀드 결성총액	9,454	8,617	11,279	9,751	14,214	15,899	22,838	8,228	15,679	25,382
초기펀드 결성금액 (비중)	350 (4%)	510 (6%)	100 (1%)	459 (5%)	1,270 (9%)	650 (4%)	1,057 (5%)	1,867 (23%)	2,563 (16%)	3,207 (13%)
초기투자금액 (비중)	1,972 (26%)	2,224 (30%)	3,650 (37%)	2,908 (40%)	2,476 (29%)	3,192 (29%)	3,722 (30%)	3,696 (30%)	3,699 (27%)	5,045 (31%)
중기투자금액 (비중)	4,162 (55%)	3,721 (50.8%)	3,774 (38%)	2,553 (35.2)	2,601 (30%)	2,904 (26.6%)	3,296 (26%)	3,137 (25%)	3,259 (24%)	4,069 (25%)
후기투자금액 (비중)	1,439 (19%)	1,388 (19%)	2,493 (25%)	1,786 (25%)	3,594 (41%)	4,814 (44%)	5,500 (44%)	5,500 (45%)	6,887 (49%)	7,279 (44%)

주) 초기: 창업 3년 미만 기업, 중기: 창업 3년 이상~7년 미만 기업, 후기: 창업 7년 이상 출처: 한국벤처캐피탈협회 통계자료 (2014~2015)

Ⅲ. 이론적 논의 및 연구가설

본 장에서는 먼저 벤처캐피탈이 창업초기보다 후기 또는 성장기의 기업에 대한 투자를 선호하는 조직적, 경제적 유인에 대해 고찰한 후 정부의 재정지원이 유입된 펀드가 어떻게 이러한 유인을 체계적으로 약화시키는지에 대한 주장을 펼친다. 정부의 재정지원이 창업초기기업에 대한 벤처캐피탈의 투자유인체계를 강화하리라는 주장은, 모태펀드 투자 사업 운영지침과 같은 한국의 특수상황을 고려하여 논리를 전개해 나아갈 것이지만, 정부 투자의 일반적 성향과 행태에도 주목함으로써 본 논문에서의 이론적 논의를 타국(他國)의 경우에도 일반적으로 적용할 수 있음을 보일 것이다.

3.1. 초기단계기업에 대한 투자회피 요인

국내외를 막론하고 벤처캐피탈의 투자는 창업초기보다는 중기와 후기단계의 기업에 보다 치중한다. 앞 장의 기술대로 2013년 기준 미국의 초기단계 투자비율은 36%, 한국의 경우 27%에 불과하다. 유럽의 경우, 성장기 범주의 투자집행액을 후기 벤처투자액에 산입할 경우 19억 유로가 Seed와 초기단계에 투자되었고, 후기 및 성장기에 각각 51억 유로가 투자되어(EVCA, 2015) 초기벤처에 대한 투자비중은 27%로 한국과 비슷한 수준이다. 이와 같이 벤처캐피탈의 투자가 초기단계

기업보다 중후기단계 기업을 선호하는 이유는 투자자의 합리적 투자결정 경향과 투자금의 자본비용, 투자관리의 효율성 차원에서 살펴 볼 수 있다. 본 연구는 초기단계에 대한 투자가 중기나 후기단계의 투자와 특성적으로 구분된다고 전제하고 논리를 전개한다.

먼저, 창업초기단계에 대한 투자회피 경향은 합리적 투자자 관점에서 설명할 수 있다. 대부분의 창업초기단계의 기업은 주력 제품이나 서비스의 구체적 형상과 기능의 설정은 물론 주된 목표고객에 대한 파악이 아직 완벽히 이루어지지 않은 상태일 개연성이 후기단계 기업보다 훨씬 높다. 또한, 목표로 하는 제품 또는 서비스의 성공적 개발을 위한 기술적 역량과 조직적 체계가 완전히 갖추어지지 않았을 가능성도 크다. 즉, 제품과 역량에 있어 후기단계기업보다 더욱 높은 불확실성에 지배된다(Gompers, 1995). 또한, 이러한 불확실성을 해소하며 성장해 가는 과정에서 시장, 자본조달, 조직운영 상 보다 많은 리스크에 직면하게 된다. 한편, 창업초기 기업은 혁신적 제품의 전유성(Appropriability)을 보장할 수 있는 보완적 자산과 같은 조직적 체계나 특허와 같은 법적 보호장치를 완비하고 있지 못할 가능성도 또한 크다. 이러한 상황하에서 창업가의 합리적 의사결정은 자신의 아이디어를 최대한 드러내지 않는 쪽일 것이다. 이는 Gans & Stern(2010)이 기술거래시장의 불활성요인으로 기술의 보완재적 성격을 지목한 논리와도 유사하다. 따라서 창업초기기업에 투자하고자 하는 투자자는 후기단계기업에 대비하여 더욱 높은 정보비대칭성과 불확실성, 리스크에 직면하게 된다. 결과적으로, 합리적 투자자라면 초기단계기업에 대한 투자를 꺼리게 됨이 당연하다. 실제로 Colombo, et, al.(2014)은 창업초기기업에서의 정보비대칭성이 역선택, 대리인문제, 도덕적 해이와 같은 시장실패 요인으로 작용한다고 주장하였고, Kim(2005)는 바로 이런 이유가 한국 벤처캐피탈 시장에서의 초기벤처기업 투자에 대한 본질적 장애 요인으로 작용한다고 주장하였다.

투자금의 자본비용측면 요인도 창업초기단계 투자에 대한 억제요인으로 작용한다. 창업초기단계 기업이 모든 불확실성과 리스크를 극복하고 성공한다고 하더라도 이들 투자에 대한 대표적인 성공적 회수라고 여겨지는 상장까지는 평균적으로 14년 정도가 걸려 펀드의 평균 존속년수인 7년 대비 월등하게 길며, M&A를 통한 회수도 전체 회수 비중의 2.1%만이 해당한다(KVCA, 2015). 따라서 초기단계 기업에 투자하는 투자자의 입장에서는 보다 단기적인 투자옵션에 대비하여 추가로 지불해야 할 자본비용과 단기투자라면 가능했을 회수된 투자금의 재투자에 수반하는 추가적 투자기회의 손실비용까지 감수해야 하는 부담이 발생한다. 물론, 초기단계 기업에 대한 투자는 적은 비용으로 초과수익을 달성할 수 있는(즉, 고위험 고수익) 가능성이 존재하기도 한다.

실제로 2014년 벤처캐피탈 투자의 업력별 단순 IPO회수 수익률(투자원금 대비 회수금액의 비율)의 경우 초기단계에 투자한 건의 평균 수익률은 194%임에 반하여 후기단계에 투자된 건의 평균수익률은 77%로 초기단계 투자의 수익률이 훨씬 더 높았다. 그러나 이는 성공한 벤처만을 대상으로 한 통계임을 유념해야 한다. 초기단계 벤처일수록 실패확률이 더욱 높아지므로 전체 초기단계 투자를 고려한 수익률은 이보다 훨씬 낮아질 수밖에 없다. 특히, 한국의 벤처투자 회수시장이 미국에 비해 인수합병은 극히 드물고 대부분 장외시장 매각 및 상환의 형태를 띄고 있다는 사실(KISDI, 2012)은 한국벤처투자 회수시장의 불완비성을 보여주고 있다. 실제로 상환, 인수, 투자실패까지 모두 고려한 2014년 전체 회수수익률의 경우 초기기업은 14%에 불과하여 후기단계의 68%에 훨씬 못 미치는 상황이다.

2004년 중소기업벤처 DB에 등록되고 벤처캐피탈의 투자를 받은 국내벤처기업 100개를 대상으로 한 김건우와 서병철의 연구(Kim & Suh, 2010)를 보면, 초기기업에 비해 후기기업의 이익률(매출액 및 자산)이 대체로 더 높다는 분석 결과를 제시한다.

마지막으로, 창업투자회사(벤처캐피탈)의 조직적 특성과 투자프로세스 운영행태상의 요인도 초기단계 벤처에 대한 투자회피경향을 고조시키는 역할을 한다. 투자를 위한 벤처캐피탈의 투자심사과정(Evaluation Phase)은 상당한 시간 소비가 필요한 활동이다(De Clercq et al. 2006). Park(2013)은 벤처기업의 발굴, 심사, 투자, 회수의 전 과정에 기본적으로 동일한 시간과 노력이 투입되기 때문에 효율적인 규모의 경제에 기반한 성장단계 기업으로의 투자에 집중하는 것이 투입비용을 최소화하며 수익성을 높일 수 있다고 논한다. 또한, 실사과정의 고비용과 투자자의 리스크회피 경향은 최초투자 이후 기업의 성장단계별로 후속 투자하는 경향성을 높이기도 한다. KVCA(2015)에 따르면 2010년 40.8% 수준이었던 후속

투자액 비중은 2014년 55.3% 수준으로 높아져서 최근 벤처캐피탈 산업이 리스크 회피형으로 전환되었다는 사실을 뒷받침한다. 한편, Kim(2011)은 벤처펀드가 대형화할수록 연기금 등 기관의 투자비중이 높아지게 되는데, 이들 기관의 펀드매니저들은 안정적 수익률을 확보할 수 있는 후기 단계 기업에 대한 투자를 선호함으로써 벤처캐피탈산업이 발달할수록 창업초기단계의 기업에 대한 투자는 오히려 위축되는 역설적(Paradox) 현상에 대해서 지적하였다. 실제로 4개국(독일, 이스라엘, 일본, 영국)에서의 벤처캐피탈에 대한 출자금에 따른 단계별 투자현황을 살펴본 Mayer et al.(2005)의 연구에서, 금융권 및 연기 금의 출자를 주로 받는 벤처캐피탈에서 창업초기기업보다 후기단계에 더 집중하여 투자한다는 것이 확인되었다.

3.2. 정부재원의 초기단계투자에 대한 영향

정부의 벤처캐피탈 시장개입에 관한 기존의 연구는 한국과 유럽에 걸쳐 주로 정부의 직접투자방식에 관련하여 투자행태(예를 들어 초기 또는 후기단계 여부), 효과성, 민간 벤처캐피탈에 대한 영향 등을 위주로 진행되어왔다. 바로 위에서 언급한 바와 같이 연기금과 같은 기관투자가 또는 정부 벤처캐피탈은 후기단계에 투자하려는 경향이 강한데(Leleux & Surlemont, 2003; Mayer et al. 2005), 이는 공공부문의 책임성과 투자의 사회적 영향(예를 들어 고용 창출)이 후기단계의 기업에서 크게 발현된다는 점과 민간 투자사보다 취약한 시장 이해 역량과 투자 경험 부족, 관료적 운영 행태에 기인한다. 기존의 연구와 달리 본 연구에서는 정부가 재원을 공급하되 민간이 투자운영을 하는 방식, 즉, 한국의 모태펀드 운영 방식과 유사한 상황을 염두에 둔다. 이와 같은 방식에서는 투자운영을 민간에 위탁함으로써 정부 벤처캐피탈을 구속하는 책임성과 역량 문제를 극복할 수 있다는 장점이 나타난다.

먼저, 벤처캐피탈에 대한 정부의 재원공급은 초기단계 기업의 높은 불확실성과 리스크에 기인한 투자회피경향을 완화하는 효과를 갖는다. 단순히 정부의 재원공급이 초기단계벤처 기업에 내재한 시장 및 제품개발 불확실성이나 이에 관련된 다양한 리스크를 근본적으로 제거한다고 볼 수는 없다. 다만, 정부의 재원 공급은 다양한 메커니즘으로 고위험, 고불확실성 초기단계기업에 대한 투자를 유도한다.

첫 번째는, 투자대상과 방향성의 설정이다(정책유도효과). 앞에서 기술한 바대로 모태펀드는 다양한 계정으로 운영된다. 특히, 중진계정 중 일부 재원은 명확히 창업초기단계의 기업에 투자할 것을 지침으로 갖고 있다. 이러한 재원의 공급에 대한 반대급부로서의 투자대상 범위지정은 투자가의 행태를 변화시키는 역할을 한다. 펀드 출자를 통한 창업초기 기업 투자확대에 대한 정책수단은 크게 두 가지인데, 벤처펀드에 기본적으로 포함되는 중소벤처기업에 대한 투자 의무 비율부과와 창업초기 기업에 대한 투자를 주목적으로 하는 펀드를 별도로 선정하여 출자지원을 확대하는 것이다. 우리나라에서 2000년부터 2006년까지 정부의 출자지원이 이루어진 투자기업의 성과를 비교했을 때 정부 벤처캐피탈은 순수 민간 벤처자본에 비하여 업력이 짧고 규모가 작은 창업기업을 선호한다는 사실(Kim & Lim, 2015)은 이상의 논의가 실재함을 반증한다.

두 번째는, 정부재원의 공급과 민간투자유도로 인한 펀드 규모의 증가가 초래하는 포트폴리오 관리에 기인한 초기단 계투자 유도 메커니즘이다(투자규모의 경제 효과). 정부로부터의 출자는 단순히 정부투자분의 증가로 인한 펀드규모의 확대뿐만이 아니라 시장에 주는 인증효과(Certification effects) (Collewaert, et. al. 2010)로 인해 민간부분의 펀드를 추가적으로 유치하는 Crowding-in효과를 누린다. 펀드의 규모가 증가함에 따라 투자여유자금이 생긴 벤처조합은 고위험군에 속하는 초기단계기업에 투자할 유인이 발생하게 된다. 또한, 포트폴리오의 균형관리차원에서도 투자대상의 다양성을 추구하려는 경향에 따라 통상적으로 후기단계에 투자하는 조합이라 할지라도 초기단계 기업에 투자하려는 추가적 요인이 발생한다.

벤처캐피탈은 최소 5~10% 수준의 자체 출자금을 기반으로 주로 정부출자 레버리지 효과를 통하여 펀드규모를 키우는데, 자체 출자금 규모가 적게 유지된 상태로 결성규모가 대폭 증가한 펀드는 투자 실패로 인한 자체 출자금의 손실 위험이 최소화되면서(손실 위험 완화효과), 고위험군에 속하는 초기단계기업에 투자할 유인이 발생하게 된다. 세 번째로, 정부의 재원투입은 투자금의 자본비용 및 회수시장 불완비에 의한 초기단계 투자 저해요인도 일정 정도 완화하는 효과를 갖는다(자본비용 완화효과). 모태펀드를 포함한 정책자금의 경우 창업초기펀드에 대한 출자시, 벤처캐피탈에 요구하는 기준수익률을 순수 민간출자자 대비 낮게 책정을 하며, 조합의 청산 시 손실이 발생할 경우에도 벤처캐피탈에 대한 우선손실 충당에 대한 요구를 하지 않고 있다(KVIC, 2016). 정부출자재원은 결과적으로 조합의 자본비용을 낮추는 효과를 가지며, 이에 따라 보다 장기적 회수조건과 손실에 대한 부담을 극복해야 하는 초기단계 투자에 대한 회피경향을 완화하게 될 것이다.

네 번째로, 정부재원의 유입은 펀드의 운영에도 영향을 미칠 것이다. 즉, 정책유도효과에 의해 초기단계투자에 보다 적합한 투자심사역을 채용할 것이고, 펀드의 대형화를 통해 투자자 관리와 정밀실사 등을 수행할 수 있는 인력이 늘어날 것이다. 이에 따라 투자의 비용효과 관점에서 외면하였던 소규모, 장기 투자인 초기단계 기업에 대한 투자에 관심을 둘 여력이 생겨 결과적으로 초기단계에 대한 투자가 증가할 것이다(투자운영효과성).

마지막으로, 정부재원의 유입은 초기단계 기업에 수반하는 정보비대칭성에 대한 완화효과도 갖는다(정보비대칭성 완화효과). 통상적으로 정부는 중소기업청 산하기관들을 통하여 창업초기 기업 운용사에 대하여 각 지역별 산업클러스터 및 벤처집적시설 내 창업초기 기업 공동 투자설명회 및 관련 포럼 등을 다양하게 개최하는데, 이를 통하여 창업초기 기업에 대한 정보 및 투자자들과의 공동 투자 기회를 제공하여 창업초기 기업 발굴 및 투자 집행상의 정보비대칭과 관련한 장애요소를 제거하는 노력을 펼치고 있다. 또한, 정부의 재원이 부분적으로 포함된 펀드에 대해서는 사업아이디어 또는 기술에 대한 전유성에 있어 민간대비 정부의 높은 신뢰성으로 인하여 기업입장에서 정보를 비공개하려는 유인이 약화되게 된다.

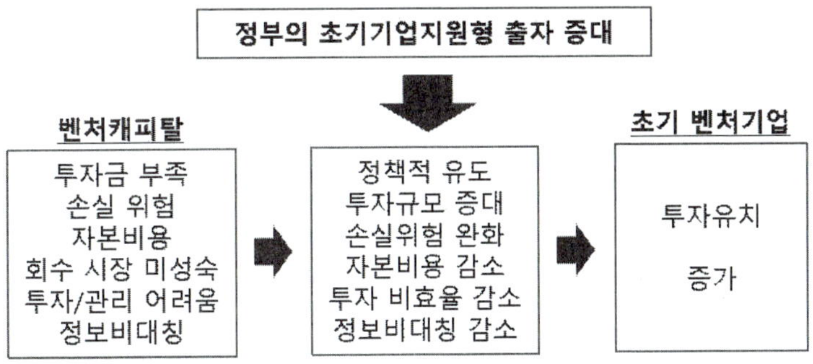

〈그림 1〉 벤처캐피탈의 초기기업투자 회피요인과 정부출자지원의 회피요인 감소효과

이상과 같은 논의를 종합하면, 〈그림 1〉과 같이 민간운용–정부재원 방식의 간접적 벤처캐피탈 지원방식은 결과적으로 창업초기단계 기업에 대한 투자를 증대시키는 효과를 갖는다고 결론지을 수 있다. 이를 다음과 같은 가설로 설정하였다.

가설 1: 각 벤처캐피탈에 대한 정부의 출자액 증가는 다른 관련 요인을 통제하였을 때 창업초기벤처기업 투자규모의 증대(+)효과를 야기할 것이다.

한편, 위에서 언급한 다섯가지 메커니즘 중에서 첫 번째 즉, 정부재원에 수반하는 투자방향성 유도기능에 주목한다면, 정부재원 중에서도 창업초기 기업을 목표로 하는 특정계정에 있어 초기단계투자유도 효과가 더욱 크다고 할 것이다. 이 논의는 다음의 가설로 귀결된다.

가설 2: 특수목적 펀드인 창업초기기업펀드에 대한 정부의 출자액 증가는 다른 관련 요인을 통제하였을 때 창업초기벤처기업 투자규모의 증대(+)효과를 야기할 것이다.

한 가지 주의할 점은 이상의 정부재원의 비중과 초기단계 기업에 대한 투자 간의 관계가 선형적이 아닐 수도 있다는 것이다. 결론적으로 말하자면, 우리는 정부재원의 비중이 일정 규모 이상이 되었을 때 초기단계의 투자는 감소하기 시작한다는 주장을 할 것이다. 우선, 투자규모의 경제효과 측면에서 보면 규모의 한계체감효과가 작동할 것이다. 즉, 펀드의 대형화로 인한 투자 포트폴리오 다양화 요인도 규모가 커짐에 따라 감속하게 된다. 지나친 다양화는 운영상의 복잡함을 증대시키고 투자자에 대한 정보전달 효과성을 감소시킴으로써 전체적인 운영효율성을 저감하게 될 것이다. 자본비용측면에서도 일정 규모의 정부재원은 투자유무의 경계선상에 있는 초기단계벤처에 대한 투자를 유도하는 효과를 발휘할 뿐 경계선에서 멀리 떨어진 모든 초기단계기업에까지 투자를 유도하는 것은 아닐 것이다. 즉, 정부재원의 초기단계투자 유도효과가 점차 감쇄하는 것이다. 투자관리 및 운영차원에서 보자면, 정부투자액이 일정규모 이상 확보된 조합은 비록 제도적으로는 아닐지라도 문화적 동질화 등의 요인으로 정부벤처캐피탈과 유사한 투자의사결정과정 또는 관료적(보수적) 의사결정과정을 갖게 될 개연성이 크다. 이에 따라 보다 안정적이고 회수기간이 빠른 후기단계 기업에 대한 투자비중을 늘리는 방향으로 전환할 가능성이 커진다. 이상의 논의를 아래 가설 3으로 종합하였다.

가설 3: 벤처캐피탈사에 대한 정부 출자의 규모가 어느 정도 이상 증가하면 창업초기벤처기업에 대한 투자규모는 오히려 감소하여 정부출자규모와 창업초기기업 투자 규모의 관계는 역U자 관계를 보일 것이다.

Ⅳ. 연구방법

4.1. 분석자료

본 연구의 분석대상은 벤처캐피탈협회가 운영하는 중소기업창업투자 회사 전자공시(http://diva.kvca.or.kr)에 등록된 국내 105개(2013년 말 기준)의 개별 벤처캐피탈사이다. 자료수집 및 분석 기간은 2010년부터 2013년간으로 각 벤처캐피탈사의 조합결성, 투자 및 정기공시자료와 한국벤처캐피탈협회의 연간 통계자료인 KVCA Yearbook(2014, 2015)을 주 자료원으로 삼았다. 분석단위는 벤처캐피탈사인데, 이는 조합별, 연도별 출자자 정보가 사적모집시장(Private Equity Market)의 특성에 따라 공개되어 있지 않아 주요 변수(조합별 정부출자액 비중 등)를 산출할 수 없었기 때문이다.

4.2. 분석지표(변수) 및 기술통계량

본 연구의 종속변수는 2013년도 초기기업투자액이며 독립변수는 정부출자금 및 창업초기펀드 결성액이다. 이들 외에 초기기업투자액에 영향을 미치는 주요 변수는 벤처캐피탈의 전문분야, 경력, 심사인력, 업력, 자본금으로 〈표 4〉에 통제변수로 제시하였다.

본 연구의 주된 관심인 초기벤처 투자액은 평균적으로 35억 원 가량이며 가장 많이 투자한 투자사의 경우 231억 원에 달한다. 각 벤처캐피탈에 대한 정부출자액은 한국벤처캐피탈협회에서 정책기관으로 분류한 모태펀드와 정책금융공사의 출 자총액을 2013년도 말을 기준으로 합산하여 산출하였다. 본 연구에서 활용한 자료에 따르면 평균 286.44억 원의 정부자금이 출자되었다. 정부출자금은 많게는 1,405억 원에 달한다(〈표 4〉). 본 연구에서는 정부출자금의 초기벤처에 대한 투자 유인효과가 역U형의 관계를 보이는지를 확인하기 위해 정부출자금의 제곱항(정부출자2(GovLPsq))을 회귀 분석 모형에 추가한다.

창업초기펀드 결성액은 합산 기간을 달리한 측도(Measure) 두 개를 사용하여 변수의 조작적 정의의 차이로부터 강건한 추정을 하고자 하였다. 첫 번째 정의는 창업 초기펀드의 총합(전체초기펀드: ESFundall)으로 2013년까지의 누적결성총액이다. 이 변수는 2013년 가용한 투자잔액이 펀드결성시점에 반비례해 소진되므로 최근의 투자활동 지표로 볼 수 없다는 단점이 있다. 이를 보완하기 위해 두 번째 정의로 2010년부터 2013까지의 결성누적액만을 한정하여 신규초기펀드

(ESFundnew)라는 변수로 만들었다. 이 정의에 활용한 4년은 벤처캐피탈의 일반적 투자활동기간이므로 첫 번째 정의의 한계를 극복한다는 장점이 있다. 35 개 투자사는 초기벤처 투자목적의 펀드를 결성하기도 하였다. 펀드규모는 많게는 400억 원, 적게는 72억 원에 달하는데 평균적으로는 177억 원 규모이다. 105개사 전체에 대한 평균은 <표 4>에서와 같이 약 59억 원이다. 초기기업투자에 직간접적으로 영향을 미칠 수 있는 벤처캐피탈의 기본 특성인 전문성, 업력 및 규모에 해당하는 사항들은 통제변수로 설정하였다. 특히 전문분야의 경우 일반분야와 문화콘텐츠분야 전문 벤처캐피탈로 나누어 이산변수로 만들었다. 문화콘텐츠분야 벤처캐피탈이 주로 투자하는 문화콘텐츠의 운영사의 경우 해당 콘텐츠의 기획이라는 단기 목적을 위해 설립되는 경우가 많아 대부분 창업 초기기업에 해당될 수 있기 때문이다.

분석대상 105개 벤처캐피탈에 대한 기술통계를 <표 4>에 요약하였다.

<표 4> 변수의 설명 및 기술통계

	변수명	설명	평균	표준편차	최소값	최대값
종속변수	초기투자액(ESinvest)	2013년도 총 초기벤처투자액 (백만 원)	3,479	4,844	0	23,100
독립변수	전체초기펀드(ESFundall)	2013년도 말 기준 총 창업초기펀드(억 원)	59.11	101.09	0	400
	신규초기펀드(ESFundnew)	2010~13년도 누적 창업초기펀드 결성 총액 (억 원)	46.07	91.25	0	400
	정부출자액(GovLP)	2013년도 말 기준 총 정부출자금 누적액(억 원)	286.44	320.71	0	1,405
	정부출자액2(GovLPsq)	정부출자금('정부출자')의 제곱	183,922	360,002	0	1,974,025
통제변수	VC분야(VCtype)	벤처캐피탈의 전문분야 분류 (1=일반; 0=문화산업 전문)	0.9	0.31	0	1
	VC경력(VCyos)	벤처캐피탈의 근무 중인 투자심사역의 평균 경력(연)	5.09	2.41	0	13.4
	VC인력수(VCno)	벤처캐피탈의 근무 중인 투자심사역의 수	7.01	5.53	0	34
	VC업력(VCyear)	벤처캐피탈의 업력(연)	10.51	7.67	1	27
	VC자본금(VCcap)	벤처캐피탈의 자본금(억 원)	132	134	3	835

4.2 분석방법 및 모형

본 연구는 다양한 추정모델을 적용하여 관심변수간의 관계가 다양한 모델에 걸쳐 일관되게 유의한지 검정함으로써 분석의 신뢰성과 타당성을 높이고자 하였다. 회귀분석 모델은 우선 최소자승회귀분석법(OLS)을 사용하여 통제변수만을 넣어 추정한 결과인 회귀식(1)과 독립변수인 초기펀드결성액(ESFundall) 정부출자금 변수와 이의 제곱항을 추가하여 분석한 결과인 회귀식(2)를 각각 제시하였다. 또한, 초기펀드투자액이 0보다 작은 경우는 관측되지 않으므로 좌절사(Left

<표 5> 분석모델

모델	수식
(1)기저회귀식	$ESinvest=\alpha_0+\beta_1 VC_{type}+\beta_2 VC_{yos}+\beta_3 VC_{no}+\beta_4 VC_{year}+\beta_5 VC_{axp}+\varepsilon_i$
(2)분석회귀식	$ESinvest=\alpha_0+\beta_1 ESFund_{al}+\beta_2 GovLP+\beta_3 GovLP_{sq}+\beta_4 VC_{type}+\beta_5 VC_{yos}+\beta_4 VC_{no}+\beta_4 VC_{year}+\beta_4 VC_{axp}+\varepsilon_i$
(3)Tobit 회귀식1	$ESinvest^{*}=\alpha+x'\beta+\varepsilon$라고 단순화하였을 때, $ESinvest=\begin{cases} 0 & , f\ ESinvest\ 2*\leq 0 \\ ESinvest & , f\ ESinvest\ 2*>0 \end{cases}$
(4)Tobit 회귀식2	(3)모델에서 전체초기펀드(ESFundall)를 신규초기펀드(ESFundnew)로 치환
(5)Logit 회귀식	$h(\frac{p}{1-p})=\alpha_0+\beta_1 ESFund_{al}+\beta_2 GovLP+\beta_3 GovLP_{sq}+\beta_4 VC_{type}+\beta_5 VC_{yos}+\beta_4 VC_{no}+\beta_4 VC_{year}+\beta_4 VC_{axp}+\varepsilon_i$ $p=Pr(dEinvest=1\|xi\ s)$, 독립변수에 대하여 초기투자가 있을 확률

Truncation)에 의한 편의가 발생하므로 tobit모델을 활용하여 이를 보정한 분석결과를 회귀식(3)과 (4)에서 제시하였다. 마지막으로, 종속변수를 초기투자액이 있는 경우와 그렇지 않은 경우로 나누어 이산변수(d초기투자(dESinvest))로 만들고 이를 로지스틱 회귀분석법을 사용한 것을 회귀식(5)로 두어 그 결과를 확인하였다.

Ⅴ. 분석결과

변수간의 상관관계는 <표 6>에 요약하였다. 종속변수인 창업초기기업 투자금액(ES_invest)은 총 창업초기기업펀드 금액(ESFundall)보다는 총 정부출자금액(GovLP)과 통계적으로 유의한 정(+)의 상관관계를 보였으며, 심사역 수, 및 자본금과도 정(+)의 상관관계를 보였다. 본 문헌의 주요 연구변수인 정부출자액을 보았을 때, 심사역의 수(VCno), 업력(VCyear), 자본금(VCcap) 등과 통계적으로 유의하며 정(+)인 상관관계를 보인다. 이와 같은 관계가 회귀분석 시 심각한 다중공선성 문제를 초래하는지 보기 위해 두 가지 방법을 활용했다. 우선 기저모형으로부터 순차적으로 연구변수를 추가함에 따라 종속변수와 통제변수와의 관계가 심각히 영향을 받는지를 확인하였다. <표 7>의 회귀분석결과의 회귀식(1)과 (2)의 비교에서 알 수 있듯이 심각한 다중공선성 문제는 발견되지 않았다. Variance Inflation Factor는 평균 3.65이며 모든 변수에 대해 기준값(10)을 초과하지 않았다.

<표 6> 변수간의 상관관계

	초기투자액 (ESinvest)	전체초기펀드 (ESFundall)	정부출자액 (GovLP)	정부출자액2 (GovLVsq)	VC분야 (VCtype)	VC경력 (VCyos)	VC인력수 (VCno)	VC업력 (VCyear)
전체초기펀드(ESFundall)	0.152	1						
정부출자(GovLP)	0.493*	0.127	1					
정부출자2(GovLVsq)	0.388*	0.046	0.935*	1				
VC분야(VCtype)	-0.085	0.201*	0.104	0.129	1			
VC경력(VCyos)	-0.088	-0.013	0.061	0.054	0.177	1		
VC인력수(VCno)	0.459*	0.075	0.678*	0.592*	0.193*	0.137	1	
VC업력(VCyear)	0.143	-0.129	0.322*	0.303*	0.223*	0.368*	0.436*	1
VC자본금(VCcap)	0.218*	-0.019	0.446*	0.401*	0.205*	0.217*	0.630*	0.525*

* $p<0.05$

5.1. 회귀분석 결과

회귀식(1)~(5)를 적용하여 추정한 결과를 <표 7>에 제시하였다. 우선 정부출자액의 경우, 다른 변수의 값을 모두 고정하였을 때, Tobit 모델이나 Logit모델분석의 경우 모두 통계적으로 유의하고 양인 회귀계수를 보인다. Tobit 회귀식(3)에서 도출한 회귀계수값은 16.74로, 각 벤처캐피탈에 대한 정부출자금액이 1억 원 증가 시 창업초기기업에 대한 투자액은 평균 1,674만 원 증가하는 것으로 추정되었다(가설1 지지).

다음으로, 초기기업펀드결성 총 금액에 대한 두 가지 변수의 회귀계수도 Tobit 모델이나 Logit모델에 있어 모두 통계적으로 유의하고 양인 값을 보인다. Tobit 회귀식(3)에서 도출한 회귀 계수값은 10.35로, 각 벤처캐피탈에서 운용중인 창업초기펀드의 규모가 1억원 증가 시 창업초기기업에 대한 연간투자액은 평균 1,035만원 증가한 것으로 추정하였다(가설 2 지지). Tobit 회귀식(4)는 전체초기펀드 변수를 신규초기펀드 변수로 대체하여 추정한 것이다. 회귀계수는 14.70이며 예측대로 모델3의 계수보다 커졌다. 즉, 각 벤처캐피탈의 투자 가능한 창업초기펀드 규모가 1억 원 증가 시 창업초기기업에 대한 2013년 한 해 투자액은 평균 1,470만원 증가하는 것으로 추정된다. 벤처캐피탈의 일반적인 투자연한인 4년임을 고려하여 이 추정치를 단순 산입하면, 창업초기펀드 규모 1억의 증가 시 총 5,880만 원을 초기벤처에 투자하는 것으로 볼 수 있다. 다음으로, 가설 3을 검정하기 위하여 정부출자금의 제곱항 변수를 살펴보자. Tobit과 Logit분석 모두 제곱항의 회귀계수가 통계적으로 유의(단, Tobit 회귀식(3)의 경우 유의수준 0.1에서)하며 음의 값을 보인다. 정부출자변수의 회귀계수가 양의 값을 가짐을 상기하면, 초기벤처투자액과 정부출자금 사이에는 역U형태의 관계가 성립함을 알 수 있다. Tobit모델의 결과를 해석하자면, 다른 모든 변수의 값을 고정했을 때, 정부 출자금이 증가함에 따라 초기벤처투자액도 따라서 증가하되 증가율은 작아진다. 정부출자금이 878억 원 이상이 되면, 정부출자금이 증가해도 초기벤처에 대한 투자액은 더 이상 늘지 않고 오히려 감소하기 시작한다(가설 3 지지).

〈표 7〉 회귀분석 결과

	(1)	(2)	(3)	(4)	(5)
	기저회귀식 (OLS)	분석회귀식 (OLS)	Tobit회귀식 1	Tobit회귀식 2	Logit회귀식 (종속변수=dErlyAm)
전체초기펀드		4.47	10.35**		0.01**
		(4.56)	(5.06)		(0.01)
신규초기펀드				14.70***	
				(4.85)	
정부출자		10.66**	16.74***	17.01***	0.01**
		(4.95)	(6.26)	(5.91)	(0.00)
정부출자2		−0.01	−0.01*	−0.01**	−0.00**
		(0.00)	(0.01)	(0.005)	(0.00)
VC분야	−2,483.82*	−2,416.50*	−3,961.21**	−4,184.57***	−1.64*
	(1,283.34)	(1,311.05)	(1,587.21)	(1,528.79)	(0.86)
VC경력	−258.28*	−239.76*	−473.68*	−476.26*	−0.14
	(141.52)	(136.68)	(243.81)	(248.32)	(0.11)
VC인력수	477.75***	253.91	291.81	269.13	−0.02
	(133.83)	(175.13)	(196.10)	(199.71)	(0.12)
VC업력	19.41	28.52	34.95	42.73	0.03
	(59.37)	(51.88)	(81.15)	(80.49)	(0.04)
VC자본금	−2.94	−3.00	−1.01	1.16	0.00
	(4.88)	(4.70)	(5.38)	(5.34)	(0.00)
Constant	3,854.19***	2,856.47**	1,946.13	1,856.62	1.04
	(1,413.04)	(1,364.61)	(1,819.82)	(1,776.39)	(1.04)
R-squared	0.261	0.351			
F 통계량	4.82	6.01	6.38	7.15	
Pseudo R2			0.03	0.03	0.23
Log Likelihood					−51.88
Wald chi2					16.33

괄호안은 Robust standard errors *** p<0.01 , ** p<0.05, * p<0.1

구체적으로 보면, 정부출자금의 중위값에 해당하는 158억 원에서는 정부출자금 1억 원 증가 시 초기벤처 투자액은 1,372만 원 가량 증가하고, 출자액 평균치인 286억 원에서는 증분 1억 원당 1,128만원이 늘고, 75퍼센타일에 해당하는 432억 원에서는 850만 원, 878억 원을 넘어서 상위 5%에 해당하는 986억 원에서는 오히려 정부출자금 증분 1억 원당 206만원 가량 초기투자액이 감소하는 것으로 추정되었다(<표 8>). 물론 정부출자금이 초기벤처 육성 목적만인 아니라 벤처캐피탈 생태계의 전반적인 활성화를 도모하는 측면도 있어 일의적으로 말하긴 어려우나, 창업 초기기업에 대한 투자효과만을 놓고 보았을 때는 투자업체 당 정부출자금의 투자한도가 878억 원을 넘을 필요는 없을 것이다.

그 밖의 다른 변수들을 보았을 때, 벤처캐피탈이 보유한 심사역의 평균경력이 높을수록 창업초기기업에 대한 투자액은 낮아지는 경향이 있으며, 심사역의 수, 업력, 자본금 등은 본 분석모델에서 창업초기기업투자액과 통계적으로 유의한 관계를 발견하지는 못하였다.

<표 8> 정부출자금액 증분에 따른 초기벤처투자액 증분 (Tobit 회귀식 (3) 추정)

정부출자금(억원)	158→159	286→287	432→433	878→879	986→987
초기벤처투자액(백만원)	13.72	11.28	8.5	0	-2.06

V. 결론 및 고찰

본 연구는 벤처캐피탈의 의사결정이 합리적 투자자의 관점을 취한다고 가정하고 정부의 자금투여가 이에 영향을 미치는 원리를 불확실성 완화효과, 정책유도 효과, 투자금의 규모의 경제효과, 정보비대칭성 완화효과, 자본비용 완화효과로 분해하여 이론적 고찰을 하였다. 이론적 논의를 종합하여, 본 논문은 다음의 주장을 하였다. 첫째, 정부출자금의 규모가 벤처캐피탈의 창업초기단계 기업에 대한 투자를 증가시키는 효과를 가질 것이다. 둘째, 창업초기단계에 대한 투자지침을 명시한 출자금을 유치한 벤처캐피탈의 창업초기단계 투자가 그러한 투자지침을 갖지 않는 출자금을 유치한 벤처캐피탈에 비해 클 것이다. 셋째, 정부출자금의 창업초기단계 기업의 투자에 대한 규모효과는 일정 수준 이상이 되면 감소하여 역U의 형태를 보일 것이다. 2013년 현재 활동 중인 벤처캐피탈사를 대상으로 한 실증분석 결과, 개별 벤처캐피탈사의 조직상황적 특성(자본금, 심사역 수, 업력, 운용 규모 등)을 통제한 후에도 위의 가설을 모두 지지하는 결과를 얻었다. 즉, 정부의 출자액이 증가함에 따라 벤처캐피탈의 초기벤처기업 투자금액도 늘어났으나 일정 수준이상이 되면 오히려 감소한다. 또한, 창업초기 펀드 결성액의 증가는 초기벤처기업에 대한 투자를 늘리는 효과가 있음을 확인하였다.

본 논문에서는 정부출자금이 벤처캐피탈의 초기단계 투자행태에 영향을 끼치는 메커니즘을 다섯 가지로 나누어 고찰했다. 실증분석 결과, 이 중 정책유도효과와 관련된 변수(초기펀드의 규모, VC분야)가 모두 통계적으로 유의하게 초기단계 투자를 유도하는 효과가 강하다는 것을 확인하였다. 국내 벤처캐피탈 산업에서의 정부재원의 영향이 막강함을 고려할 때 정부의 정책방향 설정과 정부재원이 유입된 펀드의 투자대상에 대한 지침이 실제로 벤처기업지원에 큰 영향을 미친다고 할 수 있다. 그렇다면, 정부의 지원규모는 클수록 좋은 것일까? 이 질문에 본 연구의 결과가 시사하는 바는 적어도 초기단계 기업에 대한 투자에 있어 정부의 간접출자를 통한 지원은 "적정규모"가 있으리란 것이다. 투자규모의 경제효과라든가 자본비용완화요과는 실제로 적은 투자액만으로도 효과를 발휘하는 것으로 판단된다. 본 연구에서는 878억 원 이상의 정부출자금을 확보한 벤처캐피탈사에 있어 상기의 효과는 나타난다고 볼 수는 없다는 점을 시사한다. VC의 업력, 경력, 인력수 등이 초기단계 투자에 유의하지 않거나 부정적 영향을 끼치는 것으로 보아도 일정 규모 이상의 대형 벤처캐피탈사는 오히려 후기단계 투 자를 더 선호하는 보수적 투자행태를 보이는 것으로 판단한다. 이와 같은 점을 종합하면, 정부의 출자금이 몇몇 대형 운용사에 집중되는 것보다는 중소규모 운용사 다수에 배분되는 것이 초기단계벤처에 대한 투자장려를 위해서는 더 효과적일 것이다. 본 연구에서는 신규초기펀드 1억 원당 초기단계투자액은 평균 1,470만 원 증가하는 것으로 추정하였다(모델 4). 이는 정부출자액의 평균치 또는 중위값 근방에서의 초기단계투자 효과 1,128만 원이나 1,372만 원(<표 8>)보다 크다.[2] 신규초기펀드 규모의 초기단계투자액에 대한 영향 추정치가 정부출자액을 통제한 후 얻어진 것임을 상기하면, 이 결과는 정부출자와 무관하게 초기펀드의 규모 또는 민간투자지분의 영향이 순수한 정부투자에 의한 영향보다 클 것이라는 점을 시사한다. 결론적으로, 정부출자금이 그 자체로 발생하는 효과도 있지만 민간투자를 레버리지함으로써 얻어지는 초기단계투자효과가 실재한다고 할 수 있다.

한편, 정부출자액이 창업초기기업펀드를 결성한 벤처캐피탈사와 그렇지 않은 벤처캐피탈사에 초기단계벤처 투자에 있어 다른 영향을 줄 가능성도 충분히 존재한다. 본 연구는 초기펀드의 더미와 정부출자액의 교차항(Interaction Term)을 회귀분석모형에 산입하여 실제로 초기펀드를 보유하지 않은 벤처캐피탈사에 있어 정부출자액의 영향이 더 크다는 점을 발견하였다. 이와 같은 관측은 〈표 9〉와 같이 2013년도 창업초기기업투자를 집행한 벤처캐피탈사 중 창업초기기업펀드 운용사와 미운용사간의 정부출자–창업초기기업투자에 대한 자료로부터의 시사점과 일맥상통하는 지점이 있다. 즉, 평균 초기기업 투자액도 창업초기펀드를 보유하지 않은 벤처캐피탈에서 오히려 더 높은 규모였으며, 출자된 전체 정부출자금액 대비 창업초기기업투자 금액의 규모에서는 양 집단 간에 차이가 없다. 이에 대한 엄밀한 분석은 후속연구의 과제로 남겨둔다.

〈표 9〉 2013년도 초기기업 투자 업체 중 초기펀드 운용 및 미운용 벤처캐피탈의 초기기업 투자 규모 비교(단위: 원)

	초기펀드 보유 VC	초기펀드 미보유 VC
평균 초기기업 투자액	4,504,089,400	5,447,376,345
초기기업 총 투자액	103,594,056,200	261,474,064,560
정부 출자액	685,607,000,000	1,721,943,900,000
초기기업 투자/정부출자액 비율	15%	15%

출처: 한국벤처캐피탈협회 통계자료(2014)

분석결과 중 보유 심사역의 평균 경력이 많을수록 초기단계 투자가 줄어든다는 발견은, 대한민국 벤처캐피탈의 행태에 대한 일반적인 논리와 설명에 의거하여 다음과 같은 설명을 할 수 있겠다. 첫째, 벤처캐피탈 산업이 성장하고 규모가 확대될수록 금융권 및 연기금의 자금이 투입되며, 이에 따라 경력이 많은 심사역들이 포진된 벤처캐피탈 위주로 이러한 대규모의 출자가 이루어지고 있다. 둘째, 심사역으로서의 경력이 높아질수록 투자위험성이 높은 신사업 분야의 창업초기단계 기업에 대한 투자보다는 전통적인 제조업의 성장단계에 해당하여 비교적 투자 위험도가 낮은 기업에 투자를 선호한다.

벤처기업은 자신이 속한 사업의 성격에 따라 기술개발 기간, 상용화 시점 등이 서로 달라 단지 업력기준만으로 '창업초기' 단계인지 여부를 판단하기 어려울 때가 많다. 업력 입장에서의 초기기업에 대한 분석은 가능하지만, 바이오산업과 같이 초기 단계가 상대적으로 긴 기업에 대해서는 초기단계에서의 투자 개념이 다를 수밖에 없는데 현 데이터로는 이 점을 가려내기 어렵다. 벤처캐피탈에서의 정보 분류 시 단순 업력보다는 복합적인 의미에서의 초기단계에 대한 분류 정보가 필요한 이유이다. 실제로 미국과 유럽의 경우 벤처캐피탈의 투자 정보 집계 시 성장 단계를 고려한 복합적인 분류방식을 적용함에 따라 산업분야 간의 특성차이를 반영하고 투자의사 결정에 조금 더 도움이 되는 정보를 제공한다. 한국도 이러한 방식에 대한 필요성을 인식하여, 현재 모태펀드 등에서 출자하는 창업초기펀드의 경우 의무투자 기업의 범주에 대해서 이러한 복합적인 조건을 적용하고는 있으나 투자집행 실적 집계 시에는 기업의 업력으로만 구분을 하여 정책의 실행 방향과 측정 방식에 대한 불일치가 일부 발생할 수밖에 없다. 본 연구는 펀드단위가 아닌 펀드의 운용사 즉, 벤처캐피탈 사를 분석단위로 함으로써 개별펀드의 특성과 운용지침 등에 의한 개별적 차이를 반영하지 못했던 아쉬움이 있다. 벤처펀 드의 모집과 운용 방식은 사모투자의 한 형태임에 따라 각 조합의 출자자 및 투자에 대한 정보가 대외적으로 상세히 알려져 있지 않기 때문이다. 본 연구는 각 벤처캐피탈에 유입된 정부의 전체 출자금과 전체 투자액을 분석하였을 뿐 각 벤처캐피탈 내부의 펀드 간 출자 및 투자의 차이에 대해서는 고려할 수 없었다.

본 연구의 결과에 기반하여 한국의 벤처캐피탈 산업 및 혁신벤처기업의 활성화를 위한 정책적인 제언을 몇 가지 하고 본 논문을 마무리하고자 한다.

한국 벤처캐피탈 시장의 혁신성 제고 및 활성화를 위한 방안은 창업초기기업에 대한 활발한 투자와 더불어 회수시장을 활성화해야 한다. 이를 위해 정부는 벤처캐피탈에 대한 자금 출자를 통하여 창업초기기업에 대한 자금 공급을 늘리는 방안을 시도해 왔으나, 이 연구의 결과가 시사하듯이 과도한 지원은 오히려 역효과를 초래할지 모른다. 따라서 맹목적인 투자자금 증대와 같은 양적지원에 앞서 혁신적인 벤처기업들이 보다 공정하고 투명하게 기존 기업들과 경쟁을 할 수 있는 건전한 벤처 및 금융생태계를 구축하는 질적 지원을 선행해야 할 것이다. 이와 같은 생태계가 구축되면 민간자금의 참여를 통한 벤처투자의 활성화가 자연스럽게 이루어질 수 있으나, 그렇지 않은 환경이라면 자금지원의 양적인 확대는 오히려 벤처캐피탈 시장을 낙후시키는 역효과를 발생시킬 수도 있음을 본 연구는 시사한다.

추가적으로, 창업초기 벤처기업의 체계적인 투자 및 육성을 위하여 정부의 정책이 엑셀러레이터(Accelerator)나 Micro-VC 와 같은 창업초기 전문 투자기관에 대한 지원을 강화하는 방향으로 가고 있어 바람직한 현상이라고 볼 수 있다. 다만, 이들에 대한 지원이 기존의 벤처캐피탈에 대한 지원과 중복으로 실행될 가능성이 있어 향후 각 역할에 대한 차별적인 지원이 필요할 것으로 판단된다.

정부는 레몬마켓으로 인한 시장실패나 자본 갭을 겪는 창업초기기업에 대한 투자나 전략산업 육성 및 혁신적인 기업의 성장을 도모하기 위해 노력해야 한다. 따라서 순수민간과는 긍정적인 면에서 차별성 있는 선택적 투자가 선행되어야 하고, 그래야만 민간과 구별되는 정책적 목표를 지향하면서 국가경제의 성장에 도움이 되는 벤처진흥정책을 수립할 수 있을 것이다.

주석

1) 아래의 여러 보고서에서 2010년 전후하여 낮아진 창업초기기업 투자 비중 문제를 지적함."벤처생태계의 내실화 촉진을 위한 정책연구", 중소기업연구원(2012), 벤 벤처캐피탈 협회 Newsletter, 한국벤처캐피탈협회(2014), "벤처 · 창업 지원 정책의 주요 쟁점과 개선과제", 국회예산정책처(2014)

2) 모델3과 4에서 정부출자액과 정부출자액제곱항을 제외하고 회귀분석을 하였을 경우 전체초기펀드 및 신규초기펀드의 회귀계수가 각각 15.36과 18.78로 46.2%와 27.8% 증가했다는 점이 이와 같은 추론의 타당성을 강화한다.

REFERENCE

Bottazzi, L., Da Rin, M. & Hellmann, T. (2004). The changing face of the European venture capital industry: Facts and analysis. *The Journal of Private Equity,* 7(2), 26–53.

Chemmanur, T. J., Krishnan, K. & Nandy, D. K.(2011). How does venture capital financing improve efficiency in private firms? A look beneath the surface. Review of financial studies, hhr096.

Collewaert, V., Manigart, S. & Aernoudt, R. (2010). Assessment of government funding of business angel networks in Flanders. *Regional Studies,* 44(1), 119–130.

Colombo, M. G., Cumming, D. J., & Vismara, S. (2014). Governmental venture capital for innovative young firms. *The Journal of Technology Transfer,* 1–15.

De Clercq, D., Fried, V. H., Lehtonen, O. & Sapienza, H. J. (2006). An entrepreneur's guide to the venture capital galaxy. *The Academy of Management Perspectives,* 20(3), 90–112.

EVCA(2016). *Annual activity statistics,* Retrieved March 1, 2016 from http://www.investeurope.eu. European Private Equity and Venture Capital Association.

Gans, J. S., & Stern, S. (2010). *Is there a market for ideas? Industrial and Corporate Change,* 19(3), 805–837.

Gompers, P., & Lerner, J. (2001). The venture capital revolution. *Journal of economic perspectives,* 145–168.

Gompers, P. A. (1995). Optimal investment, monitoring, and the staging of venture capital. *Journal of finance,* 1461–1489.

Hellmann, T., & Puri, M. (2002). Venture capital and the professionalization of start? up firms: Empirical evidence. *The Journal of Finance,* 57(1), 169–197.

Humphery-Jenner, M. (2012). Stimulating venture activity through government investment in venture funds. *European Business Organization Law Review,* 13(01), 103–124.

KFSC(2016). Analysis of K-Growth fund operation and future plan, Retrieved March 1, 2016 from http://www.kgrowth.or.kr, Korea Financial Supervisory Commission.

Kim, K. H. (2005). *Public policy for increasing investments on early-stage venture firms.* Seoul: Korea Small Business Institute(KSBI)

Kim, K. H. (2011). *Study of Technology Finance in Korea.* Seoul: Science and Technology Policy Institute(STEPI)

Kim, K. K., & Kutsuna, K. (2014). Venture Capital Activities and Financing of High-tech Ventures in Korea: Lessons from Foreign Experiences. *Asia-Pacific Journal of Business and Venturing.* 9(1), 33–50

Kim, K. W., & Shu, B. C. (2010). Effect of Venture Capital Investment on the Management Performance of Venture Company, *Journal of Korean Industrial Economics.* 23(4), 1911–1931.

Kim, T. K. (2014). The Role of Venture Capital in the Creation of New Venture Firms: Time-series Analysis in the Context of South Korean Industries. *Asia-Pacific Journal of Business and Venturing.* 9(6), 101–108

Kim, Y. B., Lee, S. H., & Kim, Y. H. (2007). The Diversity of Investment Pattern of Korean Venture Capital According to Source of Fund. *The Korean Small Business Review,* 10(2), 49–67

Kim, Y. H., & Lim, S. J. (2015). Differential Contribution in Public and Private Venture Capitals to the Financial Results of their Invested Firms. *The Korean Small Business Review,* 37(1), 115–133.

KISDI(2012). *Analysis of ICT Venture Ecosystem and proposals.* Seoul: Korea Information Society Development Institute.

Kortum, S., & Lerner, J. (2000). Assessing the contribution of venture capital to innovation. *RAND Journal of Economics,* 31(4), 674–692.

KVCA(2014). KVCA *Yearbook and Venture Capital Directory.* Seoul: Korea Venture Capital Association

KVCA(2015). *KVCA Yearbook and Venture Capital Directory.* Seoul: Korea Venture Capital Association

KVIC(2016). *Fund of funds management report(2015. Q4).* Seoul: Korea Venture Investment Corporation

Leleux, B. T., & Surlemont, B. (2003). Public versus private venture capital: seeding or crowding out? A pan-European analysis. *Journal of Business Venturing,* 18(1), 81–104.

Lim, G. H., & Jung, Y. H. (2014) *Public policy for supporting venture creation,* Seoul: National Assembly Budget Office(NABO)

Lerner, J. (1994). The syndication of venture capital investments, *Financial management,* 16–27.

Mcglue, D. (2002), The funding of venture capital in Europe: Issues for public policy, *Venture Capital,* 4(1), 45–58.

Mayer, C., Schoors, K., & Yafeh, Y. (2005). Sources of funds and investment activities of venture capital funds: evidence from Germany, Israel, Japan and the United Kingdom. *Journal of Corporate Finance,* 11(3), 586–608.

Murray, G. (1999). Early-stage venture capital funds, scale economies and public support. Venture Capital: An International *Journal of Entrepreneurial Finance,* 1(4), 351–384.

NVCA(2016). *National Aggeregate data,* Retrieved March 1, 2016 from http://nvca.org/. National Venture Capital Association.

Park, J. S., & Yoon, B. S. (2012). A Study on the Current Situation and the Performance of KFoF(Korea Fund of Funds). *The Korean Small Business Review,* 34(2): 23–46.

Park, Y. R. (2013). *Venture Financing ecosystem of Korea, Finance and Market Weekly, 2013-23,* Seoul: Korea Capital Market Institute.

Puri, M., & Zarutskie, R. (2012). On the Life Cycle Dynamics of Venture-Capital- and Non-Venture-Capital-Financed Firms. *The Journal of Finance,* 67(6), 2247–2293.

Song, W. K., & Kim, W. K. (2014). A Study on the Employment and Sales Effects of the Firm Invested by Korea Fund of Funds. *Regional Industry Research,* 37(4), 305–331

Sung, H. H., Oh, S. H., Oh, I. H., & Lee, J. D. (2014). Effects of Government Venture Capital on Firms' Performances in Korea. *The Korean Small Business Review,* 36(3), 205–227.

벤처창업연구 제15권 제6호 (통권72호)

기업가정신역량기반 교육 연구: 대학 창업교육 고도화를 위한 EntreComp(Entrepreneurship Competence) Frame 도출

변지유 (한국기술교육대학교 창업전담교수)
이장희 (한국기술교육대학교 산업경영학부 교수)

국문 요약

정부의 지속적인 관심으로 국내 대학에서는 창업교육의 양적 성장을 이루어 왔으나 학문적·정책적·실무적 관점에서 창업교육을 체계화시키고 교육과 창업지원 성과 간 관계를 밝힘으로써 효과적인 교육을 도모하려는 관심과 노력은 부족한 상황이다. 유럽에서는 이미 다년간 심도 있는 연구를 통해 기업가정신역량(EntreComp: Entrepreneurship Competence)체계를 구축하여 타인을 위한 가치를 창출하며 역량이 국민의 전 생애 경쟁력이 될 수 있도록 평생교육에 접목하려는 시도가 있는 반면 국내 대학에서의 창업교육은 주로 교양 수준의 창업스킬에 머물러 있거나 경영학 관점에서 접근하기 수월한 교육주제에 편중되고 있어 체계개선이 시급하다. 이에 본 연구에서는 대학 창업교육의 고도화를 위하여 기업가정신역량기반 창업교육 체계를 설계하였다. 다음으로 EntreComp 관련 국내외 선행연구를 고찰하고 FGI (Focus Group Interwiew) 및 델파이(delphi)조사법 등을 통해 대학생을 위한 8개의 EntreComp frame을 도출하였으며, 2018년도 42개 창업선도대학의 919개 학부 창업교육을 전수조사하여 EntreComp별 교육현황을 밝혔다.

EU의 EntreComp를 연구한 Bacigalupo et al. (2016) 자료를 포함한 25개의 기업가정신역량에 대한 선행연구를 조사하였고 연구 빈도와 교육·창업 관점에서의 중요도를 반영하고 본 연구에서 제시한 대학 창업교육의 목적을 근거로 spotting opportunities, value creation, self improvement, mobilising resources, technology application, strategic management, relationship, learning through experience의 총 8개로 구성된 기업가정신역량 체계를 전문가의 검증을 통해 도출하였다. 그리고 역량별 교육 현황, 역량교육 반영 정도와 각 대학의 재학생수를 모수로 하는 창업지원성과 간 추가분석을 통해 향후 대학에서 EntreComp 관점으로 창업교육을 체계화해 나가는데 있어 방향성을 얻을 수 있도록 도모하였다. 본 연구는 시대의 흐름과 요구를 반영하여 대학이 가져야 할 창업교육 목표를 수립하고 이를 뒷받침할 수 있는 기업가정신역량 프레임을 제시하였고, 일정 기간 창업선도대학에서 운영된 창업교과목 자료를 활용하여 전수조사를 하였다는 점에서 연구 차별성을 가지지만 창업선도대학의 표본수가 제한적이라 일반화시키기 어려운 한계를 가진다.

그럼에도 본 연구는 기업가정신역량 관점에서 대학 창업교육을 고도화시키고 미래 요구역량 함양 및 타인을 위해 가치를 창출하는 기업가형 인재육성이라는 교육목표를 제안하고 기업가정신역량 프레임에 대하여 더욱 본질적인 관점으로 연구의 틀을 마련함으로써 후속연구에 좀 더 명확한 방향성을 제시할 수 있다는 점에서 의미를 가진다.

핵심주제어: 기업가정신역량, EntreComp 프레임, 기업가정신역량기반 교육, 대학 창업교육, 창업교육 체계

Ⅰ. 서론

4차산업 및 최근 팬데믹으로 인해 유례없는 저성장과 높은 실업률이 지속되고 있다. 맥킨지 (Mckinsey)는 급변하는 산업구조 변화로 기존의 5% 미만 직업만이 현재의 기술을 활용한 전체 자동화가 가능하며, 더 빠른 속도로 노동시장 및 일자리 변화가 지속될 것으로 전망하고 있다. 갈수록 심각해지고 있는 빈부격차나 환경훼손 문제도 대학을 포함한 창업 및 경영분야에서 적극적으로 해결하려는 노력이 요구되는 때이다. 필립코틀러(2015)가 제시한 다른 자본주의나 기업의 사회적 책임 (CSR), 공유경제나 공유가치창출 (CSV)과 같은 맥락으로 타인과 가치를 나눌 줄 아는 기업가 육성 또한 시급하다. 또

한 대부분 선진국에서는 경제·구조적 요인 등으로 청년실업이 지속적으로 증가하는 추세로 보고되고 있는데, 이러한 문제는 경제·문화를 비롯한 우리 사회 전반에 변화를 야기시키는 요인이 되며 특히 대학 등에서의 직업교육에도 큰 변화를 일으키고 있다(이철기 외, 2019). 그러나 취업 문제를 해소할 대안으로 떠오르는 창업교육 관점으로 살펴 본다면 OECD 국가 중 한국의 청년 기업가정신이나 창업교육 지원현황은 낮은 수준을 벗어나지 못하고 있기 때문에 긍정적인 해결방안을 기대하기 쉽지 않은 상황이다.

산업혁명과 일자리 구조 변화에 뒤따르는 사회문제를 해소해 나가기 위해서는 최전선에서 청년교육을 책임지고 있는 대학이 그 어느 때보다 사명감을 가져야 한다. 학생들의 기업가정신을 고양시키고 기술창업자를 육성하는 등 진로관점에서 요구되는 역량을 함양시키기 위해 주도적이고 혁신적인 개선노력을 기울여야 한다. 이에 대학에서는 역량기반 교육 목표와 체계를 마련해 나가는 단계가 우선시되어야 할 것이다. 또한 사회문제를 개선시키기 위한 노력이 사회구성원을 양성하는 창업교육에도 반영될 필요성을 제기할 수 있겠는데, 해외사례 대비 국내대학의 창업교육 분야에서는 이러한 사회문제를 개선시켜 나가려는 의도가 교육에 반영되기 전 단계 수준에 머물러 있는 것으로 파악된다.

그나마 정부의 지속적인 관심으로 대학 내 창업교육을 양적으로 확대시켜 왔으나 국내대학의 기업가정신 및 창업교육은 이론적 기반과 체계가 미약(목영두·최명길, 2012)하고 다소 범용적인 이론 중심의 경영이론이나 교양 수준(남정민, 2017)에 머물러 변화하는 시대의 요구를 제대로 반영하기 어려운 아쉬운 상황이다. 또한 일자리축소 상황이나 실업율을 개선시켜 나가기 위한 하나의 방안으로 이제는 창업을 진로관점으로 접근할 필요가 있기에(오해섭·맹영임, 2014), 창업교육 관련 교과목을 단계별로 구축(정차근, 2013)하고 고도화해 나가야한다. 청년들의 기업가정신을 함양시키고 실천적인 역량과 자질을 갖추어 나갈 필요가 있기에(남정민, 2017) 대학교육에서는 그 몫을 해낼 수 있도록 교육 목적과 체계가 정비되어야겠다.

최근 창업교육분야에서 역량에 대한 관심이 높아지고 있다. 정부의 지원계획에 기반하여 대학별 맞춤형 창업지원 체계를 구축하고 대학 창업지원역량 모델을 수립하는 연구가 수행되는가 하면, 김도현 외(2020)의 글로벌 기업가정신연구보고서에서도 개인에 대해 기업가적 지향성과 기업가적 역량, 기업가적 태도와 인식을 다룬다. 대학창업운영매뉴얼 3.0+(2019)에서는 필요역량과 지원모듈을 제안하고 있는데, 학생들의 기업가 및 창업역량을 키우기 위해서는 지속적인 경험을 학습할 수 있는 기회를 제공해야 한다(남정민, 2017). 또한 대학생 대상 교육에서 요구되는 진로관점뿐 아니라 사회문제 해결을 위해서도 주도적으로 참여할 수 있는 인재양성 방안도 중요하게 다루어져야 한다. 그럼에도 연구계에서는 지속 가능한 기업가정신 및 역량도출에 대한 연구 결과가 희소한 상황으로(Ploum et al., 2018) 대학 창업교육의 양적 성장에 이어 사회문제 해결 및 산업에서 요구하는 역량을 함양시킬 수 있는 질적 성장방안에 대한 연구계의 관심과 노력이 집중되어야 할 것이다.

본 연구는 이러한 연구 필요성에 기반하여 기업가정신역량 (EntreComp: Entrepreneurship Competence. 이하 EntreComp로 표기)과 EntreComp 프레임 (frame)에 대하여 정의하고, 국내 기업가정신 및 창업교육 현황을 파악하여 EntreComp 프레임을 대학 창업교육에 반영시킬 수 있도록 방향성을 제안하는 것을 목적으로 한다. 이러한 연구결과는 앞으로 기업가정신 및 창업교육이 사회문제를 해결하고 산업이 요구하는 역량을 함양해 나가는데 보탬이 될 뿐 아니라 대학생의 자아실현 및 창업성공가능성을 높여 창업 및 취업 진로활동과 향후 전 생애적 시각에서 주도성을 가지고 사회와의 상생을 통해 진정한 사회구성원으로써 존재가치를 갖추어 가는데 긍정적인 영향을 미칠 수 있을 것으로 기대한다.

Ⅱ. 이론적 배경

2.1 기업가정신역량 (EntreComp: Entrepreneurship Competence)

기업가정신 (Entrepreneurship)은 지속적으로 가치창출을 추구하는 새로운 사고나 행동방식을 특징짓는 포괄적인 용어로 위험감수, 혁신, 기회의 포착과 활용에 대한 정의가 포함되며(이채원 외, 2017), 성공적인 작업수행을 가능하게 하는 지식 (knowledge elements), 기술 및 태도 (skills, and attitudes)로 구성된다고 보거나(Mulder, 2014) 이에 더하여 개인적 특성 (personal traits)을 반영하는 것으로 정의되었다(Ploum et al., 2018).

역량 (capability)은 직무나 업무를 성공적으로 수행해 내는 것과 관련된 개념으로, 핵심기술, 핵심역량, 일반기술, 핵심자질 등의 다양한 용어로 지칭된다(소경희, 2007). 주요 용어의 정의를 살펴보면, 역량의 경우 기존의 단순한 기술이나 기능의 의미에서 발전해 삶의 관점으로 접근하고 내면적 특성, 상호작용이나 다양성에 대한 대응, 사회기여와 같은 의미를 내포하는 특성을 가진다.

〈표 1〉 역량의 정의

연구자	역량 정의
White(1959)	환경과 효과적으로 상호작용하는 유기체의 능력. 최초로 역량을 환경과 효과적으로 상호작용하는 인간의 능력'이라 보았으며, 실제 수행상황에서 요구되는 과제 수행능력
Spencer & Spencer(1993)	특정한 상황이나 직무에 효과적이고 우수하게 수행하는 개인의 내적인 특성. 특정한 직무와 상황에서 탁월한 성과도출과 연관되는 개인의 동기와 특질, 지식, 기술, 태도, 가치 등의 내적인 특성
Rychen & Salganik(2003)	다양한 삶의 분야에서 효과적으로 참여하고 실행의 의미를 가지며, 개인의 삶을 성공적으로 이끌고 사회에 기여하는 것
Barth & Rieckmann(2007)	개인 수준에서 실제 문제나 도전 및 기회와 관련하여 작업을 성공적으로 수행하고 문제해결을 가능하게 하는 것
Boyatzis (1982)	직무에서 효과적이거나 우수한 성과와 관련이 있는 사람의 기본 특성

자료: 송주현(2014)자료 등을 참고하여 연구자 재구성

역량에 대한 영문표기는 competence나 competency가 주로 상호 교환적으로 사용되고 있는데(박천오·김상묵, 2004), competence는 기준이나 기술의 개념이고 competency는 행동의 개념에 가깝다(Rowe, 1995). 또는 조직에 초점을 둔 조직역량 (competence)은 어떤 조직이 다른 조직에 비해 우수한 성과를 내는 원인이 조직에 있다고 보는 방식이고, 반면 개인에 초점을 둔 개인역량 (competency)은 그 원인이 개인의 역량에 있다고 보는 관점으로 구분된다(이순희, 2015). 해외연구에서는 2015년도 이후로 competence의 사용이 증가하는 추세이나, 국내 연구에서의 역량에 대한 영문표기는 ability(김용태, 2017), entrepreneurship(이지안·안영식, 2018), competence(박대한·성창수, 2019) 등으로 다양하다.

〈표 2〉 역량관련 용어 비교

용어	용어별 정의
ability	특정 언어를 말하는 능력을 갖는 것처럼 어떤 사람이 소유하는 것을 보여줄 수 있는 능력
capability	사람이 명시적으로나 암시적으로 할 수 있는 것, skill, competence와 유사
capacity	보통 특별한 개인적 잠재력을 의미하고 관련된 지식·기술·역량(competence)을 포함하는 특수한 방식으로 사용, potential과 유사
skill	특정한 과제나 직무를 수행하는 데 필요한 지식과 경험을 갖는 것
competency	우수하거나 효과적인 수행을 이끄는 개인의 내재적 특성
competence	안정적이거나 변화하는 상황에서 지식, 노하우, 기술을 적용하는 능력을 다양한 상황의 환경과 효과적으로 상호작용 하는 유기체의 능력

자료: 송주현(2014) 자료를 참고하여 연구자 재구성

EntreComp에 대한 정의도 다양한데, 경영성과와의 인과관계나 직무효율성 관점에서 이후 바람직한 성과나 목표를 달성하기 위한 내적·잠재적 특성, 그리고 가치창출 개념을 내포하는 방향으로 확대되는 연구 흐름을 보인다.

〈표 3〉 기업가(정신)역량 정의

연구자	기업가(정신)역량의 정의
McClelland (1973)	역량을 직무기준에 근거한 효과적이고 우수한 경영성과와 인과관계가 있는 개인의 기초특성으로 정의
Boyatzis (1982)	직무에서 효율적이거나, 우수한 수행력을 보이는 개인의 잠재적인 특성
Spencer & Spencer(1993)	역량은 특정한 상황이나 직무에서 준거에 따른 효과적이고 우수한 수행의 원인이 되는 개인의 내적특성
Lackeus(2014)	새로운 가치창출의 기업가적 업무수행 의지와 능력에 영향을 미치는 지식(knowledge), 기술(skills), 태도(attitudes)
Bacigalupo et al.(2016)	자신 이외의 사람을 위해 가치를 창출하는 행동으로 전환시키는 능력이자 국민의 전 생애적 경쟁력
김용태(2017)	개인이 기업가(Entrepreneur)로서의 역할을 성공적으로 수행하기 위해 갖추어야 할 특성
곽동신·정철호 (2017)	개인이 기업인으로서 역할을 성공적으로 수행하기 위해서 갖추어야 할 특성
이지안·안영식 (2018)	새로운 사업을 시작하여 수익창출 뿐만 아니라 창업자의 활동을 촉진하는 창업자 사고
박대한·성창수 (2019)	특정 상황과 직무 수행에 있어서 성공적인 결과를 끌어내는 개인의 잠재적인 특성

자료: 박우종(2014), 이상화(2016), 정길호(2017), 채연희(2017) 자료 등을 참고하여 연구자 재구성

EntreComp의 구성요인도 연구 맥락별 다양한 양상을 보이는데 주로 창업시 요구되는 일반적인 기술적 관점을 넘어 인간적 능력, 인간관계 능력, 지식, 다양한 사업화 능력으로 연구가 확대되고 있다. 특히 Bacigalupo et al.(2016) 연구의 경우, 특히 사회적·경제적 가치를 추구하고 내면적 성장도 고려하면서 필요한 자원을 갖추어 실행하는 과정까지의 전방위적 체계를 갖춘 최초의 연구이자 관련 역량요인을 구체화한 차별성을 가진다.

〈표 4〉 EntreComp (기업가정신역량)의 구성

연구자	기업가(정신)역량(능력)의 구성요인
Katz(1974)	technical skills, human skill, conceptional skill
Picklem & Abrahamson (1990)	drive, mental ability, human resources ability, communication ability, technical knowledge
Bacigalupo et al.(2016)	spotting opportunity, creativity, vision, valuing ideas, ethical & sustainable thinking, self awareness & self efficacy, motivation & perseverance, mobilising resources, financial & economic literacy, mobilising others, taking the initiative, planning & management, coping with ambiguity, uncertainty & risk, working with others, learning through experience
창업넷(2018)	창업자역량, 시장기회, 아이템 분석, 비즈니스모델, 전략
이용희(2016)	벤처기업 창업자 핵심역량의 주요 가치는 자기성찰, 혁신성, 실천성, 관계성
채연희(2017)	의사소통능력, 기술적 능력, 관리능력, 경제능력

자료 : 선행연구를 기반으로 연구자 정리

본 연구에서의 EntreComp는 다양한 정의와 구성요인에 더하여 진로교육 관점에서 대학생들이 기업가정신 및 창업교육을 통하여 자아를 실현하고 사회에서 요구하는 역량을 함양하고 가치를 창출할 수 있는 기업가를 양성하는 것을 목적으로 한다.

2.1.1 Burgoyne(1989)

Burgoyne(1989)은 역량의 구분이나 성과통합, 역량의 측정가능성 및 적절한 방법 등과 개인역량의 조직 기여나 통합과 관련되는 특정 역량기반 체계에 대하여 관리차원에서 근본적인 문제를 제기하였다.

역량의 매력으로는 단순한 지식의 소유보다 행동개념을 강조하였으며, 역량체계는 보편성 (universality)이 필요하지만 기본적인 관리역량은 지속적으로 수정해 나가야 하는 것으로 특정 상황에서 스스로 행동하고 선택하는데 있어 유연성 및 적응력도 필요하다고 보았다.

관리를 함에 있어서도 도덕적 윤리를 배제하는 경향이 있기에 기술적 효율성과 효과뿐 아니라 사회에 대한 도덕적·윤리적 책임에 대해서도 관심을 가지고, 개인 및 조직의 가치 간 연계성을 갖추고 상호 조정해 나갈 것을 제안하였다.

2.1.2 Cooper & Gascón(1992)

Cooper & Gascón(1992)은 다수 선행연구를 통해 새로운 기업구성과 성공영향 요인에 대한 프레임을 연구하였는데 경험, 교육 및 심리적 구성을 포함하여 개별 기업가의 특성으로 관련 연구가 집중되고 있음을 밝혔다.

그리고 벤처성공요인 관련 연구에서는 적절한 인과관계 이론이 없으며 벤처기업에 유용한 시장기반 지표가 부족한 점이나 연구분석 방법의 한계 등에 대한 문제, 그리고 성장과 생존 영향변수 간 연관성에 대하여 의문을 제기하였다.

Cooper & Gascón(1992)은 기업설립과정 및 성과도출과 관련하여 심리적 특성 (psychological characteristics), 기업가의 목표 (entrepreneur's goals), 인큐베이터 조직 (incubator organization), 정보자료 및 네트워킹 (information sources and networking), 재무 (financing), 산업특성 (industry characteristics) 요인 등을 제시하였다.

그리고 교육경험이나 내적 역량, 경험, 네트워크, 협력에 대해서도 제안하였는데 기업가가 직면하는 광범위한 문제로 인해 폭넓은 경험이 성과를 높이고 경험에 교육요인이 추가되면 더 큰 성공과 연관성이 있다고 주장하였다.

내적 역량의 경우 '변화를 일으킬 수 있다는 믿음'이 능동적인 행동과 높은 성과에 영향을 미칠 것으로 보았고, 그 외 여러 심리적 변수 또한 성과와 연관성이 있는 것으로 판단하여 추가연구 필요성을 제기하였다. 또한 타인을 위한 목표수립과 생존 및 성장 간 연관성, 경험이나 타인과의 교류 등을 강조하였는데, 결론적으로 체계적인 계획, 충분한 자본조달, 교육, 관리경험, 기회추구, 외부자원 활용 등의 역량을 갖출 경우 성공가능성에 긍정적인 영향을 미칠 수 있음을 강조한다.

창업이란 연구흐름보다 예측하기 어려우며, 현재까지의 연구는 상대적으로 측정하기 쉬운 변수에 초점을 맞추는 경향이 있음을 지적하였고, 향후 연구에서는 성공하기 위해 필요한 구체적인 속성에 중점을 둘 필요가 있다고 보았다. 특히 헌신이나 타인을 위한 행동적 특성관련 연구는 앞으로 더 많은 주의를 기울일 가치가 있다고 주장하였다.

2.1.3 Lackeus(2014)

Lackeus(2014)는 행동 기반의 기업가정신 교육 프로그램에서 정서적 사건과 개발된 기업가 역량 간 연관성에 대해 연구하였다. 행동기반 평가 전략은 기업가행동을 확실하게 식별할 수 있는 반면, 성공적인 기업가적 행동과 기업가교육 간 연관성을 증명하기는 쉽지 않음을 주장하였다. 그는 기업가교육에 있어 정서적 노출도 중요하게 다루었고 행동기반 학습 환경이 기업가교육의 정서적 측면을 연구하는데 특히 적합하며 학자들에 의한 감정 관점으로의 연구가 점점 더 중요해지고 있다고 보았다.

해당 연구에서는 기업가역량을 새로운 가치창출의 기업가적 업무수행 의지와 능력에 영향을 미치는 지식 (knowledge), 기술 (skills), 태도 (attitudes)로 정의하였다. 항목별 하위요인으로는 심적 모형 (mental models), 기업가정신 경력에 대한 자기통찰력 (self-insight), 학습스킬 (learning skills), 기업가적 열정 (entrepreneurial passion), 기업가적 정체성 (entrepreneurial identity), 능동성 (proactiveness), 인내심 (perseverance) 등을 제안하였다.

외부 세계와의 상호작용은 긍정적인 감정의 일반적인 원천이며 인터뷰에 따라 확인된 기업가역량은 기업가적 자기효능감, 자기통찰력 및 기업가적 정체성임을 밝혔다. 기업가역량과 특히 관련이 있는 것으로 꼽히는 정서적 요인은 외부 환경과의 상호작용, 학습 환경 및 팀워크 경험, 불확실성 및 모호성 용인, 자기통찰력을 높이는 것과의 연관성이 있으며 행동기반의 기업가교육에 의해 유발된 정서적 요인은 기술 및 지식기반 학습보다 태도학습 결과에 더욱 긍정적인 영향을 미친다고 주장하였다.

또한 학생들이 외부 이해관계자를 위해 가치를 창출하려는 시도를 유도하는 교육설계는 외부 세계와의 빈번한 상호작용을 유발하는데, 이러한 교육은 학생들의 행복과 동기부여 수준이 높아지고 때로는 좌절감을 경험하기도 하지만 결국 이러한 경험이 자기계발 및 성장으로 이어질 수 있을 것이라 주장하였다. Lackeus(2014)는 기업가정신의 중심을 새로운 가치창출이라 보았고 교육설계를 개발된 기업가역량에 연결하는 매커니즘을 발견하고 감정적 요인의 중요성을 밝히고자 하였다. 연구결과 정서적 사건과 기업가역량 사이에 높은 연관성을 확인하였는데 이러한 정서적 사건인 외부 세계와의 상호작용, 불확실성·모호성 및 팀워크와 같은 경험이 기업가적 정체성 형성, 자기효능감 증가, 불확실성 및 모호성 극복, 관용 및 향상된 자기통찰력과 연관성이 있음을 밝혔다.

2.1.4 Lans et al.(2014)

Lans et al.(2014)의 연구는 지속 가능한 기업가를 위한 역량에 초점을 둔 유일한 연구로 손꼽혔으며(Ploum et al., 2018), 전통적 교육학자들은 기업가정신과 지속가능성을 위한 교육의 세계를 연결하는 첫 번째 단계로 역량접근법을 취한다는 점에 집중하였다.

기업수준 및 개인수준의 역량과 같이 보다 역동적이며 학습 가능한 구성에 대한 연구가 부족한 상황으로 보았으며, 기업가정신교육이 기회발굴 등 특정 기업가역량 (entrepreneurial competencies)에 미치는 긍정적인 영향이나 기업가정신에서 개인과 사회 간 상호작용의 중요성에 관심을 가졌다. 그리고 연구 맥락과 유형이 다양하기 때문에 기업가역량과 관련된 기술, 태도 및 기타 특성의 목록은 광범위하다고 보았다. 또한 관심을 가진 역량 관련 선행연구에서는 기회역량 (opportunity competence), 다른 사람들 간 상호작용을 의미하는 사회적 역량 (social competence), 관리시스템 개발·구성·조정 능력인 비즈니스역량 (business competence), 기술 및 시장지식을 포함하는 산업별 역량 (industry specific competence), 동기부여와 같은 심리적 관점인 기업가적 자기효능감 (entrepreneurial self–efficacy)이 주로 언급되고 있음을 제시하였다.

그리고 브룬트란트 위원회 (Brundtland Commission, 1987) 보고서에서 제안된 '미래세대가 자신의 요구를 충족시키는 능력을 손상시키지 않으면서 현재의 요구를 충족시키는 개발'이라는 선언내용을 인용해 지속 가능한 개발역량의 필요성도 강조했을 뿐 아니라, Dentoni et al.(2012)의 역량 프레임을 기반으로 사회생태시스템의 지속가능성을 개선하기 위해 책임있는 행동에 적극적으로 참여하는 행동역량 (action competence)을 제안하였다.

Lans et al.(2014)의 연구는 지속가능성과 행동역량에 집중한 점이 특히 차별적이다.

2.1.5 Bacigalupo et al.(2016)

유럽시민과 조직의 기업가역량 개발은 EU와 회원국의 주요정책 목표였고 EntreComp 프레임은 모든 이해관계자 간의 기업가정신 역량에 대한 합의를 높이고 교육과 업무의 세계를 연결하는 것을 목표로 하였다. 해당연구는 EU에서 공표한 것으로 이는 공공기관의 랜드마크 뿐 아니라 다양한 커리큘럼의 기업가 지향성을 분석하는 도구로도 활용할 수 있다고 보았다. EntreComp는 유럽시민의 기업가적 역량을 키우는 모든 주도성의 실질적인 참조가 되도록 설정되었는데 8단계 진행모델에 따라 15개의 역량을 개발하고 442개의 학습결과에 대한 포괄적인 목록을 제안하였다. 또한 기업가정신을 역량으로 육성하는 커리큘럼 및 학습활동 개발시 참고할 수 있으며 기업가적 역량 (entrepreneurial competence)을 평가하는데도 활용할 수 있음을 제안한다.

이 프레임은 아이디어와 기회, 자원 및 실행의 3개 역량군과 15개의 역량으로 구성된다. 기업가 정신이 강조되고 자원 동원과 아이디어와 기회를 행동으로 전환하는 능력으로 분류되었으며, 특히 사회적·경제적 가치뿐 아니라 개인의 내면적 성장과 실행개념을 포함하는 특징을 가진다. 그리고 구성역량은 상호 연관성을 가지며 제시순서가 계층구조를 의미하지 않기에 모든 상황에 동일한 숙련도를 요구하거나 모든 역량을 적용하지 않아도 되는 유연성을 가진다. 3개 역량군 중 첫째, '아이디어와 기회' 역량군을 살펴보면 주위 환경을 탐구함으로써 기회를 식별하고 포착하는 기회발견 (spotting opportunities)역량, 더 나은 솔루션으로 아이디어와 기회를 발굴하는 창의성 (creativity)역량, 노력과 실행을 이끌어 내는 비전 (vision)역량, 어떠한 가치가 있는지 판단하는 가치 있는 아이디어도출 (valuing ideas)역량, 지속가능한 기업가적 행동의 가치 및 평가와 관련되는 윤리적이고 지속가능한 사고 (ethical and sustainable thinking)역량이 포함된다. 두 번째 '자원' 역량군에는 자신을 믿고 발전시키는 자기인식 및 자기효능 (self–awareness and self–efficacy)역량, 집중하고 포기하지 않는 동기와 인내 (motivation and perseverance)역량, 아이디어를 행동으로 전환하는데 필요한 자원을 수집하고 관리하는 자원동원 (mobilizing resources)역량, 아이디어를 가치창출 활동으로 전환하는데 필요한 재무관점의 금융 및 경제 문해 (financial and economic literacy)역량, 효과적인 의사소통으로 관련 이해관계자를 격려하고 영감을 주며 맨파워 (manpower)를 확보하고 유지하는 것과 관련되는 인적동원 (mobilizing others)역량이 포함된다. 세 번째, '실행' 역량군에는 가치를 창출하고 프로세스를 시작하는 주도권 확보 (taking the initiative)역량, 단기뿐 아니라 중장기 목표를 설정하고 우선순위 및 행동계획을 정의하며 불확실성 등에 대응하는 불확실성, 모호함 및 위험 대처 (coping with uncertainty, ambiguity and risk)역량, 아이디어를 개발하고 실천하기 위해 서로 협력하고 갈등을 해결해 나가는 다른 사람들과의 협력 (working with others)역량, 성공과 실패를 통해 경험자산을 축적해 나가는 경험을 통한 학습 (learning through experience)역량으로 구성된다.

Bacigalupo et al. (2016)의 연구는 EntreComp에서 Lans et al. (2014)의 행동역량 (action competence)과 마찬가지로 경험을 통한 학습 (learning through experience)역량을 중요하게 다루고 있으며, Lackeus(2014)가 기업가정신의 중심이 새로운 가치창출 (value creation)과 내면적 성장을 다루었던 맥락과 유사하게 자신이 아닌 다른 사람을 위해 가치를 창출하는 개념과 자기계발이나 내면적 성장과 관련되는 역량을 중요시한다는 특성을 가진다.

2.1.6 국내 역량관련 선행연구

여러 선행연구를 통해 기업가 역량이란 개인이 기업인으로서 역할을 성공적으로 수행하기 위해서 갖추어야 할 특성이라고 정의할 수 있다(곽동신·정철호, 2017). 국내에서 창업지원사업을 가장 활발히 지원하고 있는 대표적인 기관인 창업진흥원의 k–startup 사이트(2018)에서는 창업역량을 창업자역량, 시장기회, 아이템 분석, 비즈니스모델, 전략 트랙으로 구분하였다. 교육부 외(2019)의 대학창업운영매뉴얼 3.0+에서도 역량을 언급하고 있는데 아이디어 창출 단계부터 창업준비

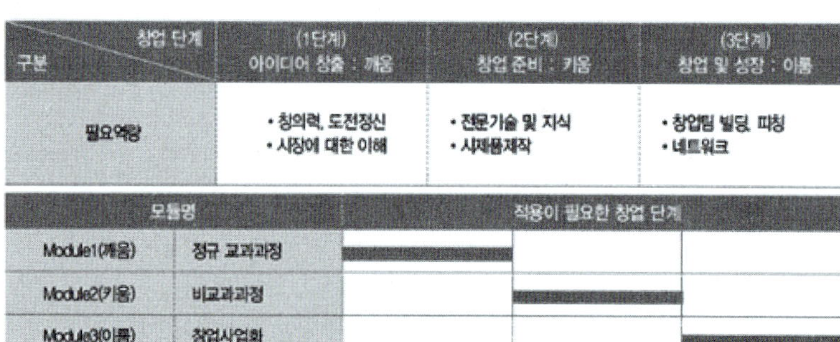

자료: 중소기업청·창업진흥원(2017), 대학 창업지원모델 길잡이(p.3) 내용을 대학창업운영매뉴얼 3.0+에서 인용

〈그림 1〉 대학창업운영매뉴얼 3.0+중 창업단계별 필요역량 배양을 위한 지원모듈 도출(예시) 일부

와 창업 및 성장단계까지 '채움, 키움, 이룸' 각 단계별 필요역량을 제안하고 모듈단계별 적용여부를 구분하고 있으며 나머지 4단계 모듈은 인프라에 관한 것이다. 살펴보면 대학 정규 교과과정에서 다루어야 하는 필요역량이 비교적 제한적으로 제시되고 있다. 또한 필요역량을 단계별로 구분하고는 있으나 교육적용 방안 등이 구체적으로 제시되지 않아 실제 교육설계에 적용하기에 어려움이 있다.

이러한 기업가역량 또는 EntreComp에 대한 국내외 현황을 살펴보면 연구계 및 실무계에서 용어나 정의, 구성, 체계 등에 대하여 명확한 합의가 이루어지지 않은 상황이다.

첫째, 용어의 경우 Entrepreneurial Competence(ies), 창업가역량, EntreComp(기업가정신역량), 창의융합역량, 창의성역량, 기업가적 태도 등이 사용되고 있으며, 국내 연구에서의 관련 역량에 대한 영문표기 또한 다양한 상황이다.

둘째, 하위 구성요인에 대해서도 다양한 주장이 제기되고 있는데 김지현(2017)은 창업가역량을 기업가정신역량, 관리역량, 기술역량, 창의역량을, 김형철 외(2015)는 청년창업가역량을 기업가정신역량, 창의역량, 관리역량, 기술역량으로 구성된다고 보았다. 김춘근(2015)은 창업가역량을 기술적 역량, 전략적 사고역량, 조직적 역량으로 구성되는 것으로 주장한다.

국내에서의 역량 관련분야 연구는 도입단계인 관계로, 해외연구와 같이 요구역량을 실행단계까지 포함하는 전방위적 연구나, 지속가능성이나 가치창출·내면적 성장 등으로 역량 개념을 확장한 사례는 드물다.

2.1.7 소결

역량은 기존의 단순한 기술이나 기능과 비교하여 삶의 관점으로 접근하며 내적 성장이나 기여와 같은 의미를 내포하는 특성을 갖고, EntreComp는 지속적으로 가치창출을 추구하는 새로운 사고나 행동방식을 특징짓는 포괄적인 용어로 정의된다. EntreComp에 대한 정의는 다양한데 1980년대까지는 McCelland(1973)와 Boyatzis(1982)의 주장과 같이 직무나 경영성과와 관련되는 개인의 특성을 뜻하다가 1990년대 이후 Spencer & Spencer(1993)는 직무를 넘어 더욱 넓은 개념으로 접근하기 시작하였으며 2000년도로 넘어오면서 Bacigalupo et al.(2016)의 연구에서와 같이 역량의 필요성을 타인을 위한 가치창출과 전 생애적 경쟁력으로 보는 개념으로 발전시켜 왔다.

역량관련 주요 해외연구를 살펴보면, Burgoyne(1989)은 개인역량과 조직기여 간 관계에서 근본적 문제를 제기하며 조직관점에서의 역량에 대하여 연구하였는데, 역량을 지식의 습득 보다는 행동개념 관점에서 강조하였고 사회에서의 도덕적·윤리적 책임이나 개인 및 조직 가치 간 연계성을 다루었다는 특징을 갖는다. Cooper & Gascón(1992)은 기업설립 과정 및 성과도출 관련요인을 주로 다루었는데, 교육과 폭넓은 경험이 성과를 높이는 주요 기폭제가 된다고 주장하였고

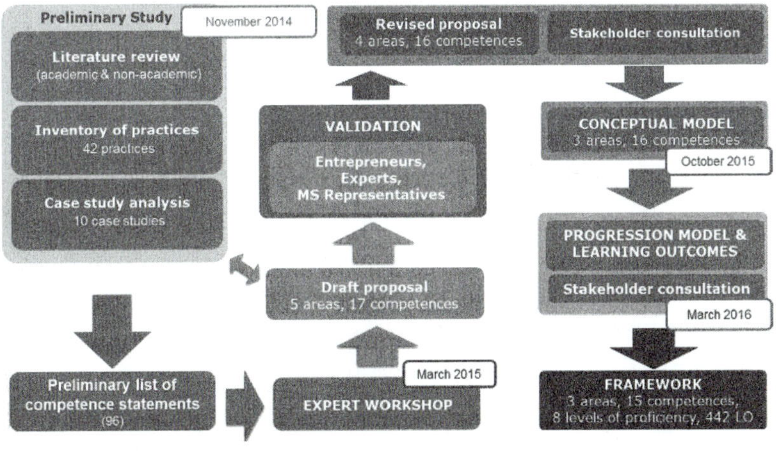

자료: Bacigalupo et al.(2016)

〈그림 2〉 EntreComp 도출관련 주요 연구단계

내적역량이나 심리적 변수의 중요성도 간과하지 않았으며, 타인을 위한 헌신과 같은 행동적 특성에 대한 연구에 더 많은 주의를 기울일 것을 제안하였다. Lackeus(2014)는 행동 기반의 기업가정신 교육에 관심을 가졌고 기업가역량을 지식 (knowledge), 기술 (skills), 태도 (passion)로 구성하였으며, 내면성장이나 경험, 외부 이해관계자를 위한 가치창출을 유도하는 교육 경험을 통해 자기계발 및 성장을 이끌 수 있다고 보았다. 그리고 특히 지속가능한 기업가를 위한 역량에 초점을 두었는데 지속가능한 개발역량의 필요성과 책임 있는 적극적인 행동역량 (action competence)을 제안하였다. Bacigalupo et al. (2016)은 유럽시민과 조직의 기업가역량을 함양시키기 위해 다년간 연구를 통해 EntreComp 프레임을 도출하였다. 이는 경제적·사회적·문화적 가치창출과 관련되며, 개인의 내면적 성장과 타인을 위한 가치창출, 경험을 통한 학습 개념을 포함하는 차별성을 가진다.

국내 연구에서는 기업가역량을 기업인으로서의 역할 관점으로 보거나(곽동신·정철호, 2017), 창업가역량(김지현, 2017; 김춘근, 2015), 청년창업가역량(김형철 외, 2015) 등에 초점을 맞추어 연구되고 있다. 국내 주요 창업지원 사이트인 k-startup (기존 창업넷)이나 교육부 등에서 제공하는 2019년 대학창업운영매뉴얼 3.0+ 등에서도 역량 개념을 포함하고 있지만 대학이 다루어야 할 교육목적이나 방향성, 교육대상인 대학생의 특성이나 시대적 요구, 정책적으로 창업교육을 지원하는 목적 등이 제대로 고려되지 않았거나 구체적인 활용방안이 제시되지 않아 지금까지 대학의 기업가정신 및 창업 교육에 적용하기에는 어려움이 있었다.

국내외 연구 추이를 비교해 보면 해외연구에 비해 역량관련 국내연구는 양적으로도 충분치 않은데다 주로 기업가 관점에서 기본적인 창업스킬(역량)을 중심으로 연구되어 오고 있으며 대학생을 대상으로 하는 역량체계를 제안하는 연구는 특히 희소하다. 또한 해외 연구에서 주로 언급되었던 내면성장이나 자기계발, 가치창출, 윤리적 책임, 실행 개념과 같은 내용은 거의 다루어지지 않고 있다.

본 연구에서 주요 기준으로 삼고자 하는 Bacigalupo et al. (2016)의 연구는 학술 및 문헌에 대한 포괄적인 검토와 심층 사례분석, 다중 이해관계자 간 온라인패널토론 등의 방법을 활용해 개발되었고 100명 이상의 전문가와 상호작용을 통해 확인하는 절차를 거쳤다. 따라서 해외 기업가정신역량관련 연구사례 중 단연 체계적인 데다 시민과 조직의 경쟁력과 성장을 촉진시키기 위해 다년간의 심도 있는 연구로 검증되었다(Tovar et al., 2020). 이러한 역량기반 프레임 워크는 지금까지 기업가 정신 교육 연구에서 주로 관심을 받지 못했기에(Mets et al., 2017) 전방위적 선행연구가 충분치 않은 상황임을 감안하면 주목해 볼 연구라 할 수 있겠다. 이에 EntreComp (Entrepreneurship Competence)를 본 연구에서 역량프레임 도출을 위한 기준으로 활용하고자 한다. 특히 경험이나 행동, 내적 성장, 타인을 위한 가치창출과 같은 요인들을 포함하고 있기에 기업가정신역량의 주요 맥락을 유지하면서도 앞으로 사회를 이끌어 나갈 대학생들을 대상으로 하는 교육에 반영할 만한 가치가 높을 것으로 판단된다.

2.2 기업가정신 및 창업교육

Kourilsky(1995)는 창업교육을 기회를 인식하고 자원을 배분하여 모험적 기업을 설립할 수 있도록 교육하는 것이라 정의하였고, 곽동신 외(2016)는 창업교육 또는 기업가정신 교육 (entrepreneurship education)은 21세기형 새로운 직업교육문화를 만드는 길 중의 하나라 보는 견해와 같이, 창업을 직업선택의 대안(Hills, 1988)이라 보는 인식이 확산되고 있다. 김영수·성상기(2015)는 누구나 최적의 교육을 통해 기업가적 역량을 키움으로써 성공적인 기업가가 될 수 있으며, 나아가 모든 국민이 기업가가 되지 않는 경우라도 기업가적 덕목과 역량을 지니고 주체적으로 자신의 삶을 개척할 수 있어야 한다고 본다. 그러나 국내 대학교육의 경우 '대학 내 기업가정신 교육 및 경험' 과 '평생교육수준 기업가정신 교육 경험'은 국제적으로 중위권이고 기업가정신 생태계지수는 조사된 20개국 중 16위에 그치고 있다(이채원 외, 2017). 또한 기존 교육의 경우 주로 단순한 기능인을 양성하는데 초점을 두었으나, 4차산업 출현 이후 환경 변화와 새로운 패러다임의 출현으로 시대변화에 부응하는 인재를 양성할 것을 요구받고 있다.

기업가정신 관련 정규교과목 구성이나 교육방법론에 대한 국내외 연구도 희소한 편이며(김영수·성상기, 2015), 창업교육은 주로 외국사례를 벤치마킹하거나 경영학 관점으로 교과목이 설계·운영되는 사례도 쉽게 찾아볼 수 있다. 또한 기존 창업교육은 대학생이나 일반인 등과 같이 교육대상에 대하여 명확한 구분 없이 제공되고 있는데다 창업의 기본적인 기능만을 중심으로 운영(송영명·김예슬, 2020)되는 경우가 다수다.

최근에는 기업가정신 및 창업과 관련되는 역량교육에 대한 관심이 높아지고는 있으나 아직 역량교육모델에 대한 명확한 개념적 틀을 찾기는 쉽지 않으며, 실제 대학에서 기업가정신을 교육함에 있어서도 참고할 만한 국내자료가 제한적이라 국내 교육부나 중소벤처기업부, 한국청년기업가정신재단의 몇 가지 자료 외에는 대부분 해외자료를 개별적으로 활용하고 있기에 체계적인 기업가정신교육을 기대하기 어려운 실정이다. 체계 이외에도 교육의 방향성이나 주로 다루는 주제도 해외교육과 비교시 여러모로 격차가 심하다. 빈부격차가 심해지고 공유경제나 공유가치의 필요성이 증가하는 시점에 직면하고 있는 상황을 고려한다면 기업가정신교육에 기업가적 행동을 유발하고 궁극적으로 사회의 가치창출로 이어지는 사회적 목표에 기여하는지 여부가 반영되어야 한다는 Lackeus(2014)의 주장은 주목할 만하며, 여기에 기업활동과 연관성이 높으며 최근 주요이슈로 부상하고 있는 환경보존에 대한 개념도 추구해야 할 가치로써 반영되어야 할 것이다. EU의 경우 유럽시민과 조직의 기업가역량 개발은 회원국 간 주요정책 목표였고 EntreComp 프레임은 모든 이해관계자 간의 합의를 높일 뿐 아니라 교육과 업무의 세계를 연결하고 기업가적 학습을 장려하는 모든 주도성에 참조가 되는 점에 집중한다.

기업가정신 및 창업교육 관련 선행연구를 좀 더 구체적으로 살펴보면, 김홍수(2015)는 국내외 대학 창업학 교과목 분류표와 미국 대학의 교과목 리스트를 비교 분석하여 총 38개의 교과목 리스트를 작성하고 분류하였으며 적합한 교수법도 연구하였다. 개별 창업교과목의 중요도, 필수 및 선택 교과목 선정, 융·복합 알고리즘 교과과정, 교수법 등을 제안하였다. 김영수·성상기(2015)의 경우 기업가정신 관련 학제적 연구 특성에 착안하여 HAKS모형을 기반으로 기업가정신의 지식 및 이론들을 체계화함으로써, 정규 대학(원)의 커리큘럼부터 초·중·고 교과과정 및 비정규 성인과정까지 종합학문으로서 기업가정신 교과내용의 일관성과 위계구조를 확보하려 하였다. 그 외에도 여러 연구가 수행되어 왔으나 국내 창업교육 역사가 길지 않은 등의 여러 이유로 다수 연구가 해외 현황을 연구의 주요내용으로 다루고 있어 국내 창업지원 생태계의 특성을 심도 있게 반영하기 어렵다.

연구현황에 이어 교육체계도 조사하였다. 국내 주요 창업선도대학에서의 2018년도 창업교육을 살펴본 결과 기업가정신 및 창업 교육체계는 주로 3~4단계로 구분하고 있으며 기업가정신부터 창업단계까지 필요한 교육을 제공하고 있으나 진로관점에서 내면적 성장을 포함한 동기부여나 사회적 가치창출, 시장성 있는 아이템을 도출한다거나 창업 이후 성과도출 및 제고를 위한 내용은 기본적인 Ideation이나 Management 교육주제에 비해 충분히 다루어지지 않고 있다. 또한 단순히 교육방법에 따른 구분만으로 창업교육을 운영하는 사례도 찾아볼 수 있었으며, 특히 기업가(정신)역량체계를 갖춘 사례는 찾아보기 어려웠다.

기업가정신 및 창업교육에 대한 연구현황이나 교육체계에 이어 국내 창업교육의 정량적인 현황을 살펴본 결과, 2018년도에 4년제 대학에서는 7,761개로 전국대학에서 총 13,905개의 창업교과목이 개설되고 있었으나 그 중 실습위주 강좌가 차지하는 비중은 30%에도 미치지 못하는 것으로 확인되었다(이성호 외, 2020). 이와 같이 국내 대학 창업교육이 양적으로 성장하고 있음에는 큰 이견이 없으나 대학생들의 창업실패 사례가 잇따르고, 창업역량 부족이 실패의 원인(이지안·안영식, 2018)이 되는 등 대학 창업교육이 질적 성장까지 도달하고 있다고 단언하기 어렵다.

기업가적 역량이 의도와 함께 창업성공을 견인하는 중요 요인이며 특히 창업교육에서의 역할이 중요하므로(박대한·성창수, 2019) 앞으로 역량 관점에서의 기업가정신 및 창업 교육 체계에 대한 논의가 집중적으로 이루어져야 할 것이다.

〈표 5〉 주요대학의 창업교육체계 현황

구분	기업가정신함양 및 창업준비 단계		창업 및 성장 단계	
	기초(입문, 기본)	심화	실전(심화)	성장지원
A대	○	○		
B대	○	○		
C대	○		○	
D대	○	○	○	
E대	○	○	○	
F대	○	○	○	
G대	○	○	○	
H대	○	○	○	○
I대	핵심교양, 전공별 융합, 심화, 현장형·실습·인턴십과정			
J대	이론형, 혼합형, 실전형			
전반	국내대학의 창업교육은 대부분 기본적인 창업스킬 중심의 3~5단계 체계로 운영 중인 반면, EntreComp(기업가정신역량) 기반 교육체계는 없음.			

2.3 창업 교육 및 지원성과

국내 대학에서의 창업교육에 대한 평가는 주로 대학알리미(2020) 내 정보공시를 기준으로 이루어지고 있다. 창업교과목으로 분류되기 위해서는 기업가정신이나 벤처 등의 정해진 문구가 포함되어야 하며 교육평가 세부항목으로는 창업강좌수 및 수강생수가 포함된다. 즉 기업가정신 및 창업교육의 질적인 부분은 평가에 반영할 수 없는 구조이다. 창업교육과 더불어 대학의 주요 창업지원성과 평가항목으로는 창업자수, 고용, 매출이 해당된다. 주요 언론사에서 실시하는 창업분야 평가에서는 주로 창업자수만 반영되어 오다 최근에서야 일부 언론사에서 매출 및 고용성과까지 반영하기 시작하였다.

이러한 평가 구조로 인하여 대학평가에 민감하게 대응해야 할 대학에서는 해당 항목을 우선적으로 지원하지 않을 수 없을 것이다. 당장 창업교과목 수와 수강생수, 그리고 창업자수를 관리해야 하는 상황에 역량기반 기업가정신 및 창업교육체계를 수립하고 시행한다는 것은 쉽지 않은 일이 되고 있으며, 앞으로 특별히 정책적·실무적 개선노력을 기울이지 않는 한 역량기반 기업가정신 및 창업교육이나 청년들의 기업가정신 수준은 해외사례와 비교해 더욱 큰 격차를 보일 것으로 우려된다.

역량강화를 위한 체계적이고 검증된 교육체계나 정량적 성과도출을 위한 교육지침이 없는 한 창업 교육·지원이 대학별 창업중점 (전담)교수나 창업교육센터 담당자 등의 개인적 역량에 의존하고 있는 게 현실이고 대학 개별적으로 교육체계를 정비하고 고도화시키기가 쉽지 않으므로 대학 뿐 아니라 정책적 개선의지와 실행이 반드시 뒷받침되어야 한다.

그나마 창업교육거점대학을 선정하여 주관대학들이 인근 타대학들을 대상으로 교육컨설팅을 지원하고 있는데 컨설턴트의 전문성에 대한 신뢰체계를 갖춤으로써 주변 대학의 능동적인 컨설팅 수요를 이끌고 긍정적인 성과를 거둘 수 있을 것으로 본다. 매년 기업가정신교육에 대한 연구도 이루어지고 있는데 다양한 전공의 연구진들 참여를 장려하고 연구진들의 학문적 역량뿐 아니라 실무적 전문성도 확보될 수 있어야 한다.

대학 창업교육과 창업지원 성과 간 인과관계를 실증하는 연구는 주로 기업가정신, 교육만족, 자기 (창업)효능감이나 창업의도 (의지) 등으로 다소 제한적인 상황이며, 대학생들을 대상으로 하는 EntreComp 체계나 실질적 창업교육과 지원성과 간 인과관계를 밝히는 연구는 아직 활발히 연구되지 않고 있는 상황이다.

Ⅲ. 연구 방법

3.1 EntreComp(기업가정신역량)도출 절차

본 연구는 대학에서의 기업가정신 및 창업교육 고도화를 위해 역량 관점의 대학 창업교육체계를 구축하는데 필요한 EntreComp 프레임을 제안하기 위한 것이다.

EntreComp도출을 위한 방향성 수립을 위해 창업교육 목적에 이어 창업교육에서의 기업가정신에 대하여 개념정리를 할 필요가 있다. 이에 본 연구에서는 Drucker의 기업가정신 정의에 기반하여 기업가정신을 '기업뿐 아니라 한 사회의 모든 구성원이 본질적으로 갖추어야 할 자기혁신의 바탕이자 주도적으로 자신의 열정과 재능을 발휘함으로써 변화를 모색하려는 실행의지'로 정의한다.

기업가정신역량에 대하여서는 대학교육에 적용할 기업가정신역량체계를 마련하기 위하여 25개의 국내외 선행연구를 고찰하였고, 그중 다년간 폭넓은 연구를 통해 정제된 Bacigalupo et al.(2016)의 15개 EntreComp (Entrepreneurship Competence)와 기술창업 장려를 위하여 기술역량요인을 포함해 총 16개 역량을 기준으로 선행연구를 비교 분석하였다. 그리고 본 연구에서의 교육목적을 충족시킬 수 있도록 교육적 가치와 창업활동지원 관점에서의 중요도를 반영하고자 하였으며 연구결과는 창업학을 전공하고 창업교육 및 창업 경력을 보유하여 대학 창업교육의 체계나 현황에 대한 이해도가 높은 다수 전문가의 검증을 거쳤다.

대학생에게 적절한 EntreComp 프레임을 도출하기 위하여 전문가패널을 구성하였고 창업분야 전문가집단 심층면접 (FGI: focus group interview) 및 델파이 (delphi)기법을 활용하여 대학생에게 적용 가능한 8개로 구성된 EntreComp 프레임을 개발하였다. 델파이기법은 전문가 집단의 의견을 추출·수렴하여 집단적 합의점을 도출해 내는 기법으로 다양한 연구분야에서 개발이나 식별, 예측, 또는 검증을 위해 사용되는 방법으로, 전문가 수는 4명에서 171명까지 다양할 수 있으며 상황과 연구질문에 맞게 방법을 수정할 수 있다(Skulmoski et al., 2007). 선행연구가 부족한 상황에서 다수 전문가의 의견을 통해 평가준거를 도출해 내는 것이 효율적이고 타당(엄지·이건남, 2014)하다는 판단으로 이 기법을 활용하게 되었다.

〈표 6〉 전문가 패널구성 현황

구분		창업학 전공	창업교육경력	창업 경력
학계	A○○교수	○	○	-
	B○○교수	-	○	-
	C○○교수	-	○	-
	D○○교수	-	○	-
학계 및 실무계	E○○교수·대표	○	○	○
	F○○교수·대표	○(창업학,디자인)	○	○
	G○○교수·대표	○	○	○
실무계	H○○대표	○	○	○
	I○○대표	○	○	○
	J○○센터장	○	○	○

EntreComp 도출과정은 2단계로 구분할 수 있다. 1단계로 기업가정신 및 창업교육과 역량에 대한 선행연구를 고찰하고 현황을 조사하였으며 관련자격을 갖춘 전문가 5인 간 토론과정을 거쳤다. 국내 창업선도대학의 창업교육현황을 파악하였으며, 대학생을 대상으로 하는 창업교육에 적절한 역량으로 Bacigalupo et al.(2016)의 EntreComp (entrepreneurship competence)가 가장 적절한 것으로 의견을 수렴하였다. EU의 EntreComp는 15개 역량으로 구성되어 있으며 국민의 전생애에 걸친 교육을 목표로 하기 때문에 대학생 대상 역량프레임으로 활용하기 위해 적절히 보완절차가 필요하였다. 이에 2단계로 기업가정신 및 창업교육의 목표를 정의하였고 이와 부합하는 EntreComp 프레임을 도출하고자 하였다.

3.2 EntreComp (기업가정신역량)관점 교육분류 절차

도출된 EntreComp프레임을 기준으로 국내 대학의 창업교육 현황을 분석하고자 2018년도 창업선도대학으로 선정된 42개 대학의 학부대상 창업교과목 919개를 연구 데이터로 활용하였다. 각 창업교과목의 커리큘럼 내용을 분석하여 대학별 창업교육에서의 EntreComp 반영 비율을 도출하였다. 이 과정에서는 1단계로 창업학 전공 및 창업경험이 있으며 창업교육 경험이 있어 해당 연구분야에 조예가 깊은 창업전문가 다수가 각자 개별적으로 8개 역량과 919개 교육간 매칭절차를 중복검토 하였으며, 2단계로 서로 다르게 매칭된 부분에 대한 상호 검토를 통해 보완하여 최종 매칭작업을 완료하였다.

Ⅳ. 연구결과

4.1 EntreComp (기업가정신역량) 설정

본 연구에서의 EntreComp체계는 사회문제를 해결하고 산업에서의 요구역량을 함양하며 주도적으로 자기계발 및 타인을 위한 가치를 창출하기 위해 실행하는 기업가적 인재육성이라는 교육목적을 기반으로 한다. 대학생 대상의 EntreComp는 이러한 교육목적과 기업가정신의 정의와도 같은 맥락으로 구성하고, 교육 및 창업관점에서의 주요 요인도 반영하고자 하였다.

이에 Bacigalupo et al. (2016)이 연구하고 EU가 공표한 15개의 EntreComp에 대학에서의 기술창업 육성 필요성 및 기술로 융합되는 4차산업의 특성을 감안하여 기술활용역량을 추가해 총 16개의 역량을 기준으로 EntreComp 관련 선행연구를 고찰하였다.

EntreComp와 관련되는 국내외 25개의 선행연구를 고찰한 결과 EntreComp별 연구빈도는 <표 7>과 같다.

spotting opportunities 및 planning & management가 빈번히 연구되고 있는 반면 vision과 taking the initiative 등은 비교적 낮은 연구빈도를 보였다. 전반적으로는 자원을 구성하는 역량에 대한 연구빈도가 낮고 기회를 창출하고 전략수립이나 네트워크 관련분야가 비교적 빈번하게 연구되고 있었다. 구체적으로 역량별 연구빈도 순으로는 spotting opportunities (20) > planning & management (19) > working with others (18) > self-awareness & self-efficacy (14) > creativity (12)와 motivation & perseverance (12) > value creation (9)와 ethical & sustainable thinking (9) > financial & economic literacy (8) > coping with ambiguity, uncertainty & risk (8)와 learning through experience (8) > mobilising resources (7)와 digital technology (7) > taking the initiative (6) > vision (3) > mobilising others (2) 인 것으로 확인되었다. 해외연구 대비 국내연구 빈도를 살펴보면 vision, ethical & sustainable thinking, mobilising others, taking the initiative, coping with ambiguity, uncertainty & risk, learning throuth experience를 다루는 연구가 미흡한 것으로 조사되었다. 그나마 자원조달 부분에 대한 연구가 최근 관심을 받기 시작하였으나 여전히 전반적 관점에서의 역량 연구는 제대로 이루어지지 않아 개선이 필요하다.

이러한 선행연구 현황에 더하여 대학생의 기업가정신 및 역량을 함양시킬 수 있도록 대학생을 대상으로 하는 창업교육 관점에서의 중요도나 창업교육을 통한 사회기여 가능한 방향, 향후 역량 진단이나 평가 적용가능성, 그리고 역량프레임 맥락이나 의미상 역량 간 상호 연관성, 그리고 수렴가능성 등을 감안하여 EntreComp 프레임을 도출하였으며 그 결과는 <표 8>과 같다.

〈표 7〉 EntreComp(기업가정신역량)관련 연구현황

Bacigalupo et al.(2016)	Entrepreneurship Competencies	Ideas & Opportunities					Resources						Into action				
		spotting opportunities	creativity	vision	valuing ideas	ethical & sustainable thinking	self–awareness & self–efficacy	motivation & persever-ance	mobilising resources	financial & economic literacy	mobilising others	〈추가〉 digital technology	taking the initiative	planning & management	coping with ambiguity, uncertainty & risk	working with others	learning through experience
Burgoyne (1989)	managerial competence	○	○	○	○	○	○	○	○	○			○	○	○	○	○
Cooper & Gimeno (1992)	entrepreneurial performance	○						○		○				○	○	○	○
Morris et al. (2013)	entrepreneurial competencies	○	○		○		○	○	○					○	○	○	
Lackeus (2014)	entrepreneurial competencies					○	○	○						○	○	○	
Lans et, al.(2014)	competencies for sustainable entrepreneurship	○				○								○		○	○
Kissi et al.(2015)	entrepreneurial competencies	○	○			○	○	○		○			○	○	○	○	
Orhei et al.(2015)	social entrepreneurship competence	○	○		○	○	○	○					○	○		○	○
Mets et al.(2017)	entrepreneurial competences	○	○			○	○	○		○		○	○	○	○	○	
Ploum et al.(2018)	competence for sustainable entrepreneurship						○	○									○
Strauti et al.(2018)	entrepreneurial competences	○	○	○	○	○	○	○	○	○	○		○	○	○	○	○

Bacigalupo et al.(2016)	Entrepreneurship Competencies	Ideas & Opportunities					Resources						Into action				
		spotting opportunities	creativity	vision	valuing ideas	ethical & sustainable thinking	self–awareness & self–efficacy	motivation & persever-ance	mobilising resources	financial & economic literacy	mobilising others	〈추가〉 digital technology	taking the initiative	planning & management	coping with ambiguity, uncertainty & risk	working with others	learning through experience
Bauman & Lu-cyl(2019)	entrepreneurial competencies	○					○		○								○
Daliman et al.(2019)	entrepreneurship competence		○				○	○						○		○	
Tovar et al.(2020)	entrepreneurship competence	○	○	○	○	○	○	○	○	○	○		○	○	○	○	○
Hu & Yuan(2020)	entrepreneurship competency	○			○	○										○	
김문성(2013)	창업자 역량	○															
김춘근(2015)	창업가역량	○										○		○		○	
김형철 외(2015)	청년창업가역량	○	○				○					○		○			
이상화· 하규수 (2015)	창업역량	○												○		○	
이용희(2016)	창업자 핵심역량	○	○									○		○			
김정연(2017)	창의융합역량	○			○		○									○	
김지현(2017)	창업가역량	○	○		○		○	○	○			○		○			
안태욱 외 (2017)	창의성역량	○	○											○		○	
채연희(2017)	기업가적 역량									○		○		○		○	
이혜영·김진수 (2018)	창업초기 창업역량	○			○				○	○		○		○		○	
연구빈도		20	12	3	9	9	14	12	7	8	2	7	6	19	8	18	8

〈표 8〉 EntreComp(기업가정신역량) 프레임 도출과정

Bacigalupo et al.(2016)의 EntreComp 및 기술역량		본 연구에서의 EntreComp(기업가정신역량) 프레임	
Ideas & Opportunities	spotting opportunities	채택 1	spotting opportunities
	creativity	(spotting opportunities나 value creation에 포함가능)	
	vision	(self improvement, mobilising others에 포함가능)	
	(기존) valuing ideas	채택 2	(최종) value creation
	ethical & sustainable thinking	(value creation에 포함가능)	
Resources	(기존) self-awareness & self-efficacy	채택 3	(최종) self improvement
	motivation & perseverance	(self improvement에 포함가능)	
	mobilising resources	채택 4	mobilising resources
	financial & economic literacy	(mobilising resources, strategic management에 포함가능)	
	mobilising others	(mobilising resources, strategic management에 포함가능)	
	〈추가〉 (기존) digital technology	채택 5	(최종) technology application
Into action	taking the initiative	(self Improvement에 포함가능)	
	(기존) planning & management	채택 6	(최종)strategic management
	coping with ambiguity, uncertainth & risk	(self improvement에 포함가능)	
	(기존) working with others	채택 7	(최종) relationship
	learning through experience	채택 8	learning through experience

대학 창업교육 및 창업실무 관점에서 주요 EntreComp를 살펴보면 Value Creation의 경우 Bacigalupo et al.(2016)의 valuing ideas와 비교하여 가치개념을 아이디어 분야에 제한하기보다는 타인을 위한 가치창출이나 상생하려는 활동들이 기업의 지속적 성장을 견인하는 핵심적 요인으로 작용하기에(변지유 외, 2018) 중요하게 다루어져야 할 역량이다. 따라서 아이디어창출에 더하여 기업가정신을 함양하고 창업준비 및 실제 창업활동상 공유가치를 창출하는 전방위적 역량과 실행을 포함하는 개념으로 접근하고자 한다. vision은 타인을 이끌기 위한 것에 앞서 자신의 진로준비활동에서의 개인적 vision부터 수립할 수 있어야 한다고 본다. ethical & sustainable thinking도 사회에서 요구하는 기준을 준수하고 지속적 사고를 가지는 것으로 value creation 개념과 일부 유사한 맥락으로 분류 가능하다. motivation & perseverance이나 taking the initiative, 그리고 coping with ambiguity, uncertainth & risk도 대학생 시기에 내적인 자기계발과 관련되는 역량의 일부분이 될 수 있으며, financial & economic literacy나 mobilising others도 자원이라는 개념으로 수렴할 수 있겠다. 특히 self improvement는 사회진출을 앞둔 대학생의 시기적 특성을 감안해 누락시키지 않아야겠으며, 창업이후 자원조달이 가장 어려운 이슈 중 하나로 부각되고 있기에 mobilising resources도 역량프레임에 포함시키는 것이 바람직하겠다. 기술융합사회로의 변화와 지성인을 양성하는 대학에서는 생계형 창업보다 기술창업에 중점을 두어야 하기 때문에 technology application 역량의 중요성도 간과할 수 없다. EU에서도 기술역량을 EntreComp에서 제외한 것이 아니라 별도의 핵심역량으로 중요하게 다루고 있다. 또한 학습에 있어 다양한 경험자산이 중요한 데다 실행함으로써 기업가정신의 교육적 효과가 배가된다고 판단되기 때문에 learning through experience를 채택하게 되었다. 그 외 기회를 발견하고 전략적 관리를 하며 사회와의 상호관계를 중요시하는 하는 spotting opportunities, strategic management는 빈번히 연구되고 교육에 접목되어 왔으며 EntreComp의 기본적인 요인이라 할 수 있겠고, 가치있는 '아이디어'의 범위적 한계를 넘을 수 있도록 value creation으로 수정하고, relationship은 interpersonal 보다 더 광범위한 개념으로 사회 다양한 대상이나 상황에서의 상호작용 중요성을 내포하는 역량으로 설정하였다.

역량도출 과정에서의 주요 변경사항은 자기신념을 가지고 자아를 성장시키는 역량으로 motivation and perseverance

를 동기와 인내를 넘어 진로개발 관점에서의 자기계발의 의미를 포함하는 self improvement로 변경, 디지털 기술시대에 필요한 기술적 역량은 digital technology에서 기술을 개발하는 범위를 넘어 응용·활용의 의미도 포함시킬 수 있는 technology application으로 수정하였으며, 사업화를 위해 전략적으로 목표를 수립하고 관리하는 역량은 strategy & business plan에서 계획이 전략의 일부로 받아들여 질 수 있기에 문구를 축약하고 사업계획을 넘어 사업화 전반과정을 전략적으로 관리할 필요성이 있음을 감안하여 strategic management로, 마지막으로 협업이나 네트워·관계를 관리하며 커뮤니케이션 스킬을 통해 다른 구성원과의 시너지를 창출하는 역량은 interpersonal에서 대인관계의 범위를 넘어 정보사회의 전반 특성을 반영시키고자 relationship으로 역량명칭을 수정하는 절차를 거쳤다. 그 결과 최종 EntreComp 프레임은 기존 16개 역량에서 8개 역량으로 수렴하였고 추출된 최종 8개 역량은 문제발견 및 기회포착역량 (spotting opportunities), 경제적·사회적·환경적 가치창출역량 (value creation), 대학생의 특성을 반영하여 내면적 자아성장과 자아실현 개념을 포함하는 자기계발역량 (self improvement), 인적·물적 자원을 조달하는 자원동원역량 (mobilising resources), 기술을 알고 활용할 수 있는 기술활용역량 (technology application), 전략적으로 목표를 수립하고 관리하는 전략적관리역량 (strategic management), 사회와의 상호작용을 통해 시너지를 창출하는 관계구축역량 (relationship), 다양한 경험을 통해 배움을 체화하는 역량인 경험을 통한 학습역량 (learning through experience)이다.

〈표 9〉 EntreComp (기업가정신역량)의 조작적 정의

변수		조작적 정의	참고자료
Entrepreneship Competence		기업가적 실행을 통해 자아를 실현하고 사회에 기여하는 실행력으로, 사회구성원 모두의 본질적인 전 생애 경쟁력이자 존재가치를 추구하는 것	White(1959), McClelland(1973), Corbin(1993), Bacigalupo et al.(2016)
Ideas & opportunities	spotting opportunities	문제를 해결하고 기회를 발굴하는 역량	Morris et al.(2013), Bacigalupo et al.(2016)
	value creation	경제적·사회적·환경적 가치를 추구하고 창출하는 역량	Morris et al.(2013), Lackeus(2014), Bacigalupo et al.(2016)
Reso urces	self improvement	자기신념을 가지고 내적인 성장 및 자아를 실현하는 역량	Morris et al.(2013), Bacigalupo et al.(2016)
	mobilising resources	인적·물적 자원을 동원하는 역량	Morris et al.(2013), Bacigalupo et al.(2016), 이혜영·김진수(2018)
	technology application	기술을 알고 활용할 수 있는 역량	김지현(2017), Tovar et al.(2020)
Into action	strategic management	전략적으로 목표를 수립하고 관리하는 역량	Lackeus(2014), Bacigalupo et al.(2016)
	relationship	사회와의 상호작용을 통해 시너지를 창출하는 역량	Morris et al.(2013), Bacigalupo et al.(2016)
	learnig through experience	다양한 경험을 통해 배움을 체화하는 실행역량	Lans et al.(2014), Bacigalupo et al.(2016)

앞에서 언급한 본 연구에서의 기업가정신 정의와 교육목적을 내포하여 EntreComp는 기업가적 실행을 통해 자아를 실현하고 사회에 기여하는 실행력으로 사회구성원 모두의 본질적인 전 생애 경쟁력이자 존재가치를 추구하는 것이라 보았

고 앞의 <표 9>와 같이 역량별로 조작적 정의를 내렸다.

4.2 EntreComp (기업가정신역량)관점 교육 현황

2018년도 4년제 창업선도대학 42개의 학부 창업교과목 919개를 본 연구에서 도출된 8개의 EntreComp를 기준으로 분류하는 절차를 거쳤다. 1단계 분류시에는 광범위한 교육그룹을 기회인식 및 포착, 문제해결 및 분석, 융복합응용, 트렌드 미래전망, 디자인씽킹, 인문학적 소양, 니즈가치창출, 마인드셋, 비전 및 동기부여·인내, 열정 및 도전정신, 진로개발, 창업기본스킬, 경제 및 재무, 자원활용, 기술·기술사업화, 기획계획, 전략수립, 전략적경영·비즈니스스킬, 성공전략, 협업, 네트워크·관계, 커뮤니케이션, 현장학습, 캡스톤디자인 등으로 분류 하였고 2단계에서는 교육별로 8개 역량내용의 포함여부를 확인하였다. 919개 교과목별 커리큘럼 내용에 포함되는 역량을 일일이 구분하였다. 이러한 절차는 전문가별 각자 중복검토를 거친 후 상호 매칭결과가 다른 부분은 추가 검증을 통해 역량과 교육간 매칭을 완료하였다.

<표 10> 역량별 주요 창업교과목명 분류 과정현황

역량	교육군	확인된 주요 교과목명 및 주요 주제
spotting opportunities	기회인식·포착, 문제해결·분석, 융·복합·응용, 트렌드· 미래전망	기회 인식 및 포착, 아이템선정을 위한 창조적사고, 창의력사고, 브레인스토밍, 아이디에이션, 아이디어발상기법, 아이디어발굴, 혁신적 문제해결, TRIZ, 아이디어검증, 사례분석, 시장성분석, 융복합, 초연결, 통합, 응용, 개방, 트렌드, 환경흐름, 기술변화, 기술동향, 미래사회전망, 선견지명
value creation	디자인씽킹, 인문학적 소양, 니즈·가치창출, CSR,·CSV	기업가정신, 디자인씽킹(경영), 고객지향적, 고객인터뷰, 고객분석(고객지향적 마케팅활동), 시장조사, 인문학적 소양, 인문학적 사고, 공감, 니즈 & 가치창출, 가치탐구(일반 '기업/기술가치평가와 달리 '소비자가치, 사회가치'와 같은 타인가치를 뜻함), 사회기여, 공유, CSR, CSV, 지속가능(지속적성장), 사회적기업, 소셜벤처
self improvement	마인드셋, 비전, 동기부여, 인내, 열정, 도전정신, 진로개발	자아인식, 자아분석, 자기개발, 마인드셋, 긍정마인드, 자존감, 자기효능감, 자기경영, 비전·동기부여, 미션, 열정, 도전정신, 진로탐색, 진로설계, 진로결정, 경력개발, 경력대안설계, 미래인재상
mobilising resources	창업기본스킬, 경제, 재무, 인사·조직관리, 외부자원활용	창업자자질, 비즈니스마인드, 창업기본스킬, 리더유형, 비즈니스 매너, 경제, 재무, 인적자원 관리, 인사관리, 인재발굴 관련 설득
technology application	기술성, 기술사업화, 신기술 습득, 신기술 활용	기술, 기술내용 일부도입 일반적 이론교육, 기술지향적, 기술사업화, 기술전공 사업화, 신기술 습득, IoT, 3D프린팅, 로봇, 빅데이터 등
strategic management	기획, 계획, 전략수립, 전략적 경영 (비즈니스스킬), 성장전략	사업계획서작성, 목표수립&달성관리, 자원획득&관리,수익, 투자유치, 제품개발·운영, 지재권, 법적절차(인력, 자금, 지재권, 법률, 인증, 위기관리 등), 수익, 브랜드자산, 경영/필요지식, 창업 프로세스, 환경분석, 정책, 창업목적, BM개발, 사업준비, 회사설립, 회사설립계획, 기업설립절차, 사업자등록증기획, 디자인, 마케팅, (브랜드)네이밍, 생산/제조, 품질관리, 프린팅, 유통, 벤처확인, 전자상거래, 기술가치평가,글로벌,사업화능력,실무능력,벤치마킹, 실패·성공요인, 전략(수립),계획수립, 신제품기획, 글로벌화(무역, 수출입절차, 해외거래처 선정, 무역계약, 수출입마케팅), 브랜드전략, 판매전략, 프로토타이핑, 차별화, 아웃소싱, 기술전략, 서비스, 제품/품질/서비스관리, , 프로젝트관리, 리스크관리, 사업확장, 다각화, 성장관리, 수직적·수평적통합, 출구전략
relationship	협업, 네트워크 및 관계, 커뮤니케이션	협업, 파트너십, 네트워크 구축·활용, SNS, 인터넷보안·윤리, 관계, 고객대응, 정보검색활용, 신뢰, 갈등관리, 협상, 소통, 커뮤니케이션, 프리젠테이션기법, 작성노하우, 발표스킬업, one page proposal 작성, 이메일커뮤니케이션, 발표멘토링
learning through experience	현장학습, 캡스톤디자인, 경험학습	시제품제작, 프로토타이핑, 현장학습, 현장실습, 캡스톤디자인

역량별 교육현황을 조사한 결과 <그림 3>과 같이 기회발견 및 전략적관리 역량분야에 교육이 집중되는 반면 자기계발이나 자원조달, 기술활용역량과 관련되는 교육은 비교적 부족한 상황이다. 기회발견 및 전략적관리 분야로 교육이 집중되고 있는 것은 역량별 연구빈도 현황과도 유사한 양상을 보인다.

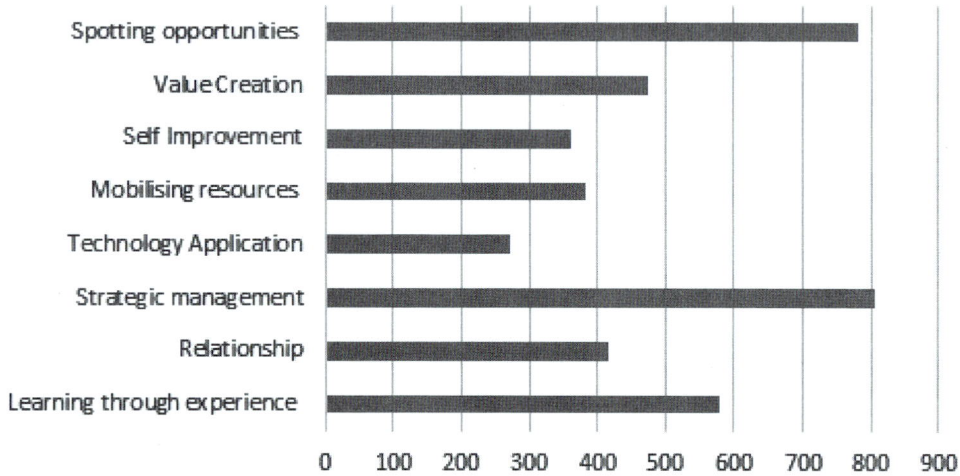

자료: 이철기 외(2019), 연구자 정리

<그림 3> EntreComp(기업가정신역량)별 교육현황

기회발견 분야에서는 design thinking도 적절히 다루어지고 있은 반면, TRIZ와 같이 기존에 존재하던 문제해결기법을 활용한다거나 지금까지 주로 경영관점에서 창업교육이 이루어진 결과가 드러난 것으로 해석할 수 있겠다. 기존 창업교과목을 EntreComp별 현황을 검토한 결과, 역량별 교육분포 간 편중이 심하여 개선이 필요함을 확인할 수 있다.

4.3 추가분석

EntreComp 8개와 대학별 창업교육을 매칭하여 EntreComp교육 현황을 도출하였으며 42개 창업선도대학별 EntreComp교육 평균치/재학생 수치를 전반적으로 상중하로 나누어 EntreComp교육 수준별 및 지원성과 항목별 현황을 살펴보았다. EntreComp교육 평균치는 919개 각 교과목이 8개 역량 내용을 포함하는 여부를 수치로 구분하고 대학별 전체 교과목의 역량교육 포함 현황의 평균치를 활용하였다. 그 결과 <그림 4>와 같이 EntreComp 교육수치가 중간인 대학집단의 창업자수 및 매출 성과가 가장 높았고, EntreComp교육 상위 대학집단이 그 다음으로 창업자수와 매출성과가 높았다. EntreComp교육 하집단의 경우는 창업자수나 매출성과가 가장 낮은 것으로 파악되었다. 반면 고용성과의 경우 EntreComp교육 상집단의 성과가 가장 높았으며 그 다음으로 하집단이 고용성과 2순위이고 창업자수 및 매출이 가장 높았던 EntreComp교육 중집단의 고용성과는 가장 낮은 것으로 조사되었다.

전반적으로 EntreComp 교육수준이 높을수록 창업지원성과에 긍정적인 영향을 미친다고 볼 수 있다.

<그림 5>는 각 성과의 상중하 집단별 EntreComp 교육현황을 나타낸 그래프이다.

파란색이 각 성과의 상위집단인데 역량별 교육분포가 비교적 고르며, 좌측에 위치한 relationship이나 learning through experience역량이 비교적 높은 편으로 확인된다. 반면 성과가 낮은 집단의 경우 Value Creation이나 Mobilising Resources 교육빈도가 높은 편인 반면 Relationship 분야 교육이 비교적 낮은 특성을 보인다.

다음으로 EntreComp와 교육을 매칭한 리스트 및 대학정보공시 자료를 활용해 EntreComp교육 현황과 지원성과 간 관계를 살펴보고자 하였다. 우선 EntreComp교육 상중하 집단별 창업자수, 고용인원수, 매출성과 간 관계를 살펴보기에 앞서 2019년도에 공시된 2018년도 대학 정보공시상 성과수치를 대학별 당해년도 재학생수로 나누어 비교결과의 타당성을 높이고자 하였다. 창업선도대학의 제한적인 표본수로 통계적으로 유의한 차이는 밝히기 어려우나 EntreComp 교육 수치와 창업지원성과 간에 어느 정도 연관성이 있음을 살펴볼 수 있었다.

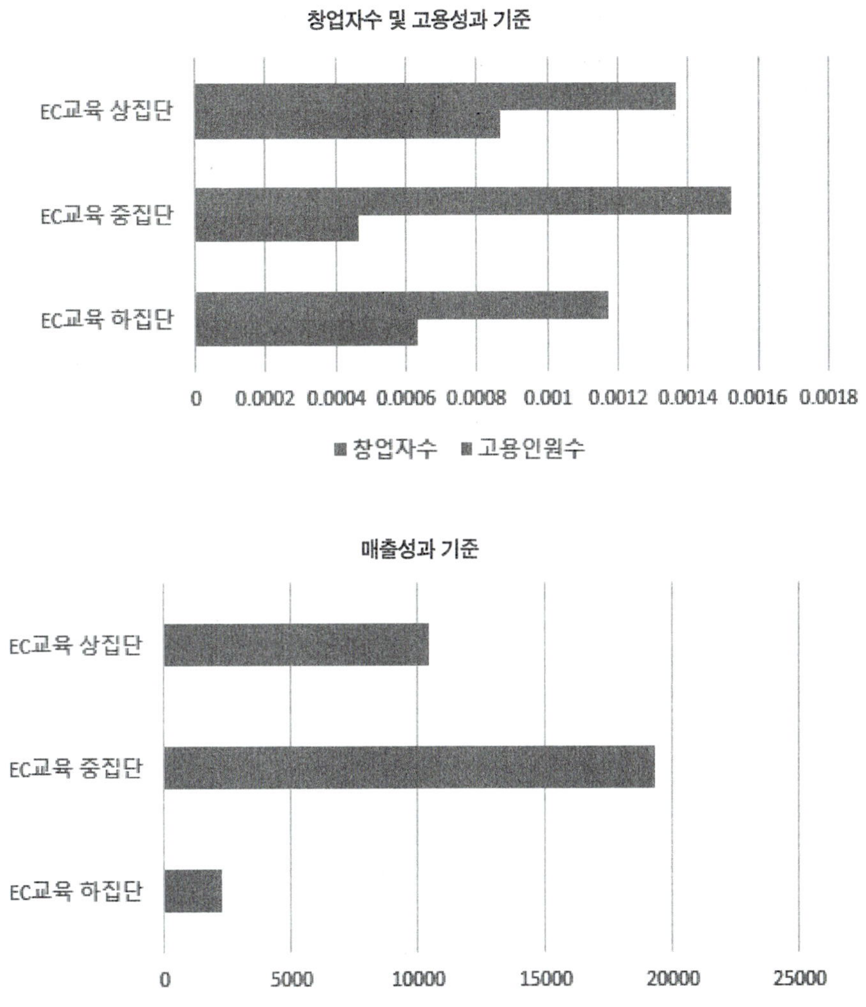

자료: 연구자 정리

〈그림 4〉 EntreComp교육 상중하 집단별 창업자수, 고용, 매출 성과

자료: 연구자 정리

〈그림 5〉 각 성과의 상중하 집단별 EntreComp교육 현황

V. 결론 및 제언

본 연구의 주요 결과는 다음과 같다.

첫째, 대학생 대상 기업가정신 및 창업교육에 반영할 EntreComp 프레임을 도출하였다. Bacigalupo et al.(2016)의 연구가 기반이 되었으며, 이 연구를 지지한 Tover et al.(2020)과 Strautia et al.(2018) 등의 연구와도 맥락을 같이 하여 도출된 역량은 spotting opportunities, value creation, self improvement, mobilising resources, technology application, strategic management, relationship, learnig through experience 이다. 본 연구에서는 대학생이 갖추어야 할 기업가정신 역량프레임 구축을 목적으로 Bacigalupo et al.(2016) 연구에서의 15개 역량을 7개로 수렴하였으며, 기술창업을 육성해야 하는 대학의 특성과 기술융합 시대임을 감안해 기술활용역량을 추가하였다. EU에서도 기술역량을 EntreComp와는 별도의 필수역량으로 장려하고 있다.

둘째, 도출된 EntreComp와 국내대학 창업교육과의 연관성을 밝혔다. 8개의 역량과 2018년 42개 창업선도대학의 창업교육 919개와의 연관성을 조사한 결과, 역량별로 교육이 제공되는 빈도는 strategic management > spotting opportunities > learnig through experience > relationship > value creation > mobilising resources > self improvement > technology application 의 순으로 운영되고 있었다. 기회발견이나 전략적관리 역량 교육이 가장 빈번히 이루어지고 있는 반면 기술이나 자기계발, 자원조달 역량분야 주제는 교육 운영시 절반에도 못 미치는 수준으로 다루어지고 있는 것으로 확인되었다. 즉 대학생이 갖추어야 할 EntreComp에 대한 교육현황이 역량별로 분류할 경우 편차가 심한 상황이다. 대학은 생계형창업이 아닌 기술창업을 장려해야 하는 교육기관이고 사회진출을 앞두고 진로준비를 위해 내면적 성장 등 자기계발을 해야 하는 대학생의 특성을 반영한다면 단편적인 창업스킬뿐 아니라 창업을 통해 자아실현을 이룰 수 있도록 내면성장을 포함한 자기계발에 대한 교육도 병행되어야 한다. 또한 실제 기술창업시 역량있는 인력을 채용·관리하거나 인건비 등 자금부담이 애로요인으로 작용하고 있기에 자원조달 교육도 더욱 강화 및 개선되어야 할 것이다.

셋째, 추가분석으로 EntreComp 교육빈도와 대학정보공시의 주요 창업지원성과인 창업자수, 고용인원수, 매출과의 관계를 조사하였다.

2018년도 42개 창업선도대학의 919개 각 창업교과목별로 8개의 EntreComp를 포함하는 비율의 대학별 평균치를 기준으로 상중하 대학으로 나눈 후 2019년도 대학정보공시상 창업지원성과인 창업자수, 고용인원수, 매출 성과를 각 대학의 동일시기 재학생수로 나눈 값과의 관계를 확인한 결과 전반적으로 EntreComp를 창업교육에 반영하는 비율이 높은 대학일수록 창업자수와 매출 성과도 우수한 결과를 보이는 반면 EntreComp교육 중간수준의 대학집단은 창업자수 및 매출성과가 가장 높음에도 고용성과가 가장 낮은 수치를 보이는 것으로 조사되었다. 이는 조사시기에 EntreComp교육 중간수준 집단의 창업아이템이 다른 집단에 비해 서비스보다 제조에 편중되고 있었을 가능성이나 소재 관할구역별 인건비지원사업의 수혜가능성 등과 같은 변수가 작용할 수 있었을 것으로 추측되며 그 외 다른 영향변수에 대한 가능성에 대하여 향후 추가연구도 필요할 것으로 판단된다.

넷째, 대학정보공시의 창업지원성과에 따라 대학을 구분하여 성과수준별 대학간 EntreComp 교육현황을 조사하였다.

창업자수, 고용인원수, 매출액 수준별 집단을 상중하로 구분하여 각 집단별로 창업교육에서의 EntreComp 포함비율을 비교한 결과 전반적으로 성과가 우수한 집단은 창업교육에 8개 역량이 비교적 고른 분포를 보이고 있으며, 성과 상위 집단의 경우 technology application, relationship, 그리고 learning throuth experience 역량교육 비율이 비교적 높은 것으로 조사되었다. 반면 성과하위 집단의 경우 value creation과 molilising resources 역량에 대한 교육 비율이 비교적 높은 분포를 보인다. 이 부분에서는 의문을 가질 수 있겠는데 자원조달역량은 특히 창업시 가장 큰 애로사항을 해결하는 요인으로 작용하기에 예상외의 인과관계에 대하여서는, 앞으로 해당 교육이 창업실무에 도움되도록 설계되고 효과적으로 운영되고 있는지 면밀한 분석이 필요해 보인다. 가치창출 역량교육 또한 사회트렌드 변화로 더욱 중요하게 다루어져야 하는 역량으로서 교육에 반영되는 비율이 높아야 하는 것은 바람직하다. 그러나 EntreComp교육이 낮은 집단의 성과특성을 다시 살펴보면 창업자수와 매출은 가장 낮은 반면 고용성과는 중간수준인데 여기에 대해서는 해당 대학들 중 일부가 사회적기업을 장려하는 수준이 비교적 높기 때문인 이유 등에 대해서도 추측해 볼 수 있겠다. 사회적기업의 인증기준은 국가별로 상이하며 국내의 경우 특정 조건의 인력을 다수 채용해야 하는 등의 까다로운 기준과 충분치 않은 지원체계 등으로 지속적으로 성장하는 사회적기업 사례를 찾기가 쉽지 않다. 이러한 점을 보완할 수 있는 정책적 개선노력이 뒷받침 되고 대학에서는 사회 가치창출에 앞장서면서도 지속성장 할 수 있는 기업가를 양성하기 위해 소셜벤처 개념을 창업교육에 접목해 나가는 것이 더욱 바람직할 수 있을 것으로 본다.

본 연구결과를 통해 향후 대학에서의 기업가정신 및 창업교육의 개선방향을 제안한다면 첫째, 대학이 기업가정신 및 창업교육을 통해 사회에서 어떠한 역할을 해야 할 것인지를 교육목적에 반영해야 하며, 둘째, 교육목적을 달성할 수 있도록 대학생이 갖추어야 할 사회가 요구하는 역량을 기업가정신 및 창업교육에 반영시켜 EntreComp기반 교육이 이루어질 수 있도록 교육체계를 고도화해 나가야 한다. 현재 EntreComp 관점에서의 창업교육 현황에서 살펴본 바와 같이 교육을 통해 사회에 기여할 수 있는 가치를 창출하고 대학생들이 진로관점에서 자기개발을 하며 실제 기술창업시 사업성공가능성을 높이기 위한 방향성을 가질 것을 제안한다. 이에 현재 부족한 가치창출이나 자기계발, 자원조달역량 관련교육을 양적·질적으로 강화하고 기술활용역량을 높일 수 있는 교육이 확대되어야 할 것이다. 그리고 사회생활을 앞둔 대학생들이 경험을 통한 학습 참여를 확대해 경험자산을 축적해 나갈 수 있도록 교육체계를 개선 및 확대해 나가야 할 것이다. 또한 8개 역량 간 심한 편중됨이 없으면서 필요한 역량교육이 누락되지 않도록 전반적인 관점에서 교육설계가 이루어져야 한다. 셋째, 역량은 직업개념을 넘어서는 확대된 차원으로(Orhei et al., 2015) 전생애적 경쟁력 관점으로 보아야 한다(Bacigalupo et al., 2016). 창업실무교육에서 더욱 확대된 개념으로, 미래역량으로써 요구되는 기업가정신역량을 높여 나간다면 청년실업율 해소의 새로운 동력원 역할도 가능할 것으로 전망된다. 대학에서는 역량교육과 지원성과 간 관계를 밝히고 역량교육으로의 고도화를 실현함으로써 학생-정부와의 상생구도 안에서 창업지원성과와 함께 더 나아가 취업지원 성과까지도 효과적으로 제고시켜 나가는데 도움될 것으로 전망한다. 즉, 이러한 노력이 뒷받침된다면 머지않아 대학 창업교육을 통해 한계에 치닫고 있는 취업률을 높여나가는 데도 기여하는 새로운 패러다임을 실현해 나갈 수 있을 것이다. 또한 대학교육이 설계되고 평가되는데 이러한 방향성이 반영될 수 있도록 대학지원이나 평가체계 등에서의 정책적 개선이 반드시 뒷받침되어야 할 것이다.

본 연구는 일정시점의 창업선도대학 교육을 전수조사하였다는 점에서 의미를 가지지만 창업선도대학사업 이외의 창업교육이 함께 고려되지 않은 점과 EntreComp분야 국내외 연구가 이제 시작되는 단계로 충분한 선행연구가 뒷받침되지 못한 한계를 가진다.

추가분석의 경우 창업선도대학 표본수의 제한으로 통계적 유의성은 확보할 수 없었으나 국내에서는 아직 기반이 미흡한 역량 관점에서 대학생들 대상의 창업교육체계를 고도화시킬 수 있는 EntreComp 프레임을 수립하고 역량을 기반으로 교육 현황을 분석하여 역량교육과 창업지원성과 간의 연관성에 대해 방향성을 제시하였다는 점에서 의미를 가진다. 국내 대학에서의 창업교육 체계나 교육내용, 그리고 실제 성과와의 인과관계를 규명한 연구 또한 희소한 상황임을 감안한다면, 앞으로 EntreComp프레임 기반으로 대학 창업교육을 고도화시키고, 역량기반의 대학 창업교육 관련 연구를 활성화 시켜 나감에 있어 선행연구로써 기여할 뿐 아니라 관련정책 수립시에도 나침반 역할을 할 수 있기를 기대한다.

REFERENCE

곽동신·정화영·김명숙(2016). 대학의 창업교육 서비스 품질이 교육만족과 창업역량, 창업의지에 미치는 영향. *벤처창업연구*, 11(4), 37–48.

곽동신·정철호(2017). 대학생 창업자의 역량 정도가 창업교육 만족도와 창업의지에 미치는 구조적 관계 분석. *예술인문사회융합멀티미디어논문지*, 7(10), 383–390.

교육부·한국연구재단·한국청년기업가정신재단(2019). *대학창업운영매뉴얼 3.0+*. 서울: 한국청년기업가정신재단 기업가정신교육팀.

김도현·이채원·이병헌·이춘우(2020). *글로벌 기업가정신 연구(GEM) 2019 한국보고서*. 서울: 한국청년기업가정신재단.

김문성(2013). *TEC알고리즘 창업교육 만족도가 창업의지에 미치는 영향: 창업자 역량의 조절효과*. 석사학위논문, 한밭대학교.

김영수·성상기(2015). 기업가정신교육의 교과내용과 방법에 관하여: HAKS모형에 기반한 모듈식 교육방안. *상업교육연구*, 29(5), 1–30.

김용태(2017). 창업교육, 기업가적 역량 및 태도가 대학생 창업의지에 미치는 영향. *벤처창업연구*, 12(2), 13–20.

김정연(2017). *대학생 창의융합역량 측정도구 개발 및 타당화*. 박사학위논문, 숭실대학교 대학원.

김지현(2017). *청년 창업가 역량이 창업성과에 미치는 영향에 관한 실증연구: 정부지원 조절효과를 중심으로*. 석사학위논문, 광운대학교 경영대학원.

김춘근(2015). *창업지원시스템과 창업가역량이 초기 기술창업기업 성과에 미치는 영향 연구: 청년창업사관학교 졸업기업을 대상으로*. 박사학위논문, 한국산업기술대학교 지식기반·기술에너지대학원.

김형철·임아름·김권필(2015). 청년창업가의 역량이 창업성과에 미치는 영향: 창업사전준비의 조절효과를 중심으로. *인적자원개발연구*, 18(2), 27–58.

김홍수(2015). 융복합 창업교육 교과과정 개발에 관한 연구. *디지털융복합연구*, 13(5), 79–88.

남정민(2017). 기업가정신 온라인교육의 효과성 검증: 플립러닝 및 PBL 기반 기업가정신교육 적용 사례. *벤처창업연구*, 12(2), 31–40.

목영두·최명길(2012). 대학의 창업교육 체계화를 위한 창업학교육과정 개발 모형 연구. *대한경영학회지*, 25(2), 833–857.

박대한·성창수(2019). 대학 창업교육 이수 학생들의 기업가적 역량, 기업가적 태도 및 기업가적 의도와의 관계 연구. *취업진로연구*, 9(3), 91–110.

박우종(2014). *중소기업의 혁신역량이 대중소기업 협력성과에 미치는 영향에 관한 실증연구*. 박사학위논문, 한양대학교.

박천오·김상묵(2004). 정부산하단체 임원의 공통 직무수행역량 설정에 관한 연구. *한국사회와 행정연구*, 15(1), 1–25.

변지유·이상곤·강순빈(2018). 기업가정신, 전략적지향성과 경제적사회적 가치 간 관계연구: 6차산업화 인증기업을 중심으로. *벤처창업연구*, 13(5), 1–16.

소경희(2007). 학교교육의 맥락에서 본 "역량(competency)"의 의미와 교육과정적 함의. *교육과정연구*, 25(3), 1–21.

송영명·김예슬(2020). 한국과 미국의 대학 내 창업교육 분석 연구. *수산해양교육연구*, 32(4), 988–1006.

송주현(2014). *역량 중심 음악과 교육과정 설계방안 연구*. 박사학위논문, 서울대학교 대학원.

안태욱·이일한·박재환(2017). 창의성역량 교육이 자기효능감과 창업의지에 미치는 영향 부모협력을 통한 사회적지지의 조절효과 중심으로. *벤처창업연구*, 12(6), 25–39.

엄지·이건남(2014). 델파이 기법을 활용한 초등학교 교사의 진로교육 역량 도출. *실과교육연구*, 20(1), 29–54.

오해섭·맹영임(2014). *청소년 기업가정신 함양 및 창업 활성화 방안 연구(연구보고 14–R17)*. 세종: 한국청소년정책연구원.

이상화(2016). *창업가정신, 창업역량 및 창업가특성이 창업만족도에 미치는 영향에 관한 연구: 플로우(Flow)경험의 조절효과를 중심으로*. 박사학위논문, 호서대학교.

이상화·하규수(2015). 창업가정신, 창업역량이 창업만족도에 미치는 영향에 관한 연구: 플로우(Flow)경험의 조절효과를 중심으로. *벤처창업연구*, 10(5), 137–150.

이성호·김정음·남정민(2020). 대학 창업교육 및 창업지원제도 분석을 통한 대학창업발전방안 연구: D대학 창업교육 및 창업지원제도 중심으로. *벤처창업연구*, 15(4), 151–160.

이순희(2015). *중소 IT기업 N사 영업사원의 핵심역량모델 개발*. 석사학위논문, 숙명여자대학교 여성인적자원개발대학원.

이용희(2016). *벤처기업 창업자의 핵심역량모형 개발*. 박사학위논문, 부산대학교 대학원.

이지안·안영식(2018). 청년 창업자를 위한 창업역량 측정도구 개발. *벤처창업연구*, 13(4), 197–209.

이철기·문일영·이상곤·안태욱·변지유(2019). *4차산업혁명 시대의 기업가정신 및 창업교육 모델개발(2018–5)*. 천안: 한국기술교육대학교 HRD센터.

이채원·이병헌·김도현·이춘우·강시우·조성현·김문선(2017). *2016 글로벌 기업가정신 트렌드 리포트*. 서울: 한국청년기업가정신재단.

이혜영·김진수(2018). 초기 및 후기 기술창업기업 창업가의 역량 모델에 관한 연구. *벤처창업연구*, 13(4), 99–116.

정길호(2017). *창업자역량, 창업팀의 조직문화, 외부협력, 창업지원 활용이 기술창업기업의 기술경쟁력과 기업성과에 미치는 영향*. 박사학위논문, 한국기술교육대학교 대학원.

정차근(2013). *청년창업 활성화를 위한 대학 창업교육의 현황과 과제(THE HRD REVIEW 16(5))*. 서울: 한국직업능력개발원.

중소기업청·창업진흥원(2017). *대학 창업지원모델 길잡이*. 대전: 창업진흥원.

채연희(2017). 대학생의 기업가적역량이 취업가능성과 창업의도에 미치는 영향과 창업실패인식의 조절효과. *경영교육연구*, 32(4), 165–183.

필립코틀러(2015). *다른 자본주의*. 서울: 더난출판사.

대학알리미(2020). *대학정보공시*. Retrieved (2020.07.01) from https://www.academyinfo.go.kr.

창업넷(2018). *기업가역량*. Retrieved (2018.05.01) from https://www.k-startup.go.kr/main.do.

Ahn, T. U., Lee, I. H., & Park, J. W.(2017). A Study on the Effects of Creativity Competency Education on Self-Efficacy and Entrepreneurial Intention: The Moderating Role of Social Support through Parent Cooperation. *Asia-Pacific Journal of Business Venturing and Entrepreneurship*, 12(6), 25–39.

Bacigalupo, M., Compylis, P., Punie, Y., & Brande, G.(2016). *Entrecomp: The Entrepreneurship Competence Frameworks*. Publication Office of the European Union.

Barth, M., & Rieckmann, M.(2007). Developing Key Competencies for Sustainable Development in Higher Education. *International Journal of Sustainability in Higher Education*, 8(4), 416–430.

Bauman, A., & Lucy, C. (2019). Enhancing entrepreneurial education: Developing competencies for success. *The International Journal of Management Education,* 3(5), 1–10.

Bian, J. Y., Lee, S. K., & Kang, S. B. (2018). The Relationship between Entrepreneurship, Strategic Orientation, and Socio–Economic Values: Focusing on companies certified as sixth industrialization enterprises. *Asia-Pacific Journal of Business Venturing and Entrepreneurship,* 13(5), 1–16.

Boyatzis, R. E. (1982). *The Competent Manager: A Model for Effective Performance.* New York: John Wiley.

Brundtland Commission(1987). *Our common future: The World Commission on Environment and Development.* Oxford: Oxford University Press

Burgoyne, J. (1989). Creating the Managerial Portfolio: Building on Competency Approaches to Management Development. *Management Learning,* 20, 56–61.

Chae, Y. H. (2017). Study on the Effects of Entrepreneurial Competency on Employability and Entrepreneurial Intention of University Student and Moderating Effect of Fear on Start–up. *Korea Association of Business Education,* 32(4), 165–183.

Changupnet(2018). *Entrepreneurial Competence.* Retrieved (2018.05.01) from https://www.k–startup.go.kr.

Chong, K. H. (2017). *Influence of Entrepreneurial Competence, Organizational Culture of Start-up Team, External Cooperation, Support for Entrepreneurship on Technological Competitiveness and Corporate Performance of Technology Start-ups.* Doctoral Dissertation., The Graduate School Korea University of Technology Education.

Cooper, A. C., & Gascón, J. G. (1992). *Entrepreneures, Processes of Founding, and New-Firm Performance.* In D. L. Sexton and J. D. Kassadra, eds, The State of the Art of Entrepreneurship, Boston: PWS–Kent.

Corbin, J. (1993). Competencies for Electronic Information Services. *The Public-Access Computer Systems,* 4, 5–22.

Daliman, D., Sulandari, S., & Rosyana, I. (2019). The Achievement of Entrepreneurship Competence and Entrepreneurial Intentions: Gender Role, Attitude and Perception of Entrepreneurship Controls Mediation. *Journal of Social Studies Education Research,* 10(4), 392–426.

Dentoni, D., Blok, V., Lans, T., & Wesselink, R. (2012). Developing human capital for agri–food firms' multi–stakeholder interactions. *International Food and Agribusiness Management Review,* 15, 61–68.

Hills, G. E. (1988). Variations in University Entrepreneurship Education: An Empirical Study of an Evolving Field. *Journal of Business Venturing,* 3(2), 109–122.

Hu, M. L. M., & Yuan, Y. H. (2020). Constructing the Assessment Scale of Youth's Restaurant Entrepreneurship Competency: The Case of Taiwan. *SAGE Open,* 10(1), 1–18.

Jung, C. G. (2013). *Current status and tasks of university start-up education for revitalizing youth entrepr eneurship(THE HRD REVIEW 16(5)).* Seoul: Korea Research Institute for Vocational Education & Training.

Katz, R. L. (1974). Skills of an Effective Administrator. *Harvard Business Review,* 52(5), 90–102.

Kim, C. K. (2015). *Analysis of Factors Influence the Early Performance of Technology-Based Start-ups.* Doctoral Dissertation, Graduate School of Knowledge–based Technology and Energy Korea Polytechnic University.

Kim, D. H., Lee, C. W., Lee, B. H., & Lee C. W. (2020). *Global Entrepreneurship Monitor (GEM) 2019 Korea.* Seoul: Korea Entrepreneyrship Foundation.

Kim, H. C., Lim, A. R., & Kim, K. P. (2015). The Effect of Youth Entrepreneurs Competence on Entrepreneurial Performance. *Korean Journal of Resources Development,* 18(2), 27–58.

Kim, H. S. (2015). A Study on the Convergence Entrepreneurship Curriculum Development. *Journal of Digital Convergence,* 13(5), 79–88.

Kim, J. H. (2017). *The Effect of Youth Entrepreneur's Competence on Entrepreneurial Performance- Focusing on Moderation Effect of Government Support.* Master's Thesis, Kwangwoon University Graduate School of Business.

Kim, J. Y. (2017). *Development and Validation of Creativity Confluence Competency Test for University Students.* Doctoral Dissertation, Department of Lifelong Education Graduate School of Soongsil University.

Kim, M. S. (2013). *Impact of satisfaction with TEC algorithm education on entrepreneurial intentions: test on the moderating effect of entrepreneur's competence.* Master's Thesis, Hanbat National University.

Kim, Y. S., & Seong, S. K. (2015). About the subject matter and method of entrepreneurship education: A modular education plan based on the HAKS model. *Commercial Education Research,* 29(5), 1–30.

Kim, Y. T. (2017). The Effects of Entrepreneurship Education, Entrepreneurial Competence and Attitude on Undergraduate Entrepreneurial Intention. *Asia-Pacific Journal of Business Venturing and Entrepreneurship,* 12(2), 13–20.

Kissi, E., Somiah, M., & Ansah, S. K. (2015). Towards Entrepreneurial Learning Competencies: The Perspective of Built Environment Students. *Higher Education Studies,* 5(1), 20–30.

Kotler, P. (2015). *Confronting Capitalism.* Seoul: Thenan Publishing House.

Kourilsky, M. (1995). Entrepreneur Education: Opportunity in Search of Curriculum. Business Education Forum, Kansas: The Ewing Marion Kauffman Foundation.

Kwak, D. S., Jung, H. Y., & Kim, M. S. (2016). The Effect of University Entrepreneurial Education Service Quality on Education Satisfaction, Entrepreneurial Capability, and Entrepreneurial Intention. *Asia-Pacific Journal of Business Venturing and Entrepreneurship,* 11(4), 37–48.

Kwak, D. S., & Jung, C. H. (2017). The Structural Relationship between Entrepreneur's Capability, Satisfaction of Entrepreneurship Education, and Entrepreneurship Intention of the University Students. *Asia-pacific Journal of Multimedia Services Convergent with Art, Humanities, and Sociology,* 7(10), 383–390.

Lackeus, M. (2014). An Emotion Based Approach to Assessing Entrepreneurial Education. *International Journal of Management Education,* 12(3), 374–396.

Lans, T., Blok, V., & Wesselink, R. (2014). Learning Apart & Together: Towards an Integrated Competence Framework for Sustainable Entrepreneurship in Higher Education. *Journal of Cleaner Production, 62*, 37–47.

Lee, C. K., Moon, I. Y., Lee, S. K., Ahn, T. W., & Bian, J. Y. (2019). *Entrepreneurship and entrepreneurship education model development in the era of the 4th industrial revolution(HRD Center Research Report 2018-5).* Cheonan: Koreatech HRD Center.

Lee, C. W., Lee, B. H., Kim, D. H., Lee, C. W., Kim, S. W., Cho, S. H., & Kim, M. S. (2017). *2016 Global Entrepreneurship Trend Report.* Seoul: Korea Entrepreneurship Foundation.

Lee, H. Y., & Kim, J. S. (2018). A Study on the Entrepreneurial Competency Model in Early–and Late–Stage Technology–Based Ventures. *Asia-Pacific Journal of Business Venturing and Entrepreneurship, 13*(4), 99–116.

Lee, J. A., & Ahn, Y. S. (2018). Developing Measurement Tool of Entrepreneurship for Young Entrepreneurs. *Asia-Pacific Journal of Business Venturing and Entrepreneurship, 13*(4), 197–209.

Lee, S. H. (2016). *A study on the influence of entrepreneurship, start-up competency and entrepreneur's characteristics on entrepreneurial satisfaction: focusing on the moderating effect of flow experience.* Doctoral dissertation, Hoseo Graduate School of Venture.

Lee, S. H. (2015). *Development of core competency model for salespersons of small and medium IT company N.* Master's Thesis, Sookmyung Women's University Graduate School of Women's Human Resource Development.

Lee, S. H., Kim, J. E., & Nam, J. M. (2020). A Study on the Development of University Start–up through the Analysis of University Start–up Education and Start–up Support System: Focusing on the Start–up Education and Start–up Support System of D University. *Asia-Pacific Journal of Business Venturing and Entrepreneurship, 15*(4), 151–160.

Lee, S. W., & Ha, K. S. (2015). A Study on the Influence of Entrepreneurship and Start–Up Competency on Entrepreneurial Satisfaction: Focusing on the Moderating Effect of Flow Experience. *Asia-Pacific Journal of Business Venturing and Entrepreneurship, 10*(5), 137–150.

Lee, Y. H. (2016). *Development in Core Competence Model of Venture Entrepreneurs.* Doctoral Dissertation, Pusan National University Graduate School.

McClelland, D. C. (1973). Testing for Competence rather than for Intelligence. *American Psychologist, 28*(1), 1–14.

Mets, T., Kozilnska, I., & Raudsaar, M. (2017). Patterns in Entrepreneurial Competences as Perceived Learning Outcomes of Entrepreneurship Education: the Case of Estonian HEIs. *Industry and Higher Education, 31*(1), 23–33.

Ministry of Education, National Research Foundation of Korea, & Korea Entrepreneurship Foundation(2019). *University Startup Management Manual 3.0+.* Seoul: Korea Entrepreneurship Foundation.

Morris, M. H., Webb, J. W., Singhal, S., & Fu, J. (2013). A Competency–Based Perspective on Entrepreneurship Education: Conceptual & Empirical Insights. *Journal of Small Business Management, 51*(3), 352–369.

Mulder, M. (2014). *Conceptions of professional competence.* New York: Springer.

Nam, J. M. (2017). A Study between Online Entrepreneurship Education and Entrepreneurship: Based on PBL(Problem–Based Learning) and Flipped Learning. *Asia-Pacific Journal of Business Venturing and Entrepreneurship, 12*(2), 31–40.

Mok, Y. D., & Choi, M. G. (2012). A Study on the Entrepreneurship Curriculum Development Model to Systemize Entrepreneurship Education in Undergraduate School. *Korean Jouranl of Business Administration, 25*(2), 833–857.

Oh, H. S., & Maeng, Y. I. (2014). *A Study on Measures to Nurture Young Entrepreneurs and Promote Business Startups.* Sejong: National Youth Policy Institute.

Orhei, L. E., Nandram, S., & Vinke, J. (2015). Social Entrepreneurship Competence: Evidence from Founders of Social Enterprises in Romania. *International Journal of Entrepreneurship and Small Business, 25*(1), 80–105.

Park, C. O., & Kim, S. M. (2004). The Common Factors of Managerial Competency in Public Enterprises. *Korean Society and Public Administration, 15*(1), 1–25.

Park, D. H., & Sung, C. S. (2019). A Study on the Relationship between Entrepreneurial Competence, Entrepreneurial Attitude and Entrepreneurial Intention of Entrepreneurship Education Students: Verification of Difference between University and College. *The Journal of Employment and Career, 9*(3), 91–110.

Park, Y. J. (2014). *An Empirical Study on the Influence of Collaborative Performance of Large Corporations and SMEs on Innovative Capabilities of SMEs.* Doctoral Dissertation, The Graduate School Hanyang University Doctoral dissertation.

Picklem, H. B., & Abrahamson, R. L. (1990). *Small Business Management.* John wiley & Sons.

Ploum, L., Blok, V., Lans, T., & Omta, O. (2018). Toward a Validated Competence Framework for Sustainable Entrepreneurship. *Organization & Environment, 31*(2), 113–132.

Rowe, C. (1995). Clarifying the Use of Competence and Competency Models in Recruitment, Assessment and Staff Development. *Industrial and Commercial Training, 27*(11), 12–17.

Rychen, D. S., & Salganik, L. H. (2003). Key competencies for a successful life and a well–functioning society. Cambridge, MA: Hogrefe & Huber Publishers.

Small and Medium Business Administration & Korea Institute of Startup & Entrepreneurship Development(2017). *Guide to the university start-up support model.* Daejeon: Korea Institute of Startup & Entrepreneurship Development.

Skulmoski G. J., Hartman, F. T., & Krahn, J. (2007). The delphi method for graduate research. *Journal of Information Technology Education, 6*, 1–21.

So, K. H. (2007). 'Competency' in the Context of Schooling: It's Meaning and Curricular Implications. *The Journal of Curriculum Studies*, 25(3), 1–21.

Song, J. H. (2014). *A study on competency-Based Music Curriculum Design Plan.* Doctoral Dissertation, Department of Interdisciplinary Program in Music Education Graduate School Seoul National University.

Song, Y. M., & Kim, Y. S. (2020). Analysis of Entrepreneurship Education in Korean and American Universities. *Journal of Fishries and Marine Science Eduction*, 32(4), 988–1006.

Spencer, L. M., & Spencer, S. M. (1993). *Competence at Work: Models for Superior Performance.* Wiley.

Strauti, G., Dumitrache, C. M., & Taucean, I. M. (2018). Entrepreneurial competences in economical engineering curriculum in Romania. *Social and Behavioral Sciences*, 238, 737–742.

Tovar, E., Tabuenca, B., & Piedra, N. (2020). *EntreCom4ALL MODEL to sustain the entrepreneurship competence needs.* 2020 IEEE Global Engineering Education Conference (EDUCON), Porto: IEEE.

Um, J., & Lee, G. N. (2014). Development of Career Education For The Elementary School Teachers Using the Delphi Method. *Journal of Korean Practical Arts Education*, 20(1), 29–54.

University reminder (2020). *University information disclosure.* Retrieved (2020.07.01) from https://www.academyinfo.go.kr.

White, R. (1959). Motivation reconsidered: The Concept of Competence. *Psychological Review*, 66, 279–333.

벤처창업연구 제15권 제4호 (통권70호)

기업가형 대학의 사례 연구: 양손잡이 전략 관점으로

원치운 (한양대학교 경영대학 박사과정)
배태준 (한양대학교 창업융합학과 조교수)
최경철 (한양대학교 창업융합학과 부교수)

국문 요약

기업가형 대학에 대한 관심이 최근 국내외 주목을 받고 있다. 이에 본 연구는 전통적인 대학의 역할에서 기업가형 대학(entrepreneurial university)으로의 패러다임 전환에 대한 논의와 대학 조직의 양손잡이 전략 관점에서 영국의 옥스퍼드 대학, 미국의 스탠포드 대학 그리고 독일의 베를린 공과 대학의 사례 분석을 실시하였다.

대학은 급격하게 변화하는 불확실한 환경에 적응하고 생존하기 위해 과거 교육 및 연구 중심의 역할뿐 아니라 시장 활동을 통한 학문적 자본주의(academic capitalism)에 대한 중요성이 대두됨에 따라 이에 관련된 연구들이 진행되어 왔다. 이와 관련하여 본 논문에서는 이전 연구에서 다루지 않았던 기존 대학들의 기업가형 대학으로의 전환의 배경 및 필요성과 기업가형 대학으로 변화에 성공하여 우수한 성과를 창출하고 있는 대학의 사례를 양손잡이 전략 관점에 적용하였다. 구체적으로 조직의 양손잡이 전략을 가능케 하는 선행요인으로 구조적 관점, 맥락적 관점 그리고 리더십 관점에서 살펴보았다. 이에 본 논문은 단순히 사례를 소개하는 것에 그치는 것이 아니라 해당 사례들을 통해 앞으로 국내 대학들이 기업가형 대학으로의 패러다임 변화에 적응하고 대학의 미래 방향 설정을 위한 방안 마련 등의 자료로 활용될 수 있을 것이라 기대한다.

핵심주제어: 기업가형 대학, 양손잡이 전략, 학문적 자본주의, 사례연구

Ⅰ. 서론

최근 기업가형 대학이 주목받고 있다(Etzkowitz, 2003; Rhoades & Slaughter, 2006). 기업가형 대학의 정의는 학자별로 다양하지만, 근본적인 배경은 동일하다. 교육과 연구에 초점을 맞춘 전통적인 개념의 대학에서, 외부로부터 자금을 확보하는 기업가적 활동까지 아우르는 대학으로 변신해야 한다는 것이다. 이와 관련된 연구로는 "왜" 그래야 하는지에 대한 근거를 제공하는 개념 연구부터(Florida, 1999; Slaughter & Leslie, 1997; Schugurensky, 2006; 오승현, 2009), 실험실 창업(Pirnay & Surlemont, 2003; Bathelt et al., 2010), 대학의 기술이전 연구(Friedman & Silberman, 2003; Wright et al., 2004; Bradley et al., 2013), 기업가형 대학의 창업성과(임한려·홍성표, 2020) 등이 있어 왔다.

그러나 현재까지의 연구들은 기존의 전통적인 대학이 어떻게 기업가형 대학으로 전환이 가능한가에 대하여, 대학 차원의 조직 관점에서 분석이 이루어지지 않았다. 교육·연구 활동과 기업가적 활동은 서로 상충되는 면이 있으므로, 대학의 기업화에 대한 비난이 있는 것도 엄연한 현실이다(Pelikan, 1992; Bok, 2003; Washburn, 2008; Morrow, 2006). 특히, 오랜 기간 동안 교육과 연구에 중점을 둔 대학들은 대학의 기업화라는 변화에 적응하는 것이 쉽지 않은 것이 사실이다. 따라서 서로 상충되는 목적이 어떻게 한 조직 내에서 가능한가에 대한 조직 차원의 연구가 따라야 한다.

이에 본 논문은 조직의 양손잡이 전략 관점을 바탕으로, 기업가형 대학으로의 전환을 설명함과 동시에 기존 조직 양면성에 대한 연구 프레임워크 모델을 근거로 기업가형 대학으로 전환에 성공하여 우수한 성과를 창출해내고 있는 영국의 옥스퍼드 대학과 미국의 스탠포드 대학 그리고 독일 베를린 대학의 사례를 분석하고자 한다.

본 논문은 다음과 같이 구성된다. 첫째, 국내외 논문을 통해 대학의 연구 활동과 기업 활동 사이의 상충관계에 대한 논

의를 정리한다. 둘째, 양손잡이 전략의 개념과 이를 가능케 하는 선행요인들에 대한 문헌검토와 사례 분석을 위한 프레임워크 모델을 살펴본다. 셋째, 기업가형 대학의 양손잡이 전략 관점에서 기업가형 대학으로서 변화에 성공한 사례로 영국의 옥스퍼드 대학과 스탠포드 대학, 베를린공과 대학을 기존 프레임워크 모델을 활용하여 면밀히 분석한다. 넷째, 기존 연구의 프레임워크 모델을 통한 각 대학의 사례 분석 결과를 설명하고, 이론적 및 실천적 함의를 논의한다.

Ⅱ. 대학의 연구 활동과 기업가적 활동 사이의 상충관계

대학은 국가의 지식 창출과 인재들을 양성하는 중요한 원천이며(Florida, 1999), 전통적인 대학의 역할로 학생들에 대한 교육과 순수하게 학문정진에 힘쓰는 곳으로 중요한 역할을 한다(Perkmann et al., 2013; Etzkowitz et al., 2000). 또한, 대학은 교육뿐 아니라 지원을 통해 다양한 산업에 근간이 되는 기초 연구 활동에 중점을 두고 있다(김종진·최종인, 2005).

따라서, 전통적인 대학의 역할을 강조하는 학자들은 대학의 기업가적 행동 및 시장 활동을 반대하는 관점에서는 대학의 기업가적 패러다임이 전통적인 대학의 본래 모습을 위협하는 것이라고 보고 있다(Pelikan, 1992). 기업가형 대학이 학문의 자유를 침해하지 않고 학문적 임무에 대한 통제를 잃지 않으면서 어떻게 기업가적 활동을 이어 나갈지에 대한 문제점을 지적했다(윤정원, 2017). 몇몇 연구자들은 이에 대한 문제점으로 대학의 연구결과가 기업이 독점적으로 사용함에 따라 발생되는 대학의 자율권 상실과 공공적 이익의 침해 및 상업화를 시킬 연구에 우선시하여 학부생 교육에 소홀해질 우려가 있음을 주장하며, 등록금 납부 가능성이 있는 학생 유치에 주력함에 따라 나타나는 소외계층의 고등교육 접근권 제한 등과 같은 역기능에 대한 부작용들을 지속적으로 거론하고 있다(Bok, 2003; Washburn, 2008; Morrow, 2006).

그러나 최근에는 대학의 글로벌화, 경제 발전을 위한 과학 기술의 중요성, 재정 상황 악화, 지속가능한 연구 활동을 가능하게 할 수 있는 논의로 대학의 학문적 자본주의가 거론되며, 기업가형 대학 개념이 주목받고 있다(Rhoades & Slaughter, 1997; Etzkowitz et al., 2000; Chrisman et al., 1995; Slaughter & Leslie, 1997; Azagra-Caro et al., 2006; Etzkowitz, 2001).

학계에서는 학문적 자본주의, 기업가형 대학과 관련된 연구들에서 오래전부터 대학의 학문을 통한 연구 교육 활동과 산업과의 상호작용을 통한 기술의 확산 및 상업화시키는 시장 활동에 대해 서로 다른 다양한 논의가 되어 왔다(Slaughter et al., 2004; Clark, 1998; Etzkowitz, 2003).

대학의 시장 활동 관점에서 지식 기반 경제(knowledge-based economy)로 발전하면서 대학들은 과거보다 경제적 자원들의 중요성이 강조되며, 대학이 보유한 원천 기술을 상업화시킬 수 있는 역량이 필요해지고 있다(Florida, 1999). 이와 관련하여 학문적 자본주의, 기업가형 대학, 학문적 기업가정신과 같은 주제의 다양한 연구들이 진행되어 오고 있다. Slaughter & Leslie(1997)는 학문적 자본주의(academic capitalism)라는 용어를 그들의 저서에서 처음 사용하였으며, 학문적 자본주의란 대학과 교수 차원에서 외부 재원을 확보하기 위해 실시하고 있는 시장 또는 시장 친화적 행동으로, 외부 보조금, 계약, 기부금 및 산학 파트너십, 교수의 스핀오프 기업의 기관투자, 학생들의 등록금, 또는 기타 수익을 발생시키는 활동들을 의미한다. 또한, 기업가형 대학(entrepreneurial university)이라는 개념이 등장하면서 경제적, 사회적 유용성 측면에서 대학이 생산한 지식들을 시장으로 이전시키고, 동시에 학문적 목표를 추구하는 전략적 방향에 초점을 맞춘 능력을 가진 대학들로 설명했다(Clark, 1998).

본 개념은 이미 1980년대부터 미국 제조업의 붕괴와 미국 대학들의 재정확보를 통한 경쟁력 향상을 위하여 미국의 MIT, Stanford 대학 등 시장에 적합한 연구 성과를 활용하는 기업가형 대학(Entrepreneurial University)의 운영체계를 도입하였다. 이미 많은 학자들이 본 개념에 대하여 이미 정의를 내리고 있다. Etzkowitz(2003)은 대학운영에 있어서 기업가적 마인드를 기반으로 연구 성과를 사업화하는 것이라고 하였고, Clark(2001, 1998)은 교수 및 학생의 기업가적 활동을 장려하는 대학이라고 칭하였으며, 대학은 새로운 지식, 기술을 생산하여 마치 대학이 기업체가 되는 것이라고까지 대학의 역할을 시장 중심적이며 경쟁과 협업 등 기업들의 운영체계 도입을 제시하였다.

따라서, 많은 대학들은 기업가형 대학으로 변화하며, 학문과 시장 영역 간의 경계가 점점 모호해져 가고 있다(윤정원,

2017). 이러한 대학의 기업가적 활동들을 정보화와 시장경쟁이 치열해짐에 따라 어떻게 보면 생존을 위한 것으로 외부 재원 확보, 대학의 평판, 인적 자본의 중요성 대두, 경제 및 정책적 변화의 결과로 설명하고 있다(Slaughter & Leslie 1997; Schugurensky, 2006; 오승현, 2009).

Ylijoki(2003)는 대학의 교수 및 연구자들은 학문적 가치가 본인의 직업에 있어 중요한 동기부여 요소 중 하나로 작용하는 경향이 있기 때문에, 시장 지향성과 학문적 지향성 간의 균형을 이루는 것이 중요한 부분이라고 설명했듯 대학의 변화 과정에서 조직 내부의 상충되는 요구(demand)가 있을 경우 이를 어떻게 해결해 갈 수 있는지가 주요 문제이다(Raisch & Birkinshaw, 2008). 이러한 문제들의 해결책으로 본 연구에서는 Duncan(1976)이 제시한 양손잡이 전략 관점에서 논의한다.

Ⅲ. 양손잡이 전략

3.1 양손잡이 전략의 개념

앞서 열거한 상충관계는 기업이나 조직에서는 오래전부터 다루어졌던 주제이다. 대표적인 연구는 양면성(ambidexterity) 연구로, 1976년 Duncan이 처음 이 용어를 사용한 이후로, 1990년대 들어 본격적으로 많은 연구들이 진행되어 오고 있다.

양면성 조직 또는 양손잡이 조직이란 두 손을 똑같이 쉽게 사용할 수 있는 개인의 능력으로 이를 다양한 조직적 맥락(context)에 적용시킨 개념이다. 즉, 조직이 가지고 있는 모순된 두 가지 속성을 동시에 추구할 수 있는 조직의 능력을 의미한다(Duncan, 1976). 몇몇 학자들은 모순된 상충관계에서 기존의 경쟁력을 활용하거나, 새로운 것을 탐색하는 활동을 나란히 보는 것으로 정의하고 있다(March 1991; Floyd & Lane, 2000; O'Reilly & Tushman, 2008).

현재 많은 연구들에서 널리 인용되고 있는 조직 양면성의 정의는 March(1991)에 의해 정립된 개념으로 활용(exploitation)과 탐색(exploration)이라는 두 가지로 나누어지는 기업의 기본적인 학습 활동을 의미한다. 또한 O'Reilly & Tushman(2008)은 "활용과 탐색을 동시에 할 수 있는 기업의 능력"이라고 설명하며, 조직 양면성에 대한 합의된 의미를 언급하였다. 구체적으로 활용이란 조직의 "개선, 효율성, 선택 및 실행"과 같은 활동과 관련된 반면 탐색이란 "검색, 변화, 실험 및 발견"과 같은 개념으로 설명할 수 있다(March, 1991).

조직 양면성에 관해 최근 국내에서도 연구가 활발히 진행되고 있는데, 주로 조직의 생존에 대해 활용과 탐색이 어떻게 균형을 이루는지에 대한 연구와 변화하는 환경에서 기업이 가지고 있는 동적역량이 기술혁신의 양면성에 미치는 영향에 대한 분석 및 양면성 조직에서의 리더십에 관한 연구, 그리고 양면성 조직문화로 진행하는 단계적 과정에 대한 연구들이 이루어졌다(문상미·허문구, 2013; 장용선, 2014; 김병직·정명호, 2012; 서창적·이찬형, 2015).

3.2 양손잡이 조직을 가능케 하는 선행요인

양손잡이 조직에 대한 기존 연구들은 조직 내 상충되는 관계에서 조직 양면성을 발생시키는 선행요인 및 양면성을 설명하는 요소, 양면성 조직의 성과, 그리고 환경적 요인과 다른 조절변수들이 양면성의 선행요인 및 요소와 성과와의 관계에 대한 다양한 논의들에 초점을 두고 진행되어 왔다(Raisch & Birkinshaw, 2008; Adler et al., 1999; Siggelkow & Levinthal, 2003). 특히 양면성 조직이 되기 위한 방법에 있어 선행요인에 관련된 연구로 Tushman & O'Reilly(1996)는 양면성의 주요 원천으로 조직의 구조, 일반적인 문화 및 비전, 그리고 리더의 지원 및 직원들의 유연성과 같은 요인들로 인해 결정되는 것이라고 주장한 바 있다. 마찬가지로 Raisch & Birkinshaw(2008)는 조직 양면성에 대한 기존 연구들을 바탕으로 조직 양면성 연구의 프레임 워크를 제시하며, 특히 양면성 조직을 가능케 하는 선행요인 세 가지를 제시하였다. <그림 1>과 같이 양면성의 선행요인은 (1)조직구조(structure), (2)맥락(context), (3)리더십(leadership)이다. 첫째, 구조적 관점의 양면성은 기존 조직 이외에 탐험적 혁신을 위한 별도의 조직을 새로 만들어 운영하는 것이다. 이러한 조직은 기존 조직으로부터 분리되어 개별 조직 단위별로 차별화된 조직 운영방식을 가지는 것이 특징이다. 둘째, 맥락적 관점의 양면성이란 조직에서 개인 수준 행동 특성의 형성에 영향을 미치는 시스템, 프로세스 및 신념을 의미한다(Gibson & Birkshaw, 2004). 특히 연구자들은 조직 구성원 개인들의 양면성 행동을 가능하게 하는 문화나 시스템과 같은 특정한 맥락이 존재한다고 주장한다. 때문에 조직 맥락의 활용을 통해 탐험과 활용을 모두 수행할 수 있는 이러한 이중 역량이 양면성을 추구하게 되는 것이라고 주장한다. 셋째, 리더십 관점의 선행요인은 조직 내 이해상충을 효율적으로 관리하고 비전을 제시하는 리더십을 강조한다. 이러한 조직의 리더십에 대해서는 크게 최고 경영팀(Top Management Team) 특성에 관한 논의와 구성에 대한 논의가 함께 이루어져 왔다.

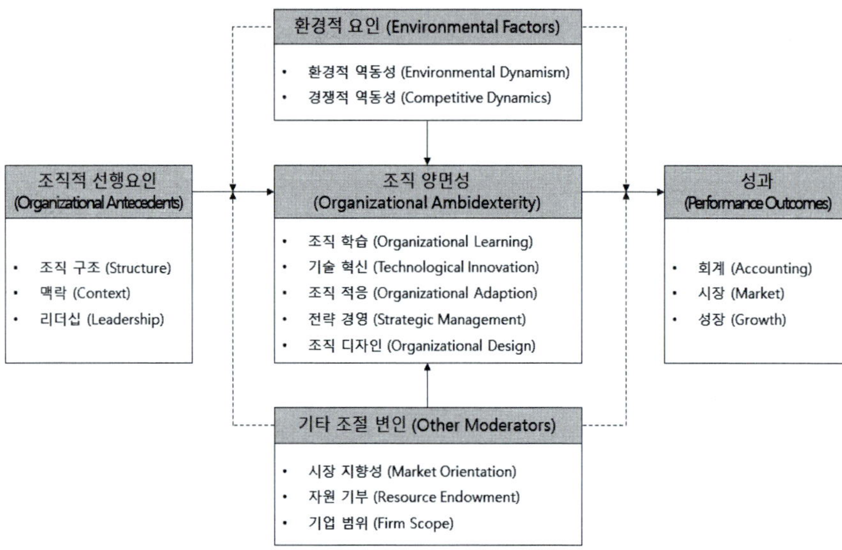

〈그림 1〉 조직 양면성 연구의 프레임워크 모델

3.3 조직의 구조적 관점(조직 구조)

구조적(structural) 관점에서의 조직 양면성은 "조정 및 적응을 위한 조직이 직면한 경쟁적 요구에 대응하기 위한 구조적 메커니즘을 개발"하는 것으로 달성되는 것이다(Gibson & Birkinshaw, 2004). 이러한 구조적 메커니즘은 조직의 부서(unit)가 조정 및 적응 사이에 번갈아 가며 실행하는 반 구조(semi-structure)의 방식(Brown & Eisenhardt, 1997)이나 유기적이고 기계적인 구조 요소를 결합하는 복잡한 구조들을 포함한다(Adler & Borys, 1996; Sheremata, 2000).

이러한 조직 양면성에 대한 조직 구조는 물리적인 공간을 분리(spatial separation)하거나 조직과 병렬 구조(parallel structure)라는 두 가지 기본 개념으로 논의가 되어왔다(Raisch & Birkinshaw, 2008). 조직에서 발생되는 상충관계를 활용과 탐색을 추구하는 분리된 부서를 만듦으로써 양면성 조직을 추구하며(Duncan, 1976), 조직 부서의 형식적인 주요 구조는 루틴화된 업무와 안정성 및 효율성 유지를 가져올 수 있다(Gibson & Birkinshaw, 2004). 따라서, 조직의 구조적 차별화는 양손잡이 조직이 가지는 모순된 요구들을 해결하는 다양한 역량을 가지는데 도움을 줄 수 있다(Gilbert, 2005).

정리하자면, 구조적 접근 방식은 조직 내부에서 새로운 부서 단위의 구조를 만들어 양손잡이 전략을 추구하는 것이라고 설명할 수 있다.

3.4 조직의 맥락적 관점(문화 및 시스템)

맥락적(contextual)관점에서의 조직 양면성은 "전체 사업 단위(unit)를 걸쳐 동시에 조정하거나 적응하는 행동적 역량"으로 설명했다(Gibson & Birkinshaw, 2004). 이러한 맥락적 관점의 양면성은 조직 내에서 개인 수준의 행동을 형성하는 시스템, 프로세스 및 신념을 나타내며(Ghoshal & Bartlett, 1994), 조직 문화 및 환경과 관련된 개념과 중요한 유사성을 지닌다(Gibson & Birkinshaw, 2004). 이러한 양면성 조직들은 규율 및 확장성과 같은 기존 조직이 가지고 있는 고착된 요소와 지원 및 신뢰와 같은 유연한 요소들의 균형을 이루는 것으로 양면성을 나타낸다(Raisch & Birkinshaw, 2008). 다시 말해 맥락적 접근 방식은 기존의 조직이 가지고 있는 시스템이나 문화 및 환경 등을 개선해 나감으로써, 양손잡이 전략을 추구하는 것으로 설명할 수 있다.

3.5 조직의 리더십 관점(리더의 가치양립)

리더십(leadership) 기반 관점에서 조직의 양면성은 "리더는 조직을 효과적으로 만들고 양면성을 발전시키는데 있어 중요한 역할을 수행"하는 것으로 설명했다(Gibson & Birkinshaw, 2004). 이러한 리더십 메커니즘은 조직의 리더에 따라 구조적 또는 맥락적 양면성을 구현하기 위한 지원 요소로서 작용된다(Raisch & Birkinshaw, 2008). 즉, 리더의 역할에 따라 해당 조직의 문화는 다르게 형성될 수 있다는 것이 이를 뒷받침한다(Denison & Mishra, 1995). 특히 리더십 메커니즘에서 최고경영진 또는 임원진으로 구성된 팀은 양면성 조직의 구조적 분리로 인해 발생되는 상충관계 및 모순을 관리할 수 있는 통합 메커니즘으로서 조직 리더의 역할을 강조하고 있다(Smith & Tushman, 2005).

반면, 앞서 논의한 리더십 관점의 조직 양면성과 달리 일부 연구자들은 리더십 프로세스를 독립적인 조직 양면성으로서 개념화하였다(Lubatkin et al., 2006). 이러한 리더십 기반 조직 양면성의 중요한 전제로 "행동적 통합(behavioral integration)"을 강조함으로써, 조직을 이끄는 팀의 협업 수준이나 교환되는 정보의 양과 질, 그리고 공동 의사 결정 등이 탐색과 활용 모두에 긍정적으로 영향을 미치게 되는 것이다(Lubatkin et al., 2006).

따라서, 리더십 관점의 접근 방식은 조직의 리더를 중심으로 구조적 및 맥락적 접근 방식을 지원하는 동시에 리더의 의사결정을 기반으로 탐색과 활용을 추구하는 양손잡이 전략을 구현하는 것으로 설명할 수 있다.

Ⅳ. 기업가형 대학의 양손잡이 전략과 사례 연구

이번 장에서는 과거 연구중심 대학에서 기업가형 대학으로 변화에 성공했다고 평가받고 있는 옥스퍼드 대학과 스탠포드 대학 그리고 베를린 대학의 사례를 통해, 앞서 살펴보았던 Raisch & Birkinshaw(2008)가 제시한 양손잡이 조직을 가능하게 하는 세 가지 선행요인(조직, 맥락, 리더십)이 어떤 역할을 했는지 알아보고자 한다. 첫 번째 영국 옥스퍼드 대학이 기업가형 대학으로 변하는 과정에서 어떻게 조직구조를 바꿨는지 분석한다. 두 번째, 기업가적 문화와 시스템이 어떻게 스탠포드 대학을 기업가형 대학으로 만들었는지 살펴본다. 세 번째, 슈타인바흐 총장의 리더십이 어떤 식으로 베를린 공과대학을 기업가형 대학으로 변모시키는데 일조했는지 알아보고자 한다.

4.1 영국 옥스퍼드 대학 사례: 조직 구조

900년 전통의 옥스퍼드 대학은 세계에서 가장 많은 노벨상 수상자를 배출한 캠브리지 대학과 함께 영어권에서 가장 오래된 역사와 전통을 간직하고 있는 대학이다. 특히 옥스퍼드 대학은 조직 구조 변화를 통해 기업가형 대학으로 성공한 사례이다. 옥스퍼드 대학의 설립연도는 명확하지는 않지만, 1096년부터 교육을 시작하였다고 알려져 있으며, 1167년부터 급속히 발전하여 현재의 대학형태를 구성하였다. 이러한 유구한 역사 동안 유럽 내 최고의 명문 대학으로서 명성을 쌓았으며, 영국 내 최고의 인재를 길러내어 26명의 영국 총리를 배출하였으며, 우수한 연구 성과를 통하여 51명의 노벨 수상자를 배출하였다. 옥스퍼드는 지속적인 명성과 최고의 성과를 지향하는 조직으로서 연간 연구비로서 약 6억 파운드 이상을 투자하고 있어, 세계 최고의 명문대학의 명성을 유지하기 위하여 노력하고 있다.

옥스퍼드는 시대의 흐름에 따르고 혁신을 통하여 지속적인 발전을 수행하고자 기업가형 대학으로의 변화를 30년 전부터 적극적으로 실천하였다. 이러한 노력으로 대학의 연구 성과를 사업화하거나 기술이전하기 위한 전문 조직을 구성하여 유럽 내에서 최고의 성과를 자랑하고 있다. 특히 2015년 옥스퍼드 대학은 캠브리지 사이언스 파크 조성으로 지난 오랜 시간동안 영국 내 대표적인 산업 클러스터로 자리매김한 캠브리지 대학을 누르고 최대 창업 자본 펀드 금액을 유치했으며, 스핀아웃 수도 넘어서며 영국 내 창업메카로 자리매김하고 있다.

4.1.1 Oxford University Innovation(舊 ISIS Innovation)의 조직과 역할

옥스퍼드는 Oxford University Innovation(OUI)이라는 별도의 조직을 마련하여 기업가형 대학으로 변화하는데 있어 갈등을 최소화하고 효율을 극대화하였다. Oxford University Innovation Ltd는 옥스퍼드 대학의 연구 성과를 사업화하기 위하여 1988년에 설립된 전문 조직으로 옥스퍼드 대학이 100% 지분을 보유한 사설 기업이다. OUI 는 크게 4개의 사업부문으로 나누어진다. 먼저 기술이전과 특허출원, 스핀아웃 회사 설립, 스타트업 인큐베이터 등의 업무를 수행하고 있는 Licensing & Ventures 부문, 학술전문지식 및 기술 서비스 혜택을 누릴 수 있도록 연구자와 외부 파트너사를 지원하고 있는 Consulting Services 부문, 초기투자펀드, 옥스퍼드 엔젤 네트워크, Spinout Equity 매니지먼트를 통하여 벤처기업을 지원하는 Funding, Investment and Management 부문, 전 세계 고객들에게 기술 상용화 및 혁신 관리에 대한 컨설팅 및 교육을 제공하는 Oxentia 부문이다. 특히 Oxentia는 기술이전의 모범사례에 대한 관심이 증가하여 이를 전문적으로 대응하기 위하여 2004년에 ISIS Enterprise 라는 조직명으로 설립되었다. 이를 옥스퍼드의 글로벌 혁신을 컨설팅할 수 있는 조직으로 거듭나기 위하여 2017년에 현재의 조직명인 Oxentia로 새롭게 브랜딩하였다. 본 조직은 OUI의 경영 컨설팅 기관으로서 별도의 법인으로 운영되고 있다. 별도 법인으로 운영되고 있으나 OUI와 긴밀하게 협력하면서 폭넓은 국제 혁신 공동체의 요구를 수용하고, 고객층을 확장하면서 고객의 니즈를 충족시킬 수 있는 활동을 할 수 있는 자유도를 갖게 되었다.

4.1.2 OUI 운영

OUI 는 설립 초기에는 어려움을 겪었었다. 옥스퍼드란 브랜드를 보유하고 있었으나 1988년 설립 이후 2001년까지는 큰 성과를 내지 못하고 매년 적자를 지속하여 대학본교의 지원금을 받아 조직을 운영하였다. 그러나 이러한 부진의 원인은 명성에 가려진 보수적인 대학문화와 매너리즘적인 인력이라는 판단 하에 5개년 발전계획을 수립하고 2000년부터 대학본교로부터 100만 파운드의 보조금을 지원받아 역량 있는 직원들을 채용하면서 변화를 모색하였다.

우수한 직원들의 역량을 기반으로 기술이전 성과를 향상시키고, 기술자문과 경영컨설팅을 통한 수입의 다변화를 통하여 매출 향상에 노력하였다. 2001년부터 매출이 성장하기 시작하면서 2017년 기준 매출은 1,870만 파운드(한화 약 270억 원)에 이른다. 2005년부터는 대학에서 지원받는 보조금보다 대학에 돌려주는 대학 배당금이 점점 많아지면서 2017년 기준 8백만 파운드(한화 약 115억 원)의 수익을 창출하였다.

옥스퍼드와 같은 세계 최고의 명성을 보유한 대학일수록 조직의 정체성이 강하여 변화에 느리게 대응하게 만들어 조직을 오히려 환경으로부터 도태시킬 수 있다.(Peteraf & Shanely, 1997; Livengood & Reger, 2010; Nag et al., 2007). 즉 최고 조직에서 일하고 있다는 자부심이 조직원들에게 자만심과 조직 이기주의 등으로 인하여 조직의 성장을 방해할 수 있다는 것이다. OUI는 이를 극복하기 위하여 지식과 경험을 갖춘 우수한 인력을 영입하여 시장논리로 조직을 운영하였다. 현재 OUI에 적을 두고 영국, 중국, 홍콩, 스페인 등에서 근무하는 직원은 79명에 이른다. 이들 모두 이공계 박사 출신으로서 대부분 산업계 근무 경험을 보유하고 있고, 기술에 대한 이해도가 매우 높다. 또한 각자 전문분야에서 네트워크를 활용하여 고객의 요구를 적극적으로 대응할 수 있다. 그래서 옥스퍼드 대학의 연구자들에게 현재 연구 중인 기술들에 대하여 시장에서 요구하는 방향으로 사업화 방향을 명확하게 제시해주고 컨설팅을 수행하면서 출원되는 특허 기술에 대하여 기업들은 신뢰를 보내고 있다.

자료: "Supporting Spin-outs: Lessons from Oxford and Beyond", Oxentia Ltd, (2018)

〈그림2〉 OUI 소속 박사급 Staff 현황

4.1.3 OUI 성과 창출과 전략

대학의 기술사업화를 이끌어 내기 위하여 가장 어려운 작업 중의 하나는 교수들의 적극적인 참여를 독려하고 교수들의 시장에 대한 이해를 통하여 사업화와 기술이전 성과를 이끌어 내는 것이다. 대부분이 세계적인 석학인 옥스퍼드 교수들에게 있어서 연구 성과에 대하여 사업화보다는 논문화 작업이 더 중요할 수 있으나, 이를 사업화로 전환시키는 과정은 매우 어려운 작업이다. 기술사업화를 위하여 논문을 포기하는 경우가 발생하기 때문이다.

또한 기술에 대한 가치를 산출하는 과정에서 이견이 발생할 수 있고, 학문적 가치와 시장가치가 일치하는 것이 아니기 때문에 기술 가치에 대한 사전 조율과 교수들의 적극적인 이해 및 참여가 필수적이다. 이를 위하여 OUI 컨설턴트들은 각 대학별로 주 1회 서비스 설명회를 개최하여 교수들과 적극적인 네트워크를 형성하고 기술사업화에 대한 이해도를 높이기 위하여 노력한다. 그래서 교수들이 언제든지 기술사업화 및 기술이전 서비스를 지원받고자 할 때 쉽게 접근할 수 있도록 수시로 접촉한다.

이러한 노력 하에서 최근 옥스퍼드 대학은 유럽 내에서 독보적인 성과를 창출하고 있다. OUI를 통해 출원된 특허 수는 2017년 기준으로 3,425건으로 EU 대학 중 1위를 차지하였고, 전 세계 대학 중 전체 16위, 영국 내 기업 포함하여 영국 전체 4위에 해당하는 성과이다. 2017년에 설립된 스핀아웃 회사는 17개에 달하고 있다. 특히 스핀아웃 성과에 있어서 최근 3년 내 스핀아웃을 시도한 기업들에 대한 성공률이 87%에 이르고 있어 영국 내 주요 대학의 평균 성공률인 54% 대비 상당히 높은 성과를 보이고 있다. 현재까지 OUI를 통한 스핀아웃 기업 수는 150여개가 되고 있으며, 지난 30년 동안의 성과 중 최근 3년 내 스핀아웃 기업수가 1/3 수준이다. 이러한 옥스퍼드 대학의 스핀아웃 성과는 영국전체 대학 성과의 약 50%를 상회하는 수준이다. 또한 옥스퍼드 대학은 투자, 기술사업화를 통하여 수익을 창출하고 그 창출된 수익을 대학의 연구에 재투자하여 우수한 학문적 성과를 창출하는 선순환 구조를 만들기 위하여 노력하고 있다.

〈그림 3〉에서 보듯이 대학의 우수한 연구 성과를 통하여 기술사업화와 기술이전 성공률을 높여 수익을 창출하고 이렇게 창출된 성과를 기반으로 투자를 통하여 추후 더 높은 수익을 지향한다. 그렇게 벌어들인 수익을 다시 연구에 재투자하여 보다 우수한 연구 성과를 창출하는 선순환 구조를 지향하고 있다. 특히 연구 성과와 기술사업화는 라이센싱과 컨설팅

영역의 적극적인 지원 하에서 성과를 창출하고 있으며, 연구, 기술사업화와 투자가 상호 연계되었을 때, 연구 성과가 최종적으로 스핀아웃성과로 연계될 수 있음을 알 수 있다.

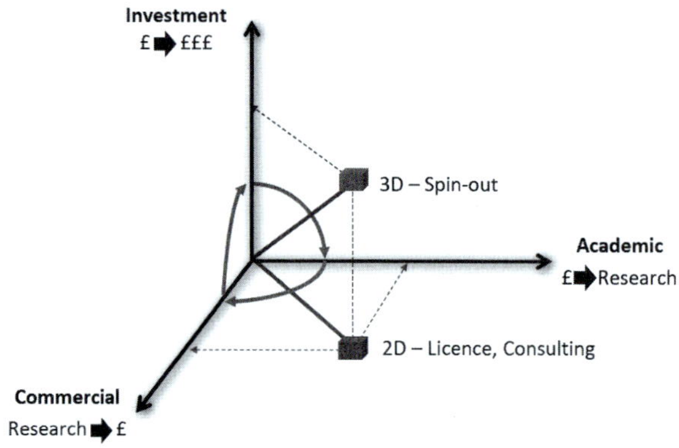

자료: "UK Universities and Their Role in Technology Commercialisation", Oxentia Ltd,(2017)

〈그림 3〉 OUI의 Multi-Dimensional Intermediaries 전략

4.2 미국 스탠포드 대학 사례: 문화 및 시스템

스탠포드 대학은 기술과 창업이라는 내재된 문화를 지속적으로 발전시켜 기업가형 대학으로 변화에 성공한 사례이다. 대학의 Mission Statement에는 "과학 기술의 상업화/산업화"가 명시되어 있으며, 대학에서 생산되는 연구 결과물을 산업계로 이전시키기 위한 다양한 운영 지침들로 산학 연계가 가장 활발한 대학으로 명성을 얻게 되었다. 스탠포드 대학은 1891년 리랜드 스탠포드(Leland Stanford)에 의해 설립되었으며, 당시 8,180에이커(약 1,000만평)에 달하는 말 목장이 오늘날 스탠포드 대학의 캠퍼스가 되었다. 현재 스탠포드 대학은 16,424명의 재학생과 2,219명의 교직원을 보유한 세계적인 명문대학으로 발전하였다. 2019년까지 83명의 노벨상 수상자를 배출했으며, 이중 17명이 교수진으로 활동 중이다. 특히, 미국 실리콘밸리 인근에 위치한 스탠포드 대학은 Hewlett-Packard, Google, Yahoo, Cisco Systems 등 오랜 시간 동안 수많은 창업가를 배출하며 특히 전 세계에서 기업가치 1조원이 넘는 유니콘 기업 창업자의 약 1/4이 스탠포드 대학 출신으로 명실상부 스타트업 메카로 자리 잡고 있다.

특히 스탠포드 대학의 경제적 효과는 1930년대부터 전 세계적으로 스탠포드 동문 기업들은 약 4만개에 이르며, 이들 수입은 2.7조 달러(약 3,000조 원)에 육박한다. 그리고 500만개가 넘는 고용창출 효과를 가져 온 것으로 보고되었다(Eesley & Miller, 2018).

4.2.1 스탠포드 대학과 실리콘밸리

스탠포드 대학은 세계적인 IT기업과 수많은 스타트업들이 밀집되어 있는 실리콘밸리와 긴밀한 유대관계 속에서 지역적 특색이 강한 독특한 스타트업 문화가 형성되었다. 실리콘밸리에는 전 세계 첨단 산업을 이끄는 IT기업과 이를 동경하며 꿈을 키워가는 스타트업들이 밀집해 있다. 미국 내 벤처캐피탈 투자의 절반이 집중되어 있을 정도로 막대한 창업자금들이 조달되고 있다.

이러한 발전 배경에는 스탠포드 대학이 시대에 직면한 문제들을 해결하고 환경에 적응하려는 다양한 노력들의 결과물이라 할 수 있다. 1950년대 당시 스탠포드 대학이 위치한 미국 서부지역에서 대학을 졸업한 학생들이 일자리를 찾아 동부지역으로 떠나가게 되면서 지역의 사회적 문제가 발생하게 된다. 또한 전후 냉전체제에서 군사력 강화와 우주 개발에 있어서 소련에 대응하기 위해 미국에서는 기초·응용 연구의 강화가 중요한 과제로 대두되었다. 이를 위해 필요한 연구 자금이 연방정부의 연구기관, 대학 등에 막대하게 투입 되었고 이러한 연구 성과들은 현재의 글로벌 기업과 벤처기업으로 이전되어 현재 첨단 기술 산업을 이끄는 실리콘밸리가 탄생되었다.

실리콘밸리의 탄생은 스탠포드 대학의 리서치 파크로부터 시작된다. 세계 최초의 사이언스 파크인 스탠포드 리서치 파크는 1951년 당시 공과대학장이었던 프레드릭 터먼 교수의 제안으로 대학의 재정 운영을 강화하고자 대학 소유의 부지 일부를 첨단 기술 기업들에게 장기 임대하여 기업들을 유치시켜 수입을 얻으면서 대학의 연구 개발 성과를 산업계와 연계시켜 상업화하기 위한 것이었다. 이곳에 위치한 기업들은 부지에 대한 임대료뿐 아니라 대학 기부금을 연구비로 지원하는 등 대학과 산업계의 활발한 교류가 이루어졌다. 1960년대와 70년대를 거치며 스탠포드 리서치 파크를 중심으로 주변 지역과 네트워크를 형성하며 현재의 '실리콘 밸리'라고 불리는 '하이테크 산업클러스터'가 형성되었다.

스탠포드 대학의 산학 협력 프로그램으로 대표적인 Honors Coorporative Program(HCP)은 1953년 프레드릭 터먼 교수에 의해 창안되어 실리콘밸리에 위치한 기업들을 대상으로 선발된 직원들이 대학에서 교육을 받는 대학원 과정이다. 이 과정을 통해 기업과 대학의 활발한 교류를 함으로써 대학은 졸업생들이 기업에 취업을 할 수 있는 기회를 갖게 되고 연구에 필요한 재원 확보와 등록금 수입을 이중으로 올리는 기회를 제공한다. 또한 기업의 입장에서도 직원들의 능력 향상과 기업의 성장·발전을 위한 고급 기술 인력 확보를 할 수 있는 기회를 가진다. 현재 이 프로그램은 4개의 단과대학의 13개 과정으로 확대되어 운영 중이다.

스탠포드 대학은 2018년 기준 813개의 기술에 대한 라이센싱으로 약 4,000만 달러(한화 475억 원)에 이르는 수익을 냈으며, 또한 다양한 산업의 기업체들과 스폰서십을 맺어 6,000개가 넘는 공동 연구 프로젝트 진행으로 산학 간 활발한 연계 활동이 이루어졌다.

4.2.2 스탠포드 대학의 스타트업 문화

스탠포드 대학은 오래전부터 산학연계에 초점을 두고 대학 교수와 학생들의 창업 촉진을 적극적으로 지원하고 있다. 특히 스탠포드 대학은 학문적인 이론 중심의 교육 뿐 아니라 산업계에서 응용할 수 있는 실천성이 높은 교육을 강조하는 것으로 유명하다.

스탠포드 대학의 교수 창업에 대해 기술이전 전담 조직인 Office of Technology Licensing(OTL)에서 규정한 'Start-up Guide'를 통해 명확한 가이드라인을 제시하고 있다. 이에 따라 대학 내 발생할 수 있는 이해관계 충돌을 방지하고 교수들이 자유롭게 창업 활동을 할 수 있는 분위기가 조성되었다. 상당수의 교수가 창업활동을 하고 있으며 외부 기업의 직책을 겸임하거나 창업 멤버로 참여하고 있다. 프레드릭 터만 교수는 이미 1930년대부터 자신의 실험실 제자들이 실험실에서 개발된 기술을 가지고 창업을 하도록 권유하며 적극적으로 지원하였다. 터만 교수의 제자였던 윌리엄 휴렛과 데이비드 패커드가 설립한 HP(Hewlett Packard)는 대표적인 사례이다. 이처럼 대학은 교수들의 창업 장려와 산업계와의 교류를 적극적으로 지원함으로써 교수들 또한 학생들에게 창업을 권장하여 학생들이 거리낌 없이 스타트업에 도전할 수 있는 문화가 형성되었다.

스탠포드 대학의 강점은 바로 창업을 먼저 경험한 졸업생 및 동문들을 자주 접할 수 있는 기회가 많다는 것이다. 실리콘밸리에는 이미 수많은 스탠포드 출신들이 활동을 하고 있으며 그들이 가진 경험과 노하우를 컨퍼런스, 밋업 그리고 초청 강연 등과 같은 형식으로 자연스럽게 스탠포드 후배들에게 전달이 된다.

이와 같은 창업에 대한 자유로운 문화 속에서 학생들은 그들 스스로 스타트업 생태계 조성을 위한 다양한 노력들을 하고 있다. 스탠포드 대학의 재학생이던 캐머런 테이틀먼(Cameron Teitelman)은 2009년 '스타트엑스(StartX)'라는 액셀러레이터 프로그램을 만들었다. 스타트엑스는 스탠포드 학생과 졸업생 등이 창업한 기업을 대상으로 초기 투자금, 사무실을 비롯하여 창업 관련 각종 인프라, 컨설팅 서비스 그리고 인근 실리콘밸리의 기업들과 협력해 다양한 프로그램을 제공하고 있다. 현재 약 1,200명의 스타트업 창업가들이 거쳐 갔으며, 매월 100~200만 달러 규모의 투자를 하고 있다. 단순히 학생들이 창업에만 전념하는 것이 아니라 창업을 지원하고 생태계를 만들어가며 또 다른 학생 중심의 창업 문화가 형성된 것이다.

이러한 실용적인 교육과 연구의 방향에 초점을 두고 대학 내 교수 및 대학원생 창업, 그리고 기술 이전이 활발하게 이루어짐으로써 스탠포드 대학만의 스타트업 문화가 자리를 잡게 되었다. 뿐만 아니라 대학의 연구 결과물들을 지역 기업들과 공유함으로써 실리콘밸리라는 첨단 산업 클러스터를 조성하는데 큰 기여를 하며 대표적인 기업가형 대학으로써 평가받고 있다.

4.3 독일 베를린 대학 사례: 리더의 가치양립

독일 베를린 대학은 가치 양립적인 리더의 역할을 통해 기업가형 대학으로 변화를 이루어냈다. 1897년 설립된 베를린 공과대학교(Technische Universität Berlin)는 유럽의 중심부인 독일의 수도 베를린에 위치하고 있으며, 유럽에서 가장 권위 있는 대학 중의 하나이자 독일에서 유학생 비율이 가장 높은 대학이다. 100여개의 전공 분야에 약 34,000명의 학생이 재학 중이며, 독일에서 가장 크고 세계적으로 유명한 기술 대학교 중 하나다.

2000년대 이후 독일의 대학들은 국제경쟁력 확보라고 하는 과제를 실현하기 위하여 여러 가지 개혁을 추진해 왔다. 이는 지난 수세기 동안 학문적 리더십을 갖고 있던 독일의 대학들이 1960년대 후반 이후 여러 가지 환경의 변화를 겪으면서 변화에 적응하는 개혁들을 실천해 왔으며, 세계화와 정보화 시대를 거쳐 4차 산업혁명으로 일컬어지는 Industry 4.0의 개념을 정립하면서 대학들에게 더욱 근본적인 개혁이 요구된다는 인식이 확산되고 있다.

이는 1960년대 후반 이후부터 진행되어온 대학조직과 대학생 수의 증가로 인한 대학의 급속한 팽창이 과거 독일 대학의 전통에 따라 '엄격한 연구 지향적이면서 연구와 교육의 일원화를 계속 유지할 것인가', 아니면 대중교육시대라는 환경의 변화에 적응하기 위해 '미국식 학제로 개편할 것인가'에 대한 고민이 반영된 것이라고 볼 수 있으며, 결국은 대학의 자율성이 제고되어야 하고, 대학들 간 경쟁이 가능해야 한다는 방향성이 대학의 대내외에서 대두되었다(황승연, 1999).

4.3.1 대학과 리더십

대학의 변화를 이끌기 위해서는 대학의 전략과 경영의 방향성이 중요하며, 이러한 방향성을 이끄는 대학 총장의 역할이 매우 중요하다. 대학의 총장은 대학 구성원들에 대한 동기 부여, 의사소통, 대학의 운영 방향성과 경쟁 대학들과 우위에 서기 위한 전략 계획 수립과 시행, 캠퍼스 문화 및 풍토 조성에 영향을 미치고, 대학의 변화와 발전에 큰 영향을 미친다(김남순, 2003; 박시남 외, 2012; 손경애, 2008; 이효계, 2006). 그러나 총장에게 요구되는 리더십은 기업 조직 등 일반 조직의 지도자가 발휘하는 리더십과는 다를 수 있다. 이는 대학의 구성원들은 고도의 자율성을 지닌 전문가 집단의 특성을 보유한 교수, 일반조직원의 성격을 가지고 있는 교직원, 그리고 교육의 수혜자인 학생 등 다양한 이해관계자를 가지고 있기 때문이다(Birnbaum, 1988; Hendrickson et al., 2013). 또한 대학은 단기적인 조직 목표가 모호하고, 일반 영리조직들과는 달리 구성원들의 관계가 느슨하게 결합된 조직(loosely-coupled systems)이라는 특징도 있다(Cohen & March, 1974). 대학은 소재지(수도권, 지방), 설립 유형(국공립, 사립), 발전 목표(연구중심, 교육중심 등), 평판 등 환경과 여건에 따라 조직 비전과 목표, 문화 및 풍토, 구성원의 행동 양식에 차이가 있을 수 있다(Strange & Banning, 2001). 따라서 같은 대학이라도 기관 특성에 따라 효과적인 총장 리더십의 양상은 다를 수 있다(배상훈 외, 2018).

4.3.2 슈타인바흐 총장의 가치 양립 리더십

베를린 공과대학 역시 유구한 역사와 연구 및 교육의 우수한 성과에도 불구하고 독일 대학들의 겪고 있는 어려움 속에서 시대의 변화를 이끌기 위하여 2010년부터 총장을 맡고 있는 외르크 슈타인바흐 총장은 앞장서서 다학제 간 연구에 강한 의지를 밝히면서 학제 간 벽을 무너뜨리며, 동적인 사고를 통한 베를린 공과대학의 발전을 견인하였다. 다학제 연구의 대표적인 사례는 기후변화 분야의 연구이다. 베를린 공과대학은 유럽공과대학(EIT)의 Autonomous Systems(AUS) 프로그램에 참여하여 연구와 교육, 혁신을 통한 연구 모델을 구축하였다. 이는 기후 변화와 관련된 빅데이터 분석으로 환경 변화에 대응할 수 있는 새로운 대체 에너지 개발 및 시스템 구축 등 다양한 분야의 연구들이 시도되고 있다. 특히, 2002년부터 2010년 동안 새로 채용된 교수들에게 다학제 연구를 통한 문제 해결에 적극적으로 협력한다는 동의가 이루어졌으며 이러한 연구의 시도를 적극 권장하고 있다. 또한 창업과 기업가정신 교육 지원을 대폭 강화하면서 기업가정신과 기술 이전을 전담하는 센터를 설립하고 창업과 관련된 프로세스를 일원화하면서 특허 등록, 스핀오프(Spin-off) 기업 설립 등을 다루는 전문가 팀과 연구, 교육, 기업가정신 고취 등을 전담하는 교수팀을 운영하면서 베를린을 중심으로 한 독일의 창업 열기를 이끌고 있다. 이러한 성과를 바탕으로 베를린 공대는 독일 경제부로부터 '기업가 대학'이라는 명칭을 수여받은 바 있다.

슈타인바흐 총장은 학문과 함께 산학협력의 중요성도 강조하여 과학 및 산업계의 수많은 파트너와 학문적, 전문적 네트워크를 활용하여 전략적 제휴 및 수많은 창업 활동을 장려하였다. Siemens, Deutche Telekom, Daimler, Vattenfall과 같은 글로벌 기업들은 베를린 공대와 다양한 협력 프로젝트에 참여하고 있으며, 기술 및 지식 이전을 적극적으로 추진하였다. 기업은 투자를 제공할 뿐만 아니라 실습 교육을 제공하고 장학금, 강의 및 졸업생들을 위한 취업기회를 제공한다. 베를린 공과대학교는 해마다 약 40건의 창업 이니셔티브에 대한 지침과 감독을 제공함으로써 과학 기반 신생 기업 및 기업 분할의 홍보에 중점을 둔다. 또한 캠퍼스 내 또는 캠퍼스 주변에 자리 매김하고자 하는 신생 창업회사를 위한 적극적인 지원을 수행한다. 이를 "EXIT start-up university" 라고 부른다.

이렇듯 국가와 사회가 대학의 변화를 요구하는 시점에 대학 총장의 리더십은 대학의 수많은 이해관계자의 니즈를 조율하면서 대학과 지역사회 나아가 국가 변혁의 시발점으로서 중요한 역할을 수행하게 된다. 베를린 대학은 현재 유럽 스타트업 중심지인 베를린의 심장 한가운데에서 창업열기를 데우고 있으며, 기업가형 대학으로서 산학협력을 통한 기술이전 사업으로 대기업과의 협력관계를 통한 대학으로부터 산출된 기술을 시장에서 활용함으로써 현시대가 요구하는 대학의 역할에 충실하고 있다.

Ⅴ. 결론 및 시사점

5.1 요약 및 결론

본 논문은 대학을 대상으로 조직의 양손잡이 전략 관점에서 기존 전통적인 대학의 역할을 넘어 기업가형 대학으로의 전환을 설명함과 동시에 영국의 옥스퍼드 대학과 미국의 스탠포드 대학 그리고 독일의 베를린 대학의 사례를 분석하고자 하였다.

기업가형 대학으로의 전환은 양손잡이 조직 관점에서 영국의 옥스퍼드 대학, 미국의 스탠포드 대학 그리고 독일의 베를린 대학을 통해 세 가지 유형의 전략으로 분류할 수 있었다.

첫째, 조직의 구조적 관점에서 대학이라는 조직의 기존 역할과 대학의 시장 활동이라는 상충관계를 활용과 탐색을 추구하는 개별 조직 부서를 만듦으로써 양면성 조직을 추구함을 알 수 있다. 대표 사례로 영국 옥스퍼드 대학은 대학 내 R&D 활동을 지원하는 연구 지원본부와 연구 성과물을 전담으로 관리하는 전문회사인 OUI 그리고 기술이전과 기술사업화에 필요한 다양한 지원 역할을 하는 Oxentia(ISIS Enterprise)라는 전문성을 기반으로 한 조직을 만들어 대학 조직의 양면성을 촉진하는 것으로 알 수 있었다.

둘째, 양면성 조직의 맥락적 관점에서 대학은 기존의 대학 조직이 가지고 있는 시스템이나 문화 및 환경 등을 개선해 나감으로써, 양손잡이 전략을 추구하는 것으로 나타났다. 미국 스탠포드 대학은 수십 년 전부터 이미 산업계와 연계하기 위한 실용적인 교육과 연구에 초점을 두어 대학 내 교수 및 대학원생 창업, 기술이전 등이 활발하게 이루어짐으로써 스탠포드만의 스타트업 문화가 정착되었고 인근 위치한 실리콘밸리에는 수많은 스탠포드 출신 기업가들이 활동을 하면서 지역 기업들과 대학의 연계를 강화하는 등의 적극적인 노력이 현재의 스탠포드 대학이 기업가형 대학으로서 자리 잡을 수 있게 되었다.

셋째, 리더십 관점에서의 기업가형 대학은 대학 총장이 이끄는 조직 리더십을 통해 대학 조직을 효율적으로 운영하고 조직의 양면성을 촉진시키는데 있어 중요한 역할을 수행하는 것을 확인할 수 있었다. 독일 베를린 대학의 슈타인바흐 총장은 다학제 간 연구에 강한 의지를 밝히며 학제 간 벽을 무너트리고, 동적인 사고를 통한 베를린 공과대학의 발전과 기업가형 대학의 중요성을 강조하고 있다. 이러한 변화는 국가와 사회가 요구하는 니즈에 맞춰 베를린 대학이 나아가야 할 미래 방향 설정과 기업가형 대학으로의 변화를 이끌고 있다.

마지막으로, 앞서 살펴본 기업가형 대학의 사례들은 양손잡이 관점에서 한 대학에 하나의 선행요인만을 분석하였다. 하지만 실제로 기업가형 대학으로 변화에 성공한 대학들은 어떤 한 가지 특징적인 요인을 통해 탁월한 성과를 내는 것이 아니라 조직구조, 시스템 및 문화, 리더십이라는 각각의 요인들 상호보완적 관계를 지니며 실행이 되고 있다. 따라서 본 논문에 소개한 세 대학의 사례뿐만 아니라, 기업가형대학으로 전환에 성공했거나, 변모하고 있는 22개 대학을 추가로 분석하여 부록에 선행요인들을 정리하였다. 여러 선행요인들이 복합적으로 작용하고 있음을 알 수 있다.

5.2 시사점

과거 전통적인 대학의 역할에서 벗어나 대학의 기업화라는 패러다임의 전환에 대한 논의는 대학의 입장에서 급속하게 변화하는 불확실한 환경에 적응하고 생존하기 위한 중요한 화두이다. 이미 오래된 역사와 전통을 가진 해외 명문 대학들은 수십 년 전부터 기업가형 대학으로 변화를 통해 대학의 연구 결과물들에 대한 기술 사업화와 수많은 창업가 및 기업들을 배출하며 우수한 성과들을 나타내고 있는 상황이다.

국내에서도 이러한 추세에 발 맞춰 2003년 제정된 '산학협력에 관한 촉진법' 이후 기업가형 대학으로의 전환을 위한 다양한 시도를 하고 있다. 그러나 아직까지 우리나라 대학은 대학이 기업과 같은 시장 활동을 한다는 것에 대해 부정적인 시각이 존재하며, 대학 조직 내 구성원들 간 수많은 이해관계 충돌 및 갈등 상황으로 기업가형 대학으로의 변화가 제대로 이루어지지 않고 있다는 것이 명백한 사실이다.

따라서 본 논문에서는 단순히 사례를 소개하는 것이 아니라 해당 사례들을 통해 앞으로 국내 대학들이 기업가형 대학으로의 패러다임 변화에 적응하고 대학의 미래 방향 설정을 위한 방안 마련 등의 자료로 활용할 수 있을 것이다.

학문적 시사점은 다음과 같다. 첫째, 최근 주목받고 있는 기업가형 대학이 무엇인지에 대한 학문적 정의를 내리는데 도움을 주고 있다. 둘째, 구체적으로 본 논문에서는 기존에 기업에서 행해지는 양손잡이 전략을 대학이라는 맥락에 적용하였다.

실무적 시사점으로는 기업가형 대학으로 전환을 위해서는 어떠한 전략이 필요한지 조직 관점, 문화 및 시스템 관점, 리더십 관점을 통해 해외 사례를 제시함으로써 국내 대학들에게 접근법을 제시하였다.

5.3 한계점 및 향후 연구방안

본 연구는 기업가형 대학의 사례를 통해 선행 연구에서 비교적 많이 다루어지지 않은 대학의 양손잡이 전략에 초점을 두고 대학이 전통적으로 가지는 기존 역할에서 벗어나 기업가형 대학이라는 새로운 패러다임으로 변화하는 사례를 설명했다는 점에서 의의를 가지지만, 다음과 같은 한계점이 존재한다.

첫째, 본 연구는 기업가형 대학으로 변화에 성공한 영국의 옥스퍼드 대학, 미국의 스탠포드 대학 그리고 독일의 베를린 공과 대학을 대상으로 분석이 이루어졌다. 사례 연구의 특성상 모든 대학들에 반영하기 어려운 점이 있다. 따라서 향후 연구에서는 기업가형 대학에 성공한 대학들을 양손잡이 전략 관점을 적용시켜 대학별 비교 분석 또는 양손잡이 전략의 선행요인들에 대한 상관관계를 규명하는 정량적인 분석이 이루어진다면 좀 더 의미 있는 시사점을 제공할 수 있을 것이다.

둘째, 본 연구에서는 성공적인 평가를 받고 있는 기업가형 대학을 양손잡이 전략이라는 이론적 프레임워크를 사용해 분석이 이루어졌다. 양손잡이 전략을 가능케 하는 특징적인 부분을 강조와 함께 선행요인들에 초점을 맞추어 전반적인 개념적 틀을 설명하고 있지만 각 대학마다의 조직 구조나 시스템, 조직 문화, 환경적 요인 등 전략을 실행하는 구체적인 방법에 대한 모든 내용들을 포함시키지 못한 한계를 지닌다. 향후 연구에서는 기업가형 대학의 변화에 대응하기 위한 각 대학들의 구체적인 조직 구조나 운영체계 및 평가시스템, 조직 문화 등을 포함시켜 분석이 이루어진다면 보다 실질적인 도움을 줄 수 있을 것으로 사료된다.

부록 내용은 원 논문을 참고해 주시기 바랍니다.

REFERENCE

김남순(2003). 지방대학 발전과 총장의 리더쉽. *한국지방교육경영학회 학술대회 논문집,* 2003(5), 3–28.

김종진·최종인(2005). 산학협력: 대학의 새로운 역할. *한국산학기술학회논문지,* 6(6), 461–467.

박시남·최은수·배귀희(2012). 대학 총장의 리더십이 행정 직원 리더십에 미치는 영향. *Andragogy Today: Interdisciplinary Journal of Adult & Continuing Education (IJACE),* 15(4), 27–54.

배상훈·김성열·전수빈·윤수경(2018). 한국 대학 총장의 리더십 사례. *교육행정학연구,* 36, 195–223.

손경애(2008). 대학총장의 변혁적·거래적 리더십과 직무효과성의 관계: 대학교수들의 인식을 중심으로. *인적자원관리연구,* 15(1), 111–129.

오승현(2009). 학문 자본주의(아카데믹 캐피탈리즘)의 개념모형 및 분석준거 연구. *교육행정학연구,* 27(2), 453–479.

윤정원(2017). 학문적 기업가정신의 동인과 장애요인에 관한 연구: 대학교원의 기술창업 비교사례분석. *Korea Business Review,* 21(1), 1–34.

이효계(2006). 대학총장의 리더십. *대학교육,* 143, 32–35.

임한려·홍성표.(2020). 기업가형대학 (Entrepreneurial University) 을 위한 대학의 창업 성과 영향요인 분석. *벤처창업연구,* 15(2), 19–32.

장용선(2014). 양면성 조직문화 형성과정 탐색. *Korea Business Review,* 18(2), 175–206.

황승연(1999). 독일 대학교육의 변화와 개혁. *대학교육,* 99, 30–34.

Adler, P. S., & Borys, B.(1996). Two types of bureaucracy: Enabling and coercive. *Administrative science quarterly,* 61–89.

Adler, P. S., Goldoftas, B., & Levine, D. I.(1999). Flexibility versus efficiency? A case study of model changeovers in the Toyota production system. *Organization science,* 10(1), 43–68.

Azagra–Caro, J. M., Archontakis, F., Gutiérrez–Gracia, A., & Fernández–de–Lucio, I.(2006). Faculty support for the objectives of university–industry relations versus degree of R&D cooperation: The importance of regional absorptive capacity. *Research Policy,* 35(1), 37–55.

Bae, S. H., Kim, S. Y., Jeon, S. B., & Yoon, S. K.(2018). A Multi–Case Study on Korean University Presidents' Leadership. *The Journal of Educational Administration,* 36, 195–223.

Bathelt, H., Kogler, D. F., & Munro, A. K.(2010). A knowledge–based typology of university spin–offs in the context of regional economic development. *Technovation,* 30(9–10), 519–532.

Birnbaum, R.(1988). *How colleges work: The cybernetics of academic organization and leadership.* San Francisco: Jossey–Bass.

Bok, D.(2003). *Universities in the marketplace: The commercialization of higher education.* Princeton, NJ: Princeton University Press.

Bradley, S. R., Hayter, C. S., & Link, A. N.(2013). Models and methods of university technology transfer. *Foundations and Trends® in Entrepreneurship,* 9(6), 571–650.

Brown, S. L., & Eisenhardt, K. M.(1997). The art of continuous change: Linking complexity theory and time–paced evolution in relentlessly shifting organizations. *Administrative science quarterly,* 1–34.

Chang, Y. S.(2014). An Exploratory Study about Ambidextrous Organizational Culture Formation Process. *Korea Business Review,* 18(2), 175–206.

Chrisman, J. J., Hynes, T., & Fraser, S.(1995). Faculty entrepreneurship and economic development: The case of the University of Calgary. *Journal of business venturing,* 10(4), 267–281.

Clark, B. R.(1998). The entrepreneurial university: Demand and response. *Tertiary Education and management,* 4(1), 5–16.

Clark, B. R.(2001). The entrepreneurial university: New foundations for collegiality, autonomy, and achievement. *Higher Education Management,* 13(2).

Cohen, M. D., & March, J. G.(1974). *Leadership and ambiguity: The American college president.* New York: McGraw–Hill.

Denison, D. R., & Mishra, A. K.(1995). Toward a theory of organizational culture and effectiveness. *Organization science,* 6(2), 204–223.

Duncan, R. B.(1976). The ambidextrous organization: Designing dual structures for innovation. *The management of organization,* 1(1), 167–188.

Eesley, C. E., & Miller, W. F.(2018). Impact: Stanford University's economic impact via innovation and entrepreneurship. *Foundations and Trends® in Entrepreneurship,* 14(2), 130–278.

Etzkowitz, H.(2001). The second academic revolution and the rise of entrepreneurial science. *IEEE Technology and Society Magazine,* 20(2), 18–29.

Etzkowitz, H.(2003). Research groups as 'quasi–firms': the invention of the entrepreneurial university. *Research policy,* 32(1), 109–121.

Etzkowitz, H., Webster, A., Gebhardt, C., & Terra, B. R. C.(2000). The future of the university and the university of the future: evolution of ivory tower to entrepreneurial paradigm. *Research policy,* 29(2), 313–330.

Florida, R.(1999). The role of the university: leveraging talent, not technology. *Issues in science and technology,* 15(4), 67–73.

Floyd, S. W., & Lane, P. J.(2000). Strategizing throughout the organization: Managing role conflict in strategic renewal. *Academy of management review,* 25(1), 154–177.

Friedman, J., & Silberman, J.(2003). University technology transfer: do incentives, management, and location matter?. *The Journal of technology transfer,* 28(1), 17–30.

Ghoshal, S., & Bartlett, C. A.(1994). Linking organizational context and managerial action: The dimensions of quality of management. *Strategic management journal,* 15(S2), 91–112.

Gibson, C. B., & Birkinshaw, J.(2004). The antecedents, consequences, and mediating role of organizational ambidexterity. *Academy of management Journal,* 47(2), 209–226.

Gilbert, C. G.(2005). Unbundling the structure of inertia: Resource versus routine rigidity. *Academy of management journal,* 48(5), 741–763.

Hendrickson, R. M., Lane, J. E., Harris, J. T., & Dorman, R. H. (2013). *Academic leadership and governance of higher education.* Sterling, Virginia: Stylus.

Hwang, S. Y. (1999). Transformation and reform of German university education. *University Education,* 99, 30–34.

Kim, J. J., & Choi, J. I. (2005). University Industry Cooperation: New role of university. *Journal of Korea Academia-Industrial cooperation Society,* 6(6), 461–467.

Kim, N, S. (2003). Regional University Development and President's Leadership. *The Korean Society for the Study of Local Education Management Proceeding,* 2003(5), 3–28.

Lee, H. G. (2006). University president's leadership. *University Education,* 143, 32–35.

Lim, H. R., & Hong, S. P. (2020). Analysis of Factors Influencing Entrepreneurial Performance at the University Level for Becoming Entrepreneurial Universities. *Asia-Pacific Journal of Business Venturing and Entrepreneurship,* 15(2), 19–32.

Livengood, R. S., & Reger, R. K. (2010). That's our turf! Identity domains and competitive dynamics. *Academy of Management Review,* 35(1), 48–66.

Lubatkin, M. H., Simsek, Z., Ling, Y., & Veiga, J. F. (2006). Ambidexterity and performance in small-to medium-sized firms: The pivotal role of top management team behavioral integration. *Journal of management,* 32(5), 646–672.

March, J. G. (1991). Exploration and exploitation in organizational learning. *Organization science,* 2(1), 71–87.

Morrow, R. A. (2006). Foreword–Critical Theory, Globalization and Higher Education: Political economy and the cul-de-sac of the postmodernist cultural turn. *The university, state, and market: The political economy of globalization in the Americas,* 17–33.

Nag, R., Corley, K. G., & Gioia, D. A. (2007). The intersection of organizational identity, knowledge, and practice: attempting strategic change via knowledge grafting. *Academy of Management Journal,* 50(4), 821–847.

O'Reilly III, C. A., & Tushman, M. L. (2008). Ambidexterity as a dynamic capability: Resolving the innovator's dilemma. *Research in organizational behavior,* 28, 185–206.

Oh, S. H. (2009). A Study on the Conceptual Model and the Criteria of Analysis of Academic Capitalism. *The Korean Society For The Study Of Educational Administration,* 27(2), 453–479.

Oxentia (2017). *UK universities and their role in technology commercialisation.* Retrieved from https://www.britishcouncil.kz/sites/default/files/oxford_university_innovation_and_oxentia.pdf.

Oxentia (2018). *Supporting spin-outs: Lessons from oxford and Beyond.* Retrieved from https://taftie.eu/sites/default/files/britta_wyatt.pdf.

Park, S. N., Choi, E. S., & Bae, K. H. (2012). Andragogy Today: Interdisciplinary. *Journal of Adult & Continuing Education(IJACE),* 15(4), 27–54.

Pelikan, J. (1992). *The idea of the university: A reexamination.* Yale University Press.

Perkmann, M., Tartari, V., McKelvey, M., Autio, E., Broström, A., D'Este, P., & Krabel, S. (2013). Academic engagement and commercialisation: A review of the literature on university: industry relations. *Research policy,* 42(2), 423–442.

Peteraf, M., & Shanley, M. (1997). Getting to know you: A theory of strategic group identity. *Strategic Management Journal,* 18(Summer special issue), 165–186.

Pirnay, F., & Surlemont, B. (2003). Toward a typology of university spin-offs. *Small business economics,* 21(4), 355–369.

Raisch, S., & Birkinshaw, J. (2008). Organizational ambidexterity: Antecedents, outcomes, and moderators. *Journal of management,* 34(3), 375–409.

Rhoades, G., & Slaughter, S. (1997). Academic capitalism, managed professionals, and supply-side higher education. *Social Text,* (51), 9–38.

Rhoades, G., & Slaughter, S. (2006). Academic capitalism and the new economy: Privatization as shifting the target of public subsidy in higher education. *The university, state, and market: The political economy of globalization in the Americas,* 103–140.

Schugurensky, D. (2006). The political economy of higher education in the time of global markets: Whither the social responsibility of the university. *The university, state, and market: The political economy of globalization in the Americas,* 301–320.

Sheremata, W. A. (2000). Centrifugal and centripetal forces in radical new product development under time pressure. *Academy of management review,* 25(2), 389–408.

Siggelkow, N., & Levinthal, D. A. (2003). Temporarily divide to conquer: Centralized, decentralized, and reintegrated organizational approaches to exploration and adaptation. *Organization Science,* 14(6), 650–669.

Slaughter, S., & Leslie, L. L. (1997). Academic capitalism: Politics, policies, and the entrepreneurial university. *The Johns Hopkins University Press, 2715 North Charles Street, Baltimore,* MD 21218-4319.

Slaughter, S., Slaughter, S. A., & Rhoades, G. (2004). *Academic capitalism and the new economy: Markets, state, and higher education.* JHU Press.

Smith, W. K., & Tushman, M. L. (2005). Managing strategic contradictions: A top management model for managing innovation streams. *Organization science,* 16(5), 522–536.

Son, K. A. (2008). The Relations Between The Transformational Transactional Leadership Of University Presidents And Their Work Effectiveness- Based On The Professors' Perception. *Journal of Human Resource Management Research,* 15(1), 111–129.

Strange, C. C., & Banning, J. H. (2001). *Education by Design: Creating Campus Learning Environments That Work.* San Francisco: Jossy-Bass

Tushman, M. L., & O'Reilly III, C. A. (1996). Ambidextrous organizations: Managing evolutionary and revolutionary change. *California management review,* 38(4), 8–29.

Washburn, J. (2008). *University, Inc.: The corporate corruption of higher education.* Basic Books.

Wright, M., Birley, S., & Mosey, S. (2004). Entrepreneurship and university technology transfer. *The Journal of Technology Transfer,* 29(3-4), 235–246.

Ylijoki, O. H. (2003). Entangled in academic capitalism? A case-study on changing ideals and practices of university research. *Higher education,* 45(3), 307–335.

Yoon, J. W. (2017). Academic Entrepreneurship: Drivers and Barriers of Academic Spin-off activities by Faculty Founders. *Korea Business Review,* 21(1), 1–34.

혁신의 이론과 실증을 아우르는 벤처 창업 : 이론과 쟁점

벤처창업연구 머스트리드 20

방법론

연구의 진화, 미래를 보다

벤처창업연구 머스트리드 20

방법론 :
연구의 진화, 미래를 보다

서론

창업학(entrepreneurship)이 독립적 학문 영역으로 발전해온 과정에서 연구 방법론의 선택과 발전은 이 분야의 학문적 정체성을 규정하는 핵심 요소라고 할 수 있다. MustReads에 수록된 20편의 논문을 정체성, 개인, 조직, 생태계, 방법론이라는 다섯 층위에서 검토할 때, 각 연구가 채택한 방법론적 접근은 창업학이 어떠한 방식으로 현상을 탐구하고 지식을 축적해왔는지를 보여주는 중요한 지표가 된다. 전반적으로 창업학 연구는 문헌 고찰, 사례연구, 설문조사 기반 실증분석에 집중되어 있으며, 예측 가능성과 첨단 기법의 활용은 상대적으로 제한적이었다. 이러한 방법론적 지형 속에서 김선우 외(2024)의 머신러닝 기반 연구는 창업학의 방법론적 전환을 예고하는 중요한 신호탄으로 평가된다. 본 장에서는 창업학 정체성, 개인, 조직, 생태계 수준별 연구에서 선정된 논문들을 방법론 측면에서 체계적으로 분석하고, 데이터 기반 예측 분석의 도입이 갖는 학문적 의의와 향후 방향을 탐구하고자 한다.

분석 수준별 방법론 분석

먼저, 창업학 정체성에 대한 세 편의 논문은 창업학의 학문적 기반을 다지는 과정에서 서로 다른 방법론적 접근을 보여준다. 정헌배(2016)는 창업학의 정의와 연구과제를 제시한 개념적 탐색 연구로, 문헌 고찰과 이론적 종합을 통해 창업학을 학제적 연구영역으로 정의하였다. 이는 새로운 학문 분야의 정체성을 확립하는 초기 단계에서 필수적인 개념적 작업이었다. 김도현 외(2017)는 보다 체계적인 접근을 취하여 2000년부터 2016년까지 국내 주요 학술지에 발표된 앙트러프러너십·기업가정신 관련 논문 전체를 전수조사하였다. 연구대상, 사용된 이론, 방법론, 변수 등을 계량적으로 정리하고 분류하는 방법을 통해 앙트러프러너십(창업학)과 경영학의 관계를 객관적으로 검토하였다. 이는 연구 동향의 계량적 분석을 통해 학문적 독자성을 점검한 방법론적으로 정교한 시도였다. 안태욱·박재환(2018)은 설문조사를 토대로 구조방정식 모형(SEM)을 활용하여 창업교육이 기업가정신과 자기효능감을 매개로 진로준비행동에 미치는 영향을 검증하였다. 이는 창업교육의 효과를 정량적으로 입증했다는 점에서 의의가 크다.

다음으로, 개인 수준 연구의 다섯 논문은 창업가 개인의 특성과 행동을 탐구하면서 양적 실증연구의 다양한 접근법을 보여준다. 이혜영·김진수(2019)는 선행연구 15편을 종합한 메타분석(meta-analysis)을 통해 창업가 역량이 기업성과에 미치는 효과크기를 도출하였다. 메타분석은 개별 연구의 한계를 극복하고 일반화 가능한 결론을 도출할 수 있는 강력한 방법론으로, 창업학 연구에서 축적된 지식을 체계적으로 종합했다는 점에서 가치가 높다. 김나미 외

(2020)는 설문조사 자료를 바탕으로 로짓회귀분석(Logistic Regression)을 적용하여 창업 실패 경험, 재교육, 동기의 조절효과가 재창업 여부에 미치는 영향을 분석하였다. 종속변수가 이분형인 상황에서 적절한 통계 기법을 선택함으로써 연구의 방법론적 타당성을 확보했다. 권상집(2023)은 설문조사 기반으로 조절효과 분석을 실시하여 기업가적 리더십의 양면성과 구성원의 조절 초점 성향 간 상호작용을 탐구했다. 복잡한 상호작용 효과를 정교하게 검증함으로써 리더십 연구의 방법론적 정밀성을 보여주었다. 전반적으로 개인 카테고리는 양적 실증연구에 의존하면서도 메타분석, 로짓회귀분석, 조절효과 분석 등 방법론적 다양성을 확보했다는 점에서 창업학 연구의 방법론적 성숙도를 보여준다.

세 번째, 조직 수준 연구의 여덟 논문은 스타트업의 자원, 전략, 비즈니스 모델 혁신, 투자구조 등을 분석하면서 질적 연구와 양적 연구가 상호 보완하는 양상을 보여준다. 김도연 외(2020)와 진우석·성지은(2022)은 심층 사례연구를 통해 각각 창업기업의 자원 형성 과정과 하이브리드 조직의 전략 변화를 추적하였다. 이들 연구는 조직 현상의 복잡성과 맥락성을 깊이 있게 탐구함으로써 양적 연구로는 포착하기 어려운 미시적 메커니즘을 규명하였다. 반면 나기혁·양대규(2019), 최성철·이우진(2021), 박예진 외(2023), 김상영·라준영(2024), 김지은 외(2022), 김도윤·신동엽(2021)은 설문조사 또는 이차 데이터를 활용하여 회귀분석, 패널분석 등 양적 실증 연구를 수행하였다. 특히 BM 혁신과 VC 투자 관련 연구들은 다변량 분석을 통해 복합적인 영향 요인들을 동시에 고려하는 정교한 분석을 시도하였다. 조직 수준 연구들은 질적 접근을 통한 현장의 맥락성 확보와 양적 접근을 통한 실증적 타당성 검증을 균형 있게 추구했다. 그러나 네트워크 분석(네트워크 관점이 아닌)이나 시계열 분석 등 조직 현상의 동적 측면을 포착할 수 있는 첨단 기법의 활용은 여전히 부족한 상황이다.

생태계 카테고리: 서술적 접근의 한계

마지막으로, 생태계 수준의 세 논문은 창업정책, 제도, 교육 생태계를 다루면서 주로 서술적·설명적 접근에 의존하였다. 변지유·이장희(2020)는 유럽의 EntreComp 프레임워크 적용 연구를 통해 창업교육의 역량 모델을 제시했고, 원치운 외(2020)는 질적 사례연구를 통해 기업가형 대학의 양손잡이 전략을 분석하였다. 이들 연구는 정책과 제도의 설계에 실질적 함의를 제공했으나, 방법론적 차원에서는 현상의 기술과 해석에 머물렀다. 이종훈·정태헌(2016)은 정부출자금과 VC 초기투자 데이터를 기반으로 회귀분석을 수행하여 정책 효과를 정량적으로 검증했다는 점에서 상대적으로 진전된 접근을 보여주었지만, 생태계의 복잡한 상호작용과 동태적 변화를 포착하기에는 한계가 있었다.

방법론적 혁신의 전환점

이러한 방법론적 지형 속에서 김선우 외(2024)의 「머신러닝 모형을 활용한 창업기업의 후속투자 결정요인 분석」이 지니는 의미는 크다. 이 연구는 중소벤처기업부 TIPS 프로그램에 참여한 921개 스타트업의 데이터를 활용하여 Random Forest, XGBoost, SVM 등 최신 머신러닝 알고리즘을 적용하였다. 연구 결과, XGBoost가 가장 높은 예측 정확도를 보였으며, 창업자의 출신 배경, 기술 분야, 초기 투자 시점 등이 후속투자의 중요한 예측 변수로 확인되었다. 이는 단순히 새로운 통계 기법을 도입한 것을 넘어, 창업 데이터를 기계학습이 가능한 구조로 재편성함으로써 창업학 연구의 패러다임 자체를 전환시킨 획기적 시도였다.

김선우 외(2024) 연구의 가장 중요한 기여는 창업학을 설명적 분석(explanatory analysis)에서 예측적 분석(predictive analytics)으로 확장시켰다는 점이다. 기존 창업학 연구들이 주로 "무엇이 중요한가?"라는 해석적 질문에 집중했다면, 이 연구는 "무엇을 예측할 수 있는가?"라는 새로운 차원의 연구 문제를 제기하였다. 이러한 전환은 단순한 방법론적 변화를 넘어, 창업학 연구의 사회적 유용성을 크게 확장시킨다. 예측 모델의 개발은 창업정책의 우선순위 설정, 투자자의 의사결정 지원, 교육 프로그램의 과학적 설계 등에서 데이터 기반 의사결정을 가능하게 하는 실용적 가치를 제공한다.

김선우 외(2024) 연구에서 주목해야 할 또 다른 측면은 창업 데이터를 머신러닝에 적합한 형태로 구조화한 방법론적 접근이다. 창업 현상은 본질적으로 비정형적이고 맥락 의존적인 특성을 갖고 있어, 이를 기계학습이 가능한 정형 데이터로 변환하는 것은 그 자체로 중요한 방법론적 도전이었다. 연구진은 창업자의 배경, 기술 분야, 투자 시점 등을 체계적으로 코딩하여 알고리즘이 학습할 수 있는 특성 변수(feature variables)로 변환하였다. 이 과정에서 창업학의 기존 이론적 지식과 데이터 과학의 기법적 요구사항을 효과적으로 결합함으로써, 학제적 연구 방법론의 새로운 모델을 제시하였다.

김선우 외(2024) 연구가 보여준 머신러닝 기반 접근은 창업학의 과학적 엄밀성을 크게 향상시킬 수 있는 잠재력을 지닌다. 기존의 회귀분석 기반 연구들이 연구자의 이론적 가정에 의존하여 변수를 선택하고 모델을 구성했다면, 머신러닝 알고리즘은 데이터로부터 패턴을 자동으로 학습하여 예측 모델을 구축한다. 이러한 접근은 연구자의 주관적 편향을 줄이고, 대규모 데이터에서 인간이 발견하기 어려운 복잡한 상호작용 효과를 탐지할 수 있다는 장점을 제공한다. 또한 모델의 예측 성능을 객관적으로 평가할 수 있는 지표들(정확도, 정밀도, 재현율 등)을 통해 연구 결과의 신뢰성을 향상시킬 수 있다.

또한, 실무적 활용성의 확장을 증가시킨다는 점에서도 의의를 지닌다. 예측 모델의 개발은 창업학 연구의 실무적 활용성을 획기적으로 확장시킨다. 정책 입안자들은 예측 모델을 활용하여 지원 대상 기업을 선별하고 자원 배분의 효율성을 높일 수 있다. 투자자들은 투자 의사결정 과정에서 정량적 근거를 확보할 수 있으며, 창업가들은 자신의 성공 가능성을 객관적으로 평가하고 부족한 영역을 보완할 수 있다. 이러한 실무적 활용성의 확장은 창업학이 단순히 현상을 설명하는 학문에서 나아가, 사회적 문제 해결과 의사결정 지원에 직접적으로 기여하는 실용적 학문으로 발전할 수 있는 기반을 제공한다.

마지막으로, 머신러닝과 같은 첨단 기법의 도입은 창업학 연구자들이 컴퓨터 과학, 데이터 사이언스, 통계학 등 인접 분야의 전문가들과 협력할 수 있는 새로운 기회를 창출한다. 이러한 학제적 협력은 창업학의 방법론적 다양성을 크게 확장시킬 뿐만 아니라, 복잡한 창업 현상을 다각도로 탐구할 수 있는 연구 역량을 강화시킨다. 김선우 외(2024) 연구는 이러한 학제적 협력의 성공적 사례로, 창업학의 도메인 지식과 데이터 과학의 분석 기법이 효과적으로 결합될 수 있음을 보여주었다.

결론 및 제언

분석한 연구들을 토대로, 향후 벤처창업 연구의 방법론적 측면에서 나아가야 할 방향을 다음과 같이 제언한다.

김선우 외(2024) 연구가 제시한 방향을 따라, 향후 창업학 연구에서는 더욱 다양한 데이터 유형과 분석 기법이 도입될 필요가 있다. 텍스트 마이닝을 통한 창업가의 비전 및 전략 분석, 네트워크 분석을 통한 창업 생태계의 구조적 특성 탐구, 자연어 처리를 통한 투자 보고서 및 뉴스 데이터 분석 등이 유망한 방향으로 제시될 수 있다. 또한 시계열 분석과 생존 분석 기법을 통해 창업기업의 성장 궤적과 실패 위험을 동적으로 모델링하고, 강화학습을 통해 최적의 창업 전략을 탐색하는 연구들도 가능할 것이다.

또한, 방법론적 혁신을 지속하기 위해서는 고품질의 창업 데이터가 체계적으로 축적되고 공유될 수 있는 인프라 구축이 필수적이다. 정부 기관, 대학, 연구소, 민간 기업이 협력하여 창업 데이터의 수집, 정제, 표준화 체계를 마련해야 한다. 특히 개인정보보호와 데이터 활용 간의 균형을 유지하면서, 연구자들이 접근할 수 있는 고품질 데이터셋을 확충하는 것이 중요하다. 또한 데이터의 형식과 변수 정의를 표준화하여 연구 간 비교 가능성과 재현성을 확보해야 한다.

그러나 무엇보다 중요한 것은 머신러닝과 같은 첨단 기법의 도입이 중요하지만, 이것이 기존의 질적 연구나 전통적 통계 분석을 대체하는 것은 아니라는 점이다. 오히려 창업 현상의 복잡성을 종합적으로 이해하기 위해서는 다양한 방법론적 접근이 상호 보완적으로 활용되어야 한다. 질적 연구는 창업 현상의 맥락과 의미를 깊이 있게 탐구하는 데 여전히 중요한 역할을 하며, 전통적 통계 분석은 인과관계의 규명과 이론 검증에서 고유한 가치를 지닌다. 방법론적 다원주의를 통해 각 접근법의 장점을 살리고 한계를 보완하는 것이 창업학 발전의 핵심이 될 것이다.

2025년 9월

2025년 한국벤처창업학회 홍보대외협력위원장

김주희 드림

벤처창업연구 제19권 제6호 (통권96호)

머신러닝 모형을 활용한 창업기업의 후속투자 결정요인 분석

김선우 (과학기술정책연구원 선임연구위원)
이윤아 (과학기술정책연구원 연구원)
서정민 ((주)사이람 과장)
김강민 ((주)사이람 상무이사)

국문 요약

이 연구는 창업기업의 후속투자 규모를 결정짓는 요인을 머신러닝(기계학습)을 활용하여 분석한 연구이다. 분석대상은 기술창업기업으로 후속투자를 모니터링 할 수 있는 팁스 창업기업 885개사이다. 이들 기업의 후속투자 규모에 영향을 미치는 요인으로는 창업기업의 특성 변수 즉, 사업 분야, 이공계인력 비중, 지역, 매출 규모, 대표자 특징, 지분율 등 13개 지표와 초기투자사의 특성 변수 즉, 투자사 유형, 투자 방식, 소재지 등 4개 지표, 그리고 투자 네트워크 변수 즉, 연결중심성, 커뮤니티, 근접중심성 등 4개 지표를 살펴보았다. 종속변수는 Series A 단계를 전후로 후속투자 규모를 구분하였다. 분석 결과, 투자 네트워크 분석 변수를 포함한 모델의 설명력이 창업기업이나 초기투자사의 특성만을 포함한 모델보다 더 높았으며, 그 가운데 투자 네트워크 내 응집 그룹에 속하는지 여부가 후속투자에 영향을 미치는 것으로 나타났다. 또한, 팁스 창업기업의 매출 규모와 산업 분야도 후속투자 규모에 영향을 미쳤다. 연구의 시사점은 후속투자는 초기투자 단계와는 다르게 스타트업의 경쟁력, 성장가능성, 업계 네트워크(다른 투자자와의 협력, 시장 내 신뢰도, 업계 연결성 등)에 더 큰 영향을 받는다는 점이다. 초기투자사는 초기 성공에 중요한 역할을 하지만 후속투자 단계에서는 영향력이 낮게 나타났다. 연구의 한계는 창업기업 간 투자 네트워크가 창업기업과 투자사 간의 투자 관계를 기반으로 도출하여 간접적인 네트워크라는 점이다. 향후 창업기업과 창업기업 혹은 창업기업과 투자사 사이에 직접적인 상호작용에 대한 네트워크 데이터가 보완된다면 투자 네트워크 상에서 창업기업과 투자기관의 직접적인 영향력을 반영할 수 있을 것이다. 아울러 본 연구에서 7가지 기계학습 방법을 사용하여 분류 및 예측 성능을 정량적으로 비교 평가한 점도 탐색적 연구로 의의가 있다.

핵심주제어: 기술기반 창업기업, 초기투자사, 투자 네트워크, 후속투자, 머신러닝(기계학습)

Ⅰ. 서론

기술기반 창업기업 중에서도 딥테크 스타트업은 과학과 공학 기반의 혁신기술을 개발하여 상업화하는 창업기업으로, 다양한 융합을 통해 기존 산업생태계를 해체하고 재조합함으로써 '파괴적 혁신'을 주도한다. 이러한 기업이 새로운 시장을 창출하고 기존 산업의 변화를 주도하는 역할을 수행해 나가기 위해서는 정부와 민간 부문의 적극적 지원과 투자가 필요하다. 특히, 기술의 변화와 시장의 불확실성을 동시에 감수하며 생존해 나가기 위해서는 다양한 주체와의 협력을 통해 위험을 완화시키는 창업생태계의 중요성 또한 크다.

인공지능(AI), 바이오, 로봇, 반도체, 우주항공 등 다양한 분야의 딥테크 스타트업이 출현하며 국내 창업생태계의 다양성과 역동성이 증가하고 있다. 우선, 신설법인·벤처투자 등 창업생태계가 외형적으로 크게 확대되었고, 과거와 비교하여 창업을 바라보는 사회적 인식도 개선되었다. 창업생태계에 대한 대내외적 위상도 높아져 기업가정신 순위에서 우리나라는 2019년 10위에서 2021년 6위로 올라섰다. 도시 창업생태계에서 서울은 2019년 30위 밖에서 2023년 12위, 2024년 9위로 올라섰다(Startup Genome, 2024). 우리 창업생태계가 그동안 다산다사(多產多死)의 특징을 보였다면 이제는 다생(多

生)할 수 있는 방향으로 전환이 필요하다. '더 많은 창업'에서 '더 성장하는 창업'으로 생태계를 전환하기 위한 노력의 일환에서 연구가 시작되었다.

이 연구는 창업기업의 후속투자 규모를 결정짓는 요인을 찾는데 연구의 목적이 있다. 그 요인으로 창업기업의 특성, 투자사의 특성, 투자 네트워크의 특성 등 21개 변수가 후속투자 규모에 미치는 영향을 살펴보았다.

다양한 결정요인을 검증해 보고자 이 연구는 머신러닝을 사용하였다. 전통적인 통계적 분석방법론에서 벗어나 다양한 변수의 패턴을 읽고 예측하는 방법 중 가장 우수한 모델을 선택하여 결과를 해석하였으며, 창업 연구에서 데이터 기반 접근을 강화하고 기계학습 기법의 유용성을 검증하려는 시도이다. 또한 기존 연구에서 창업기업의 성장에 영향을 미치는 요인에 관한 연구는 다양하게 이루어졌으나, 데이터 수집의 어려움으로 후속투자의 규모로 보는 연구는 많지 않았다. 기술기반 창업기업의 후속투자 데이터를 연결하여 '딥테크 스타트업의 성장이 투자를 통해 이루어진다(곽기현, 2022; 이현호 외, 2017)'는 내용을 실증적으로 분석하고자 했다. 또한 창업기업 연구에서 강조하던 창업자의 특성, 기업의 재무지표 등의 요인과 더불어 투자 네트워크 내에서의 위치와 구조적 특성을 성장의 핵심요인으로 부각시키고자 했다.

Ⅱ. 이론적 배경

2.1. 기술창업기업에서 후속투자의 중요성

창업기업은 일반창업기업과 기술창업기업(이하 '기술기반창업(technology–based startup)')으로 구분된다(신철호·김병근, 2019; 신승용·권규현, 2021). 일반창업기업은 특정한 기술을 필요로 하지 않는 도소매업, 생계형 창업 등을 포함하는 반면, 기술창업기업은 창업자가 혁신적인 기술을 활용하여 새로운 아이디어로 신시장을 개척하는 기업으로 분류된다(김진수 외, 2016; 김수진, 2022). 양수희 외(2011) 연구에서는 혁신을 통해 성과를 창출하거나 혁신 활동을 끊임없이 추구하는 중소기업을 기술창업기업이라고 정의하였다. 문재희(2020)는 창업자가 혁신적인 기술을 바탕으로 기술 연구 및 지식 활용에 중점을 두고 설립한 기업을 기술창업기업으로 정의하였으며, Cooper & Bruno(1977)는 R&D를 강조하고 기술혁신에 대한 책임감을 기반으로 신기술 개발 및 활용에 중점을 둔 기업을, Butchart(1987)는 고기술 영역에서 활동하는 중소기업을 기술창업기업으로 정의하였다. 이를 종합해 보면, 기술창업기업은 기술이나 지식의 집약 정도를 의미하는 혁신성이 상대적으로 높은 창업기업으로 볼 수 있다(안승구 외, 2016; 정도범, 2020).

창업기업의 성장은 고용인원, 시장점유율, 순이익, 매출액, 현금흐름 등 여러 측면에서 발생할 수 있으며(Murphy et al., 1996), 기존 선행연구들은 창업기업의 성장을 설명하기 위해 매출액, 투자수익률, 수익성, 시장점유율, 투자단계, 산업재산권, 창업만족도 등 선택 가능한 여러 측정지표를 사용하였다(강원진 외, 2012; 이창영 외, 2016; 황병선 외, 2016; 박종복, 2018; 이명종·주영진, 2019; Dess & Robinson, 1984; Hanks & Chandler, 1994; Delmar, 1997; Weinzimmer et al, 1998). 매출액과 같은 재무적 성과 지표는 객관적인 지표임에 따라 측정이 용이하고, 고용인원은 일자리 창출을 나타내는 대표적인 비재무적 성과 지표로서 두 지표가 창업기업의 성장 측정지표로 많이 사용된다(Delmar, 1997; 이길원·박현숙, 2016; 이명종·주영진, 2019).

후속투자유치 여부가 창업기업의 성장에 영향을 미치는 연구(Sahlman, 1990; Manigart & Sapienza, 1999; Davila et al., 2003; Chemmanur et al., 2011; Kelly & Kim, 2013; Paglia & Harjoto, 2014; 김건우·서병철, 2010; 김하영 외, 2019)를 종합하면, 창업기업들이 상위의 성장단계에 진입하고 생존하기 위해서는 제한된 자원을 자본 조달을 통해 극복할 수 있도록 '투자유치'가 창업기업의 성장에 중요함을 강조한다(Sirmon & Hitt, 2003; McKelvie & Wiklund, 2010; Grichnik et al., 2014). 특히 기술창업기업에게 후속투자 유치는 초기 창업기업의 성장에 있어서 중요한 지표로 인정되고 있으나(Sahlman, 1990; Manigart & Sapienza, 1999), 창업기업의 성장에서 투자유치의 중요성에도 불구하고 투자유치에 조명을 둔 연구가 데이터 확보의 이슈 등의 이유로 간과되어 왔다(Jo & Lee, 1996).

따라서 본 연구에서는 후속투자를 기술창업기업의 성장에 중요한 지표로 보고, 후속투자 규모에 영향을 미치는 요인에 관한 선행연구를 중심으로 검토하였다.

2.2. 기술창업기업 후속투자의 영향요인

창업기업의 후속투자 유치에 영향을 미치는 요인은 창업기업의 특성에 관한 연구와 투자사의 특성에 관한 연구로 크게 구분된다. 우선, 창업기업의 특성에 초점을 둔 연구는 창업기업이 속한 산업 유형, 소재지, 핵심인력 비중, 매출성장률, 기업의 소유구조, 창업자의 특성 등을 주요 요인으로 보고 있다. 구체적으로 창업기업이 속한 산업 혹은 사업 유형의 경우 속한 환경 변화 수준에 따라 시장에서 경쟁 우위를 확보하기 위한 전략 수립에 중점을 두며(Glancey, 1998; Nadkarni & Narayanan, 2007), 소재지는 특히 국내의 경우 지역 간 양극화 현상에 문제의식을 가지면서 수도권과 비수도권 간 창업기업 성장에 차이를 보였다(최규선, 2022). 핵심인력의 비중의 경우 기술창업기업이 R&D를 강조함에 따라 연구개발의 핵심인력을 창업기업의 우월적인 자원으로 보았다(Barringer et al., 2005; Peteraf, 1993). 특히 연구개발투자에 관한 특성이 창업기업의 성과에 양(+)의 영향을 미치는 연구 결과가 밝혀지면서 연구개발을 위한 인력의 비중과 같은 인적 자원의 특성 또한 창업기업의 성장에 영향을 미치는 주요 요인으로 나타났다(최은영, 2015; Yeon & Jang, 2023). 또한, 매출성장률이 높을수록 연구개발에 더 적극적으로 투자함으로써 기업의 시장가치를 향상시킨다는 연구 결과도 있다(Booth et al., 2006; Del Monte & Papgni, 2003). 기업 지분구조 역시 창업기업의 성장에 중요한 영향을 미치는 요인으로, 투자자가 누구이며 그 지분율에 따라 창업기업에 미치는 영향력을 결정할 수 있어 창업기업의 성장으로 나타난다(안윤영 외, 2005; 임선화·최윤이, 2018). 창업기업의 대표자 특성은 연령, 학력, 경험 및 지식, 창업기업의 대표자가 보유한 경험 및 전문성, 교육수준이며, 이와 같은 대표자의 특성은 창업기업의 성장에 영향을 미치는 핵심적인 결정요인으로 제시되었다(Gartner, 1985; Dahlstrand, 2001; Mitchell et al., 2004; Barringer et al., 2005; 장수덕, 2003; 이장우·이성훈, 2009).

투자사 특성에 초점을 둔 연구는 초기 기술창업기업의 성장에 있어서 투자사의 유형, 투자형태, 지역근접성 등을 주요 요인으로 보았다. 엔젤투자자와 벤처캐피탈 등과 같은 투자사 유형에 따라 창업기업의 성장에 차이가 나타난다(김용재·염수현, 2014; 최윤수·김도현, 2016; 김오성 외, 2022). 또한, 우선주와 같은 투자형태 및 투자구조도 기술창업기업의 성장과 후속투자 유치에 갖는 중요한 함의에도 불구하고, 이에 관한 연구는 활발하지 않음을 지적하고 있다(조성훈, 2020; 이나래, 2023). 투자사와 기술창업기업 소재지의 지역근접성이 설명력은 높지 않으나 후속투자 유치에 정(+)의 영향이 나타났다(김도성·안성필, 2020).

한편, 창업기업의 투자 네트워크 특성에 초점을 둔 연구가 있다. 초기 창업기업에게 있어서는 보유한 자원이 질적·양적으로 부족하기 때문에 네트워크를 통한 자원 동원 능력이 창업기업의 성장의 결정요인이며(Kwun & Jeong, 2012; 김현미, 2014; 이창영 외, 2016), 네트워크 참여자들 간의 중심성, 연결 정도 등에 따라 창업기업의 성장 정도가 달라지고(한계숙 외, 2007), 창업기업이 속한 네트워크의 강도가 높을수록 창업기업의 성장 수준이 높다(Sullivan & Marvel, 2011). 초기 창업기업의 첫 번째 파트너(투자자)의 평판이 미래 지위에 정(+)의 영향을 미치며(Milanov & Shepherd, 2013), 그 파트너가 응집적 네트워크를 형성하고 있는 경우 영향력이 더 강해지고 후속투자 유치의 성공 가능성이 커지며 창업기업의 성장으로 나타났다(김홍기·김채광, 2018).

상기에서 서술한 바와 같이 창업기업의 성장 측면에서 성공과 실패에 영향을 미치는 요인을 규명하기 위한 다양한 연구가 수행되었다. 하지만 일반창업기업과 달리 기술창업기업은 혁신이 필요한 고기술 영역에서 활동하고, 이를 통해 기존에 없던 시장을 개척하거나 획기적인 변화를 야기함에 따라 불확실성이 상대적으로 높다. 이로 인해 자본에 대한 접근이 어려워 외부 자본 유치 가능성 면에서 기술창업기업의 성장에 비교 우위를 제공할 수 있다(Carpenter & Petersen, 2002; Mason & Harrison, 2004, 남정민, 2014). 따라서 기술창업기업의 단계별 투자는 투자한 기업의 가치와 성장 가능성을 평가하여 자금 회수시기를 결정할 수 있기 때문에 미국을 포함하여 기술창업기업의 단계별 투자는 전 세계적으로 시행되고 있다(Wang & Zhou, 2004; 황병선 외, 2016). 즉, 창업기업의 투자유치는 기술창업기업의 생존과 성장에 있어 핵심적인 역할을 하지만, 기존의 창업기업의 성장 요인에 관한 연구는 매출, 고용 등에 주로 초점을 맞추어 요인을 탐색해 왔으며 투자단계에 따라 후속투자에 초점을 둔 연구는 부족하다. 시장의 변동에 의한 불확실성이 높고 투자유치가 생존과 성장에 있어 핵심적인 역할을 하는 기술창업기업에게 있어서는 후속투자에 초점을 두고 성장에 영향을 미치는 요인을 탐색할 필요가 있다.

따라서 본 연구에서는 기술창업기업의 성장의 지표를 투자유치로 보며, 그 중 후속투자 규모에 초점을 둔다. 후속투자 규모는 Seed, Start-up, Early Stage, Expansion, Mature으로 구분하는 투자 단계(Aernoudt, 2005)를 기반으로 한다. 초기투자단계로 일컫는 Early Stage의 경우 Series A와 같이 다수의 투자 라운드가 진행된다. Seed 단계의 투자를 성공적으로 유치하였으나 Series A 단계에서의 후속투자 실패로 인해 발생하는 'Series A Crunch' 현상(양영석, 2015)에 주목하여 본 연구에서 후속투자는 'Series A'를 기준으로 구분하였다.

Ⅲ. 연구 방법

3.1. 연구의 모형

이 연구는 기술창업기업의 성장 즉, 후속투자 규모의 결정요인을 찾는 것이다. 기술창업기업의 후속투자 규모를 결정하는 요인에 대해 기존 선행연구를 종합하여 도출한 결과, 카테고리를 기술창업기업의 특성, 초기투자사의 특성, 투자 네트워크 특성으로 분류할 수 있었다.

기술창업기업의 특성으로는 사업 분야(산업기술표준분류, 초격차기술분야), 연구개발인력 비중, 지역, 규모, 대표자의 특징(학력, 상위대학 졸업자, 해외대학 졸업자, 경력 등), 지분구조(창업기업의 지분, 초기투자사의 지분 등)이다. 초기투자사의 특성은 투자사 유형, 투자방식, 지역(소재지, 창업기업의 소재지와의 일치성)이다. 투자 네트워크 특성은 창업기업과 초기투자사 간 투자행위를 통해 연결되는 네트워크 속성에 관한 변수로 연결중심성, 근접중심성, 창업기업 커뮤니티 등으로 측정하였다.

본 연구를 통해 궁극적으로 Series A 이상 규모의 후속투자 유치를 결정함에 있어서 중요도가 높은 요인을 머신러닝 모형을 활용하여 탐색하고자 한다. 이를 도식화한 모형이 <그림 1>이며, 검증해보고자 하는 가설은 다음과 같다.

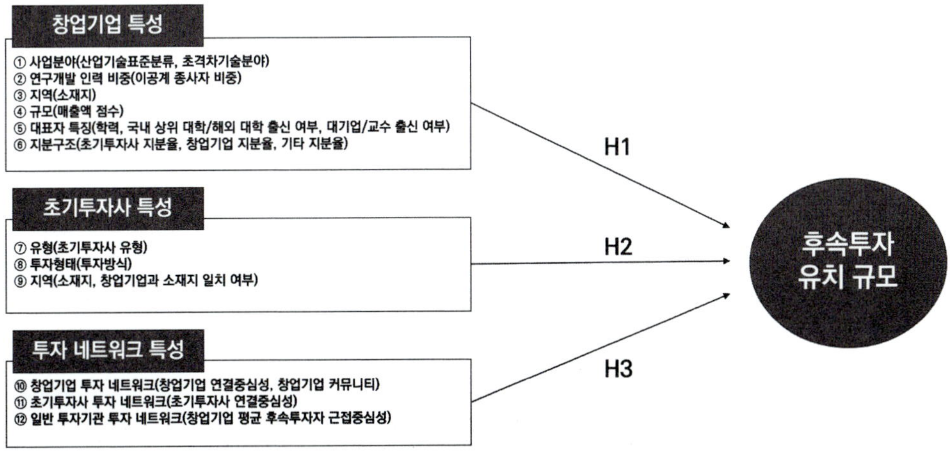

<그림 1> 연구의 모형

가설 1: 창업기업의 특성에 따라 창업기업의 후속투자 유치 규모는 달라질 것이다.

가설 2: 초기투자사의 특성에 따라 창업기업의 후속투자 유치 규모는 달라질 것이다.

가설 3: 투자 네트워크의 특성에 따라 창업기업의 후속투자 유치 규모는 달라질 것이다.

3.2. 표본의 특성

기술창업기업의 후속투자 규모를 결정하는 요인을 분석하기 위해 2013~2020년 사이에 팁스(TIPS: Tech Incubators Program for Startups) 사업을 지원받은 창업기업을 대상으로 하였다. 팁스 사업은 민간과 정부가 협업하는 사업으로 민간에서 선투자한 기술기반 창업기업에 정부가 연구개발(R&D) 자금을 지원하는 프로그램이다. 여기서 선투자한 민간 투자사는 팁스 운영사로 지정한 기업이다. 2021년 이후 지원 규모가 크게 증가하여 팁스 창업기업의 수가 크게 증가하였으나, 이를 반영하지 못한 이유는 2021년 이후 팁스 사업에 선정된 기업들은 매출 및 고용 데이터가 최대 1년치(2022년)만 존재하기 때문이다. 또한, 분석 대상의 투자 관계를 매출, 고용 데이터와 일치시키기 위해 2021년도까지의 데이터로 제한하였으며, 투자 정보가 없는 기업은 제외하였다. 이에 따라 본 분석에서 활용한 팁스 창업기업의 수는 885개사이다.

〈표 1〉 분석대상 창업기업의 후속투자 단계별 분포

후속투자 단계	창업기업 수	비중
Seed	343	38.8%
Pre-A	54	6.1%
Series A	216	24.4%
Series B	150	16.9%
Series C	31	3.5%
Series D	3	0.3%
Series E	2	0.2%
Exit 기업(IPO, M&A)	78	8.8%
총합	885	100.0%

3.3. 주요 변수 및 조작적 정의

종속변수는 창업기업의 후속투자 규모로, Series A 단계를 기준으로 상위 그룹(상)과 하위 그룹(하)로 구분하였다. 모델의 분류 성능 향상을 위해서 종속변수의 범주별로 비율이 유사해야 하므로, 변수별로 범주의 비율이 유사한 지점을 기준으로 상, 하를 구분하였다. 후속투자 단계 변수는 창업기업별 최대 투자 단계를 기준으로 Series A 단계 이상 투자를 받은 경험이 있는 기업은 '상'으로, Series A 단계 미만의 투자만 받은 기업은 '하'로 구분하였다.

〈표 2〉 종속변수별 구간

변수명	범주	구간	창업기업 수	창업기업 비중
후속투자 단계	상	Series A 이상	488개사	55.1%
	하	Series A 미만	397개사	44.9%

독립변수는 앞서 소개한 바와 같이 창업기업의 특성 정보와 초기투자사의 특성 정보, 투자 네트워크 분석 지수 변수를 사용하였다. 창업기업의 특성 정보는 창업기업의 산업 및 기술, 이공계 비중, 소재지, 매출액 점수, 대표자의 학력, 상위권 대학출진 여부, 해외대학 졸업자 포함 여부, 대기업 및 교수 출신 포함 여부, 초기투자사의 지분율, 창업팀의 지분율, 기타 지분율 등 13개 지표를 활용하였다. 또한 초기투자사 속성으로는 초기투자사 유형, 투자 방식, 소재지, 창업기업과 소재지 일치 여부 등 4개 지표를 다루었다. 개별 지표에 대한 조작적 정의는 <표 3>을 참고하자.

<표 3> 팁스 창업기업 및 초기투자사 관련 독립변수

구분			변수명	조작적 정의
1	창업 기업 특성	사업 분야	산업기술표준분류	-
2		사업 분야	초격차기술분야	-
3		연구 개발 인력 비중	이공계 비중	종사자 중 이공계 비율
4		지역	소재지	수도권 = 1, 비수도권 = 2
5		규모	매출액 점수	연구진 계산
6		대표자 특징	대표자의 학력	석박사 포함 = 1, 포함하지 않음 = 2
7			국내 상위5개 대학의 졸업자 포함 유무	졸업자 포함 = 1, 포함하지 않음 = 2
8			해외대학 졸업자 포함 여부	졸업자 포함 = 1, 포함하지 않음 = 2
9			대기업 출신 포함 여부	대기업 출신 포함 = 1, 포함하지 않음 = 2
10			교수 출신 포함 여부	교수 출신 포함 = 1, 포함하지 않음 = 2
11		지분 구조	초기투자사 지분율	백분율을 소수로 변환
12			창업기업 지분율	백분율을 소수로 변환
13			기타 지분율	백분율을 소수로 변환
14	초기 투자사 특성	유형	초기투자사 유형	벤처투자회사 등 9개 유형*으로 코딩
15		투자형태	투자방식	보통주, 우선주, 지원금
16		지역	소재지	수도권 = 1, 비수도권 = 2
17			창업기업과 소재지 일치 여부 (지역근접성)	-

주: 벤처투자회사, 기타, 창업기획자, 기업형, 신기술창업전문회사, 신기술사업금융전문회사, 기술지주사, 창조경제혁신센터, 창업투자회사 총 9개 범주

이 중 매출액 점수는 6개 사업 분야(기계·소재, 바이오·의료, 전기·전자, 정보·통신, 지식·서비스, 화학·에너지·자원)별로 팁스 창업기업의 선정연도(N) 이후 5년간 매출액이 연도별 평균보다 높으면 1, 그렇지 않으면 0으로 조작적 정의를 한 후 연도별 평가 점수를 누적하여 선정연도별 평균 점수를 계산하였다.

투자 네트워크 분석의 대표적 지표는 연결중심성, 매개중심성, 고유벡터중심성, 근접중심성 등이 있으며, 이번 모형에서는 매개중심성, 고유벡터중심성은 변수 중요도가 낮아서 삭제하였다.

중심성 분석은 네트워크 내에서 가장 중요한 노드를 찾는 방법으로 그 성격에 따라 다양한 측정 방식이 존재한다. 연결중심성(Degree Centrality)은 특정 노드가 네트워크 내에서 직접 연결된 이웃의 수가 많을수록 커지며, 이는 네트워크에서 노드의 직접적인 영향력 크기로 이해할 수 있다. 그러므로 '(공통 투자자 네트워크) 창업기업 연결중심성'이 높은 경우, 해당 창업기업은 창업기업 간 공통 투자자 네트워크에서 공통 투자기관을 가진 창업기업이 많음을 의미한다. 또한, '(투자기관 간 공동 후속 투자 네트워크) 초기투자사 연결중심성'이 높을수록 창업기업의 담당 초기투자사가 투자기관 간 공동 후

속투자 네트워크에서 여러 투자기관과 연결되어 영향력이 큰 초기투자사임을 의미한다. 즉, 두 변수로 투자 네트워크에서 어느 창업기업이 다른 기업과 연결이 많이 되어 있는지, 창업기업의 담당 초기투자사가 다른 투자기관과 많이 연결되었는지를 파악할 수 있다. 근접중심성(Closeness Centrality)은 한 노드가 네트워크 내의 다른 노드들에 얼마나 '가깝게' 위치해 있는지를 측정한다. 모든 노드에게 평균적으로 빠르게 접근할 수 있는 노드는 근접중심성이 높다고 보며, 이런 위치는 정보나 자원을 네트워크 전체로 효율적으로 전파할 수 있는 위치로 해석된다.

이외 공동투자자 네트워크 분석을 통하여 창업기업 커뮤니티를 분석하였다. 커뮤니티란 네트워크 내의 노드들을 그룹화하여 각 그룹 내의 노드들이 서로 강하게 연결되어 있고, 다른 그룹의 노드들과는 상대적으로 약하게 연결되어 있는 그룹이다. 커뮤니티 분석은 네트워크 내의 복잡한 관계를 이해하고 구조적인 패턴을 식별하는데 유용한 것으로 제시되어 있는데, 커뮤니티 내의 노드들 사이에서는 정보나 자원이 빠르고 효율적으로 흐를 수 있다. 즉, 공통 투자자 네트워크에서는 공통 투자기관으로부터 투자받은 창업기업끼리 연결되어 클러스터를 형성하고, 이들이 속한 커뮤니티의 차이가 후속 투자 단계 종속변수 분류·예측 성능에 기여하는지 알아보고자 했다.

〈표 4〉 투자 네트워크 분석 변수

구분		변수명	조작적 정의
18	창업기업	(공통투자자네트워크) 창업기업 연결중심성	연결중심성(Degree Centrality)
19		(공통투자자네트워크) 창업기업 커뮤니티	커뮤니티(Community) 분석 ※ 고립 노드는 고립으로 분류
20	초기투자사	(투자기관 간 공동 후속투자 네트워크) 초기투자사 연결중심성	투자기관 간 공동 후속 투자 네트워크로 변환 → 연결 중심성(Degree Centrality) 계산 → 창업기업별 초기투자사의 연결중심성 이용
21	일반 투자기관	(투자기관 간 공동 후속투자 네트워크) 창업기업 평균 후속투자자 근접 중심성	투자기관 간 공동 후속 투자 네트워크로 변환 → 근접 중심성(Closeness Centrality) 계산 → 창업기업별 투자기관의 근접중심성의 평균 계산

창업기업 간 공통 투자기관, 투자기관 간 공동 후속 투자 네트워크 링크는 다음과 같이 시뮬레이션 했다. 우선, 두 네트워크 모두 가중치가 1인 네트워크는 우연에 의한 결과일 수 있으므로 가중치가 2 이상인 네트워크를 이용하였다. 창업기업 간 공통 투자기관 네트워크의 가중치가 3 이상인 네트워크에서는 고립 노드 수가 전체 노드 수를 기준으로 50%를 넘기 때문에 창업기업의 특징을 파악할 수 없으므로 가중치 2 이상인 링크를 대상으로 연결중심성 분석을 진행하였다(〈표 5〉 참고).

〈표 5〉 창업기업 간 공통 투자기관 네트워크 링크 제거 시뮬레이션

구분	링크수	밀도	평균 연결수	컴포넌트 수	고립노드 수	고립노드가 아닌 노드 수
≥1	42,936	0.1098	97.0	4	3	882
≥2	4,146	0.0106	9.4	291	285	600
≥3	554	0.0014	1.3	650	637	248
≥4	93	0.0002	0.2	818	813	72
≥5	20	0.0001	0.0	865	858	27
≥6	5	0.0000	0.0	880	878	7
≥7	0	0	0.0	885	885	0

주: 총 노드수 885개

한편, 투자기관 간 공동 후속 투자 네트워크는 가중치 2 이상 네트워크를 대상으로 근접중심성 분석 후 평균을 구하여 창업기업별로 할당하였다. 또한, 창업기업별 투자사의 연결중심성을 계산하였다(<표 6> 참고).

〈표 6〉 투자기관 간 공동 후속 투자 네트워크 링크 제거 시뮬레이션

구분	링크수	밀도	평균 연결수	컴포넌트 수	고립노드 수	고립 노드가 아닌 노드 수
≥1	6,678	0.0164	14.7907	84	66	837
≥2	1,304	0.0032	2.88815	603	600	303
≥3	448	0.0011	0.99225	753	746	157
≥4	223	0.0005	0.49391	805	801	102
≥5	94	0.0002	0.2082	846	843	60
≥6	48	0.0001	0.10631	868	866	37
≥7	22	0.0001	0.04873	883	878	25

주: 총 노드수 903개

3.4. 분석 과정 및 방법론

기술창업기업 중 분석가능 대상을 추출하고, 독립변수와 종속변수에 대한 데이터 전처리를 수행한 후, 머신러닝 기반의 분류 학습모델을 생성하여 평가한 후, 결과를 분석하는 과정을 거쳤다(<그림 2> 참고).

머신러닝 방법 중 지도학습(Supervised Learning)은 모델이 학습할 수 있는 정답 데이터인 레이블이 지정된 학습 데이터(혹은 훈련 데이터)를 사용하여 모델이 레이블을 예측하도록 학습하는 방식이다. 이는 분류(Classification)와 회귀(Regression) 문제에 적용할 수 있으며, 본 연구에서는 주어진 독립변수로기술창업기업의 후속투자를 분류·예측하는 연구이므로, 연구의 목적에 따라 지도학습으로 방법을 채택하였다.

〈그림 2〉 분석 과정

지도학습의 머신러닝 알고리즘으로는 Logistic Regression, MLP(Multilayer Perceptron), CART(Decision Tree), SVM(Support Vector Machine), RF(Random Forest), AdaBoost, Naiive Bayes 등이 있다. 이 7가지 방법을 활용하여 분류·예측 성능을 정량적으로 비교 평가하였다. 다양한 머신러닝 모델 중 방법을 선택할 때는 데이터 유형, 문제 설정, 모델의 복잡성, 학습 시간, 예측의 정확성 등을 고려한다(Bishop, 2006; Hastie et al., 2009).

이 연구는 7가지 방법을 모두 실험해보고, 교차 검증과 같은 기법을 사용하여 가장 적합한 모델을 선택하고자 했다. 선행연구 즉, 스타트업 성공 예측과 관련한 연구(Mona Razaghzadeh Bidgoli, M et al., 2024)에서는 Logistic Regression, RF(Random Forest), MLP(Multilayer Perceptron), Gradient Boost, SVM (Support Vector Machine)이 적절한 기계학습 알고리즘으로 사용된 바 있으며, 크라우드 펀딩에 관한 성공 예측 연구(문동지 외, 2020)에서는 Decision Tree, SVM(Support Vector Machine), Naive Bayes, AdaBoost, Gradient Boosting, RF(Random Forest), MLP(Multilayer Perceptron)와 같은 기계학습 알고리즘이 예측을 위한 알고리즘으로 채택된 바 있다. 다만, 본 연구에서 사용한 데이터를 대상으로 한 사전 분석 결과 GradientBoost 알고리즘은 다른 알고리즘에 비해 정확도 낮아 비교 대상에서 제외하였다. 이때 모델의 학습 및 예측, 변수 중요도 계산은 NetMiner365[1)]를 사용하여 구현하였다. 분석 데이터를 기준으로 70%는 학습데이터로 30%는 테스트 데이터로 활용하였다. 학습모델을 이용하여 테스트 데이터의 정확도를 계산한 후 모델을 평가 및 비교하였다.

모델 평가 방법으로는 학습모델을 이용하여 테스트 데이터 셋에 대해 종속변수를 예측하고, 실제 데이터와 비교하여 예측 정확도 산출하였다. 이때, 정확도는 모델의 전반적인 성능을 의미하며, 전체 데이터 중 학습모델이 올바르게 예측한 데이터 수를 말한다. 본 연구에서는 종속변수의 분포가 범주별로(상 – 55%, 하 - 45%) 비교적 고른 분포를 보이고 있으므로 다른 성능 지수의 비교 없이 테스트 정확도만 보고자 하였다.

$$\text{Accracy} = \frac{\text{올바르게 예측한 데이터 수}}{\text{전체 데이터 수}} = \frac{TP+TN}{TP+TN+FP+FN}$$ [2)]

변수 중요도(Feature Importance)는 순열 변수 중요도(Permutation feature importance)를 의미한다. 이 방법은 독립변수(Feature)의 값을 순열(Permutation)하여 독립변수(Feature)와 종속변수 사이의 관계를 끊은 후 모델의 예측 오차 증가를 측정하여 변수 중요도를 계산하는 방법이다. 이때, 오차가 증가하는 독립변수는 중요한 변수이고, 그렇지 않은 변수는 중요하지 않은 것으로 간주 된다. 즉, 변수 중요도가 높은 독립변수는 모델을 설명하는 '중요'한 변수이고, 중요도가 낮은 독립변수는 '중요하지 않은' 변수로 해석할 수 있다. 이때 특정 값 이상 등의 절대적인 기준으로 변수 중요도를 판단하기보다 변수 간 상대적 비교로 중요도가 높은 변수가 모델 성능에 더 큰 영향을 미친다고 해석한다. 일반적으로는 중요도가 0이거나 음수인 변수는 모델에 영향을 거의 미치지 않는다고 볼 수 있다. 그러므로 분석 시 변수 중요도 값의 순위를 매기거나 상위 몇 개의 변수를 선택하는 방식으로 접근한다.

본 연구에서는 후속투자 단계 분류 학습모델을 생성한 뒤, 테스트 데이터 셋에 학습모델을 적용하여 테스트 데이터 셋에 대한 예측 정확도 계산하여 모델을 평가하였다.

〈표 7〉 학습모델별 독립변수 및 알고리즘

구분	모델 1	모델 2
종속변수	후속투자 단계 변수	후속투자 단계 변수
독립변수	창업기업 및 초기투자사 기업정보 변수	창업기업 및 초기투자사 기업정보 변수 + 투자 네트워크 분석 변수
알고리즘	머신러닝	머신러닝

Ⅳ. 실증 분석 결과

4.1. 기초통계량

팁스 창업기업 중 분석대상인 기업은 885개사이다. <표 1>에서 이미 검토한 바와 같이 최대 후속투자 단계가 Series A인 창업기업이 가장 많다(24.4%). 이들은 후속투자 단계 종속변수를 기준으로 '상'의 범주에 속한다.

885개사의 산업기술표준분류별, 초격차기술분야별, 대표자 특성별 분포는 <표 8>과 같다. 산업기술표준분류상으로 분류해보면 정보통신분야 390개사, 바이오의료가 228개사로 많다. 초격차기술분야로 보면 빅데이터/AI가 33개사, 바이오헬스 233개사 순이다. 표본 기업의 대표자는 석박사 출신인 경우가 716개사, 우수대학 졸업자인 경우가 586개사, 해외대학 졸업자인 경우가 363개사, 대기업 출신인 경우가 511개사, 교수 출신인 경우가 226개사이다. 이외 수도권에 소재한 창업기업이 652개사이며, 창업기업과 초기투자사 간 소재지가 일치하는 비중이 432개사이다.

<표 8> 창업기업의 속성 1

산업기술표준분류		초격차기술분야		기술창업기업 대표자특성	
기계소재	57	로봇	22	석박사 학위 보유	716
바이오의료	228	미래모빌리티	30	우수대학 졸업자	586
에너지자원	8	바이오헬스	233	해외대학 졸업자	363
전기전자	88	빅데이터AI	334	대기업경력 보유자	511
정보통신	390	사이버보안	106	교수경력 보유자	226
지식서비스	91	시스템반도체	21		
화학	23	양자기술	2		
합계	885	우주항공해양	9		
		친환경에너지	35		
		기타	93		
		합계	885		

또한 이공계 직원의 비중은 평균 72.4%이며, 창업기업의 지분율은 최소 47.5%에서 최대 100%까지 다양하며, 초기투자사의 지분율은 최대가 40%까지 있다(<표 9> 참고).

<표 9> 창업기업의 속성 2

구분	최소값	평균	최대값	표준편차
이공계인력 비중	0.0000	0.7244	1.0000	0.2566
매출액 점수	0.0000	0.3554	1.0000	0.4013
초기투자사 지분율	0.0000	0.0865	0.4000	0.0561
창업기업 지분율	0.4750	0.7940	1.0000	0.1058
기타 지분율	0.0000	0.1195	0.3917	0.1117
창업기업 연결중심성	0.0000	0.0156	0.1753	0.0245
초기투자사 연결중심성	0.0000	0.0303	0.1391	0.0396
창업기업 평균 후속투자자 근접중심성	0.0000	0.2761	0.4503	0.1157

4.2. 분석 결과

4.2.1. 분류 모델 평가 결과

<그림 3>은 후속투자 단계 종속변수에 대한 분류 학습모델 간의 테스트 정확도를 비교한 결과이다. 두 개 모델 중 기업정보 변수만을 이용한 모델 1보다 투자 네트워크 분석 지수 변수를 포함한 모델 2의 테스트 정확도가 모두 높다.

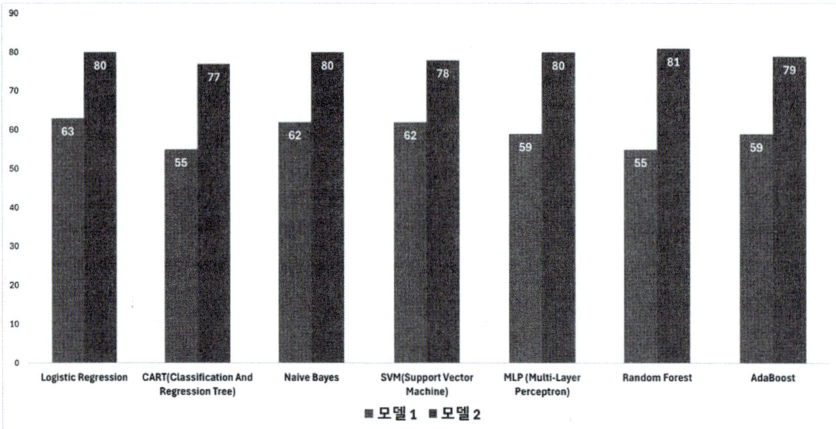

<그림 3> 모델별 테스트 정확도(%)

모델 1은 Logistic Regression, Naïve Bayes, SVM 순으로, 모델 2는 Random Forest, Logistic Regression, Naïve Bayes, SVM 순으로 테스트 정확도가 높다. 모델 2는 Random Forest(81%), Logistic Regression(80%), Naïve Bayes(80%), MLP(80%) 네 개 알고리즘이 80% 이상의 높은 예측 정확도를 보였다. 즉, 기업정보 변수만을 사용하여 학습할 때보다 투자 네트워크 특성 변수를 포함하여 학습할 때 분류 모델의 성능이 더 좋다.

<표 10> 모델별 테스트 정확도(%)

알고리즘	모델 1	모델 2
Logistic Regression	63	80
CART(Classification And Regression Tree)	55	77
Naive Bayes	62	80
SVM(Support Vector Machine)	62	78
MLP (Multi-Layer Perceptron)	59	80
Random Forest	55	81
AdaBoost	59	79

후속투자 단계 분류 학습모델(모델 1, 2)에서 공통적으로 테스트 정확도가 높았던 2개 알고리즘(logistic Regression, Naïve Bayes)이다. 모델별로 테스트 정확도의 차이가 나타나는 이유는 데이터의 구조와 크기, 변수의 복잡성(선형·비선형 관계, 상호작용 등), 하이퍼파라미터 튜닝 및 교차검증 등에서 나타난다. 즉, 데이터가 충분히 크지 않거나 노이즈가 많은 경우, 복잡한 모델은 과적합(overfitting)하기 쉽고 단순 모델이 더 나은 성능을 보일 수 있다. 그러나 선형 회귀나 로지스틱 회귀와 같은 단순 모델은 비선형 패턴을 잡는데 한계가 있다(문성은 외, 2016; 주기훈 외, 2020).

모델 2에서 테스트 정확도가 가장 높은 Random Forest 알고리즘[3]은 모델 1에서 테스트 정확도가 낮아 기업 변수를 비교하기에 어려움이 있어 변수 중요도 비교에서 제외하였다.

4.2.2. 변수 중요도

Logistic Regression, Naïve Bayes에 대해 변수 중요도(feature importance)를 도출하였다. 변수 중요도는 예측 성능에 미치는 영향을 측정한 값으로, 이 값이 클수록 영향력이 크다고 해석할 수 있다. 반대로, 값이 0이거나 음수일 경우에는 해당 변수는 예측 성능에 미치는 영향력이 작은 중요하지 않은 변수로 해석할 수 있다. 이때, 변수의 중요도 값은 변수 간 상대적인 비교로 변수 중요도 값의 순위를 매기거나 상위 몇 개의 변수를 선택하는 방식으로 접근한다.

첫째, 모델 1의 변수 중요도를 보면, Logistic Regression 알고리즘을 사용한 모델은 '매출액 점수' 변수의 중요도가 가장 높으며(<그림 4> 참고), Naïve Bayes 알고리즘을 사용한 모델은 '대표자 중 교수 출신 포함 여부' 변수의 중요도가 가장 높다(<그림 5> 참고). 두 알고리즘 모두 중요도 상위 5개 변수로, '매출액 점수', '대표자 중 교수 출신 포함 여부', '초격차 분야', '대표자 중 국내 상위 Top 5 졸업자 포함 유무' 변수가 공통적으로 나타났다.

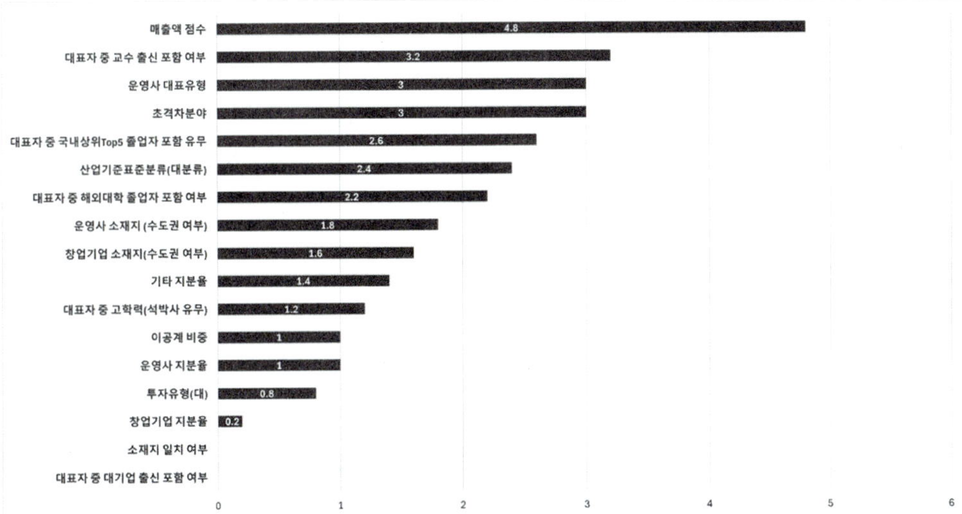

<그림 4> 모델 1 (Logistic Regression)의 변수 중요도

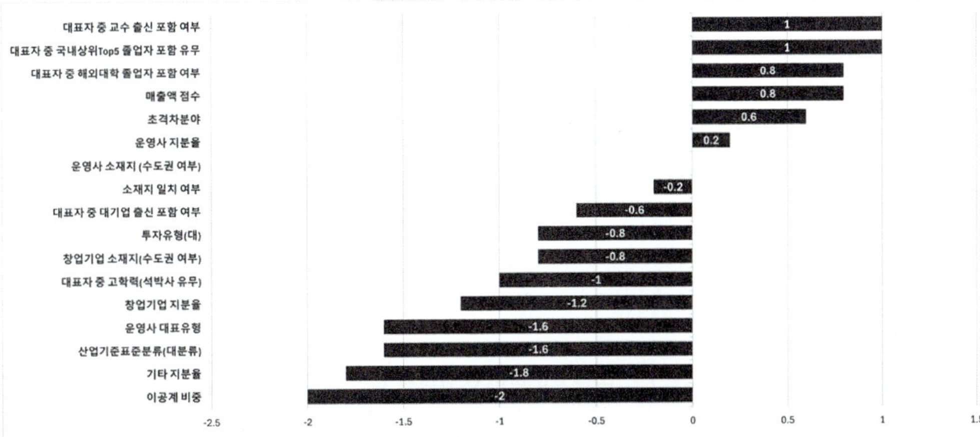

<그림 5> 모델 1 (Naïve Bayes)의 변수 중요도

둘째, 모델 2의 변수 중요도를 보면, Logistic Regression 알고리즘을 사용한 모델에서 가장 중요도가 높은 변수는 '창업기업 커뮤니티'였고(<그림 6> 참고), Naïve Bayes 알고리즘을 사용한 모델에서는 '창업기업 연결중심성' 변수였다. 두 알고리즘 모두 네트워크 분석 지수가 가장 중요한 변수로 분석되었다(<그림 7> 참고).

기업정보 변수 중에서는 Logistic Regression 알고리즘에서는 '매출액 점수'의 중요도가 높았고, Naïve Bayes 알고리즘에서는 '산업기술표준분류(대분류)' 변수의 중요도가 높았다. 두 알고리즘에서 상위 5위에 공통적으로 포함된 변수는 '창업기업 커뮤니티'였으며, Naïve Bayes 알고리즘의 경우 네트워크 변수의 중요도가 상대적으로 더 높게 나타났다.

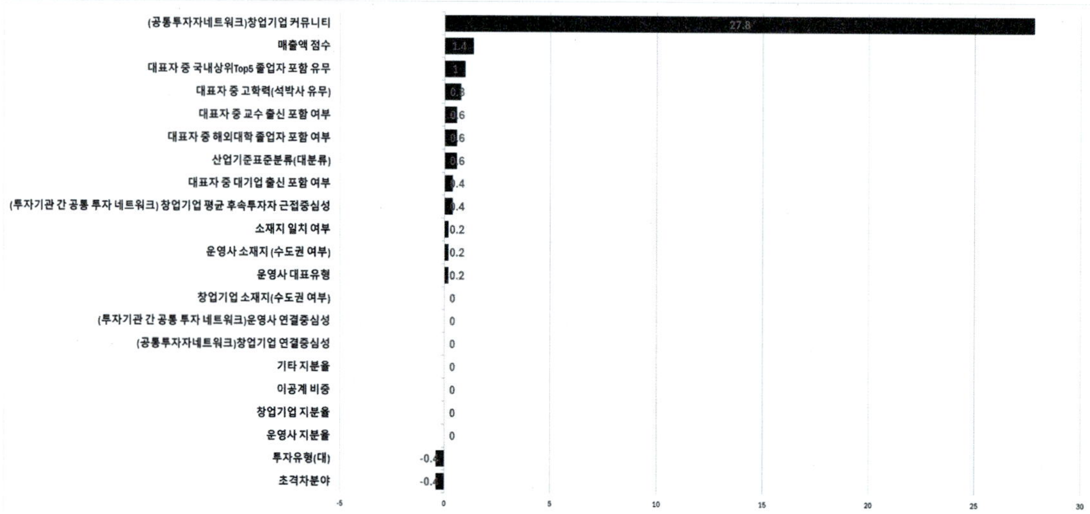

〈그림 6〉 모델 2 (Logistic Regression)의 변수 중요도

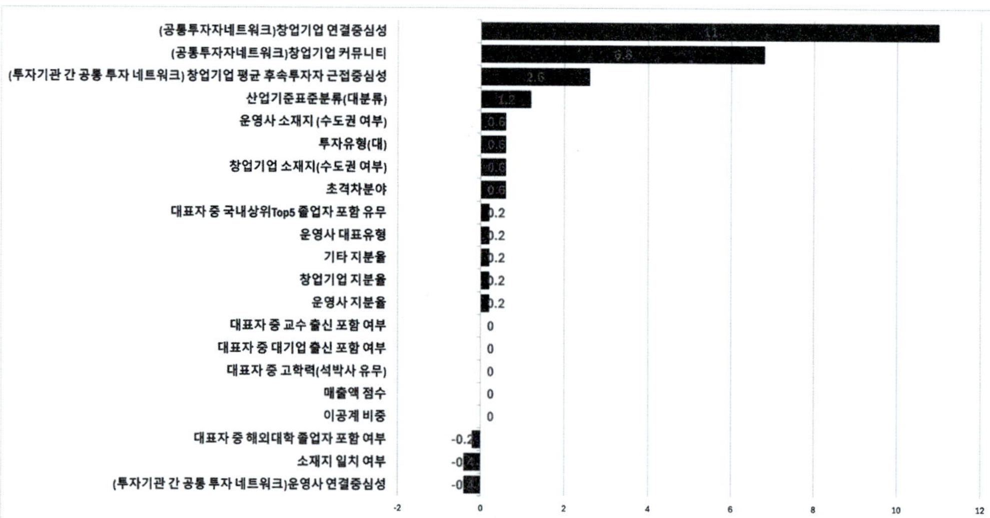

〈그림 7〉 모델 2 (Naïve Bayes)의 변수 중요도

Naïve Bayes 알고리즘에서는 사건 A가 발생했을 때, 사건 B가 발생할 조건부 확률(Conditional Probabilities)이 계산된다. <표 11>의 '창업기업 커뮤니티'에 대한 조건부 확률을 살펴보면, 창업기업 간 투자 네트워크에서 고립된 창업기업은 낮은 단계의 투자를 받을 확률이 크게 높다. 반면, 가장 많은 창업기업이 소속된 18번 커뮤니티는 Series A 이상의 투자를 받을 확률이 높은 것으로 해석할 수 있다.

<표 11> 모델 2-Naïve Bayes의 조건부 확률

커뮤니티	창업기업 수	후속 투자 단계	
		상	하
1번 커뮤니티	2	0.004	0.002
2번 커뮤니티	2	0.004	0.005
3번 커뮤니티	2	0.001	0.005
4번 커뮤니티	2	0.001	0.009
5번 커뮤니티	2	0.004	0.005
6번 커뮤니티	2	0.004	0.002
7번 커뮤니티	3	0.004	0.009
8번 커뮤니티	3	0.001	0.009
9번 커뮤니티	2	0.004	0.005
10번 커뮤니티	4	0.001	0.012
11번 커뮤니티	6	0.007	0.009
12번 커뮤니티	12	0.027	0.009
13번 커뮤니티	47	0.058	0.037
14번 커뮤니티	119	0.201	0.047
15번 커뮤니티	39	0.064	0.033
16번 커뮤니티	82	0.087	0.113
17번 커뮤니티	114	0.17	0.068
18번 커뮤니티	157	0.261	0.061
고립 노드	285	0.093	0.562

창업기업과 초기투자사의 기업정보 변수만 포함한 모델(모델 1)은 공통적으로 '매출액 점수'와 '대표자 중 교수 출신 포함 여부' 변수의 중요도가 높고, 네트워크 변수를 포함한 모델(모델 2)에서는 투자 네트워크 특성 변수 중 '창업기업 커뮤니티'의 변수 중요도가 높다. 모델 1, 2의 알고리즘별 변수 중요도 상위 5개 변수를 비교했을 때, 공통적으로 등장한 변수로 기업정보 변수 중에서는 '매출액 점수'와 '대표자 중 국내상위대학 졸업자 유무', '초격차기술분야', 투자 네트워크 특성 관련 변수 중에서는 '창업기업 커뮤니티'였다.

종합하면 '투자 네트워크 특성이 후속투자에 영향을 미친다'는 가설 3은 유의미한 것으로 보여지며, '창업기업의 특성 또한 후속투자에 영향이 있음'(가설 1)을 확인하였다. 상대적으로 초기투자사의 특성은 후속투자 규모에 영향이 미미한 것으로 나타났는데 이는 초기투자사의 속성(소재지, 유형, 지분소유 방식 등)이 투자 대상에 따라 매우 다양하여 특정 패턴을 찾기 어렵기 때문으로 보여진다. 초기투자사는 스타트업의 초기 성장을 지원하고 시장에 자리잡게 하는데 초점을 맞추는 경우가 많다. 후속투자는 초기 단계와 달리 스타트업의 실질적 성장가능성에 집중하므로 초기투자사의 특성이 큰 영향을 미치지 않을 수 있다.

V. 결론

5.1. 연구결과 요약

머신러닝을 통해 창업기업의 후속투자 규모의 결정요인을 분석한 결과를 종합하면 다음과 같다. 첫째, 창업기업과 초기투자사의 속성 정보 변수만을 포함한 모델 1에 비해 투자 네트워크 특성 변수를 포함한 모델 2의 테스트 정확도가 더 높게 나타났다(77%~81%). 이는 투자 네트워크 분석 지표를 포함하여 학습한 모델이 창업기업과 초기투자사의 특성 변수를 포함한 모델보다 더 정확한 예측을 보여준다(<표 12> 참고).

<표 12> 모델 1의 변수 중요도(상위 10개 변수)

순위	Logistic Regression		순위	Naïve Bayes	
	변수	중요도		변수	중요도
1	매출액 점수	4.8	1	대표자 중 국내상위Top5 졸업자 포함 유무	1
2	대표자 중 교수 출신 포함 여부	3.2	1	대표자 중 교수 출신 포함 여부	1
3	초격차분야	3	3	매출액 점수	0.8
3	초기투자사 유형	3	3	대표자 중 해외대학 졸업자 포함 여부	0.8
5	대표자 중 국내상위Top5 졸업자 포함 유무	2.6	5	초격차기술분야	0.6
6	산업기술표준분류(대분류)	2.4	5	초기투자사 지분율	0.2
7	대표자 중 해외대학 졸업자 포함 여부	2.2	6	초기투자사 소재지 (수도권 여부)	0
8	초기투자사 소재지 (수도권 여부)	1.8	7	소재지 일치 여부	-0.2
9	창업기업 소재지 (수도권 여부)	1.6	8	대표자 중 대기업 출신 포함 여부	-0.6
10	기타 지분율	1.4	9	창업기업 소재지 (수도권 여부)	-0.8
			9	투자유형	-0.8

둘째, 모델 1과 모델 2의 변수 중요도를 비교하면, 기업정보 변수 중에서는 '매출액 점수'의 중요도가 높으며, 투자 네트워크 특성 변수 중 '창업기업 커뮤니티'의 중요도가 높다. 이는 후속투자 유치 규모에 영향을 미치는 변수로 창업기업의 매출액과 창업기업이 속한 투자 네트워크 응집그룹이 큰 영향을 미치는 것으로 해석할 수 있다. 이 분석은 "창업기업의 특성에 따라 창업기업의 후속투자 유치 규모는 달라질 것이다"는 가설 1이 부분 지지됨을 알 수 있으며, 다양한 변수 가운데 매출 규모가 후속투자 유치에 중요함을 알 수 있다. 후속투자를 받기 위해서는 초기 매출 발생이 중요함을 시사한다. 그러나 "초기투자사의 특성에 따라 창업기업의 후속투자 유치 규모는 달라질 것이다"는 가설 2는 지지되지 않았다.

<표 13> 모델 2의 변수 중요도(상위 10개 변수)

순위	Logistic Regression		순위	Naïve Bayes	
	변수	중요도		변수	중요도
1	(공통투자자 네트워크) 창업기업 커뮤니티	27.8	1	(공통투자자 네트워크) 창업기업 연결중심성	11
2	매출액 점수	1.4	2	(공통투자자 네트워크) 창업기업 커뮤니티	6.8
3	대표자 중 국내상위Top5 졸업자 포함 유무	1	3	(투자기관 간 공통 투자 네트워크) 창업기업 평균 후속투자자 근접중심성	2.6
4	대표자 중 고학력(석박사) 보유 유무	0.8	4	산업기술표준분류 (대분류)	1.2
5	산업기술표준분류 (대분류)	0.6	5	초격차기술분야	0.6
5	대표자 중 해외대학 졸업자 포함 여부	0.6	5	창업기업 소재지 (수도권 여부)	0.6
5	대표자 중 교수 출신 포함 여부	0.6	5	초기투자사 유형	0.6
8	(투자기관 간 공통 투자 네트워크) 창업기업 평균 후속투자자 근접중심성	0.4	5	초기투자사 소재지 (수도권 여부)	0.6

셋째, 투자 네트워크 특성 변수가 포함된 모델(모델 2)은 창업기업 및 초기투자사 변수보다 투자 네트워크 분석 변수의 중요도가 높았다. 이는 창업기업의 후속 투자 단계의 상, 하를 분류하는 데 있어서 투자 네트워크 분석 변수가 기업의 속성 변수보다 더 중요한 요소로 작용한다는 것을 의미한다. 또한 공동투자자 네트워크에서 살펴볼 수 있는 창업기업 커뮤니티나 창업기업의 연결중심성이 특히 후속투자 규모에 영향요인임을 확인했다. 공동투자자 네트워크를 기반으로 형성되는 창업기업 간의 연결성은 정보 공유 및 협력의 가능성, 전략적 포지셔닝 등을 통해 후속투자의 기회를 얻을 가능성이 높아진다는 점을 시사한다. "투자 네트워크의 특성에 따라 창업기업의 후속투자 유치 규모는 달라질 것이다"는 가설 3이 부분 지지됨을 알 수 있다.

5.2. 연구의 시사점

본 연구는 창업기업의 후속투자 규모에 있어 투자 네트워크 특성 변수가 창업기업의 특성 및 초기투자사 특성과 같은 기업정보 변수보다 더 큰 영향을 미친다는 점을 도출했다. 이는 창업기업의 매출 규모나 사업 분야와 같은 전통적 기업 정보뿐만 아니라, 창업기업이 소속된 투자 네트워크 내에서의 상호작용이 후속투자 유치 규모에 더욱 중요한 요소로 작용한다는 것을 의미한다.

특히, 투자 네트워크의 구조와 응집도가 창업기업의 성장 가능성을 예측하는데 기여한다는 점에서, 투자 네트워크의 특성이 기업성과나 투자유치 과정에서 핵심적인 변수가 될 수 있다. 본 연구에서 가장 중요도가 높게 나타난 '창업기업 커뮤니티'는 창업기업들 간에 공동투자자를 통해 자주 연결되거나 네트워크 내에서 강한 연계를 보이는 그룹을 가리키는데, 동일한 커뮤니티에 속한 창업기업은 정보나 자원 교류의 가능성이 높아진다. 나아가 커뮤니티 효과를 가진 창업기업은 네트워크 자원을 활용해 후속투자나 협력의 기회를 더 많이 얻을 가능성이 있다. 이러한 결과는 창업기업의 후속투자 단계 예측뿐만 아니라 창업생태계 전반의 네트워크 구조와 연결성을 이해하는 데에도 기여한다.

한편, 초기투자사의 영향이 나타나지 않는 이유는 후속투자의 본질이 초기투자 단계와는 다르게 업계 네트워크, 스타트업 자체의 성장 가능성과 경쟁력이라는 점을 확인할 수 있다. 초기투자사는 초기 성공에 '발판'을 마련하지만 후속투자 단계에서는 투자자들이 스타트업의 지속가능성과 시장 영향력(시장 내 신뢰도, 업계 연결성 등)을 중시한다고 볼 수 있다.

본 연구의 학술적 기여는 창업기업의 후속투자 규모를 결정하는 요인을 도출함에 있어서 7가지 머신러닝 방법을 사용하여 변수의 중요도와 분류 성능을 정량적으로 평가한 점이다. 기존 창업기업의 성장을 결정짓는 요인에 대한 정성적·정량적 연구는 시도되었으나 머신러닝 기법으로 데이터를 학습시켜 결과를 도출한 최초의 연구라 할 수 있다. 향후 창업기업 후속투자 예측을 위한 다양한 분석 방법의 유용성을 검증하는 기초 자료로서도 의미가 있다.

5.3. 연구의 한계점

이 분석에서 사용된 창업기업 간 투자 네트워크는 창업기업과 투자기관 간의 투자 관계를 기반으로 하여 공통 투자기관을 매개로 한 간접적인 네트워크라는 데 한계가 있다. 이는 창업기업 및 투자기관 간의 실제 상호작용을 온전히 반영하지 못한다. 추후, 창업기업 혹은 창업기업과 투자기관 간 직접적인 상호작용에 대한 네트워크 데이터가 보완된다면, 투자 네트워크 상에서 창업기업과 투자자의 직접적인 영향력을 반영하여 창업기업의 성장을 더 정확하게 분류·예측할 수 있는 학습모델을 구축할 수 있다.

둘째, 본 분석에서는 다양한 특성을 가지는 여러 변수를 함께 사용하여 분류 학습모델을 구축했기 때문에, 중요도가 높은 변수의 어떤 특성이 후속투자 규모에 영향을 미쳤는지 파악하기 어렵다는 데 한계가 있다. 예를 들어, 각 커뮤니티의 특징이 무엇인지, 어떤 초격차기술분야에 속할수록 후속투자 규모가 높아질 수 있는지를 분석하는 데 한계가 있다. 후속 연구에서는 종속변수의 범주와 독립변수별 특성 간의 관계를 분석함으로써, 중요 변수의 어떤 특성이 분류에 영향을 미치는지 파악할 수 있을 것이다.

셋째, 초기투자사의 특성이 후속투자 규모에 미치는 영향이 적은 이유에 대해 좀 더 심층적 분석이 필요하다. 현재 초기투자사의 특성으로는 투자사의 유형, 투자방식(보통주, 우선주 등), 소재지 등을 내형적 가치보다 외형적 특성을 측정하였는데 이외 측정가능변수를 개발하여 상관관계와 인과관계를 탐색할 필요가 있다. 현재로서는 영향력이 적은 이유에 대하여 후속투자의 본질이 스타트업의 지속가능성과 시장 영향력을 더 중시하는 것으로 한정하여 설명하였다.

넷째, 머신러닝 분석에서는 변수 간의 상호작용을 반영한다. Random Forest의 경우 트리 기반 모델로서 변수 간의 상호작용을 나타낸다. 그러나 상호작용이 중요한 경우 명시적으로 모델링에 포함하는 것이 유용하여, 향후 본 연구결과에 기반하여 의미 있는 상호작용 변수를 생성해 분석해 볼 필요가 있다.

주석

1) NetMiner365(http://www.netminer365.com/, https://www.netminer.com)

2) TP: True Positive. 실제 데이터에서 분류 값이 True일 때, 분류모델도 True라고 예측한 경우
TN: True Negative. 실제 데이터에서 분류 값이 False일 때, 분류모델도 False라고 예측한 경우
FP: False Positive. 실제 데이터에서 분류 값이 False일 때, 분류모델이 True라고 예측한 경우
FN: False Negative. 실제 데이터에서 분류 값이 True일 때, 분류모델이 False라고 예측한 경우

3) Random Forest 모형은 트리기반 모델로서 변수 간의 상호작용(interaction)을 반영함

REFERENCE

강원진·이병헌·오왕근(2012). 국내 벤처기업의 성장단계별 외부자원 활용이 기술혁신 성과에 미치는 영향. *벤처창업연구,* 7(1), 35–45.

곽기현(2022). *스타트업의 성장에 대한 심층분석: 성장 궤적과 벤처캐피탈 투자의 효과,* 서울: 한국벤처투자.

김건우·서병철(2010). 벤처캐피탈의 자금투자가 벤처기업 경영성과에 미치는 영향. *산업경제연구,* 23(4), 1911–1931.

김도성·안성필(2020). 한국 대학벤처캐피탈의 투자성과에 대한 연구. *벤처창업연구,* 15(1), 17–29.

김수진(2022). 초기 기술창업의 창업가역량 핵심요인에 대한 연구. *Entrepreneurship&ESG연구,* 2(1), 27–45.

김오성·이중원·박철(2022). 벤처기업의 투자유치 유형이 기업역량과 성장 잠재력에 미치는 영향: 창업자 지분율의 조절 효과. *중소기업연구,* 44(1), 119–144.

김용재·염수현(2014). *벤처 엑셀러레이터의 이해와 정책방향.* 충북: 정보통신정책연구원.

김진수·최종인·임충재·고혁진·이유종(2016). *기술창업론.* 서울: 탑북스.

김하영·배태준·원치운(2019). 스타트업의 초기 투자유치 프로세스: (주)레티널 사례를 바탕으로. *벤처창업연구,* 14(6), 119–130.

김현미(2014). *창업기업의 네트워크 지향성이 경영성과에 미치는 영향에 관한 연구.* 박사학위논문, 가천대학교.

김홍기·김채광(2018). 창업자와 투자자간 네트워크가 기업성과에 미치는 영향: Tips 사업을 중심으로. *벤처창업연구,* 13(3), 47–57.

남정민(2014). 업종별 창업 성공요인에 관한 탐색적 연구. *벤처창업연구,* 9(5), 13–20.

문동지·윤상혁·최수빈·김희웅(2020). 머신러닝 기반의 보상형 크라우드펀딩 성공 예측 모델링. *Korea Business Review,* 24(3), 125–143.

문성은·장수범·이정혁(2016). 기계학습 및 딥러닝 기술동향. *한국통신학회지(정보와통신),* 33(10), 49–56.

문재희(2020). ICT 문화 환경이 아이디어창업과 기술창업에 미치는 영향에 관한 연구. *문화산업연구,* 20(3), 65–74.

박종복(2018). 여성 기술창업 기업의 환경 및 경영자 특성이 초기성장에 미치는 영향: 제조업을 중심으로. *한국혁신학회지,* 13(1), 235–258.

신승용·권규현(2021). 창업자의 경험 특성이 스타트업의 성과에 미치는 영향에 관한 연구: ICT 기술창업 스타트업을 중심으로. *한국창업학회지,* 16(1), 185–205.

신철호·김병근(2019). 기술창업기업 성과 영향요인 연구. *한국창업학회지,* 14(1), 121–152.

안승구·한웅용·진영현·이동욱·배용국·김주일·이부영·신서원·박창대·이세원(2016). *기술기반 창업의 성과에 영향을 미치는 요인에 관한 연구: 정부 정책 효과성 분석을 중심으로.* 충북: 한국과학기술기획평가원.

안윤영·신현한·장진호(2005). 외국인투자자와 정보 비대칭간의 관계. *회계학연구,* 30(4), 109–131.

양수희·김명숙·정화영(2011). 기술창업기업의 기업가 역량과 기술사업화 능력이 경영성과에 미치는 영향. *벤처창업연구,* 6(4), 195–213.

양영석(2015). 창업초기 투자단계 'Serise A Crunch'의 원인분석과 마이크로 VC 펀드의 도입에 대한 정책방안. *벤처창업연구,* 10(4), 39–47.

이길원·박현숙(2016). 창업소기업 경영자의 기업가적 속성이 차별화 중심형 경쟁우위와 경영성과에 미치는 영향. *벤처창업연구,* 10(1), 69–82.

이나래(2023). *스타트업의 지배구조에 관한 법적 연구.* 박사학위논문, 서울대학교.

이명종·주영진(2019). 기술기반창업기업의 기업활동이 기업성장에 미치는 영향. *벤처창업연구,* 14(6), 59–76.

이장우·이성훈(2009). 벤처기업의 실패원인: 성장단계별 분석. *중소기업연구,* 31(3), 1–17.

이창영·황인호·김진수(2016). 기술창업 초기기업의 성장의도와 성과에 미치는 영향. *벤처창업연구,* 11(2), 49–62.

이현호·황보윤·공창훈(2017). 스타트업의 초기 성공을 결정하는 요인에 관한 연구. *벤처창업연구,* 12(1), 1–13.

임선화·최윤이(2018). 소유구조와 기업가치 및 경영성과와의 관련성. *산업연구,* 42(2), 19–36.

장수덕(2003). 성공한 벤처기업과 실패한 벤처기업의 특성 차이. *벤처경영연구,* 6(2), 101–125.

정도범(2020). 기술기반창업과 정부의 창업 지원, 그리고 향후 연구방향. *과학기술정책,* 3(2), 97–126.

조성훈(2020). *상환전환우선주를 이용한 벤처캐피탈 투자 관련 이슈의 분석.* 서울: (사)한국자본시장연구원.

주기훈·박치현·임현승(2020). 기계학습 옵티마이저 성능 평가. *전기전자학회논문지,* 24(3), 766–776.

최규선(2022). 혁신역량과 경영성과에 관한 연구: 기업 소재지별 다중집단분석. *한국콘텐츠학회 논문지,* 22(10), 703–722.

최윤수·김도현(2016). 투자 형태를 통한 액셀러레이터와 벤처캐피탈의 비교 연구. *벤처창업연구,* 11(4), 27–36.

최은영(2015). 정부지원제도 및 내부R&D투자와 R&D협력이 기술혁신성과에 미치는 영향. *산업경제연구,* 28(4), 1473–1492.

한계숙·김재욱·최지호(2007). 기업간 네트워크의 특성과 혜택 간의 관계: 산업 클러스터에 입지한 중소기업을 대상으로. *중소기업연구,* 29(1), 135–162.

황병선·안준모·공혜원(2016). IT 기반 창업기업의 초기 투자유치와 성장에 영향을 미치는 요인에 대한 탐색 연구. *벤처창업연구,* 12(4) 35–46.

Aernoudt, R. (2005). Executive forum: Seven ways to stimulate business angels' investments. *Venture Capital,* 7(4), 359–371.

Barringer, B. R., Jones, F. F., & Neubaum, D. O. (2005). A Quantitative Content Analysis of the Characteristics of Rapid-Growth Firms and Their Founders. *Journal of Business Venturing,* 20(5), 663–687.

Bishop, Christopher M. (2006). *Pattern Recognition and Machine Learning.* New York: Springer.

Booth, G. G., Junttila, J., Kallunki, J. P., Rahiala, M., & Sahlström, P. (2006). How does the financial environment affect the stock market valuation of R&D spending?. *Journal of Financial Intermediation,* 15(2), 197–214.

Butchart, R. L. (1987). A New UK Definition of the High Technology Industries. *EconomicsTrends,* 400, 82–88.

Carpenter, R. E., & Petersen, B. C.(2002). Capital market imperfections, high-tech investment, and new equity financing. *The Economic Journal*, 112(477), 54-72.

Chemmanur, T. J., Krishnan, K., & Nandy. D. K.(2011). How does venture capital financing improve efficiency in private firms? A look beneath the surface. *The Review of Financial Studies*, 24(12), 4037-4090.

Cooper, A. C., & Bruno, A. V.(1977). Success Among High-Technology Firms. *Business Horizons*, 20(2), 16-22.

Dahlstrand, A. L.(2001). *Entrepreneurial Origin and Spin-off Performance: A Comparison between Corporate and University Spinoffs*, European Commission Report.

Davila, A., Foster, G., & Gupta, M.(2003). Venture capital financing and the growth of startup firms. *Journal of business venturing*, 18(6), 689-708.

Del Monte, A. & Pagagni, E.(2003). R&D and expenditures and the market value of the firm. *Financial Management*, 22(4), 128-140.

Delmar, F.(1997). *Measuring growth: methodological considerations and empirical results*, Entrepreneurship and SME Research: On its Way to the Next Millennium, Aldershot, UK: Ashgate, 199-216.

Dess, G. G., & Robinson Jr, R. B.(1984). Measuring Organizational Performance in the Absence of Objective Measures: the Case of the Privately-Held Firm and Conglomerate Business Unit. *Strategic Management Journal*, 5(3), 265-273.

Gartner, W. B.(1985). A Conceptual Framework for Describing the Phenomenon of New Venture Creation. *Academy of Management Review*, 10(4), 696-706.

Glancey, K.(1998). Determinants of growth and profitability in small entrepreneurial firms. *International Journal of Entrepreneurial Behavior & Research*, 4(1), 18-27.

Grichnik, D., Brinckmann, J., Singh, L., & Manigart, S.(2014). Beyond environmental scarcity: Human and social capital as driving forces of bootstrapping activities. *Journal of Business Venturing*, 29(2), 310-326.

Hanks, S., & Chandler, G. N.(1994). *The impact of new venture growth research on entrepreneurship education*. Frontiers in Entrepreneurship Research.

Hastie, T., Tibshirani, R., & Friedman, J.(2009). *The Elements of Statistical Learning: Data Mining, Inference, and Prediction*. New York: Springer.

Jo, H., & Lee, J.(1996). The relationship between an entrepreneur's background and performance in a new venture. *Technovation*, 16(4), 161-211.

Kelly, R. N., & Kim, H.(2013). *Venture Capital as a Catalyst for High Growth Industry*. Canada: Industry Canada.

Kwun, M. Y.. & Jeong, H. J.(2012). The effect of entrepreneurs' characteristic, technological capabilities and network on firm performance of technology-based start-ups. *Asia-Pacific Journal of Business Venturing and Entrepreneurship*, 7(1), 7-18.

Manigart, S., & Sapienza, H.(1999). *Venture capital and growth. In The Black well Handbook of Entrepreneurship/DL Sexton en H. Landström (editors)*. Oxford: Blackwell Publishers.

Mason, C., & Harrison, R.(2004). Does investing in technology-based firms involve higher risk? An exploratory study of the performance of technology and non-technology investments by business angels, *Venture capital: An International Journal of Entrepreneurial Finance*, 6(4), 313-332.

McKelvie, A., & Wiklund, J.(2010). Advancing firm growth research: A focus on growth mode instead of growth rate. *Entrepreneurship theory and practice*, 34(2), 261-288.

Milanov, H., & Shepherd, D. A.(2013). The importance of the first relationship: The ongoing influence of initial network onfuture status. *Strategic Management Journal*, 34(6), 727-750.

Mitchell, R., J. Mitchell, & J. Smith(2004). *Failing to Succeed: New Venture Failure as a Moderator of Startup Experience and Startup Expertise*. Frontiers of Entrepreneurship Research.

Murphy, G. B., Trailer, J. W., & Hill, R. C.(1996). Measuring performance in entrepreneurship. *Journal of Business Research*, 36, 15-23.

Nadkarni, S., & Narayanan, V. K.(2007). Strategic schemes, strategic flexibility, and firm performance: The moderating role of industry clock speed. *Strategic Management Journal*, 28(3), 243-270.

Paglia, J. K., & Harjoto, M. A.(2014). The effects of private equity and venture capital on sales and employment growth in small and medium-sized businesses. *Journal of Banking & Finance*, 47, 177-197.

Peteraf, M. A.(1993). The Cornerstones of Competitive Advantage: a Resource Based View. *Strategic Management Journal*, 14(3), 179-191.

Razaghzadeh Bidgoli, M., Raeesi Vanani, I., & Goodarzi, M.(2024). Predicting the success of startups using a machine learning approach. *Journal of Innovation and Entrepreneurship*, 13(1), 80.

Sahlman, W. A.(1990). The structure and governance of venture-capital organizations. *Journal of Financial Economics*, 27(2), 473-521.

Sirmon, D. G., & Hitt, M. A.(2003). Managing resources: Linking unique resources, management, and wealth creation in family firms. *Entrepreneurship theory and practice*, 27(4), 339-358.

Startup Genome(2024). *Global Startup Ecosystem Ranking (2020-2024)*. https://startupgenome.com/report/gser2024.

Sullivan, D. & Marvel, M.(2011). How entrepreneurs' knowledge and network ties relate to the number of employees in new SMEs. *Journal of Small Business Management*, 49(2), 185-206.

Wang, S., & Zhou, H.(2004). Staged financing in venture capital: moral hazard and risks. *Journal of Corporate Finance*, 10(1), 131-155.

Weinzimmer, L. G., Nystron, P. C., & Freeman, S. J.(1998). Measuring organizational growth: issues, consequences and guidelines. *Journal of Management*, 24(2), 235-262.

Yeon, J. H., & Jang, S. H.(2023) The Relation between Bio-Industry Performance and Innovation Capacity-Focusing on the Korean Bio-Industry. *Sustainability*, 15(9), 7116.

저자와의
협의하에
인지생략

혁신의 이론과 실증을 아우르는 벤처 창업 : 이론과 쟁점

벤처창업연구 머스트리드 20

2025년 10월 23일 초판 인쇄
2025년 10월 30일 초판 1쇄 발행

편집위원 : 장문경 · 이우진 · 최병철 · 강신형 ·
김주희 · 안태욱 · 윤원주

발 행 인 : 정 광 식
발 행 처 : **비앤엠북스**
서울시 금천구 가산디지털1로 70 B1-103(호서대벤처타워)
등 록 2004. 12. 29. / 제313-2004-00298호
전 화 2627-5710~13, 팩스 2627-5720
홈페이지 www.대학교재.net
이 메 일 bnmbook@daum.net

정가 40,000원 ISBN 978-89-6821-234-5